TAXNET
세무/회계 전문 재경비즈니스 포털 서비스

공익법인의 세무신고 처리와 주요 세무회계 이슈를
실제 사례 중심으로 해설한 실무서

제2판

공익법인 세무와 회계

김선득 · 김경옥 · 박재성 공저

조세통람

머리말

개정판 출간에 즈음하여…

첫 출간 이후 독자들의 질문을 접하며 그 높은 수준은 별론으로 하더라도, 질문하는 독자들은 실무에 종사하면서 "사회 일반의 이익을 추구하는 공익법인의 합목적성"에 충실하고 있다는 것과 더불어서 그분들의 무거운 책임감도 느낄 수 있었다.

본서를 최초 집필 시 공익법인 세무에 관한 최초의 전문서적이라는 의욕으로 집필하였지만 출간 이후 독자들의 수준 높은 질문과 수강생들의 다양한 의견에 아직 채워야 할 부분들이 선명히 드러났고 그에 따른 채움의 반사적 의욕이 개정판 집필의 계기가 되었다.

독자 제위께, 본서 및 이번 개정판의 주요 내용을 설시해 드리자면…

PART 1에서는

영리법인과 비영리법인을 간명하게 대별하여 비영리법인 중 공익법인에 대한 개념체계를 정립하고 공익법인에 대한 판례 및 해설을 통하여 비영리법인 중 공익법인의 구분을 명확히 하였다.

PART 2에서는

Chapter 1에서는 「상속세 및 증여세법」과 「법인세법」상 공익법인을 비교하였으며, Chapter 2에서는 실무적으로 가장 큰 혼란을 겪는 기부금의 세무처리에 대해 상세히 설명하고 Chapter 3에서는 법인세 신고와 구분경리를 수익사업의 범위를 기준으로 설시하였으며 Chapter 4에서는 「법인세법」상 공익법인에 부여하는 특별한 혜택이라 할 고유목적사업준비금에 대해 구체적으로 설명하였다.

PART 3에서는

「상속세 및 증여세법」상 공익법인이 지켜야 할 일을 동법 제48조를 중심으로 알아보았고 특히 공익법인이 지켜야 할 일을 위배했을 경우 가혹할 정도의 가산세가 부과되는 규정들을 살펴보았다.

PART 4에서는

공익법인이 납세협력의무 이행을 위하여 작성 · 보고 · 제출 · 공시해야 할 사항들을 요약 정리하면서 각종 서식들을 찾기 쉽게 수록하였고 또한 실무자들이 기부금 영수증의 발급 · 작성 · 보관 · 제출 의무를 쉽게 이행할 수 있도록 관련 서식을 첨부하였다.

PART 5에서는

전문가들조차 생소한 분야에 해당하는 공익법인회계기준을 총칙과 재무제표 작성 기준, 운영성과표에 대하여 상술하였다.

PART 6에서는

본서가 내세울 만한 최고의 특징이라 할 공익법인 유형을 사학기관, 의료기관, 사회복지법인, 종교단체로 분류하여 유형별 세법상 · 회계상 원칙을 정리하고 그 원칙에 따르는 지켜야 할 의무를 설명하면서 실무자들이 쉽게 이해할 수 있도록 작성 및 계산사례를 제시하였다.

PART 1 ~ PART 5까지는 독자들의 혼란을 최소화하기 위하여 기본체계는 유지하고 개정세법을 충실히 반영하면서 그 해설을 추가하였으며, 공익법인이 납세협력 의무를 이행하면서 작성하는 수많은 서식들의 개정 사항을 꼼꼼히 교체하여 실무자들이 서식의 작성 · 보관 · 제출을 쉽게 할 수 있도록 정리하였다.

개정세법 중에서 시대적 이해관계의 변화와 친인척들 간에 멀어진 친밀감이 특수관계자의 범위에 반영되어 「상속세 및 증여세법 시행령」 제2조를 중심으로 특수관계자의 범위는 대폭 축소된바, PART 1 ~ PART 4까지에서 좁아진 특수관계자의 촌수 등을 구체적으로 수록하였다.

또한 PART 1 ~ PART 4까지는 기부금 및 고유목적사업준비금 등 사안별로 최근 판례 · 예규 변경 사항을 요약 · 정리하여 독자들이 복잡한 공익법인 세법을 쉽게 해석하고, 판례 · 예규 변경 사항에 대한 이해도를 높일 수 있도록 하였다.

Preface

이번 개정 출간에서, 본서가 내세울 만한 최대의 특징은 PART 6 Chapter 3에 공익법인의 지방세특례제한법 및 종합부동산세를 신설하였다는 것이다.

공익법인은 영리법인과 동일하게 지방세 납부의무가 있으나 특정 성격의 공익법인에 대하여는 지방세특례제한법상 감면 · 공제 혜택을 부여하고 있으며 종합부동산세도 종합부동산세법에서 일반 누진세율을 적용하는 실질적인 경감혜택을 주고 있다.

반면에 지방세특례제한법은 사후관리규정으로 그 사용 및 처분 등에서 상대적 금지를 하고 있으나 공익법인들이 행정력 부족으로 소홀히 하여 지방자치단체로부터 추징당하는 사례가 많아 사후관리규정을 유형별로 상세히 서술하였다.

개정판 집필을 마무리하면서

이번 개정판에서도 공동저자 김경옥 세무사와 박재성 세무사가 탁월한 전문성과 연구 능력으로 본서 전체를 완성하여 준 것에 대하여 지면을 빌려서 무한 감사의 마음을 전하고자 한다.

그리고 개정판 탈고까지 인내력으로 기다려 주시고 출간에 도움을 주신 ㈜조세통람에도 감사드린다.

“사회 현상은 진화할 수밖에 없다”는 격언대로 본서도 부족함에 대한 작은 채움으로 조금이라도 진화되었길 간절히 소망하며, 따끔한 질책과 진솔한 의견을 주신 독자 제위께도 깊히 감사드린다.

2025년 10월

저자 씀

일러두기

상 증 법 … 상속세 및 증여세법
상 증 령 … 상속세 및 증여세법 시행령
상 증 칙 … 상속세 및 증여세법 시행규칙
상증통칙 … 상속세 및 증여세법 기본통칙
상증집행 … 상속세 및 증여세 집행기준

조특법 … 조세특례제한법
조특령 … 조세특례제한법 시행령
조특칙 … 조세특례제한법 시행규칙

법 인 법 … 법인세법
법 인 령 … 법인세법 시행령
법 인 칙 … 법인세법 시행규칙
법인통칙 … 법인세법 기본통칙
법인집행 … 법인세 집행기준

부가법 … 부가가치세법
부가령 … 부가가치세법 시행령
부가칙 … 부가가치세법 시행규칙

소 득 법 … 소득세법
소 득 령 … 소득세법 시행령
소 득 칙 … 소득세법 시행규칙
소득통칙 … 소득세법 기본통칙
소득집행 … 소득세 집행기준

국기법 … 국세기본법
국기령 … 국세기본법 시행령
국기칙 … 국세기본법 시행규칙

지 특 법 … 지방세특례제한법

차 례
Content

PART 1
공익법인에 대한 이해

PART 2
공익법인과 법인세법

차 례
Content

차 례
Content

차 례
Content

차 례
Content

차 례
Content

PART 5

공익법인회계기준

차 례
Content

차 례
Content

차 례
Content

PART 6 유형별 회계기준과 세무

차 례
Content

차 례
Content

차 례
Content

PART 1

공익법인에 대한 이해

01 비영리법인

「민법」에서 법인은 영리성 유무에 따라 영리법인과 비영리법인으로 구분된다.

관련법령 「민법」 제32조 및 제39조

제32조 【비영리법인의 설립과 허가】 학술, 종교, 자선, 기예, 사교 기타 영리아닌 사업을 목적으로 하는 사단 또는 재단은 주무관청의 허가[1]를 얻어 이를 법인으로 할 수 있다.

제39조 【영리법인】 영리를 목적으로 하는 사단은 상사회사설립의 조건에 좇아 이를 법인으로 할 수 있다.

여기서 영리성 유무란 법인이 영리적인 사업을 하느냐 마느냐의 의미가 아니라 구성원의 이익을 목적으로 하느냐 아니 하느냐를 의미한다. 다시 말해 사업을 통하여 얻은 이익을 구성원(주주 또는 사원 등)에게 분배하는 법인은 영리법인이고, 반대로 구성원에게 이익을 분배하지 아니하는 법인은 비영리법인에 해당한다.[2]

법인의 영리추구 유무를 쉽게 구분할 수 있을 것 같지만 실무적으로 영리법인과 비영리법인의 구분은 상당히 어려운 문제에 속한다.

특히 「국세기본법」 제13조에 의거 법인으로 보는 단체로 등록된 법인들은 당해 법인의 종사자들도 비영리법인에 해당되는지 여부로 혼란을 겪는 경우가 비일비재하다.

그렇다면 비영리법인으로 판단할 기준은 무엇일까?

①법인의 사업목적이 학술, 종교, 예술 등 비영리사업을 목적으로 하고, ②구성원에게 이익분배를 하지 않을 때 비영리법인으로 판단할 수 있으며 구체적인 구분기준은 다음과 같다.

---

1) 면허주의라고도 하고 법인의 설립에 있어서 행정관청의 허가를 필요로 하는 주의이다. 특허주의와 준칙주의의 중간에 위치하는 것으로써 우리나라 「민법」은 비영리법인에 대해 일반적으로 허가주의를 취하고 있다.

2) 비영리법인의 세무, 국세공무원 교육원, 2024, 4쪽~5쪽

1 사업목적

「민법」은 영리법인과 비영리법인에 대한 구체적인 내용 없이 제32조에 학술, 종교, 자선, 기예, 사교 기타 영리 아닌 사업을 목적으로 하는 사단 또는 재단을 비영리법인으로 규정하고, 제39조[3]는 "영리를 목적으로 하는 사단"을 영리법인으로 할 수 있다고 정하였는바 법인의 사업목적에 따라 비영리법인을 구분해야 할 것이며 실무적으로 비영리법인의 사업목적이 무엇이냐는 당해 법인의 정관으로 판단한다.

2 이익분배 여부

비영리법인이 고유목적사업에 필요한 재원을 조달하기 위하여 일정한 수익사업을 영위할 수 있다. 그 결과 당기순이익이 발생할 수 있는데, 비영리법인은 해당 이익에 대해 분배를 해서는 안 되고 고유목적사업에 사용되어야 한다. 즉, 영리추구 여부만으로 영리법인과 비영리법인을 구분할 수 없으며 구성원에게 이익분배 하는지 여부가 판단기준이 되는 것이다.

그러므로 비영리법인은 구성원[4]들에게 지분율이 인정되지 않고 이사회를 통한 의결권만 있으며 목적사업 달성을 위한 수익사업으로 이익이 발생하여도 배당 없이 고유목적사업준비금[5] 등으로 법인에 유보되는 것이 비영리법인의 본질적인 특성이다.

또한 비영리법인은 구성원에게 이익분배가 금지되는바, 영리법인의 해산 시 구성원에 대한 잔여재산의 의제배당 같은 분배는 없고 잔여재산은 비영리법인 또는 국고에 귀속되는 것이 원칙이다.

따라서 비영리법인을 해산하는 경우 잔여재산을 국가 · 지방자치단체 또는 유사한 목적을 가진 다른 비영리법인에 귀속한다는 내용이 정관에 포함되어야 한다.

---

3) 「민법」 제39조【영리법인】① 영리를 목적으로 하는 사단은 상사회사설립의 조건에 좇아 이를 법인으로 할 수 있다.

4) 재단법인은 사원이 없는 법인, 즉 구성원이 존재하지 않으므로 이익분배가 논의될 수 없다.

5) 고유목적사업준비금에 대해서는 'PART 2 > Chapter 4'에서 상세히 설명하고자 한다.

3 설립근거

「법인세법」 제2조가 정한 비영리법인은 사단법인 또는 재단법인의 유형을 취하며 「민법」 제32조의 규정에 따라 주무관청의 허가를 받아야 하고, 주무관청이 규정하고 있는 소관 비영리법인의 설립 및 감독에 관한 개별법을 적용받아야 한다.

관련법령 「법인세법」 제2조 【정의】

이 법에서 사용하는 용어의 뜻은 다음과 같다.

1. "내국법인"이란 본점, 주사무소 또는 사업의 실질적 관리장소가 국내에 있는 법인을 말한다.
2. "비영리내국법인"이란 내국법인 중 다음 각 목의 어느 하나에 해당하는 법인을 말한다.
   가. 「민법」 제32조에 따라 설립된 법인
   나. 「사립학교법」이나 그 밖의 특별법에 따라 설립된 법인으로서 「민법」 제32조에 규정된 목적과 유사한 목적을 가진 법인(대통령령으로 정하는 조합법인 등이 아닌 법인으로서 그 주주(株主)·사원 또는 출자자(出資者)에게 이익을 배당할 수 있는 법인은 제외한다)

특히 비영리법인 중에서 공익목적사업을 하는 법인은 「공익법인의 설립운영에 관한 법률」을 근거로 재단법인 또는 사단법인을 설립하며, 그 밖에 의료법인은 「의료법」, 학교법인은 「사립학교법」, 사회복지사업법인은 「사회복지사업법」, 사회적협동조합은 「협동조합 기본법」을 근거로 공익법인을 설립해야 한다. 그리고 특수목적법인은 각 특수법인의 설립의 근거가 되는 법률이 존재한다. 예를 들면 「비영리민간단체 지원법」은 비영리 민간단체의 자발적인 활동을 보장하고 건전한 민간단체로 성장하도록 지원함으로써 비영리 민간단체의 공익활동 증진과 민주사회 발전에 기여하기 위해 제정한 특수목적법이며 비영리민간단체법인의 설립근거가 된다.

여기서 「공익법인의 설립운영에 관한 법률」은 공익법인 설립 시 정관 및 임원 구성 등 형식적 기준을 제시함으로써 민법의 규정을 보완하는 법령일 뿐이며 공익법인을 판단하는 준칙적 성격의 법령은 아니라는 사실에 유념할 필요가 있다.

비영리법인 중 일반적인 공익법인의 유형과 그 설립근거가 되는 법률을 대분류하면 다음과 같다.

비영리법인의 유형	법인 유형별 설립근거
비영리법인	「민법」
공익법인	「공익법인의 설립 · 운영에 관한 법률」
사회적협동조합	「협동조합 기본법」
교육	「사립학교법」 등
사회복지법인	「사회복지사업법」
의료	「의료법」
공공기관 (국가 · 지자체가 아닌 법인 · 기관 또는 단체)	「공공기관의 운영에 관한 법률」
비영리민간단체	「비영리민간단체 지원법」
그 외 특수법인(예시)	「한국장학재단 설립 등에 관한 법률」, 「휴면예금관리재단의 설립 등에 관한 법률」, 「한국교직원공제회법」, 「한국은행법」

▶ 법인의 종류[6] ◀

6) 비영리법인의 세무, 국세공무원 교육원, 2024, 6쪽

02 상속세 및 증여세법상 공익법인

1 개 념

공익법인이란 비영리법인 중에서 상대적으로 공익성이 선명한 종교, 교육, 사회복지, 의료, 문화 · 예술 등 사회일반의 공익을 목적으로 「민법」 또는 「공익법인의 설립 · 운영에 관한 법률」, 「사립학교법」 등 특별법에 의해 설립된 비영리법인을 말한다.

사회 일반의 공익을 목적으로 하는 사업이므로 공익법인에 출연되거나 기부된 자산에 대해서는 상속 · 증여세가 과세되지 않는다. 출연된 자산의 액수와 상관없이 상속 · 증여세가 부과되지 않는 세법상 특별한 혜택을 주는 반면, 세법 위반에 대해서는 엄격 추징을 하는 특징이 있다. 「민법」 제32조에 따라 주무관청의 허가를 받아 설립되며, 임원 · 정관변경 · 재산처분 등에 대해 주무관청의 감독을 받고 수익사업을 통해 소득이 발생하면 법인세가 과세된다.

세법에서 공익법인은 「법인세법」상 비영리법인으로써 「상속세 및 증여세법 시행령」 제12조 각 호에 열거된 공익사업을 영위하는 법인을 말한다.

「법인세법」상 비영리법인	「상속세 및 증여세법」상 공익법인
① 「민법」 제32조에 따라 설립된 법인 ② 「사립학교법」이나 그 밖의 특별법에 따라 설립된 법인 ③ 「국세기본법」 제13조 제4항에 따른 법인으로 보는 단체	① 불특정다수의 이익(공익)을 사업목적으로 하고 있는 법인 등 ② 「상속세 및 증여세법 시행령」 제12조에서 구체적으로 열거된 법인

2 「상속세 및 증여세법」상 공익법인의 범위(상증령 §12)

피상속인 또는 상속인으로부터 출연 받은 상속재산에 대하여 상속세가 과세되지 않는 공익법인이라 함은 종교 · 자선 · 학술 관련 사업 등 공익성을 고려하여 아래의 사업을 영위하는 자를 말한다. 따라서 공익법인은 「법인세법」상 비영리법인 중 「상속세 및 증여세법 시행령」 제12조 각 호에 열거된 다음의 공익사업을 영위하는 법인을 말한다(상증령 §12).

① 종교의 보급 기타 교화에 현저히 기여하는 사업

종교단체는 고유목적사업으로 공익법인 여부를 판단하나 종교 활동을 위한 인적 · 물적 시설이 있어야 한다.

② 「초 · 중등교육법」 및 「고등교육법」에 의한 학교, 「유아교육법」에 따른 유치원을 설립 · 경영하는 사업

③ 「사회복지사업법」에 따른 사회복지법인이 운영하는 사업

「사회복지사업법」 제2조에서 규정한 사회복지사업을 행할 목적으로 설립된 법인으로 「국민기초생활보장법」, 「아동복지법」, 「노인복지법」, 「성매매방지 및 피해자보호 등에 관한 법률」 등 다양한 법률 규정에 따라 운영하는 각종 사회복지사업을 말한다.

④ 「의료법」에 따른 의료법인이 운영하는 사업

의료법인이라 함은 「의료법」 제48조에 따라 의료업을 목적으로 설립된 법인으로 같은 법 제33조 제2항의 규정에 의하여 의료기관*을 개설하여 의료업을 영위할 수 있으며, 의료법인이 아니면 의료법인 또는 이와 유사한 명칭을 사용할 수 없도록 규정하고 있다.

* **의료기관** : 「의료법」 제3조는 의료인이 공중 또는 특정 다수인을 위하여 의료 · 조산의 업(의료업)을 하는 곳으로 의원급 의료기관(의원, 치과의원, 한의원), 조산원, 병원급 의료기관(병원, 치과병원, 한방병원, 요양병원, 정신병원, 종합병원)으로 구분

⑤ 「법인세법」 제24조 제2항 제1호 (구 법정기부금)에 해당하는 기부금을 받은 자가 기부금으로 운영하는 사업

관련법령 법인세법 제24조 제2항 제1호에 따른 특례기부금(구 법정기부금)법」

다음 각 목의 어느 하나에 해당하는 기부금

가. 국가나 지방자치단체에 무상으로 기증하는 금품의 가액. 다만, 「기부금품의 모집 및 사용에 관한 법률」의 적용을 받는 기부금품은 같은 법 제5조 제2항에 따라 접수하는 것만 해당한다.

나. 국방헌금과 국군장병 위문금품의 가액

다. 천재지변으로 생기는 이재민을 위한 구호금품의 가액

라. 다음의 기관(병원은 제외)에 시설비 · 교육비 · 장학금 또는 연구비로 지출하는 기부금

1) 「사립학교법」에 따른 **사립학교**

2) 비영리 교육재단(국립 · 공립 · 사립학교의 시설비, 교육비, 장학금 또는 연구비 지급을 목적으로 설립된 비영리 재단법인으로 한정한다)

3) 「국민 평생 직업능력 개발법」에 따른 **기능대학**

4) 「평생교육법」에 따른 전공대학의 명칭을 사용할 수 있는 **평생교육시설 및 원격대학 형태의 평생교육시설**

5) 「경제자유구역 및 제주국제자유도시의 외국교육기관 설립 · 운영에 관한 특별법」에 따라 설립된 **외국교육기관** 및 「제주특별자치도 설치 및 국제자유도시 조성을 위한 특별법」에 따라 설립된 **비영리법인이 운영하는 국제학교**

6) 「산업교육진흥 및 산학연협력촉진에 관한 법률」에 따른 **산학협력단**

7) 「한국과학기술원법」에 따른 **한국과학기술원**, 「광주과학기술원법」에 따른 **광주과학기술원**, 「대구경북과학기술원법」에 따른 **대구경북과학기술원**, 「울산과학기술원법」에 따른 **울산과학기술원** 및 「한국에너지공과대학교법」에 따른 **한국에너지공과대학교**

8) 「국립대학법인 서울대학교 설립 · 운영에 관한 법률」에 따른 **국립대학법인 서울대학교**, 「국립대학법인 인천대학교 설립 · 운영에 관한 법률」에 따른 **국립대학법인 인천대학교** 및 이와 유사한 학교로서 대통령령으로 정하는 학교

9) 「재외국민의 교육지원 등에 관한 법률」에 따른 **한국학교**(대통령령으로 정하는 요건을 충족하는 학교만 해당한다)로서 대통령령으로 정하는 바에 따라 기획재정부장관이 지정 · 고시하는 학교

▶ 기획재정부 지정 고시 공익법인 중 한국학교의 범위(법인령 §38 ⑥) ◀

공익법인	지정기간
소주한국학교	2020.1.1.~2025.12.31.
광저우한국학교	2021.1.1.~2026.12.31.
프놈펜한국국제학교 등 1개교	2022.1.1.~2027.12.31.
건국한국학교 등 13개교	2023.1.1.~2028.12.31.

10) 「한국장학재단 설립 등에 관한 법률」에 따른 **한국장학재단**

마. **다음의 병원에 시설비 · 교육비 또는 연구비로 지출하는 기부금**

1) 「국립대학병원 설치법」에 따른 **국립대학병원**

2) 「국립대학치과병원 설치법」에 따른 **국립대학치과병원**

3) 「서울대학교병원 설치법」에 따른 **서울대학교병원**

4) 「서울대학교치과병원 설치법」에 따른 **서울대학교치과병원**

5) 「사립학교법」에 따른 **사립학교가 운영하는 병원**

6) 「암관리법」에 따른 **국립암센터**

7) 「지방의료원의 설립 및 운영에 관한 법률」에 따른 **지방의료원**

8) 「국립중앙의료원의 설립 및 운영에 관한 법률」에 따른 **국립중앙의료원**

9) 「대한적십자사 조직법」에 따른 **대한적십자사가 운영하는 병원**

10) 「한국보훈복지의료공단법」에 따른 한국보훈복지의료공단이 운영하는 병원
11) 「방사선 및 방사성동위원소 이용진흥법」에 따른 한국원자력의학원
12) 「국민건강보험법」에 따른 국민건강보험공단이 운영하는 병원
13) 「산업재해보상보험법」 제43조 제1항 제1호에 따른 의료기관
14) 1)부터 13)까지의 병원이 설립한 「보건의료기술 진흥법」 제28조의 2 제1항에 따른 의료기술협력단

바. 사회복지사업, 그 밖의 사회복지활동의 지원에 필요한 재원을 모집 · 배분하는 것을 주된 목적으로 하는 비영리법인(대통령령으로 정하는 요건을 충족하는 법인만 해당한다)으로서 대통령령으로 정하는 바에 따라 기획재정부장관이 지정 · 고시하는 법인에 지출하는 기부금

▶ 기획재정부 지정 고시 공익법인 중 전문모금기관의 범위(법인령 §38 ⑥) ◀

번호	공익법인	지정기간
1	「사회복지공동모금회법」에 따른 사회복지공동모금회	2023.1.1.부터 2028.12.31.까지
2	재단법인 바보의 나눔	

⑥ 「법인세법 시행령」 제39조 제1항 제1호 각 목에 따른 공익법인등 및 「소득세법 시행령」 제80조 제1항 제5호에 따른 공익단체가 운영하는 고유목적사업

이 경우 설립일부터 1년 이내에 「법인세법 시행령」 제39조 제1항 제1호 바목에 따른 공익법인등으로 고시된 경우에는 그 설립일부터 공익법인등에 해당하는 것으로 본다. 다만, 회원의 친목 또는 이익을 증진시키거나 영리를 목적으로 대가를 수수하는 등 공익성이 있다고 보기 어려운 고유목적사업은 제외한다.

관련법령 「법인세법 시행령」 제39조 제1항 제1호에 따른 기부금(구 '지정기부금')

가. 「사회복지사업법」에 따른 사회복지법인
나. 「영유아보육법」에 따른 어린이집
다. 「유아교육법」에 따른 유치원, 「초 · 중등교육법」 및 「고등교육법」에 따른 학교, 「국민 평생 직업능력 개발법」에 따른 기능대학, 「평생교육법」 제31조 제4항에 따른 전공대학 형태의 평생교육시설 및 같은 법 제33조 제3항에 따른 원격대학 형태의 평생교육시설
라. 「의료법」에 따른 의료법인 및 「보건의료기술 진흥법」제28조의2 제1항에 따른 의료기술협력단(법 제24조 제2항 제1호 마목14에 따른 의료기술협력단은 제외)
마. 종교의 보급, 그 밖에 교화를 목적으로 「민법」 제32조에 따라 문화체육관광부장관 또는 지방자치단체의 장의 허가를 받아 설립한 비영리법인(그 소속 단체를 포함한다)
바. 「민법」 제32조에 따라 주무관청의 허가를 받아 설립된 비영리법인, 비영리외국법인, 사회적협동조합, 「공공기관의 운영에 관한 법률」 제4조에 따른 공공기관 또는 법률에 따라

직접 설립 또는 등록된 기관 중 요건을 모두 충족한 것으로서 국세청장의 추천을 받아 기획재정부장관이 지정하여 고시한 법인. 이 경우 국세청장은 해당 법인의 신청을 받아 기획재정부장관에게 추천해야 한다.

관련법령 「소득세법 시행령」 제80조 제1항 제5호에 따른 기부금

비영리민간단체 지원법에 따라 등록된 단체 중 일정요건을 갖춘 것으로 행정안전부의 추천을 받아 기획재정부장관이 지정한 단체에 지출하는 기부금

⑦ 「법인세법 시행령」 제39조 제1항 제2호 다목에 해당하는 기부금을 받는 자가 해당 기부금으로 운영하는 사업. 다만, 회원의 친목 또는 이익을 증진시키거나 영리를 목적으로 대가를 수수하는 등 공익성이 있다고 보기 어려운 고유목적사업은 제외한다.

▶ '법인령 제39조 제1항 제2호 다목'의 기부금 ◀

사회복지 · 문화 · 예술 · 교육 · 종교 · 자선 · 학술 등 공익목적으로 지출하는 기부금으로서 기획재정부장관이 지정하여 고시하는 아래의 기부금을 말한다.

- 보건복지가족부장관이 인정하는 의료취약지역에서 비영리법인이 행하는 의료사업의 사업비 · 시설비 · 운영비로 지출하는 기부금
- 「국민체육진흥법」에 따른 국민체육진흥기금으로 출연하는 기부금
- 「근로복지기본법」에 따른 사내근로복지기금 또는 공동근로복지기금으로 출연하는 기부금(사업자 외의 개인이 출연하는 것으로 한정한다)
- 「문화예술진흥법」 제7조에 따른 전문예술단체에 문화예술진흥사업 및 활동을 지원하기 위하여 지출하는 기부금
- 「협동조합 기본법」에 따른 사회적협동조합, 사회적협동조합연합회(전체 사업량의 40% 이상을 「협동조합기본법」 제93조 제1항에 따른 사업을 수행하는 것으로 정관에 규정한 연합회로 한정한다) 및 「사회적기업 육성법」에 따른 사회적기업(비영리법인으로 한정한다)의 사회서비스 또는 일자리를 제공하는 사업을 위하여 지출하는 기부금
- 「도서관법」에 따라 등록된 작은도서관에 사업비, 시설비, 운영비로 지출하는 기부금 등

'공익목적기부금의 범위'는 기획재정부 홈페이지 → 법령 → 행정규칙 → 고시 · 공고 · 지침 → '공익법인' 키워드 검색 → '20XX년 X분기 공익법인등 지정 · 변경에 관한 고시' 확인할 수 있다.

▶ 경과규정에 의해 2020.12.31.까지 공익법인 해당하는 공익법인 ◀

공익법인에 해당하는 경우	공익법인에 해당하지 않는 경우
• 기재부 지정 공익법인이 해당 기부금을 받지 않은 경우에도 공익법인에 해당하는지 여부(공익중소법인지원팀-862, 2022.9.15.) 「법인세법 시행령」 제39조 제1항 제2호 다목에 따른 기부금을 받을 수 있는 단체는 해당 기부금의 수령 여부와 관계없이 해당 기부금 지정·고시 시점부터 「상증세법 시행령」 제12조 제10호에 따른 공익법인에 해당하는 것임	• 개인이 운용하는 아동복지시설은 공익법인에 해당하지 않음(법인세과-4136, 2020.11.19.) 사회복지법인이 아닌 개인이 운용하는 아동복지시설은 「상속세 및 증여세법 시행령」 제12조에 따른 공익법인 등에 해당하지 않는 것이고, 공익법인이 아닌 경우 출연재산 보고서 제출의무가 없음
	• 개인이 설립한 학교형태의 학력인정 평생교육시설은 공익법인에 해당하지 않음(법령해석재산-21431, 2015.4.10.) 개인이 설립한 학교형태의 학력인정 평생교육시설은 「상속세 및 증여세법」 제48조 및 「상속세 및 증여세법 시행령」 제12조 제2호 규정에 따라 「초·중등교육법」에 의한 학교를 설립·경영하는 공익법인 등에 해당하지 아니함
• 기재부장관에게 지정받은 기부금단체는 공익법인에 해당함(법인-1032, 2010.11.2.) 재단법인 ××발전기금은 「법인세법 시행령」 제36조 제1항 제1호 다목에 따른 지정기부금단체에 해당되지 아니하는 것이나, 주무관청의 추천을 받아 기획재정부장관으로부터 지정기부금단체로 지정을 받을 경우에는 같은 호 사목에 따른 지정기부금단체에 해당하는 것임	• 공원묘원을 운영하는 사업은 공익사업에 해당하지 아니함(재산-141, 2010.3.9.) 공원묘원의 운영 및 위탁관리사업을 주로 영위하는 재단법인은 「상속세 및 증여세법」의 규정에 의한 공익법인 등에 포함되지 아니함
	• 납골시설을 설치·운영하는 재단법인은 공익법인에 해당하지 않음(서면4팀-3510, 2006.10.25.)

▶ 공익법인으로 보지 않는 사례[7] ◀

- 법인으로 보는 단체로 승인받은 법인 중 종중, 동창회, 영업자 단체 등
- 국가기관, 정당, 조합법인
- 영리기업의 사업자단체(주무관청의 허가 여부에 불구함)
- 인가받지 아니한 유치원이 수행하는 사업
- 공원묘원, 납골당

7) 공익법인 세무안내, 국세청, 2025, 32쪽

03 법인세법상 비영리법인

「법인세법」 제2조 제2호의 비영리법인은 다음과 같이 구분할 수 있다.

▶ 「법인세법」상 비영리법인 ◀

① 「민법」 제32조에 따라 설립된 법인
② 「사립학교법」이나 그 밖의 특별법에 따라 설립된 법인으로서 「민법」 제32조에 규정된 목적과 유사한 목적을 가진 법인(「법인세법 시행령」 제2조 제1항* 의 조합법인 등이 아닌 법인으로서 그 주주(株主)·사원 또는 출자자(出資者)에게 이익을 배당할 수 있는 법인은 제외한다)
③ 「국세기본법」 제13조 제4항에 따른 법인으로 보는 단체

* 「법인세법 시행령」 제2조 제1항
다음에 해당하는 조합법인 등은 구성원에게 이익을 배당함에도 불구하고 비영리법인에 해당한다.
① 「농업협동조합법」에 따라 설립된 조합(조합공동사업법인을 포함한다)과 그 중앙회
② 「소비자생활협동조합법」에 따라 설립된 조합과 그 연합회 및 전국연합회
③ 「수산업협동조합법」에 따라 설립된 조합(어촌계 및 조합공동사업법인을 포함한다)과 그 중앙회
④ 「산림조합법」에 따라 설립된 산림조합(산림계를 포함한다)과 그 중앙회
⑤ 「엽연초생산협동조합법」에 따라 설립된 엽연초생산협동조합과 그 중앙회
⑥ 「중소기업협동조합법」에 따라 설립된 조합과 그 연합회 및 중앙회
⑦ 「신용협동조합법」에 따라 설립된 신용협동조합과 그 연합회 및 중앙회
⑧ 「새마을금고법」에 따라 설립된 새마을금고와 그 연합회
⑨ 「염업조합법」에 따라 설립된 대한염업조합

04 비영리법인과 공익법인과의 관계

「민법」 또는 「공익법인의 설립·운영에 관한 법률」, 「사립학교법」 등은 비영리법인 또는 공익법인의 설립과 운영, 주무관청의 검사·감독에 관한 사항을 규정하고 있으나, 「법인세법」은 법인의 납세의무를 규정하고 있으므로 그 규정의 목적과 적용방법이 다르다.

▶ 비영리법인과 공익법인과의 관계[8] ◀

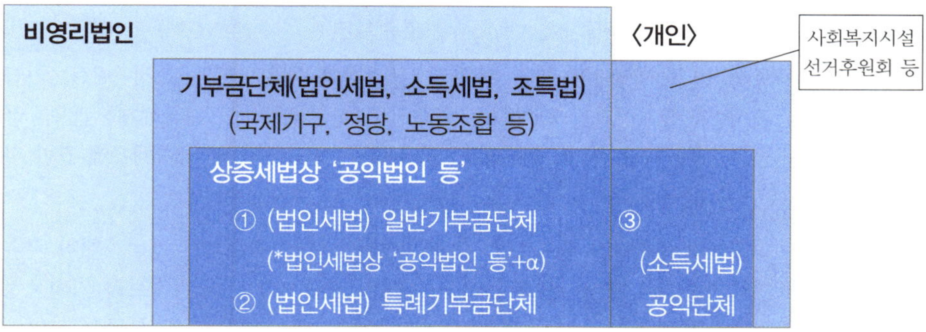

☞「법인세법」상 비영리법인이 「상속세 및 증여세법」상 공익법인보다 넓은 개념이다.

▶ [참고사항] 비영리법인의 설립절차 및 법인설립신고[9] ◀

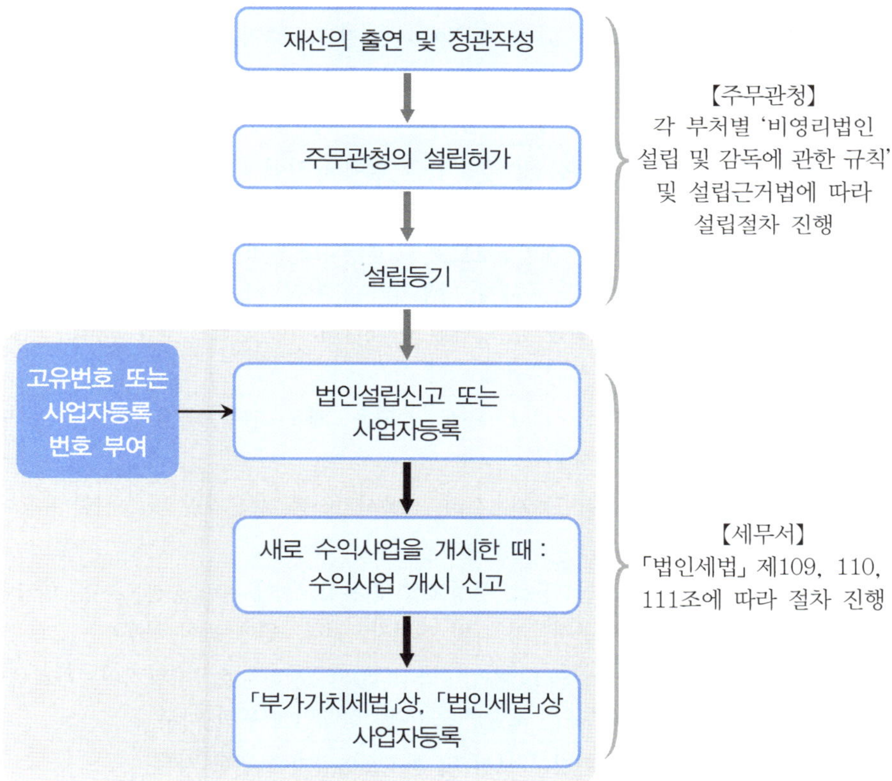

8) 공익법인 세무안내, 국세청, 2025, 35쪽

9) 공익법인 세무안내, 국세청, 2025, 36쪽

▶ [참고사항] 비영리법인 설립허가 주무관청[10] ◀

주무관청	소관사무
기획재정부	중장기 국가발전전략수립, 경제 · 재정정책의 수립 · 총괄 · 조정, 예산 · 기금의 편성 · 집행 · 성과관리, 화폐 · 외환 · 국고 · 정부회계 · 내국세제 · 관세 · 국제금융, 공공기관 관리, 경제협력 · 국유재산 · 민간투자 및 국가채무에 관한 사무
교육부	인적자원개발정책, 학교교육 · 평생교육, 학술에 관한 사무
과학기술정보통신부	과학기술정책의 수립 · 총괄 · 조정 · 평가, 과학기술의 연구개발 · 협력 · 진흥, 과학기술인력 양성, 원자력 연구 · 개발 · 생산 · 이용, 국가정보화 기획 · 정보보호 · 정보문화, 방송 · 통신의 융합 · 진흥 및 전파관리, 정보통신산업, 우편 · 우편환 및 우편대체에 관한 사무
외교부	외교, 경제외교 및 국제경제협력외교, 국제관계 업무에 관한 조정, 조약 기타 국제협정, 재외국민의 보호 · 지원, 재외동포정책의 수립, 국제정세의 조사 · 분석에 관한 사무
통일부	통일 및 남북대화 · 교류 · 협력에 관한 정책의 수립, 통일교육, 그 밖에 통일에 관한 사무
법무부	검찰 · 행형 · 인권옹호 · 출입국관리 그 밖에 법무에 관한 사무
국방부	국방에 관련된 군정 및 군령과 그 밖에 군사에 관한 사무
행정안전부	국무회의의 서무, 법령 및 조약의 공포, 정부조직과 정원, 상훈, 정부혁신, 행정능률, 전자정부, 개인정보보호, 정부청사의 관리, 지방자치제도, 지방자치단체의 사무지원 · 재정 · 세제, 낙후지역 등 지원, 지방자치단체 간 분쟁조정, 선거 · 국민투표에 관한 사무, 안전 및 재난에 관한 정책의 수립 · 총괄 · 조정, 비상대비, 민방위 및 방재에 관한 사무
문화체육관광부	문화 · 예술 · 영상 · 광고 · 출판 · 간행물 · 체육 · 관광, 국정에 대한 홍보 및 정부발표에 관한 사무
농림축산식품부	농산 · 축산, 식량 · 농지 · 수리, 식품산업진흥, 농촌개발 및 농산물 유통에 관한 사무
산업통상자원부	상업 · 무역 · 공업 · 통상, 통상교섭 및 통상교섭에 관한 총괄 · 조정, 외국인 투자, 산업기술연구개발정책 및 에너지 · 지하자원에 관한 사무
보건복지부	보건위생 · 방역 · 의정(醫政) · 약정(藥政) · 생활보호 · 자활지원 · 사회보장 · 아동(영 · 유아보육을 포함) · 노인 및 장애인에 관한 사무
환경부	자연환경, 생활환경의 보전 및 환경오염방지에 관한 사무
고용노동부	고용정책의 총괄, 고용보험, 직업능력개발훈련, 근로조건의 기준, 근로자의 복지후생, 노사관계의 조정, 산업안전보건, 산업재해보상보험과 그 밖에 고용과 노동에 관한 사무

10) 공익법인 세무안내, 국세청, 2025, 37쪽

주무관청	소관사무
여성가족부	여성정책의 기획 · 종합, 여성의 권익증진 등 지위향상, 청소년 및 가족(다문화가족과 건강가정사업을 위한 아동업무를 포함)에 관한 사무
국토교통부	국토종합계획의 수립 · 조정, 국토 및 수자원의 보전 · 이용 및 개발, 도시 · 도로 및 주택의 건설, 해안 · 하천 및 간척, 육운 · 철도 및 항공에 관한 사무
해양수산부	해양정책, 수산, 어촌개발 및 수산물 유통 해운 · 항만, 해양환경, 해양조사, 해양자원개발, 해양과학기술연구 · 개발 및 해양안전심판에 관한 사무
중소벤처기업부	중소기업 정책의 기획 · 종합, 중소기업의 보호 · 육성, 창업 · 벤처기업의 지원, 대 · 중소기업 간 협력 및 소상공인에 대한 보호 · 지원에 관한 사무

▶ [참고사항] 주무관청 법인업무 위임 또는 위탁[11] ◀

「행정권한의 위임 및 위탁에 관한 규정」에 의거하여 비영리법인의 설립허가 등 업무를 지방자치단체의 장이나 하급행정기관의 장 등에 위임할 수 있다.

주무관청	위임 또는 위탁받은 기관
과학기술정보통신부	• 우정사업본부장(우정사업 관련 비영리법인) • 국립전파연구원장 및 중앙전파관리소장 • 국립과천과학관장(서울특별시, 경기도 및 강원도 소재 과학기술 관련 비영리법인) • 국립중앙과학관장(그 외 소재 과학기술 관련 비영리법인)
교육부	교육감
외교부	특별시장 · 광역시장 · 특별자치시장 · 도지사 또는 특별자치도지사
행정안전부	특별시장 · 광역시장 · 특별자치시장 · 도지사 또는 특별자치도지사
소방청	특별시장 · 광역시장 · 특별자치시장 · 도지사 또는 특별자치도지사
문화체육관광부	특별시장 · 광역시장 · 특별자치시장 · 도지사 또는 특별자치도지사
국가유산청	특별시장 · 광역시장 · 특별자치시장 · 도지사 또는 특별자치도지사
농림축산식품부	특별시장 · 광역시장 · 특별자치시장 · 도지사 또는 특별자치도지사
농촌진흥청	특별시농업기술센터소장, 광역시농업기술센터소장, 도 농업기술센터소장, 특별자치시농업기술센터소장, 특별자치도농업기술센터소장
산림청	특별시장 · 광역시장 · 특별자치시장 · 도지사 또는 특별자치도지사
산업통상자원부	특별시장 · 광역시장 · 특별자치시장 · 도지사 또는 특별자치도지사
보건복지부	특별시장 · 광역시장 · 특별자치시장 · 도지사 또는 특별자치도지사

11) 공익법인 세무안내, 국세청, 2025, 38쪽

주무관청	위임 또는 위탁받은 기관
환경부	특별시장 · 광역시장 · 특별자치시장 · 도지사 또는 특별자치도지사
고용노동부	지방고용노동청장 또는 지청장
여성가족부	특별시장 · 광역시장 · 특별자치시장 · 도지사 또는 특별자치도지사
국토교통부	특별시장 · 광역시장 · 특별자치시장 · 도지사 또는 특별자치도지사
해양수산부	특별시장 · 광역시장 · 특별자치시장 · 도지사 또는 특별자치도지사(수산 및 해양레저스포츠 분야)
중소벤처기업부	지방중소벤처기업청장
국가보훈처	특별시장 · 광역시장 · 특별자치시장 · 도지사 또는 특별자치도지사
식품의약품안전처	특별시장 · 광역시장 · 특별자치시장 · 도지사 또는 특별자치도지사(법인의 활동범위가 인접한 2개 이하의 특별시장 · 광역시장 · 특별자치시장 · 도지사 또는 특별자치도지사의 관할구역에 한정되는 경우만 해당)

05 공익법인에 대한 판례 및 해설

공익법인 등에 출연한 재산은 상속세 과세가액에 불산입하며 공익법인 등이 출연받은 재산 또한 공익법인은 수증자의 지위이나 출연가액(수증가액)의 크기에 상관없이 전액 증여세 과세가액에 불산입되고, 그 외 소득세(특히 양도소득세), 부가가치세에 대한 조세도 지원되는 등 큰 세제혜택을 받을 수 있다.

이와 같이 큰 세제혜택을 받기 위한 공익법인은 당연히 주무관청의 승인을 받은 법인을 전제로 하나 판례 등은 종교단체는 법인등록 여부와 관계없이 고유목적사업으로 공익법인 여부를 판단하고 있으며, 교육사업은 법인격을 갖추지 않은 경우 공익법인으로 인정하지 않고 있다.

따라서 공익법인 여부 판단 시 법령뿐만 아니라 관련 판례 및 해설을 살펴보아야 할 것이므로 이하 「상속세 및 증여세법 시행령」 제12조에 따른 공익법인별 해설 및 판례를 서술하고자 한다.

「상속세 및 증여세법 시행령」 제12조에 따른 공익법인 관련 해설 및 판례

1. 종교의 보급 및 교화에 현저히 기여하는 사업

1 종교보급의 경우 공익법인에 해당(서면상속증여 2019-2919, 2020.5.6.)

"종교의 보급 기타 교화에 현저히 기여하는 사업"을 운영하는 종교단체는 공익법인 등에 해당하는 것이며, 공익법인 등이 재산을 출연받아 그 출연받은 날부터 3년 이내에 직접 공익목적사업에 사용하는 경우 등에는 증여세가 부과되지 않는 것임

2 개인사찰의 경우 공익법인 여부(인천지법 2018구합832, 2020.4.24.)

사찰 명의로 등기되지 않은 경우 창건주의 개인사찰에 불과함

사찰이 그 사찰명의로 등기하지 않고 개인 명의로 등기한 경우에는 창건주의 개인사찰로서 불교목적시설에 불과하여 이에 대하여 별도의 비영리법인 재단 또는 사단으로서의 단체성을 인정하기 어려움

3 개인사찰이 출연 받는 경우 과세가액 불산입 여부

(서면상속증여 2016-3998, 2016.6.17.)

"종교의 보급 기타 교화에 현저히 기여하는 사업"을 운영하는 종교단체는 공익법인 등에 해당하는 것이며, 이 경우 종교단체가 공익법인 등에 해당하는지 여부는 해당 종교단체가 수행하는 정관상 고유목적사업에 따라 판단하는 것임

4 종교단체는 법인등록 여부와 관계없이 고유목적사업으로 공익법인 여부 판단

(재산-274, 2011.6.7.)

종교단체가 공익법인 등에 해당하는지 여부는 법인으로 등록했는지에 관계없이 당해 종교단체가 수행하는 정관상 고유목적사업에 따라 판단하는 것임

5 향교재단의 공익사업 여부(재삼 46014-1914, 1995.7.25.)

「향교재산법」에 따라 설립된 향교재단이 유교의 진흥을 목적으로 운영하는 사업은 공익사업에 해당함

2. 「초 · 중등교육법」 등에 따른 학교를 경영하는 사업

1 인가 없는 교육시설의 공익법인 여부(서울고법 2018누56161, 2018.12.6.)

원고는 주무관청에 종교단체로 등록한 사실이 없고, 비수익사업 주체에 해당하는 「고등교육법」상 학교 또는 「평생교육법」상 평생교육시설로 주무관청으로부터 설립인가를 받았다고 인정할 증거도 없으며, 오히려 서울특별시 서부교육지원청 교육장에게 학원으로 등록하여 이 사건 건물에서 ○○○신학교 평생교육원, ○○○신학교, ◆◆신학대학원, 박사원 등의 명칭으로 학원을 운영 중인데, 통계청장이 고시한 한

국표준산업분류에 따르면 학원은 교육서비스업의 일종으로 수익사업에 해당

2 개인명의 사립유치원 공익법인 여부(대법원 2018두45206, 2018.9.13.)

개인명의 등기한 부동산은 공익법인 등 출연한 재산으로 볼 수 없음. 공익법인 등은 법인(법인 아닌 사단, 재단 포함)을 전제하고 있으므로 개인은 포함되지 아니한다고 봄이 타당

3 아파트단지 내 사립유치원 공익법인 여부(서울고법 2017누40886, 2018.5.2.)

개인명의 등기한 부동산은 공익법인 등 출연한 재산으로 볼 수 없음.

공익법인 등은 법인(법인 아닌 사단, 재단 포함)을 전제하고 있으므로 개인은 포함되지 아니한다고 봄이 타당

3. 「사회복지사업법」에 따른 사회복지법인이 운영하는 사업

■ **개인이 운영하는 복지시설의 공익법인 해당 여부**(서면법인 2020 - 1285, 2020.11.19.)

사회복지법인이 아닌 개인이 운용하는 아동복지시설은 「상속세 및 증여세법 시행령」 제12조에 따른 공익법인 등에 해당하지 않는 것이고, 공익법인이 아닌 경우 출연재산 보고서 제출의무가 없음

4. 「의료법」 등에 따른 의료법인이 운영하는 사업

5. 「법인세법」 제24조 제2항 제1호(구 법정기부금)에 해당하는 기부금을 받은 자가 기부금으로 운영하는 사업

■ **법정기부금단체 공익법인 여부**(서면상속증여 2018 - 1151, 2018.11.1.)

구 「법인세법」 제24조 제2항 제7호에 따른 법정기부금단체 중 공공기관 등은 「상속세 및 증여세법 시행령」 제12조 제11호에 따른 공익법인에 해당됨

6. 「법인세법 시행령」 제39조 제1항 제1호(구 지정기부금) 각 목에 따른 기부금 단체

1 지정기부금단체 공익법인 여부(서면상속증여 2018 - 1791, 2018.11.12.)

구 「법인세법 시행령」 제36조 제1항 제1호 각 목에 따른 지정기부금단체 등으로서 공익성 있는 고유목적사업을 영위하는 자는 공익법인 등에 해당하는 것임

2 기획재정부령 지정기부금단체 공익법인 여부(서면상속증여 2018 - 2758, 2018.10.17.)

기획재정부령이 정하는 지정기부금단체로 공익성이 있는 고유목적사업을 영위하는 경우 공익법인에 해당하며, 출연 받은 재산의 가액은 증여세 과세가액에 산입하지 아니함

3 수익사업이 고유목적사업인 지정기부금 단체의 공익법인 여부

(서면 - 2018 - 법령해석재산 - 1287, 2018.5.9.)

「법인세법 시행령」 제39조 제1항 제1호에 따른 지정기부금단체인 지역신용보증재단이 수익사업인 신용보증사업(정관상 고유목적사업)만을 영위하는 경우에는 「상속세 및 증여세법 시행령」 제12조에 따른 공익법인등에 해당하지 아니하는 것임

7. 「소득세법 시행령」 제80조 제1항 및 제1항 제5호에 따른 공익단체(구 기부금대상 민간단체)가 운영하는 고유목적사업

8. 「법인세법 시행령」 제39조 제1항 제2호 다목에 따른 기부금단체

9. 기타 문화 · 예술, 특수한 공익사업

1 박물관 등 공익법인 여부(상속증여 - 72, 2014.3.31.)

「박물관 및 미술관 진흥법」에 의하여 시 · 도지사의 승인을 받아 설립한 사립박물관으로서 관계행정기관의 장의 추천을 받아 기획재정부장관으로부터 공익법인 등으로 지정을 받은 경우에는 공익법인 등으로 보는 것임

2 예술 및 문화의 공익법인 판단 기준(상속증여 - 9, 2013.5.3.)

예술 및 문화에 현저히 기여하는 사업 중 영리를 목적을 하지 않는 사업을 영위하는 자가 공익법인 등에 해당하는지 여부는 기획재정부장관이 지정했는지 또는 정부로부터 허가 또는 인가를 받은 문화 · 예술단체에 해당하는지 여부로 판단할 사항임

3 공공기관의 공익법인 해당 여부 등(서면법인 2020 - 2185, 2020.11.30.)

공공기관의 경우에도 「상속세 및 증여세법 시행령」 제12조 각 호 어느 하나에 해당하는 사업을 하는 경우에만 공익법인에 해당하는 것임

4 환경보호단체 공익법인 여부(서면상속증여 2016 - 5728, 2016.11.30.)

환경보호에 현저히 기여하는 사업으로서 영리를 목적으로 하지 아니하는 사업을 영위하는 법인은 「상속세 및 증여세법」상 공익법인 등에 해당함

5 공동묘지 무료운영이 공익법인 여부(상속증여 - 456, 2013.8.8.)

마을회가 토지를 출연받아 공동묘지로 사용하는 경우 공익사업에 해당하는지 여부 마을회가 공동묘지를 무료로 운영하는 사업은 같은 조 제8호의 “공원 기타 공중이 무료로 이용하는 시설을 운영하는 사업”으로 보는 것임

PART 2

공익법인과 법인세법

Chapter 1 상속세 및 증여세법상 공익법인과 법인세법상 공익법인과 비교

「상속세 및 증여세법」상 공익법인은 「법인세법」상 비영리법인에 해당한다. 이번 장에서는 공익법인의 과세소득 범위, 구분 경리, 고유목적사업준비금 등 「법인세법」상 납세의무 관련 규정에 대해 살펴보고자 한다.

또한 「상속세 및 증여세법」상 공익법인은 아래와 같이 「법인세법」상 기부금[1)]단체와 거의 유사한 것을 볼 수 있다. 기부금(출연재산)에 대해 「법인세법」과 「상속세 및 증여세법」은 각각의 의무사항 및 사후관리 규정을 두고 있다. 별도의 규정이긴 하지만 동일한 기부금에 대한 규정으로 상호 연계되는 사항이 있으니 신고 시 주의를 요한다.

「상속세 및 증여세법」상 공익법인	「법인세법」상 공익법인
1. 「상속세 및 증여세법 시행령」 제12조 ① 종교의 보급 기타 교화에 현저히 기여하는 사업	
② 「초 · 중등교육법」 및 「고등교육법」에 의한 학교, 「유아교육법」에 따른 유치원을 설립 · 경영하는 사업	
③ 「사회복지사업법」의 규정에 의한 사회복지법인이 운영하는 사업	
④ 「의료법」에 따른 의료법인이 운영하는 사업	
⑤ 「법인세법」 제24조 제2항 제1호에 해당하는 기부금을 받는 자가 해당 기부금으로 운영하는 사업	1. 「법인세법」 제24조 제2항 제1호 사립학교, 국립대학병원, 한국학교(법인령 §38) 등에 지출하는 기부금

1) 「법인세법」은 법정기부금과 지정기부금으로 분류하던 용어를 삭제하고 공익법인으로 개정하였으나 기존과 같이 법정기부금, 지정기부금으로 표기함

「상속세 및 증여세법」상 공익법인	「법인세법」상 공익법인
⑥「법인세법 시행령」 제39조 제1항 제1호 각 목에 따른 공익법인등 및 「소득세법 시행령」 제80조 제1항 제5호에 따른 공익단체가 운영하는 고유목적사업	2. 「법인세법 시행령」 제39조 사회복지법인, 학교, 의료법인, 종교법인 및 단체, 기획재정부장관이 지정고시한 비영리법인 등
⑦「법인세법 시행령」 제39조 제1항 제2호 다목에 해당하는 기부금을 받는 자가 해당 기부금으로 운영하는 사업	

기부금은 공익법인의 주된 재원이다. 기부금을 수취한 공익법인은 「상속세 및 증여세법」상 납세의무(출연재산보고서 제출 등), 기부금영수증 발급, 기부자들이 연말정산 시 공제를 받을 수 있도록 연말정산 간소화 세액공제 자료제출, 기부금 모금액 및 활용실적 명세서 작성 등 실무적으로 해야 할 중요한 일이 많다.

또 기부금을 지출하는 자는 일정한도 내 손금인정, 세액공제 등 세제혜택이 있는데 이하 관련 내용을 살펴보고자 한다.

기부자 세제혜택		기부받는 자(공익법인)의 의무
법인	일정 한도 내 손금산입	• 지정기부금단체 신청 · 지정 및 사후관리 • 기부금영수증 발급 및 기부금영수증 발급명세서 제출 • 연말정산 간소화 세액공제 자료제출 • 기부금 모금액 및 활용실적 공개 • 출연재산 보고서 제출 등
개인	• 일정 한도 내 필요경비산입 • 기부금 세액공제	

기부금에 대한 업무처리는 공익법인 실무자들이 가장 많은 애로를 겪고 있는 분야이므로 본서에서는 기부금의 구분부터 신청절차, 기부금단체 지정 후 업무처리까지 상세한 설명을 하였으며, 업무처리 시 필요한 각종 서식을 수록하였다.

Chapter 2

기부금

01 기부금의 의의

1 의 의

기부금이란 내국법인이 사업과 직접적인 관계없이 무상으로 지출하는 금액(특수관계인 외의 자에게 정당한 사유없이 자산을 정상가액보다 낮은 가액으로 양도하거나 특수관계인 외의 자로부터 정상가액보다 높은 가액으로 매입하는 등의 거래를 통하여 실질적으로 증여한 것으로 인정되는 금액을 포함한다.)으로 지출하는 금액을 말한다(법인법 §24 ①).

2 의제기부금

특수관계인 외의 자에게 정당한 사유 없이 자산을 정상가액보다 낮은 가액으로 양도하거나 정상가액보다 높은 가액으로 매입함으로써 실질적으로 증여한 것으로 인정되는 금액은 기부금으로 본다. 이때 '정상가액'이란 시가에 시가의 30%를 더하거나 뺀 범위의 가액으로 한다(법인령 §35).

정상가액 = 시가 ± 시가 × 30%

02 기부금의 구분

기부금은 공제 한도 및 지정방식에 따라 분류할 수 있다. 본서 '3. 기부자에 대한 세제혜택'에서는 공제 한도에 따른 분류를 중심으로 서술하고, '4. 기부받는 자(공익법인)의 의무'에서는 지정방식에 따른 분류를 중심으로 서술하고자 한다.

공제 한도에 따른 분류	「법인세법」 제24조 제2항 제1호에 따른 특례기부금 (구 법정기부금)	50% 한도 (개인사업자는 100%)
	「법인세법 시행령」 제39조 제1항 제1호에 따른 일반기부금 (구 지정기부금)	10%, 20% 한도 (개인사업자는 10%, 30%)

지정방식에 따른 분류	'당연' 기부금단체	국가 등, 국방헌금, 이재민 구호물품, 학교 등, 병원 등
	기획재정부장관이 '지정 · 고시' 하는 기부금단체	장학, 학술, 문화, 예술단체 등

03 기부자에 대한 세제혜택

기부금은 사업과 관련이 없는 지출로 수익창출에 기여하지 못하지만, 기업이 경제활동으로 축적한 부를 사회에 환원하는 데 의의가 있으므로 일정한 한도 내에서 손금에 산입하고 있다.

기부자가 법인사업자이거나 개인사업자인 경우 기부금의 종류별로 일정 한도 내에서 손금산입 해주고, 근로소득자에게는 기부금 세액공제를 해줌으로써 세제혜택을 주고 있다.

기부자들이 기부금 세제혜택에 대해 공익법인에 질문할 수도 있으므로, 공익법인 실무자들은 이에 대한 내용을 숙지할 필요가 있고, 특히 기부자에 대한 세제혜택을 정확히 설명할 수 있는 전문성이 요구되며 그 전문적인 상담은 기부금 모금 활동에 크게 기여할 수 있다.

1 기부금 손금산입 한도에 따른 구분

「법인세법」상 기부금은 다음과 같이 구분할 수 있다.

(2020.12.22. 법 개정 시 법정기부금과 지정기부금으로 분류했던 용어를 삭제하였다)

구 분	손금산입 한도액	
	법인사업자	개인사업자 및 근로소득자
'「법인세법」 제24조 제2항 제1호'에 따른 특례기부금 →구 '법정기부금'	소득금액의 50%	소득금액의 100%
'「법인세법」 제24조 제3항 제1호'에 따른 일반기부금 →구 '지정기부금'	소득금액의 10%(20%*1)	소득금액의 10%(30%)*2

*1. 「사회적기업 육성법」에 따른 사회적기업은 20%

*2. 개인사업자가 지출한 지정기부금 30%, 종교헌금 10%

2 손금산입 한도액

'「법인세법」 제24조 제2항 제1호'에 따른 특례기부금(구 '법정기부금') 및 '「법인세법」 제24조 제3항 제1호'에 따른 일반기부금(구 '지정기부금')으로 지출한 금액이 전부 손금으로 인정되는 것이 아니라 일정 한도 내에서 손금산입이 가능한데, 손금산입 한도액은 아래와 같다.

법인사업자 손금산입 한도	특례(법정) 기부금	(기준소득금액 – 이월결손금) × 50%
	일반(지정) 기부금	(기준소득금액 – 이월결손금 – 특례기부금 손금산입액) × 10%* * 「사회적기업 육성법」에 따른 사회적기업은 20%

※ 기준소득금액은 차가감소득금액에 특례 및 일반기부금 손비계상액을 가산한 금액이다.

※ 이월결손금은 기준소득금액의 80%(중소기업 등 100%)로 한다.

개인사업자 필요경비 한도	특례(법정) 기부금		(기준소득금액 − 이월결손금) × 100%
	일반(지정) 기부금	종교헌금 없는 경우	(기준소득금액 − 이월결손금 − 특례기부금) × 30%
		종교헌금 있는 경우	(기준소득금액 − 이월결손금 − 특례기부금) × 10% + (기준소득금액 − 이월결손금) × 20%와 종교헌금 외 일반기부금 중 적은 금액

근로소득자	종 류	한도액		세액공제액*
	특례(법정) 기부금	근로소득금액 × 100%		1천만원 이하 − 15% 1천만원 초과 − 30%
	일반(지정) 기부금	지정된 사회 · 복지 · 문화 · 예술단체	근로소득금액 × 30%	
		종교단체	근로소득금액 × 10%	

같은 특례(법정)기부금 지출액이어도 법인사업자(50%)가 지출한 것이냐, 개인사업자(100%)가 지출한 것이냐에 따라 한도가 달라짐에 유의해야 한다.

개인사업자가 사업소득만 있을 경우 기부금 지출분에 대해 필요경비 산입이 가능하다.

사업자가 아닌 일반 근로소득자가 지출한 기부금은 필요경비로 처리할 수 없으므로 연말정산 시 세액공제로 세제혜택을 받을 수 있다.

사업소득과 근로소득이 같이 있는 경우 지정기부금은 기부금세액공제 또는 기부금 필요경비 산입 중 납세자의 선택에 의해 공제받을 수 있다(서면법규-1267, 2014.12.2.).

3 공제한도에 따른 기부금의 종류

(1) '「법인세법」 제24조 제2항 제1호'에 따른 특례기부금(구 '법정기부금')

'「법인세법」 제24조 제2항 제1호'에 따른 특례(법정)기부금에는 ①국가나 지방자치단체에 무상으로 기증하는 금품의 가액, ②국방헌금과 국군장병 위문금품의 가액, ③천재지변으로 생기는 이재민을 위한 구호금품의 가액, ④사립학교 등에 시설비 · 교육비 · 장학금 또는 연구비로 지출하는 기부금, ⑤국립대학병원 등에 지출하는 시설비 · 교육비 또는 연구비, ⑥일정 요건을 갖춘 전문모금기관 등에 지출한 기부금 등을 말한다.

특례(법정)기부금과 일반(지정)기부금을 구분함에 있어서 특례(법정)기부금은 국가나 지방자치단체에 대한 기부와 학교 및 교육시설, '「법인세법」 제24조'가 열거한 13개의 병원 및 의료시설에 대한 기부가 해당하며 일반(지정)기부금은 「법인세법 시행령」 제39조에 열거된 단체들이 그 대상에 해당한다.

즉, 특례(법정)기부금과 일반(지정)기부금에 대한 법문상 구분의 특징은 특례(법정)기부금은 시행령에 상세 위임 없이 본법(법인법 §24 ②)에 그 대상을 정하였으나, 일반(지정)기부금은 「법인세법 시행령」 제39조에 상세 위임이 된 법문상의 특징이 있다.

관련법령 **「법인세법」 제24조 제2항 제1호에 따른 기부금(구 '법정기부금')**

다음 각 목의 어느 하나에 해당하는 기부금

가. **국가나 지방자치단체에 무상으로 기증하는 금품의 가액.** 다만, 「기부금품의 모집 및 사용에 관한 법률」의 적용을 받는 기부금품은 같은 법 제5조 제2항에 따라 접수하는 것만 해당한다.

나. **국방헌금과 국군장병 위문금품의 가액**

다. **천재지변으로 생기는 이재민을 위한 구호금품의 가액**

라. 다음의 기관(병원은 제외한다)에 시설비 · 교육비 · 장학금 또는 연구비로 지출하는 기부금

1) 「사립학교법」에 따른 **사립학교**
2) 비영리 교육재단(국립 · 공립 · 사립학교의 시설비, 교육비, 장학금 또는 연구비 지급을 목적으로 설립된 비영리 재단법인으로 한정한다)
3) 「국민 평생 직업능력 개발법」에 따른 **기능대학**
4) 「평생교육법」에 따른 전공대학의 명칭을 사용할 수 있는 **평생교육시설 및 원격대학 형태의 평생교육시설**
5) 「경제자유구역 및 제주국제자유도시의 외국교육기관 설립 · 운영에 관한 특별법」에 따라 설립된 **외국교육기관** 및 「제주특별자치도 설치 및 국제자유도시 조성을 위한 특별법」에 따라 설립된 **비영리법인이 운영하는 국제학교**
6) 「산업교육진흥 및 산학연협력촉진에 관한 법률」에 따른 **산학협력단**
7) 「한국과학기술원법」에 따른 **한국과학기술원**, 「광주과학기술원법」에 따른 **광주과학기술원**, 「대구경북과학기술원법」에 따른 **대구경북과학기술원**, 「울산과학기술원법」에 따른 **울산과학기술원** 및 「한국에너지공과대학교법」에 따른 **한국에너지공과대학교**
8) 「국립대학법인 서울대학교 설립 · 운영에 관한 법률」에 따른 **국립대학법인 서울대학교**, 「국립대학법인 인천대학교 설립 · 운영에 관한 법률」에 따른 **국립대학법인 인천대학교**

및 이와 유사한 학교로서 대통령령으로 정하는 학교

9) 「재외국민의 교육지원 등에 관한 법률」에 따른 **한국학교**(대통령령으로 정하는 요건을 충족하는 학교만 해당한다)로서 대통령령으로 정하는 바에 따라 기획재정부장관이 지정 · 고시하는 학교

10) 「한국장학재단 설립 등에 관한 법률」에 따른 **한국장학재단**

마. **다음의 병원에 시설비 · 교육비 또는 연구비로 지출하는 기부금**

1) 「국립대학병원 설치법」에 따른 **국립대학병원**

2) 「국립대학치과병원 설치법」에 따른 **국립대학치과병원**

3) 「서울대학교병원 설치법」에 따른 **서울대학교병원**

4) 「서울대학교치과병원 설치법」에 따른 **서울대학교치과병원**

5) 「사립학교법」에 따른 **사립학교가 운영하는 병원**

6) 「암관리법」에 따른 **국립암센터**

7) 「지방의료원의 설립 및 운영에 관한 법률」에 따른 **지방의료원**

8) 「국립중앙의료원의 설립 및 운영에 관한 법률」에 따른 **국립중앙의료원**

9) 「대한적십자사 조직법」에 따른 **대한적십자사가 운영하는 병원**

10) 「한국보훈복지의료공단법」에 따른 **한국보훈복지의료공단이 운영하는 병원**

11) 「방사선 및 방사성동위원소 이용진흥법」에 따른 **한국원자력의학원**

12) 「국민건강보험법」에 따른 **국민건강보험공단이 운영하는 병원**

13) 「산업재해보상보험법」 제43조 제1항 제1호에 따른 의료기관

14) 1)부터 13)까지의 병원이 설립한 「보건의료기술 진흥법」 제28조의 2 제1항에 따른 **의료기술협력단**

바. 사회복지사업, 그 밖의 **사회복지활동의 지원에 필요한 재원을 모집 · 배분하는 것을 주된 목적으로 하는 비영리법인**(대통령령으로 정하는 요건을 충족하는 법인만 해당한다)으로서 대통령령으로 정하는 바에 따라 기획재정부장관이 지정 · 고시하는 법인에 지출하는 기부금

관련 예규 · 판례

1 학술연구단체의 경우 기획재정부장관이 지정하여 고시하는 법인에 한하여 공익법인등에 해당되는지 여부 등 (서면-2024-법인-0632, 2024.4.29.)

2021.1.1. 이후 학술연구단체는 기획재정부장관이 지정 · 고시하는 경우 공익법인에 해당하는 것이고, 상속세 및 증여세법 시행령 제12조 제10호에 따른 공익법인은 법인세법 시행령 제39조 제1항 제2호 다목에 해당(구 지정기부금)하는 기부금을 받은 자가 해당 기부금으로 운영하는 사업을 하는 자를 말하며 이 경우 기부금은 기획재정부장관이 별도로 지정하여 고시하는 기부금(공익목적 기부금)을 말함

2 공익법인 지정일이 속하는 연도의 1월 1일 이전에 수령한 출연금에 대해 기부금영수증 발급이 가능한지 여부 (서면-2023-법인-3506, 2024.2.6.)

내국법인이 공익법인으로 지정 · 고시 받은 날이 속하는 연도의 1월 1일 이전에 비영리법인에게 지출한 기부금은 해당 사업연도의 소득금액을 계산할 때 손금에 산입하지 아니하는 것임

그리고, 공익법인이 공익법인으로 지정 · 고시받은 날이 속하는 연도의 1월 1일 이전에 내국법인으로부터 기부받은 기부금에 대해서는 「법인세법」 제75조의 4 제2항에 따른 기부금 영수증을 발급할 수 없는 것임

3 종교단체가 출연 받은 재산을 다른 종교단체에 출연하는 경우 출연허가를 받아야 하는 주문관청은 어디인지 (서면-2023-상속증여-3222, 2023.12.14.)

출연받은 재산을 효율적으로 사용하기 위하여 다른 공익법인에게 출연하는 경우에는 주무관청의 허가를 받아야 하는 것으로 주무관청이 없는 경우에는 관할 세무서장으로부터 허가를 받아야 하는 것임

4 쟁점회비를 특별회비로 보더라도 지정기부금에 해당하므로 기부금 영수증을 수취하지 아니하였다는 사유로 전액 손금불산입한 처분은 부당하다는 청구주장의 당부

(조심2022서6603, 2023.8.31.)

청구법인은 당초 쟁점회비를 납부한 후 「법인세법 시행령」 제36조 제4항에 따른 기부금 영수증을 수취하여 보관하지 아니하였으나, 청구법인이 지정기부금인 특별회비로 쟁점회비를 납부한 사실 및 기부목적 등이 확인되고, 이후 이 사건 법인으로부터 쟁점회비 납부에 대한 기부금 영수증을 발급받아 우리 원에 제출하였는바, 쟁점회비를 지정기부금으로 보아 기부금 한도액 범위 내에서 손금산입할 수 있다고 판단됨

5 특례기부금단체가 현물기부받은 경우 자산의 취득가액 (서면-2022-법규법인-3344, 2023.5.18.)

「사립학교법」에 따른 사립학교가 「법인세법」 제24조 제2항 제1호 라목에 따른 법정기부금을 금전 외의 자산으로 받는 경우 해당 자산의 취득가액은 「법인세법 시행령」 제72조 제2항 제7호에 따라 취득당시 시가로 하는 것임.

6 위법성이 개입된 기부금 판단 (서울행정2021구합86955, 2022.11.29., 판결문 요약)

이 사건 각 재단법인의 경우 그 설립 및 운영 과정에서 공무원의 불법행위가 개입되어 원시적으로 하자가 존재하였고, 객관적인 검토 과정 없이 막연히 직권을 남용한 권력자들의 요구에 따라 이 사건 출연행위를 한 것이어서 이 사건 출연금을 지정기부금으로 인정할 수 없음

7 「법인세법」 제24조 제2항 제1호 라목에 따른 기부금으로 보는지 여부

(기획재정부 법인세제과-447, 2022.10.26.)

내국법인이 학교법인에 지출한 기부금이 실제 사립학교의 시설비 · 교육비 · 장학금 또는 연구비로 사용된 경우는 「법인세법」 제24조 제2항 제1호 라목에 따른 법정기부금에 해당하나, 학교법인의 수익용기본재산 확보 및 학교법인의 인건비 · 관리운영비로 사용된 금액은 「법인세법」 제24조 제2항 제1호 라목에 따른 법정기부금에 해당하지 않음

8 산학협력단에 일정 금원('성공부담금') 납입한 경우 법정기부금에 해당하는지 여부

(서면 - 2021 - 법령해석법인 - 7020, 2021.12.23.)

창업기업 등이 경영지원 및 기술지원, 교내 연구실 사용 등의 대가로 산학협력단에 일정 금원 등('성공부담금')을 납입하는 경우 「법인세법」 제24조 제2항 제1호 라목 6)에 따른 기부금에 해당하지 않는 것이나, 성공부담금이 이에 해당하는지 여부는 지출경위 등을 고려하여 사실판단할 사항임

9 코로나19 퇴치를 위해 병원에 지출하는 기부금은 법정기부금에 해당함

(서면 - 2020 - 법인 - 2411, 2020.11.6.)

내국법인이 코로나19 퇴치를 위하여 「법인세법」 제24조 제3항 제5호에 따른 병원에 지출하는 기부금은 법정기부금에 해당하는 것이며, 이때 당해 병원이 기부받은 금액으로 코로나19 극복 영상제작 및 원내 사진 전시회 행사에 지출하는 경우 해당 지출 비용이 코로나19 퇴치 목적에 해당하는지 여부는 영상 제작 및 전시회 행사 목적 등을 종합적으로 감안하여 사실 판단할 사항임

10 병원이 기부받은 금액으로 의료장비를 구입하는 경우 해당 비용이 병원의 시설비·교육비·연구비에 해당하는지 여부(서면 - 2020 - 법인 - 2103, 2020.7.6.)

내국법인이 「사립학교법」에 따른 사립학교가 운영하는 병원에 「법인세법」 제24조 제3항 제5호에 따른 시설비 · 교육비 · 연구비로 지출하는 기부금은 법정기부금에 해당하는 것이며, 이때 당해 병원이 기부받은 금액으로 의료장비를 구입하는 경우 해당 지출 비용이 병원의 시설비 · 교육비 · 연구비에 해당하는지 여부는 구입한 의료장비의 세부내역 · 사용용도 등을 종합적으로 감안하여 사실 판단할 사항임

11 법정기부금 해당 여부(서면 - 2018 - 법인 - 2193 [법인세과 - 1521], 2020.4.29.)

내국법인이 비영리 교육재단에 시설비 · 교육비 · 장학금 또는 연구비로 지출하는 기부금은 「법인세법」 제24조 제2항 제4호 나목에 의한 법정기부금에 해당함

12 코로나19 관련 기부금이 법정기부금에 해당하는지 여부(기획재정부 법인세제과 - 324, 2020.3.24.)

[질의 1] 「법인세법」 제24조 제3항 제3호 및 같은 법 시행령 제38조 제1항에 따르면 "특별재난지역 선포의 사유가 된 재난으로 생기는 이재민 구호금품 가액"은 법정기부금에 해당하는바, 특별재난지역 선포일 전에 지출한 기부금에 대하여도 법정기부금으로 볼 수 있는지 여부

[질의 2] 코로나19 관련 기부금품을 수령하여 자원봉사자 및 의사 · 간호사의 숙식비, 인건비, 각종 진료소모품 구입비 등으로 사용하는 경우에도 해당 기부금품을 이재민을 위한 구호금품 가액으로 볼 수 있는지 여부

[질의 3] 특별재난지역으로 선포된 지역 외 지역의 코로나19 퇴치를 위하여 지출하는 기부금의 경우에도 법정기부금으로 볼 수 있는지 여부

[회 신] 귀 질의의 경우 질의1, 질의2, 질의3 모두 법정기부금에 해당하는 것임

13 국립대학교가 현물기부 받은 경우 기부금영수증 발급가능 여부 및 기부금가액 산정방법

(서면 - 2019 - 법인 - 1756 [법인세과 - 508], 2020.2.20.)

내국법인이 「법인세법」 제24조 제3항 제1호에 따른 법정기부금을 금전외의 자산으로 제공하는 경우(「기부금품의 모집 및 사용에 관한 법률」의 적용을 받는 기부금품은 같은 법 제5조 제2항에 따라 접수하는 것에 한함) 기부금품을 수령한 국가 또는 지방자치단체는 해당 자산의 장부가액을 기부금가액으로 하여 기부한 법인에게 기부금영수증을 발급하여야 하는 것임

14 사립학교가 내국법인으로부터 학교 시설물 증축자금으로 사용하기 위해 수령한 기부금은 사립학교에 전출하여 시설비로 사용한 경우 법정기부금에 해당

(사전 - 2018 - 법령해석법인 - 0625, 2018.12.6.)

서울◇◇◇학교 학부모협회 한국 분사무소가 내국법인으로부터 수령한 기부금을 서울◇◇◇학교 시설물 증축을 위하여 사용하는 경우 해당 기부금은 「법인세법」 제24조 제2항 제4호 가목에 따른 법정기부금에 해당하는 것임

15 법정기부금 해당 여부 외(서면 - 2017 - 법인 - 3459 [법인세과 - 1225], 2018.5.21.)

학교법인은 「법인세법」 제24조 제2항 제4호 가목의 「사립학교법」에 따른 사립학교 및 같은 법 제24조 제2항 제4호 나목의 비영리 교육재단에 해당하지 아니하는 것임

16 법정기부금에 해당 여부(서면 - 2016 - 법인 - 5435 [법인세과 - 3208], 2016.12.15.)

특수관계에 있는 「사립학교법」에 따른 사립학교에 시설비 등으로 지출하는 금액은 법정기부금으로 손금에 산입할 수 있는 것으로 부당행위계산 부인 대상에 해당하지 아니하는 것임

17 지정기부금단체와 특수관계 있는 내국법인이 해당 단체에 자기주식을 기부함에 따라 발생한 자기주식처분이익(자본잉여금)은 익금에 산입함(사전 - 2014 - 법령해석법인 - 21729, 2015.5.11.)

「법인세법 시행령」 제36조 제1항 제1호 각 목에 따른 단체와 특수관계 있는 내국법인이 해당 단체에 자기주식을 기부하고 기부 당시 자기주식의 시가를 기부금으로, 시가와 장부가액의 차액을 자기주식처분이익(자본잉여금)으로 회계처리한 경우 해당 자기주식처분이익은 각 사업연도 소득금액을 계산할 때 익금에 산입하는 것임

18 법정기부금 해당 여부(법인세과 - 1011, 2010.10.29.)

내국법인이 사립학교에 시설비 · 교육비 · 장학금 또는 연구비로 지출하는 기부금은 법정기부금에 해당하는 것임에 따라 판단하시기 바람

19 찬조금이 지정기부금에 해당되는지 여부(서면인터넷방문상담2팀 - 713, 2005.5.21.)

ㅇㅇ시 체육대회추진위원회에 납부한 찬조금은 「기부금품모집규제법」 제5조 제2항에 의하여 접수하는 것에 한하여 법정기부금에 해당됨

(2) '「법인세법」 제24조 제3항 제1호'에 따른 기부금(구 '지정기부금')

'「법인세법」 제24조 제3항 제1호'에 따른 기부금은 사회복지 · 문화 · 예술 · 교육 · 종교 · 자선 · 학술 등 공익성을 고려하여 지출하는 기부금을 말한다. 구체적인 범위는 전술한 바와 같이 「법인세법 시행령」 제39조에서 열거하고 있다.

'「법인세법」 제24조 제3항 제1호'에 따른 기부금에는 ①공익법인 등의 고유목적사업비로 지출하는 기부금(법인령 §39 ① 1호), ②특정목적의 기부금(법인령 §39 ① 2호), ③사회복지시설 · 기관에 지출하는 기부금(법인령 §39 ① 4호), ④국제기구에 지출하는 기부금(법인령 §39 ① 6호) ⑤법인으로 보는 단체의 고유목적사업지출액(법인령 §39 ②)이 있다.

관련법령 「법인세법 시행령」 제39조에 따른 기부금(구 '지정기부금')

① 법 제24조 제3항 제1호(구 '지정기부금')에서 "대통령령으로 정하는 기부금"이란 다음 각 호의 어느 하나에 해당하는 것을 말한다.

1. 다음 각 목의 비영리법인(단체 및 비영리외국법인을 포함하며, 이하 이 조에서 "공익법인등"이라 한다)에 대하여 **해당 공익법인등의 고유목적사업비로 지출하는 기부금**. 다만, 아래의 바목에 따라 지정 · 고시된 법인에 지출하는 기부금은 지정일이 속하는 연도의 1월 1일부터 3년간(지정받은 기간이 끝난 후 2년 이내에 재지정되는 경우에는 재지정일이

속하는 사업연도의 1월 1일부터 6년간으로 한다. 이하 이 조에서 "지정기간"이라 한다) 지출하는 기부금으로 한정한다.

가. 「사회복지사업법」에 따른 **사회복지법인**

나. 「영유아보육법」에 따른 **어린이집**

다. 「유아교육법」에 따른 **유치원**, 「초 · 중등교육법」 및 「고등교육법」에 따른 **학교**, 「국민 평생 직업능력 개발법」에 따른 **기능대학**, 「평생교육법」 제31조 제4항에 따른 **전공대학 형태의 평생교육시설** 및 같은 법 제33조 제3항에 따른 **원격대학 형태의 평생교육시설**

라. 「의료법」에 따른 **의료법인 및 「보건의료기술 진흥법」 제28조의 2 제1항에 따른 의료기술협력단[법 제24조 제2항 제1호 마목 14)에 따른 의료기술협력단은 제외]**

마. **종교의 보급, 그 밖에 교화를 목적**으로 「민법」 제32조에 따라 문화체육관광부장관 또는 지방자치단체의 장의 허가를 받아 설립한 비영리법인(그 소속 단체를 포함한다)

바. 「민법」 제32조에 따라 주무관청의 허가를 받아 설립된 비영리법인(이하 이 조에서 "**「민법」상 비영리법인**"이라 한다), **비영리외국법인**, 「협동조합 기본법」 제85조에 따라 설립된 **사회적협동조합**(이하 이 조에서 "사회적협동조합"이라 한다), 「공공기관의 운영에 관한 법률」 제4조에 따른 공공기관(같은 법 제5조 제4항 제1호에 따른 공기업은 제외한다. 이하 이 조에서 "**공공기관**"이라 한다) 또는 **법률에 따라 직접 설립 또는 등록된 기관 중 다음의 요건[*1]을 모두 충족한 것으로서 국세청장(주사무소 및 본점소재지 관할 세무서장을 포함한다. 이하 이 조에서 같다)의 추천을 받아 기획재정부장관이 지정하여 고시한 법인**. 이 경우 국세청장은 해당 법인의 신청을 받아 기획재정부장관에게 추천해야 한다.

***1. 공익법인 등 지정요건(상세 내용 본서 p.74 참고)**

- 정관의 내용상 수입을 공익을 위해 사용하고 수혜자가 불특정 다수일 것
- 해산 시 잔여재산을 국가 등에 귀속할 것
- 인터넷 홈페이지가 개설되어 있고, 기부금 모금액 및 활용실적을 공개한다는 내용이 정관에 기재되어 있을 것
- 특정 정당 또는 특정인에 대한 선거운동을 한 사실이 없을 것
- 지정취소 또는 지정기간 종료일부터 3년이 경과하였을 것

2. 다음 각 목의 기부금

가. 「유아교육법」에 따른 **유치원의 장** · 「초 · 중등교육법」 및 「고등교육법」에 의한 **학교의 장**, 「국민 평생 직업능력 개발법」에 의한 **기능대학의 장**, 「평생교육법」 제31조 제4항에 따른 **전공대학 형태의 평생교육시설** 및 같은 법 제33조 제3항에 따른 **원격대학 형태의 평생교육시설의 장**이 **추천**하는 **개인에게 교육비 · 연구비 또는 장학금**으로 지출하는 기부금

나. 「상속세 및 증여세법 시행령」 제14조 제1항 각 호의 요건을 갖춘 **공익신탁으로 신탁하는 기부금**

다. **사회복지 · 문화 · 예술 · 교육 · 종교 · 자선 · 학술 등 공익목적으로 지출하는 기부금으로서 기획재정부장관이 지정하여 고시하는 기부금**

3. 삭제 〈2018. 2. 13.〉

4. 다음 각 목의 어느 하나에 해당하는 **사회복지시설 또는 기관 중 무료 또는 실비로 이용할 수 있는 시설 또는 기관에 기부하는 금품의 가액.** 다만, 나목 1)에 따른 노인주거복지시설 중 양로시설을 설치한 자가 해당 시설의 설치 · 운영에 필요한 비용을 부담하는 경우 그 부담금 중 해당 시설의 운영으로 발생한 손실금(기업회계기준에 따라 계산한 해당 과세기간의 결손금을 말한다)이 있는 경우에는 그 금액을 포함한다.

   가. 「아동복지법」 제52조 제1항에 따른 **아동복지시설**

   나. 「노인복지법」 제31조에 따른 **노인복지시설 중 다음의 시설을 제외한 시설**

      1) 「노인복지법」 제32조 제1항에 따른 노인주거복지시설 중 입소자 본인이 입소비용의 전부를 부담하는 양로시설 · 노인공동생활가정 및 노인복지주택

      2) 「노인복지법」 제34조 제1항에 따른 노인의료복지시설 중 입소자 본인이 입소비용의 전부를 부담하는 노인요양시설 · 노인요양공동생활가정 및 노인전문병원

      3) 「노인복지법」 제38조에 따른 재가노인복지시설 중 이용자 본인이 재가복지서비스에 대한 이용대가를 전부 부담하는 시설

   다. 「장애인복지법」 제58조 제1항에 따른 **장애인복지시설. 다만, 다음 각 목의 시설은 제외한다.**

      1) 비영리법인(「사회복지사업법」 제16조 제1항에 따라 설립된 사회복지법인을 포함한다) 외의 자가 운영하는 장애인 공동생활가정

      2) 「장애인복지법 시행령」 제36조에 따른 장애인생산품 판매시설

      3) 장애인 유료복지시설

   라. 「한부모가족지원법」 제19조 제1항에 따른 **한부모가족복지시설**

   마. 「정신건강증진 및 정신질환자 복지서비스 지원에 관한 법률」 제3조 제6호 및 제7호에 따른 **정신요양시설 및 정신재활시설**

   바. 「성매매방지 및 피해자보호 등에 관한 법률」 제6조 제2항 및 제10조 제2항에 따른 지원시설 및 **성매매피해상담소**

   사. 「가정폭력방지 및 피해자보호 등에 관한 법률」 제5조 제2항 및 제7조 제2항에 따른 **가정폭력 관련 상담소 및 보호시설**

   아. 「성폭력방지 및 피해자보호 등에 관한 법률」 제10조 제2항 및 제12조 제2항에 따른 **성폭력피해상담소 및 성폭력피해자보호시설**

   자. 「사회복지사업법」 제34조에 따른 사회복지시설 중 **사회복지관과 부랑인 · 노숙인 시설**

   차. 「노인장기요양보험법」 제32조에 따른 **재가장기요양기관**

   카. 「다문화가족지원법」 제12조에 따른 **다문화가족지원센터**

   타. 「건강가정기본법」 제35조 제1항에 따른 **건강가정지원센터**

   파. 「청소년복지 지원법」 제31조에 따른 **청소년복지시설**

5. 삭제 〈2018. 2. 13.〉

6. 다음 각 목의 요건을 모두 갖춘 국제기구로서 **기획재정부장관이 지정하여 고시하는 국제기**

구에 지출하는 기부금

가. 사회복지, 문화, 예술, 교육, 종교, 자선, 학술 등 공익을 위한 사업을 수행할 것

나. 우리나라가 회원국으로 가입하였을 것

② 법인으로 보는 단체 중 제56조 제1항 각 호에 따른 단체를 제외한 수익사업에서 발생한 소득을 고유목적사업비로 지출하는 금액은 법 제24조 제3항 제1호(일반(지정)기부금')에 따른 기부금으로 본다.

관련 예규 · 판례

1 지정기부금단체의 고유목적사업의 수혜자가 불특정다수인지 여부

(서면 - 2020 - 법인 - 3700 [법인세과 - 4203], 2020.11.26.)

[요 지] 「법인세법 시행령」 제39조 제1항 제1호 바목 1) 가)의 요건을 적용함에 있어 수혜자가 특정 대학이나 병원 등에 한정되는 경우에는 '수혜자가 불특정 다수일 것'을 충족하지 못한 것임

[회 신] 「법인세법 시행령」 제39조 제1항 제1호 바목 1) 가)의 요건을 적용함에 있어 수혜자가 특정 대학이나 병원 등에 한정되는 경우에는 '수혜자가 불특정 다수일 것'을 충족하지 못한 것입니다. 다만 귀 질의의 경우가 이에 해당하는지 여부는 정관상 목적사업과 실질 운영내용에 따라 사실판단할 사항임

2 지정기부금영수증 발급 가능 여부 (서면 - 2020 - 법인 - 3317 [법인세과 - 33422], 2020.9.28.)

[요 지] 「법인세법 시행령」 제39조 제1항 제1호 마목에 따라 종교의 보급, 그 밖에 교화를 목적으로 「민법」 제32조에 따라 문화체육관광부장관 또는 지방자치단체의 장의 허가를 받아 설립한 비영리법인(그 소속단체를 포함)의 고유목적사업비로 지출하는 기부금은 지정기부금에 해당하는 것임

[회 신] 「법인세법 시행령」 제39조 제1항 제1호 마목에 따라 종교의 보급, 그 밖에 교화를 목적으로 「민법」 제32조에 따라 문화체육관광부장관 또는 지방자치단체의 장의 허가를 받아 설립한 비영리법인(그 소속단체를 포함)의 고유목적사업비로 지출하는 기부금은 지정기부금에 해당하는 것이나, 귀 법인이 종교의 보급 기타 교화를 목적으로 설립된 법인인지 여부는 사실판단할 사항임

3 지정기부금 단체가 수행하는 사업의 수혜대상자가 불특정 다수에 해당하는지 여부

(서면 - 2020 - 법령해석법인 - 2788 [법령해석과 - 2827], 2020.9.1.)

지정기부금 단체가 불특정 다수를 대상으로 하는 공모전을 통하여 선정된 사업에 기금을 지출하는 경우 해당 사업의 수혜대상자는 불특정 다수에 해당함

4 지정기부금 단체의 지정 요건(서면 - 2020 - 법인 - 3244 [법인세과 - 3070], 2020.8.25.)

[요 지] 2021년 1월 1일 전에 지정된 지정기부금단체등의 경우에는 제39조 제1항 제1호 각 목 외의 부분의 개정규정에도 불구하고 종전의 규정에 따르는 것이며, 이 경우 지정기부금단체등은 종전의 규정에 따라 지정받은 기간이 끝날 때까지는 제39조 제1항 바목 3)의 개정규정에 따른 지정요건을 갖춘 것임

[회 신] 귀 질의의 경우 「법인세법 시행령」 제39조(2020.2.11. 대통령령 제30396호로 개정된 것) 및 아래 부칙을 참고하시기 바람

◇ 부칙 〈제30396호, 2020.2.11.〉

제3조(지정기부금의 범위 등에 관한 적용례) ① 제39조 제1항의 개정규정은 2021년 1월 1일 이후 지정기부금단체등을 지정하는 경우부터 적용한다.

제13조(지정기부금 등의 범위 등에 관한 경과조치) ① 2021년 1월 1일 전에 지정된 지정기부금단체등의 경우에는 제39조 제1항 제1호 각 목 외의 부분의 개정규정에도 불구하고 종전의 규정에 따른다. 이 경우 지정기부금단체등은 종전의 규정에 따라 지정받은 기간이 끝날 때까지는 제39조 제1항 바목 3)의 개정규정에 따른 지정요건을 갖춘 것으로 보는 것임

5 지정기부금단체의 의무이행 및 고유목적사업 해당 여부

(서면 - 2020 - 법인 - 0068 [법인세과 - 2708], 2020.7.28.)

[요 지] 지정기부금단체로 지정된 비영리내국법인의 「법인세법 시행령」 제39조 제5항 제5호에 따른 의무 이행은 그 기타의 사업(수익사업이 아닌 고유목적사업)에서의 지출액을 기준으로 판단하는 것이며, 비영리법인의 고유목적사업은 법령 또는 정관에 규정된 설립목적을 직접 수행하는 사업을 말함

[회 신] 귀 질의1의 경우, 지정기부금단체로 지정된 비영리내국법인이 수익사업을 영위하는 경우, 수익사업에 속하는 사업과 기타의 사업(수익사업이 아닌 고유목적사업)에 속하는 손익을 각각 다른 회계로 구분경리하여야 하는 것으로, 해당 법인의 「법인세법 시행령」 제39조 제5항 제5호에 따른 의무 이행은 그 기타의 사업(수익사업이 아닌 고유목적사업)에서의 지출액을 기준으로 판단하는 것임

귀 질의2의 경우, 비영리법인의 고유목적사업은 법령 또는 정관에 규정된 설립목적을 직접 수행하는 사업으로 「법인세법 시행령」 제3조 제1항의 규정에 해당하는 수익사업 외의 사업을 말하는 것으로, 질의법인이 수행하는 자활기업 지원사업 및 지역사회 공헌사업 등이 고유목적사업에 해당하는지 여부는 관련 법령 또는 정관 및 실제 사업의 내용에 따라 사실판단할 사항임

6 학교법인이 수령하는 기부금에 대한 세무처리 방법

(서면 - 2019 - 법인 - 0993 [법인세과 - 1867], 2020.6.1.)

[요 지] 학교법인은 「법인세법」 제24조 제3항 제4호 가목 및 같은 법 시행령 제39조 제1항

제1호 다목에 해당되지 않는 것이며, 학교법인이 사립학교에 '시설비 · 교육비 · 장학금 또는 연구비' 및 '고유목적사업비'로 사용되는 기부금을 수령하는 경우 기부금영수증 '기부금 단체'란의 사업자등록번호는 학교의 사업자등록번호를 기재하는 것임

[회 신] 귀 질의 1, 2의 경우 학교법인은「법인세법」제24조 제3항 제4호 가목 및 같은 법 시행령 제39조 제1항 제1호 다목에 해당되지 않는 것임

귀 질의 3의 경우 학교법인이 사립학교에 '시설비 · 교육비 · 장학금 또는 연구비' 및 '고유목적사업비'로 사용되는 기부금을 수령하는 경우 기부금영수증(법인칙 [별지 제63호의 3 서식]) '❷기부금 단체'란의 사업자등록번호는 학교의 사업자등록번호를 기재하는 것임

7 지정기부금 해당 여부(서면 - 2019 - 법인 - 1514 [법인세과 - 3115], 2019.10.31.)

[요 지] 지정기부금단체로 지정받은 비영리 내국법인의 회원이 재화 또는 용역의 공급대가를 지출하는 경우에는 지정기부금에 해당하지 않는 것으로 지정기부금에 해당하는지 여부는 지정기부금단체의 정관, 지출 경위 등을 고려하여 사실판단할 사항임

[회 신] 지정기부금단체로 지정받은 비영리 내국법인의 회원이 당해 지정기부금단체의 고유목적사업비로 사업과 관련 없이 무상으로 지출하는 금액은 지정기부금에 해당하는 것입니다.

다만, 당해 지출 금액이 재화 또는 용역의 공급대가에 해당하는 경우에는 지정기부금에 해당하지 않는 것으로 지정기부금에 해당하는지 여부는 지정기부금단체의 정관, 구체적인 사업활동, 지출 경위 등을 고려하여 사실판단할 사항임

8 지정기부금단체 해당 여부(서면 - 2018 - 법인 - 1314 [법인세과 - 2062], 2018.8.3.)

사회복지법인은 별도로 기획재정부장관이 지정기부금단체로 지정하여 고시하지 않은 경우에도 지정기부금단체에 해당하는 것임

9 지정기부금의 범위(서면 - 2018 - 법인 - 1071 [법인세과 - 1881], 2018.7.18.)

해당 단체가 영업자가 조직한 단체로서 법인이거나 주무관청에 등록된 조합 또는 협회에 해당되지 않으므로 해당 단체 소속 회원이 납부하는 특별회비는 지정기부금에 해당하지 아니하는 것임

10 지정기부금단체 해당 여부(서면 - 2017 - 법인 - 3028 [법인세과 - 473], 2018.2.27.)

문화체육관광부장관의 허가를 받은 문화 · 예술단체는 지정기부금단체에 해당하는 것이나 이에 해당하는지 여부는 정관상 목적사업과 실질운영 내용에 따라 사실판단할 사항임

11 지정기부금에 해당 여부 외(서면 - 2016 - 법인 - 4682 [법인세과 - 3056], 2016.11.30.)

「의료법」에 의한 의료법인에 고유목적사업비로 지출하는 기부금은「법인세법 시행령」제36조 제1항 제1호 바목에 의한 지정기부금에 해당하는 것임

04 기부받는 자(공익법인)의 의무

기부금은 공익법인이 공익사업을 하는데 중요한 재원이 된다.

기부금에 대한 세제혜택을 통해 기부자들에게 기부를 권장하고, 기부금을 수령한 공익법인 등은 교육, 의료, 사회복지, 종교, 문화, 환경 등 공익사업을 수행함으로써 사회 일반의 이익을 추구하는 데 소요되는 재원을 지원하게 된다.

세제혜택을 받는 대신 공익법인은 실무상 해야 할 일들이 많으며, 공익법인 실무자들이 가장 많은 애로를 겪는 분야이기도 하다.

공익법인(구 '지정기부금 단체')승인 신청 및 지정, 기부금영수증 발급, 기부자들이 연말정산 시 기부금액을 쉽게 확인할 수 있도록 기부금세액공제 자료 제출, 기부금 모금액 및 활용실적 명세서 제출, 기부금영수증 발급합계표 제출 등 이는 공익법인을 운영하면서 필수적으로 알아야 할 중요업무들이다.

의무이행을 하지 않았을 경우 기부금단체 승인 취소, 가산세 발생 등 여러 가지 문제가 파생될 수 있으므로 관련 규정들을 숙지해야 한다.

1 공익법인(구 '지정기부금단체') 신청과 승인

기부금 단체 지정 요건에 대한 별도 규정 없이 법령에 의한 ①**'당연 기부금단체'**와 ②국세청장의 추천을 받아 **'기획재정부 장관이 지정 · 고시하는 기부금단체'**로 나눌 수 있다.

비영리법인 설립 후 해당 법인이 법령에서 열거한 '당연 기부금단체'가 아니라면, 법에서 정한 요건을 갖추어 '기획재정부 장관이 지정 · 고시하는 기부금단체'가 되어야 한다.

또 지정기부금 단체로 지정받았다고 하여 그 자격이 영원히 유지되는 것은 아니고, 일정기간이 지나면 재지정 신청을 해야 한다.

그리고 세법에서 정한 의무를 이행하지 않으면 불성실 기부금수령단체 명단 공개, 지정 취소 등의 사후관리도 엄격하게 하고 있다.

공익법인 등이 복잡한 지정절차와 세법상 의무를 이행하면서 지정기부금단체가 되려고 하는 이유는 기부금수익을 위해서이다. 만약 지정기부금 단체로 지정승인을 받지 못하면 기부자들이 당해 단체에 기부를 했을 때 손금산입 등의 세제혜택을 받을 수 없게 된다.

기부자들은 세제 혜택이 없는 단체에 기부를 하지 않을 것이고 그 결과 기부금 수익이 크게 줄어들 수 있으므로 실무자들은 지정기부금단체 신청 대상, 시기, 요건, 사후관리 등 전문성을 숙지해야 할 것이다.

▶ 기부금단체 구분[2] ◀

구 분	「법인세법」	「법인세법 시행령」
당연 기부금단체	「법인세법」 제24조 제2항 제1호 가. 국가 및 지방자치단체에 지출하는 기부금 나. 국방헌금 다. 천재지변 이재민 구호금품 라. 학교 등에 대한 시설비 · 교육비 · 장학금 또는 연구비[라목 1)~8)] 마. 국립대학병원 등에 지출하는 시설비 · 교육비 또는 연구비	「법인세법 시행령」 제39조 제1항 제1호 가. 사회복지법인 나. 어린이집 다. 유치원, 학교 등 라. 의료법인 마. 종교법인 등 제2호 가. 교육시설의 장이 추천하는 개인에게 교육비 · 연구비 또는 장학금으로 지출하는 기부금 나. 공익신탁으로 신탁하는 기부금 제4호 일부 사회복지시설 및 기관 중 무료 또는 실비로 이용할 수 있는 시설 또는 기관에 지출하는 기부금 「법인세법 시행령」 제39조 제2항 법인으로 보는 단체(「법인세법 시행령」 제56조 제1항 단체 제외)의 수익사업에서 발생한 소득을 고유목적사업비로 지출하는 금액

2) 김형배, 비영리조직의 회계와 세무, 조세통람, 2021, 79쪽 참조

구 분	「법인세법」	「법인세법 시행령」
기획재정부 장관이 지정 · 고시한 기부금단체	「법인세법」 제24조 제2항 제1호 라-9). 「재외국민의 교육지원 등에 관한 법률」에 따른 한국학교 바. 사회복지활동의 지원에 필요한 재원을 모집 · 배분하는 것을 주된 목적으로 하는 비영리법인(전문모금기관)	「법인세법 시행령」 제39조 제1항 제1호 바. 「민법」상 비영리법인 등 제2호 다. 사회복지 · 문화 · 예술 · 교육 · 종교 · 자선 · 학술 등 공익목적으로 지출하는 기부금 제6호 일정요건을 갖춘 국제기구에 지출하는 기부금 「소득세법 시행령」 제80조 제1항 제5호 「비영리민간단체 지원법」에 따라 등록된 단체 중 일정요건을 충족한 단체에 지출하는 기부금

(1) 신청대상

「민법」상 비영리법인 · 비영리외국법인 · 사회적 협동조합 · 공공기관(공기업 제외) 또는 법률에 따라 직접 설립된 기관으로 다음의 요건을 모두 갖추어 공익법인 지정신청을 해야 한다(법인령 §39 ① 바목).

① 다음의 구분에 따른 요건

가) 「민법」상 비영리법인 또는 비영리외국법인의 경우 : 정관의 내용상 수입을 회원의 이익이 아닌 공익을 위하여 사용하고 사업의 직접 수혜자가 불특정 다수일 것(비영리외국법인의 경우 추가적으로 「재외동포의 출입국과 법적 지위에 관한 법률」 제2조에 따른 재외동포의 협력 · 지원, 한국의 홍보 또는 국제교류 · 협력을 목적으로 하는 것일 것). 다만, 「상속세 및 증여세법 시행령」 제38조 제8항 제2호 각 목 외의 부분 단서에 해당하는 경우에는 해당 요건을 갖춘 것으로 본다.

나) 사회적협동조합의 경우 : 정관의 내용상 「협동조합 기본법」 제93조 제1항 제1호부터 제3호까지의 사업 중 어느 하나의 사업을 수행하는 것일 것

다) 공공기관 또는 법률에 따라 직접 설립 또는 등록된 기관의 경우 : 설립목적이 사회복지 · 자선 · 문화 · 예술 · 교육 · 학술 · 장학 등 공익목적 활동을 수행하는 것일 것

※ 1. 공익목적이 아닌 회원 또는 회원사의 이익을 대변하는 단체이거나 친목도모 성격의 단체는 지정대상에서 배제됨

2. 단체명에 생존하는 특정인의 이름을 사용하는 경우에는 특별한 경우를 제외하고 지정기부금단체 지정에서 제외되는 등의 불이익이 있을 수 있음

② 해산하는 경우 잔여재산을 국가 · 지방자치단체 또는 유사한 목적을 가진 다른 비영리법인에 귀속하도록 한다는 내용이 정관에 포함되어 있을 것

* **[잘못된 사례]** "유사한 다른 비영리단체, 유사한 다른 법인, 유사법인 또는 유사한 다른 단체"와 같은 정관의 내용은 잘못된 사례임. 따라서 정관에 상기 문구를 그대로 인용하여 규정하는 것을 추천함

** 다만, 사회적협동조합이 「협동조합 기본법」 제104조에 따라 해산 시 잔여재산의 처리를 정관에 규정한 경우 인정

③ 인터넷 홈페이지가 개설*되어 있고, 인터넷 홈페이지를 통해 연간 기부금 모금액 및 활용실적을 공개한다는 내용이 정관에 포함되어 있으며, 법인의 공익위반 사항을 국민권익위원회, 국세청 또는 주무관청 등 공익위반사항을 관리 · 감독할 수 있는 기관(이하 "공익위반사항 관리 · 감독 기관"이라 한다) 중 1개 이상의 곳에 제보가 가능하도록 공익위반사항 관리 · 감독기관이 개설한 인터넷 홈페이지와 해당 법인이 개설한 홈페이지가 연결되어 있을 것

* • 블로그, 카페는 원칙적으로 인정하지 않으나, ①포털사이트 검색이 가능하고, ②연중 자료열람에 제한이 없는 등 <u>홈페이지의 기능을 하는 경우</u> 예외적으로 허용

• 홈페이지 주소를 추천 신청서에 기재하고, 반드시 불특정다수가 공익목적을 확인할 수 있도록 지정기부금단체 명의의 독립된 한글 홈페이지가 개설되어 있을 것

• 기부금 모금액이 없는 경우에도 기부금 모금액 및 활용실적을 공개해야 함

• 재지정신청의 경우 매년 기부금 모금액 및 활용실적을 해당 비영리법인 및 국세청 홈페이지에 각각 공개하였을 것

④ 비영리법인으로 지정 · 고시된 날이 속하는 연도와 그 직전 연도에 해당 비영리법인의 명의 또는 그 대표자의 명의로 특정 정당 또는 특정인에 대한 「공직선거법」 제58조 제1항에 따른 선거운동*을 한 사실이 없을 것

* 당선되게 하거나 되지 않게 하기 위한 행위

⑤ 제12항에 따라 지정이 취소된 경우에는 그 취소된 날부터 3년, 제9항에 따라 추천을 받지 않은 경우에는 그 지정기간의 종료일부터 3년이 지났을 것

다만, 제5항 제1호에 따른 의무를 위반한 사유만으로 지정이 취소되거나 추천을 받지

못한 경우에는 그렇지 않다.

그동안 「민법」 등 법령에 의해 별도의 지정절차 없이 기부금단체로 인정되었던 아래의 단체는 2018.2.13. 「법인세법 시행령」 개정으로 당연지정기부금 단체의 지위는 사라지고, 지정신청 · 추천 · 승인 절차에 따라 지정기부금단체로 지정받아야 한다. 2021년부터 지정절차를 통해 기획재정부장관으로부터 지정을 받아야 「법인세법」상 공익법인의 지위를 유지할 수 있는데, 이들은 현장에서 쉽게 볼 수 있는 유형의 공익법인이다.

1. 2018.2.13. 전에 인 · 허가 받은 **학술연구 · 장학 · 기술진흥 · 문화예술 · 환경단체**
2. 2018.2.13. 전에 구 「법인세법 시행규칙」 **별표 6의 2**로 지정됐던 기부금단체
3. 2018.1.1. 전에 구 「법인세법 시행규칙」 **별표 6의 7**로 지정됐던 단체 중 지정기한이 만료되는 단체

(2) 신청절차

2020년까지는 비영리법인 등이 지정기부금단체 승인을 받기 위해 주무관청에 신청을 하고, 주무관청에서 서류를 검토한 후 기획재정부에 추천하면 기획재정부에서 심사 후 지정 · 고시하는 순서로 진행되었다.

그러나 2021년부터 지정추천 업무를 국세청에 이관하였고, 이에 비영리법인 등은 국세청에 신청을 하면, 국세청이 기획재정부에 추천을 하고 기획재정부에서 심사 후 지정 · 고시하는 방식으로 변경되었다.

▶ 지정추천 절차 ◀

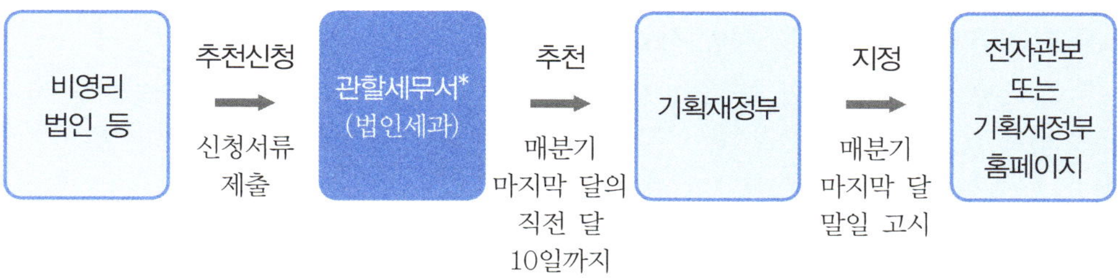

* 2021.1.1. 이후 지정하는 분부터 지정추천 업무 이관(주무관청→국세청)

▶ 신청기한 ◀

구 분	분기별 신청기간	국세청 추천기한	기재부 지정일
1분기	전년도 10/11 ~ 당해연도 1/10	2/10	3/31
2분기	당해연도 1/11 ~ 4/10	5/10	6/30
3분기	당해연도 4/11 ~ 7/10	8/10	9/30
4분기	당해연도 7/11 ~ 10/10	11/10	12/31

(3) 신청서류

공익법인(구 '지정기부금 단체') 신청 시 필요한 서류는 다음과 같다. 관련 서식을 함께 첨부했으니 업무에 활용하기 바란다.

① 공익법인 등 **추천 신청서**(법인칙 별지 제63호의 5 서식)

② 법인의 설립을 증명할 수 있는 다음의 서류

구 분	제출서류
「민법」상 사단 · 재단 법인, 공공기관 또는 법률에 따라 직접 설립된 기관	법인설립허가서*
사회적협동조합	사회적협동조합 설립인가증 및 법인등기사항 증명서
비영리외국법인	외국의 정부가 발행한 해당법인의 설립에 관해 증명할 수 있는 서류(영문서류는 한글 번역서류도 포함하여 제출)

* **(법률에 따라 등록된 기관)** 주무관청에 등록된 사항을 증명할 수 있는 서류로 대체 가능

③ **정관**

④ 최근 3년간 **결산서** 및 해당 사업연도 **예산서***

* 제출일 현재 법인 설립기간이 3년이 경과하지 아니한 경우에는 (i) 제출가능한 사업연도의 결산서, (ii) 해당 사업연도 예산서, (iii) 추천을 신청하는 날이 속하는 달의 직전월까지의 월별 수입 · 지출 내역서를 제출

⑤ 향후 3년(재지정신청의 경우 5년) 동안 기부금을 통한 **사업계획서**

⑥ 법인 대표자의 공익법인 등 **의무이행준수 서약서**(법인칙 별지 제63호의 6 서식)

⑦ 기부금 모금 및 지출을 통한 **공익활동보고서**

⑧ **선거운동 사실 여부 확인서**(임의서식이나 선거운동 여부 확인을 위해 제출)

※ **신규 신청 시** : ①~⑥, ⑧제출 / **재지정 신청 시** : ①~⑤, ⑦, ⑧ 제출

■ 법인세법 시행규칙 [별지 제63호의 5 서식] 〈개정 2025. 3. 21.〉

공익법인등 [ ] 추천 [ ] 명칭변경 신청서

※ 뒷면의 작성방법을 읽고 작성하시기 바라며, [ ]에는 해당되는 곳에 √표를 합니다. (앞쪽)

접수번호		접수일시	
① 신청대상 법인의 구분	[ ] 민법상 비영리법인 [ ] 사회적협동조합 [ ] 공공기관등 [ ] 비영리외국법인		
② 신청대상법인의 신청 구분	[ ] 추천 신청(지정기간 3년): 최초 지정신청 또는 지정기간 종료 후 2년 경과 후 지정신청의 경우 [ ] 추천 신청(지정기간 6년): 지정기간 종료 후 2년 이내 재지정신청의 경우 [ ] 명칭변경 신청		
신청대상법인 인적사항	법인(단체)명	사업자등록번호(고유번호)	
	법인등록번호		
	대표자	설립일	
	연락처	홈페이지주소	
	본점 및 주사무소 소재지		
	주무관청명	주무관청 부서명	
	사업내용		
기부금 모집내역	기부금 모집 목적		
	기부금 모집기간 및 목표액[지정일이 속하는 사업연도부터 3년(재지정은 5년)간] (단위: 백만원)		
	년 | | 년 | | 년 |		
	년 | | 년 | | 합 계 |		
	기부금 관리방법		
명칭변경 사항	변경 전 법인(단체)명	변경 후 법인(단체)명	

대리인이 지정기부금단체 신청을 하는 경우에는 아래의 위임장을 작성하시기 바랍니다.

위 임 장	본인은 공익법인등 추천 및 명칭변경 신청과 관련한 모든 사항을 아래의 대리인에게 위임합니다. 본 인: (서명 또는 인)			
대리인 인적사항	성명	생년월일	전화번호	신청인과의 관계

「법인세법 시행규칙」 제18조의3제2항 및 제6항에 따라 공익법인등 추천신청서류 및 명칭변경서류를 제출합니다.

년 월 일

신청인: (서명 또는 인)

위 대리인: (서명 또는 인)

국세청장
세무서장 귀하

첨부서류	뒤쪽 참조

210mm×297mm[백상지 80g/㎡ 또는 중질지 80g/㎡]

(뒤쪽)

추천신청서류	1. 법인 등의 설립 또는 등록에 관한 다음의 서류 (1) 민법상 비영리법인, 공공기관등의 경우: 법인설립허가서 (2) 사회적협동조합의 경우: 사회적협동조합 설립인가증 (3) 비영리외국법인의 경우: 외국의 정부가 발행한 해당 법인의 설립에 관한 사항을 증명할 수 있는 서류 2. 정관 3. 최근 3년간의 결산서 및 해당 사업연도 예산서(예시: 해당 사업연도가 2023년인 경우 2020년 2022년 결산서 및 2023년도 예산서, 2022년 결산 전인 경우 2019년~2021년 결산서 및 2023년 예산서). 다만, 제출일 현재 법인 등의 설립기간이 3년이 경과하지 않은 경우에는 (i) 제출 가능한 사업연도의 결산서 (ii) 해당 사업연도 예산서 (iii) 국세청장에 추천을 신청하는 날이 속하는 달의 직전 월까지의 월별 수입 · 지출 내역서를 제출합니다. 4. 지정일이 속하는 사업연도부터 3년(지정기간이 6년인 경우에는 5년)이 경과하는 날이 속하는 사업연도까지의 기부금 모집을 통한 사업계획서 5. 법인 대표자의 [별지 제63호의6서식]의 공익법인등 의무이행준수 서약서(지정기간이 3년인 경우에만 제출합니다) 6. 기부금 모금 및 지출을 통한 공익활동보고서(지정기간이 6년인 경우에만 제출합니다)
명칭변경신청서류	1. 외국의 정부가 발행한 해당 법인의 설립에 관한 사항을 증명할 수 있는 서류(비영리외국법인의 경우에만 제출합니다) 2. 정관(구 정관, 신 정관, 신구 대비표 첨부)

작 성 방 법

1. ①란은 아래를 확인하시고 해당되는 곳에 "√"표시를 합니다.
   - 민법상 비영리법인: 「민법」 제32조에 따른 사단 · 재단 법인
   - 사회적협동조합: 「협동조합기본법」 제85조에 따른 사회적협동조합
   - 공공기관등: 「공공기관의 운영에 관한 법률」 제4조에 따른 공공기관(같은 법 시행령 제7조제2항에 따른 공기업은 추천대상 단체가 아닙니다) 또는 법률에 따라 직접 설립 또는 등록된 기관
   - 비영리외국법인: 「재외동포의 출입국과 법적 지위에 관한 법률」 제2조에 따른 재외동포의 협력 · 지원, 한국의 홍보 또는 국제교류 · 협력을 목적으로 하는 비영리외국법인
2. ②란은 아래를 확인하시고 해당되는 곳에 "√"표시를 합니다.
   - 최초로 지정신청을 하는 경우 또는 지정기간이 종료된 후 2년이 경과된 법인이 지정신청을 하는 경우: 지정일이 속하는 연도의 1월 1일부터 3년간 공익법인등으로 인정
   - 지정기간이 종료된 후 2년 이내인 법인이 재지정신청을 하는 경우: 재지정일이 속하는 사업연도의 1월 1일부터 6년간 공익법인등으로 인정
3. '명칭변경 사항'은 명칭변경 신청 시에만 작성합니다(명칭변경 신청 시'기부금 모집내역'은 작성하지 않습니다).

210mm×297mm[백상지(80g/㎡) 또는 중질지(80g/㎡)]

(앞쪽)

제10-116호(최초 설립일: 1998.10.07.)

법 인 설 립 허 가 증

「민법」 제32조 및 「공익법인의 설립·운영에 관한 법률」 제4조의 규정에 의거 아래와 같이 법인의 설립을 허가합니다.

1. 법인명 : 재단법인 대학교 장학재단
2. 소재지 : 경기도
3. 대표자 : 유
4. 사업내용
   가. 학자금 지원사업
   나. 연구활동 지원사업
   다. 불우시설 및 장애자 지원 등의 자선사업
5. 허가 조건 : 뒤쪽 기재
6. 정 관 : 별 첨

2021. 09. 14.

(소재지 변경에 따른 재교부: 뒤쪽 기재)

행정권한의위임및위탁에관한 규정 제22조 제 1항에 의거 권한의 위임을 받아

경 기 도 교 육 감

사 업 계 획 서(예시)

※ 제시된 내용을 포함하되 목차 및 양식을 자유롭게 재구성·활용할 수 있습니다.

Ⅰ. 주요사업 목표

1.
2.
3.

Ⅱ. 세부사업 내용

1. (제1사업명)

가. 목　　적 :

나. 사업내용 :

(1) 사업기간 :

(2) 장　　소 :

(3) 수혜대상 :

다. 기부금 모금 목표액 :

라. 기부금 관리방법 :

마. 세부추진계획 :

바. 소요예산 : 금○○○원

(1) 인건비 :

(2) 운영비 :

(3) 기　타 :

2. (제2사업명)

3. (제3사업명)

공익법인 등의 대표(이사장)　　　　(서명 또는 인)

■ 법인세법 시행규칙 [별지 제63호의 6 서식] 〈개정 2023. 3. 20.〉

공익법인등 의무이행준수 서약서

○ 법인 · 단체명 또는 기관명:

○ 본인은 위 법인 · 단체 또는 기관의 대표자로서 해당 법인 등이 「법인세법 시행령」 제39조제1항제1호바목에 따른 공익법인등으로 지정되는 경우 그 지정기간 동안 같은 조 제5항에 따른 의무이행 사항을 충실하게 준수할 것을 서약합니다.

년 월 일

위 법인 · 단체 또는 기관의 대표자 (서명 또는 인)

국세청장
세무서장 귀하

유의사항
위 법인 · 단체 또는 기관의 주사무소 및 본점 소재지 관할 세무서장 또는 국세청장에게 제출합니다.

210mm×297mm[백상지 80g/㎡]

공익활동보고서(예시)

※ 제시된 내용을 포함하되 목차 및 양식을 자유롭게 재구성 · 활용할 수 있습니다.

Ⅰ. 주요 공익활동 실적

1.
2.
3.

Ⅱ. 공익활동 실적

1. (제1공익활동)

가. 목　　표 :

나. 활동내용 :

(1) 활동기간 :

(2) 장　　소 :

(3) 수혜대상 :

다. 기부금 지출액 : 금○○○원

(1) 인건비 :

(2) 운영비 :

(3) 기　타 :

라. 당초 사업계획 달성 여/부 :

마. 기타사항 :

2. (제2공익활동)

3. (제3공익활동)

※ 첨부 : 공익활동 행사사진, 홍보책자, 기타 유인물 등 다양한 자료 첨부

공익법인 등의 대표(이사장)　　　　(서명 또는 인)

(4) 신청방법

공익법인 등 지정신청은 구비서류를 갖추고 국세청 홈택스, 우편, 방문으로 신청할 수 있다.

① 홈택스 신청 – 국세청 홈택스(www.hometax.go.kr)를 통한 전자 접수

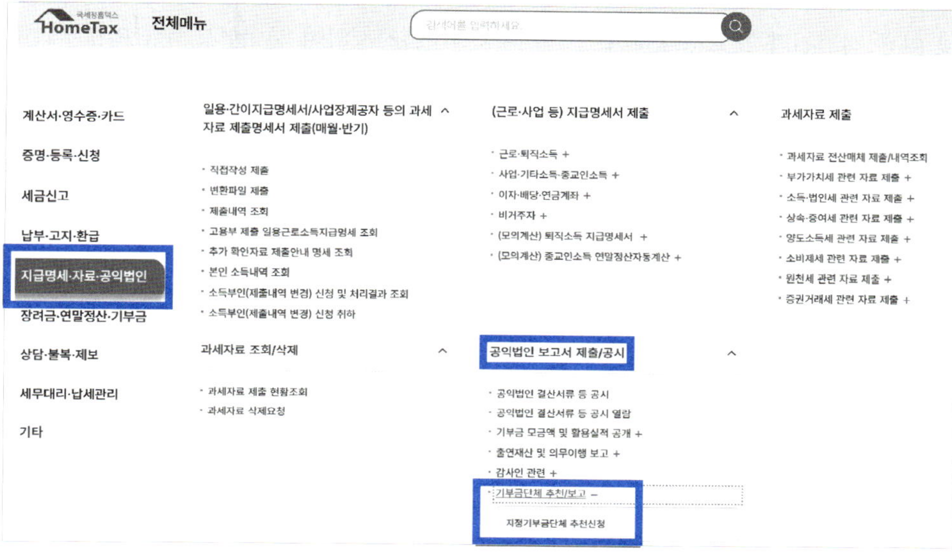

* 국세청 홈택스 〉 지급명세 · 자료 · 공익법인 〉 공익법인 보고서 제출/공시 〉 기부금단체 추천/보고 〉 지정기부금단체 추천신청

② 우편/방문신청 – 주사무소 및 본점 소재지 관할세무서에 구비서류 접수

(5) 지정기간

지정기부금 단체로 지정받았다고 하여 그 자격이 영원히 유지되는 것은 아니고, 일정기간이 지나면 재지정 신청을 해야 한다.

신규 지정된 공익법인 등은 지정일이 속하는 연도의 1월 1일부터 3년간(재지정의 경우 6년간) 「법인세법」 제24조 제3항 제1호에 따른 기부금(구 지정기부금)단체로 본다.

- 신규 : 지정일이 속하는 연도의 1월 1일부터 3년간
- 재지정 : 지정기간이 끝난 후 2년 이내 재지정되는 경우 재지정일이 속하는 연도의 1월 1일부터 6년간

(6) 「법인세법」상 의무사항

가. 공익법인 등 의무이행 여부 점검결과 보고서 제출(법인령 §39 ⑥)

「법인세법 시행령」 제39조 제1항 제1호에서 열거하는 공익법인(종교법인 · 단체는 제외)은 다음의 의무사항을 이행해야 하고, 매 사업연도마다 의무이행 여부를 「공익법인 등 의무이행 여부 점검결과 보고서(별지 제63호의 10 서식)」로 작성하여 사업연도 종료일로부터 4개월 이내 국세청에 제출해야 한다. 아래의 의무를 미이행하거나, 미보고 시 공익법인 등 지정취소 사유가 됨에 유의해야 한다.

① 지정요건 ❶~❸을 모두 충족할 것
기획재정부장관이 지정고시하는 비영리법인 등만 해당(법인령 §39 ① 1호 바목)

> ❶ 정관의 내용상 **수입을 공익**을 위하여 **사용**하고, **수혜자**가 **불특정 다수**일 것 등
> ❷ **해산 시 잔여재산을 국가, 지자체, 유사한 목적을 가진 비영리법인에 귀속**한다는 내용이 정관에 포함
> ❸ 홈페이지가 개설되어 있고, 홈페이지를 통해 **「연간 기부금 모금액 및 활용실적」**을 공개한다는 **내용이 정관에 포함**되어 있으며, **공익위반제보**가 가능하도록 국민권익위원회, 국세청 또는 주무관청 등의 홈페이지 중 1개 이상이 해당법인의 **홈페이지에 연결**되어 있을 것

② **수입을 공익**을 위하여 **사용**하고 **수혜자가 불특정 다수**일 것 등

③ 매년 **「연간 기부금 모금액 및 활용실적」**을 사업연도 종료일로부터 4개월 이내에 단체 및 국세청 홈페이지*에 각각 **공개**할 것(지정일이 속하는 사업연도를 포함하여 기부금 모금액이 없는 경우에도 공개). 단, 결산서류 등을 표준서식에 따라 공시한 경우 기부금모금액 및 활용실적 명세서 공개 의무를 이행한 것으로 인정

* 국세청 홈택스 〉 지급명세 · 자료 · 공익법인 〉 공익법인 보고서 제출/공시 〉 기부금 모금액 및 활용실적 공개

④ 공익법인등 또는 그 대표자의 명의로 「공직선거법에 따른 선거운동을 한 사실이 없을 것

⑤ 각 사업연도의 **지출액**(수익사업 지출 제외)의 **80% 이상**을 직접 **고유목적사업에 지출**할 것

⑥ 사업연도 종료일 기준 최근 2년 동안 고유목적사업의 지출내역이 있을 것

* 21.1.1. 이후 개시하는 사업연도 분부터 적용

⑦ 공익목적사업용 **전용계좌**를 **개설**하여 **사용**할 것

⑧ **결산서류** 등을 사업연도 종료일부터 4개월 이내에 공익법인등 및 국세청 홈페이지에 각각 **공시**할 것

⑨ 「공익법인회계기준」에 따라 **외부 회계감사**를 받을 것

국세청은 기부금 단체로부터 제출받은 자료를 점검하고, 기부금 모금액 및 활용실적을 공개하지 않거나 그 공개 내용에 오류가 있는 경우에는 기부금 지출 내역에 대한 세부내용을 제출할 것을 해당 공익법인등에 요구할 수 있다. 이 경우 공익법인등은 해당 요구를 받은 날부터 1개월 이내에 기부금 지출 내역에 대한 세부내용을 제출해야 한다.

구 분	내 용
① 보고대상	지정기부금 단체(「법인세법 시행령」 제39조 제1항 제1호 각목에 따른 공익법인. 단, 종교단체 제외) cf) 한국학교, 전문모금기관(법인령 §38 ③ · ④)
② 보고기한	매 사업연도 종료일로부터 4개월 이내 국세청에 보고 cf) 「법인세법 시행령」 제38조의 한국학교, 전문모금기관은 주무관청에 보고
③ 보고서식	「공익법인 등 의무이행 보고서」(법인칙 별지 제63호의 10) cf) 「전문모금기관 요건 충족 여부 등 점검결과 보고서」(법인칙 별지 제63호의 11) 「해외 한국학교 요건 충족 여부 등 점검결과 보고서」(법인칙 별지 제63호의 12)
④ 보고요구	국세청장은 의무이행 여부를 보고하지 않은 공익법인등에 대해서는 보고기한으로부터 2개월 이내에 의무이행 여부를 보고하도록 지체 없이 요구해야 함 cf) 한국학교 등의 주무관청은 보고기한까지 요건충족 여부 등을 보고하지 않은 경우 보고기한으로부터 2개월 이내에 요건충족 여부 등을 보고하도록 지체 없이 요구해야 함

■ 법인세법 시행규칙[별지 제63호의 10 서식] 〈개정 2023. 3. 20.〉

공익법인등 의무이행 여부 보고서

1. 단체 기본사항		사업연도	. . . ~ . . .
① 법인(단체)명		② 사업자등록번호(고유번호)	
③ 대표자 성명		④ 공익법인등 지정 및 만료일	지정일 : 만료일 :
⑤ 소재지		⑥ 인터넷 홈페이지 주소	

2. 의무이행 여부

⑨ 의무		⑩ 의무 이행 여부
⑦「법인세법 시행령」 제39조제1항제1호 바목의 공익법인등	(가) 정관의 내용상 수입을 회원의 이익이 아닌 공익을 위하여 사용하도록 되어 있고, 사업의 직접 수혜자가 불특정 다수일 것	
	(나) 정관의 내용상 해산 시 잔여재산을 국가·지방자치단체 또는 유사한 목적을 가진 다른 비영리 법인에 귀속하도록 되어 있을 것	
	(다) 인터넷 홈페이지가 개설되어 있고, 인터넷 홈페이지를 통하여 연간 기부금 모금액 및 활용실적을 공개한다는 내용이 정관에 포함되어 있으며, 공익위반사항 관리·감독기관이 개설한 인터넷 홈페이지와 해당 법인이 개설한 인터넷 홈페이지가 연결되어 있을 것	
⑧「법인세법 시행령」 제39조제1항제1호 가목부터 라목까지 및 바목의 공익법인등	(라) 공익법인등이 실제운영상 (가) 의무를 이행할 것	
	(마) 기부금 모금액 및 활용실적을 기부금단체와 국세청의 인터넷 홈페이지에 매년 사업연도 종료일부터 4개월 이내에 각각 공개할 것 (다만,「상속세 및 증여세법」 제50조의3제1항제2호에 따른 사항을 같은 법 시행령 제43조의3제4항에 따른 표준서식에 따라 공시하는 경우에는 기부금 모금액 및 활용 실적을 공개한 것으로 봄)	
	(바) 해당 공익법인등의 명의 또는 그 대표자의 명의로 특정 정당 또는 특정인에 대한 「공직선거법」 제58조제1항에 따른 선거운동을 한 것으로 권한 있는 기관이 확인한 사실이 없을 것	
	(사) 수익사업의 지출을 제외한 지출액의 100분의 80 이상을 직접 고유목적사업에 지출할 것	
	(아) 사업연도 종료일을 기준으로 최근 2년 동안 고유목적사업의 지출내역이 있을 것	
	(자) 「상속세 및 증여세법」 제50조의2제1항에 따른 전용계좌를 개설하여 사용할 것	
	(차) 「상속세 및 증여세법」 제50조의3제1항제1호부터 제4호까지의 서류등을 해당 공익법인등과 국세청의 인터넷 홈페이지를 통하여 공시할 것(「상속세 및 증여세법 시행령」 제43조의3제2항에 따른 공익법인등은 제외)	
	(카) 「상속세 및 증여세법」 제50조의4에 따른 공익법인등에 적용되는 회계기준에 따라 「주식회사 등의 외부감사에 관한 법률」 제2조제7호에 따른 감사인에게 회계감사를 받을 것(「상속세 및 증여세법 시행령」 제43조제3항 및 제4항에 따른 공익법인등은 제외)	

「법인세법 시행령」 제39조제6항 및 「법인세법 시행규칙」 제19조의2제1항에 따라 공익법인등 의무이행 여부 보고서를 제출합니다.

년 월 일

국세청장 귀하 제출인 : (단체의 직인) [인]

작성방법

1. 이 서식은 「법인세법 시행령」 제39조제6항에 따른 공익법인등이 같은 조 제5항에 따른 의무이행 여부를 자체점검하고 그 결과를 국세청에 제출할 때 작성하는 서식입니다.
2. ④란은「법인세법 시행령」 제39조에 따라 기획재정부장관이 지정한 공익법인등의 경우 지정일이 속하는 연도의 1월 1일부터 3년간(지정받은 기간이 끝난 후 2년 이내에 재지정되는 경우에는 재지정일이 속하는 사업연도의 1월 1일부터 6년간)을 지정기간으로 합니다.

210mm×297mm[백상지 80g/㎡ 또는 중질지 80g/㎡]

■ 법인세법 시행규칙 [별지 제63호의10서식 부표] 〈신설 2023. 3. 20.〉

의무이행 여부 보고서 일괄제출 총괄표

1. 일괄제출자 인적사항

학교법인(단체)명	대표자 성명	사업연도
사업자등록번호(고유번호)	소재지	

2. 각 학교별 의무이행 여부 등 명세

연번	학교명	사업자 등록번호 (고유번호)	대표자 성명	소재지	인터넷 홈페이지 주소	의무 이행 여부	비고

작성방법

1. 이 서식은 「법인세법 시행령」 제39조제1항제1호다목에 따른 학교를 설치·경영하는 「사립학교법」에 따른 학교법인 또는 사립학교 경영자가 해당 학교에 대한 별지 제63호의10서식의 공익법인등 의무이행 여부 보고서를 취합해 일괄제출하려는 경우 작성합니다.
2. "의무이행 여부"란에는 해당 학교가 별지 제63호의10서식 제3호에 따른 의무를 모두 이행한 경우에는 '여'로, 의무를 하나라도 미이행한 경우에는 '부'로 적고, '부'로 적는 경우 그 미이행 항목[(가)~(카)]을 "비고"란에 표시합니다.

나. 기부금영수증 발급내역 작성 · 보관 · 제출의무(법인법 §112의 2)

기부금영수증을 발급하는 공익법인은 「기부자별 발급명세서」를 작성하여 5년간 보관해야 하고, 해당 사업연도의 기부금영수증 총 발급건수 및 금액을 기재한 「기부금 영수증 발급합계표」를 사업연도 종료일로부터 6개월 이내 관할 세무서장에게 제출해야 한다.

다만, 전자기부금영수증 발급분에 대하여는 「기부자별 발급명세서」, 「기부금 영수증 발급합계표」 등 법정서식의 작성 · 보관 · 제출의무가 면제된다.

■ 소득세법 시행규칙 [별지 제29호의 7 서식(1)] 〈개정 2024. 3. 22.〉

귀속연도		기부자별 발급명세서	단체명	
			사업자등록번호	

일련번호	기부일자	기부자 성명(상호)	주민등록번호(사업자등록번호)	기부명세			발급명세	
		주 소(사업장)		내용	코드	금액	발급번호	발급일자

작성방법

기부명세의 코드란에는 특례기부금(10), 일반기부금(종교단체)(41), 일반기부금(종교단체 외)(40), 정치자금기부금(20), 우리사주조합기부금(42)으로 구분하여 작성합니다.

210mm×297mm[백상지 80g/㎡ 또는 중질지 80g/㎡]

■ 소득세법 시행규칙 [별지 제29호의 7 서식(2)] 〈개정 2024. 3. 22.〉

기 부 금 영 수 증 발 급 합 계 표

사업연도 (과세기간)	. . ~ . .

1. 기부금 영수증 발급자(단체)	① 단 체 명		② 대 표 자	
	③ 사업자등록번 (고유번호)		④ 전화번호	
	⑤ 소 재 지			
	⑥ 유 형 (해당란에 √)	□ 정부등 공공 □ 교육 □ 종교 □ 사회복지 □ 자선 □ 의료 □ 문화 □ 학술 □ 기타		

2. 해당 사업연도(과세기간)의 기부금영수증 발급현황

(단위: 원)

⑦ 구 분 / ⑫ 기부자	⑧ 합 계		⑨ 특례기부금		⑩ 일반기부금	
	건수	금액	건수	금액	건수	금액
법 인						
개 인						

「소득세법」 제160조의3제3항에 따른 기부금영수증 발급합계표를 제출합니다.

년 월 일

제출자 (서명 또는 인)

세무서장 귀하

작성방법

1. 이 서식은 기부금영수증을 발급하는 자가 해당 사업연도(과세기간)의 종료일이 속하는 달의 말일부터 6개월 이내에 관할세무서장에게 제출해야 합니다.
2. ⑥유형란: 기부금 영수증 발급자(단체)에 해당하는 유형을 선택합니다.
3. ⑧ ~ ⑩란: 해당 사업연도의 해당 기부금영수증 총 발급건수 및 총 발급금액을 적습니다.
4. 2021년 7월 1일 이후 전자기부금영수증(「소득세법」 제81조의7 및 제160조의3에 규정되어 있습니다)을 발급하는 분부터는 이 서식을 제출할 의무가 없습니다.

210mm×297mm[백상지 80g/㎡ 또는 중질지 80g/㎡]

(7) 지정 취소와 재지정 배제

기획재정부장관이 지정한 공익법인 등이 지정기간 동안 의무사항을 위반하거나 의무이행 점검결과를 국세청에 보고하지 않는 등 다음의 사유가 발행하는 경우 공익법인 등 지정이 취소될 수 있다.

① 「상속세 및 증여세법」상 의무위반으로 사업연도별로 1천만원 이상(가산세 포함) 추징된 경우

② 다음의 어느 하나에 해당하는 경우

가) 법인이 목적 외 사업을 하거나 설립허가의 조건에 위반하는 등 공익목적을 위반한 경우

나) 「법인세법」상 지정요건 및 의무사항을 위반한 경우(전용계좌 개설 · 사용, 결산서류 등 공시, 외부 회계감사의무 제외*)

* 2021.1.1. 지정취소를 요청하는 분부터 적용

다) 의무의 이행 여부에 대한 주무관청의 보고 요구에도 불구하고 이를 보고하지 아니한 경우

③ 불성실기부금수령단체로 명단이 공개된 경우

④ 공익법인등의 대표자, 대리인, 사용인 또는 그 밖의 종업원이 「기부금품의 모집 및 사용에 관한 법률」을 위반하여 징역 또는 벌금형이 확정된 경우

⑤ 법인이 해산한 경우

지정기간이 끝난 후에 그 법인이 지정기간 중 위 "공익법인 지정취소사유" 중 어느 하나에 해당하는 사실이 있었음을 알 게 된 경우에는 지정기간 종료 후 3년간 재지정을 배제한다.

관련 예규 · 판례

1 공익법인이 가산세를 자진 신고 · 납부한 경우가 공익법인 취소 요청 사유인 '추징당한 경우'에 해당하는지 여부(서면-2022-법규법인-0018 / 법인세제과-375, 2022.9.14.)

공익법인등이 상속세 및 증여세법 제50조의2 제3항에 따른 전용계좌의 개설 · 신고를 하지 않는 등의 사유로 세무서장 등으로부터 가산세를 부과받기 전에 가산세를 신고하여 납부한 경우는 법인세법 시행령 제39조 제8항 제1호에 따른 '상속세(그 가산세를 포함한다) 또는 증여세(그 가산세를 포함한다)를 추징당한 경우'에 해당하지 않는 것임

2 출연받은 재산에 대하여 증여세가 부과되는지 여부(기획재정부 재산세제과 - 859, 2021.9.29.)

[요 지]

공익법인이 「상속세 및 증여세법 시행령」 개정에 따라 공익법인에 해당하지 아니하게 되는 경우 증여세가 부과되지 않으나, 공익법인등에 해당하지 않게 된 이후에도 공익법인등에 적용되는 모든 의무를 준수하여야 함

[회 신]

귀 질의의 경우 제2안(증여세가 부과되지 않음)이 타당함. 다만, 2020년 12월 31일 이전에 「상속세 및 증여세법」 제16조 및 제48조에 따라 출연받은 재산의 가액을 증여세 과세가액에 산입하지 아니한 공익법인등은 같은 법 시행령 부칙(대통령령 제28638호, 2018.2.13.)에 따라 2021년 1월 1일부터 공익법인등에 해당하지 않게 된 이후에도 공익법인등에 적용되는 모든 의무를 준수하여야 하는 것임

(8) 불성실 기부금수령단체 명단 공개(국기법 §85의 5, 국기령 §66 ⑩)

공익법인이 「상속세 및 증여세법」상 의무위반으로 1천만원 이상의 세액이 추징되거나 거짓기부금영수증 발급 등 공익법인으로서의 의무위반을 한 경우 국세청장은 불성실 기부금수령단체의 인적사항, 국세추징 명세 등을 공개할 수 있다.

불성실 기부금 수령단체로 명단공개가 되면 공익법인 지정취소가 될 수 있기 때문에 세법에서 요구하는 의무를 위반하지 않도록 유의해야 한다.

다음에 해당하는 경우 불성실기부금단체 명단공개 대상이 된다.

① 명단 공개일이 속하는 연도의 직전 연도 12월 31일을 기준으로 최근 2년(불복청구기간은 제외) 이내에 「상속세 및 증여세법」에 따른 의무불이행으로 추징당한 세액의 합계액이 1천만원 이상인 경우

② 명단 공개일이 속하는 연도의 직전 연도 12월 31일을 기준으로 최근 3년(불복청구기간은 제외)간의 「소득세법」 제160조의 3에 또는 「법인세법」 제112조의 2에 따른 기부자별 발급명세를 작성하여 보관하고 있지 아니한 경우

③ 명단 공개일이 속하는 연도의 직전 연도 12월 31일을 기준으로 최근 3년(불복청구기간은 제외) 이내에 기부금액 또는 기부자의 인적사항이 사실과 다르게 발급된 기부금영수증(이하 '거짓영수증'이라 한다)을 5회 이상 발급하였거나 그 발급금액의 합계액이 5천만원 이상인 경우

④ 사회복지법인 및 학교 등「법인세법 시행령」제39조 제1항 제1호 가목~라목의 공익법인 등이 같은 영 같은 조 제5항의 의무를 이행하지 않은 사실이나 주무관청의 요구에도 의무 이행 여부를 보고하지 않은 사실이 2회 이상 확인된 경우(2019.1.1. 이후 개시하는 사업연도분부터 적용)

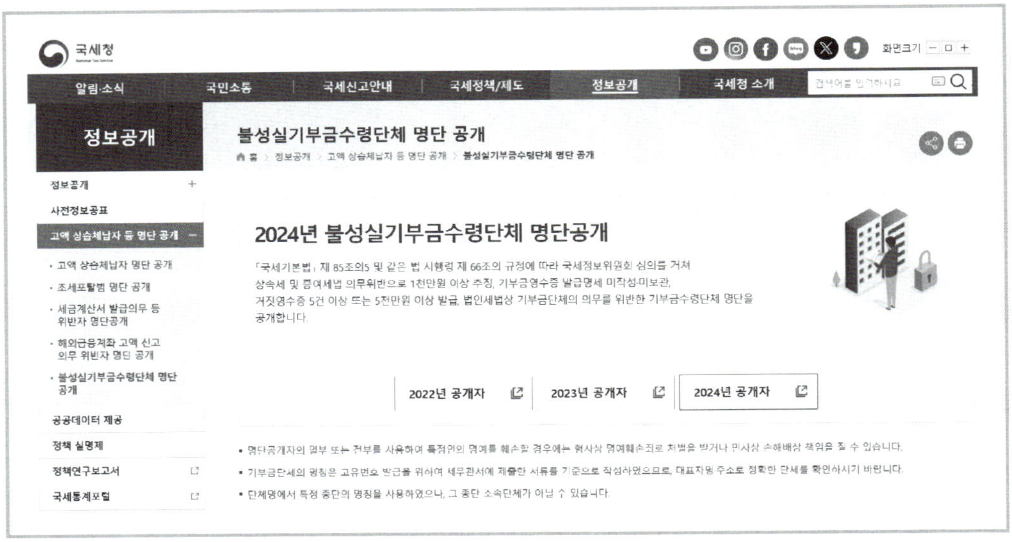

(9) 기부금 관련 업무 일정

공익법인은 기부자들에게 기부금영수증을 발급해주고, 기부자들이 연말정산 시 세제혜택을 받을 수 있도록 연말정산간소화 서비스에 기부금 납입내역을 입력해야 하고, 연간 기부금 모금액 및 활용실적 명세서와 기부금영수증 발급명세서를 제출하는 등 세법에서 규정하는 여러 가지 의무를 이행하여야 한다.

월별 기부금 관련 업무일정 및 구체적인 내용은 다음과 같다.

시 점	내 용
상시	기부금영수증 발급, 기부자별 발급명세서 작성
1월	연말정산간소화 세액공제 자료 제출
4월	「기부금 모금액 및 활용실적 명세서」 제출 「공익법인 등 의무이행 여부 보고서」 제출
6월	「기부금영수증 발급합계표」 제출

가. 기부금영수증 발급(상시)

그동안 기부자가 기부금영수증을 발급받기 위해서는 기부금 단체에 연락하거나, 기부금 단체가 기부금영수증을 발급하여 우편 또는 이메일로 기부자에게 발송하는 불편함이 있었으나, 2021년부터는 홈택스를 통해 기부금영수증을 전자로 발급할 수 있는 '전자기부금영수증 제도'를 도입하였다.

전자기부금영수증 제도 시행으로 기부금단체는 기부금영수증 발급에 소요되는 비용을 절감하고, 기부자는 연말정산 간소화시스템에 자동 반영되므로 기부금 단체에 기부금영수증을 요청해야 하는 번거로움을 줄일 수 있게 되었다.

또한 전자기부금영수증을 발급하면 「기부자별 발급명세서」, 「기부금 영수증 발급합계표」의 작성 · 보관 · 제출 의무가 면제된다.

특히 2025년부터 직전 사업연도에 발급한 기부금 영수증의 총합계액이 연간 3억원이상인 기부금단체는 기부금을 받은 날이 속하는 사업연도의 다음연도 1월 10일까지 전자기부금영수증을 의무적으로 발급해야 한다.

▶ 기부금영수증 발급 · 관리과정 변화[3] ◀

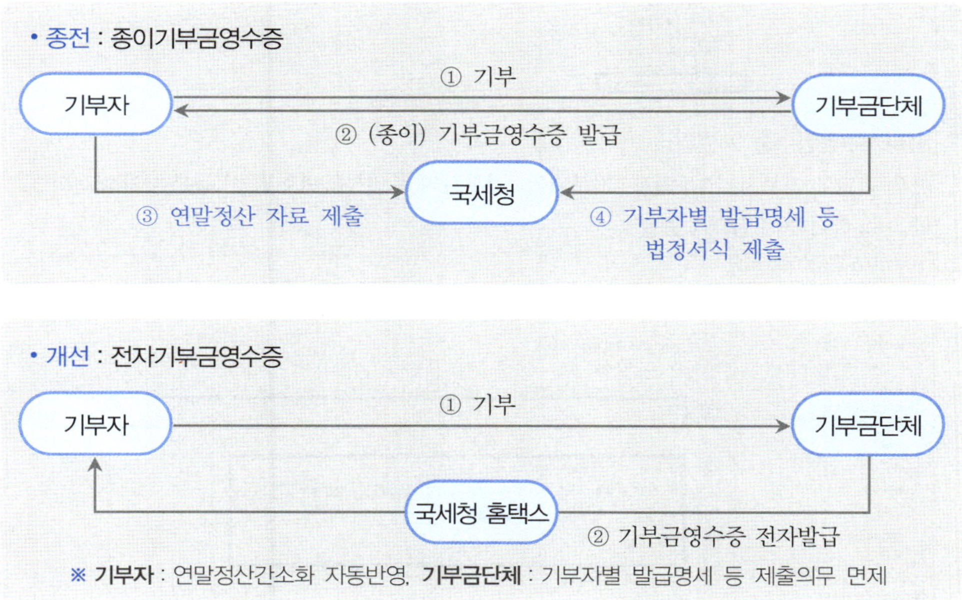

3) 공익법인 세무안내, 국세청, 2025, 219쪽

▶ 전자기부금영수증 발급방법 ◀

전자기부금영수증을 발급하기 위해서는 기부금단체가 홈택스에서 전자기부금영수증 발급권한을 신청하면, 세무서에서 기부금단체 여부를 확인한 후 승인처리한다. 승인처리된 기부금단체는 즉시 전자기부금영수증을 발급할 수 있다.

전자기부금영수증은 개별발급(기부자별 건별발급)과 일괄발급(홈택스에서 제공하는 엑셀서식을 이용하여 기부금내역을 작성 · 업로드)으로 나눌 수 있다.

1. 전자기부금영수증 발급권한 신청

▶ [홈택스 〉 장려금 · 연말정산 · 기부금 〉 전자기부금영수증〉 (기부금단체용)발급 〉 전자기부금영수증 발급권한 신청]

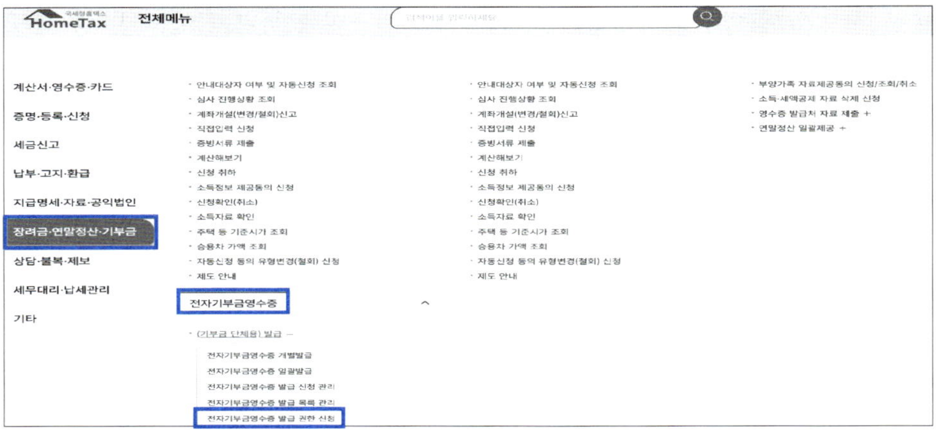

2. 전자기부금영수증 개별발급

기부 건별로 기부자, 기부일자, 기부내역, 기부자의 주민등록번호 또는 등록한 휴대전화번호를 이용하여 기부금영수증을 발급

3. 전자기부금영수증 일괄발급

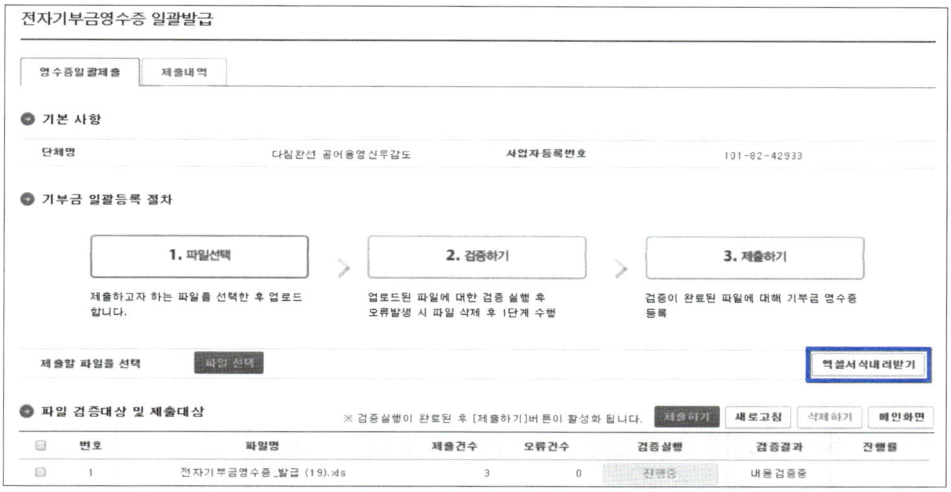

참고 전자기부금영수증 시스템 메뉴 구성

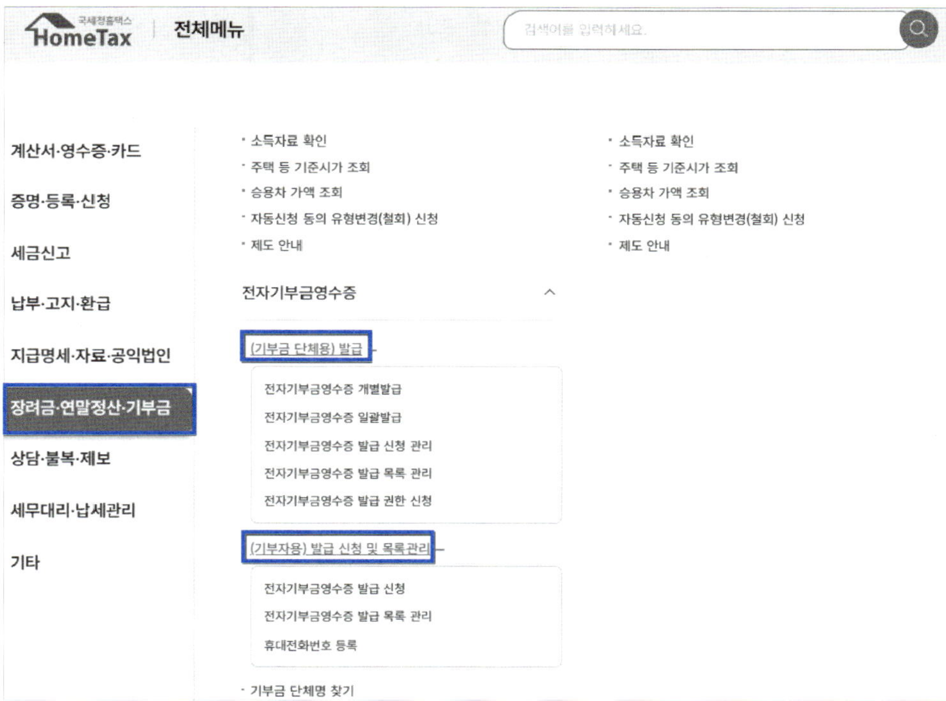

전자기부금영수증 메뉴 화면에는 기부금단체(5종), 기부자(2종)의 메뉴가 있는데 그 내용은 다음과 같다.

기부금 단체		기부자	
① 전자기부금영수증 개별발급	기부금영수증을 한 건씩 발급	① 전자기부금영수증 발급목록 관리	발급목록 조회, 수정 및 삭제요청, 기부금영수증 출력
② 전자기부금영수증 일괄발급	기부금영수증 여러 건을 excel, txt 파일로 변환 전송	② 전자기부금영수증 발급신청	기부금단체에서 미발급 시 발급신청
③ 전자기부금영수증 발급신청 관리	기부자의 발급요청 승인 처리		
④ 전자기부금영수증 발급목록 관리	발급목록 조회 · 수정 · 삭제 및 기부금영수증 등 법정서식 출력		
⑤ 전자기부금영수증 발급권한 신청	전자기부금영수증 발급권한 여부 조회 및 발급권한 신청		

나. 기부금 세액공제 증명자료 제출(1월 초)

공익법인은 기부자로부터 수령한 기부금내역을 국세청에 제출해야 한다.

그럴 경우 기부자가 연말정산 간소화 서비스를 통해 기부내역을 확인할 수 있어 개별적으로 영수증을 수집하는 수고로움을 덜 수 있고, 세액공제 등 세제혜택을 받을 수 있기 때문이다.

연말정산 간소화 서비스로 제출된 기부금 세액공제 자료는 전자기부금영수증제도가 완전히 정착되기까지는 계속 활용될 것으로 생각된다.

▶ 자료제출 일정 ◀

기부금 자료 제출기간은 일반적으로 다음과 같은 일정에 따라 진행된다.

- **자료제출 대상 기간 :** 20x1.1.1.~20x1.12.31.
- **자료제출 기간 :** 20x2.1.1.~20x2.1.7.
  - 부득이한 경우 20x2.1.13. 22시까지 자료 제출 가능
  - 20x2.1.13.까지 제출한 자료는 20x2.1.15.부터 간소화서비스에서 조회됨
- **수정 · 추가 자료제출 기간 :** 20x2.1.15.~20x2.1.18.(제출시간 : 18시~22시)
  - 20x2.1.18. 22시 이후 자료제출은 불가능
  - 수정 · 추가분을 포함한 간소화자료는 20x2.1.20.부터 조회됨

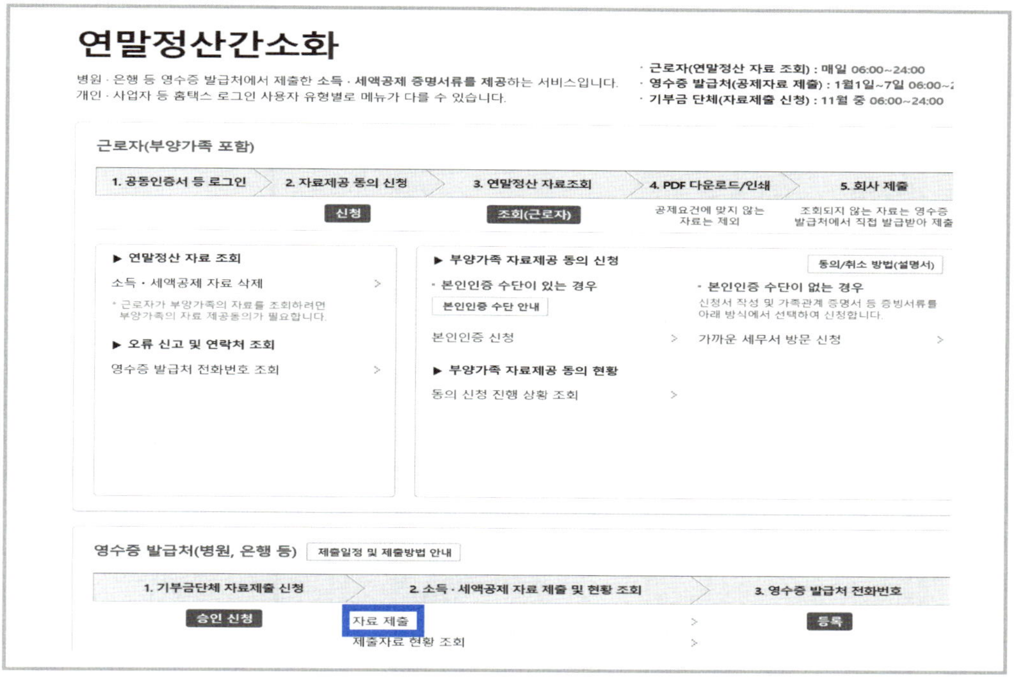

다. 「연간 기부금 모금액 및 활용실적 명세서」 제출(4월)

공익법인은 월별 기부금의 수입 · 지출 명세서를 작성하여 사업연도 종료일로부터 4개월 내 공익법인 및 국세청 홈페이지에 공개하여야 한다.

공익법인 지정 취소 사유 중 해당 서류 공시를 미이행하여 취소된 사례가 상당히 많으니 실무자들은 잊지 말고 기한 내 제출하기 바란다.

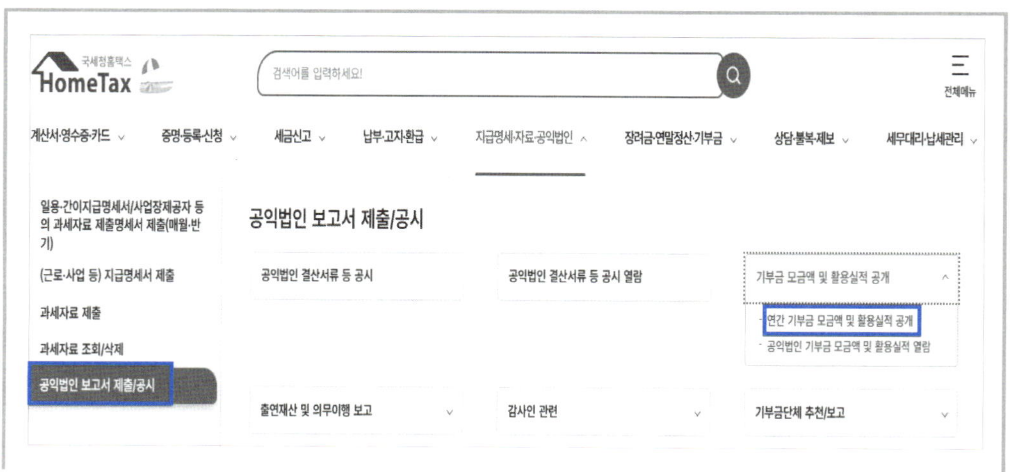

■ 법인세법 시행규칙 [별지 제63호의 7 서식] 〈개정 2023. 3. 20.〉

연간 기부금 모금액 및 활용실적 명세서

(앞쪽)

1. 기본사항

① 법인명		② 사업자등록번호(고유번호)	
③ 대표자 성명		④ 공익법인등 구분	
⑤ 전자우편주소		⑥ 사업연도	
⑦ 전화번호		⑧ 공익법인등 지정일	
⑨ 소재지			

2. 기부금의 수입 · 지출 명세

(단위: 원)

⑩ 월별	⑪ 수입	⑫ 지출	⑬ 잔액	월별	수입	지출	잔액
전기이월	–	–		8월			
1월				9월			
2월				10월			
3월				11월			
4월				12월			
5월				합계			
6월				차기이월	–	–	
7월							

3. 기부금 지출 명세서(국내사업)

(단위: 원)

⑭ 지출월	⑮ 지급목적	⑯ 지급건수	⑰ 대표 지급처명 (단체명/개인)	⑱ 금액
⑲ 연도별	⑳ 지급목적	㉑ 수혜인원	㉒ 대표 지급처명 (단체명/개인)	㉓ 금액
합 계				

4. 기부금 지출 명세서(국외사업)

(단위: 원)

㉔ 지출월	㉕ 국가명	㉖ 지급목적	㉗ 지급건수	㉘ 대표 지급처명 (단체명/개인)	㉙ 금액

라. 「기부금영수증 발급합계표」 제출(6월)

기부금영수증을 발급하는 공익법인은 기부금영수증 총 발급건수와 금액 등이 적힌 「기부금영수증 발급합계표」를 사업연도 종료일이 속하는 달의 말일부터 6개월 이내에 관할 세무서장에게 제출해야 하는데, 전자기부금영수증을 발급한 경우에는 그러지 아니한다.

■ 소득세법 시행규칙 [별지 제29호의 7 서식(2)] 〈개정 2024. 3. 22.〉

기 부 금 영 수 증 발 급 합 계 표

사업연도 (과세기간)	. . ~ . .

1. 기부금 영수증 발급자(단체)	① 단 체 명				② 대 표 자
	③ 사업자등록번호 (고유번호)				④ 전화번호
	⑤ 소 재 지				
	⑥ 유 형 (해당란에 √)	□ 정부등 공공 □ 자선 □ 의료	□ 교육 □ 문화	□ 종교 □ 학술	□ 사회복지 □ 기타

2. 해당 사업연도(과세기간)의 기부금영수증 발급현황

(단위: 원)

⑦ 구 분 / ⑫ 기부자	⑧ 합 계		⑨ 특례기부금		⑩ 일반기부금	
	건수	금액	건수	금액	건수	금액
법 인						
개 인						

「소득세법」 제160조의3제3항에 따른 기부금영수증 발급합계표를 제출합니다.

년 월 일

제출자 (서명 또는 인)

세무서장 귀하

작성방법

1. 이 서식은 기부금영수증을 발급하는 자가 해당 사업연도(과세기간)의 종료일이 속하는 달의 말일부터 6개월 이내에 관할세무서장에게 제출해야 합니다.
2. ⑥유형란: 기부금 영수증 발급자(단체)에 해당하는 유형을 선택합니다.
3. ⑧ ~ ⑩란: 해당 사업연도의 해당 기부금영수증 총 발급건수 및 총 발급금액을 적습니다.
4. 2021년 7월 1일 이후 전자기부금영수증(「소득세법」 제81조의7 및 제160조의3에 규정되어 있습니다)을 발급하는 분부터는 이 서식을 제출할 의무가 없습니다.

210mm×297mm[백상지 80g/㎡ 또는 중질지 80g/㎡]

(10) 의무위반 시 가산세(법인법 §75의 4)

기부금영수증을 발급하는 자가 다음에 해당하는 경우 가산세가 부과된다. 산출세액이 없더라도 가산세가 부과됨에 유의해야 한다.

- 기부금영수증 관련
  - 기부금액이 사실과 다른 경우 : 사실과 다르게 발급된 금액의 $\frac{5}{100}$
  - 기부자의 인적사항이 사실과 다른 경우 : 영수증에 적힌 금액의 $\frac{5}{100}$
- 기부자별 발급명세서를 작성 · 보관하지 않은 경우 : 작성 · 보관하지 않은 금액의 $\frac{2}{1,000}$

관련 예규 · 판례

■ 지정기부금단체의 분사무소 명의로 기부금영수증 발급 가능 여부

(서면 - 2021 - 법인 - 3197 [공익중소법인지원팀 - 606], 2021.9.8.)

[요 지]

지정기부금 단체의 분사무소 명의로 기부금영수증을 발급할 수 없으며, 기부금영수증 발급불성실 가산세 적용 대상임

[회 신]

기획재정부의 해석(기획재정부 법인세제과－326, 2021.7.9.)을 참조하시기 바람

(질의1) 기부금 단체의 분사무소 명의로 기부금영수증 발급가능 여부

- 제1안 : 발급할 수 있음
- 제2안 : 발급할 수 없음

(질의2) 분사무소 명의로 발급된 기부금영수증에 대한 「법인세법」 제75조의 4 제1항 제1호 나목(기부금영수증 발급불성실 가산세) 적용 여부

- 제1안 : 적용됨
- 제2안 : 적용되지 않음

(질의3) 당해 신규 해석의 적용 시기

- 제1안 : 신규 해석 회신일 이후 신고분(결정 · 경정 포함)부터 적용
- 제2안 : 신규 해석 회신일 이후 기부금영수증 발급분부터 적용

귀 (질의1)의 경우 제2안이, (질의2)의 경우 제1안이, (질의3)의 경우 제2안이 각각 타당함

Chapter

3 법인세 신고와 구분경리

앞서 살펴본 바와 같이 비영리법인에 대한 정의는「법인세법」제2조에서 규정하고 있고「상속세 및 증여세법 시행령」제12조에서 공익법인 등의 범위에 대하여 열거하고 있다.

이하 공익법인과 비영리법인의 과세체계에 대하여 간략히 살펴보고자 한다.

▶ 비영리법인과 공익법인과의 관계[4] ◀

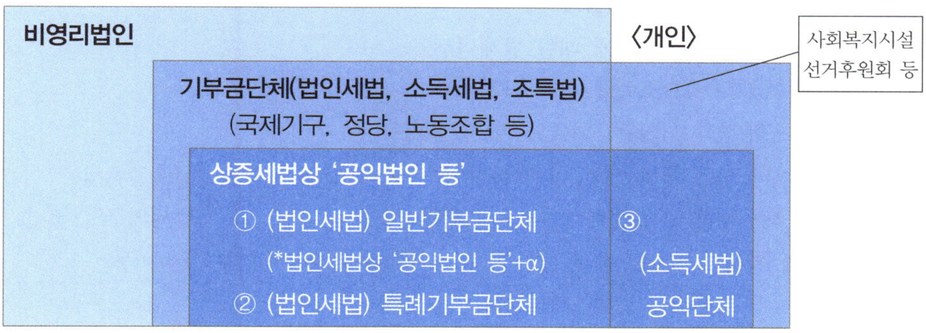

영리법인의「법인세법」상 과세대상소득은 각사업연도소득(포괄주의), 토지 등 양도소득, 청산소득, 기업의 미환류소득으로 구분된다. 그러나 비영리법인은 각 사업연도소득(열거주의)과 토지등 양도소득만이「법인세법」상 과세대상 소득에 해당한다. 비영리법인은 설립부터 이익 배분을 하지 않는 것을 원칙으로 하고 청산 시에 잔여재산은 국가 등에 귀속되기 때문에 청산소득에 대한 납세의무는 없다.

---

4) 공익법인 세무안내, 국세청, 2025, 35쪽

구 분	영리법인	공익법인(비영리법인)
각사업연도소득	포괄주의	열거주의
토지 등 양도소득	과세	
청산소득	과세	미해당

반면 공익법인과 공익법인이 아닌 비영리법인(이하 "비영리법인")은 「법인세법」상 납세의무 이외에 출연재산 등에 대하여는 「상속세 및 증여세법」에 따라 납세의무가 있다. 비영리법인은 출연재산 등에 대하여 증여세 납부로 납세의무가 종결되지만, 공익법인은 상속증여세가 면제(과세가액 불산입)된 후 그에 따른 각종 사후관리 의무를 이행하여야 한다.

이어서 서술하는 본문의 구체적인 내용에 대해 이해를 돕고자 비영리법인과 공익법인의 전체적인 과세체계에 대해 도표로 살펴보고자 한다.

	공익법인	비영리법인
「법인세법」	• 열거된 수익사업에 대한 납세의무 • 토지등 양도소득에 대한 납세의무 • 구분경리, 고유목적사업준비 설정 가능	
「상속세 및 증여세법」	• 무상취득 재산 : 과세가액 불산입 • 사후관리 및 납세협력의무 이행 필요 ♣ 기부자 : 한도 내 손금산입	• 무상취득 재산 : 상속증여세 납세의무로 종결 ♣ 기부자 : 업무무관 비용

01 수익사업의 범위

법인세 납세의무자는 수익사업 유무와 상관없이 원칙적으로 모든 법인이며, 법인격을 갖추기 전의 일정한 요건을 갖춘 「국세기본법」 제13조의 법인으로 보는 단체 등도 법인세 납세의무자에 해당된다.

그러나 「법인세법」은 영리법인과 비영리법인을 구분하여 납세의무의 대상이 되는 과세

소득의 범위를 각각 다르게 규정하고 있으므로 과세대상이 되지 아니하는 소득에 대하여는 법인세를 납부할 의무가 없다.

비영리법인은 국내 및 국외원천소득 중 수익사업 소득에 한하여 납세의무가 있는데, 구체적으로 법인세가 과세되는 수익사업은 다음의 7가지 소득으로 열거하여 한정하며(법인법 §4 ③ 각 호), 열거된 이외의 수익사업도 순자산증가설에 의해 과세 여부가 논란이 될 수도 있으나 대법원의 판례(대법 90누4327, 1991.5.10.)는 일관되게 열거주의를 택하고 있다.

▶ 「법인세법」상 수익사업의 유형[5] ◀

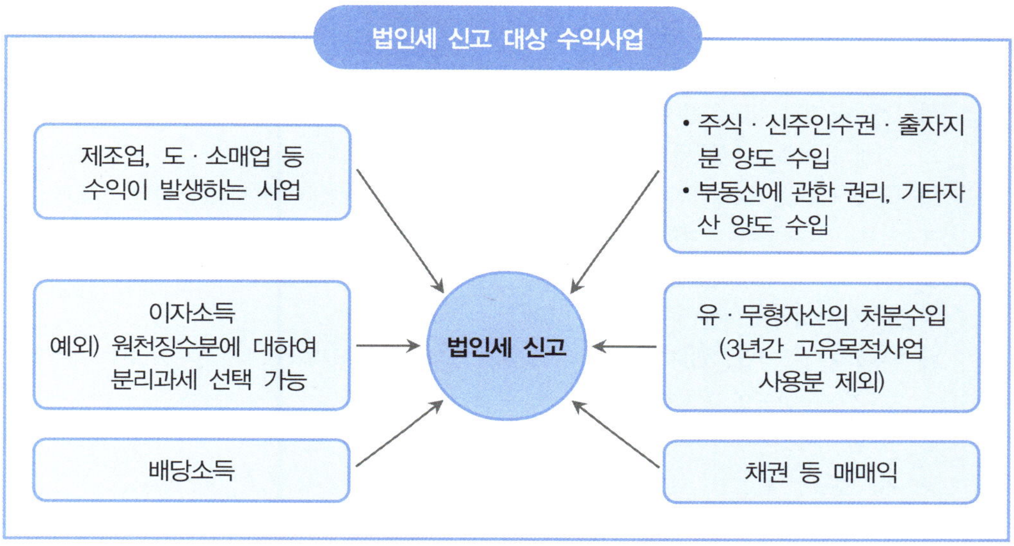

1 제조업, 건설업 등 사업소득

사업소득이란 제조업, 건설업, 도매 및 소매업 등 「통계법」 제22조에 따라 통계청장이 작성 · 고시하는 한국표준산업분류에 따른 사업 중 수입이 발생하는 것을 말한다.

그러나 아래와 같이 국가가 장려하는 정책적인 목적이 있는 농업, 교육서비스업, 사회복지사업, 보건업, 국민연금사업 등 특수한 경우의 사업으로 열거하는 경우에는 과세대상에서 제외한다.

5) 공익법인 세무안내, 국세청, 2025, 47쪽

관련법령 법인세 과세대상 사업소득에서 제외하는 소득(법인령 §3 ①)

1. **축산업**(축산관련서비스업을 포함한다) 외의 **농업**
2. **연구개발업**(계약 등에 의하여 그 대가를 받고 연구 및 개발용역을 제공하는 사업을 제외한다)

2의 2. 선급검사(船級檢査)용역

3. 다음 각 목의 어느 하나에 해당하는 교육시설에서 해당 법률에 따른 교육과정에 따라 제공하는 **교육서비스업**
   가. 「유아교육법」에 따른 유치원
   나. 「초 · 중등교육법」 및 「고등교육법」에 따른 학교
   다. 「경제자유구역 및 제주국제자유도시의 외국교육기관 설립 · 운영에 관한 특별법」에 따라 설립된 외국교육기관(정관 등에 따라 잉여금을 국외 본교로 송금할 수 있거나 실제로 송금하는 경우는 제외한다)
   라. 「제주특별자치도 설치 및 국제자유도시 조성을 위한 특별법」에 따라 설립된 비영리법인이 운영하는 국제학교
   마. 「평생교육법」 제31조 제4항에 따른 전공대학 형태의 평생교육시설 및 같은 법 제33조 제3항에 따른 원격대학 형태의 평생교육시설
4. **보건업** 및 **사회복지 서비스업** 중 다음 각 목의 어느 하나에 해당하는 사회복지시설에서 제공하는 사회복지사업
   가. 「사회복지사업법」 제34조에 따른 사회복지시설 중 사회복지관, 부랑인 · 노숙인 시설 및 결핵 · 한센인 시설
   나. 「국민기초생활보장법」 제15조의 2 제1항 및 제16조 제1항에 따른 중앙자활센터 및 지역자활센터
   다. 「아동복지법」 제52조 제1항에 따른 아동복지시설
   라. 「노인복지법」 제31조에 따른 노인복지시설(노인전문병원은 제외한다)
   마. 「노인장기요양보험법」 제2조 제4호에 따른 장기요양기관
   바. 「장애인복지법」 제58조 제1항에 따른 장애인복지시설 및 같은 법 제63조 제1항에 따른 장애인복지단체가 운영하는 「중증장애인생산품 우선구매 특별법」 제2조 제2항에 따른 중증장애인생산품 생산시설
   사. 「한부모가족지원법」 제19조 제1항에 따른 한부모가족복지시설
   아. 「영유아보육법」 제10조에 따른 어린이집
   자. 「성매매방지 및 피해자보호 등에 관한 법률」 제9조 제1항 및 제17조 제1항에 따른 지원시설 및 성매매피해상담소
   차. 「정신건강증진 및 정신질환자 복지서비스 지원에 관한 법률」 제3조 제6호 및 제7호에 따른 정신요양시설 및 정신재활시설
   카. 「성폭력방지 및 피해자보호 등에 관한 법률」 제10조 제2항 및 제12조 제2항에 따른 성폭력피해상담소 및 성폭력피해자보호시설

타. 「입양특례법」 제20조 제1항에 따른 입양기관

파. 「가정폭력방지 및 피해자보호 등에 관한 법률」 제5조 제2항 및 제7조 제2항에 따른 가정폭력 관련 상담소 및 보호시설

하. 「다문화가족지원법」 제12조 제1항에 따른 다문화가족지원센터

거. 「건강가정기본법」 제35조 제1항에 따른 건강가정지원센터

5. **연금 및 공제업** 중 다음 각 목의 어느 하나에 해당하는 사업

가. 「국민연금법」에 의한 국민연금사업

나. 특별법에 의하거나 정부로부터 인가 또는 허가를 받아 설립된 단체가 영위하는 사업(기금조성 및 급여사업에 한한다)

다. 「근로자퇴직급여보장법」에 따른 중소기업퇴직연금기금을 운용하는 사업

6. 사회보장보험업 중 「국민건강보험법」에 의한 **건강보험사업**과 「산업재해보상보험법」에 의한 **산업재해보상보험사업**

7. 주무관청에 등록된 **종교단체**(그 소속단체를 포함한다)가 공급하는 용역 중 「부가가치세법」 제26조 제1항 제18호에 따라 부가가치세가 면제되는 용역을 공급하는 사업

8. **금융 및 보험** 관련서비스업 중 **예금보험제도** 등을 운영하는 사업 등

9. 「혈액관리법」 제6조 제3항에 따라 보건복지부장관으로부터 혈액원 개설 허가를 받은 자가 행하는 혈액사업

10. 「한국주택금융공사법」에 따른 주택담보노후연금보증계정을 통하여 주택담보노후연금보증제도를 운영하는 사업(보증사업과 주택담보노후연금을 지급하는 사업에 한한다)

11. 「국민기초생활 보장법」에 따른 수급권자 · 차상위계층에게 창업비 등의 용도로 대출하는 사업으로서 기획재정부령으로 정하는 요건을 갖춘 사업

12. 비영리법인(사립학교의 신축 · 증축, 시설확충, 그 밖에 교육환경 개선을 목적으로 설립된 법인에 한한다)이 외국인학교의 운영자에게 학교시설을 제공하는 사업

13. 대한체육회에 가맹한 경기단체 및 국기원의 승단 · 승급 · 승품 심사사업

14. 수도권매립지관리공사가 행하는 폐기물처리와 관련한 사업

15. 한국장학재단이 같은 법 제24조의 2에 따른 학자금대출계정을 통하여 운영하는 학자금대출사업

16. 제1호, 제2호, 제2호의 2, 제3호부터 제15호까지의 규정과 비슷한 사업으로서 기획재정부령으로 정하는 사업

위의 각 호 외의 부분에 따른 사업에는 그 사업활동이 각 사업연도의 전 기간 동안 계속하는 사업 외에 상당 기간 동안 계속하거나 정기적 또는 부정기적으로 수차례에 걸쳐 하는 사업을 포함한다(법인칙 §2).

관련법령 수익사업에서 생기는 소득의 범위(법인집행 4-3-1)

① 수익사업에서 생긴 소득이란 해당 사업에서 생긴 주된 수입금액 및 이와 직접 관련하여 생긴 부수수익의 합계액에서 해당 사업수익에 대응하는 손비를 공제한 소득을 말한다.

② 수익사업에 해당하는 사업은 그 사업활동이 각 사업연도의 전 기간에 걸쳐 계속하여 행하여지는 사업 외에 상당기간에 걸쳐 계속적으로 행하여지거나 정기적 또는 부정기적으로 상당횟수에 걸쳐 행하여지는 사업을 포함하며, 이에 포함되는 것을 예시하면 다음과 같다.

(가) 하절기만 운영하는 해수욕장의 장소 임대수입

(나) 큰 행사에 있어서의 물품판매

③ 부수수익이란 수익사업과 관련하여 부수적으로 발생하는 수익을 말하며 이를 예시하면 다음과 같다.

(가) 부산물, 작업폐물 등의 매출액 및 역무제공에 의한 수입 등과 같이 기업회계관행상 영업수입금액에 포함하는 금액

(나) 수익사업과 관련하여 발생하는 채무면제익, 외환차익, 매입할인, 원가차익 및 상각채권추심이익 등

(다) 수익사업과 관련하여 지출한 손금 중 환입된 금액

(라) 수익사업의 손금에 산입한 제준비금 및 충당금 등의 환입액

(마) 수익사업용 자산의 멸실 또는 손괴로 인하여 발생한 보험차익

(바) 수익사업에 속하는 수입금액의 회수지연으로 인하여 받은 연체이자 또는 연체료 수입(수익사업과 관련된 계약의 위약, 해약으로 받는 위약금과 배상금 등을 포함)

2 「소득세법」 제16조 제1항에 따른 이자소득

① 국가나 지방자치단체가 발행한 채권 또는 증권의 이자와 할인액

② 내국법인이 발행한 채권 또는 증권의 이자와 할인액

③ 국내에서 받는 예금(적금 · 부금 · 예탁금 및 우편대체를 포함한다. 이하 같다)의 이자

④ 「상호저축은행법」에 따른 신용계(信用契) 또는 신용부금으로 인한 이익

⑤ 외국법인의 국내지점 또는 국내영업소에서 발행한 채권 또는 증권의 이자와 할인액

⑥ 외국법인이 발행한 채권 또는 증권의 이자와 할인액

⑦ 국외에서 받는 예금의 이자

⑧ 대통령령으로 정하는 채권 또는 증권의 환매조건부 매매차익

⑨ 대통령령으로 정하는 저축성보험의 보험차익. 다만, 다음 각 목의 어느 하나에 해당

하는 보험의 보험차익은 제외한다.

가) 최초로 보험료를 납입한 날부터 만기일 또는 중도해지일까지의 기간이 10년 이상으로서 대통령령으로 정하는 요건을 갖춘 보험

나) 대통령령으로 정하는 요건을 갖춘 종신형 연금보험

⑩ 대통령령으로 정하는 직장공제회 초과반환금

⑪ 비영업대금(非營業貸金)의 이익

⑫ '①'부터 '⑪'까지의 소득과 유사한 소득으로서 금전 사용에 따른 대가로서의 성격이 있는 것

⑬ '①'부터 '⑫'까지의 규정 중 어느 하나에 해당하는 소득을 발생시키는 거래 또는 행위와 「자본시장과 금융투자업에 관한 법률」 제5조에 따른 파생상품(이하 "파생상품"이라 한다)이 대통령령으로 정하는 바에 따라 결합된 경우 해당 파생상품의 거래 또는 행위로부터의 이익

3 「소득세법」 제17조 제1항에 따른 배당소득

① 내국법인으로부터 받는 이익이나 잉여금의 배당 또는 분배금

② 법인으로 보는 단체로부터 받는 배당금 또는 분배금

②의 2. 「법인세법」 제5조 제2항에 따라 내국법인으로 보는 신탁재산(이하 "법인과세 신탁재산"이라 한다)으로부터 받는 배당금 또는 분배금

③ 의제배당(擬制配當)

④ 「법인세법」에 따라 배당으로 처분된 금액

⑤ 국내 또는 국외에서 받는 대통령령으로 정하는 집합투자기구로부터의 이익

⑤의 2. 국내 또는 국외에서 받는 대통령령으로 정하는 파생결합증권 또는 파생결합사채로부터의 이익

⑤의 3. 금전이 아닌 재산의 신탁계약에 의한 수익권이 표시된 수익증권으로서 대통령령으로 정하는 수익증권으로부터의 이익

⑤의 4. 「자본시장과 금융투자업에 관한 법률」 제4조 제6항에 따른 투자계약증권으로서 대통령령으로 정하는 투자계약증권으로부터의 이익

⑥ 외국법인으로부터 받는 이익이나 잉여금의 배당 또는 분배금

⑦ 「국제조세조정에 관한 법률」 제27조에 따라 배당받은 것으로 간주된 금액

⑧ 제43조에 따른 공동사업에서 발생한 소득금액 중 같은 조 제1항에 따른 출자공동사업자의 손익분배비율에 해당하는 금액

⑨ 위 '①', '②', '②의 2', '③'부터 '⑤'까지, '⑤의 2'부터 '⑤의 4'까지, '⑥' 및 '⑦'에 따른 소득과 유사한 소득으로서 수익분배의 성격이 있는 것

⑩ 위 '①', '②', '②의 2', '③'부터 '⑤'까지, '⑤의 2'부터 '⑤의 4'까지, '⑥'부터 '⑨'까지 중 어느 하나에 해당하는 소득을 발생시키는 거래 또는 행위와 파생상품이 대통령령으로 정하는 바에 따라 결합된 경우 해당 파생상품의 거래 또는 행위로부터의 이익

4 주식 · 신주인수권 또는 출자지분의 양도로 인한 수입

주식, 신주인수권 또는 출자지분의 양도로 인한 수입은 고유목적사업용 자산 또는 수익사업용 자산에서 발생했는지 여부와 상관없이 수익사업에 해당한다.

5 유형자산 및 무형자산의 처분으로 인한 수입(법인령 §3 ②)

유형자산 및 무형자산의 처분으로 인한 수입(양도가액－취득가액)은 고유목적사업용 자산 또는 수익사업용 자산에서 발생했는지 여부와 상관없이 과세소득에 해당한다.

그러나 고유목적사업에 직접 사용한 유형자산 및 무형자산(해당 자산의 유지 · 관리 등을 위한 관람료 · 입장료수입 등 부수수익이 있는 경우에도 이를 고유목적사업에 직접 사용한 자산으로 본다)의 처분으로 인하여 수입은 과세대상에서 제외하고 있는데 이는 비영리법인의 자산 처분에 따른 조세부담을 완화하기 위한 것이다.

「법인세법 시행령」 제3조 제2항에 따라 과세소득에서 제외되는 유 · 무형자산의 처분으로 인한 수입은 다음과 같다.

① 고유목적사업에서만 직접 사용하고 처분한 경우 처분수입 전액을 과세 제외

> 비과세 처분수입 = 양도가액 － 최초 취득가액

② 수익사업에 속하는 자산을 고유목적사업에 전입한 후 처분일 현재 3년 이상 계속하여 고유목적사업에 직접 사용한 경우 전입일 이후 발생한 처분수입에 대해 과세 제외

> 비과세 처분수입 = 양도가액 − 고유목적사업 전입 시 시가(전입 이후 발생분)

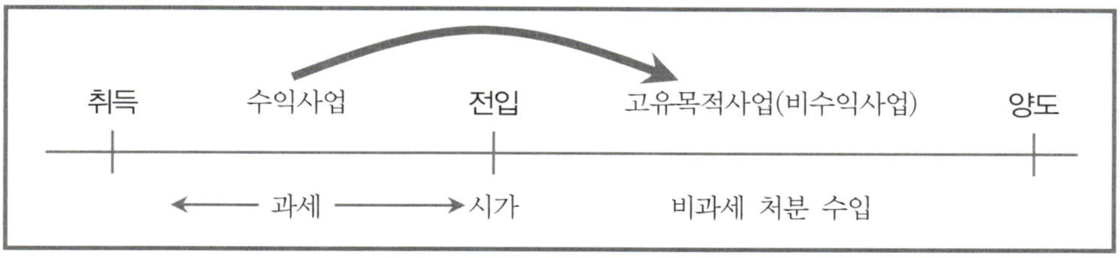

③ 10년 이상 고유목적사업에 직접 사용 후(처분일 현재 고유목적사업에 직접 사용하고 있지 않는 경우를 포함한다) 매각하는 경우

> max(㉮, ㉯)
>
> ㉮ = 위 ② 과세대상 처분 수입
>
> ㉯ = (해당 자산의 처분[*1]으로 인하여 생기는 수입) × (해당 자산을 고유목적사업에 직접 사용한 일수 / 해당 자산을 보유한 일수)

*1. 이 경우 해당 자산을 최초로 고유목적사업에 전입한 당시의 시가로 평가한 가액을 그 자산의 취득가액으로 한다

6 「소득세법」 제94조 제1항 제2호(부동산에 관한 권리) 및 제4호(기타자산)에 따른 자산의 양도로 인한 수입

(1) 부동산에 관한 권리의 양도로 발생하는 소득(소득법 §94 ① 2호)

① 부동산을 취득할 수 있는 권리(건물이 완성되는 때에 그 건물과 이에 딸린 토지를 취득할 수 있는 권리를 포함한다)

② 지상권

③ 전세권과 등기된 부동산임차권

(2) 기타자산의 양도로 발생하는 소득(소득법 §94 ① 4호)

① 사업에 사용하는 제1호(토지 또는 건물) 및 제2호(부동산에 관한 권리)의 자산과 함께 양도하는 영업권(영업권을 별도로 평가하지 아니하였으나 사회통념상 자산에 포함되어 함께 양도된 것으로 인정되는 영업권과 행정관청으로부터 인가 · 허가 · 면허 등을 받음으로써 얻는 경제적 이익을 포함한다)

② 이용권 · 회원권, 그 밖에 그 명칭과 관계없이 시설물을 배타적으로 이용하거나 일반이용자보다 유리한 조건으로 이용할 수 있도록 약정한 단체의 구성원이 된 자에게 부여되는 시설물 이용권(법인의 주식등을 소유하는 것만으로 시설물을 배타적으로 이용하거나 일반이용자보다 유리한 조건으로 시설물 이용권을 부여받게 되는 경우 그 주식등을 포함한다)

③ 법인의 자산총액 중 다음의 합계액이 차지하는 비율이 100분의 50 이상인 법인의 **과점주주**가 그 법인의 주식등의 100분의 50 이상을 해당 과점주주 외의 자에게 양도하는 경우(과점주주가 다른 과점주주에게 양도한 후 양수한 과점주주가 과점주주 외의 자에게 다시 양도하는 경우로서 대통령령으로 정하는 경우를 포함한다)에 해당 **주식 등**

가) 제1호(토지 또는 건물) 및 제2호(부동산에 관한 권리)에 따른 자산(이하 "부동산등"이라 한다)의 가액

나) 해당 법인이 직접 또는 간접으로 보유한 다른 법인의 주식가액에 그 다른 법인의 부동산등 보유비율을 곱하여 산출한 가액. 이 경우 다른 법인의 범위 및 부동산등 보유비율의 계산방법 등은 대통령령으로 정한다.

④ 대통령령으로 정하는 사업을 하는 법인으로서 자산총액 중 위 '③'의 '가)' 및 '나)'의 합계액이 차지하는 비율이 100분의 80 이상인 법인의 주식 등

⑤ 제1호(토지 또는 건물)의 자산과 함께 양도하는 **이축권**

7 그 밖에 대가(對價)를 얻는 계속적 행위로 인한 수입(법인령 §3 ③)

「소득세법」 제46조 제1항에 따른 채권 등(그 이자소득에 대하여 법인세가 비과세되는 것은 제외한다)을 매도함에 따른 매매익(채권 등의 매각익에서 채권등의 매각손을 차감한 금액을 말한다)을 말한다.

다만, 「법인세법 시행령」 제3조 제1항 제8호에 따른 사업에 귀속되는 채권등의 매매익

을 제외한다.

02 수익사업 여부에 대한 주요 사례

1 정관상 고유목적사업 관련 수익사업 여부

비영리내국법인이 수행하는 사업이 당해 법인의 법령 또는 정관에 규정된 고유목적사업 여부와 관계없이 「법인세법」 규정(법인법 §3 ③ 및 법인령 §2 ①)에 의한 수익사업에 해당하는 경우에는 이를 수익사업으로 본다.

⊙ 「법인세법」 규정(법인법 §3 ③ 및 법인령 §2 ①)에 의한 수익사업에 해당하면 수익사업으로 보는 것임(법인세과-322, 2014.7.16.; 대법 90누4327, 1991.5.10.)
비영리법인이 수행하는 사업이 수익사업인지 여부는 당해 사업이 수익성을 가진 것인지 여부에 의하여 판단하며 그 사업에서 얻은 수익이 종국적으로 고유목적사업의 재원조달에 충당된다 하여 수익성을 부정할 것은 아닌 것으로 판단한다. 즉 법인세법상 수익사업 여부는 열거된 7가지 소득에 해당되는 여부를 검토하여야 한다.

2 간행물 등의 대가를 회비명목으로 징수하는 경우

간행물에 대한 대가를 받은 경우 간행물이 독립된 상품적 가치가 있다면 수익사업으로 구분하여야 한다.

간행물 등의 대가를 회비명목으로 징수하는 경우 수입금액계산은 다음과 같이 한다.[6)]

① 비영리내국법인이 간행물 등을 발간하여 직접적인 대가를 받지 아니하고 회비 등의 명목으로 그 대가를 징수하는 경우에는 다음과 같이 수입금액을 계산한다.

6) 「법인세 집행기준」 4-3-3 (간행물 등의 대가를 회비명목으로 징수하는 경우 수입금액계산)

가) 회원으로부터 그 대가를 받지 아니하고 별도의 회비를 징수하는 경우에는 그 회비 중 해당 간행물 등의 대가상당액을 수입금액으로 한다.

나) 회원 이외의 자로부터 그 대가를 받지 아니하고 회비 등의 명목으로 금전을 수수하는 경우에는 그 수수하는 금액을 수입금액으로 한다.

② 회비 등의 명목으로 그 대가를 징수하는 경우란 다음의 것으로 한다.

가) 회원에게 배포한 간행물 등이 독립된 상품적 가치가 있다고 인정되는 것으로서 그 대가상당액을 별도의 회비 명목으로 징수하는 경우

나) 건전한 사회통념에 비추어 보아 소속회원에게 봉사하는 정도를 넘는 회비를 징수하고 간행물 등을 배포하는 경우

3 국가 · 지방자치단체로부터 위탁받은 사업의 법인세 과세대상 여부

비영리내국법인이 지방자치단체와 체육시설 관리 및 운영(이하 "위탁사업"이라 함)에 대한 위 · 수탁 계약을 체결하여 동 위탁사업에서 발생하는 모든 손익이 지방자치단체에 귀속되고 해당 비영리내국법인은 그 위탁사업 대행에 대한 대가로 별도의 성과금을 지급받는 경우 지방자치단체에 귀속되는 위탁사업 수입금액에 대하여는 「법인세법」 제2조 제3항에 따라 법인세 납세의무가 없는 것이나, 위탁사업 대행에 따른 대가로 지방자치단체로부터 지급받는 성과금은 같은 법 제3조 제3항에 따라 해당 비영리내국법인의 법인세 과세대상 수익사업 소득에 해당하는 것이다(법인세과-335, 2010.4.8.).

4 실비정산 명목으로 지급받는 운영비가 수익사업에서 발생하는 수입인지 여부

실비정산 명목으로 지급받는 운영비가 위탁 업무의 대가로서 한국표준산업분류표에 의한 사업에서 발생하는 수입인 경우에는 해당 사업을 수익사업으로 보는 것이다(법인세-607, 2013.10.31.).

아래 유권해석 사례를 통하여 실비명목으로 받는 사업에 대해서는 「법인세법 시행령」 제3조 제1항의 규정에 따라 엄격하게 해석하여 판단하고 있음을 알 수 있다.

⊙ **비영리법인이 운영하는 사립도서관에서 실비변상적으로 받는 복사요금의 수익사업 해당 여부**
(서면인터넷방문상담2팀-1206, 2008.6.16.)

비영리법인이 공공사립도서관을 운영하면서 실비변상 성격으로 징수하는 복사요금은 법인세법 제3조 제2항의 규정에 의한 수익사업에서 생긴 소득으로 보지 않는 것이나, 실비변상적인 복사요금에 해당되는지의 여부는 사실 판단할 사항임

⊙ **연구용역을 제공하고 원가보전목적의 실비상당액을 받는 경우 수익사업 해당 여부**
(법인 46012-1466, 1998.6.3.)

비영리법인이 특정인과의 계약에 의해 자연과학·인문 및 사회과학분야에 관한 연구개발용역을 제공하고 이에 대한 대가를 받는 연구용역수입은 지급받는 금액의 다소에 관계없이 수익사업에 해당하는 것임

⊙ **회비의 실질이 용역제공 등의 대가인 경우 과세대상임**(법인-1198, 2010.12.27.)

비영리내국법인이 그 회원으로부터 받는 회비는 수익사업에서 생기는 소득에 해당되지 아니하는 것이나 그 회비의 실질이 용역제공 등과 관련한 대가인 경우에는 수익사업에서 생긴 소득으로 보는 것임

⊙ **회원들로부터 받는 회비의 수익사업 소득 여부**(서이 46012-10400, 2002.3.6.)

용역제공 등의 대가와 관계없이 회원들로부터 회비를 받아 경조사 등에 사용하고 탈퇴 시 자기 지분에 상당하는 회비를 반환하는 경우 수익사업에 해당 안 됨

관련법령 **수익사업과 비수익사업의 구분**(법인집행 4-3-2)

비영리내국법인의 수익사업과 비수익사업은 해당사업 또는 수입의 성질을 기준으로 구분하며, 수익사업에 속하는 것과 비수익사업에 속하는 것을 예시하면 다음과 같다.

수익사업에 속하는 것	비수익사업에 속하는 것
1. 학교법인의 임야에서 발생한 수입과 임업수입 2. 학교부설연구소의 원가계산 등의 용역수입 3. 학교에서 전문의를 고용하여 운영하는 의료수입 4. 주무관청에 등록된 종교단체 등의 임대수입(「부가가치세법」 제26조 제1항 제18호에 따라 부가가치세가 면제되는 경우 제외) 5. 전답을 대여 또는 이용하게 함으로써 생긴 소득 6. 정기간행물 발간사업* 7. 광고수입	1. 징발보상금 2. 일시적인 저작권의 사용료로 받은 인세수입 3. 회원으로부터 받는 회비 또는 추천수수료(간행물등의 대가가 포함된 경우에는 그 대가상당액 제외) 4. 외국원조수입 또는 구호기금수입 5. 업무와 직접 관계없이 타인으로부터 무상으로 받은자산의 가액 6. 소액신용대출사업을 영위하는 비영리법인이 소액신용대출사업에 사용할 자금을 금융기관에 일시적으로 예치함에 따라 발생하는

수익사업에 속하는 것	비수익사업에 속하는 것
8. 회원에게 실비제공하는 구내식당 운영수입 9. 급수시설에 의한 용역대가로 받는 수입 10. 운동경기의 중계료, 입장료 11. 회원에게 대부한 융자금의 이자수입 12. 유가증권대여로 인한 수수료수입 13. 조합공판장 판매수수료수입 14. 교육훈련에 따른 수수료수입 15. 「평생교육법」에 의한 학교부설 평생교육기관인 전산정보교육원 등의 운영수입 16. 금융결제원이 금융공동망, 어음교환, 지로, 공동전산업무를 수행하고 소요경비를 그 이용자(사원·준사원 및 참가기관)로부터 받아 회비로 충당하는 경우 그 회비	이자수입 7. 비영리법인인 아파트 입주자대표회의가 1차량을 초과하여 주차하는 세대에 아파트 관리비 외 주차장 유지·보수 등 관리 목적으로 별도 징수하는 주차료

* 정기간행물 발간사업에는 특별히 정해진 법률상의 자격을 가진 자를 회원으로 하는 법인이 그 대부분을 소속회원에게 배포하기 위하여 주로 회원의 소식, 기타 이에 준하는 내용을 기사로 하는 회보 또는 회원명부 발간사업과 학술, 종교의 보급, 자선, 기타 공익을 목적으로 하는 법인이 그 고유목적을 달성하기 위하여 회보 등을 발간하고 이를 회원 또는 불특정 다수인에게 무상으로 배포하는 것으로서 통상 상품으로 판매되지 아니하는 것은 제외한다.

관련 예규 · 판례 - 수익사업에 해당하는 경우

1 아파트단지 내 주민공동시설을 외부인에게 사용하게 하고 수취하는 이용료

(법인세과-1879, 2018.7.18.)

아파트입주자대표회의가 당해 아파트 단지 내 주민공동시설을 입주자가 아닌 외부인에게 사용하게 하고 수취하는 이용료는 「법인세법」 제3조 제3항에 따라 법인세 과세대상인 수익사업에 해당함

2 비영리내국법인이 지방자치단체와 위·수탁협약을 체결하여 수탁운영하는 노인전문병원의 의료사업은 「법인세법 시행령」 제2조(수익사업의 범위) 제1항의 수익사업에 해당하는 것임

(법규법인 2014 - 107, 2014.3.31.)

3 비영리법인의 연수원 조성 및 운영사업의 수익사업 해당 여부(법규법인 2014 - 5, 2014.3.27.)

비영리내국법인이 고유목적사업 중 하나인 교육 · 지원사업을 영위하기 위해 연수원을 조성하고 국가보조금을 지급받아 무상교육을 실시하거나, 위탁기관으로부터 수탁교육비 또는 교육생으로부터 실비상당액을 받고 교육을 실시하는 경우 해당사업은 수익사업에 해당함

4 종교단체가 고유목적사업을 위하여 운영하는 청소년수련원 사업의 수익사업 해당 여부

(법규법인 2012 - 168, 2012.5.30.)

주무관청에 등록된 종교단체로서 청소년육성사업을 그 고유의 목적사업으로 하는 비영리법인이 청소년육성사업을 수행하기 위하여 중 · 고등학교 학생을 대상으로 한 청소년수련시설을 설치 · 운영하면서 학생들의 인성교육을 실시하고 해당 학교로부터 그 대가를 실비로 받는 경우로서 「부가가치세법」 제12조 제1항 제17호에 따라 부가가치세가 면제되는 경우, 해당 사업은 「법인세법 시행령」 제2조 제1항 제7호에 따라 수익사업에서 제외하는 것이며, 실비 이상의 대가를 받는 경우에는 수익사업에 해당하는 것임

5 비영리법인이 주최한 국제학술행사의 협찬금과 참가비의 수익사업 해당 여부

(법규법인 2012 - 454, 2012.11.30.)

비영리법인이 국제학술행사를 개최하면서 유관기관으로부터 받은 협찬금(광고용역의 대가)과 행사참가자로부터 받은 참가비는 수익사업에 해당함

관련 예규 · 판례 - 수익사업에 해당하지 않는 경우

1 비영리법인이 정부로부터 출연금을 지급받아 목적사업에 사용한 후 남은 금액을 정부에 반납해야 하는 경우 해당 출연금은 '수익사업에서 생기는 소득'에 해당하지 아니하는 것임

(서면 - 2020 - 법령해석법인 - 1667, 2021.1.18.)

2 종중 소유 부동산 양도소득의 법인세 과세소득 해당 여부(법규법인 2013 - 560, 2014.3.6.)

법인으로 보는 단체로 승인받은 종중이 법인으로 승인받기 전에 취득하여, 처분일 현재 3년 이상 계속하여 정관에 규정된 고유목적사업에 직접 사용하던 부동산의 수용으로 발생하는 수입은 「법인세법 시행령」 제2조 제2항에 따라 수익사업에 해당되지 않는 것으로, 이에 해당하는지는 사실판단할 사항임

3 학교법인이 출연받은 자산의 각 사업연도 소득 해당 여부(법규법인 2013 - 394, 2013.8.26.)

학교법인이 「사립학교법」 제34조 제1항 제3호에 따라 해산하는 다른 학교법인의 수익사업과 비수익사업에 속하던 자산 · 부채를 같은 법 제40조에 따라 무상으로 승계받는 경우, 해당법인이 승계받은 순자산가액은 「법인세법」 제3조 제1항 제1호에 따른 각 사업연도의 소득에 해당하지 아니하는 것임

4 장애인복지시설 운영사업의 수익사업 해당 여부(법규법인 2010 - 0364, 2010.12.21.)

「장애인복지법」 제58조 제1항에 따른 장애인복지시설로서 같은 법 시행규칙 별표 4에 열거하고 있는 장애인보호작업장을 운영하는 경우, 해당 사업은 「법인세법 시행령」 제2조 제1항 제4호에 해당하여 수익사업에 해당하지 아니하는 것임

03 수익사업 개시신고

1 수익사업 개시신고

비영리내국법인과 비영리외국법인(국내사업장의 경우만 해당)이 새로 수익사업을 시작한 경우에는 그 개시일부터 2개월 이내에 수익사업개시신고서(아래의 사항을 기재한 신고서)와 그 사업개시일 현재의 그 수익사업과 관련된 재무상태표 등을 첨부하여 납세지 관할 세무서장에게 신고하여야 한다(법인법 §110).

수익사업개시 신고서에 포함할 내용은 다음과 같다.

① 법인의 명칭
② 본점이나 주사무소 또는 사업의 실질적 관리장소의 소재지
③ 대표자의 성명과 경영 또는 관리책임자의 성명
④ 고유목적사업
⑤ 수익사업의 종류
⑥ 수익사업 개시일
⑦ 수익사업의 사업장

2 신고대상 수익사업

「법인세법」상 과세대상 수익사업이란 다음과 같다(법인법 §4 ③ 1~7호).

① 제조업, 건설업, 도매 및 소매업 등 「통계법」 제22조에 따라 통계청장이 작성 · 고시하는 한국표준산업분류에 따른 사업으로서 대통령령으로 정하는 것
② 「소득세법」 제16조 제1항에 따른 이자소득
③ 「소득세법」 제17조 제1항에 따른 배당소득
④ 주식 · 신주인수권 또는 출자지분의 양도로 인한 수입
⑤ 유형자산 및 무형자산의 처분으로 인한 수입. 다만, 고유목적사업에 직접 사용하는

자산의 처분으로 인한 대통령령으로 정하는 수입은 제외한다.

⑥ 「소득세법」 제94조 제1항 제2호 및 제4호에 따른 자산의 양도로 인한 수입

⑦ 그 밖에 대가(對價)를 얻는 계속적 행위로 인한 수입으로서 대통령령으로 정하는 것

04 구분경리

1 개 념(법인법 §113 ①)

비영리법인이 수익사업을 하는 경우에는 자산 · 부채 및 손익을 '수익사업에 속하는 것'과 '수익사업이 아닌 그 밖의 사업(이하 고유목적사업)에 속하는 것'을 각각 다른 회계로 구분하여 기록하여야 한다.

「법인세법」상 구분경리와 공익법인회계기준 또는 사학기관재무회계 규칙 등 회계기준에 따른 구분경리는 다르다. 「법인세법」에서 구분경리는 「법인세법」상 수익사업에 해당하는 사업이 있을 경우 구분경리를 통하여 법인세 과세대상 소득을 명확히 하기 위한 것이다.

이해를 돕기 위해 학교법인 회계를 사례로 살펴보면 학교회계(목적사업 부문)에서 발생하는 임대수입은 사학기관재무회계규칙에 따라 목적사업 부문에 계상되지만, 「법인세법」상 수익사업에 해당하므로 법인세 신고를 위해 구분경리를 할 경우 수익사업에 포함하여야 한다.

즉 아래와 같이 「법인세법」상의 구분경리와는 별개로 비영리법인의 관련 회계규칙에 따라 구분경리를 하도록 하고 있다.

법 인	관련법규	규정내용
학교법인	「사립학교법」 제29조	학교회계(교비회계, 부속병원회계), 법인회계(일반업무회계, 수익사업회계)
사회복지법인	「사회복지법인 재무 · 회계규칙」 제6조	법인회계, 시설회계, 수익사업회계
공익법인	「공익법인 설립 · 운영에 관한 법률 시행령」 제23조	목적사업회계, 수익사업회계

2 자산 · 부채 · 자본 구분경리

수익사업이 있는 비영리법인이 구분경리 하는 경우 수익사업과 고유목적사업별로 각 사업 또는 재산별로 자산 · 부채를 독립된 계정과목에 의해 구분기장 하여야 한다.

다만, 수익사업과 고유목적사업에 공통되는 자산과 부채는 수익사업에 속하는 것으로 한다.

이하 비영리법인의 구분경리에 대한 구체적인 내용은 다음과 같다(법인칙 §76).

① 수익사업이 있는 비영리법인이 구분경리하는 경우 수익사업과 고유목적사업에 공통되는 자산과 부채는 이를 수익사업에 속하는 것으로 한다.

② 수익사업의 자산의 합계액에서 부채(충당금을 포함한다)의 합계액을 공제한 금액을 수익사업의 자본금으로 한다.

③ 수익사업과 기타의 사업 간 자산 전출입

가) '고유목적사업 → 수익사업'으로 전출

비영리법인이 기타의 사업에 속하는 자산을 수익사업에 지출 또는 전입한 경우 그 자산가액은 자본의 원입으로 경리한다. 이 경우 자산가액은 시가에 의한다. 시가가 불분명한 경우의 시가는 감정평가액 등(법인령 §89 ②)을 준용하여 평가한 가액에 의한다.

나) '수익사업 → 고유목적사업'으로 전출

비영리법인이 수익사업에 속하는 자산을 기타의 사업에 지출한 경우 그 자산가액 중 수익사업의 소득금액(잉여금을 포함한다)을 초과하는 금액은 자본원입액의 반환으로 한다. 이 경우 「조세특례제한법」 제74조 제1항 제1호의 규정을 적용받는 학교법인 등이 수익사업회계에 속하는 자산을 비영리사업회계에 전입한 경우에는 이를 비영리사업에 지출한 것으로 한다. 이 때 그 자산의 가액은 시가로 평가하며, 자산의 평가이익(장부가액과 시가와의 차액)은 전입일이 속하는 사업연도의 수익사업의 익금에 해당한다.

관련법령 비영리법인의 잉여금의 범위(법인통칙 113-156…3)

① 「법인세법 시행규칙」 제76조 제4항에서 "잉여금"이라 함은 이미 법인세가 과세된 소득(법 및 「조세특례제한법」에 의하여 비과세되거나 익금불산입된 금액을 포함한다)으로서 수익사업부문에 유보되어 있는 금액을 말한다.

② 「법인세법 시행규칙」 제76조 제4항을 적용함에 있어 비영리법인이 수익사업에 속하는 자산을 비영리사업에 지출한 때에는 당해 자산가액을 다음 각 호에 규정하는 금액과 순차적으로 상계처리하여야 한다.

1. 고유목적사업준비금 중 「법인세법」 제29조에 따라 손금산입된 금액
2. 고유목적사업준비금 중 손금부인된 금액
3. 법인세 과세후의 수익사업소득금액(잉여금을 포함한다)
4. 자본의 원입액

3 손익의 구분경리

수익사업과 고유목적사업 각각의 발생원천이 분명한 개별 손익은 익금 · 손금을 독립된 계정과목에 의해 구분기장 하여야 하나, 수익사업과 고유목적사업에 공통되는 익금과 손금은 다음에 따라 구분계산 하여야 한다.

구 분		안분계산 기준
공통익금		수익사업과 기타의 사업의 수입금액 또는 매출액에 비례하여 안분계산
공통손금	수익사업과 고유목적사업의 업종이 동일한 경우	수익사업과 기타의 사업의 수입금액 또는 매출액에 비례하여 안분계산
	수익사업과 고유목적사업의 업종이 다른 경우	개별 손금액에 비례하여 안분계산

그러나 공통익금 또는 손금의 구분계산에 있어서 개별손금이 없거나 기타의 사유로 위 규정을 적용할 수 없는 경우 공통익금의 수입항목 또는 공통손금의 비용항목에 따라 국세청장이 정하는 작업시간 · 사용시간 · 사용면적 등의 기준에 따라 안분계산 한다.

관련법령 비영리내국법인의 급여액 등의 구분계산(법인집행 113-156…2)

수익사업과 비영리사업을 겸영하는 경우 종업원에 대한 급여상당액(복리후생비, 퇴직금 및 퇴직급여충당금전입액을 포함한다)은 근로의 제공내용을 기준으로 구분한다. 이 경우 근로의 제공이 주로 수익사업에 관련된 것인 때에는 이를 수익사업의 비용으로 하고, 근로의 제공이 주로 비영리사업에 관련된 것인 때에는 이를 비영리사업에 속한 비용으로 한다.

관련 예규 · 판례

1 비영리법인이 수익사업을 영위하는 경우 구분경리 방법

(서면 - 2018 - 법인 - 0661 [법인세과 - 1186], 2018.5.17.)

비영리법인이 「법인세법」 제3조 제3항 제1호 및 제7호의 수익사업을 영위하는 경우에는 같은 법 제112조에 따라 복식부기 방식으로 장부를 기장하여야 하며, 같은 법 제113조 제1항에 따라 수익사업에 속하는 것과 수익사업이 아닌 그 밖의 사업에 속하는 것을 구분경리하여야 하는 것임

2 비영리법인의 수익사업과 기타의 사업 관련 공통손금 안분계산 방법

(사전 - 2015 - 법령해석법인 - 0389, 2016.3.15.)

수익사업(주차장사업)을 영위하는 비영리법인은 손익을 수익사업에 속하는 것과 기타의 사업(단지관리사업)에 속하는 것을 각각 다른 회계로 구분하여 경리하여야 하고, 수익사업과 기타의 사업에 공통되는 익금과 손금은 「법인세법 시행규칙」 제76조 제6항 각 호에 따라 구분계산하여야 하는 것임

다만, 개별손금이 없는 경우나 기타의 사유로 각 호의 규정을 적용할 수 없거나 적용하는 것이 불합리한 경우에는 공통익금의 수입항목 또는 공통손금의 비용항목에 따라 국세청장이 정하는 작업시간 · 사용시간 · 사용면적 등의 기준에 의하여 안분계산하는 것임

3 사립학교 법인회계의 구분경리에 대한 질의회신(법인세과 - 1526, 2008.7.10.)

비영리법인이 수익사업을 영위하는 경우에는 자산 · 부채 및 손익을 당해 수익사업에 속하는 것과 수익사업이 아닌 기타의 사업에 속하는 것을 각각 별개의 회계로 구분하여 경리하여야 하는 것임

4 비영리법인 구분경리(서면인터넷방문상담2팀 - 847, 2006.5.15.)

비영리법인이 수익사업을 영위하는 경우에는 자산 · 부채 및 손익을 당해 수익사업에 속하는 것과 수익사업이 아닌 기타의 사업에 속하는 것을 각각 별개의 회계로 구분하여 경리하여야 하며, 구분경리 시 공통손금은 「법인세법 시행규칙」 제76조 제6항을 준용하여 안분계산 하는 것임

05 비영리내국법인의 이자소득에 대한 신고 특례

이자소득은 원천징수 의무자가 이자소득세를 원천징수 한 후 잔액을 지급한다. 원천징수된 이자소득(비영업대금의 이익은 제외하고, 투자신탁의 이익을 포함)을 수령한 비영리법인은 분리과세로서 과세를 종결할 수 있다. 즉, 이자소득에 대한 과세표준을 신고하지 않아도 된다는 의미이다.

따라서 과세표준신고 또는 원천징수 방법 중 하나를 선택할 수 있고, 과세표준 신고를 하지 않은 이자소득에 대하여는 수정신고, 기한 후 신고 또는 경정 등에 의하여 이를 과세표준에 포함시킬 수 없다(법인법 §62, 법인령 §99).

이자소득만 있는 비영리내국법인은 납부한 이자소득세를 모두 환급받을 수 있는데, 과세표준 신고 시 다음의 서식만 제출해도 된다.

① 별지 제56호 서식의 이자소득만 있는 비영리법인의 법인세 · 농어촌특별세 과세표준(조정계산) 및 세액신고서
② 별지 제10호 서식의 원천납부세액명세서(갑)(을), 별지 제13호 서식의 농어촌특별세과세대상감면세액합계표
③ 별지 제27호 서식의 고유목적사업준비금조정명세서(갑)(을)

■ 법인세법 시행규칙 [별지 제56호 서식] 〈개정 2023. 3. 20.〉

홈택스(www.hometax.go.kr)에서도 신고할 수 있습니다.

법인세 · 농어촌특별세 과세표준(조정계산) 및 세액신고서

(이자소득만 있는 비영리법인 신고용)

※ 뒤쪽의 작성방법을 읽고 작성하여 주시기 바랍니다. (앞쪽)

①소 재 지		②전자우편주소	
③법 인 명		④대표자성명	
⑤사업자등록번호		⑥사업연도	⑦전화번호

구 분			법 인 세	농 어 촌 특 별 세
과세표준 계산	⑧이 자 소 득 금 액 계			
	⑨준 비 금 손 금 산 입 액			
	⑩기 부 금 손 금 산 입 액			
	⑪기부금한도초과 이월액 손금산입			
	⑫각 사 업 연 도 소 득 금 액 (⑧－⑨－⑩－⑪)			
	⑬비 과 세 소 득			
	⑭과 세 표 준(⑫－⑬)			
세액의 계산	⑮세 율			
	⑯산 출 세 액			
	(미납세액, 미납일수, 세율) ⑰납부지연 가 산 세 액			(, , 2.2/10,000)
	⑱가 감 계(⑯+⑰)			
	기 납부 세액	⑲중 간 예 납 세 액		
		⑳원 천 납 부 세 액		
		㉑( )세 액		
		㉒계(⑲+⑳+㉑)		
	(세액, 미납일수, 세율) ㉓추 가 납 부 세 액		(, , 2.2/10,000)	
	㉔차 감 납 부 할 세 액 (⑱－㉒+㉓)			
	㉕분 납 할 세 액			
	㉖차감납부할세액(㉔－㉕)			

국세환급금 계좌신고	㉗예 입 처	은행 (본)지점
	㉘예금종류	예금
	㉙계좌번호	

신고인은 「법인세법」 제60조에 따라 위의 내용을 신고하며, 위 내용을 충분히 검토하였고 신고인이 알고 있는 사실 그대로를 정확하게 적었음을 확인합니다.

신고인(대표자) (서명 또는 인)

세무대리인은 조세전문자격자로서 위 신고서를 성실하고 공정하게 작성하였음을 확인합니다.

년 월 일

세무대리인 (서명 또는 인)

세무서장 귀하

210mm×297mm[백상지 80g/㎡ 또는 중질지 80g/㎡]

■ 법인세법 시행규칙 [별지 제56호 서식] 〈개정 2023. 3. 20.〉

홈택스(www.hometax.go.kr)에서도 신고할 수 있습니다.

법인세 · 농어촌특별세 과세표준(조정계산) 및 세액신고서

(이자소득만 있는 비영리법인 신고용)

※ 뒤쪽의 작성방법을 읽고 작성하여 주시기 바랍니다. (앞쪽)

①소 재 지		②전자우편주소
③법 인 명	④대표자성명	
⑤사업자등록번호	⑥사업연도	⑦전화번호

구분			법 인 세	농 어 촌 특 별 세
과세표준 계산		⑧이 자 소 득 금 액 계		
		⑨준 비 금 손 금 산 입 액		
		⑩기 부 금 손 금 산 입 액		
		⑪기부금한도초과 이월액 손금산입		
		⑫각 사 업 연 도 소 득 금 액 (⑧-⑨-⑩-⑪)		
		⑬비 과 세 소 득		
		⑭과 세 표 준(⑫-⑬)		
세액의 계산		⑮세 율		
		⑯산 출 세 액		
		(미납세액, 미납일수, 세율) ⑰납부지연 가 산 세 액		(, , 2.2/10,000)
		⑱가 감 계(⑯+⑰)		
	기 납부 세액	⑲중 간 예 납 세 액		
		⑳원 천 납 부 세 액		
		㉑( )세 액		
		㉒계(⑲+⑳+㉑)		
		(세액, 미납일수, 세율) ㉓추 가 납 부 세 액	(, , 2.2/10,000)	
		㉔차 감 납 부 할 세 액 (⑱-㉒+㉓)		
		㉕분 납 할 세 액		
		㉖차감납부할세액(㉔-㉕)		

국세환급금 계좌신고		
	㉗예 입 처	은행 (본)지점
	㉘예금종류	예금
	㉙계좌번호	

신고인은 「법인세법」 제60조에 따라 위의 내용을 신고하며, 위 내용을 충분히 검토하였고 신고인이 알고 있는 사실 그대로를 정확하게 적었음을 확인합니다.

신고인(대표자) (서명 또는 인)

세무대리인은 조세전문자격자로서 위 신고서를 성실하고 공정하게 작성하였음을 확인합니다.

년 월 일

세무대리인 (서명 또는 인)

세무서장 귀하

210mm×297mm[백상지 80g/㎡ 또는 중질지 80g/㎡]

(뒤쪽)

작 성 방 법

1. ⑧이자소득금액계란: 해당 사업연도 중에 수입된 「법인세법」 제4조제3항제2호에 따른 이자할인액 및 이익과 「소득세법」 제17조제1항 제5호에 따른 증권투자신탁수익의 분배금 및 고유목적사업준비금 중 5년 이내 미사용하여 익금에 산입한 금액[고유목적사업준비금조정명세서(갑)(별지 제27호서식(갑))상의 ⑲란의 금액]을 더하여 적습니다.

2. ⑨준비금손금산입액란: 당기 계상 고유목적사업준비금 중 손금산입한도내 금액 {고유목적사업준비금조정명세서(갑)[별지 제27호서식(갑)]상의 ⑪손금산입한도액란의 금액과 ②당기계상 고유목적사업 준비금란의 금액 중 적은 금액}을 적습니다.

3. ⑩기부금손금산입액란: 고유목적사업준비금을 설정할 수 없는 비영리법인이 수익사업에서 발생한 소득을 고유목적사업비로 지출한 금액 또는 고유목적사업준비금 설정 가능한 비영리법인이 고유목적사업준비금을 설정하는 것과 별도로 기부금을 지출하는 경우 손금산입 한도내의 금액 등[기부금 조정명세서(별지 제21호서식)상의 ㉜란의 금액]을 적습니다.

4. ⑪기부금한도초과 이월액 손금산입란: 전기 이월된 한도초과액 잔액 중 해당연도에 손금 산입되는 금액{기부금 조정명세서[별지 제21호서식]상의 ㉔란의 합계금액}을 적습니다.

5. ⑭ · ⑯란 중 농어촌특별세란: 농어촌특별세 과세표준 및 세액조정계산서(별지 제12호서식)상의 ⑧소계란 중 ②과세표준금액 및 ③세액을 각각 적습니다.

6. ⑮세율란: 법인세의 경우 「법인세법」 제55조 또는 「조세특례제한법」 제72조제1항 중 최고세율을 적고, 농어촌특별세의 경우 「농어촌특별세법」 제5조에 따른 세율 중 최고세율을 적습니다.

7. ⑰납부지연가산세액란: 법인세의 경우 "가산세액계산서(별지 제56호서식 부표)"의 가산세 합계액을 적습니다.

8. ㉓추가납부세액란: 고유목적사업준비금 중 5년 내 미사용하여 익금에 산입한 금액 {고유목적사업준비금조정명세서(갑)[별지 제27호서식(갑)]상의 ⑲란의 금액}이 있는 경우에 「법인세법」 제29조제7항에 따른 이자상당가산액을 계산하여 적습니다.

9. ㉕분납할세액란: 「법인세법」 제64조제2항 및 같은 법 시행령 제101조제2항과 「농어촌특별세법」 제9조 및 같은 법 시행령 제8조에 따른 분납할 세액을 적습니다.

10. 음영으로 표시된 란은 적지 않습니다.

210mm×297mm[백상지 80g/㎡ 또는 중질지 80g/㎡]

■ 법인세법 시행규칙 [별지 제56호서식 부표] 〈개정 2022. 3. 18.〉 (앞쪽)

사업연도	. . . ~ . . .	**가산세액계산서** **(이자소득만 있는 비영리법인 신고용)**	법인명	
			사업자등록번호	

1. 가산세액의 계산

① 구 분		각 사업연도 소득에 대한 법인세분				
		② 계산기준	③ 기준 금액	④ 가산세율	⑤ 코드	⑥ 가산세액
과소신고	일반	과소신고납부세액		10/100	3	
	부정	과소신고납부세액		40/100	22	
납부지연		(일수) 미납세액	( )	2.2/10,000	4	
기타					63	
합 계					21	

법정납부기한
(. .)

납부일
(. .)

2. 과소신고 납부세액 계산

⑦ 구분		⑧ 과소신고 납부세액	과소신고 과세표준금액				과소신고 납부세액			
			⑨ 계	⑩ 일반	⑪ 부정	⑫ 부정 (국제거래)	⑬ 계	⑭ 일반 (⑧×(⑩/⑨))	⑮ 부정 (⑧×(⑪/⑨))	⑯ 부정 (국제거래) (⑧×(⑫/⑨))
이자소득	과소신고									
	기납부세액 과다 등									

210mm×297mm[백상지 80g/㎡ 또는 중질지 80g/㎡]

PART 2 공익법인과 법인세법

(뒤쪽)

작성방법

1. 과소신고납부세액가산세

– 과소신고한 과세표준을 일반과소(⑩)와 부정과소(⑪), 부정과소(국제거래)(⑫)로 구분하여 ⑨란의 과세표준금액에서 차지하는 비율을 ⑧란의 과소신고한 납부세액에 곱하여 ⑬란의 납부세액을 일반과소(⑭), 부정과소(⑮), 부정과소(국제거래)(⑯)로 구분하여 적은 후, ④란의 가산세율을 적용하여 ⑥ 가산세액란에 일반과소신고가산세와 부정과소신고가산세로 구분하여 적습니다.

– 과세표준의 변동과 관계없는 과소신고한 납부세액(기납부세액 과다공제 등)과 관련한 과소신고납부세액은 ⑦ 구분란의 '기납부세액 과다 등'의 칸에 적습니다.

– 법정신고기한이 지난 후 1개월 이내에 수정신고한 경우 가산세액의 90%, 1개월 초과 3개월 이내 75%, 3개월 초과 6개월 이내 50%, 6개월 초과 1년이내 30%, 1년 초과 1년 6개월 이내 20%, 1년 6개월 초과 2년 이내 10%에 해당하는 금액을 감면합니다.

2. ① 구분란의 납부지연란

미납세액에 가산세율(2.2/10,000를 적용하되, 2019년 2월 11일까지의 기간에 대해서는 3/10,000을, 2019년 2월 12일부터 2022년 2월 14일까지의 기간에 대해서는 2.5/10,000를 적용한다)과 미납일수를 곱하여 계산합니다.

3. ① 구분란의 기타란

「법인세법」 제75조 및 제75조의2부터 제75조의9에 따른 가산세액을 적습니다.

4. ■ 음영으로 표시된 란은 적지 않습니다.

210mm×297mm[백상지 80g/㎡ 또는 중질지 80g/㎡]

06 비영리내국법인의 토지 등 양도소득에 대한 과세

1 개 요

수익사업을 영위하지 않는 비영리법인은 법인세 신고 · 납부의무가 없으나, 수익사업을 영위하지 않더라도 비영리법인이 보유하고 있던 자산을 양도하여 소득이 발생하는 경우 해당 부동산 등의 양도소득에 대해 일반 법인과 같이 법인세를 신고 · 납부하는 것이 원칙이다.

그러나 수익사업이 없는 비영리법인이 부동산 등 자산을 양도하였을 때 납세절차를 간소화하기 위해 해당 자산양도소득에 대해 ①「법인세법」 규정에 의한 각사업연도 소득에 대한 법인세를 신고 · 납부하는 방법과 ②「소득세법」 규정을 준용하여 계산한 양도소득세 상당액을 법인세로 납부하는 방법 중 하나를 선택하여 적용할 수 있다(법인법 §62의 2).

또 법인이 보유한 비사업용토지 또는 주택을 양도하는 경우에는 해당 부동산의 양도소득에 대해 '토지 등 양도소득에 대한 법인세'를 추가로 납부하여야 한다.

2 토지 등 양도소득에 대한 법인세 신고

(1) 양도차익에 대한 법인세 신고(각 사업연도소득)

비영리법인이 소유한 토지 등을 양도했을 때 양도가액에서 장부가액 등을 차감한 처분수익을 각 사업연도 소득에 포함하여 법인세를 신고납부 해야 한다.

양도가액이란 토지 등을 양도하여 발생한 익금을 말하고, 장부가액 등이란 취득가액에서 세무상 감가상각비와 평가차액 등을 가감한 가액을 말한다.

(2) 비영리내국법인의 자산양도소득에 대한 신고 특례(법인법 §62의 2)

제조, 건설, 도 · 소매업 등「법인세법」 제4조 제3항 제1호에서 규정하는 수익사업을 영위하지 않는 비영리내국법인이 자산양도소득이 있는 경우 해당 양도소득에 대해 ①「법인세법」에 의한 각 사업연도 소득금액에 대한 법인세를 신고하는 방법과 ②「소득세법」상 양도소득세 규정을 준용하여 법인세로 납부하는 방법을 선택하여 적용할 수 있다. 이는 비영리법인의 납세절차를 간소화하기 위한 것으로 요건을 충족한 비영리법인은 위 '①'과 '②' 중 선택하여 신고할 수 있게 하였다.

가. 신고특례 적용 대상 자산

주식 등(법인법 §4 ③ 4호), 유 · 무형자산(법인법 §4 ③ 5호), 부동산에 대한 권리, 영업권 등의 기타 자산(법인법 §4 ③ 6호)의 양도로 인한 수입으로서 다음의 어느 하나에 해당하는 자산은 신고특례를 적용할 수 있다.

① 주식 등

- 상장법인의 대주주가 양도하는 주식과 증권시장에서 거래 아니하고 양도하는 주식, 주권비상장법인의 주식, 외국인법인 발행 주식 등(소득법 §94 ① 3호)
- 시설물 이용권으로 법인의 주식등을 소유하는 것만으로 시설물을 배타적으로 이용하거나 일반이용자보다 유리한 조건으로 시설물 이용권을 부여받게 되는 경우 그 주식(소득법 §94 ① 4호 나목)
- 부동산과다보유법인 주식 등(소득령 §158 ① 1호 · 5호)

② 토지 또는 건물(건물에 부속된 시설물과 구축물을 포함)

③ 부동산에 대한 권리 및 기타자산

- 부동산을 취득할 수 있는 권리, 지상권, 전세권과 등기된 부동산임차권(소득법 §94 ① 2호)
- 사업용 토지 · 건물 등과 함께 양도하는 영업권, 이용권 · 회원권 등(소득법 §94 ① 4호)

나. 과세표준 및 세액계산

신고특례를 적용하는 자산양도소득에 대하여는 「소득세법」 제92조를 준용하여 양도가액에서 필요경비를 공제하고, 장기보유특별공제 및 양도소득 기본공제를 차감하여 계산한 과세표준에 양도소득세의 세율을 적용하여 계산한 금액을 법인세로 납부하여야 한다.

① 과세표준 계산[7)]

내 용	「소득세법」 준용 규정
양도가액	제96조
(－) 필요경비(취득가액, 자본적지출, 양도비)	제97조
= 양도차익	제98조, 제100조
(－) 장기보유특별공제	제95조 제2항
= 양도소득금액	제93조
(－) 양도소득기본공제	제103조
= 양도소득과세표준	

다만 아래에 해당하는 경우 양도차익 계산 시 취득가액은 별도로 다음과 같이 적용한다.

▶ **취득가액의 특례** ◀

ⓐ 상속 및 증여세 과세가액에 산입되지 아니한 재산을 출연(出捐)받은 비영리내국법인이 출연받은 날부터 3년 이내에 자산을 양도하는 경우에는 그 자산을 출연한 출연자의 취득가액을 그 법인의 취득가액으로 한다. 다만, 1년 이상 다음의 어느 하나에 해당하는 사업(보건업 외에 「법인세법」 제3조 제1항에 해당하는 수익사업은 제외)에 직접 사용한 자산을 제외한다.
- 법령에서 직접 사업을 정한 경우에는 그 법령에 규정된 사업
- 행정관청으로부터 허가 · 인가 등을 받은 경우에는 그 허가 · 인가 등을 받은 사업
- 법인등기부상 목적사업으로 정하여진 사업

ⓑ 「국세기본법」 제13조 제2항에 따른 법인으로 보는 단체의 경우에는 승인을 받기 전의 당초 취득한 가액을 취득가액으로 한다.

② 세율 적용

「소득세법」을 준용하여 계산한 과세표준에 「소득세법」 제104조 제1항 각 호의 세율을 적용하여 계산한 금액을 법인세로 납부하여야 한다. 이 경우 「소득세법」 제104조 제4항에 따라 비사업용토지에 가중된 세율(10% 등)을 적용하여 신고납부를 하면 「법인세법」상 토지등 양도소득에 대한 과세특례(법인법 §55의 2)를 중복하여 적용하지 아니한다.

7) 비영리법인의 세무, 국세공무원 교육원, 2022, 90쪽

다. 신고 납부

자산양도소득 신고특례를 적용하여 계산한 법인세는「소득세법」규정을 준용하여 양도소득과세표준 예정신고 및 자진납부를 하여야 하며, 양도소득과세표준 예정신고를 한 경우에는 각 사업연도의 소득에 대한 법인세 과세표준 신고를 한 것으로 본다. 다만, 양도소득 과세표준 예정신고를 한 경우에도 확정신고를 요하는 경우에는 법인세 과세표준 신고를 하여야 하며(법인법 §62의 2 ⑧), 자산양도소득에 대한 신고 · 납부 · 결정 · 경정 · 징수에 관하여는 자산의 양도일이 속하는 각 사업연도소득에 대한「법인세법」의 규정을 준용한다(법인법 §62의 2 ⑥).[8]

양도소득과세표준 예정신고 및 자진납부를 한 경우에도「법인세법」제60조 제1항의 규정에 의하여 과세표준의 신고를 할 수 있다. 이 경우 예정신고납부세액은 법인세 납부할 세액에서 이를 공제한다.

▶ **비영리내국법인의 자산양도소득에 대한 과세**[9] ◀

구 분		내 용
일반원칙 신고방법		「법인세법」의 규정에 의한 각 사업연도 소득에 대한 법인세를 신고 납부하는 방법
특례	적용요건	다음을 모두 충족 ① 제조, 건설, 도 · 소매업 등 법 제4조 제3항 제1호에서 규정하는 수익이 발생하는 사업을 영위하지 않는 비영리내국법인 ② 주식 등, 토지, 건물, 부동산에 대한 권리, 영업권 등의 기타 자산을 양도
	신고방법	「소득세법」상 양도소득세의 규정을 준용하여 계산한 금액을 법인세로 신고 납부하는 방법
	적용방법	자산의 양도일이 속하는 각 사업연도 단위별로 적용

8) 비영리법인의 세무, 국세공무원 교육원, 2022, 91쪽

9)「법인세 집행기준」62의 2－99의 2－1 (비영리내국법인의 자산양도소득에 대한 과세)

(3) 토지 등 양도소득에 대한 과세특례(법인법 §55의 2)

「법인세법」 제4조에서는 비영리내국법인의 법인세 과세 소득 범위를 '각 사업연도의 소득'과 '토지등 양도소득(법인법 §55의 2)'으로 규정하고 있다.

따라서 비영리내국법인이 다음의 어느 하나에 해당하는 토지 등을 양도한 경우에는 토지등 양도소득에 대한 법인세를 추가하여 납부하여야 한다.

① 주택(부수 토지 포함) 및 주거용 건축물로서 상시 주거용으로 사용하지 아니하고 휴양 · 피서 · 위락 등의 용도로 사용하는 건축물("별장")을 양도한 경우에는 토지등의 양도소득에 20%(미등기 토지는 40%)를 곱하여 산출한 세액

② 비사업용 토지를 양도한 경우에는 토지등의 양도소득에 10%(미등기 토지는 40%)를 곱하여 산출한 세액

③ 주택을 취득하기 위한 권리로서 조합원입주권 및 분양권을 양도한 경우에는 토지등의 양도소득에 20%를 곱하여 산출한 세액

▶ [요약] 토지 등을 양도함에 따라 발생하는 소득에 대한 법인세 납세의무[10] ◀

<table>
<tr><th>구 분</th><th>법인세 납세 의무</th></tr>
<tr><td>사업소득(법인법 §4 ③ 1호)이 있는 경우</td><td>• 법인세 과세표준에 포함하여 신고(법인법 §60 ①)하고,
• 지정지역 등의 주택 · 비사업용 토지 등에 해당하는 경우 양도소득에 대한 법인세 추가 납부(법인법 §55의 2)</td></tr>
<tr><td rowspan="2">사업소득(법인법 §4 ③ 1호)이 없는 경우
→ 신고특례 선택 가능</td><td>① 자산양도소득에 대한 과세특례(법인법 §62의 2)
–「소득세법」을 준용하여 계산한 양도소득세 상당액을 법인세로 신고 · 납부하고
–지정지역 등의 주택 · 비사업용 토지 등에 해당하는 경우 양도소득에 대한 법인세 추가 납부(법인법 §55의 2)
☞ 다만, 「소득세법」 제104조 제4항에 따른 가중세율을 적용하는 경우에는 적용하지 않음</td></tr>
<tr><td>② 위 '①'로 신고 · 납부한 경우라도 「법인세법」 제60조 제1항에 따른 과세표준 신고 가능
☞ 이 경우 예정신고납부세액은 법인세 납부할 세액에서 공제(법인령 §99의 2 ⑤)</td></tr>
</table>

10) 공익법인 세무안내, 국세청, 2025, 77쪽 참고

■ 법인세법 시행규칙 [별지 제57호의 2 서식] 〈개정 2023. 3. 20.〉

※ 뒤쪽의 작성방법을 읽고 작성하여 주시기 바랍니다. (앞쪽)

관리번호	–

비영리내국법인의 양도소득과세표준예정신고서

① 신고인(양도인)	법인명		사업자등록번호		대표자 성명	
	대표자 생년월일		사업연도		전화번호	
	소재지				전자우편주소	

② 양수인	성명(상호)	주민등록번호(사업자등록번호)	양도자산 소재지	지분	양도인과의 관계

③ 세율구분	코드	합계	국내분 소계	–	–	–	국외분 소계
④ 양도소득금액							
⑤ 기신고·결정·경정된 양도소득금액 합계							
⑥ 소득감면대상 소득금액							
⑦ 양도소득기본공제							
⑧ 과세표준 (④+⑤–⑥–⑦)							
⑨ 세율							
⑩ 산출세액							
⑪ 감면세액							
⑫ 외국납부세액공제							
⑬ 예정신고납부세액공제							
⑭ 원천징수세액공제							
⑮ 가산세	신고불성실	(대상금액, 세율)	(대상금액, 세율)	(대상금액, 세율)	(대상금액, 세율)	(대상금액, 세율)	(대상금액, 세율)
	납부지연	(대상금액, 일수)	(대상금액, 일수)	(대상금액, 일수)	(대상금액, 일수)	(대상금액, 일수)	(대상금액, 일수)
	기장불성실 등	(대상금액, 세율)	(대상금액, 세율)	(대상금액, 세율)	(대상금액, 세율)	(대상금액, 세율)	(대상금액, 세율)
	계						
⑯ 기신고·결정·경정세액							
⑰ 자진납부할세액 (⑩–⑪–⑫–⑬–⑭+⑮–⑯)							
⑱ 분납(물납)할 세액							
⑲ 자진납부세액							
⑳ 환급세액							

농어촌특별세 자진납부계산서	
㉑ 법인세감면세액	
㉒ 세율	
㉓ 산출세액	
㉔ 수정신고가산세등	(대상금액, 일수)
㉕ 기신고·결정·경정세액	
㉖ 자진납부할세액	
㉗ 분납할세액	
㉘ 자진납부세액	
㉙ 환급세액	

환급금 계좌신고	
㉟ 금융기관명	
㊱ 계좌번호	

신고인은 「법인세법」 제62조의2, 「국세기본법」 제45조, 「농어촌특별세법」 제7조에 따라 위 내용을 (예정·수정)신고하며, 위 내용을 충분히 검토하였고 신고인이 알고 있는 사실 그대로를 정확하게 기재하였음을 확인합니다.

년 월 일

신고인(대표자) (서명 또는 인)

세무대리인은 조세전문자격자로서 위 신고서를 성실하고 공정하게 작성하였음을 확인합니다.

세무대리인 (성명 또는 인)

세무서장 귀하

첨부서류	1. 양도소득금액계산명세서(「법인세법 시행규칙」 별지 제57호의2서식 부표1 또는 부표2) 1부 2. 매매계약서 1부 3. 필요경비에 관한 증빙서류 및 부표3 각1부 4. 감면신청서 1부 5. 그 밖에 양도소득세 계산에 필요한 서류 1부	접수일자 인
담당공무원 확인사항	1. 토지 및 건물등기사항증명서 2. 토지 및 건축물대장등본	

210mm×297mm[백상지 80g/㎡ 또는 중질지 80g/㎡]

(뒤쪽)

작 성 방 법

1. 관리번호는 작성자가 적지 않습니다.
2. 이 서식은 사업연도 단위별로 사업소득(「법인세법」 제4조제3항제1호 및 「법인세법 시행령」 제3조제1항 각 호의 수익사업을 말합니다) 외의 이자, 배당, 주식, 유형자산 및 무형자산처분이익 및 채권매매이익만 있는 비영리내국법인이 토지 · 건물 및 주식(출자지분 포함)을 양도한 경우에 사용합니다.
3. 이 서식에 의하여 토지 · 건물 및 주식(출자지분 포함)의 양도에 따른 양도소득과세표준예정신고를 한 비영리내국법인은 「법인세법」 제60조제1항에 따른 법인세 신고를 하지 않을 수 있습니다.
4. ①신고인(양도인)란 : 신고인의 인적사항을 빠짐없이 기재하되, 사업자등록번호 또는 고유번호가 없는 경우에는 대표자 성명과 생년월일을 반드시 적어야 합니다.
5. ③세율구분란: 양도소득금액계산명세서의 세율구분코드가 동일한 자산을 합산하여 적되, 주식의 경우에는 주식 양도소득금액 계산명세서(별지 제57호의2서식 부표 2)의 ③주식종류코드란의 세율이 동일한 자산(기타자산 주식 및 국외주식은 제외합니다)을 합산하여 적습니다
6. ⑥소득감면대상 소득금액란: 양도소득세액의 감면을 「소득세법」 제90조제2항(소득금액 차감방식)을 적용하여 계산하는 경우 양도자산의 감면소득금액을 적습니다.
7. ⑦양도소득기본공제란: 해당 연도 중 먼저 양도하는 자산의 양도소득금액에서부터 차례대로 공제하며, 미등기양도자산의 경우에는 공제하지 아니합니다(부동산 등과 주식은 각각 연 250만원을 공제합니다)
8. ⑩산출세액 · ⑪감면세액 · ⑫외국납부세액공제 및 ⑬예정신고납부세액공제란: 해당 신고분까지 누계금액을 적습니다.
   ※ ⑪감면세액란은 「소득세법」 제90조제1항(세액감면방식)에 의해 계산한 세액을 적습니다.
9. ⑬예정신고납부세액공제란: (직전까지 예정신고납부세액공제 누계액)+(금회 예정신고세액 중 기한 내 납부할 세액 × 공제율)의 방법으로 계산한 금액을 적습니다.
10. ⑭원천징수세액공제란: 비거주자의 양도소득에 대하여 양수인이 원천징수한 세액 등을 적습니다.
11. ⑮가산세란: 산출세액에 기한내 신고 · 납부 불이행에 따른 신고불성실(무신고 10~20%, 과소신고 10%, 부당과소 40%) · 납부지연가산세(1일 2.2/10,000를 적용하되, 2019년 2월 11일까지의 기간에 대해서는 3/10,000을, 2019년 2월 12일부터 2022년 2월 14일까지의 기간에 대해서는 2.5/10,000를 적용한다) · 기장불성실가산세 등을 계산한 금액을 적습니다.
12. ⑯기신고 · 결정 · 경정세액란은 기신고세액(누계금액으로서 납부할 세액을 포함합니다), 무신고결정 · 경정 결정된 경우 총결정세액(누계금액을 말합니다)을 적습니다.
13. ⑰자진납부할세액란부터 ⑳환급세액란까지: 금회 신고납부할 세액 등을 적습니다.
14. 환급금 계좌신고(㉟ · ㊱)란: 송금받을 본인의 예금계좌를 적습니다. 다만, 환급세액이 5,000만원 이상인 경우에는 「국세기본법 시행규칙」에 따른 계좌개설(변경)신고서(별지 제22호서식)에 통장사본을 첨부하여 신고하여야 합니다.
15. 과세대상자산은 「법인세법」 제62조의2제1항 각 호 및 같은 법 시행령 제99조의2제1항에 따른 자산을 「소득세법」 제92조를 준용하여 계산한 과세표준에 같은 법 제104조제1항 각 호의 세율을 적용하여 계산합니다.

210mm×297mm[백상지 80g/㎡ 또는 중질지 80g/㎡]

Chapter 4

고유목적사업준비금

01 의 의

비영리법인이 과세대상 수익사업을 하면 일반 법인과 동일한 납세의무를 지게 된다. 보통 비영리법인이 고유목적사업을 원활하게 운영하기 위해 수익사업을 통해 자금을 마련하게 되는데, 비영리법인에게 영리법인과 동일하게 과세하면 공익사업 수행에 제약이 발생하게 된다.

여기서 고유목적사업이란 해당 비영리내국법인의 법령 또는 정관에 규정된 설립목적을 직접 수행하는 사업으로서 수익사업(「법인세법 시행령」 제3조 제1항에 해당하는 사업) 외의 사업을 말한다(법인령 56 ⑤).

이에 따라 비영리내국법인이 그 법인의 고유목적사업 또는 일반기부금(구 지정기부금)을 지출하기 위하여 고유목적사업준비금을 손비로 계상한 경우 일정범위 안에서 소득금액계산상 손금으로 산입하게 하는 세제상 혜택을 주고 있는데 이를 '고유목적사업준비금 손금산입'(법인법 §29 ①)이라 한다.

고유목적사업준비금을 손금산입한 금액은 5년 내 고유목적사업이나 지정기부금에 사용해야 하고, 미사용 시 익금에 산입되며 해산이나 고유목적사업 폐지 등 외의 사유로 익금산입된 금액은 이자상당액까지 추징당하게 됨을 유의해야 한다.

참고 **대법원 2017.3.9. 선고 2016두59249 판결 일부 인용**

고유목적사업준비금 관련 「법인세법」 규정들은 비영리내국법인이 고유목적사업준비금으로 계상한 부분에 대하여 고유목적사업 등에 지출하기 전이라도 미리 손금에 산입할 수 있도록 허용하는 대신 고유목적사업준비금을 손금에 계상한 사업연도의 종료일 이후 5년이 되는 날까지는 고유목적사업 등에 지출이 이루어져야 한다는 점을 전제로 하여 위 기간 동안 **과세를 이연**함으로써 비영리내국법인이 공익사업을 원활하게 수행할 수 있도록 하기 위한 것이다.

고유목적사업준비금은 아래 흐름에 따라 검토하고자 한다.

구 분	내 용
1. 준비금 설정	① 설정대상 법인 ② 고유목적사업준비금 손금산입 한도 ③ 설정방법 등
2. 준비금 사용	사용처 인정 범위
3. 사후 관리(미사용 등)	① 고유목적사업준비금 환입 ② 이자상당액

고유목적사업준비금 손금산입

고유목적사업준비금 손금계상	결산서에 비용 계상
한도액 계산 등 조정	소득금액의 50~100% 내에서 손금산입
각 사업연도 소득금액	
과세표준	각 사업연도 소득금액－이월결손금
산출세액 ①	과세표준×세율
세액공제 ②	세액감면은 배제되나 세액공제는 가능
이자상당액 추가납부세액 ③	준비금의 미사용, 준비금을 5년 내 환입하는 경우 이자상당액 계산하여 추가납부
납부할 세액(①－②＋③)	

02 고유목적사업준비금 설정 대상

고유목적사업준비금을 손금에 산입할 수 있는 법인은 다음과 같다.

① 비영리내국법인(「민법」 제32조 또는 「사립학교법」 등 특별법에 따라 설립된 법인)

② 다음의 법인으로 보는 단체(「법인세법 시행령」 제56조 제1항에 해당하는 단체)

가) 지정기부금 대상단체(법인령 §39 ① 1호)

나) 「법인세법 시행령」에 따라 설치된 기금

다) 공동주택의 입주자 대표회의 · 임차인 대표회의 또는 이와 유사한 관리기구

▶ 비영리법인별 고유목적사업준비금 및 일반(지정)기부금에 따른 기부금의 회계처리[11] ◀

구 분		고유목적사업준비금	고유목적사업비 및 일반기부금(법인법 §24 ③ 1호) 지출액 회계처리
1. 비영리내국법인 등		설정 가능	고유목적사업준비금의 사용액으로 처리
2. 법인으로 보는 단체	(1) 제39조 제1항 제1호에 해당하는 단체 (2) 법령상 설치된 기금 (3) 공동주택의 입주자대표회의 · 임차인대표회의 또는 이와 유사한 관리기구		
	(4) 기타단체	설정대상 제외	일반기부금(법인법 §24 ③ 1호) 등으로 처리

다만, 다음에 해당하는 경우에는 고유목적사업준비금을 설정할 수 없다.

① 비영리 내국법인의 수익사업에서 발생한 소득에 대하여 법 또는 「조세특례제한법」에 따른 비과세 · 면제, 준비금의 손금산입, 소득공제 또는 세액감면(세액공제를 제외한다)을 적용받는 경우를 말한다. 다만, 고유목적사업준비금만을 적용받는 것으로 수정신고한 경우는 제외한다(법인령 §56 ⑧).

② 「도시 및 주거환경정비법」 제35조에 따라 설립된 정비사업조합(전환정비사업조합을 포함)에 대해서는 「법인세법」 제2조에도 불구하고 비영리내국법인으로 보아 「법인세법」

11) 공익법인 세무안내, 국세청, 2025, 57쪽

을 적용하지만 고유목적사업준비금의 손금산입 설정 적용은 제외한다(조특법 §104의 7 ②).

③ 「조세특례제한법」 제72조(조합법인 등에 대한 법인세 과세특례) 제1항에 따라 당기순이익 과세를 적용받는 조합법인과 청산중에 있는 비영리내국법인은 법 제29조의 고유목적사업준비금을 손금에 산입할 수 없다(법인통칙 29-56…1).

03 고유목적사업준비금 손금산입 한도(법인법 §29 ①)

비영리법인의 수익사업소득의 종류에 따라 50%~100% 범위 내에서 고유목적사업준비금으로 손금계상할 수 있다.

100% 손금산입한도	80% 손금산입한도	50% 손금산입한도
• 이자소득 및 배당소득 등 • 학교법인, 사회복지법인, 국립대학교병원 등의 수입사업 소득	고유목적사업 지출액 중 50% 이상을 장학금으로 지출하는 법인	그 밖의 수익사업 소득

1 100% 설정 대상 소득

다음의 소득에 대해서는 전액(100%)을 손금산입할 수 있다.

① 「소득세법」 제16조 제1항 각 호에 따른 **이자소득**의 금액(비영업대금은 50% 준비금설정 가능)

② 「소득세법」 제17조 제1항 각 호에 따른 **배당소득**의 금액. 다만, 「상속세 및 증여세법」 제16조 또는 제48조에 따라 상속세 과세가액 또는 증여세 과세가액에 산입되거나 증여세가 부과되는 주식등으로부터 발생한 배당소득의 금액은 제외한다.

③ 특별법에 따라 설립된 비영리내국법인이 해당 법률에 따른 복지사업으로서 그 회원이나 조합원에게 대출한 융자금에서 발생한 이자금액

④ 「조세특례제한법」 제74조에 해당하는 법인(학교법인, 사회복지법인, 국립대학교병원 등)의 수익사업에서 발생한 소득

관련법령 고유목적사업준비금의 손금산입특례(조특법 §74)

① 다음 각 호의 어느 하나에 해당하는 법인에 대해서는 2022년 12월 31일 이전에 끝나는 사업연도까지 「법인세법」 제29조를 적용하는 경우 같은 조 제1항 제2호에도 불구하고 해당 법인의 수익사업(이 항 제4호 및 제5호의 경우에는 해당 사업과 해당 사업 시설에서 그 시설을 이용하는 자를 대상으로 하는 수익사업만 해당한다)에서 발생한 소득을 고유목적사업준비금으로 손금에 산입할 수 있다.

1. 다음 각 목의 어느 하나에 해당하는 법인
   가. 「사립학교법」에 따른 **학교법인**
   나. 「산업교육진흥 및 산학연협력촉진에 관한 법률」에 따른 **산학협력단**
   다. 「평생교육법」에 따른 원격대학 형태의 평생교육시설을 운영하는 「민법」 제32조에 따른 비영리법인
   라. 「국립대학법인 서울대학교 설립 · 운영에 관한 법률」에 따른 **국립대학법인 서울대학교 및 발전기금**
   마. 삭제 〈2015. 3. 27.〉
   바. 「국립대학법인 인천대학교 설립 · 운영에 관한 법률」에 따른 **국립대학법인 인천대학교 및 발전기금**
2. 「사회복지사업법」에 따른 **사회복지법인**
3. 다음 각 목의 어느 하나에 해당하는 법인
   가. 「국립대학병원 설치법」에 따른 **국립대학병원** 및 「국립대학치과병원 설치법」에 따른 **국립대학치과병원**
   나. 「서울대학교병원 설치법」에 따른 **서울대학교병원**
   다. 「서울대학교치과병원 설치법」에 따른 **서울대학교치과병원**
   라. 「암관리법」에 따른 **국립암센터**
   마. 「지방의료원의 설립 및 운영에 관한 법률」에 따른 **지방의료원**
   바. 「대한적십자사 조직법」에 따른 **대한적십자사가 운영하는 병원**
   사. 「국립중앙의료원의 설립 및 운영에 관한 법률」에 따른 **국립중앙의료원**
   아. 다음의 어느 하나에 해당하는 법인이 「보건의료기술 진흥법」 제28조의 2에 따라 설립한 의료기술협력단
      1) 제1호 가목의 법인
      2) 제2호의 법인
      3) 가목부터 사목까지의 법인
4. 「도서관법」에 따라 등록한 도서관을 운영하는 법인

5. 「박물관 및 미술관 진흥법」에 따라 등록한 **박물관** 또는 **미술관**을 운영하는 법인
6. 정부로부터 허가 또는 인가를 받은 문화예술단체로서 대통령령으로 정하는 법인
7. 「국제경기대회 지원법」에 따라 설립된 조직위원회로서 기획재정부장관이 효율적인 준비와 운영을 위하여 필요하다고 인정하여 고시한 조직위원회
8. 「공익법인의 설립 · 운영에 관한 법률」에 따라 설립된 법인으로서 해당 과세연도의 고유목적사업이나 「법인세법」 제24조 제3항 제1호에 따른 기부금에 대한 지출액 중 **100분의 80 이상의 금액을 장학금으로 지출한 법인**
9. 다음 각 목의 어느 하나에 해당하는 법인
   가. 「공무원연금법」에 따른 **공무원연금공단**
   나. 「사립학교교직원연금법」에 따른 **사립학교교직원연금공단**

② 다음 각 호의 어느 하나에 해당하는 법인에 대해서는 2011년 12월 31일 이전에 끝나는 사업연도까지 「법인세법」 제29조를 적용하는 경우 그 법인의 수익사업에서 발생한 소득 중 대통령령으로 정하는 금액을 고유목적사업준비금으로 손금에 산입할 수 있다.

1. 「농업협동조합법」에 따라 설립된 **농업협동조합중앙회**
2. 「수산업협동조합법」에 따라 설립된 **수산업협동조합중앙회**
3. 「산림조합법」에 따라 설립된 **산림조합중앙회**

③ 「국가재정법」 별표 2에서 규정하는 법률에 따라 설립된 기금을 관리 · 운용하는 법인 중 대통령령으로 정하는 비영리법인이 해당 기금에서 취득한 「자본시장과 금융투자업에 관한 법률」에 따른 주권상장법인의 주식을 2009년 12월 31일 이전에 끝나는 사업연도까지 양도함에 따라 소득이 발생한 경우에는 「법인세법」 제29조 제1항 제2호에도 불구하고 그 소득 전액을 고유목적사업준비금으로 손금에 산입할 수 있다. 〈개정 2018. 12. 24.〉

④ 수도권 과밀억제권역 및 광역시를 제외하고 인구 등을 고려하여 대통령령으로 정하는 지역에 「의료법」 제3조 제2항 제1호 또는 제3호의 의료기관을 개설하여 의료업을 영위하는 비영리내국법인(제1항이 적용되는 비영리내국법인은 제외한다)에 대하여는 2022년 12월 31일 이전에 끝나는 사업연도까지 「법인세법」 제29조를 적용하는 경우 그 법인의 수익사업에서 발생한 소득을 고유목적사업준비금으로 손금에 산입할 수 있다.

2 80% 설정 대상 소득

「공익법인의 설립 · 운영에 관한 법률」에 따라 설립된 법인으로서 고유목적사업 등에 대한 지출액 중 50% 이상의 금액을 장학금으로 지출하는 법인의 경우에는 아래 '3'의 기타의 수익사업 소득금액의 80% 범위 내에서 손금산입할 수 있다.

3 50% 설정 대상 소득

기타의 수익사업에서 발생한 소득의 50% 범위 내에서 고유목적사업준비금을 설정할 수 있는데, 기타의 수익사업에서 발생한 소득금액은 아래와 같이 계산한다.[12)]

기타의 수익사업 소득금액(법인령 §56 ③)
=당해 사업연도의 수익사업에서 발생한 소득금액(고유목적사업준비금, 「법인세법」 제24조 제2항 제1호에 따른 기부금을 손금에 산입하기 전의 소득금액에서 경정으로 증가된 소득금액 중 해당 법인의 특수관계인에게 상여 및 기타소득으로 처분된 소득금액은 제외함*)
(−) 「소득세법」상 이자소득
(−) 배당소득금액
(−) 특별법인의 융자금 이자금액
(−) 이월결손금(각 사업연도 소득의 60%를 이월결손금 공제한도로 적용하는 법인은 공제한도 적용으로 인해 공제받지 못하고 이월된 결손금을 차감한 금액으로 함*)
(−) 「법인세법」 제24조 제2항 제1호에 따른 특례기부금

* 2020.1.1. 이후 개시하는 사업연도부터 적용

12) 공익법인 세무안내, 국세청, 2025, 59쪽

4 고유목적사업준비금의 손금산입 한도액 계산[13)]

고유목적사업준비금의 손금산입 범위액은 다음과 같이 계산한다.

구 분	손금산입 범위액
일반비영리법인	㉠ 이자소득 등의 금액+(㉡ 기타의 수익사업소득×50%)
장학재단*	㉠ 이자소득 등의 금액+(㉡ 기타의 수익사업소득×80%)

* 「공익법인의 설립 · 운영에 관한 법률」에 따라 설립된 법인으로서 고유목적사업 등에 대한 지출액 중 50% 이상을 장학금으로 지출하는 법인

기타의 수익사업소득에서 결손금이 발생한 경우에는 이자소득 등의 금액에서 그 결손금을 차감한 금액의 범위에서 고유목적사업준비금을 손금에 산입하며, 특별법에 의하여 설립된 법인으로서 공제사업을 영위하는 비영리내국법인의 경우에는 2017.1.1. 이후부터 적용한다.

5 고유목적사업준비금 한도초과액의 처리

손금산입 범위액을 초과하여 손금으로 계상한 고유목적사업준비금으로서 각 사업연도의 소득금액 계산 시 손금불산입된 금액은 그 이후의 사업연도에 이를 손금으로 추인할 수 없다. 다만, 동 금액을 환입하여 수익으로 계상한 경우에는 이를 이월익금으로 보아 익금에 산입하지 아니한다(법인집행 29－56－4).

13) 「법인세 집행기준」 29－56－3(고유목적사업준비금의 손금산입 한도액)

6 비영리법인의 각 사업연도 소득금액 계산구조 및 계산사례[14)]

(1) 비영리법인의 각 사업연도 소득금액 계산구조

비영리법인의 각 사업연도 소득금액에 대한 계산구조는 다음과 같다.

구 분	비 고
(1단계) 소득금액가계의 계산	고유목적사업준비금 설정에 대한 세무조정 및 특례기부금 한도시부인에 대한 세무조정을 제외한 세무조정을 반영 (목적사업 부분의 법인세 과세대상 소득 포함하여 세무조정)
(2단계) 고유목적사업준비금 한도시부인	
(3단계) 차가감소득의 계산	소득금액가계±고유목적사업준비금 세무조정액 고유목적사업준비금 조정명세서(갑)표 작성 시 1-①의 소득금액란에 3단계 차가감소득금액을 기재하는 것이나 2단계 손금부인 금액과 5년 내 미사용하여 익금산입한 금액을 가감함
(4단계) 기부금 한도시부인	특례기부금 한도시부인 영리법인과 달리 특례기부금만 해당되는데, 이는 일반기부금(구 지정기부금)이 고유목적사업비지출에 포함되어 2단계에서 조정되기 때문임
(5단계) 각 사업연도 소득의 계산	차가감소득±특례기부금 시부인 세무조정액

※ **손금계상한 고유목적사업준비금**
=고유목적사업준비금 전입액+직접 고유목적사업 지출액+일반기부금(구 지정기부금) 계상액

※ **비영리법인의 일반기부금**(구 지정기부금) : 비영리법인의 일반기부금 지출액은 고유목적사업준비금의 사용대상이므로 기부금한도시부인 규정을 적용하지 않고, 다음과 같이 처리한다.

① 전기이월 고유목적사업준비금 잔액이 있는 경우 : 준비금과 상계처리한다. 비용계상액은 손금불산입(유보)하고, 소득금액가계에 반영한다.

② 전기이월 고유목적사업준비금 잔액이 없거나 잔액을 초과하는 경우 : 당기에 계상한 고유목적사업준비금으로 보아 준비금설정액에 포함하여 한도시부인한다.

---

14) 비영리법인의 세무, 국세청, 2022, 68쪽, 76~78쪽까지

(2) 비영리법인의 각 사업연도 소득금액 계산사례

재단법인 광교장학회는 장학사업인 고유목적사업 외에 수익사업을 영위하고 있다. 아래 자료를 기초로 2022.1.1.~12.31. 사업연도의 각 사업연도 소득금액을 계산하라.

단, 이자소득과 투자신탁의 이익에 대한 분리과세특례는 적용받지 않는다고 가정함

1. 수익사업 손익계산서상 당기순이익은 20,000,000원이며, 관련사항은 다음과 같다.
   ① 금융기관예금 이자수익 40,000,000원(미수이자 5,000,000원 포함)
   ② 주권상장법인(지분율 1%)으로부터 수령한 배당금수익 30,000,000원
   ③ 부동산임대 수익금 80,000,000원
   ④ 특례기부금 20,000,000원, 일반기부금 30,000,000원
   * 일반기부금은 전기이월 고유목적사업준비금이 없으므로 전액 비용으로 계상하였다.
   ⑤ 인건비 등 기타 비용 합계액 20,000,000원
   ⑥ 당기 고유목적사업준비금 설정액 60,000,000원
2. 고유목적사업 손익계산서상에 주식의 양도차익 25,000,000원이 수익으로 계상되어 있음
3. 과세표준 계산 시 공제가능한 이월결손금은 60,000,000원 있음
4. 고유목적사업 지출액 중 장학금의 비중은 60%임

풀이 해설

①	당기순이익		20,000,000
②	(−) 미수이자	(−)	5,000,000
③	(+) 주식양도차익	(+)	25,000,000
④	소득금액 가계		40,000,000
⑤	고유목적사업준비금	(+)	21,000,000(주1)
⑥	차가감 소득금액		61,000,000
⑦	특례기부금	(+)	3,800,000(주2)
⑧	각 사업연도 소득금액		64,800,000

(주1) 고유목적사업준비금

1. 한도액 : 이자소득(40,000,000－5,000,000)＋배당소득(30,000,000)＋기타의 소득(5,000,000*×80%)＝69,000,000

   * 기타의 소득

①	소득금액 가계		40,000,000	
②	(＋) 고유목적사업준비금	(＋)	90,000,000	(＝30,000,000＋60,000,000)
③	(＋) 특례기부금	(＋)	20,000,000	
④	수익사업 소득금액		150,000,000	
⑤	(－) 이자소득 등의 금액	(－)	65,000,000	(＝35,000,000＋30,000,000)
⑥	(－) 이월결손금	(－)	60,000,000	
⑦	(－) 특례기부금	(－)	20,000,000	
⑧	기타의 수익사업 소득금액		5,000,000	

2. 한도초과액 : (30,000,000＋60,000,000)－69,000,000＝21,000,000
   ⇒ 세무조정 : (손금불산입) 고유목적사업준비금 21,000,000(유보)

(주2) 특례기부금

1. 기준소득금액 : 81,000,000(차가감소득금액 61,000,000＋특례기부금 20,000,000)
2. 한도액 : (기준소득금액 81,000,000－이월결손금 48,600,000*)×50%＝16,200,000
3. 한도초과액 : 20,000,000－16,200,000＝3,800,000

* min(81,000,000×60%, 60,000,000) 기준소득금액의 60%를 한도로 차감(법인법 §24 ② 2호)

고유목적사업준비금 조정명세서(갑) 작성

■ 법인세법 시행규칙 [별지 제27호 서식(갑)] 〈개정 2021. 3. 16.〉 (앞쪽)

사업연도	. . . ~ . . .	고유목적사업준비금 조정명세서(갑)	법인명	
			사업자등록번호	

1. 손금산입액 조정

① 소득금액	② 당기 계상 고유목적사업 준비금	③ 「법인세법」 제24조 제2항 제1호에 따른 기부금	④ 해당 사업연도 소득금액 (①+②+③)	⑤ 「법인세법」 제29조 제1항 제1호 각 목에 따른 금액	⑥-1 「법인세법」 제13조 제1항 제1호에 따른 결손금 중 공제대상액 (=㉔)	⑥-2 「법인세법」 제29조 제1항 제2호에 따른 수익사업에서 발생한 결손금
40,000,000	90,000,00	20,000,000	150,000,000	65,000,000	60,000,000	

⑦ 「법인세법」 제24조 제2항 제1호에 따른 기부금	⑧ 「조세특례제한법」 제121조의 23 및 제121조의 25에 따른 금액	⑨ 수익사업 소득금액 [④－⑤－(⑥－1) －⑦－⑧]	⑩ 손금산입률	⑪ 손금산입 한도액 (⑤+⑧+⑨×⑩) 또는 [⑤+⑧－(⑥－2)]	⑫ 손금부인액 [(②－⑪)>0]
20,000,000		5,000,000	50(80)100) / 100	69,000,000	21,000,000

04 고유목적사업준비금 설정(법인법 §29 ① · ②)

고유목적사업준비금은 각 사업연도의 결산을 확정할 때 손비(비용)로 계상한 경우 손금에 산입(법인법 §29 ①)하는 결산조정을 원칙으로 하지만 외부회계감사를 받는 비영리내국법인이 신고조정으로 고유목적사업준비금을 손금에 산입한 경우도 이를 인정하고 있다(법인법 §29 ②).

신고조정의 경우 고유목적사업준비금을 세무조정계산서에 계상하고 해당 금액을 당해 사업연도 이익처분을 할 때 고유목적사업준비금으로 적립한 경우에는 그 금액을 결산을 확정할 때 손비로 계상한 것으로 본다(법인법 §29 ②).

▶ 고유목적사업준비금의 설정 ◀

- 원 칙 : 결산조정
- 예 외 : 신고조정(외부회계감사 대상 비영리내국법인)

〈회계처리〉

결산조정	(차) 고유목적사업비(비용) ×××	(대) 고유목적사업준비금(부채) ×××
신고조정	(차) 미처분이익잉여금 ×××	(대) 고유목적사업준비금(잉여금) ×××

저자주 「법인세법」에서는 고유목적사업준비금을 부채로 계상하는 것을 원칙으로 하였으나 회계적인 관점에서 고유목적사업준비금은 부채의 정의에 부합하지 않기 때문에 외부회계감사를 받는 비영리내국법인의 경우에만 신고조정을 허용하는 것으로 보인다.

그러나 2018년부터 시행중인 '공익법인회계기준'은 고유목적사업준비금을 운영성과표에 비용계상하고, 재무상태표에 부채로 계상함을 인정하고 있다.

관련법령 준비금등의 손금계상특례규정적용(법인세법 기본통칙 61-98…1)

법 제61조 제1항에 따라 손금에 산입한 준비금이 다음 각 호에 해당하는 경우에는 적립하여야 할 금액에 미달하게 적립한 적립금 또는 처분하여야 할 금액을 초과하여 처분한 적립금에 상당하는 준비금을 해당 준비금을 손금 계상한 사업연도에 손금불산입한다. 이 경우 적립금에는 기업회계기준에 따라 해당사업연도에 세무조정계산서에 손금으로 산입한 준비금 및 특별감가상각충당금으로 인한 법인세 효과를 고정부채인 이연법인세대로 계상한 금액을 포함한다.

1. 해당 준비금을 손금산입한 사업연도의 이익처분에 있어서 해당 준비금에 상당하는 적립금을 적립하지 아니하거나 일부만을 적립하는 경우. 다만 해당 사업연도의 처분가능이익이 없거나 부족한 경우에는 처분가능이익을 한도로 적립할 수 있으며 그 부족액은 다음 사업연도 이후에 추가 적립하여야 한다.
2. 해당 준비금을 익금에 산입하는 사업연도의 이익처분에 있어서 익금산입에 상당하는 적립금을 초과하여 처분하는 경우

05 고유목적사업준비금 사용(법인법 §29 ③, 법인령 §56 ⑥)

1 고유목적사업에의 사용

전술한바와 같이 손금계상한 고유목적사업준비금은 5년 내에 고유목적사업 또는 지정기부금의 지출(이하 '고유목적사업')에 사용해야 한다.

① **고유목적사업이란** 해당 비영리내국법인의 법령 또는 정관에 규정된 설립목적을 직접 수행하는 사업으로서 **수익사업**(영 제3조 제1항에 해당하는 사업) **외의 사업**을 말한다.

② 고유목적사업에의 지출이란 수익사업에서 발생한 소득으로 해당 비영리법인의 고유목적사업 수행을 위하여 **실제로 지출**(연구비나 장학금 등 지급)하는 것을 말하며 미지급금은 인정하지 아니한다(법인집행 29-56-7, 서면-2016-법인-6028 [법인세과-1247], 2017.5.16.). 다만, 학교법인이 수익사업회계에 속하는 자산을 비영리사업회계에 전출한 경우에는 고유목적사업에 지출한 것으로 본다.

2 고유목적사업에 지출(사용)한 금액의 범위(법인령 §56 ⑥)

「법인세법」에서 고유목적사업에 지출 또는 사용한 금액을 아래와 같이 규정하고 있다. 다만, 비영리내국법인이 유형자산 및 무형자산 취득 후 법령 또는 정관에 규정된 고유목적사업이나 보건업에 3년 이상 자산을 직접 사용하지 아니하고 처분하는 경우에는 아래

'①' 또는 '③'의 금액을 고유목적사업에 지출(사용)한 금액으로 보지 아니한다.

① 고유목적사업의 수행에 직접 소요되는 유형자산 및 무형자산 취득비용(「법인세법 시행령」 제31조 제2항에 따른 자본적 지출을 포함) 및 인건비 등 필요경비로 사용하는 금액

관련법령 8천만원 초과하는 과다 지급 인건비(법인령 §56 ⑪)

다음의 비영리법인이 지급한 임직원 총급여가 8천만원을 초과하는 경우 그 초과하는 금액은 고유목적사업에 지출한 것으로 보지 않는다.
해당 사업연도의 근로기간이 1년 미만인 경우에는 총급여액을 근로기간의 월수로 나눈 금액에 12를 곱하여 계산한 금액으로 한다

㉮ 고유목적사업준비금을 80% 이내 설정 가능한 법인*1)이 50%를 초과하여 고유목적사업준비금으로 손금산입하는 공익법인(법인법 §29 ① 2호)
*1) 「공익법인의 설립 · 운영에 관한 법률」에 따라 설립된 법인으로서 고유목적사업 등에 대한 지출액 중 50% 이상의 금액을 장학금으로 지출하는 법인

㉯ 고유목적사업준비금을 100% 이내 설정 가능한 법인*2)이 50%를 초과하여 고유목적사업준비금으로 손금산입하는 공익법인(조특법 §74 ① 2호 · 8호)
*2) 100% 이내 설정 가능 법인 중 아래 해당하는 법인
ⓐ 「사회복지사업」에 따른 사회복지법인
ⓑ 「공익법인의 설립 · 운영에 관한 법률」에 따라 설립된 법인으로서 고유목적사업 등에 대한 지출액 중 80% 이상의 금액을 장학금으로 지출하는 법인

㉰ 위 "㉮와 ㉯"의 법인이 해당 사업연도와 직전 5개 사업연도 동안 수익사업 소득 합계액의 50%를 초과하여 고유목적사업준비금으로 손금산입한 경우

관련법령 공익법인 과다인건비 제한(법인집 29-56-11)

장학법인, 사회복지법인 등 공익법인의 임원 및 종업원이 받는 급여 중 8천만원을 초과하는 금액은 비영리법인의 상속증여세 및 법인세 계산 시 고유목적 지출로 보지 않는다. 다만 법인세 신고 전에 인건비 지급기준에 대하여 주무관청으로부터 승인받은 경우에는 고유목적 지출로 인정한다.

② 특별법에 따라 설립된 법인(해당 법인에 설치되어 운영되는 기금 중 「국세기본법」 제13조에 따라 법인으로 보는 단체를 포함한다)으로서 건강보험 · 연금관리 · 공제사업 및 제3조 제1항 제8호에 따른 사업을 영위하는 비영리내국법인이 손금으로 계상한 고유목적사업준비금을 법령에 의하여 기금 또는 준비금으로 적립한 금액

③ 의료법인이 지출하는 다음 각 목의 어느 하나에 해당하는 금액

의료법인이 지출하는 다음 중 어느 하나에 해당하는 금액은 해당 법인의 선택에 따라 고유목적사업준비금을 사용한 것으로 경리할 수 있으며 그 지출 금액은 의료발전회계* 로 구분 경리하여야 한다.

가) **의료기기 등** 기획재정부령으로 정하는 다음의 자산을 취득하기 위하여 지출하는 금액

- 병원 건물 및 부속토지
- 「의료기기법」에 따른 의료기기
- 「보건의료기본법」에 따른 보건의료정보의 관리를 위한 정보시스템 설비
- 산부인과 병원 · 의원 또는 조산원을 운영하는 의료법인이 취득하는 「모자보건법」 제2조 제10호에 따른 산후조리원 건물 및 부속토지

나) **의료 해외진출**을 위하여 기획재정부령으로 정하는 다음의 용도로 지출하는 금액

- 병원 건물 및 부속토지를 임차하거나 인테리어 하는 경우
- 「의료기기법」에 따른 의료기기 또는 「보건의료기본법」에 따른 보건의료정보의 관리를 위한 정보시스템 설비 임차하는 경우

다) 기획재정부령으로 정하는 다음의 **연구개발사업**을 위하여 지출하는 금액

- 「조세특례제한법 시행령」 별표 6 제1호 가목에 따른 자체연구개발사업과 같은 호 나목에 따른 위탁 및 공동연구개발사업

* '의료발전회계'란 고유목적사업준비금의 적립 및 지출에 대해 다른 회계와 구분하여 독립적으로 경리하는 회계를 말한다. 의료발전회계의 처리방법[15]은 다음과 같다.

구 분	병원회계(수익사업)	의료발전회계
100 전입 시	고유목적사업준비금전입 100 / 고유목적사업준비금 100	
100 구입 시	자산 100 / 현금 100 고유목적사업준비금 100 / 의료발전준비금 100	자산(별도관리) 100 / 의료발전준비금 100
20 감가상각 시	감가상각비 20 / 감가상각누계액 20 의료발전준비금 20 / 의료발전준비금환입(익금)20	의료발전준비금 20 / 자산 20
50으로 처분 시	현금 50 / 자산 100 감가상각누계액 20 처분손실 30 의료발전준비금 80 / 의료발전준비금환입(익금)80	의료발전준비금 80 / 자산 80

15) 「법인세 집행기준」 29－56－9 (의료발전회계의 처리방법)

④ 농업협동조합중앙회가 고유목적사업준비금을 회원에게 무상으로 대여하는 금액

⑤ 농업협동조합중앙회가 상호금융예금자보호기금에 출연하는 금액

⑥ 농업협동조합중앙회가 상호금융예금자보호기금에 출연하는 금액

⑦ 수산업협동조합중앙회가 상호금융예금자보호기금에 출연하는 금액

⑧ 새마을금고연합회가 예금자보호준비금에 출연하는 금액

⑨ 산림조합중앙회가 상호금융예금자보호기금에 출연하는 금액

⑩ 제주국제자유도시 개발센터가 관련법에 따라 지출하는 금액

▶ 고유목적사업준비금의 사용 여부에 대한 사례[16] ◀

고유목적사업준비금의 사용으로 보는 경우	고유목적사업준비금의 사용으로 보지 않는 경우
• 비영리내국법인이 정관상 고유목적사업을 수행하는 직원의 주거용으로 취득하는 사택의 취득비용 • 사내복지근로기금이 고유목적사업준비금을 우리사주조합에 우리사주 구입자금지원 목적으로 지출하는 금액(단, 수익사업에 해당하는 경우 제외) • 비영리내국법인이 고유목적사업에 직접 사용하기 위해 사무실을 임차하고 지급한 임차보증금 및 임대료	• 의료법인이 노인의료복지시설 중 노인요양시설공사를 위하여 지출한 금액 • 의료법인이 취득한 병원건물 내 진료실을 건강검진센터 및 영안실로 용도변경을 위해 지출한 공사비 • 의료법인이 의료기기 등의 고정자산 취득을 위해 차입한 금액을 상환하는 경우 해당 금액 • 사내근로복지기금이 손금으로 계상한 고유목적사업준비금을 기본재산으로 편입한 경우

3 고유목적사업준비금 사용 순서

준비금은 먼저 계상한 사업연도의 고유목적사업준비금부터 사용한 것으로 보는 것이 원칙이며, 고유목적사업등에 지출한 금액이 직전 사업연도 종료일 현재의 고유목적사업준비금의 잔액을 초과한 경우 초과하는 금액은 그 사업연도에 계상할 고유목적사업준비금에서 지출한 것으로 본다. 따라서, 해당 사업연도의 고유목적사업준비금의 손금산입범위를 초과하여 지출하는 금액은 손금에 산입하지 아니한다.

16) 「법인세 집행기준」 29－56－7 (고유목적사업준비금의 사용 여부에 대한 사례)

관련법령 고유목적사업준비금 사용순서(법인법 §29 ③)

① 먼저 계상한 준비금부터 차례로 상계(相計)한다.

② 고유목적사업 등에 지출한 금액이 직전 사업연도 종료일 현재 고유목적사업준비금 잔액을 초과하여 지출한 경우 초과하는 금액은 그 사업연도에 계상할 고유목적사업준비금에서 지출한 것으로 본다.

▶ 고유목적사업준비금 사용에 대한 회계처리 ◀

	고유목적사업	수익사업
결산조정	① 전입 시 (차) 현금 등 ××× (대) 고유목적사업준비금 ×××	① 전출 시 (차) 고유목적사업준비금 ××× (부채) (대) 현금 등 ×××
	② 사용 시 (차) 고유목적사업준비금 ××× (대) 고유목적사업준비금수입 ××× (차) 목적사업비 ××× (대) 현금 등 ×××	② 사용 시 –
신고조정	① 전입 시 (차) 현금 등 ××× (대) 고유목적사업준비금 ×××	① 전출 시 (차) 고유목적사업준비금 ××× (잉여금차감) (대) 현금 등 ×××
	② 사용 시 (차) 고유목적사업준비금 ××× (대) 고유목적사업준비금수입 ××× (차) 목적사업비 ××× (대) 현금 등 ×××	② 사용 시 –

학교법인의 고유목적사업준비금 사용에 대한 특례

「조세특례제한법」 제74조 제1항 제1호의 규정을 적용받는 법인(학교법인, 산학협력단 등)이 수익사업회계에 속하는 자산을 비영리사업회계에 전입한 경우에는 이를 비영리사업에 지출한 것으로 한다.

회계처리

① 전입 시(고유목적사업)

(차) 현금 등	×××	(대) 고유목적사업준비금수입	×××

② 사용 시

(차) 목적사업비	×××	(대) 현금 등	×××

☞ 비영리사업회계 전입은 고유목적사업준비금을 사용한 것으로 보기 때문에 상기의 일반적인 공익법인 회계처리와는 달리 사용 시점에 고유목적사업준비금과 관련된 별도의 회계처리가 불필요함

관련 예규

학교법인이 수익사업회계에 속하는 자산을 일반업무회계로 전입하는 경우의 처리

(법인 46012－4050, 1999.11.22.)

[요 지]

사립학교법에 의한 학교법인이 수익사업회계에 속하는 자산을 일반업무회계로 전입하는 경우에 이를 비영리사업에 지출한 것으로 보아 법인세법 제29조 제3항의 규정을 적용하는 것임.

[답 변]

사립학교법에 의한 학교법인이 수익사업회계에 속하는 자산을 비영리사업회계에 전출한 경우에는 이를 비영리사업에 지출한 것으로 보아 법인세법 제29조 제3항의 규정을 적용하는 것임.

다만, 당해 전출의 행위가 명목뿐인 경우로서 당해 자산을 계속하여 수익사업에 사용하거나, 동자산이 전출후에도 수익사업과 비영리사업에 공통되는 경우에는 그 전출이 없는 것으로 보는 것임.

06 고유목적사업준비금 사후 관리

1 고유목적사업준비금의 환입

손금에 산입한 고유목적사업준비금의 잔액이 있는 비영리내국법인이 다음의 어느 하나에 해당하게 된 경우 그 잔액은 해당 사유가 발생한 날이 속하는 사업연도의 소득금액을 계산할 때 익금에 산입한다(법인법 §29 ⑤).

① 해산 시(고유목적사업준비금을 포괄승계한 경우 제외)

② 고유목적사업을 전부 폐지한 경우

③ 법인으로 보는 단체가 「국세기본법」 제13조 제3항에 따라 승인이 취소되거나 거주자로 변경된 경우

④ 고유목적사업준비금을 손금에 산입한 사업연도의 종료일 이후 5년이 되는 날까지 고유목적사업등에 사용하지 아니한 경우(5년 내에 사용하지 아니한 잔액으로 한정)

⑤ 고유목적사업준비금을 손금에 산입한 사업연도의 종료일 이후 5년 이내에 그 잔액 중 일부를 감소시켜 익금에 산입할 수 있다. 이 경우 먼저 손금에 산입한 사업연도의 잔액부터 차례로 감소시킨 것으로 본다.

다만, 고유목적사업준비금을 손금에 산입한 비영리내국법인이 사업에 관한 모든 권리와 의무를 다른 비영리내국법인에 포괄적으로 양도하고 해산하는 경우에는 해산등기일 현재의 고유목적사업준비금 잔액은 그 다른 비영리내국법인이 승계할 수 있다(법인법 §29 ④).

2 고유목적사업준비금의 환입 시 이자상당액

손금에 산입한 고유목적사업준비금을 5년 내에 고유목적사업 등에 미사용 또는 감소시킴에 따라 고유목적사업준비금의 잔액을 익금에 산입하는 경우에는 아래의 이자상당액을 해당 사업연도의 법인세에 더하여 납부하여야 한다(법인법 §29 ⑦, 법인령 §56 ⑦).

즉, 위 '고유목적사업준비금 익금산입 사유'에서 '④', '⑤'의 사유로 익금에 산입하는 경

우에 이자상당액을 해당 사업연도의 법인세에 더하여 납부하여야 한다.

> 이자상당액=손금산입 사업연도 법인세 차액×일수×22/100,000

※ **일수** : 손금에 산입한 사업연도의 다음 사업연도의 개시일부터 익금에 산입한 사업연도의 종료일까지의 기간

07 고유목적사업준비금 회계처리 및 세무조정

전술한 바와 같이 고유목적사업준비금 설정은 원칙적으로 결산조정에 의하나, 외부회계감사를 받는 비영리내국법인의 경우 신고조정을 통해 준비금을 설정하는 것을 인정하고 있다. 이에 결산조정 및 신고조정에 따른 회계처리와 세무조정은 다음과 같다.

1 결산조정

<table>
<tr><th></th><th>고유목적사업</th><th>수익사업</th></tr>
<tr><td rowspan="2">설정</td><td rowspan="2">–</td><td>(차) 고유목적사업준비금
전입액(비용) 1,000
(대) 고유목적사업준비금 1,000
(고정부채)</td></tr>
<tr><td>[세무조정] 한도초과액 발생 시
〈손금불산입〉(유보)</td></tr>
<tr><td rowspan="2">전출(전입)
및 사용</td><td>(차) 현금 등 800
(대) 고유목적사업준비금 800</td><td rowspan="2">(차) 고유목적사업준비금 800
(대) 현금 등 800
–</td></tr>
<tr><td>(차) 고유목적사업준비금 800
(대) 고유목적사업준비금수입 800

(차) 목적사업비 800
(대) 현금 등 800</td></tr>
</table>

	고유목적사업	수익사업
환입	–	(차) 고유목적사업준비금 200 (고정부채) (대) 고유목적사업준비금환입 200 (수익)

2 신고조정

	고유목적사업	수익사업
설정	–	(차) 미처분이익잉여금 1,000 (대) 고유목적사업준비금 1,000 (준비금 적립, 잉여금) [세무조정] 한도액까지 〈손금산입〉 1,000 (△유보)
전출(전입) 및 사용	(차) 현금 등 800 (대) 고유목적사업준비금 800 (차) 고유목적사업준비금 800 (대) 고유목적사업준비금수입 800 (차) 목적사업비 800 (대) 현금 등 800	(차) 고유목적사업준비금 800 (잉여금차감) (대) 현금 등 800 [세무조정] 준비금사용 : 〈익금산입〉 800 (유보) 전출 : 〈손금산입〉 800 (기타)
환입		(차) 고유목적사업준비금 200 (잉여금 차감) (대) 미처분이익잉여금 200 [세무조정] 준비금 환입 : 〈익금산입〉 200 (유보)

관련 예규 · 판례 1 - 고유목적사업준비금 설정

1 고유목적사업에 사용하지 아니한 경우 추징사유에 해당(조심2024인2132, 2024.8.7.)

쟁점전출금을 비영리사업회계에 전출한 시점에 영구적으로 이를 고유목적사업에 사용한 것으로 해석하지 않는 이상, 실제 5년이 경과하도록 고유목적사업에 사용하지 아니한 경우 그 추징사유가 발생하였다고 보아야 할 것이므로, 청구법인이 쟁점준비금을 손금에 산입한 사업연도의 종료일 이후 5년 이내에 고유목적사업에 사용하지 아니한 잔액 등을 익금에 산입하여 법인세를 부과한 이 건 처분은 달리 잘못이 없는 것으로 판단됨

2 수익사업에서 발생한 소득금액이 장차 고유목적사업 등에 지출될 가능성이 없다는 이유로 고유목적사업준비금 손금산입한도액에서 제외되어야 한다고 볼 수는 없음

(대법원2021두31535, 2024.7.25.)

이 사건 부동산 양도차익은 이 사건 사업연도의 수익사업에서 발생한 소득금액으로서 구 법인세법 시행령 제56조 제3항에 따른 차감대상 금액에 해당하지 않으므로, 구 법인세법 제29조 제1항 제4호의 '수익사업에서 발생한 소득'으로서 이 사건 사업연도의 고유목적사업준비금 손금산입한도액에 포함된다고 보아야 함

3 신청법인이 쟁점금액을 고유목적사업준비금으로 설정하여 비영리사업회계에 전출한 시점에 쟁점금액 전액이 고유목적사업에 지출된 것으로 볼 수 있는지 여부

(이의-광주청-2024-0028, 2024.7.8.)

「법인세법」 제29조 제5항 제4호에 의하면 고유목적사업준비금을 손금으로 계상한 사업연도 종료일 이후 5년 내에 고유목적 사업에 사용하지 아니한 경우 익금에 산입하는 것으로 규정하고 있고, 동법 시행령 제56조 제6항 제1호에 비영리내국법인이 고유목적사업에 직접 사용한 금액에 대해서만 고유목적사업에 사용한 것으로 보아 고유목적사업에만 사용하도록 강제하고 있으므로, 신청법인은 쟁점금액을 비영리사업회계로 전출한 사실이 있으나 그 전출만으로는 영구적으로 법인세 부담이 면제된다고 보기는 어려운 점 등, 쟁점금액을 고유목적사업에 사용하지 않은 것으로 보아 법인세를 과세한 처분은 잘못이 없음

4 청구법인이 신고조정으로 고유목적사업준비금을 손금산입한 금액을 이익잉여금의 처분 방식으로 적립하지 아니한 것에 대하여, 고유목적사업준비금을 손금산입한 사업연도로부터 5년이 지난 사업연도에 익금산입한 처분의 당부(조심2023부10885, 2024.12.24.)

청구법인이 이익처분 방식으로 고유목적사업준비금을 적립하지 않은 것은 실제 수익사업에서 손실이 발생하였기 때문이 아니라 결산조정에 의한 고유목적사업준비금 설정액을 손비로 보아 처분가능이익이 없는 것으로 보았기 때문인바, 청구법인이 고유목적사업 등에 금원을 지출하였더라도 이익처분에 의하여 적립한 준비금과 상계하지 아니하였다면 곧바로 손금에 산입할 수 없다고 할 것임

5 청구법인이 고유목적사업 관련 지급이자를 각사업연도소득에 손금산입한 것을 처분청이 손금불산입한 것에 대하여, 위 손금불산입에 따라 고유목적사업준비금 적립한도액이 증가하였으므로 고유목적사업준비금의 추가설정을 인정하여야 한다는 청구주장의 당부

(조심2023부10085, 2024.11.18.)

각 사업연도 소득금액 계산 시 고유목적사업준비금을 당초 법인세 신고 시 세무조정계산서 등에 계상하지 아니한 고유목적사업준비금의 경우 그 이후 경정 등에 의하여 소득금액이 증가하였다 하더라도 손금에 산입할 수 없는 것임

6 비영리내국법인의 부동산 양도소득에 대한 고유목적사업준비금 손금산입액의 범위

(사전 - 2020 - 법령해석법인 - 1165 [법령해석과 - 1029], 2021.3.25.)

대한적십자사가 「의료법」 제33조 제2항에 따라 개설하여 운영하던 대구적십자병원을 2010년 폐원한 후 병원건물의 일부는 대한적십자사 대구지사의 물품보관창고, 안전강습실, 회의실 및 부대시설등(이하 "회의실 등")으로 사용하고 그 외 부분은 비워둔 상태로 유지하다가 폐원건물(이하 부속토지 포함)을 2020년 건설회사에 양도한 경우로서 회의실 등을 폐원건물의 처분일 현재 3년 이상 계속하여 법령 또는 대한적십자사의 정관에 규정된 고유목적사업(「법인세법 시행령」 제3조 제1항에 따른 수익사업은 제외)에 직접 사용한 것으로 인정되는 경우 그 사용부분(부속토지 포함)에 대한 양도소득은 「법인세법」 제4조 제3항 제5호 단서에 따라 과세소득에서 제외되는 것이나 해당 회의실 등을 법령 또는 대한적십자사의 정관에 규정된 고유목적사업에 직접 사용한 것인지 여부는 실제 사용용도에 따라 사실판단 사항에 해당하고 그 외 부분에 대한 양도소득은 같은 법 제29조 제1항 제2호에 따라 100분의 50 범위에서 고유목적사업준비금으로 계상한 금액을 손금에 산입할 수 있는 것임

7 입주자대표회의의 고유목적사업준비금 손금산입 가능 여부(서면법인2020-3409, 2021.1.21.)

「법인세법 시행령」 제56조 제1항 제4호에 따라 공동주택의 입주자대표회의에 해당하는 경우 고유목적사업준비금을 손금에 산입할 수 있는 것임

8 고유목적사업준비금 설정이 안 된 경우 손금산입 여부

(서면 - 2016 - 법인 - 5193 [법인세과 - 3291], 2016.12.21.)

고유목적사업준비금은 비영리내국법인이 「법인세법」 제29조의 규정에 의거 당해 법인의 결산상 손금에 계상한 경우에 한하여 적용하는 것으로 의료업을 영위하는 비영리내국법인이 결산 시 동 준비금을 설정하지 아니한 경우에는 「국세기본법」 제45조의 2의 규정에 의한 경정청구를 통하여 과소 계상한 고유목적사업준비금 상당액을 손금에 산입할 수 없는 것임

9 비영리법인이 공통자산 취득 시 고유목적사업에 사용한 금액의 안분계산 방법

(사전 - 2015 - 법령해석법인 - 22499 [법령해석과 - 2214], 2015.9.11.)

비영리내국법인이 사옥(토지 · 건물)을 신축하여 고유목적사업과 수익사업에 사용하는 경우 고유목적사업에 직접 사용하는 사옥(토지 · 건물)의 취득가액은 사용면적을 기준으로 안

분하는 것임

10 고유목적사업준비금 추가 계상(손금산입) 가능 여부(법인세과 - 101, 2014.3.5.)

손금에 산입하는 고유목적사업준비금은 비영리법인이 결산상 손금에 계상한 경우에 손금산입하는 것으로 당해 비영리법인이 결산 시 동 준비금을 손금용인한도액에 미달하게 계상한 경우에는 그 후 「국세기본법」 제45조의 2의 규정에 의한 경정청구에 의해서 그 과소 계상한 준비금상당액을 손금에 산입할 수 없는 것임

11 산학협력단 부설단체인 창업보육센터의 고유목적사업준비금 손금산입 대상 여부

(법규법인 2012 - 122, 2012.5.11.)

「산업교육진흥 및 산학연협력촉진에 관한 법률」에 따라 설립된 산학협력단의 부설단체로서, 법인으로 보는 단체로 승인받아 해당 산학협력단과는 별개로 운영되는 창업보육센터는 「법인세법」 제29조와 「조세특례제한법」 제74조에 따른 고유목적사업준비금 손금산입 대상에 해당하지 아니하는 것임

12 고유목적사업준비금 설정 및 상계 세무처리(법인세과 - 907, 2011.11.11.)

고유목적사업준비금 설정 시 수익사업에서 발생한 소득에는 익금산입한 인정이자 상당액이 포함되는 것이며, 고유목적사업준비금 설정 및 상계는 비영리내국법인 단위로 하는 것이며, 다수의 수익사업부문을 영위하고 있는 비영리내국법인이 「법인세법」 제29조 제1항 제4호 및 「조세특례제한법」 제74조 제1항에 따라 고유목적사업준비금을 설정하는 경우 전체 수익사업에서 발생한 소득을 기준으로 설정하는 것이며, 손금으로 계상한 고유목적사업준비금을 고유목적사업 등에 지출하는 경우에는 먼저 계상한 사업연도의 전체 고유목적사업준비금부터 차례로 상계하는 것임

13 고유목적사업준비금 전입후 예금 예치 시 준비금 사용 여부(법규법인 2010 - 0164, 2010.6.9.)

「사립학교법」에 따른 학교법인이 「법인세법」 제3조 제3항 제5호의 고정자산 처분으로 인하여 발생된 소득을 「조세특례제한법」 제74조 제1항 제1호에 따라 고유목적사업준비금으로 손금산입한 후, 해당 금액을 수익용 기본재산인 예금으로 재예치하고 비영리사업회계에 전출한 경우라도 「법인세법」 제29조 제2항의 고유목적사업에 지출된 것으로 볼 수 없는 것임

14 「법인세법」 또는 「조세특례제한법」에서 고유목적사업준비금을 설정할 수 있는 법인은 비영리내국법인에 한정(법규법인 2009 - 0443, 2009.12.31.)

각 사업연도의 소득금액 계산에 있어서 고유목적사업준비금을 손금으로 계상할 수 있는 법인은 「법인세법」 제29조 제1항에 따라 비영리내국법인이어야 하나, 영리내국법인이 「박물관 및 미술관 진흥법」에 따라 지방자치단체에 등록하여 미술관을 운영하는 경우에는 「법인세법」 제29조 및 「조세특례제한법」 제74조에 따른 고유목적사업준비금의 손금산입 특례를 적용받을 수 없는 것임

15 비영리내국법인이 고유목적사업준비금을 설정하고 지정기부금을 지출 시 세무처리

(법인세과 - 1033, 2009.9.21.)

고유목적사업준비금을 손금으로 계상한 비영리내국법인이 지정기부금을 지출하는 경우에는 「법인세법」 제29조 제2항에 의하여 먼저 계상한 사업연도의 고유목적사업준비금에서 순차로 상계하여야 하며, 이 경우 같은 법 제24조 규정에 의한 지정기부금 시부인 규정은 적용하지 않는 것임

16 고유목적사업준비금 설정대상 소득금액의 산정(법인세과 - 670, 2009.6.4.)

「사립학교법」에 의한 학교법인이 1990.12.31. 이전에 취득한 토지를 2006년 11월 양도하고 고정자산 처분으로 인한 소득금액 산정 시 「법인세법」 부칙(법률 제5581호, 1998.12.28) 제8조 제2항의 의제취득가액을 적용한 경우 의제취득가액에 의하여 산정된 소득금액에 대하여 「법인세법」 제29조 또는 「조세특례제한법」 제74조에 의한 고유목적사업준비금을 설정하는 것임

17 고유목적사업준비금 설정대상 비영리법인 여부(서면인터넷방문상담2팀 - 110, 2006.1.12.)

비영리내국법인으로서 법인으로 보는 단체의 경우에는 「법인세법 시행령」 제56조 제1항의 규정에서 정한 단체에 한하여 같은 법 제29조의 규정을 적용할 수 있는 것임

18 고유목적사업준비금의 고유목적사업에 대한 판단 기준(서면인터넷방문상담2팀 - 94, 2006.1.11.)

「법인세법」 제29조 제1항 규정에 의한 비영리내국법인의 고유목적사업준비금은 그 법인의 고유목적사업 또는 지정기부금에 지출하기 위하여 사용하는 것이며, 고유목적사업이라 함은 당해 비영리내국법인의 법령 또는 정관에 규정된 설립목적을 직접 수행하는 사업으로서 같은 법 시행령 제2조 제1항의 규정에 해당하는 수익사업 외의 사업을 말하는 것임

19 고유목적사업준비금 설정률이 다른 소득금액을 고유목적사업준비금 설정 시 통산 여부

(법인, 서면인터넷방문상담2팀 - 1287, 2005.8.16.)

「박물관 및 미술관 진흥법」에 의하여 등록한 미술관을 운영하는 비영리법인이 「조세특례제한법」 제74조 제1항의 규정에 따라 미술관 입장객을 대상으로 하는 수익사업소득에 대하여는 100% 고유목적사업준비금을 설정할 수 있고, 「법인세법」 제29조 제1항의 규정에 따라 이자 · 배당소득 및 그 외의 수익사업에서 발생한 소득의 50%를 고유목적사업준비금으로 손금산입하는 것임

20 고유목적사업준비금 설정 대상 소득(법인, 서면인터넷방문상담2팀 - 1122, 2005.7.19.)

「박물관 및 미술관 진흥법」에 의하여 등록한 미술관을 운영하는 비영리내국법인이 고유목적사업준비금을 설정함에 있어서 설정대상소득은 「조세특례제한법」 제74조 제1항의 규정에 의하여 당해 미술관 내에서 동 시설을 이용하는 자를 대상으로 영위하는 수익사업에 한하여 적용하는 것이므로 입장료 및 기념품 판매수익 등이 이에 해당되는 것임

21 비영리법인이 기금을 투자하여 생긴 이자소득금액의 고유목적사업준비금 설정 가능 여부

(재정경제부 법인세제과 - 270, 2005.4.25.)

「한국교직원공제회법」에 의해 설립된 한국교직원공제회가 기금을 금융상품에 투자하여 생기는 이자소득금액에 대하여는 고유목적사업준비금으로 100% 설정 가능함

22 종업원에게 대출한 융자금에서 발생한 이자금액의 고유목적사업준비금 설정 대상 여부

(법인, 서면인터넷방문상담2팀 - 219, 2005.2.1.)

「사내근로복지기금법」에 의하여 설립된 사내근로복지기금이 주택구입자금, 생활안정자금 등으로서 종업원에게 대출한 융자금에서 발생한 이자금액(연체이자 포함)은 「법인세법」 제29조 제1항 제3호의 금액으로 보아 고유목적사업준비금 손금산입 범위액을 계산하는 것임

관련 예규 · 판례 2 - 고유목적사업준비금 사용

1 의료법인이 임차보증금으로 지출한 것을 고유목적사업에 사용한 것으로 볼 수 있는지 여부

(서면법인2024-1681, 2024.9.9.)

의료법인이 병원건물 부속토지를 임차하기 위해 지출한 금액은 고유목적사업에 사용한 금액으로 보지 않는 것임

2 학교법인이 교비회계에 전입한 금액을 고유목적사업에 지출한 것으로 볼 수 있는지 여부

(서면법인2024-1661, 2024.8.30.)

학교법인이 수익사업회계에 속하는 자산을 비영리사업회계(교비회계)에 전입한 경우에는 비영리사업에 지출한 것으로 하는 것이며, 해당 금액은 고유목적사업준비금과 상계처리하는 것임. 다만, 학교법인이 교비회계 전입한 해당 금액을 고유목적에 사용하지 아니하고 수익사업에 사용하는 경우에는 「법인세법 시행규칙」 제76조 제4항을 적용할 수 없는 것임

3 산학협력단이 8천만원을 초과하는 과다 인건비 제한 규정을 적용받는 법인에 해당하는지 여부

(서면상속증여2024-527, 2024.5.27.)

산학협력단은 「법인세법 시행령」 제56조 제11항 각 호의 법인에 해당하지 아니하는 것임

4 쟁점감가상각비 상당액을 고유목적사업준비금으로 설정한 것으로 보아 손금산입대상으로 인정하여야 한다는 청구주장의 당부(기각)(조심 2021중2275, 2021.11.30.)

청구법인이 고유목적사업준비금 전입액이라는 계정을 통해 쟁점감가상각비 상당액을 손금에 산입하였다고 하더라도 이를 고유목적사업준비금을 설정한 것으로 보기 어려운 점 등을 종합하면 청구주장을 받아들이기는 어렵다고 판단됨

5 손금에 산입한 고유목적사업준비금의 사용 의무(서면 - 2019 - 법인 - 2812 [법인세과 - 2203], 2020.6.29.)

비영리내국법인이 고유목적사업준비금을 손금에 산입한 사업연도의 종료일 이후 5년이 되

는 날까지 해당 준비금을 고유목적사업이나 지정기부금에 사용하지 아니한 경우(5년 내 사용하지 아니한 잔액으로 한정함)에는 그 준비금 잔액을 해당 사유가 발생한 날이 속하는 사업연도의 소득금액을 계산할 때 익금에 산입하고, 「법인세법 시행령」 제56조 제7항에 따른 이자상당액을 해당 사업연도의 법인세에 가산하여 납부하여야 하는 것임

6 퇴직수당 지급에 사용되는 비용을 부담하는 경우 고유목적사업에 지출한 것으로 볼 수 있는지

(사전 - 2020 - 법령해석법인 - 0221 [법령해석과 - 1778], 2020.6.11.)

비영리내국법인이 사립학교 교원 및 사무직원의 퇴직 시 필요한 비용 중 일부 금액을 「사립학교교직원 연금법」 제47조 제3항 단서 및 같은 법 시행령 제69조의 3 제3항에 따라 매년 의무적으로 부담하는 경우, 퇴직 시 필요한 비용 중 일부 금액을 부담하는 것이 해당 비영리내국법인의 법령 또는 정관에 따른 설립목적을 직접 수행하는 사업으로서 「법인세법 시행령」 제3조 제1항에 따른 수익사업 외의 사업과 관련한 지출에 해당하는 경우에는 고유목적사업에 지출 또는 사용한 것으로 보는 것임

7 고유목적사업 등에 대한 지출 해당 여부(법규법인 2013 - 82, 2013.3.27.)

산학협력단이 수익사업에서 발생한 소득을 다른 산학협력단에 출연하는 경우 해당 출연금액은 「법인세법」 제29조에 따라 손금에 산입한 고유목적사업준비금을 고유목적사업 또는 지정기부금에 지출한 것으로 보는 것임

8 주무관청에 등록되지 않은 비영리법인은 고유목적사업 손금불산입

(서울고등법원 2010누7354, 2010.11.9.)

주무관청에 등록되지 아니한 비영리법인의 경우 고유목적사업준비금 손금산입 단체에 해당하지 아니하므로 손금불산입한 처분은 적법함

9 고유목적사업준비금을 기본재산에 편입 시 고유목적사업에 사용 · 지출 해당 여부

(서면인터넷방문상담2팀 - 304, 2007.2.14.)

「사내근로복지기금법」에 의하여 설립된 사내근로복지기금이 「법인세법」 제29조의 규정에 의하여 손금으로 계상한 고유목적사업준비금을 당해 기금의 기본재산으로 편입한 경우에는 고유목적사업에 지출 또는 사용한 것으로 보지 아니하는 것임

10 고정자산 취득비용 등의 고유목적사업준비금에 사용 여부(서면인터넷방문상담2팀 - 2386, 2006.11.21.)

「사립학교법」에 의하여 설립된 학교법인이 차입한 자금으로 고유목적사업의 수행에 직접 소요되는 고정자산 취득비용 및 인건비 등 필요경비로 사용한 경우 「법인세법 시행령」 제56조의 규정에 의하여 고유목적사업준비금에 지출 또는 사용한 금액으로 보는 것임

11 고유목적사업준비금의 환입시기 질의(서면인터넷방문상담2팀 - 1957, 2005.11.30.)

고유목적사업준비금을 신고조정으로 손금에 산입한 외부회계감사대상인 비영리내국법인이 처분가능이익이 없어 당해 준비금을 적립하지 못하여 환입 계상하는 경우에는 「법인세법」 제29조 제3항 및 같은 법 기본통칙 29－56…5의 규정에 의하여 환입한 사업연도의 익금에

산입하고, 이자상당액은 같은 법 같은 조 제4항에 의하여 당해 사업연도의 법인세에 가산하여 납부하여야 하는 것임

12 신고조정으로 고유목적사업준비금 손금산입 여부(서면인터넷방문상담2팀 - 623, 2005.4.29.)

비영리내국법인이 각 사업연도에 고유목적사업 또는 지정기부금에 지출하기 위하여 고유목적사업준비금을 손금산입 하는 경우 「법인세법」 제29조 제1항의 규정에 의하여 결산서에 비용으로 계상하여야 하는 것이 원칙이나, 외부회계감사를 받는 비영리내국법인의 경우에는 「법인세법」 제61조 제1항의 규정에 따라 신고조정에 의하여 고유목적사업준비금을 손금에 산입할 수 있는 것임

13 소득금액 일부를 법인 기본재산에 편입한 경우 고유목적사업에 사용 여부

(서이 46012 - 12100, 2002.11.21.)

비영리내국법인이 각 사업연도 소득금액 계산 시 고유목적사업준비금을 설정하여 손금에 계상한 후 수익사업에서 발생한 소득금액의 일부를 당해 법인의 기본재산에 편입한 경우에는 이를 고유목적사업에 사용한 것으로 보지 아니하는 것임

14 비영리법인의 고유목적사업준비금 한도초과액에 대한 손금추인 여부

(제도 46012 - 11329, 2001.6.4.)

「법인세법」 제29조의 규정에 의한 고유목적사업준비금은 비영리내국법인이 동 준비금을 동조 제1항 및 제2항의 규정에 의하여 손금으로 계상한 경우에 한하여 적용하는 것이므로 고유목적사업준비금 한도초과액을 손금에 산입하지 아니한 비영리내국법인이 1999.1.1. 이후 개시하는 사업연도에 고유목적사업준비금을 한도액보다 과소 설정한 경우에도 동 부인액은 손금으로 추인하지 아니하는 것임

15 수익사업부문의 비용으로 직접 계상한 경우 고유목적사업준비금 손금산입 여부

(법인 46012 - 1196, 1998.5.8.)

비영리내국법인이 고유목적사업비를 지출하면서 기 설정한 고유목적사업준비금의 잔액과 상계하지 아니하고 수익사업부문의 비용으로 직접 계상한 경우에는 손금산입 범위 내에서 손금에 산입하는 것임

관련 예규 · 판례 3 - 고유목적사업준비금 사후관리

1 다른 비영리법인의 사업비 명목으로 지급한 금액은 고유목적사업준비금에 해당 안 됨

(사전 - 2022 - 법규법인 - 0492, 2022.5.13.)

비영리내국법인인 상공회의소가 해당 법인의 고유목적사업이나 「법인세법」 제24조 제3항 제1호에 따른 기부금에 지출한 금액은 같은 법 제29조에 따라 손금에 산입한 고유목적사업준비금을 고유목적사업등에 지출한 것으로 보는 것이나, 해당 법인이 아닌 △△△△상공회

의소 등 다른 비영리내국법인의 고유목적사업을 위한 사업비 명목으로 지급한 금원은 고유목적사업등에 지출한 것으로 보지 않는 것으로 귀 질의가 이에 해당하는지 여부는 사실판단할 사항임

2 신고조정만으로 고유목적사업준비금을 추가로 적립 후 경정청구 가능 여부

(조심 2021전2633, 2021.11.29., 기각)

청구법인은 처분청의 경정청구 거부처분 이후에 청구법인의 주주총회를 대신하는 이사회의 결의 없이 신고조정만으로 고유목적사업준비금을 추가로 적립하였는바, 청구법인의 경우는 특례규정의 입법취지에 부합하지 아니하는 것으로 보이는 점, 청구법인이 쟁점정부보조금을 의료발전회계로 구분경리하지 아니하고 영업외 수익으로 계상 · 지출하여 이미 손금으로 계상한 이상 이를 경정청구를 통하여 법인세 과세대상에서 제외할 수 없는 것으로 보이는 점에 비추어 이 건 처분은 달리 잘못이 없는 것으로 판단됨

3 퇴직수당에 사용되는 비용을 부담하는 경우 고유목적사업에 지출한 것으로 볼 수 있는지

(사전 - 2020 - 법령해석법인 - 0221, 2020.6.11.)

퇴직 시 필요한 비용 중 일부 금액을 부담하는 것이 해당 비영리내국법인의 법령 또는 정관에 따른 설립목적을 직접 수행하는 사업으로서 「법인세법 시행령」 제3조 제1항에 따른 수익사업 외의 사업과 관련한 지출에 해당하는 경우에는 고유목적사업에 지출 또는 사용한 것으로 보는 것임

4 비영리내국법인이 사용하는 사옥의 취득가액은 사용면적을 기준으로 안분하는 것임

(사전 - 2015 - 법령해석법인 - 22499, 2015.9.11.)

「법인세법」 제29조의 규정에 의하여 고유목적사업준비금을 손금산입한 비영리내국법인이 사옥(토지 · 건물)을 신축하여 고유목적사업과 수익사업에 사용하는 경우 고유목적사업에 직접 사용하는 사옥(토지 · 건물)의 취득가액은 사용면적을 기준으로 안분하는 것이며, 공통으로 사용되는 면적은 「법인세법 시행규칙」 제76조 제1항의 규정에 의하여 수익사업에 속하는 것으로, 이때 공통으로 사용되는 면적에 해당하는지 여부는 사용자가 임의로 이동시킬 수 없는 벽체 등에 의해 구분된 공간의 면적을 기준으로 판단하는 것임

5 고유목적사업준비금 설정률 차이로 증가한 한도 내 과소계상액의 경정청구 가능 여부

(조심 2014서0864, 2014.6.23.)

청구법인의 이 건 경정청구는 PF투자로 발생한 이자의 고유목적사업준비금 설정률에 대한 예규 변경에서 비롯된 것인 점, 청구법인은 처분가능이익이 없어 위 소득이 배당 등으로 사외유출될 여지가 없는 점 등을 종합할 때, 증가한 한도 내에서 고유목적사업준비금 과소계상액을 경정청구를 통하여 신고조정하여 손금산입 할 수 있다고 봄이 타당함

6 비영리법인 합병 시 고유목적사업준비금 승계 및 익금산입 여부(법인세과 - 406, 2013.7.30.)

고유목적사업준비금을 손금에 산입한 법인이 사업에 관한 모든 권리와 의무를 다른 비영리내국법인에게 포괄적으로 양도하고 해산하는 경우에는 그 다른 비영리내국법인이 고유목

적사업준비금 잔액을 승계할 수 있는 것이며, 해산한 비영리법인의 고유목적사업준비금 잔액은 익금산입대상에서 제외되는 것임

7 공익법인이 출연받은 토지가 국가 등에 수용된 경우 사후관리

(법규법인 2011 - 0495, 2011.12.15.)

공익법인이 출연받은 토지가 국가등에 수용된 경우, 수용으로 받은 보상금과 「법인세법 시행령」(2011.3.31. 대통령령 제22812호로 개정되기 전) 제72조 제2항 제6호에 따른 취득가액과의 차액은 같은 법 제3조 제3항 제5호에 따라 각 사업연도의 소득으로 과세되는 것임

8 고유목적사업준비금 사용 여부 및 5년 내 미사용 시 적용되는 가산세

(법인세과 - 1447, 2009.12.30.)

비영리내국법인이 임대용 건물을 취득하기 위하여 지출한 금액은 「법인세법 시행령」 제56조 제5항에 따라 고유목적사업준비금을 사용한 것으로 보지 않는 것이며, 고유목적사업준비금을 손금으로 계상한 사업연도의 종료일 이후 5년이 되는 날까지 해당 준비금을 고유목적사업에 사용하지 아니한 때(5년 내 사용하지 아니한 잔액에 한한다)에는 이를 익금에 산입하고, 같은 영 제56조 제7항의 규정에 따라 계산한 이자상당액을 당해 사업연도의 법인세에 가산하여 납부하여야 하는 것임

9 고유목적사업준비금을 계상한 이후 5년이 되는 날까지 미사용 금액은 익금산입

(법인세과 - 1320, 2009.11.27.)

비영리내국법인이 각 사업연도에 고유목적사업 또는 지정기부금에 지출하기 위하여 고유목적사업준비금을 손금으로 계상한 경우에는 「법인세법」 제29조 제1항 각 호의 금액을 합한 금액의 범위 안에서 손금에 산입하는 것이며, 손금에 산입한 고유목적사업준비금을 손금으로 계상한 사업연도의 종료일 이후 5년이 되는 날까지 고유목적사업 또는 지정기부금에 사용하지 아니한 때에는 그 사용하지 아니한 잔액을 익금에 산입하는 것임

10 비영리내국법인이 해산 시 미사용 잔액은 해산일 귀속 사업연도에 익금산입함

(서면인터넷방문상담2팀 - 825, 2006.5.12.)

비영리법인이 고유목적사업준비금을 손금산입한 후 지정기부금으로 지출하는 금액은 고유목적사업준비금을 사용한 것으로 보는 것이나 국가 또는 지방자치단체에 지출한 기부금은 고유목적사업준비금에서 사용하지 아니하고 「법인세법」 제24조 제2항의 규정에 의한 기부금에 해당되므로 당해 사업연도의 소득금액에서 같은 법 제13조 제1호의 이월결손금을 차감한 금액의 범위 안에서 손금에 산입하는 것이며, 「법인세법」 제29조 제1항의 규정에 의하여 손금산입한 고유목적사업준비금의 미사용 잔액이 있는 비영리내국법인이 해산한 때에는 그 미사용 잔액은 같은 법 제29조 제3항의 규정에 의하여 해산일이 속하는 사업연도의 소득금액 계산상 이를 익금산입하는 것임

■ 법인세법 시행규칙 [별지 제27호 서식(갑)] 〈개정 2024. 3. 22.〉 (앞쪽)

사 업 연 도	. . . ~ . . .	고유목적사업준비금 조정명세서(갑)	법 인 명	
			사업자등록번호	

1. 손금산입액 조정

① 소득금액	② 당기 계상 고유목적사업 준비금	③「법인세법」 제24조제2항 제1호에 따른 기부금	④ 해당 사업연도 소득금액 (①+②+③)	⑤「법인세법」 제29조제1항 제1호 각 목에 따른 금액	⑥-1「법인세법」 제13조제1항제1호에 따른 결손금 중 공제대상액 (=㉔)	⑥-2「법인세법」 제29조제1항 제2호에 따른 수익사업에서 발생한 결손금

⑦「법인세법」 제24조제2항 제1호에 따른 기부금	⑧「조세특례제한법」 제121조의23 및 제121조의25에 따른 금액	⑨ 수익사업 소득금액 [④-⑤-(⑥-1)-⑦-⑧]	⑩ 손금산입률	⑪ 손금산입한도액 (⑤+⑧+⑨×⑩) 또는 [⑤+⑧-(⑥-2)]	⑫ 손금부인액 [(② - ⑪)>0]
			50(80,100) / 100		

2. 고유목적사업준비금 명세서

⑬ 사업연도	⑭ 손금산입액	⑮ 직전 사업연도까지 고유목적사업 지출액	⑯ 해당 사업연도 고유목적사업 지출액	⑰ 익금 산입액	⑱ 잔 액 (⑭ - ⑮ - ⑯ - ⑰)	
					⑲ 5년 이내분	⑳ 5년 경과분
(당 기)						
계						

3. 공제대상 이월결손금 명세서

㉑ 사업연도	㉒「법인세법」 제13조 제1항 제1호의 결손금	㉓공제한도 적용으로 공제받지 못하고 이월된 금액(누적분)	㉔공제대상 이월결손금 (㉒-㉓)	㉕기타 수익사업 소득금액 [④-⑤-⑦-⑧]	㉖「법인세법」 제13조 제1항에 따라 공제받는 이월결손금	㉗공제한도 적용으로 공제받지 못한 이월결손금(당기 발생분) [Min(㉔,㉕)-㉖]

210mm×297mm[백상지 80g/㎡ 또는 중질지 80g/㎡]

작 성 방 법

1. ① 소득금액란: "법인세 과세표준 및 세액조정계산서(별지 제3호서식)"의 ⑭란의 차가감소득금액을 적습니다. 다만, 해당 서식 ⑫ 익금산입란, ⑬ 손금산입란에 고유목적사업준비금 중 손금부인된 금액 또는 5년 내 미사용하여 익금에 산입한 금액이 포함되어 있는 경우에는 ⑭란의 차가감소득금액에 손금부인된 금액과 5년 내 미사용하여 익금에 산입한 금액을 더하거나 빼고 적습니다.
2. ② 당기 계상 고유목적사업 준비금란: 직전 사업연도 종료일 현재의 고유목적사업준비금의 잔액을 초과하여 해당 사업연도의 고유목적사업 등에 지출한 금액이 있는 경우 그 금액을 포함하여 적습니다.
3. ⑤「법인세법」 제29조제1항제1호 각 목에 따른 금액란: 「조세특례제한법」 제121조의23제6항제2호 및 제121조의25제4항제2호를 적용받는 법인의 경우에는 「법인세법」 제29조제1항제1호가목 및 나목에 따른 금액을 적습니다.
4. ⑥-1란은 「법인세법」 제13조제1항제1호에 따른 결손금 중 공제대상액을 적으며, ㉔ 공제대상이월결손금란의 값과 일치해야 합니다.
5. ⑧「조세특례제한법」 제121조의23 및 제121조의25에 따른 금액란: 「조세특례제한법」 제121조의23제6항제2호 및 제121조의25제4항제2호에 해당하는 금액을 적습니다.
6. ⑨ 수익사업소득금액란: 금액이 음수(-)인 경우에는 "0"으로 적되, 경정으로 증가된 소득금액 중 해당법인의 특수관계인에게 상여 및 기타소득으로 처분된 소득금액을 차감한 금액을 적습니다.
7. ⑩ 손금산입률란: 일반 비영리내국법인은 100분의 50(「공익법인의 설립 · 운영에 관한 법률」에 따라 설립된 법인으로서 고유목적사업 등에 대한 지출액 중 100분의 50 이상의 금액을 장학금으로 지출하는 법인의 경우에는 100분의 80)을, 「조세특례제한법」 제74조 제1항 또는 제4항을 적용받는 법인은 100분의 100 또는 100분의 80을, 「조세특례제한법」 제121조의23제3항을 적용받는 법인은 100분의 50을 적습니다.
8. ⑪ 손금산입한도액: 수익사업에서 결손금이 발생한 경우에는 '⑤「법인세법」 제29조제1항제1호 각 목에 따른 금액의 합계액'에서 '⑥-2「법인세법」 제29조제1항제2호에 따른 수익사업에서 발생한 결손금'을 차감한 금액을 적습니다.
9. ⑫ 손금부인액과 ⑳ 5년 경과분란의 금액은 익금에 산입합니다.
10. ⑭ 손금산입액란: 해당 사업연도종료일 전 5사업연도에 세법상 손금산입된 고유목적사업준비금을 손금산입 사업연도 순차로 적되, 각 사업연도별로(②-⑫)의 금액을 적습니다.
11. ⑮ 직전 사업연도까지 고유목적사업지출액란: 직전 사업연도까지 고유목적사업에 실제 지출한 금액을 적으며, 먼저 손비에 계상한 사업연도의 준비금부터 순차로 사용한 것으로 보아 적습니다.
12. ⑯ 해당 사업연도 고유목적사업지출액란: 해당 사업연도에 고유목적사업에 실제 지출한 금액을 적으며, 먼저 손비에 계상한 사업연도의 준비금부터 순차로 사용한 것으로 보아 적습니다. 이 경우 직전 사업연도 이전에 설정한 준비금이 없거나 준비금 잔액이 해당 사업연도 지출액보다 적은 경우에는 해당 사업연도에 계상할 준비금에서 지출한 것으로 보아 적습니다.
13. ⑰ 익금산입액란: 「법인세법」 제29조제5항에 따라 익금에 산입한 금액을 적습니다.
14. ⑱ 잔액란: 손금에 산입한 준비금 중 고유목적사업에 지출하고 남은 잔액을 5년 이내분과 5년 경과분으로 구분하여 적습니다. 이 경우 ⑱ 5년 이내분란에는 해당 사업연도에 설정한 준비금 중 사용하고 남은 잔액도 포함되며, ⑲ 5년 경과분란에는 처음 손금에 산입한 사업연도의 종료일부터 해당 사업연도 종료일까지 5년 이상된 준비금미사용액을 적습니다.
15. ⑳ 5년 경과분란의 익금산입액에 대해서는 "추가납부세액계산서(별지 제8호서식 부표6)"에 따라 「법인세법」 제29조제7항 및 같은 법 시행령 제56조제7항에 따라 계산한 이자상당가산액을 법인세에 가산하여 납부해야 합니다.
16. ㉓ 각 사업연도 소득의 100분의 80을 이월결손금 공제한도로 적용받는 경우 공제한도 적용으로 인해 직전 사업연도까지 공제받지 못하고 이월된 결손금(누적금액)을 적습니다.
17. ㉕ 기타 수익사업 소득금액란: 금액이 음수(-)인 경우에는 "0"으로 적습니다.
18. ㉖「법인세법」 제13조제1항에 따라 공제받는 이월결손금란 : "법인세 과세표준 및 세액조정계산서(별지 제3호서식)"의 (109)란의 이월결손금을 적습니다.
19. ㉗ 공제한도 적용으로 공제받지 못한 이월결손금(당기발생분)란: 금액이 음수(-)인 경우에는 "0"으로 적습니다.

210mm×297mm[백상지 80g/㎡ 또는 중질지 80g/㎡]

■ 법인세법 시행규칙 [별지 제27호서식(을)] 〈개정 2021. 3. 16.〉

사 업 연 도	. . . ~ . . .	**고유목적사업준비금 조정명세서(을)**	법 인 명	
			사업자등록번호	

지출내역				④ 금액	⑤ 비고
① 구분	② 적요	③ 지출처			
		상호(성명)	사업자등록번호 (주민등록번호)		
Ⅰ. 「법인세법」 제24조제3항제1호에 따른 기부금					
Ⅱ. 고유목적 사업비					
Ⅲ. 고유목적사업 관련 운영경비					
Ⅳ. 기 타					
⑥ 계					

작 성 방 법

1. 「법인세법」 제29조,「조세특례제한법」 제74조 및 제121조의23제6항에 따른 고유목적사업준비금을 해당 사업연도에 고유목적사업에 지출한 비영리법인 및 단체가 작성합니다.

2. ② 적요란은 고유목적사업에 지출한 상세 항목을 적습니다.
   예) 장학금 지급, 부동산(토지와 건물을 구분하여 기재)취득, 의료기기 취득, 인건비(임원과 직원의 급여를 구분하여 기재), 임차료, 전기료, 전화료 등

3. 비영리법인인 장학재단의 경우에는 ③지출처란에 장학금을 지급받는 자의 인적사항을 적습니다.

4. ④ 금액란은 현금의 경우에는 현금지출액을, 현금 외의 기타의 경우에는 시가를 적고 시가가 불분명한 경우에는 「법인세법 시행령」 제89조의 가액을 시가로 합니다.

5. ⑥ 계란은 "고유목적사업준비금조정명세서(갑)[별지 제27호서식(갑)]"의 ⑯란의 계와 일치해야 합니다.

210mm×297mm[백상지 80g/㎡ 또는 중질지 80g/㎡]

PART 3

상속세 및 증여세법상 혜택과 사후관리

공익법인은 사회복지, 종교, 교육, 장학, 의료 등 사회일반의 이익을 목적으로 설립된 비영리법인으로 공익법인이 출연받은 재산으로 공익목적사업을 이행하면 출연받은 재산가액의 크기와 상관없이 해당 자산에 대한 상속세 및 증여세를 부과하지 않는 세제혜택을 받을 수 있다.

'출연재산'에 대해 「상속세 및 증여세법」에서 명확하게 정의하고 있지는 않지만, '출연'이란 어떤 사람이나 단체가 자기 의사에 따라 돈을 내거나 의무를 부담함으로써 재산상의 손실을 입고 남의 재산을 증가시키는 행위를 말한다. 일반적으로 기부행위를 일컫는 말로 통용되고 있으며 법률적으로는 비영리법인에 재산을 무상으로 내는 행위를 뜻한다. 세법에서 출연이란 기부 및 증여를 포함한다.

「상속세 및 증여세법」에서는 공익목적사업을 지원하기 위해 공익법인이 출연받는 재산에 대해 과세가액 불산입하는 세제혜택을 주고 있다.

세제혜택을 주는 대신 이에 상응하는 의무가 뒤따르고, 의무이행을 않을 경우 부의 변칙적 이전 등 조세회피 행위를 규제하기 위해 증여세를 추징, 기준금액 미달사용의 경우 가산세를 부과하는 등 사후관리를 엄격하게 하고 있다.

이하 「상속세 및 증여세법」에 따른 공익법인 혜택, 사후관리 규정에 대해 살펴보고자 한다.

Chapter 1 상속세 및 증여세법에 따른 공익법인 혜택

01 공익법인 등에 출연한 재산에 대한 상속세 과세가액 불산입(상증법 §16 ①)

상속재산 중 피상속인이나 상속인이 공익법인 등에 출연한 재산의 가액으로서 상속세 신고기한까지 출연한 재산의 가액은 상속세 과세가액에 산입하지 아니한다.

다만, 다음의 사유가 있는 경우에는 상속세 신고기한을 경과하더라도 과세가액에 산입하지 않는데, 이 경우 아래의 사유가 없어진 날이 속하는 달의 말일부터 6개월까지를 신고해야 한다.

① 재산의 출연에 있어서 법령상 또는 행정상의 사유로 출연재산의 소유권의 이전이 지연되는 경우

② 상속받은 재산을 출연하여 공익법인 등을 설립하는 경우로서 법령상 또는 행정상의 사유로 공익법인 등의 설립허가 등이 지연되는 경우

관련법령 공익법인 등에의 출연시기 및 출연시한(상증통칙 16-13…2)

① 공익법인 등에 출연한 재산의 출연시기는 동 공익법인 등이 출연재산을 취득하는 때를 말한다.

② 「상속세 및 증여세법」 제16조 제1항에 따라 공익법인 등에 출연한 재산은 상속세 신고기한까지 공익법인 등에 그 출연을 이행(권리의 이전이나 그 행사에 등기 · 등록 등을 요하는 출연재산의 경우에는 등기 · 등록에 따라 소유권이 이전된 것을 말한다)하여야 한다. 다만, 법령상 또는 행정상의 정당한 사유로 인하여 설립허가 등이 지연되는 경우에는 그 사유가 종료된 날부터 6월 이내에 그 출연을 이행하여야 한다.

그러나 출연재산 중 의결권 있는 내국법인의 주식 또는 출자지분이 있는 경우 발행주식 총수의 일정비율(5%, 10%, 20%)을 초과하는 경우에 상속세 과세가액에 산입한다.

공익법인 등에 출연한 재산의 가액이 상속세 과세가액에 산입되지 않으려면 다음의 요건을 모두 갖춰야 한다(상증령 §13 ②).

출연기한 요건	상속인의 의사(상속인이 2명 이상인 경우에는 상속인들의 합의에 의한 의사로 한다)에 따라 상속받은 재산을 상속세 신고기한까지 출연할 것
이사선임 요건	상속인이 출연된 공익법인 등의 이사 현원(5명에 미달하는 경우에는 5명으로 본다)의 5분의 1을 초과하여 이사가 되지 아니하여야 하며, 이사의 선임 등 공익법인 등의 사업운영에 관한 중요사항을 결정할 권한을 가지지 아니할 것

관련법령 이사선임 요건 등을 위배한 출연에 대한 상속세 과세(상증통칙 16-13…3)

① 상속인이 이사 등에서 물러나 해당 공익법인 등의 이사 현원의 5분의 1을 초과하지 아니하고, 동시에 상속인이 그 공익법인 등의 사업운영에 관한 중요사항을 결정할 권한을 갖지 아니한 상태로 전환한 후 상속세 신고기한 내에 상속재산을 그 공익법인 등에 출연하는 경우에도 법 제16조 제1항에 따라 출연된 재산가액은 이를 상속세 과세가액에 산입하지 아니한다.

② 영 제13조 제2항 제2호의 이사에는 이사회의 의결권을 갖지 아니하는 감사는 포함하지 아니한다.

관련법령 공익법인의 범위(상증집행 16-12-1)

공익법인 등에 출연하는 재산에 대해 상속세 및 증여세 과세가액에 불산입하는 세제혜택을 받을 수 있는 공익법인이란「상속세 및 증여세법 시행령」제12조에 의한 사업을 하는 자를 말한다.

구 분	적용받는 관련법	영위하는 사업의 내용
「상속세 및 증여세법 시행령」 제12조	「유아교육법」,「초 · 중등교육법」,「고등교육법」	학교, 유치원을 설립 · 경영하는 사업
	「사회복지사업법」	사회복지법인이 운영하는 사업
	「의료법」	의료법인이 운영하는 사업
	「법인세법 시행령」 제39조 제1항 제1호 각 목	지정기부금단체 등이 운영하는 고유목적사업

구 분	적용받는 관련법	영위하는 사업의 내용
	「소득세법 시행령」 제80조 제1항 제5호	기부금 대상 민간단체가 운영하는 고유목적사업
	「법인세법 시행령」 제39조 제1항 제2호 다목	해당 지정기부금을 받은 자가 해당 기부금으로 운영하는 사업
	「법인세법」 제24조 제3항	해당 법정기부금을 받는 자가 해당 기부금으로 운영하는 사업
	종교의 보급 기타 교화에 현저히 기여하는 사업	

※ 단, 「법인세법 시행령」 제39조 제1항 제1호 각 목(구 지정기부금단체 등), 「소득세법 시행령」 제80조 제1항 제5호(공익단체 등), 「법인세법 시행령」 제39조 제1항 제2호 다목(기재부장관이 고시하는 지정기부금단체)에 따른 기부금 수령단체가 회원의 친목 또는 이익을 증진시키거나 영리를 목적으로 대가를 수수하는 등 공익성이 있다고 보기 어려운 고유목적사업을 하는 경우에는 공익법인에서 제외

02 공익법인 등이 출연받은 재산에 대한 증여세 과세가액 불산입(상증법 §48 ①)

재산을 출연받은 비영리법인에게 증여세가 과세되나, 비영리법인 중 문화의 향상, 사회복지 및 공익의 증진을 목적으로 하는 공익법인이 출연받은 재산가액에 대해서는 증여세 과세가액에 산입하지 않는다.[1)]

그러나 출연재산 중 의결권 있는 내국법인의 주식 또는 출자지분이 있는 경우 발행주식 총수의 일정비율(5%, 10%, 20%)을 초과하는 경우에는 증여세 과세가액에 산입한다.

1) 「상속세 및 증여세 집행기준」 48－0－1(공익법인의 증여세 과세가액 불산입)

03 주식 등을 출연하는(출연받는) 경우(상증법 §16 ② · §48 ①)

출연재산에 대한 상속세 및 증여세 과세가액 불산입 규정에도 불구하고 내국법인의 의결권 있는 주식 등을 공익법인 등에 출연하는 경우로서 출연하는 주식 등과 다음의 주식 등을 합한 지분율이 5%(10%, 20%)를 초과하는 경우에는 그 초과하는 가액을 상속세 및 증여세 과세가액에 산입한다.

(1) 지분율 계산 시 합산하는 주식

출연받은 주식 등의 지분율 계산 시 아래의 주식을 합산한다(①+②+③+④).

① 출연하는 주식

② 출연자가 출연할 당시 해당 공익법인 등이 보유하고 있는 동일한 내국법인 주식

③ 출연자 및 그의 특수관계인이 해당 공익법인 등 外 다른 공익법인 등에 출연한 동일한 내국법인 주식

④ 상속인(출연자) 및 그의 특수관계인이 재산을 출연한 다른 공익법인 등이 보유하고 있는 동일한 내국법인 주식

(2) 비 율

다음의 비율을 초과하여 주식 등을 출연받은 경우 상속세 및 증여세가 과세된다.

한 도	적 용 대 상
5%	① 상호출자제한기업집단과 특수관계에 있는 경우 ② 「상속세 및 증여세법」 제48조 제11항 요건(구 성실공익법인)을 불충족한 경우
10%	「상속세 및 증여세법」 제48조 제11항 요건(구 성실공익법인)을 충족한 경우
20%	① 「상속세 및 증여세법」 제48조 제11항 요건(구 성실공익법인)을 충족한 경우 ② 주식 등의 의결권을 행사하지 않는 자선 · 장학 · 사회복지를 목적으로 하는 법인

한 도	적 용 대 상
한도없음	① 성실공익법인으로서 출연자와 특수관계에 있지 않은 내국법인의 주식 등을 출연받고 주무관청이 승인한 경우 ② 10%를 초과 출연받은 경우로서 3년 내 특수관계 없는 자에게 매각하는 경우 ③ 「공익법인 설립 · 운영에 관한 법률」 및 그 밖의 법령에 따라 내국법인의 주식 등을 출연하는 경우

구체적인 내용은 본서 '04. 주식 등의 취득 및 보유 시 지켜야 할 일'(p.217)을 참조하길 바란다.

관련 예규 · 판례

1 증여세 과세대상에 해당하는지 여부

(상증, 서면 - 2020 - 법인 - 5283 [공익중소법인지원팀 - 90], 2021.3.29.)

「상속세 및 증여세법 시행령」 제12조 각 호의 어느 하나에 해당하는 사업을 영위하는 공익법인 등은 출연받은 재산을 직접 공익목적사업에 운용하여야 하는 것이며, 같은 법 시행령 제38조 제8항 제2호에 따라 직접 공익목적사업에 사용하는 것이 사회적 지위 · 직업 · 근무처 및 출생지 등에 의하여 일부에게만 혜택을 제공하는 것인 때에는 그 혜택받은 일부에게만 제공된 재산가액 또는 경제적 이익에 대하여 증여세가 과세되는 것임.

다만, 정관상의 목적사업을 효율적으로 수행하기 위하여 재산을 추가출연함에 따라 정관의 변경허가를 받은 경우로서 주무부장관이 기획재정부장관과 협의(「행정권한위임 및 위탁에 관한 규정」 제3조 제1항의 규정에 의하여 공익법인 등의 설립허가 등에 관한 권한이 위임된 경우에는 당해 권한을 위임받은 기관과 당해 공익법인 등의 관할세무서장이 협의하는 경우를 말함)하여 따로 수혜자의 범위를 정하여 그 변경허가조건으로 붙인 경우에는 제외하는 것임

2 공익법인 등의 주식보유 기준(상증, 서면 - 2020 - 상속증여 - 3405, 2020.10.23.)

공익법인 등이 내국법인의 의결권 있는 주식등의 100분의 5를 초과하여 취득하였는지 여부는 해당 공익법인 등이 주식등을 취득하는 날 현재를 기준으로 판단하는 것임

3 공익법인 출연재산 과세가액 불산입

(상증, 서면 - 2018 - 상속증여 - 3511 [상속증여세과 - 192], 2020.3.30.)

공익법인 등에 해당하는 학교법인이 재산을 출연받아 그 출연받은 날부터 3년 이내에 직접 공익목적사업에 사용하는 경우에는 「상속세 및 증여세법」 제48조의 규정에 의하여 증여세 과세가액에 산입하지 아니하는 것임

4 공익법인의 주식보유비율 산정 방법

(상증, 서면 - 2018 - 법령해석재산 - 2188 [법령해석과 - 2147], 2018.7.27.)

「상속세 및 증여세법」(2016.12.20. 법률 제14388호로 개정된 것) 제48조 제1항 단서에서 의결권 있는 발행주식총수에서 자기주식을 제외하도록 한 개정 규정은 2017.1.1. 이후 공익법인이 출연받거나 취득하는 분부터 적용하는 것임

5 공익법인 등이 출연받은 내국법인의 주식비율 판단 시 간접소유비율 포함 여부

(상증, 서면 - 2015 - 법령해석재산 - 1394 [법령해석과 - 382], 2016.2.5.)

공익법인 등이 출연받은 내국법인의 주식등이 그 내국법인의 의결권 있는 발행주식총수 등의 100분의 5(100분의 10)를 초과하는지 여부 판단 시, 공익법인 등이 간접소유하는 해당 내국법인의 주식 등의 비율은 포함하지 아니함

6 일반공익법인이 현물출자로 인하여 동일한 내국법인의 주식을 취득하는 경우로서 보유지분율이 증가하지 않은 경우 증여세 과세 여부(상증, 상속증여세과 - 380, 2014.10.2.)

2개의 일반공익법인과 1개의 성실공익법인이 보유한 내국법인인 〔갑〕법인 주식의 지분율 합계가 5%인 상황에서 현물출자로 인하여 동시에 〔갑〕법인 주식을 추가로 취득하는 경우, 2개의 일반공익법인이 해당 주식을 취득한 날 현재 〔갑〕법인 보유지분율이 증가하지 않은 경우에는 증여세가 과세되지 아니함

7 공익법인 등이 주식을 출연받는 경우 증여세 과세가액 불산입

(상증, 상속증여세과 - 425, 2013.7.26.)

일반 공익법인이 내국법인 주식을 출연받은 후 다른 성실공익법인이 동일한 주식을 출연받는 경우 5% 또는 10% 초과 여부 판단은 해당 주식 출연일 현재로 판단하는 것임

8 공익법인 등 출연재산에 대한 증여세 과세 여부(상증, 재산세과 - 1116, 2009.12.24.)

정부로부터 허가를 받은 문화 · 예술단체는 공익법인 등에 해당하며, 사업종료 시 잔여재산을 동일하거나 유사한 공익법인 등에 귀속시키거나, 주무부장관의 허가를 받아 다른 공익법인 등에 귀속시키는 경우는 증여세가 과세되지 않음

9 공익법인 등의 출연재산에 대한 상속세 과세가액 불산입 여부

(상증, 서면인터넷방문상담4팀 - 4210, 2006.12.28.)

직접 공익목적사업에 사용하는 것은 당해 공익법인의 정관상 고유목적사업에 사용하거나, 직접 공익목적사업에 충당하기 위하여 당해 재산을 수익사업용 또는 수익용으로 운용하는 것을 말하는 것임

10 공익법인 출연재산 해당 여부(상증, 서일 46014-11530, 2003.10.28.)

공익법인 등이 출연받은 재산에 대한 과세가액 불산입 규정이 적용되는 공익법인으로 보는 종교단체란 주된 사무소가 국내에 소재하는 경우를 말하며 출연받은 재산에는 현금 기타 재산적 가치가 있는 모든 물건을 포함하는 것임

11 법률상 제한으로 장학재단 설립인가가 지연된 경우 출연재산의 이행시기

(상증, 재삼 46014-3181, 1994.12.14.)

상속세 과세가액 불산입 공익사업 출연재산은 상속세 신고기한까지 공익사업에 출연을 이행해야 하며, 법령상 행정상의 정당한 사유로 출연의 이행이 지연되는 경우는 예외로 하는 것임

Chapter 2

공익법인 등이 출연받은 재산에 대한 사후관리

출연자가 공익법인에 재산을 출연(일반적으로 기부행위를 일컬음)하면 출연재산에 대해 상속세 및 증여세를 과세하지 않는다.

이러한 세제혜택을 부여함으로써 공익법인에의 출연을 장려하고, 공익법인은 본연의 목적사업을 원활하게 할 수 있는 재원을 지원받는 데 의미가 있다.

그런데 공익법인이 출연받은 재산을 공익목적에 사용하지 않으면 어떻게 될까?

과세가액 불산입은 과세당국이 과세권을 포기한 것이 아니다. 따라서 일정한 요건을 갖추지 못할 경우 세금을 추징할 수 있다.

공익과 선행을 앞세워 변칙적으로 탈세의 수단이 되는 것을 방지하기 위해 일정 요건과 규제조항을 지켜야 하는 의무가 따르고, 의무 미이행 시 상속세 및 증여세를 추징하고, 가산세를 부과하는 등 사후관리를 엄격하게 하고 있다.

실제로 많은 공익법인들이 이를 간과하여 가산세를 내는 경우가 많으므로 실무자들은 출연받은 재산에 대한 사후관리 규정을 숙지해야 한다.

관련법령 **공익법인 출연재산의 사후관리(상증집행 48-38-1)**

공익법인이 출연받은 재산에 대하여는 출연 시점에 증여세를 과세하지 않고 출연재산 및 수익을 공익사업에 사용하지 않는 등 다음과 같이 사후관리요건에 위배되는 경우 증여세를 추징한다. 사후관리 증여세 추징요건은

(1) 공익목적사업에 사용하지 아니한 경우

(2) 주식보유비율을 초과하여 주식을 취득하는 경우

(3) 기준금액에 미달하게 공익목적사업에 사용하는 경우

로 나눌 수 있다.

구 분	사후관리 증여세 추징요건	추징방법
(1) 공익목적사업에 사용하지 아니한 경우	① 직접 공익목적사업의 용도 외에 사용한 경우	증여세 추징
	② 출연받은 재산을 출연받은 날부터 3년 이내에 직접 공익목적사업에 사용하지 않은 경우	
	③ 출연받은 재산을 수익용 또는 수익사업용으로 운용하여 그 운용소득을 직접 공익목적사업 외에 사용한 경우	
	④ 출연받은 재산의 매각대금을 공익목적사업 외에 사용하거나 매각한 날부터 3년이 지난날까지 직접 공익목적사업 사용실적이 매각대금의 90%에 미달하는 경우	
	⑤ 제16조 제2항 제2호 가목에 따른 요건을 모두 충족하는 공익법인등(같은 호 나목 및 다목에 해당하는 공익법인등은 제외한다)이 의결권을 행사한 경우	
	⑥ 공익법인 사업종료 시 잔여재산을 국가 등에 귀속시키지 아니한 경우	
	⑦ 직접 공익목적사업에 사용하는 것의 혜택이 특정 일부에게만 제공되는 경우	
	⑧ 공익법인의 자기내부거래	
	⑨ 성실공익법인(의결권 있는 주식의 10~20% 보유)이 기준금액에 미달하게 직접 공익목적사업에 사용한 경우	
(2) 주식보유비율을 초과하여 주식을 취득하는 경우	⑩ 출연받은 재산, 운영소득, 출연재산의 매각대금을 내국법인 주식 등을 취득하는 데 사용하여 공익법인의 주식보유비율이 10%(일정한 경우 5%, 20%)를 초과하는 경우	증여세 추징
(3) 기준금액에 미달하게 사용하는 경우	⑪ 위 ③의 운용소득을 기준금액에 미달하게 사용하거나 ④의 매각대금을 매각한 날부터 2년 동안 기준금액에 미달하게 사용하는 경우	가산세만 부과됨

관련법령 **출연받은 재산 사후관리대상**(상증집행 48-38-2)

공익법인이 출연받은 재산의 증여세 추징요건 해당 여부를 판단하기 위한 사후관리대상 재산의 범위는 다음과 같다.

① 출연받은 재산, 운용소득, 출연받은 재산의 매각대금, 공익목적사업이 종료한 경우의 잔여재산을 대상으로 한다.

② 공익법인의 이사 또는 사용인의 불법행위(출연자 및 그 특수관계자의 불법행위 제외)로 인하여 출연받은 재산 등이 감소된 경우에는 당해 재산가액은 사후관리 대상이 아니다.

③ 분실하거나 도난당한 출연재산가액은 사후관리대상이 아니다.

01 출연재산을 직접 공익목적사업 등에 사용할 의무(상증법 §48 ② 1호, 동령 §38 ②)

1 개 요

공익법인이 출연받은 재산은 3년 내 직접 공익목적에 사용해야 하고, 3년 이후에도 계속해서 공익목적으로 사용해야 하는데 그렇지 않을 경우 증여세가 과세된다(상증법 §48 ② 1호).

증여세가 과세되는 사유는 다음과 같다.

① 공익목적사업 등(직접 공익목적사업에 충당하기 위하여 수익용 또는 수익사업용으로 운용하는 경우를 포함한다)의 용도 외에 사용

② 출연받은 날부터 3년 이내에 직접 공익목적사업 등에 사용하지 아니하는 경우

③ 3년 이후 직접 공익목적사업 등에 계속하여 사용하지 아니하는 경우

2 '직접 공익목적사업에 사용' 범위와 금액(상증령 §38 ②)

(1) 직접 공익목적사업에 사용되는 경우

① 출연받은 재산을 해당 공익법인 등의 정관상 고유목적사업에 사용하는 것

② 출연받은 재산을 해당 공익사업의 효율적인 수행을 위하여 주무관청의 허가를 받아 다른 공익법인에 출연하는 경우

③ 출연받은 재산을 직접 공익목적사업에 충당하기 위하여 수익용 또는 수익사업용으로 운용하는 경우

관련법령 직접 공익목적사업에 사용한 금액의 범위(상증통칙 48-38…3)

「상속세 및 증여세법 시행령」 제38조 제2항(출연재산), 제4항(매각대금) 및 제6항(운용소득)에 따른 직접 공익목적사업 사용금액의 범위는 다음 각 호의 어느 하나에 따른다.

① 공익법인 등이 그 공익법인 등의 정관상의 고유목적사업의 수행에 직접 사용하는 자산을 취득하는 데 소요된 금액은 이를 직접 공익목적사업 사용금액에 포함한다.

② 공익법인 등이 운용소득으로 수익용재산을 취득한 금액은 직접 공익목적사업 사용금액에 포함하지 아니한다.

(2) 직접 공익목적사업의 사용으로 보지 않는 경우

① 8천만원 초과하는 과다 지급 인건비(법인령 §56 ⑪)

다음의 공익법인이 지급한 임직원 총급여가 8천만원을 초과하는 경우 그 초과분에 대해 고유목적에 지출한 것으로 보지 않는다.

㉮ 고유목적사업준비금을 80% 이내 설정 가능한 법인*1이 50%를 초과하여 고유목적사업준비금으로 손금산입하는 공익법인(법인법 §29 ① 2호) *1 「공익법인의 설립 · 운영에 관한 법률」에 따라 설립된 법인으로서 고유목적사업 등에 대한 지출액 중 50% 이상의 금액을 장학금으로 지출하는 법인
㉯ 고유목적사업준비금을 100% 이내 설정 가능한 법인*2이 50%를 초과하여 고유목적사업준비금으로 손금산입하는 공익법인(조특법 §74 ① 2호 · 8호) *2 100% 이내 설정 가능 법인 ⓐ 「사회복지사업」에 따른 사회복지법인 ⓑ 「공익법인의 설립 · 운영에 관한 법률」에 따라 설립된 법인으로서 고유목적사업 등에 대한 지출액 중 80% 이상의 금액을 장학금으로 지출하는 법인
㉰ 위 "㉮와 ㉯"의 법인이 해당 사업연도와 직전 5개 사업연도 동안 수익사업 소득 합계액의 50%를 초과하여 고유목적사업준비금으로 손금산입한 경우

그러나 법인세 과세표준신고기한 전에 주무관청의 승인받은 경우에는 8천만원 초과분도 고유목적에 지출한 것으로 본다.

② 해당 공익법인 등의 정관상 고유목적사업에 직접 사용하는 시설에 소요되는 수선비, 전기료 및 전화사용료 등의 관리비를 제외한 관리비

(3) 직접 공익목적사업에 사용한 금액의 범위[2)]

직접 공익목적사업 등에 사용한 금액은 다음의 구분에 따른다.

2) 「상속세 및 증여세법 기본통칙」 48－38－2

<table>
<tr><th colspan="2">출연재산 구분</th><th>내 용</th></tr>
<tr><td colspan="2">① 현금</td><td>ⓐ 직접 공익목적사업용 재산을 취득하기 위하여 지출한 금액
ⓑ 직접 공익목적사업비로 지출한 금액
ⓒ 수익사업용 또는 수익용재산을 취득하기 위하여 지출한 금액</td></tr>
<tr><td rowspan="2">② 현금 外 재산</td><td>직접 사용</td><td>ⓐ 직접 공익목적사업에 사용하는 재산의 금액
ⓑ 수익사업용 또는 수익용재산으로 사용되는 재산의 금액</td></tr>
<tr><td>매각대금</td><td>상기 '① 현금'과 동일</td></tr>
</table>

3 증여세 과세(상증법 §48 ② 1호, 상증령 §38 ② · §40)

출연재산 직접 공익목적사업 등에 사용 의무를 지키지 못할 경우 다음을 기준으로 하여 증여세가 과세된다.

(1) 과세사유

① 직접 공익목적사업 등 외에 사용한 경우
② 3년 이내에 직접 공익목적사업 등에 사용하지 아니하거나 미달하게 사용한 경우
③ 3년 이후 직접 공익목적사업 등에 계속하여 사용하지 않는 경우

(2) 증여시기(상증법 §48 ② 1호)

증여세 과세시기는 그 사유가 발행한 날, 즉 직접 공익목적사업 등의 용도 외에 사용할 날, 3년이 경과하는 날을 증여시기로 한다.

(3) 과세가액(상증통칙 48-39…6 ③)

증여일(위 '(1) 과세사유'가 발생한 경우 발생일)을 기준으로 평가한 가액을 증여세 과세가액으로 한다.

과세가액은 「상속세 및 증여세법」 제60조부터 제66조의 규정에 따라 평가한 가액으로

한다.

단, 출연재산에 대하여 증여세가 과세되는 경우 가산세는 부과하지 않는다.

관련 예규 · 판례

■ **공익법인 등이 출연받은 재산을 출연받은 날부터 3년 이내에 직접 공익목적사업에 사용하지 않은 경우**(상증, 재산세과-186, 2011.4.12.)

공익법인 등이 재산을 출연받은 경우로서 그 출연받은 재산을 출연받은 날부터 3년 이내에 직접 공익목적사업에 사용하지 아니하는 경우에는 증여세가 과세되는 것으로 이 경우 같은 항의 규정에 따른 별도의 가산세는 부과되지 아니함

4 증여세 과세 예외(상증령 §38 ① · ③ · ⑨)

출연받은 재산을 직접 공익목적사업에 사용하는 데 장기간이 걸리는 등 부득이한 사유가 있는 경우 증여세 부과대상에서 제외한다.

(1) 불특정 다수인으로부터 받은 헌금(상증령 §38 ①)

종교사업에 출연하는 헌금 등은 출연자별 출연금액을 산정하기 어려우므로 증여세 부과대상에서 제외한다(다만, 부동산 및 주식으로 출연하는 경우는 제외한다).

(2) 공익목적사업에 사용하는 데 장기간이 걸리는 경우(상증령 §38 ③)

부득이한 사유로 출연재산을 3년 이내 또는 3년 이후 계속하여 사용할 수 없는 아래의 경우에는 과세대상에서 제외한다.

① 법령상 또는 행정상의 부득이한 사유 등으로 사용이 곤란한 경우로서 주무부장관이 인정한 경우

② 해당 공익목적사업 등의 인가 · 허가 등과 관련한 소송 등으로 사용이 곤란한 경우

이때 부득이한 사유와 관련된 증빙(주무부장관 발급 서류 등)과 출연재산 보고서(별지 23호 서식)를 납세지 관할 세무서장에게 제출해야 한다.

이후 그 사유가 없어진 날부터 1년 이내에 해당 재산을 직접 공익목적사업 등에 사용해야 증여세 과세대상에서 제외한다.

(3) 공익목적사업에 사용할 수 없는 경우(상증령 §38 ⑨)

출연받은 재산 중 일부가 다음의 어느 하나에 해당하는 사유로 인하여 직접 공익목적사업에 사용할 수 없거나 국가 등에 귀속시킬 수 없는 경우에는 해당 금액을 출연받은 재산 등의 가액에서 차감한다.

① 공익법인 등의 이사 또는 사용인의 불법행위로 인하여 출연받은 재산 등이 감소된 경우(다만, 출연자 및 그 특수관계자의 불법행위로 인한 경우를 제외한다)

② 출연받은 재산 등을 분실하거나 도난당한 경우

관련 예규 · 판례

1 직접 공익목적사업 사용한 것인지 여부(공익중소법인 지원팀-807, 2022.8.18.)

공익법인이 정관상 고유목적사업을 수행하기 위한 목적으로 연구용역을 의뢰하고 지급한 대가 등은 "직접 공익목적사업"에 사용한 것으로 보아 증여세를 과세하지 아니하는 것임

2 출연재산을 특수관계자에게 저가 양도 시(재재산-806, 2010.8.25.)

공익법인이 출연받은 재산을 특수관계자에게 저가로 양도한 경우 그 대가와 시가와의 차액에 상당하는 금액은 공익목적사업 외에 사용하는 것으로 보아 증여세를 부과함

3 공익법인이 출연받은 주식 등을 수익용으로 운용 시 3년 이내 직접 공익목적사업에 사용해야 하는지 여부(사전 - 2020 - 법령해석법인 - 1242 [법령해석과 - 1140], 2021.3.31.)

성실공익법인이 내국법인의 주식을 보유 한도까지 출연받는 경우로서 해당 출연받은 주식을 수익(배당소득)의 원천에 사용하기 위하여 직접 공익목적사업등의 용도로 사용하는 경우에는 「상속세 및 증여세법」 제48조 제2항 제1호에 따른 증여세가 과세되지 않는 것임

4 출연재산의 3년 이내 공익목적 미사용의 경우 부득이한 사유 인정 여부에 따른 증여세 과세 여부(사전 - 2015 - 법령해석재산 - 0308 [법령해석과 - 744], 2016.3.11.)

부동산(지분 포함)을 매각하고자 하였으나 유찰된 것은 직접 공익목적사업 등에 사용하는

데 장기간을 요하는 등 법령상 또는 행정상의 부득이한 사유 등으로 인하여 3년 이내에 전부 사용한 것이 곤란한 경우에 해당하지 아니하는 것임

5 출연재산 매각대금을 고유목적사업에 사용된 차입금 상환에 사용한 경우 직접 공익목적사업 사용 여부(사전 - 2018 - 법령해석재산 - 0693 [법령해석과 - 1006], 2019.4.23.)

매각대금을 직접 공익목적사업에 사용된 차입금의 상환에 사용하는 경우 직접 공익목적사업에 사용한 것으로 보는 것임

6 공익법인 등이 출연받은 재산의 직접 공익목적 사용 여부

(상증, 서면인터넷방문상담4팀 - 1988, 2007.6.27.)

현금을 출연받아 금융기관에 예입하여 수입하는 이자소득으로 당해 공익법인의 정관상 고유목적사업 수행에 사용하는 경우에는 직접 공익목적사업에 사용하는 것으로 보는 것임

7 직접 공익목적사업 사용 여부(상증, 재산세과 - 912, 2009.12.3.)

「상속세 및 증여세법 시행령」 제12조 각 호의 1에 해당하는 공익법인 등이 재산을 출연받아 그 출연받은 날부터 3년 이내에 직접 공익목적사업에 사용하는 경우에는 같은 법 제48조 제1항 · 제2항의 규정에 의하여 그 출연받은 재산의 가액은 증여세 과세가액에 산입하지 아니하는 것임. 이 경우 출연받은 재산을 직접 공익목적사업에 충당하기 위하여 수익용 또는 수익사업용으로 운용하는 경우에도 직접 공익목적사업에 사용한 것으로 보는 것임

8 학교법인이 골동품을 출연받아 박물관에 전시하는 경우 공익목적사업 사용 여부

(상증, 서면인터넷방문상담4팀 - 1044, 2007.3.30.)

정관상 고유목적사업으로 학교법인이 운영하는 박물관에 출연받은 골동품을 박물관에 전시하는 경우에는 직접 공익목적사업에 사용한 것임

9 산학협력단이 출연재산을 다른 산학협력단에 재출연하는 경우 직접 공익목적사용에 해당하는지 여부(법규재산 2013 - 82, 2013.3.28.)

「산업교육진흥 및 산학연협력 촉진에 관한 법률」에 따라 설립된 산학협력단이 출연받은 재산을 「상속세 및 증여세법 시행령」 제38조 제2항 단서에 규정한 요건을 갖추지 아니하고 다른 산학협력단에 출연하는 경우에는 같은 법 제48조 제2항 제1호의 규정에 의하여 증여세가 과세되는 것임

10 출연재산 사용의무 불이행에 대한 증여세 부과 기준일과 공제하는 채무부담액

(사전 - 2021 - 법령해석재산 - 1299 [법령해석과 - 3333], 2021.9.28.)

공익법인이 출연받은 재산을 출연일로부터 3년 이내에 직접 공익목적사업에 사용하지 아니한 경우에는 증여세가 과세되는 것이며, 이 경우 3년이 경과하는 날을 증여시기로 하여 평가한 가액으로 하는 것임

5 계산사례

사례

장학단체인 甲공익법인은 출연자로부터 증여받은 토지를 3년 내 공익목적으로 사용하지 못하였다. 이때 부과되는 증여세액은 얼마인가?

• 출연일 : 2022.7.8.
• 「상속세 및 증여세법」상 평가액

2022년	2023년	2024년	2025년
600,000,000	630,000,000	650,000,000	660,000,000

해설

• 해당 증여일로부터 3년이 지난 시점인 2025.7.8.을 증여일로 보아 2025년의 평가액인 660,000,000원을 증여재산가액으로 하여 증여세를 계산한다.

• 증여세액 = 660,000,000 × 30% − 60,000,000
  = 138,000,000

• 증여세 세율

과세표준	1억원 이하	5억원 이하	10억원 이하	30억원 이하	30억원 초과
세 율	10%	20%	30%	40%	50%
누진공제	−	10,000,000	60,000,000	160,000,000	460,000,000

6 관련 서식

「상속세 및 증여세법」은 공익법인 사후관리 규정 준수 여부를 검증하기 위하여 출연재산 명세의 보고 및 결산서류 등의 공시의무를 규정하고 있다. 「상속세 및 증여세법」은 사후관리규정과 의무사항에 대하여 별도의 조항으로 규정하고 있다. 사후관리 규정과 관련된 서식과 작성방법을 통하여 관련 규정을 이해하는 것이 실무 적용에 도움이 될 것으로 생각된다.

① 출연재산 · 운용소득 · 매각대금의 사용계획 및 진도내역서(별지 제24호 서식)
② 출연받은 재산의 사용명세서(별지 제25호의 2 서식)
③ 기부금품의 수입 및 지출 명세서(별지 제31호 서식 부표 1)
④ 출연받은 재산의 공익목적사용 현황(별지 제31호 서식 부표 4)

■ 상속세 및 증여세법 시행규칙 [별지 제24호서식] 〈개정 2024. 3. 22.〉

출연재산 · 운용소득 · 매각대금의 사용계획 및 진도내역서

※ 뒤쪽의 작성방법을 읽고 작성하여 주시기 바랍니다. (앞쪽)

①공익법인명		②사업연도	

구분	사용계획							⑨ 의무사용 기준금액	사용금액			⑬ 기준미달 사용금액 (⑨-⑫)
	③출연 (운용소득 발생, 매각) 사업연도	④재산종류		⑤ 용도	기간		⑧ 금액		⑩ 직전 연도 까지의 사용 금액	⑪ 해당 연도 사용 금액	⑫ 계 (⑩+⑪)	
		분류 코드	과목명		⑥ 사용 시작일	⑦ 사용 종료일						
출연재산												
운용소득												
매각대금												

364㎜×257㎜(백상지 80g/㎡(재활용품))

■ 상속세 및 증여세법 시행규칙 [별지 제24호서식] <개정 2021. 3. 16.>

출연재산 · 운용소득 · 매각대금의 사용계획 및 진도내역서

※ 뒤쪽의 작성방법을 읽고 작성하여 주시기 바랍니다. (앞쪽)

①공익법인명		②사업연도	

구분	사용계획							⑨ 해당 연도 의무사용 기준금액	사용금액			⑬ 기준미달 사용금액 (⑨-⑫)
	③출연(운용소득 발생, 매각) 사업연도	④재산종류		⑤ 용도	기간		⑧금액		⑩ 직전 연도 까지의 사용금액	⑪ 해당 연도 사용금액	⑫ 계 (⑩+⑪)	
		분류 코드	과목명		⑥ 사용 시작일	⑦ 사용 종료일						
출연재산												
운용소득												
매각대금												

364㎜×257㎜(백상지 80g/㎡(재활용품))

(뒤쪽)

작성방법

1. 이 서식은 출연재산 · 운용소득 및 매각대금에 대하여 사용계획과 그에 따른 연도별 사용내역을 적고, 출연 또는 소득의 발생연도부터 사용이 완료되는 사업연도까지 매년 작성하여 제출해야 합니다.

※ 사용의무기한: 출연재산은 출연받은 날부터 3년 이내에 전액 사용해야 합니다(「상속세 및 증여세법 시행령」 제38조제3항에 해당하는 경우에는 연장이 가능합니다). 운용소득은 해당 과세기간 또는 사업연도 종료일부터 1년 이내에 80% 이상을 사용하고, 매각대금은 해당 과세기간 또는 사업연도 종료일부터 1년 이내에 30%, 2년 이내에 60%, 3년 이내에 90% 이상을 사용해야 합니다.

2. 각 재산의 사용계획 및 사용금액은 재산에 따라 나누어 적지 않고, ③출연(운용소득 발생, 매각) 사업연도별, ④재산종류별로 합산하여 적을 수 있습니다.
3. ③출연(운용소득 발생, 매각) 사업연도란은 출연재산의 경우에는 출연일이 속하는 사업연도를, 운용소득의 경우에는 운용소득이 발생한 사업연도를, 매각대금의 경우에는 매각일이 속하는 사업연도를 적으며, 사업연도 종료일의 연월(예 : 2005.12)만 적습니다.
4. ④재산종류란은 출연재산 · 운용소득 · 매각대금의 종류를 다음 분류에 따라 선택하여 코드와 과목명을 적습니다.

코드	1	2	3	4	5	6	7	8	9	10
과목명	현금	예 · 적금	토지	건물	주식 · 출자지분	기계장치	의료장비	채권	차량운반구	기타

5. ⑤용도란은 직접 공익사업에 사용할 구체적인 내용을 적습니다.
예) 교육사업 중 교사 신축, 도서관 신축, 학교운영비, 수익용 임대건물 등
6. ⑥사용시작일, ⑦사용종료일란은 출연재산 · 운용소득 또는 매각대금의 사용계획기간을 적습니다.
예) 현금 10억 원을 '05. 3. 1 출연받아 '06. 2. 28까지 학교건물 신축에 사용할 계획인 경우 → '05.3.1. ~ '06.2.28.
7. ⑧금액란은 출연재산의 경우 당초 출연일이 속하는 사업연도에 제출한 출연받은 재산의 사용명세서(별지 제25호의2서식)의 ⑩가액과 일치해야 하고, 운용소득의 경우 운용소득 사용명세서(별지 제25호의4서식)의 ㉗해당 사업연도 운용소득과 일치해야 하며, 매각대금의 경우 출연재산 매각대금 사용명세서(별지 제25호의3서식)의 ⑦매각금액과 일치해야 합니다.
8. ⑨의무사용 기준금액란은 출연재산의 경우 ⑧금액과 동일하게 적고, 운용소득의 경우 ⑧금액에 80%를 곱한 금액을 적으며, 매각대금의 경우 의무사용 기준금액의 합계액은 출연재산 매각대금 사용명세서(별지 제25호의3서식)의 ⑧사용 기준금액의 합계액과 일치해야 합니다.
9. ⑩직전 연도까지의 사용금액, ⑪해당 연도 사용금액란의 출연재산 및 매각대금 사용금액란 각 합계액은 출연받은 재산의 사용명세서(별지 제25호의2서식)와 출연재산 매각대금 사용명세서(별지 제25호의3서식)의 사용내역란 합계액과 각각 일치해야 하고, 운용소득의 경우에는 ⑪해당 연도 사용금액란에만 해당 연도의 사용실적을 적습니다.

■ 상속세 및 증여세법 시행규칙[별지 제25호의 2 서식] 〈개정 2022. 3. 18.〉

출연받은 재산의 사용명세서

※ 뒤쪽의 작성방법을 읽고 작성하여 주시기 바랍니다. (앞 쪽)

1. 출연재산 공익목적사용 현황

(단위 : 원)

①공익법인명		②사업연도	

③ 사업연도 구분	④ 출연일	⑤출연자	출 연 재 산					⑪직전 사업연도 까지의 사용누계금액	해당 사업연도		⑭ 미사용 금액 (⑩-⑪-⑫)
		⑥ 주민등록번호 등	⑦ 종류		⑧ 소재지	⑨ 수량 (면적)	⑩ 가액		⑫ 사용 금액	⑬ 사용처	
			코드	과목명							
⑮ 해당 사업연도		소액계									
	합 계										
⑯ 직전 사업연도											
	합 계										
⑰ 직전 전 사업연도											
	합 계										

210mm×297mm[백상지 80g/㎡ 또는 중질지 80g/㎡]

(뒤쪽)

작 성 방 법

1. 이 서식은 해당 사업연도에 출연받은 재산의 명세 및 사용명세, 그리고 직전 사업연도 종료일 현재 사용이 완료되지 아니한 출연받은 재산의 사용명세(해당 사업연도 사용분)를 작성하며, 출연재산별로 출연일이 빠른 순으로 적습니다.
2. 직전 사업연도 종료일 이전에 출연받은 재산으로서 직전사업연도 종료일 전에 사용을 완료한 경우에는 금년도 출연받은 재산의 사용명세서에 적지 않습니다.
3. 소액계의 ⑩가액란에는 1개 사업연도 중에 50만원 미만을 출연한 자(법인은 제외합니다)가 있는 경우에 소액 출연재산의 합계액을 적습니다.
4. ④출연일란은 출연재산이 공익법인에 귀속된 날짜를 적습니다.
5. ⑤출연자란은 출연자의 성명 또는 상호를 적고, ⑥주민등록번호등란에는 출연자의 주민등록번호 또는 사업자등록번호 등을 적습니다.
6. 출연재산란(⑦~⑩)은 아래의 설명에 따릅니다.
 가. ⑦종류란은 출연재산의 종류를 다음 분류에 따라 선택하여 코드와 과목명을 적습니다.

코드	1	2	3	4	5	6	7	8	9	10
과목명	현금	예 · 적금	토지	건물	주식 · 출자지분	기계장치	의료장비	채권	차량운반구	기타

 나. ⑧소재지란은 부동산의 경우에는 소재지를 적고, 주식 및 유가증권 등의 경우에는 발행회사를 적으며, 그 밖의 경우에는 적지 않습니다.
 다. ⑨수량란에는 부동산은 "㎡"단위로, 주식은 "주"단위로, 현물출연은 현물의 수량을 나타내는 기본단위(예: 기계장치의 경우 "대")로 적습니다.
  예1) 토지 1,000㎡의 경우 ⇨ 1,000 입력
  예2) 주식 500주의 경우 ⇨ 500 입력
  예3) 기계장치 30대의 경우 ⇨ 30 입력
 라. ⑩가액란은 출연당시의 시가로 적되, 시가를 산정하기 어려운 경우에는「상속세 및 증여세법」 제61조부터 제65조까지에 따른 평가가액으로 적습니다.
7. ⑫해당 사업연도 사용금액란에는 해당 사업연도에 직접 공익목적사업에 사용한 금액을 적습니다.
8. ⑬해당 사업연도 사용처란은 해당 사업연도에 출연받은 재산을 사용한 구체적인 내용을 적습니다.
  예) 도서관 신축, 학교운영비, 수익용 임대건물 취득, 장학금 지급 등

■ 상속세 및 증여세법 시행규칙 [별지 제31호서식 부표 1] 〈개정 2023. 3. 20.〉

기부금품의 수입 및 지출 명세서

※ 제2쪽 및 제3쪽의 작성방법을 읽고 작성해 주시기 바랍니다. (3쪽 중 제1쪽)

1. 기부금품의 수입 · 지출 명세

(단위: 원)

① 월별	② 수입	③ 지출	④ 잔액	① 월별	② 수입	③ 지출	④ 잔액
전기이월	–	–		9월			
1월				10월			
2월				11월			
3월				12월			
4월				합계			
5월				기본순자산 편입액	(　　　)	–	
6월				차가감계			
7월				차기이월	–	–	
8월							

2. 기부금품 지출 명세서 (국내사업)

가. 수혜자(수혜단체)에게 지출

(단위: 원)

①(대표)지급처명 (성명 / 단체명)	②주민등록번호 (사업자등록번호)	③지출목적	④수혜인원 (단체) 수	⑤지출액		
				⑥현금	⑦물품	⑧합계
			명/개			
			명/개			
			명/개			
⑨ 합 계						

나. 자산 취득에 지출

(단위: 원)

①(대표)지급처명 (성명 / 상호)	②주민등록번호 (사업자등록번호)	③지출목적	④지급처 수	⑤지출액		
				⑥현금	⑦물품	⑧합계
			명/개			
			명/개			
			명/개			
⑨ 합 계						

다. 운영경비에 지출

(단위: 원)

①(대표)지급처명 (성명 / 상호)	②주민등록번호 (사업자등록번호)	③지출목적	④지급처 수	⑤지출액		
				⑥현금	⑦물품	⑧합계
			명/개			
			명/개			
			명/개			
⑨ 합 계						

3. 기부금품 지출 명세서 (국외사업)

(단위: 원)

①(대표)지급처명 (성명 / 단체명)	②국가명	③지출목적	④수혜인원 (단체) 수	⑤지출액		
				⑥현금	⑦물품	⑧합계
			명/개			
			명/개			
			명/개			
합 계						

210mm×297mm[백상지 80g/㎡]

작성방법

이 서식은 「공익법인회계기준」의 기부금 수익인식 방법에 따라 작성합니다.(예: ①현금 · 현물을 기부 받은 경우→실제 기부 받은 시점, ②가상계좌,CMS,지로,신용카드 등 납부방법으로 기부받은 경우 → 기부 결재시점(기부금 납부,출금요청,신용카드 승인시점 등)
국가 · 지방자치단체 혹은 공공기관 등과 같은 보조사업자로부터 받은 보조금은 포함하지 않습니다.
「개인정보 보호법」에 따라 주민등록번호 수집이 제한되어 주민등록번호를 수집하지 못한 경우 주민등록번호는 기재를 생략할 수 있습니다.

1. 기부금품의 수입 · 지출명세
  가. "①월별"란은 사업연도 개시월부터 사업연도 종료월까지를 차례대로 적습니다.
    ※ 제1쪽의 "①월별란"은 사업연도 종료월이 12월인 법인을 예로 든 것입니다.
  나. "②수입란"과 "③지출란"은 월 누계액을 적습니다.
  다. "기본순자산 편입액"란은 해당 연도에 기부(출연)받은 금액 중 기부금수익으로 계상되지 않고 기본순자산의 증가로 직접 반영되는 기부금(출연금)을 적습니다(기부금품을 기본순자산으로 편입하는 경우 ③지출란 및 2.기부금품 지출명세서에 작성하지 않습니다).
  라. 차가감계란은 사업연도(과세기간)의 전체 수입(기본순자산 편입액 차감) 및 지출금액을 적습니다.

2. 기부금품 지출명세서 (국내사업)
  가. 수혜자(수혜단체)에게 지출하는 경우
    1) "①(대표)지급처명(성명/단체명)"란은 사업연도기간 동안 수혜 받은 금액이 100만원 이상인 수혜자와 수혜단체의 경우 개별 수혜자(수혜단체)의 성명(수혜단체명)을 적고, 연간 수혜 받은 금액이 100만원 미만인 수혜자와 수혜단체의 경우 지출금액이 가장 큰 대표적인 수혜자의 성명(수혜단체명)을 적고 지출목적별로 합산하여 작성할 수 있습니다.
    2) "③지출목적"란은 해당 사업연도에 기부금을 지출한 목적을 다음 예시와 같이 작성합니다.
      예) ①미래인재개발 장학금, ②사회취약계층 자녀돌봄 및 학업지원, ③노인요양시설 의료지원 및 의약품 제공
    3) "④수혜인원(단체) 수"란은 지급된 지원금을 수혜 받은 인원 또는 단체 수를 적되, 불특정 다수에게 지급한 경우에는 인적사항 대신 지출사유를 간략히 적고, 수혜인원 추정근거를 적습니다.
    4) "⑤지출액"은 사업연도 기간 동안 수혜자(수혜단체)에 지출한 금액을 현금지급과 물품지급으로 구분하여 적습니다.

※ 작성예시1) 홍길동 외 100명에게 사업연도 기간 동안 개인별로 10만원씩 장학금이 지급되고, A복지시설에 노인복지를 위해 물품으로 200만원을 지원한 경우 아래와 같이 적습니다(국외의 내국인에게 지급한 장학금 등 포함).

①(대표)지급처명 (성명 / 단체명)	②주민등록번호 (사업자등록번호)	③지출목적	④수혜인원 (단체) 수	⑤지출액		
				⑥현금	⑦물품	⑧합계
홍길동 외	ssssss-sssssss	미래인재개발 장학사업	101명	10,100,000		10,100,000
A복지시설	111-11-11111	노인요양시설 의료지원	1개		2,000,000	2,000,000

작성예시2) 어린이날 불특정 다수의 어린이에게 체험행사를 진행하거나 연간 무료급식을 제공하고 그 수혜자 수를 추정하여 기재하는 경우 아래와 같이 적습니다.(사례: 시간당 입장객수와 행사시간, 1일 급식인원 등을 감안하여 수혜인원 추정수를 계산)

①(대표)지급처명 (성명 / 단체명)	②주민등록번호 (사업자등록번호)	③지출목적	④수혜인원 (단체) 수	⑤지출액		
				⑥현금	⑦물품	⑧합계
어린이날 체험행사 300명(시간당 입장객수)×8시간(행사시간)		어린이날 무료 직업 체험행사	2,400명	20,000,000	10,000,000	30,000,000
무료급식 제공 200인(1일) ×365(1년)		사회취약계층 무료급식	73,000명	150,000,000		150,000,000

  나. 자산 취득에 지출하는 경우
    1) "①(대표)지급처명(성명/상호)"란은 사업연도 기간 동안 취득한 자산가액이 100만원 이상인 경우 자산별로 자산명을 적고, 취득가액이 100만원 미만인 경우 자산구분별(금융자산, 부동산, 미술품 등)로 합산하여 작성할 수 있습니다.
    2) "③지출목적"란은 해당 사업연도에 기부금을 지출한 목적을 다음 표와 같이 구분하여 적습니다.

구분	자산 취득				
	금융자산*	부동산	미술품	기계장치	기타

210mm×297mm[백상지 80g/㎡]

작성방법

* 금융자산은 현금 및 현금성자산(보통예금, 당좌예금, 취득 시 만기가 3개월인 금융상품 등)을 제외한 정기예금, 정기적금, 펀드상품, 저축성 보험상품 등의 금융상품 및 국채, 회사채, 주식 및 출자지분 등 유가증권을 취득한 경우 적습니다.

3) "④지급처 수"란은 사업연도 기간 동안 취득한 자산 수를 적습니다.

4) "⑤지출액"은 사업연도 기간 동안 자산취득에 지출한 금액을 현금지급과 물품지급으로 구분하여 적습니다.

※ 작성예시) 보통예금 2,000만원, 1년 만기 정기예금 5,000만원을 A은행에 예치, ㈜국세 주식 500만원(500주)을 취득하고, 갑 갤러리로부터 전시용 그림 50점(1점당 90만원) 및 단체가 운용할 부동산(토지 5억원, 건물 3억원)을 취득한 경우 아래와 같이 적습니다.

①(대표)지급처명 (성명 / 상호)	②주민등록번호 (사업자등록번호)	③지출목적	④지급처 수	⑤지출액		
				⑥현금	⑦물품	⑧합계
A은행 정기예금		금융자산	1개	50,000,000		50,000,000
㈜국세 주식	111-11-11111	금융자산	1개	5,000,000		5,000,000
갑 갤러리	222-22-22222	미술품	50개	45,000,000		45,000,000
토지		부동산	1개	500,000,000		500,000,000
건물		부동산	1개	300,000,000		300,000,000

* 보통예금 2,000만원은 현금성자산으로 금융자산 취득에 해당하지 않으므로 지출명세 작성대상에서 제외됩니다.

다. 운영경비에 지출하는 경우

1) "①(대표)지급처명(성명/상호)"란은 사업연도 기간 동안 지급목적별로 합산하여 작성할 수 있습니다.

2) "③지출목적"란은 해당 사업연도에 기부금을 지출한 목적을 다음 표와 같이 구분하여 적습니다.

구분	각종 경비 지출									
	인건비	임차료	회의비	모금비용	연구비	세금과공과	소모품비	지급수수료	수선비	기타

3) "④지급처 수"란은 사업연도 기간 동안 각종 경비로 지출한 거래처 수를 적습니다.

4) "⑤지출액"은 사업연도 기간 동안 각종 경비로 지출한 금액을 현금지급과 물품지급으로 구분하여 적습니다.

※ 작성예시) 월 임대료 80만원(12개월 지급), 사무직원 갑, 을, 병에게 월 급여 200만원(12개월 지급), 기증받은 1,000만원 상당의 기계장치를 연구용으로 사용, 사무실 비품 등(생수 등 연 지출 90만원, 전화비 95만원, 휴대전화 70만원, 정기구독료 50만원, 수수료 60만원)을 지출한 경우 아래와 같이 적습니다.

①(대표)지급처명 (성명 / 상호)	②주민등록번호 (사업자등록번호)	③지출목적	④지급처 수	⑤지출액		
				⑥현금	⑦물품	⑧합계
AA빌딩	111-11-11111	임대료	1개	9,600,000		9,600,000
직원 갑 외 2	******-*******	인건비	3명	72,000,000		72,000,000
OO프로젝트		연구비	1개		10,000,000	10,000,000
사무실 운영비		소모품비	5개	3,650,000		3,650,000

3. 기부금품 지출명세서 (국외사업)

사업연도(과세기간) 중 동일한 목적으로 유사한 금액을 지출한 비용은 지출목적별로 작성할 수 있습니다. 다만, 연간 100만원 이상 개별 수혜자 및 수혜단체에 지출한 경우 개별 수혜자 및 수혜단체별로 작성해야 합니다. 불특정 다수에게 지급한 경우는 인적사항 대신 지출사유를 간략히 적습니다.

가. ①부터 ⑧까지란은 "2. 기부금품 지출명세서 (국내사업)"의 작성방법과 동일한 방법으로 작성합니다.

나. 내용이 많은 경우에는 별지로 작성합니다.

※ 작성예시 : A국가에 소재하는 B복지시설 외 49개 단체에게 사업연도 기간 동안 아동복지 목적으로 현금 각 40만원, 물품 각 40만원을 지급하고, B국가에 거주하는 외국인(해외동포 등)에게 장학금으로 100만원을 지급한 경우 아래와 같이 적습니다.

①(대표)지급처명 (성명 / 단체명)	②국가명	③지출목적	④수혜인원 (단체) 수	⑤지출액		
				⑥현금	⑦물품	⑧합계
B복지시설 외	A국가	아동복지	50개	20,000,000	20,000,000	40,000,000
홍길동	B국가	장학금	1명	1,000,000		1,000,000

210mm×297mm[백상지 80g/㎡]

■ 상속세 및 증여세법 시행규칙 [별지 제31호 서식 부표 4] 〈개정 2023. 3. 20.〉

출연받은 재산의 공익목적사용 현황

※ 뒤쪽의 작성방법을 읽고 작성해 주시기 바랍니다. (앞쪽)

1. 출연재산 공익목적사용 현황

(단위 : 원)

① 공익법인명		② 사업연도	

출연재산 명세				전기 사업연도까지 사용금액			해당 사업연도 사용금액			⑬ 미사용 금액 (⑥-⑦-⑩)	⑭ 미사용 사유 또는 사용계획
③ 출연받은 사업연도	출연재산			⑦ 합계 (⑧+⑨)	⑧ 직접 공익목적 사용금액	⑨ 수익사업 사용금액	⑩ 합계 (⑪+⑫)	⑪ 직접 공익목적 사용금액	⑫ 수익사업 사용금액		
	④ 코드	⑤ 종류	⑥ 가액								

2. 수익(사업)용 출연재산 공익목적 의무사용 현황

(단위 : 원)

수익용 또는 수익사업용으로 운용하는 재산			④ 의무사용 출연재산대상가액 [①-(②+③)]	⑤ 사용기준금액 (④×1%,3%)	⑥ 사용실적	⑦ 과부족액 (⑥-⑤)
① 총자산가액	② 부채가액	③ 당기순이익				

210mm×297mm[백상지 80g/㎡]

(뒤쪽)

작 성 방 법

1. 출연재산 공익목적사용 현황

가. 이 서식은 외부감사를 받는 공익법인등이 출연받은 재산의 공익목적사용 현황에 대하여 출연받은 사업연도부터 사용이 완료되는 사업연도까지 매년 작성합니다.

나. "③ 출연받은 사업연도"란은 출연일이 속하는 사업연도(예: 2023. 1. ~ 2023. 12.)를 적습니다.

다. "④ 코드", "⑤ 종류"란은 다음 분류에 따라 적습니다.

코 드	1	2	3	4	5	6	7	8	9	10
재산종류	현금	예금 · 적금	토지	건물	주식 · 출자지분	기계장치	의료장비	채권	차량운반구	기타

라. "⑥ 가액"은 출연당시의 시가로 적되, 시가를 산정하기 어려운 경우에는「상속세 및 증여세법」 제61조부터 제65조까지에 따른 평가가액을 적습니다.

마. "⑧, ⑪ 직접공익목적사용금액"란은 출연재산을 공익법인 등의 정관상 고유목적사업에 사용한 금액(다만, 직접 공익목적사업에 충당하기 위해 수익용 또는 수익사업용으로 운용하기 위하여 사용한 금액과 「상속세 및 증여세법 시행령」 제38조제2항 각 호의 금액은 제외합니다)을 적습니다.

바. "⑨, ⑫ 수익사업사용금액"란은 출연재산을 직접 공익목적사업에 충당하기 위하여 수익용 또는 수익사업용으로 운용하기 위하여 사용한 금액을 적습니다.

사. "⑬ 미사용금액"란은 출연재산을 해당 사업연도까지 직접공익목적사업 또는 수익사업에 사용하지 않은 금액을 적습니다.

아. "⑭ 미사용사유 또는 사용계획"란은 출연재산을 사용하지 못한 사유가 있는 경우 그 사유, 출연재산을 이후 사업연도에 사용할 예정인 경우 그 사용계획을 적습니다.
(예: 정관상 사용이 제한된 재산, 20xx년 전액 사용 예정)

2. 수익(사업)용 출연재산 공익목적 의무사용 현황

가. 이 란은 다음의 1)또는 2)에 해당하는 공익법인등이 매년 수익(사업)용 출연재산가액의 일정비율에 상당하는 금액을 직접 공익목적에 사용한 현황을 작성합니다.
   1) 총자산가액이 5억원 이상이거나 해당 사업연도 수입금액과 출연재산가액 합계액이 3억원 이상인 공익법인등
   2) 「상속세 및 증여세법」 제48조제13항에 따라 주식보유 관련 의무이행 신고를 하여야 하는 공익법인등

나. "①~④가액"란은 직접 공익목적사업에 사용하여야 할 과세기간 또는 사업연도의 직전 과세기간 또는 사업연도 종료일 현재 재무상태표 및 운영성과표를 기준으로 기재합니다. 다만, 재무상태표상 가액이 「상속세 및 증여세법」 제4장에 따라 평가한 가액의 100분의 70 이하인 경우에는 같은 법 제4장에 따라 평가한 가액을 적습니다.

다. "⑤사용기준금액"란은 ④의무사용 출연재산대상가액에 1%를 곱한 금액을 적습니다. 다만, 의결권 미행사를 정관에 규정한 자선 · 장학 · 사회복지 목적 공익법인(「상속세 및 증여세법」 제16조제2항제2호가목)이 의결권 있는 주식을 발행주식총수 등의 100분의 10을 초과하여 보유하는 경우에는 3%를 곱한 금액을 적습니다.

라. "⑥사용실적"란은 직접 공익목적사업(「소득세법」에 따라 과세대상이 되거나 「법인세법」에 따라 법인세 과세대상이 되는 사업은 제외)에 사용한 금액을 적습니다.

210mm×297mm[백상지 80g/㎡]

02 출연재산 매각대금을 직접 공익목적사업에 사용

1 개 요

공익법인이 출연받은 재산을 매각하는 경우에는 매각대금도 공익법인이 출연받은 다른 출연재산과 동일하게 공익사업을 수행하는 재원이므로 이를 장기간 방치하는 것은 조세지원 취지에 맞지 않는바 그 매각대금을 공익목적사업에 사용하여야 하며, 매각한 날이 속하는 과세기간 또는 사업연도의 종료일부터 1년 이내 매각대금의 30%, 2년 이내 60%, 3년 이내 90% 이상을 직접 공익목적사업에 사용하여야 한다.

기한 내 직접 공익목적에 사용하지 않을 경우 증여세 또는 가산세를 부과한다(상증법 §48 ② 4호 · 5호, 상증령 §38 ④ · ⑦).

2 출연재산 매각대금의 범위와 금액

(1) 출연재산 매각대금

'출연받은 재산의 매각으로 증가한 재산을 포함한 총매각대금에서 자산매각에 따라 부담하는 국세 · 지방세를 차감한 것'을 말한다.

출연재산 매각대금＝총매각대금－국세 · 지방세

(2) 매각대금 중 직접 공익목적사업에 사용하는 금액 기준

직접 공익목적사업에 사용한 실적에는 직접 공익목적사업용, 수익용 또는 수익사업용 재산(운용기간이 6개월 미만인 재산은 제외)을 취득하는 경우를 포함한다.

다만, 2019.2.12. 이후 공시대상기업집단 소속 공익법인 등이 출연받은 재산의 매각대금으로 해당 기업집단에 속하는 법인의 의결권 있는 주식 등을 취득한 경우는 실적에서 제외된다.

3 증여세 및 가산세

출연받은 재산을 매각하고 그 매각대금을 직접 공익목적사업 외에 사용하거나, 매각대금의 90%에 미달하게 사용한 경우 증여세가 과세(상증법 §48 ② 3호, 상증령 §38 · §40 ①)되고, 재산 매각 후 1년 이내 매각대금의 30%, 2년 이내 60%에 미달하게 사용한 경우 가산세가 부과된다(상증법 §48 ② 5호, 상증령 §38 ④ · ⑦).

▶ 매각대금 사용기준 ◀

사용기간	의무사용비율	미달사용 시
1년 이내	30%	가산세(미달사용액의 10%)
2년 이내	60%	가산세(미달사용액의 10%)
3년 이내	90%	증여세(미달사용액)
고유목적사업 외 사용		증여세

증여세 또는 가산세가 부과되는 사유와 계산방법은 아래와 같다.

구 분	사유 및 과세가액
증여세	① 매각대금을 직접 공익목적사업 외에 사용 ② 과세기간 또는 사업연도 종료일로부터 3년 이내에 매각대금의 90%에 미달하게 사용한 경우 증여세 과세가액 = ⓐ + ⓑ ⓐ 매각대금의 사용기준금액 × $\frac{\text{공익목적 외 사용금액}}{\text{매각대금}}$ ⓑ 사용기준금액 미달사용분(90% 미달) * **매각대금** : 총매각대금 − 국세 및 지방세 ** **사용기준금액** : 매각대금의 90%
가산세	매각대금을 1년 이내 30%, 2년 이내 60% 미달하게 사용한 경우 가산세 = 사용기준액 미달사용액* × 10% * **미달사용액** = 사용기준금액(매각대금의 30%, 60%) − 공익목적사업 사용 실적

4 증여세 및 가산세 과세 예외(상증령 §38 ① · ⑨)

출연재산 매각대금을 공익목적사업에 사용할 수 없는 다음의 경우에는 증여세 부과대상에서 제외한다.

(1) 공익목적사업에 사용할 수 없는 경우(상증령 §38 ⑨)

출연받은 재산 매각대금 중 일부가 다음의 어느 하나에 해당하는 사유로 인하여 직접 공익목적사업에 사용할 수 없거나 국가 등에 귀속시킬 수 없는 경우에는 해당 금액을 출연받은 재산 등의 출연재산매각대금 가액에서 차감한다.

① 공익법인 등의 이사 또는 사용인의 불법행위로 인하여 출연받은 재산 매각대금이 감소된 경우(다만, 출연자 및 그 특수관계자의 불법행위로 인한 경우를 제외한다)

② 출연받은 재산 매각대금을 분실하거나 도난당한 경우

PART 3 상증법상 혜택과 사후관리

관련 예규 · 판례

1 소각목적의 자기주식 취득 시 발생하는 의제배당이 사후관리대상 매각대금 또는 운용소득 어디에 포함되는지(서면-2024-상속증여-2896, 2025.2.26.)

「상속세 및 증여세법」 제48조 제2항을 적용할 때 공익법인이 출연받은 주식을 그 주식발행법인의 자기주식 소각을 위한 자사주 매입에 응하여 주식발행 법인에 이전하고 그 주식의 소멸대가로 받은 금전은 같은 항 제4호의 매각대금에 해당하는 것임

2 구 「상속세 및 증여세법」 제48조 제2항 제4호의 '출연받은 재산의 매각대금'은 '당해 재산의 매각대금'만을 의미함(대법원2021두54293, 2024.9.13.)

구 「상속세 및 증여세법」 제48조 제2항 제4호의 '출연받은 재산의 매각대금'은 '출연받은 당해 재산의 매각대금'만을 의미한다고 보아야 하고, 그 문언과 달리 '출연받은 재산으로 취득한 재산의 매각대금'이나 '출연받은 재산의 매각대금으로 취득한 재산의 매각대금', '출연받은 재산의 운용소득으로 취득한 재산의 매각대금' 등까지 포함된다고 해석할 수는 없음

3 공익법인 등의 출연재산 직접 공익목적사업비 의무사용 적용 방법

(공익중소법인지원팀-76, 2022.1.26.)

공익법인 등이 「상속세 및 증여세법」 제48조 제2항 제5호에 따른 운용소득 사용기준금액과 같은 법 제48조 제2항 제7호의 출연재산가액 사용기준금액을 직접 공익목적사업에 사

용해야 할 경우 각각 별도로 기준을 충족하면 되는 것이며, 사용기준금액을 합산한 가액 이상으로 지출해야 하는 것은 아님

4 출연재산 매각대금 사후관리 위반 여부

(서면 - 2021 - 법인 - 3220 [공익중소법인지원팀 - 319], 2021.6.25.)

공익법인이 출연받은 재산을 매각하여 그 매각대금으로 구 「상속세 및 증여세법」(2010.1.1. 법률 제9916호로 개정되기 전의 것) 제48조 제2항 제2호 및 제3항에 따른 증여세, 같은 법 제78조 제7항에 따른 가산세, 「법인세법」 제52조에 따른 법인세를 납부하거나 해당 증여세 등을 납부하기 위한 차입금 상환에 사용하는 경우, 해당 매각대금은 「상속세 및 증여세법」 제48조 제2항 제4호 및 제5호에 따른 사후관리대상 매각대금에서 제외하므로 증여세 또는 가산세가 재차 부과되지 않는 것임

5 출연재산 매각대금 사후관리 규정이 적용되는지 여부

(서면 - 2019 - 법인 - 0257 [법인세과 - 3127], 2020.8.28.)

공익법인 등이 출연받은 재산 중 출연받은 날부터 3년 이내 공익목적사업에 사용하지 아니한 출연재산에 대하여 「국세기본법」에 의한 부과제척기간이 만료되어 증여세가 부과되지 아니한 경우 그 출연재산의 매각대금에 대하여는 사후관리 규정이 적용되는 것임

6 매각대금의 10%가 사후관리대상에서 제외되는지 여부

(법령해석과 - 527 [법령해석과 - 527], 2016.2.23.)

공익법인에 대한 출연받은 재산의 매각대금 사후관리 시 매각대금의 10%를 사후관리대상에서 제외하는 것이며, 공익법인이 출연받은 재산을 매각하여 「상속세 및 증여세법」 제48조 제2항 제4호 및 제5호를 적용하는 경우 매각대금은 매각대금 총액(매각대금에 의하여 증가된 재산을 포함하고 해당 자산 매각에 따라 부담하는 국세 및 지방세를 제외한 가액임)으로 계산하는 것임

7 출연재산 매각대금으로 수익용 재산 취득 시 증여세 부과 여부

(서면 - 2016 - 상속증여 - 3408 [상속증여세과 - 00383], 2016.4.7.)

공익법인 등이 출연받은 재산 등의 매각대금으로 정관상 고유목적사업의 수행에 직접 사용하는 재산을 취득하거나 운용기간 6월 이상인 수익용 또는 수익사업용 재산의 취득 및 운용에 사용하는 경우는 직접 공익목적사업에 사용한 것임

8 출연재산 매각대금의 직접 공익목적 사용 여부(재산세과 - 1134, 2009.6.9.)

직접 공익목적사업에 사용하는 것은 당해 공익법인의 정관상 고유목적사업에 사용하는 것으로, 매각대금을 직접 공익목적사업에 효율적으로 사용하기 위하여 주무관청의 허가를 받아 다른 공익법인 등에게 출연하는 것을 포함하는 것임

9 공익법인 등 출연재산 매각대금의 사후관리(서면인터넷방문상담4팀 - 889, 2006.4.10.)

공익법인이 출연받은 재산을 매각한 날은 양도시기로 하는 것이 타당하며, 직접 공익목적에 사용한 실적에는 매각한 날이 속하는 사업연도 이전에 계약금과 중도금 등을 받아 직접 공익목적에 사용한 금액을 포함하는 것임

5 계산사례[3)]

사례

1 甲공익법인은 출연받은 재산을 10,000,000원에 매각하고, 국세 등으로 1,000,000원을 지출하였다. 출연재산 매각대금은 다음과 같이 지출하였을 때 증여세 과세가액을 계산하시오.

목적사업 여부	지 출 내 용	금 액
고유목적사업 (3년 내 사용분)	고유목적사업용 부동산	2,000,000
	수익사업용 부동산	2,000,000
	고유목적사업비 사용	1,000,000
	계	5,000,000
고유목적사업 외		2,000,000

해설

증여세 과세가액＝ⓐ＋ⓑ

ⓐ 매각대금의 사용기준금액 $\times \frac{\text{공익목적 외 사용금액}}{\text{매각대금}}$

ⓑ 사용기준금액 미달사용분(90% 미달)

* **매각대금** : 총매각대금－국세 및 지방세

** **사용기준금액** : 매각대금의 90%

• 증여세 과세가액 : ⓐ＋ⓑ＝4,900,000

ⓐ $8,100,000 \times \frac{2,000,000}{9,000,000} = 1,800,000$

ⓑ 8,100,000－5,000,00＝3,100,000 (5,000,00: 고유목적사업)

* **매각대금** : 10,000,000－1,000,000＝9,000,000

** **사용기준금액** : (10,000,000－1,000,000)×90%＝8,100,000

3) 공익법인 세무안내, 국세청, 2025, 139쪽

사례

2 乙장학재단법인은 출연받은 재산을 500,000,000원에 매각하고, 국세 등으로 20,000,000원을 지출하였다. 출연재산 매각대금을 다음과 같이 연도별로 지출하였을 때 증여세 및 가산세를 계산하시오.

연 도	내 용	금 액	누적사용비율	비 고
2021년 4월 5일	매각대금	500,000,000		
2021년	장학금 지급	100,000,000		
2022년	1년 만기 정기예금	60,000,000	33.33%	1년 내
2023년	장학금 지급	80,000,000	50.0%	2년 내
	고유목적사업 外	30,000,000		
2024년	장학재단 사무실 사용 건물	150,000,000	81.25%	3년 내

해설

연 도	고유목적사업비 사용기준액 충족 여부	증여세 / 가산세
2022년	33.33% > 30%, 충족	1차년도 – 가산세 ×
2023년	50.0% < 60%, 미충족	2차년도 – 가산세 ○ 480,000,000×(60%–50%)×10%=4,800,000 (사용기준 미달금액)
2023년	고유목적사업 외 사용	증여세 과세 → 증여세 과세가액×10% →[(4.8억*90%]*3천만원/4.8억원]*10%=2,700,000원
2024년	81.25% < 90%, 미충족	증여세 과세 → 증여세 과세가액×10% →4.8억*(90%–81.25%)*10%=4,200,000원

▶ 부동산 매각에 따른 처리요약(처분시점의 부동산 사용 현황에 따른 구분)[4] ◀

*〈분석〉

① 출연재산은 3년 이내 직접 공익목적사업에 사용되어야 함

② 출연재산을 3년 이내 직접 공익목적사업에 사용(수익사업용 또는 수익용 재산으로 사용되는 것 포함)하다가 매각한 경우 매각대금은 3년 이내 직접 공익목적사업에 사용되어야 함

③ 출연재산을 직접 공익목적사업에 사용하지 않다가 매각한 경우에도 매각대금은 3년 이내 직접 공익목적사업에 사용되어야 함

4) 공익법인 세무안내, 국세청, 2025, 140쪽

6 관련 서식

• 출연재산 매각대금 사용명세서(별지 제25호의 3 서식)

■ 상속세 및 증여세법 시행규칙[별지 제25호의 3서식] 〈개정 2025. 3. 21.〉

출연재산 매각대금 사용명세서

※ 뒤쪽의 작성방법을 읽고 작성하여 주시기 바랍니다. (3쪽 중 제1쪽)

공익법인명		사업연도	

1. 출연재산 매각대금의 해당 사업연도 사용실적

① 매각 연월일	매각재산					⑥ 사용 기준금액 [⑤ × 30 (60, 90) /100]	사용명세		⑨ 미사용 금액 (⑥-⑦-⑧)
	②종류		③ 소재지	④ 수량	⑤ 매각 금액		⑦ 직전 사업 연도까지의 사용금액	⑧ 해당 사업연도 사용금액	
	코드	과목명							
⑩합계									

2. 출연재산 매각대금의 해당 사업연도 지출 명세서

가. 수혜자(수혜단체)에게 지출

(단위: 원)

①(대표)지급처명 (성명 / 단체명)	②주민등록번호 (사업자등록번호)	③지출목적	④수혜인원 (단체) 수	⑤지출액		
				⑥현금	⑦물품	⑧합계
			명/개			
			명/개			
⑨ 합 계						

나. 자산 취득에 지출

(단위: 원)

①(대표)지급처명 (성명 / 상호)	②주민등록번호 (사업자등록번호)	③지출목적	④지급처 수	⑤지출액		
				⑥현금	⑦물품	⑧합계
			개			
			개			
⑨ 합 계						

다. 운영경비에 지출

(단위: 원)

①(대표)지급처명 (성명 / 상호)	②주민등록번호 (사업자등록번호)	③지출목적	④지급처 수	⑤지출액		
				⑥현금	⑦물품	⑧합계
			개			
			개			
⑨ 합 계						

210mm×297mm[백상지 80g/㎡ 또는 중질지 80g/㎡]

작성방법

이 서식은 사업연도(과세기간) 개시일부터 소급하여 3년 이내에 재산을 매각한 경우로서 매각금액을 직접 공익목적사업에 사용한 실적을 매각일이 속하는 사업연도(과세기간) 이후 3년 동안 매년 작성하여 제출합니다.
다만, 직전 사업연도 종료일 이전에 출연재산을 매각하여 그 매각대금의 사용을 완료한 경우에는 작성하지 않습니다.

1. 출연재산 매각대금의 해당 사업연도 사용실적

가. "②종류"란: 매각한 재산의 종류를 다음 분류에 따라 선택하여 코드와 과목명을 적습니다.

코드	1	2	3	4	5	6	7	8	9	10
과목명	현금	예 · 적금	토지	건물	주식 · 출자지분	기계 장치	의료 장비	채권	차량 운반구	기타

나. "③소재지"란: 부동산의 경우에는 소재지를 적고, 주식 및 유가증권 등의 경우에는 발행회사를 적으며, 그 밖의 경우에는 적지 않습니다.

다. "④수량"란: 부동산은 "㎡"단위로, 주식은 "주"단위로, 현물출연은 현물의 수량을 나타내는 기본단위(예: 기계장치의 경우 "대")로 적습니다.
 예1) 토지 1,000㎡의 경우 ⇨ 1,000 입력
 예2) 주식 500주의 경우 ⇨ 500 입력
 예3) 기계장치 30대의 경우 ⇨ 30 입력

라. "⑤매각금액"란: 매각금액총액에서 매각에 따른 국세 및 지방세를 뺀 금액을 적습니다.

마. "⑥사용기준금액"란: 매각한 날이 속하는 과세기간 또는 사업연도의 경과연수에 따라 ⑤매각금액에 기준율(30/100, 60/100, 90/100)을 곱하여 적습니다.
 예) 매각연월일이 'X1년 4월이고 12월말 결산 법인인 경우
  1차연도('X2년 12월말) : 매각금액에 30/100을 곱하여 산출한 금액
  2차연도('X3년 12월말) : 매각금액에 60/100을 곱하여 산출한 금액
  3차연도('X4년 12월말) : 매각금액에 90/100을 곱하여 산출한 금액

바. "⑧해당 사업연도 사용금액"란: 해당 사업연도에 직접 공익목적사업에 사용한 금액을 적습니다.

사. "⑨미사용금액"란: 음수(-)인 경우에는 "0"으로 적습니다.

2. 출연재산 매각대금의 해당 사업연도 지출 명세서

가. 수혜자(수혜단체)에게 지출하는 경우

1) "①(대표)지급처명(성명/단체명)"란: 사업연도기간 동안 수혜 받은 금액이 100만원 이상인 수혜자와 수혜단체의 경우 개별 수혜자(수혜단체)의 성명(수혜단체명)을 적고, 연간 수혜 받은 금액이 100만원 미만인 수혜자와 수혜단체의 경우 지출금액이 가장 큰 대표적인 수혜자의 성명(수혜단체명)을 적고 지출목적별로 합산하여 작성할 수 있습니다.

2) "③지출목적"란: 해당 사업연도에 기부금을 지출한 목적을 다음 예시와 같이 작성합니다.
 예) ①미래인재개발 장학금, ②사회취약계층 자녀돌봄 및 학업지원, ③노인요양시설 의료지원 및 의약품 제공

3) "④수혜인원(단체) 수"란: 지급된 지원금을 수혜 받은 인원 또는 단체 수를 적되, 불특정 다수에게 지급한 경우에는 인적사항 대신 지출사유를 간략히 적고, 수혜인원 추정근거를 적습니다.

4) "⑤지출액"란: 사업연도 기간 동안 수혜자(수혜단체)에 지출한 금액을 현금지급과 물품지급으로 구분하여 적습니다.

※ 작성예시1) 홍길동 외 100명에게 사업연도 기간 동안 개인별로 10만원씩 장학금이 지급되고, A복지시설에 노인복지를 위해 물품으로 200만원을 지원한 경우 아래와 같이 적습니다(국외의 내국인에게 지급한 장학금 등 포함).

①(대표)지급처명 (성명 / 단체명)	②주민등록번호 (사업자등록번호)	③지출목적	④수혜인원 (단체) 수	⑤지출액		
				⑥현금	⑦물품	⑧합계
홍길동 외	ssssss-sssssss	미래인재개발 장학사업	101명	10,100,000		10,100,000
A복지시설	111-11-11111	노인요양시설 의료지원	1개		2,000,000	2,000,000

작성예시2) 어린이날 불특정 다수의 어린이에게 체험행사를 진행하거나 연간 무료급식을 제공하고 그 수혜자 수를 추정하여 기재하는 경우 아래와 같이 적습니다.(사례: 시간당 입장객수와 행사시간, 1일 급식인원 등을 감안하여 수혜인원 추정수를 계산)

①(대표)지급처명 (성명 / 단체명)	②주민등록번호 (사업자등록번호)	③지출목적	④수혜인원 (단체) 수	⑤지출액		
				⑥현금	⑦물품	⑧합계
어린이날 체험행사 300명(시간당 입장객 수)×8시간(행사시간)		어린이날 무료 직업 체험행사	2,400명	20,000,000	10,000,000	30,000,000
무료급식 제공 200인(1일) ×365(1년)		사회취약계층 무료급식	73,000명	150,000,000		150,000,000

210mm×297mm[백상지 80g/㎡ 또는 중질지 80g/㎡]

03 출연재산 운용소득을 직접 공익목적에 사용

1 개 요

공익법인 등이 출연받은 재산을 원상태로 직접 공익목적사업에 사용할 수 있지만, 그 재산을 수익용 또는 수익사업용으로 사용하여 얻은 소득을 직접 공익목적사업에 사용할 수도 있다. 이와 같은 사용으로 발생한 소득을 운용소득이라 하며, 운용소득은 고유목적사업에 지출해야 하는데(1년 이내에 80% 이상), 미달하게 사용하면 가산세가 부과된다(상증법 §48 ② 3호 · 5호).

2 출연재산 운용소득의 범위와 금액

'출연재산 운용소득'이란 출연재산을 해당 과세기간 또는 사업연도의 수익용 또는 수익사업용(법인법 §4 ③)으로 사용하여 발생한 소득금액(「법인세법」 제29조 제1항에 따른 고유목적사업준비금과 해당 과세기간 또는 사업연도 중 고유목적사업비로 지출된 금액으로서 손금에 산입된 금액을 포함하며, 출연재산 매각금액 등은 제외)을 말한다.

관련법령 「법인세법」에서 규정하는 수익사업(법인법 §4 ③)

1. 제조업, 건설업, 도매 및 소매업 등 「통계법」 제22조에 따라 통계청장이 작성 · 고시하는 한국표준산업분류에 따른 사업으로서 대통령령으로 정하는 것
2. 「소득세법」 제16조 제1항에 따른 이자소득
3. 「소득세법」 제17조 제1항에 따른 배당소득
4. 주식 · 신주인수권 또는 출자지분의 양도로 인한 수입
5. 유형자산 및 무형자산의 처분으로 인한 수입. 다만, 고유목적사업에 직접 사용하는 자산의 처분으로 인한 대통령령으로 정하는 수입은 제외한다.
6. 「소득세법」 제94조 제1항 제2호 및 제4호에 따른 자산의 양도로 인한 수입
7. 그 밖에 대가(對價)를 얻는 계속적 행위로 인한 수입으로서 대통령령으로 정하는 것

(1) 직접 공익목적사업 사용기준금액(상증령 §38 ⑤)[5)]

운용소득의 사용기준은 운용소득의 80%(2021년 이전 70%)에 상당하는 금액을 말하며 운용소득의 사용은 그 소득이 발생한 과세기간 또는 사업연도 종료일부터 1년 이내에 직접 공익목적사업에 사용한 실적을 말한다(해당 과세기간 또는 사업연도 중 고유목적사업비로 지출된 금액으로서 손금에 산입된 금액을 포함한다).

사용기준금액=(Ⓐ－Ⓑ+Ⓒ)×80%

Ⓐ 해당 사업연도의 수익사업에서 발생한 소득금액 등
=해당 사업연도의 수익사업에서 발생한 소득금액
(+) 고유목적사업준비금과 해당연도 고유목적사업비로 지출된 금액으로 손금산입된 금액
(+) 출연재산을 수익의 원천에 사용함으로써 생긴 소득금액
(분리과세를 선택한 이자소득도 운용소득에 포함됨)
(－) 출연재산과 관련이 없는 수익사업에서 발생한 소득금액
(－)「상속세 및 증여세법」 제48조 제2항 제4호에 따른 출연재산 매각금액
(－) 공익법인이 보유한 주식을 발행한 법인의 합병 · 분할에 따른 의제배당액(합병 · 분할대가 중 주식으로 받은 부분으로 한정함)으로서 해당 사업연도 소득금액에 포함된 금액
Ⓑ 해당 소득에 대한 법인세(소득세) · 농어촌특별세 · 주민세 및 이월결손금
Ⓒ 직전연도 운용소득 미달사용금액－미달금액에 대한 가산세

운용소득의 80%(2021년 이전 70%)에 상당하는 금액을 1년 이내에 고유목적사업에 사용하지 않으면 미달사용금액의 10%를 가산세로 내야 한다.

그러나 목적사업에의 지출이 어느 연도에는 기준금액보다 많을 수도 있고 반대로 적을 수도 있으므로 기준금액과 사용실적을 5개 사업연도 평균으로 계산할 수 있다.

다만, 사업개시 후 5년이 경과하지 않은 공익법인은 사업개시 후 5년이 경과한 후부터 적용할 수 있다.

5) 공익법인 세무안내, 국세청, 2025, 144쪽

▶ 사용기준 적정 여부 판단[6] ◀

	2018년	2019년	2020년	2021	2022 (당해연도)	5년 평균
① 운용소득 (전년소득)	100	120	100	50	80	90
② 기준금액 (①×80) 21년 이전 70%	70	84	70	35	64	64.6
③ 사용실적	100	120	70	40	50	76
④ 판단	적정	적정	적정	적정	미달	적정

2022 당해 사업연도 기준	2022부터 5년간 평균 기준
기준금액(64) > 사용실적(50) → 기준미달	기준금액(64.6) < 사용실적(76) → 적정

☞ 결론 : 2022년의 운용소득 사용의무 충족(∴ 세법상 사용의무 위반 아님)

관련법령 수익사업용 재산의 운용소득 중 직접 공익목적사업에 사용하는 금액 기준(상증통칙 48-38…4)

① 사업용고정자산이나 기타 수익의 원천이 되는 재산을 처분하거나 평가함으로써 생긴 소득은 법 제48조 제2항 제3호에 따른 출연받은 재산의 운용소득에 포함하지 아니한다.

② 법 제48조 제2항 제5호 및 영 제38조 제6항을 적용할 때 직접 공익목적사업에 사용한 실적은 수익사업용 또는 수익용으로 사용하는 출연재산의 운용소득을 재원으로 하여 직접 공익목적사업에 사용한 금액의 합계액을 말한다.

③ 법 제48조 제2항을 적용할 때 직접 공익목적사업에 사용한 금액이 재원별로 구분할 수 있는 경우에는 실제구분에 의하고 구분할 수 없는 경우에는 출연재산 운용소득, 출연재산 매각금액, 출연받은 재산, 기타 재산의 순서대로 사용한 것으로 본다.

참고 공익법인 등이 운용소득으로 수익용재산을 취득한 금액은 직접 공익목적사업 사용금액에 포함하지 아니한다(상증통칙 48-38…3 ②).

6) 공익법인 세무안내, 국세청, 2025, 145쪽

3 증여세(상증법 §48 ② 3호, 상증령 §38 · §40 ①) 및 가산세(상증법 §48 ② 5호, 상증령 §38)

증여세 또는 가산세가 부과되는 사유와 계산방법은 아래와 같다.

<table>
<tr><th>구 분</th><th>사유 및 과세가액</th></tr>
<tr><td>증여세</td><td>운용소득을 직접 공익목적사업 외에 사용한 경우

$$증여세\ 과세가액 = 출연재산\ 평가액^{*} \times \frac{공익목적\ 외\ 사용금액}{운용소득금액}$$

* 출연재산 평가액 : 재무상태표상 출연재산가액으로 직접 공익목적에 사용한 분은 제외한다. 그리고 운용소득을 사용하여야 할 과세기간 또는 사업연도의 직전 과세기간 또는 사업연도 말 현재 수익용이나 수익사업용으로 운용하는 출연재산에 대한 재무상태표상 가액을 말한다. 다만, 그 가액이 상증법 제4장에 따라 평가한 가액의 100분의 70 이하인 경우에는 법 제4장에 따라 평가한 가액으로 한다. 이 경우 출연재산 중 공익법인등이 1년 이상 보유한 주식(직전사업연도 말 기준)등의 평가가액은 그 액면가액으로 한다.</td></tr>
<tr><td>가산세</td><td>운용소득을 사용기준금액*에 미달하게 사용한 경우
* 사용기준금액 : 2022.1.1. 전 개시하는 사업연도까지는 운용소득의 70%(성실공익법인 80%)

$$가산세 = 사용기준액\ 미달\ 실적^{**} \times 10\%$$

** 미달사용액 = 사용기준금액(운용소득의 80%) − 공익목적사업 사용 실적</td></tr>
</table>

4 증여세 및 가산세 과세 예외(상증령 §38 ① · ⑨)

출연재산 매각대금을 공익목적사업에 사용할 수 없는 다음의 경우에는 증여세 부과대상에서 제외한다.

(1) 공익목적사업에 사용할 수 없는 경우(상증령 §38 ⑨)

출연받은 운용소득 중 일부가 다음의 어느 하나에 해당하는 사유로 인하여 직접 공익목적사업에 사용할 수 없거나 국가 등에 귀속시킬 수 없는 경우에는 해당 금액을 출연받은 운영소득에서 차감한다.

① 공익법인 등의 이사 또는 사용인의 불법행위로 인하여 출연받은 운영소득이 감소된 경우(다만, 출연자 및 그 특수관계자의 불법행위로 인한 경우를 제외한다)

② 출연받은 운영소득을 분실하거나 도난당한 경우

관련 예규 · 판례

1 출연받은 주식으로 인해 취득한 신주인수원의 처분이익이 출연재산 운용소득에 포함되는지

(서면-2024-법규법인-2617, 2025.3.31.)

「상속세 및 증여세법」 제16조 제1항에 따른 공익법인등이 출연받은 내국법인 주식의 신주인수권을 「상법」 제420조의 3에 따라 양도함으로써 발생한 수입은 「상속세 및 증여세법 시행령」 제38조 제5항 각 호 외의 부분 전단의 "운용소득"에는 해당하지 않는 것임.

2 토지를 보유하는 것이 '직접 공익목적사업 등에 사용'하는 경우에 해당한다고 보기 어려움

(대법원2024두43539, 2024.8.29.)

원고가 주장하는 사유는 이 사건 각 토지를 출연받을 당시부터 존재하던 것으로 원고도 이를 알았거나 알 수 있는 상황에서 위 각 토지를 출연받은 것이라고 봄이 상당하므로, 이 사건 각 토지를 직접 공익목적사업 등에 사용하지 못한 데에 원고에게 책임을 돌리기 어려운 부득이한 사정이 있다고 볼 수는 없음

3 운용소득 사용기준금액을 5년 평균금액으로 계산하는 경우 법령 개정 전 사업연도에 적용될 의무사용비율(서면 - 2022 - 법인 - 3223 [공익중소법인지원팀 - 886], 2022.9.27.)

공익법인이 「상속세 및 증여세법」 제48조 제2항 제5호 및 같은 법 시행령 제38조 제5항과 제6항에 따른 운용소득 사용기준금액을 5년간의 평균금액으로 계산할 경우, 2021.12.31. 이전 사업연도까지는 70%의 의무사용비율을 적용하여야 하고 2022.1.1. 이후 개시하는 사업연도 분부터는 80%의 의무사용비율을 적용하여 계산하는 것임

4 공익법인이 출연받은 현금을 예금 등 수익용으로 운용하여 생긴 소득을 다시 수익용으로 운용 시, 운용소득 산정방법(사전 - 2020 - 법령해석법인 - 1112 [법령해석과 - 667], 2021.2.26.)

공익법인이 출연받은 현금을 정기예금하여 발생한 이자소득은 「상속세 및 증여세법 시행령」 제38조 제5항에 따른 운용소득에 해당하는 것이나, 해당 이자소득을 다시 정기예금에 불입하여 발생한 이자소득은 운용소득에 해당하지 않음

5 운용소득 사용기준액 계산 시, 고유목적사업준비금 환입액 포함 여부

(서면 - 2020 - 법인 - 0512 [법인세과 - 1395], 2020.4.20.)

공익법인이 출연받은 재산의 운용소득 사용기준액을 계산할 때, 고유목적사업준비금 환입액을 포함하여야 하는지 여부

6 의료법인의 운용소득을 주무관청 허가 없이 다른 공익법인 등에게 재출연한 경우 과세방법
(서면 - 2014 - 법령해석재산 - 19681 [법령해석과 - 2211], 2015.9.9.)

의료법인이 출연받은 재산을 의료업에 운용한 경우로서 그 운용소득을 직접 공익목적사업에 사용하지 않아 증여세를 과세하는 경우 「상속세 및 증여세법 시행령」 제40조 제1항 제2의 2호 계산식에서 '출연재산(직접 공익목적사업에 사용한 분을 제외한다)의 평가가액'은 출연받은 재산 중 의료업에 운용한 출연재산의 평가가액을 말하는 것임

7 공익법인이 출연재산 운용소득으로 고유목적사업용 건물을 취득하는 경우 직접 공익목적사업에 사용에 포함 여부(상속증여세과 - 607, 2013.11.8.)

수익용 또는 수익사업용 재산에서 발생한 운용소득으로 정관상의 고유목적사업의 수행에 직접 사용하는 재산을 취득하는 경우에는 운용소득을 직접 공익목적사업에 사용한 것으로 보는 것임

8 예금으로 적립하거나 임대보증금 반환에 사용한 금액의 사용실적 포함 여부
(재산세과-174, 2010.3.19.)

출연받은 부동산 임대소득금액을 예금으로 적립하거나 임대보증금의 반환에 사용한 금액은 직접 공익목적사업 외에 사용한 것으로 보지 않으나, 운용소득의 직접 공익목적사업의 사용한 금액에는 포함되지 않음

9 출연재산의 운용소득 사용기준 등(상증, 서면인터넷방문상담4팀 - 376, 2007.1.29.)

공익법인이 운용소득이 발생한 사업연도 종료일로부터 1년 이내에 직접 공익목적사업에 사용한 실적이 100분의 70에 상당하는 금액에 미달하는 경우에 가산세가 부과되는 것임

10 현금배당액과 주식배당액의 운용소득 해당 여부(재재산46014-40, 2002.2.15.)

공익법인이 비상장법인으로부터 현금배당과 주식배당을 받은 경우 법인세법 제18조의 3의 규정(수입배당금 익금불산입)에 의한 익금불산입 금액에 관계없이 현금배당액과 주식배당액 전액을 운용소득으로 보는 것임

11 출연재산운용소득 등 계산 시 직전 2개 사업연도가 없는 경우 출연재산 평가방법
(재삼 46014 - 523, 1995.3.4.)

출연재산운용소득 및 직접 공익목적사업에 사용하는 금액 등은 각각 당해 사업연도의 직전 2개 사업연도와의 3년간의 평균금액을 기준으로 계산할 수 있으므로 직전 2개 사업연도가 없는 경우에는 위 규정을 적용할 수 없는 것임

5 계산사례

사례 미달사용 시 가산세[7)]

100억원 상당의 수익용재산으로 10억원의 운용소득을 획득하여 운용소득의 사용기준금액 8억원 중 5억원만을 직접 공익목적에 사용하고, 나머지 3억원은 미사용한 경우 가산세를 계산하면?

해설

미달사용액의 10%를 가산세로 부과한다.

300,000,000 × 10% = 30,000,000
(미달사용액) (가산세율)

사례 운용소득 사용의무 위반 가산세[8)]

2006년에 설립한 甲공익법인(12월 말 법인)의 매년 운용소득, 공익사업 사용실적이 다음과 같은 경우 2021년 운용소득 사용의무기준 위반 여부와 2021년에 발생한 운용소득이 90(이월금액 제외)인 경우 2022년 사용의무 기준금액은?

	2017년	2018년	2019년	2020년	2021년 (당해연도)	5년 평균	2022년
① 운용소득 (전년소득)	100	120	100	50	80	90	90
② 기준금액 (①×80% 2021년 70%)	70	84	70	35	56	63	?
③ 사용실적	80	85	70	40	20	59	
④ 판단	적정	적정	적정	적정	미달		

해설

1. 2021년 사용의무 위반 여부 검토

당해 사업연도 기준	5년간 평균 기준
기준금액(56) > 사용실적(20) → 기준미달	기준금액(63) < 사용실적(59) → 기준미달
결론 : 기준미달사용액 → 63－59＝4	

7) 공익법인 세무안내, 국세청, 2025, 147쪽

8) 공익법인 세무안내, 국세청, 2025, 148쪽

2. 2021년 가산세액

미달사용액 $4 \times 10\% = 0.4$

3. 2022년 사용의무 기준금액

2021년 미달사용액을 포함하여 기준금액을 계산한다.

당해 사업연도 기준	5년간 평균 기준
$(90 + \underline{3.6}) \times 80\% = 74.9$ * 2021년 미달사용액 = 4 − 0.4(가산세)	$\frac{84 + 70 + 35 + 56 + 74.9}{5} = 64$

6 관련 서식

① 출연재산 · 운용소득 · 매각대금의 사용계획 및 진도내역서(별지 제24호 서식)

② 운용소득사용명세서(별지 제25호의 4 서식)

■ 상속세 및 증여세법 시행규칙 [별지 제24호 서식] 〈개정 2024. 3. 22.〉

출연재산 · 운용소득 · 매각대금의 사용계획 및 진도내역서

※ 뒤쪽의 작성방법을 읽고 작성하여 주시기 바랍니다. (앞쪽)

①공익법인명		②사업연도	

사용계획								⑨ 의무사용 기준금액	사용금액			⑬ 기준미달 사용금액 (⑨-⑫)
구분	③출연(운용소득 발생, 매각) 사업연도	④재산종류		⑤ 용도	기간		⑧금액		⑩ 직전 연도 까지의 사용금액	⑪ 해당 연도 사용금액	⑫ 계 (⑩+⑪)	
		분류 코드	과목명		⑥ 사용 시작일	⑦ 사용 종료일						
출연재산												
운용소득												
매각대금												

364㎜×257㎜(백상지 80g/㎡(재활용품))

(뒤쪽)

작성방법

1. 이 서식은 출연재산 · 운용소득 및 매각대금에 대하여 사용계획과 그에 따른 연도별 사용내역을 적고, 출연 또는 소득의 발생연도부터 사용이 완료되는 사업연도까지 매년 작성하여 제출해야 합니다.
※ 사용의무기한: 출연재산은 출연받은 날부터 3년 이내에 전액 사용해야 합니다(「상속세 및 증여세법 시행령」 제38조제3항에 해당하는 경우에는 연장이 가능합니다). 운용소득은 해당 과세기간 또는 사업연도 종료일부터 1년 이내에 80% 이상을 사용하고, 매각대금은 해당 과세기간 또는 사업연도 종료일부터 1년 이내에 30%, 2년 이내에 60%, 3년 이내에 90% 이상을 사용해야 합니다.

2. 각 재산의 사용계획 및 사용금액은 재산에 따라 나누어 적지 않고, ③출연(운용소득 발생, 매각) 사업연도별, ④재산종류별로 합산하여 적을 수 있습니다.

3. ③출연(운용소득 발생, 매각) 사업연도란은 출연재산의 경우에는 출연일이 속하는 사업연도를, 운용소득의 경우에는 운용소득이 발생한 사업연도를, 매각대금의 경우에는 매각일이 속하는 사업연도를 적으며, 사업연도 종료일의 연월(예 : 2005.12)만 적습니다.

4. ④재산종류란은 출연재산 · 운용소득 · 매각대금의 종류를 다음 분류에 따라 선택하여 코드와 과목명을 적습니다.

코드	1	2	3	4	5	6	7	8	9	10
과목명	현금	예 · 적금	토지	건물	주식 · 출자지분	기계장치	의료장비	채권	차량운반구	기타

5. ⑤용도란은 직접 공익사업에 사용할 구체적인 내용을 적습니다.
예) 교육사업 중 교사 신축, 도서관 신축, 학교운영비, 수익용 임대건물 등

6. ⑥사용시작일, ⑦사용종료일란은 출연재산 · 운용소득 또는 매각대금의 사용계획기간을 적습니다.
예) 현금 10억 원을 '05. 3. 1 출연받아 '06. 2. 28까지 학교건물 신축에 사용할 계획인 경우 → '05.3.1. ~ '06.2.28.

7. ⑧금액란은 출연재산의 경우 당초 출연일이 속하는 사업연도에 제출한 출연받은 재산의 사용명세서(별지 제25호의2서식)의 ⑩가액과 일치해야 하고, 운용소득의 경우 운용소득 사용명세서(별지 제25호의4서식)의 ㉗해당 사업연도 운용소득과 일치해야 하며, 매각대금의 경우 출연재산 매각대금 사용명세서(별지 제25호의3서식)의 ⑦매각금액과 일치해야 합니다.

8. ⑨의무사용 기준금액란은 출연재산의 경우 ⑧금액과 동일하게 적고, 운용소득의 경우 ⑧금액에 80%를 곱한 금액을 적으며, 매각대금의 경우 의무사용 기준금액의 합계액은 출연재산 매각대금 사용명세서(별지 제25호의3서식)의 ⑧사용 기준금액의 합계액과 일치해야 합니다.

9. ⑩직전 연도까지의 사용금액, ⑪해당 연도 사용금액란의 출연재산 및 매각대금 사용금액란 각 합계액은 출연받은 재산의 사용명세서(별지 제25호의2서식)와 출연재산 매각대금 사용명세서(별지 제25호의3서식)의 사용내역란 합계액과 각각 일치해야 하고, 운용소득의 경우에는 ⑪해당 연도 사용금액란에만 해당 연도의 사용실적을 적습니다.

■ 상속세 및 증여세법 시행규칙 [별지 제25호의 4 서식] 〈개정 2025. 3. 21.〉

운용소득 사용명세서

※ 뒤쪽의 작성방법을 읽고 작성하여 주시기 바랍니다. (4쪽 중 제1쪽)

공익법인등 명칭		사업연도	

1. 전년도 운용소득을 해당 사업연도까지 직접 공익목적사업에 사용한 실적

구분	⑤해당 사업연도	⑥1년 전 사업연도	⑦2년 전 사업연도	⑧3년 전 사업연도	⑨4년 전 사업연도	⑩5년간의 평균 (⑤~⑨의 평균)
① 전년도 출연재산 운용소득						
②사용기준액 (① × ( ) / 100)						
③1년 내 사용실적						
④과부족액 (③ − ②)						

2. 해당 사업연도 운용소득의 계산

⑪ 수익사업 등의 소득금액	가산액				차감액				
	⑫ 고유목적 사업준비금	⑬ 해당 사업연도 중 고유목적사업비로 지출된 금액으로서 손금에 산입된 금액	⑭ 기타	⑮ 소계 (⑫+⑬+⑭)	⑯ 출연재산 양도차익	⑰ 의제 배당액	⑱ 법인세 등	⑲ 이월 결손금	⑳ 소계 (⑯+⑰+⑱+⑲)

㉑차가감 소득 (⑪+⑮−⑳)	직전 사업연도 운용소득 미달사용액			㉕해당 사업연도 운용소득 (㉑+㉔)
	㉒ 기준미달사용액	㉓운용소득 미달사용가산세	㉔소계 (㉒−㉓)	

3. 해당 사업연도 운용소득 지출명세서

가. 1년 내 사용실적 중 해당 사업연도 지출명세

1) 수혜자(수혜단체)에게 지출 (단위: 원)

①(대표)지급처명 (성명 / 단체명)	②주민등록번호 (사업자등록번호)	③지출목적	④수혜인원 (단체) 수	⑤지출액		
				⑥현금	⑦물품	⑧합계
			명/개			
			명/개			
⑨ 합 계						

2) 자산 취득에 지출 (단위: 원)

①(대표)지급처명 (성명 / 상호)	②주민등록번호 (사업자등록번호)	③지출목적	④지급처 수	⑤지출액		
				⑥현금	⑦물품	⑧합계
			개			
			개			
⑨ 합 계						

3) 운영경비에 지출 (단위: 원)

①(대표)지급처명 (성명 / 상호)	②주민등록번호 (사업자등록번호)	③지출목적	④지급처 수	⑤지출액		
				⑥현금	⑦물품	⑧합계
			개			
			개			
⑨ 합 계						

210mm×297mm[백상지 80g/㎡ 또는 중질지 80g/㎡]

나. 해당 사업연도 중 고유목적사업비 지출명세

1) 수혜자(수혜단체)에게 지출 (단위: 원)

①(대표)지급처명 (성명 / 단체명)	②주민등록번호 (사업자등록번호)	③지출목적	④수혜인원 (단체) 수	⑤지출액		
				⑥현금	⑦물품	⑧합계
			명/개			
			명/개			
⑨ 합 계						

2) 자산 취득에 지출 (단위: 원)

①(대표)지급처명 (성명 / 상호)	②주민등록번호 (사업자등록번호)	③지출목적	④지급처 수	⑤지출액		
				⑥현금	⑦물품	⑧합계
			개			
			개			
⑨ 합 계						

3) 운영경비에 지출 (단위: 원)

①(대표)지급처명 (성명 / 상호)	②주민등록번호 (사업자등록번호)	③지출목적	④지급처 수	⑤지출액		
				⑥현금	⑦물품	⑧합계
			개			
			개			
⑨ 합 계						

작성방법

1. 전년도 운용소득을 해당 사업연도까지 직접공익목적사업에 사용한 실적

가. "⑥"란부터 "⑩"란까지: "⑤해당사업연도"의 사용실적이 부족한 경우["④과부족액"란이 음수(-)인 경우를 말합니다]에만 적습니다.

나. "①전년도 출연재산 운용소득"란: 직전 사업연도에 대해 제출한 이 서식의 "㉕해당 사업연도 운용소득"의 금액과 일치해야 합니다.

다. "②사용기준액"란: "①전년도 출연재산 운용소득"란 금액에 100분의 80을 곱하여 계산한 금액을 적습니다.

라. "③1년 내 사용실적"란: 각 사업연도 중 아래사항에 대한 사용실적을 합하여 적습니다.

1) 정관으로 정한 공익목적사업을 직접 수행하는 데 소요된 비용
2) 정관으로 정한 공익목적사업의 수행을 위해 직접 사용되는 자산을 취득한 비용
3) 정관으로 정한 공익목적사업 수행을 위해 사용인의 인건비 등 필요경비로 사용한 비용(수익사업에서 발생한 소득을 50%를 초과하여 고유목적사업준비금으로 손금산입한 법인 등이 8천만원을 초과하는 인건비를 지급하여 「법인세법 시행령」 제56조제11항에 따라 그 초과하는 금액을 인건비로 보지 않는 경우 그 초과하는 금액은 제외하고 적습니다)
4) 직전 사업연도에 대해 제출한 이 서식의 "㉕해당 사업연도 운용소득"의 금액에 "⑬해당 사업연도(과세기간) 중 고유목적사업비로 지출된 금액으로서 손금에 산입된 금액"이 포함되어 있는 경우 그 금액

※ 수익용 또는 수익사업용 재산 취득에 사용한 운용소득금액은 직접 공익목적사업 사용금액에 포함하지 않습니다.

2. 해당 사업연도 운용소득의 계산

가. "⑪수익사업 등의 소득금액"란: 출연재산을 수익사업이나 예금 등 수익의 원천으로 사용함으로써 생긴 소득금액(「법인세법」 제14조에 따른 각 사업연도 소득금액 계산방법에 따라 계산한 금액을 말합니다)을 적습니다.

나. "⑫고유목적사업준비금"란: 각 사업연도 소득금액 계산 시 적용한 「법인세법」 제29조제1항에 따른 고유목적사업준비금을 적습니다.

다. "⑭기타"란: 출연재산을 수익의 원천에 사용하여 발생한 소득 중 "⑪수익사업 등의 소득금액"에 포함되지 않은 소득금액(예: 분리과세 예금이자소득 등)을 적습니다.

라. "⑯출연재산 양도차익"란: 수익사업 등의 소득금액에 포함된 출연재산 양도차익을 적습니다.

마. "⑰의제배당액"란: 공익법인이 보유한 주식을 발행한 법인의 합병 · 분할에 따른 의제배당액(합병 · 분할대가 중 주식으로 받은 부분으로 한정함)으로서 해당사업연도 소득금액에 포함된 금액을 적습니다.

바. "⑱법인세 등"란: 해당 소득에 대한 법인세 · 주민세 · 농어촌특별세 및 토지 등 양도차익에 대한 법인세 등의 합계액을 적습니다.

사. "⑲이월결손금"란: 「법인세법」 제13조제1항제1호에 따라 수익사업에서 발생한 이월결손금을 적습니다.

아. "㉒기준미달사용액"란: 전년도 운용소득을 사용기준금액에 미달하게 사용하여 "1. 전년도 운용소득을 해당 사업연도까지 직접공익목적사업에 사용한 실적"의 "④과부족액"란이 음수(-)["⑤해당 사업연도"와 "⑩5년간의 평균"이 모두 음수(-)]인 경우 작성하며, 이 금액은 "⑤해당 사업연도" 과부족액(-)의 절대값과 "⑩5년간의 평균" 과부족액(-)의 절대값 중 작은 금액을 적습니다.

자. "㉓운용소득 미달사용가산세"란: 「상속세 및 증여세법」 제78조제9항에 따라 미달하여 사용한 운용소득의 100분의 10에 상당하는 가산세를 적습니다.

210mm×297mm[백상지 80g/㎡ 또는 중질지 80g/㎡]

작성방법

3. 해당 사업연도 운용소득 지출명세서
가. 1년 내 사용실적 중 해당 사업연도 지출명세

"③1년 내 사용실적"의 "⑤해당 사업연도"란의 금액 중 이 작성방법란 제1호라목1)부터 3)까지를 합한 금액에 대한 지출명세를 수혜자 지출, 자산취득 지출, 운영경비 지출로 나누어 작성합니다.

1) 수혜자(수혜단체)에게 지출하는 경우
가) "①(대표)지급처명(성명/단체명)"란: 사업연도기간 동안 수혜 받은 금액이 100만원 이상인 수혜자와 수혜단체의 경우 개별 수혜자(수혜단체)의 성명(수혜단체명)을 적고, 연간 수혜 받은 금액이 100만원 미만인 수혜자와 수혜단체의 경우 지출금액이 가장 큰 대표적인 수혜자의 성명(수혜단체명)을 적고 지출목적별로 합산하여 작성할 수 있습니다.
나) "③지출목적"란: 해당 사업연도에 기부금을 지출한 목적을 다음 예시와 같이 작성합니다.
예) ①미래인재개발 장학금, ②사회취약계층 자녀돌봄 및 학업지원, ③노인요양시설 의료지원 및 의약품 제공
다) "④수혜인원(단체) 수"란: 지급된 지원금을 수혜 받은 인원 또는 단체 수를 적되, 불특정 다수에게 지급한 경우에는 인적사항 대신 지출사유를 간략히 적고, 수혜인원 추정근거를 적습니다.
라) "⑤지출액"란: 사업연도 기간 동안 수혜자(수혜단체)에 지출한 금액을 현금지급과 물품지급으로 구분하여 적습니다.
※ 작성예시1) 홍길동 외 100명에게 사업연도 기간 동안 개인별로 10만원씩 장학금이 지급되고, A복지시설에 노인복지를 위해 물품으로 200만원을 지원한 경우 아래와 같이 적습니다(국외의 내국인에게 지급한 장학금 등 포함).

①(대표)지급처명 (성명 / 단체명)	②주민등록번호 (사업자등록번호)	③지출목적	④수혜인원 (단체) 수	⑤지출액		
				⑥현금	⑦물품	⑧합계
홍길동 외	ssssss-sssssss	미래인재개발 장학사업	101명	10,100,000		10,100,000
A복지시설	111-11-11111	노인요양시설 의료지원	1개		2,000,000	2,000,000

작성예시2) 어린이날 불특정 다수의 어린이에게 체험행사를 진행하거나 연간 무료급식을 제공하고 그 수혜자 수를 추정하여 기재하는 경우 아래와 같이 적습니다.(사례: 시간당 입장객수와 행사시간, 1일 급식인원 등을 감안하여 수혜인원 추정수를 계산)

①(대표)지급처명 (성명 / 단체명)	②주민등록번호 (사업자등록번호)	③지출목적	④수혜인원 (단체) 수	⑤지출액		
				⑥현금	⑦물품	⑧합계
어린이날 체험행사 300명(시간당 입장객수)×8시간(행사시간)		어린이날 무료 직업 체험행사	2,400명	20,000,000	10,000,000	30,000,000
무료급식 제공 200인(1일) ×365(1년)		사회취약계층 무료급식	73,000명	150,000,000		150,000,000

2) 자산 취득에 지출하는 경우
가) "①(대표)지급처명(성명/상호)"란: 사업연도 기간 동안 취득한 자산가액이 100만원 이상인 경우 자산별로 자산명을 적고, 취득가액이 100만원 미만인 경우 자산구분별(금융자산, 부동산, 미술품 등)로 합산하여 작성할 수 있습니다.
나) "③지출목적"란: 해당 사업연도에 기부금을 지출한 목적을 다음 표와 같이 구분하여 적습니다.

구분	자산 취득				
	금융자산*	부동산	미술품	기계장치	기타

* 금융자산은 현금 및 현금성자산(보통예금, 당좌예금, 취득 시 만기가 3개월인 금융상품 등)을 제외한 정기예금, 정기적금, 펀드상품, 저축성 보험상품 등의 금융상품 및 국채, 회사채, 주식 및 출자지분 등 유가증권을 취득한 경우 적습니다.
다) "④지급처 수"란: 사업연도 기간 동안 취득한 자산 수를 적습니다.
라) "⑤지출액"란: 사업연도 기간 동안 자산취득에 지출한 금액을 현금지급과 물품지급으로 구분하여 적습니다.

※ 작성예시) 보통예금 2,000만원, 1년 만기 정기예금 5,000만원을 A은행에 예치, ㈜국세 주식 500만원(500주)을 취득하고, 갑 갤러리로부터 전시용 그림 50점(1점당 90만원) 및 단체가 운용할 부동산(토지 5억원, 건물 3억원)을 취득한 경우 아래와 같이 적습니다.

①(대표)지급처명 (성명 / 상호)	②주민등록번호 (사업자등록번호)	③지출목적	④지급처 수	⑤지출액		
				⑥현금	⑦물품	⑧합계
A은행 정기예금		금융자산	1개	50,000,000		50,000,000
㈜국세 주식	111-11-11111	금융자산	1개	5,000,000		5,000,000
갑 갤러리	222-22-22222	미술품	50개	45,000,000		45,000,000
토지		부동산	1개	500,000,000		500,000,000
건물		부동산	1개	300,000,000		300,000,000

* 보통예금 2,000만원은 현금성자산으로 금융자산 취득에 해당하지 않으므로 지출명세 작성대상에서 제외됩니다.

210mm×297mm[백상지 80g/㎡]

PART 3 상증법상 혜택과 사후관리

작성방법

3). 운영경비에 지출하는 경우

가) "①(대표)지급처명(성명/상호)"란: 사업연도 기간 동안 지급목적별로 합산하여 작성할 수 있습니다.

나) "③지출목적"란: 해당 사업연도에 기부금을 지출한 목적을 다음 표와 같이 구분하여 적습니다.

구분	각종 경비 지출									
	인건비	임차료	회의비	모금비용	연구비	세금과공과	소모품비	지급수수료	수선비	기타

다) "④지급처 수"란: 사업연도 기간 동안 각종 경비로 지출한 거래처 수를 적습니다.

라) "⑤지출액"란: 사업연도 기간 동안 각종 경비로 지출한 금액을 현금지급과 물품지급으로 구분하여 적습니다.

※ 작성예시) 월 임대료 80만원(12개월 지급), 사무직원 갑, 을, 병에게 월 급여 200만원(12개월 지급), 기증받은 1,000만원 상당의 기계장치를 연구용으로 사용, 사무실 비품 등(생수 등 연 지출 90만원, 전화비 95만원, 휴대전화 70만원, 정기구독료 50만원, 수수료 60만원)을 지출한 경우 아래와 같이 적습니다.

①(대표)지급처명 (성명 / 상호)	②주민등록번호 (사업자등록번호)	③지출목적	④지급처 수	⑤지출액		
				⑥현금	⑦물품	⑧합계
AA빌딩	111-11-11111	임대료	1개	9,600,000		9,600,000
직원 갑 외 2	******-*******	인건비	3명	72,000,000		72,000,000
OO프로젝트		연구비	1개		10,000,000	10,000,000
사무실 운영비		소모품비	5개	3,650,000		3,650,000

나. 해당 사업연도 중 고유목적사업비 지출명세

"⑬해당 사업연도 중 고유목적사업비로 지출된 금액으로서 손금에 산입된 금액"란의 지출명세를 이 작성방법란 제3호가목1)부터 3)까지의 규정에 따라 작성합니다.

210mm×297mm[백상지 80g/㎡ 또는 중질지 80g/㎡]

04 주식 등의 취득 및 보유 시 지켜야 할 일

1 개 요

비영리법인이 출연받은 재산에 대하여 상속세 및 증여세 납세의무가 있다. 그러나 출연받는 자가 비영리법인으로서 공익사업을 영위하는 경우 과세가액 불산입이라는 세제혜택을 주고 있다.

공익사업이란 사회일반의 이익에 공여하는 사업으로서 그러한 사업은 국가 또는 지방자치단체가 수행하여야 할 것인데, 공익법인이 공공기능의 일부를 대신 수행한다는 의미를 갖고 있는 것이므로 그 공익사업의 원활한 수행을 보장하고 또 이를 장려할 수 있도록 그 출연재산에 대하여는 증여세나 상속세를 부과하지 않는 것이다.[9)]

이에 따라 「상속세 및 증여세법」 제16조 제1항 및 「상속세 및 증여세법」 제48조 제1항에서 '공익법인이 출연받은 재산'에 대해 상속세 및 증여세를 부과하지 않는다고 규정하고 있으나, 「상속세 및 증여세법」 제16조 제2항 및 제48조 제2항의 단서에서 공익법인이 내국법인의 의결권 있는 주식을 출연받은 경우 등으로 지분율이 5%(10%, 20%)를 초과하는 경우 상속세 및 증여세를 과세한다고 규정하고 있다.

이는 공익법인에 대한 주식 출연을 통해 내국법인에 대한 경영권을 유지하고, 공익법인에 대한 출연재산은 상속세 및 증여세가 부과되지 않는 점을 악용하여 조세회피 하는 것을 방지하는데 그 목적이 있다.

다만, 주식 출연이 기업지배력을 유지하려는 목적이 아닌 경우 출연 한도를 초과한 경우라도 과세하지 않고 있다.

①공익법인 등이 의결권 있는 내국법인 주식 등을 출연받은 경우 ②출연받은 재산으로 의결권 있는 내국법인의 주식 등을 취득하는 데 사용한 경우로 발행주식수 또는 출자총액의 5%(10%, 20%)를 초과하는 경우 초과하는 가액에 대해 증여세를 부과하는데 이하 구체적인 내용을 살펴보고자 한다.

---

9) 상증, 96헌바57, 1998.3.26.

또한 공익법인 등이 특수관계에 있는 내국법인의 주식 등을 보유하는 경우 해당 주식의 가액이 전체 자산총액의 30%(50%)를 초과하는 경우 가산세를 부과하는데 관련 내용을 서술하고자 한다.

▶ 공익법인의 주식 출연 · 취득 · 보유 관련 요약[10] ◀

<table>
<tr><th>구분</th><th>판정기준</th><th colspan="2">적용대상</th><th>한도</th><th>의무 위반 시</th></tr>
<tr><td rowspan="6">출연
·
취득</td><td rowspan="6">출연받을 때 또는 출연재산으로 취득 시 지분율</td><td colspan="2">상호출자제한기업집단과 특수관계에 있는 경우 또는 「상속세 및 증여세법」 제48조 제11항 요건에 불충족한 경우</td><td>5%</td><td rowspan="6">초과분 증여세 부과</td></tr>
<tr><td rowspan="4">「상속세 및 증여세법」 제48조 제11항 요건에 충족한 경우</td><td>일반적인 경우</td><td>10%</td></tr>
<tr><td>의결권 미행사를 정관에 규정한 자선, 장학, 사회복지 목적 법인</td><td>20%</td></tr>
<tr><td>출연자와 특수관계 없는 내국법인 주식으로 주무관청 승인 받음</td><td>한도 없음</td></tr>
<tr><td>10% 초과 출연분 3년 이내 특수관계 없는 자에게 매각</td><td>한도 없음</td></tr>
<tr><td colspan="2">「공익법인의 설립 · 운영에 관한 법률*」 및 그 밖의 법령에 따라 취득하는 경우</td><td>한도 없음</td></tr>
<tr><td rowspan="3">보유</td><td rowspan="3">계열기업의 주식보유 시 총재산가액 대비 비율</td><td rowspan="2">「상속세 및 증여세법」 제48조 제11항 요건에 불충족한 경우</td><td>일반적인 경우</td><td>30%</td><td rowspan="3">초과 보유분 가산세 부과</td></tr>
<tr><td>외부회계감사, 전용계좌 개설 · 사용, 결산서류 등의 공시 이행</td><td>50%</td></tr>
<tr><td colspan="2">「상속세 및 증여세법」 제48조 제11항 요건에 충족한 경우</td><td>한도 없음</td></tr>
</table>

* 설립허가 법령에 따라 부득이하게 취득하는 경우 주식보유 한도 적용 배제

공익법인의 주식 출연 및 취득에 대한 규정의 연도별 흐름을 보면 공익법인이 세금회피 및 지배구조 확대 등의 수단으로 악용되는 경우를 규제하기 위한 '주식 출연 및 취득에 대한 제한규정' 및 '정상적인 주식 출연 장려를 위한 완화 규정'이 있음을 알 수 있다.

10) 공익법인 세무안내, 국세청, 2025, 153쪽

▶ 공익법인의 주식 출연 및 취득 제한규정 연혁[11] ◀

연 도	내 용
1990.12.31. 이전	주식에 대한 규제 없음
1991.1.1~ 1993.12.31.	내국법인 발행주식총액 또는 출자총액의 20% → 1990.12.31. 이전에 20%를 초과하여 출연 또는 취득한 분에 대하여는 적용 안 함
1994.1.1. 이후	내국법인 발행주식 총액 또는 출자총액의 5% → 1993.12.31. 이전에 5%를 초과하여 출연하거나 취득한 분에 대하여는 적용안 함
1997.1.1. 이후	주식 등의 보유기준(5%) 준수 기한 -지분율 5% 초과 20% 이하 : 1999.12.31. -지분율 20% 초과 : 2001.12.31.
2008.1.1. 이후	내국법인 발행주식 총액 또는 출자총액의 5% (다만, 성실공익법인에 한해 주식 출연 · 취득 제한을 10%로 완화)
2011.1.1. 이후	성실공익법인이 10% 초과하여 출연받은 경우 과세제외 요건 신설(초과 보유일부터 3년 이내 출연자 또는 특수관계인 이외의 자에게 매각하는 경우)
2017.1.1. 이후	상호출자제한기업집단과 특수관계에 있지 아니한 성실공익법인 등에 대하여 주식 등 보유비율 10% 적용
2018.1.1. 이후	의결권을 행사하지 않고 상호출자제한기업집단과 특수관계에 있지 아니한 자선 · 장학 · 사회복지 목적의 성실공익법인 등에 대하여 주식 등 보유비율 20% 적용
2021.1.1. 이후	① 10% 적용 ② 5% 적용 -상호출자제한기업집단과 특수관계에 있는 공익법인 등 -「상속세 및 증여세법」 제48조 제11항 각 호의 요건을 충족하지 못하는 공익법인 등 ③ 20% 적용 -상기 '②'에 해당하지 않고 의결권을 행사하지 아니한 자선 · 장학 · 사회복지 목적의 공익법인 등 (구 성실공익법인 규정은 2020.12.31.까지 적용)

* 내국법인 의결권 있는 주식만 해당되어 우선주, 외국법인 주식은 해당하지 않음
* 총발행주식수 등에서 자기주식과 자기출자지분은 제외(2017.1.1. 이후 출연분부터)

11) 공익법인 세무안내, 국세청, 2022, 155쪽

2 출연받은 주식이 5%(10%, 20%)를 초과하는 경우

(1) 지분율 계산 시 합산하는 주식(①+②+③+④)

공익법인 등이 의결권 있는 내국법인 주식 등을 출연(①)받은 경우 다음의 주식 등(②~④)을 합하여 계산한 지분율이 5%(10%, 20%)를 초과하는 경우 초과하는 가액에 대해 증여세를 부과한다(상증법 §48 ①).

① 출연받은 주식

② 출연받을 당시 공익법인 등이 이미 보유하고 있는 동일한 내국법인 주식(상증법 §48 ① 1호)

③ 출연자 및 그의 특수관계인이 해당 공익법인 등 外 다른 공익법인 등에 출연한 동일한 내국법인 주식(상증법 §48 ① 2호)

④ 출연자 및 그의 특수관계인으로부터 재산을 출연받은 다른 공익법인 등이 보유하고 있는 동일한 내국법인 주식(상증법 §48 ① 3호)

(2) 주식 초과보유 계산 기준일

다음에 해당하는 날을 기준으로 주식 등의 초과 취득 여부를 계산한다.

사 유	기 준 일
① 공익법인 등이 매매 또는 출연에 의하여 주식 등을 취득하는 경우	취득일
② 공익법인 등이 보유하고 있는 주식 등을 발행한 내국법인이 자본 또는 출자액을 증가시키기 위하여 발행한 신주 중 공익법인 등에게 배정된 신주를 유상으로 취득하는 경우	취득하는 날이 속하는 과세기간 또는 사업연도 중 「상법」 제354조의 규정에 의한 **주주명부의 폐쇄일** 또는 **권리행사 기준일**(주식회사 외의 회사의 경우에는 과세기간 또는 사업연도의 종료일)
③ 공익법인 등이 보유하고 있는 주식 등을 발행한 내국법인이 자본 또는 출자액을 감소시킨 경우	감자를 위한 주주총회결의일이 속하는 연도의 **주주명부폐쇄일**(주식회사 외의 회사의 경우에는 과세기간 또는 사업연도의 종료일)
④ 공익법인등이 보유하고 있는 주식등을 발행한 내국법인이 합병을 함에 따라 그 합병법인이 발행한 주식등을 취득하는 경우	합병등기일이 속하는 과세기간 또는 사업연도 중 「상법」 제354조에 따른 **주주명부의 폐쇄일** 또는 **권리행사 기준일**(주식회사 외의 회사의 경우에는 과세기간 또는 사업연도의 종료일)

(3) 증여세 과세

지분율 계산 기준일 현재 공익법인 등이 초과하여 보유하고 있는 주식 등의 가액(초과부분)을 증여세 과세가액에 산입한다.

초과부분 계산[12] : Ⓐ−Ⓑ / 「상속세 및 증여세법」 제48조 제1항 제1호~제3호
Ⓐ>Ⓑ의 5%(10%, 20%) 초과분

Ⓐ=ⓐ+ⓑ+ⓒ+ⓓ

ⓐ : 출연받은 내국법인의 주식 등

ⓑ : 출연받을 당시 보유하고 있는 동일한 내국법인의 주식 등

ⓒ : 출연자 및 그의 특수관계인이 해당 공익법인 외의 다른 공익법인 등에 출연한 동일한 내국법인의 주식 등

ⓓ : 출연자 및 그의 특수관계인으로부터 재산을 출연받은 다른 공익법인 등이 보유하고 있는 동일한 내국법인의 주식

Ⓑ−내국법인 발행주식총수 등(2017.1.1. 이후 출연받는 분부터 자기주식, 자기출자지분 제외)

10%	2008.1.1. 이후 출연	성실공익법인 등
	2017.1.1. 이후 출연	상호출자제한기업집단과 특수관계에 있지 않은 공익법인(상증법 제48조 제11항 요건 충족)
20%	2018.1.1. 이후 출연	의결권을 행사하지 않는 조건으로 주식 등을 출연받은 상호출자제한기업집단과 특수관계가 없는 자선 · 장학 · 사회복지 목적의 공익법인(상증법 제48조 제11항 요건 충족)

(4) 증여세 과세 제외

공익법인 등이 출연받은 내국법인 주식 등의 지분율이 5% 이내인 경우 증여세가 과세되지 않는다.

그런데 만약 출연받은 주식 등의 지분율이 5%를 초과하는 경우 어떻게 될까?

출연받은 공익법인이 성실공익법인(「상속세 및 증여세법」 제48조 제11항 요건 충족)이거나 의결권을 행사하지 않는 장학법인 등의 경우 지분율이 5%를 초과해도 증여세를 과세하지 않는데 구체적인 내용은 아래와 같다.

12) 공익법인 세무안내, 국세청, 2025, 160쪽

▶ 공익법인 보유주식 지분율 한도 ◀

한 도	적 용 대 상
5%	① 상호출자제한기업집단과 특수관계 있는 경우*1 ② 「상속세 및 증여세법」 제48조 제11항*2 요건(구 성실공익법인)을 불충족한 경우
10%	「상속세 및 증여세법」 제48조 제11항 요건(구 성실공익법인)을 충족한 경우
20%	① 상호출자제한기업집단과 특수관계가 없고 「상속세 및 증여세법」 제48조 제11항 요건(구 성실공익법인)을 충족한 경우 ② 취득하는 주식 등의 의결권을 행사하지 않을 것 ③ 자선 · 장학 · 사회복지를 목적으로 할 것*3
한도 없음	① 「상속세 및 증여세법」 제48조 제11항 요건(구 성실공익법인)을 충족한 공익법인이 출연자와 특수관계에 있지 않은 내국법인의 주식 등을 출연받고 주무관청의 승인한 경우*4 ② 10%를 초과 출연받은 경우로서 3년 내 특수관계 없는 자에게 매각하는 경우*5 ③ 「공익법인 설립 · 운영에 관한 법률」 및 그 밖의 법령에 따라 내국법인의 주식 등을 출연하는 경우

*1. "「독점규제 및 공정거래에 관한 법률」 제31조에 따른 상호출자제한기업집단과 특수관계에 있는 공익법인등"이란 같은 조 제1항에 따라 지정된 상호출자제한기업집단에 속하는 법인과 같은 법 시행령 제4조 제1항 제1호 각 목 외의 부분에 따른 동일인관련자의 관계에 있는 공익법인등을 말한다(상증령 §13 ⑤).

*2. **「상속세 및 증여세법」 제48조 제11항 요건(구 성실공익법인)**

2021년 개정세법에서 공익법인 사후관리 강화를 위해 성실공익법인 확인제도를 폐지하고 의무이행 여부 신고제도를 신설하였다.

성실공익법인 용어는 법조문에서는 삭제되었으나 「상속세 및 증여세법」 제48조 제11항 규정은 「상속세 및 증여세법」상 공익법인 관련 규정 전반에 연관되어 있으므로 관련 내용을 살펴보도록 하겠다.

공익법인등이 아래의 요건을 모두 충족했는지 여부는 해당 과세기간 또는 사업연도 전체를 기준으로 판단한다

① 운용소득에 80%를 곱하여 계산한 금액 이상을 직접 공익목적사업에 사용할 것

② 출연자(재산출연일 현재 해당 공익법인 등의 총 출연재산가액의 1%에 상당하는 금액과 2천만원 중 적은 금액 이하를 출연한 자는 제외) 또는 그의 특수관계인이 공익법인 등의 이사 현원(이사 현원이 5명 미만인 경우에는 5명으로 본다)의 5분의 1을 초과하지 않을 것. 다만, 이사의 사망 · 사임 또는 특수관계인에 해당하지 아니하던 이사가 특수관계인에 해당하는 부득이한 사유로 출연자 또는 그의 특수관계인이 이사 현원의 5분의 1을 초과하여 이사가 된 경우로서 해당 사유가 발생한 날부터 2개월 이내에 이사를 보충하거나 교체 임명하여 출연자 또는 그의 특수관계인인 이사가 이사 현원의 5분의 1을 초과하지 않게 된 경우에는 계속하여 본문의 요건을 충족한 것으로 본다.

③ 공익법인 등이 출연받은 재산, 출연받은 재산을 원본으로 취득한 재산, 출연받은 재산의 매각대금 등을 출연자와 그 특수관계자에게 임대차, 소비대차(消費貸借) 및 사용대차(使用貸借) 등의 방법으로 사용 · 수익하게 하지 않을 것(「상속세 및 증여세법」 제48조 제3항에 해당하지 않을 것)

④ 공익법인 등이 특수관계에 있는 내국법인의 이익을 증가시키기 위하여 정당한 대가를 받지 아니하고 광고 · 홍보를 하지 않을 것

☞ 성실공익법인 관련 개정 전후 비교

종 전	개 정(2021.1.1.)
① 운용소득을 1년 내 80% 이상 사용 ② 자기내부거래 금지 ③ 출연자 · 특수관계인 이사 취임금지 ④ 정당한 대가 없이 특수관계법인 광고 · 홍보 금지	좌 동
	⑤ 출연재산가액의 1% 상당액 이상 사용의무 – 2022.1.1. 이후 적용 규정임 – 2024.1.1. 이후 개시 사업연도 분부터 삭제된 규정임. 단, 2023 사업연도는 종전규정 또는 개정규정 중 선택 저용) – 1% 사용의무 관련 규정은 상증법제48조2항7호 참고
⑤ 외부회계감사의무 ⑥ 전용계좌 개설 · 사용 ⑦ 결산서류 공시 ⑧ 장부 작성 · 비치	기존의 성실공익법인 요건 일부 규정이 사후관리 의무규정으로 변경되어 위반 시 가산세를 부과하도록 개정됨

***3. 주식 등의 의결권을 행사하지 않는 자선 · 장학 · 사회복지를 목적으로 하는 법인**

다음의 요건을 모두 충족하는 경우 지분율 20%까지 과세 제외함

① 상호출자제한기업집단과 특수관계가 없는 성실공익법인(「상속세 및 증여세법」 제48조 제11항 요건 충족)

② 출연받은 주식 등의 의결권을 행사하지 않을 것

출연받은 주식등의 의결권을 행사하지 아니하는지 여부는 공익법인등의 정관에 출연받은 주식의 의결권을 행사하지 아니할 것을 규정하였는지를 기준으로 판단한다.

③ 자선 · 장학 또는 사회복지를 목적으로 할 것

자선 · 장학 또는 사회복지를 목적으로 하는지 여부는 해당 공익법인등이 다음 각 호의 어느 하나에 해당하는지를 기준으로 판단한다.

ⓐ 「사회복지사업법」 제2조 제3호에 따른 사회복지법인

ⓑ 직전 3개 소득세 과세기간 또는 법인세 사업연도에 직접 공익목적사업에 지출한 금액의 평균액의 100분의 80 이상을 자선 · 장학 또는 사회복지 활동에 지출한 공익법인등

***4. 「상속세 및 증여세법」 제48조 제11항 요건(구 성실공익법인)을 충족한 공익법인이 출연자와 특수관계에 있지 않은 내국법인의 주식 등을 출연받고 주무관청이 승인한 경우**

① 상호출자제한기업집단과 특수관계가 없는 성실공익법인(「상속세 및 증여세법」 제48조 제11항 요건 충족) 또는 국가 등이 출연하여 설립하는 공익법인*

② 공익법인의 출연자와 특수관계가 없는** 내국법인 주식 등을 출연받을 것

③ 주무관청이 공익법인의 목적사업을 효율적으로 수행하기 위하여 필요하다고 인정하는 경우

* 국가 등이 출연하여 설립하는 공익법인이란?

> ㉠ 국가 · 지방자치단체가 출연하여 설립한 공익법인 등
> ㉡ 국가 · 지방자치단체가 출연하여 설립한 공익법인 등이 재산을 출연하여 설립한 공익법인 등
> ㉢ 「공공기관의 운영에 관한 법률」 제4조 제1항 제3호에 따른 공공기관이 재산을 출연하여 설립한 공익법인 등
> ㉣ '㉢'의 공익법인 등이 재산을 출연하여 설립한 공익법인 등

** 공익법인의 출연자와 특수관계가 없는 내국법인

공익법인의 출연자와 특수관계에 있지 않은 내국법인은 다음 어느 하나에 해당하지 아니하는 내국법인을 말한다(상증령 §13 ⑦).

① 출연자(출연자가 사망한 경우에는 그 상속인) 또는 그의 특수관계인(해당 공익법인등은 제외)이 주주 또는 출자자이거나 임원의 현원(5명에 미달하는 경우에는 5명으로 본다) 중 5분의 1을 초과하는 내국법인으로서 출연자 및 그의 특수관계인이 보유하고 있는 주식 및 출자지분의 합계가 가장 많은 내국법인

② 출연자 또는 그의 특수관계인(해당 공익법인등은 제외한다)이 주주등이거나 임원의 현원 중 5분의 1을 초과하는 내국법인에 대하여 출연자, 그의 특수관계인 및 공익법인등출자법인[해당 공익법인등이 발행주식총수등의 100분의 5(법 제48조 제11항 각 호의 요건을 모두 충족하는 공익법인등인 경우에는 100분의 10)를 초과하여 주식등을 보유하고 있는 내국법인을 말한다.]이 보유하고 있는 주식등의 합계가 가장 많은 경우에는 해당 공익법인등출자법인(출연자 및 그의 특수관계인이 보유하고 있는 주식등의 합계가 가장 많은 경우로 한정한다)

공익법인이 다음에 해당하지 아니하는 영리법인의 주식을 보유한 경우 예외가 인정(단, 그 외 요건을 모두 충족시켜야 과세제외)[13]

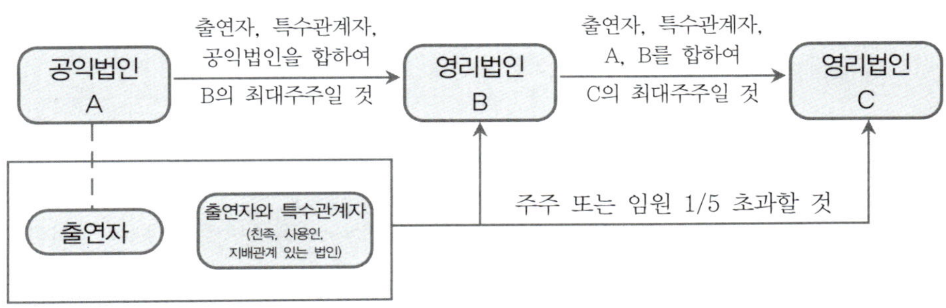

*5. 10%를 초과하여 출연받은 경우로서 3년 내 특수관계 없는 자에게 매각하는 경우

① 상호출자제한기업집단과 특수관계에 있지 않은 상증법 제48조 제11항 요건 충족 공익법인(공익법인 등이 설립된 날부터 3개월 이내에 주식 등을 출연받고, 설립된 사업연도가 끝난 날부터 2년 이내에 해당 요건을 충족하는 경우 포함)

② 발행주식총수의 10%를 초과하여 출연받은 경우로 초과보유일부터 3년 이내에 초과하여 출연받은 부분을 매각하는 경우(주식등의 출연자 또는 그의 특수관계인에게 매각하는 경우는 제외한다)

---

13) 공익법인 세무안내, 국세청, 2022, 162쪽

(5) 특수관계인의 범위(상증령 §2의 2)

출연자와 그의 특수관계인이 출연한 주식 등을 합하여 주식보유비율 초과 여부를 판단하기 때문에 특수관계인의 범위에 대한 이해가 필요하다.

「상속세 및 증여세법」에서 "특수관계인"이란 본인과 친족관계, 경제적 연관관계 또는 경영지배관계 등 다음의 어느 하나에 해당하는 관계에 있는 자를 말한다.

① 친족* 및 직계비속의 배우자의 2촌 이내의 혈족과 그 배우자

* **친족**(국기령 §1의 2 ①)
ⓐ4촌 이내의 혈족, ⓑ3촌 이내의 인척, ⓒ배우자(사실상의 혼인관계에 있는 자를 포함), ⓓ친생자로서 다른 사람에게 친양자 입양된 자 및 그 배우자 · 직계비속, ⓔ 본인이 「민법」에 따라 인지한 혼인 외 출생자의 생부나 생모(본인의 금전이나 그 밖의 재산으로 생계를 유지하는 사람 또는 생계를 함께하는 사람으로 한정한다)

② 사용인(출자에 의하여 지배하고 있는 법인의 사용인을 포함)이나 사용인 외의 자로서 본인의 재산으로 생계를 유지하는 자

"사용인"이란?	임원, 상업사용인, 그 밖에 고용계약관계에 있는 자
"출자에 의하여 지배하고 있는 법인"이란?	• '⑥'에 해당하는 법인 • '⑦'에 해당하는 법인 • '①'~'⑦'에 해당하는 자가 발행주식총수 등의 100분의 50 이상을 출자하고 있는 법인

③ 다음 어느 하나에 해당하는 자

가. 본인이 개인인 경우

본인이 직접 또는 본인과 '①'에 해당하는 관계에 있는 자가 임원에 대한 임면권의 행사 및 사업방침의 결정 등을 통하여 그 경영에 관하여 사실상의 영향력을 행사하고 있는 기획재정부령으로 정하는 기업집단의 소속 기업[해당 기업의 임원(「법인세법 시행령」 제40조 제1항에 따른 임원을 말한다)과 퇴직 후 3년(또는 5년)이 지나지 않은 사람(이하 "퇴직임원"이라 한다)을 포함한다]

기획재정부령으로 정하는 기업집단의 소속 기업	「독점규제 및 공정거래에 관한 법률 시행령」 제3조 각 호의 어느 하나에 해당하는 기업집단에 속하는 계열회사
임원	회장, 사장, 이사회 구성원 전원, 감사 등 이에 준하는 직무 종사자
퇴직임원	퇴직 후 3년(해당 기업이 「독점규제 및 공정거래에 관한 법률」 제14조에 따른 공시대상기업집단에 소속된 경우는 5년)이 지나지 않은 사람

나. 본인이 법인인 경우

본인이 속한 기획재정부령으로 정하는 기업집단의 소속 기업(해당 기업의 임원과 퇴직임원을 포함한다)과 해당 기업의 임원에 대한 임면권의 행사 및 사업방침의 결정 등을 통하여 그 경영에 관하여 사실상의 영향력을 행사하고 있는 자 및 그와 '①'에 해당하는 관계에 있는 자

④ 본인, '①'부터 '③'까지의 자 또는 본인과 '①'부터 '③'까지의 자가 공동으로 재산을 출연하여 설립하거나 이사의 과반수를 차지하는 비영리법인

⑤ '③'에 해당하는 기업의 임원 또는 퇴직임원이 이사장인 비영리법인

⑥ 본인, '①'부터 '⑤'까지의 자 또는 본인과 '①'부터 '⑤'까지의 자가 공동으로 발행주식총수 또는 출자총액(이하 "발행주식총수등"이라 한다)의 100분의 30 이상을 출자하고 있는 법인

⑦ 본인, '①'부터 '⑥'까지의 자 또는 본인과 '①'부터 '⑥'까지의 자가 공동으로 발행주식총수등의 100분의 50 이상을 출자하고 있는 법인

⑧ 본인, '①'부터 '⑦'까지의 자 또는 본인과 '①'부터 '⑦'까지의 자가 공동으로 재산을 출연하여 설립하거나 이사의 과반수를 차지하는 비영리법인

특수관계인의 범위를 도표로 나타내면 다음과 같다.

▶ 특수관계인의 범위(상증령 §2의 2) ◀

※ 출연자와 다음 ①~⑧에 해당하는 관계에 있는 자

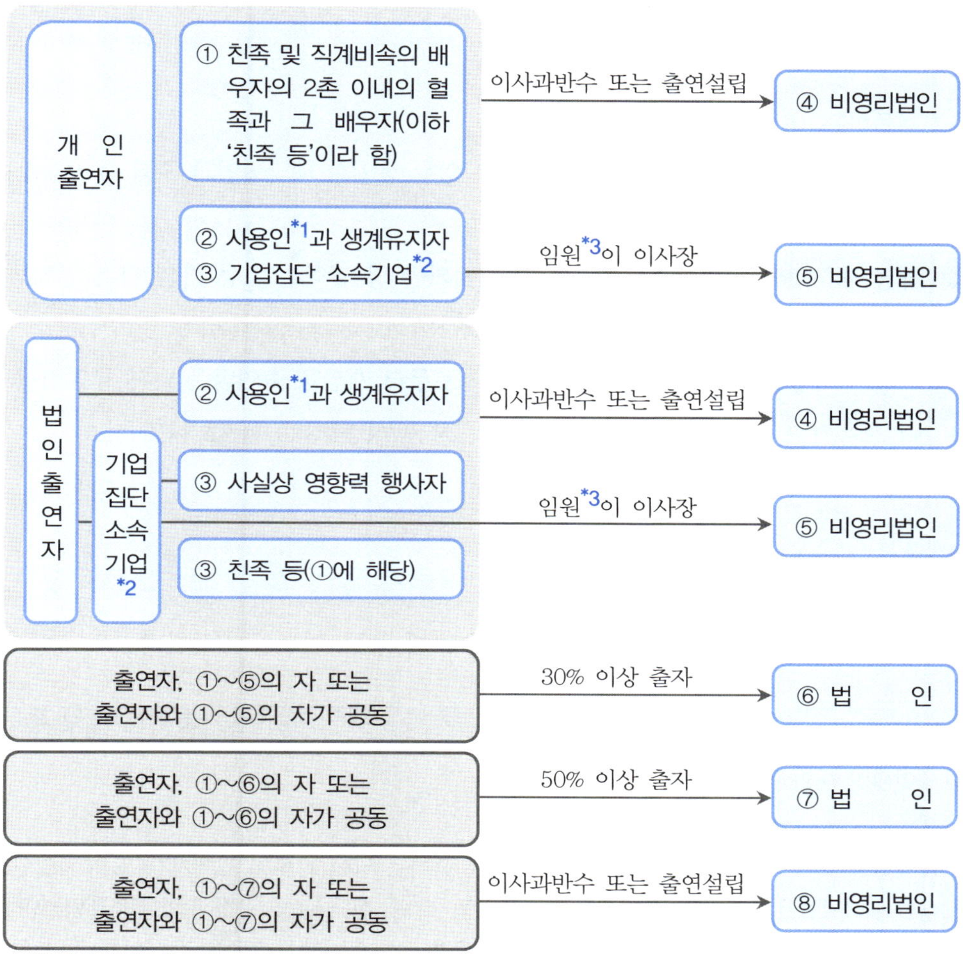

*1. 출자에 의하여 지배하고 있는 법인(⑥, ⑦, ①~⑦이 50% 이상 출자하고 있는 법인)의 사용인 포함
*2. 해당 기업의 임원과 퇴직 3년(5년)이 지나지 아니한 사람 포함
*3. 임원 또는 퇴직임원

3 출연재산으로 주식 등을 취득하는 경우

(1) 지분율 계산 시 합산하는 주식(①+②+③+④)

공익법인 등이 출연받은 재산(그 재산을 수익용 · 수익사업용으로 운용하는 경우 포함) 및 출연받은 재산의 매각대금(매각대금에 의하여 증가한 재산을 포함, 매각에 따라 부담하는 국세 및 지방세

액은 제외)으로 주식 등을 취득하는 경우로 다음의 주식 등을 합하여 계산한 지분율이 발행주식수 또는 출자총액의 5%(10%, 20%)를 초과하는 경우 초과하는 가액에 대해 증여세를 부과한다(상증법 §48 ② 2호, 상증령 §37).

① 취득하는 내국법인의 주식 등
② 취득 당시 해당 공익법인 등이 보유하고 있는 동일한 내국법인의 주식 등(상증법 §48 ② 2호 가목)
③ 해당 내국법인과 특수관계에 있는 출연자가 해당 공익법인 등 外의 다른 공익법인 등에 출연한 동일한 내국법인의 주식 등(상증법 §48 ② 2호 나목)
④ 해당 내국법인과 특수관계에 있는 출연자로부터 재산을 출연받은 다른 공익법인 등이 보유하고 있는 동일한 내국법인의 주식 등(상증법 §48 ② 2호 다목)

(2) 주식 초과보유 계산 기준일

다음에 해당하는 날을 기준으로 주식 등의 초과 취득 여부를 계산한다.

사 유	기 준 일
① 공익법인 등이 매매로 주식 등을 취득하는 경우	취득일
② 공익법인 등이 보유하고 있는 주식 등을 발행한 내국법인이 자본 또는 출자액을 증가시키기 위하여 발행한 신주 중 공익법인 등에게 배정된 신주를 유상으로 취득하는 경우	취득하는 날이 속하는 과세기간 또는 사업연도 중 「상법」 제354조의 규정에 의한 **주주명부의 폐쇄일** 또는 **권리행사 기준일**(주식회사 외의 회사의 경우에는 과세기간 또는 사업연도의 종료일)
③ 공익법인 등이 보유하고 있는 주식 등을 발행한 내국법인이 자본 또는 출자액을 감소시킨 경우	감자를 위한 주주총회결의일이 속하는 연도의 **주주명부폐쇄일**(주식회사 외의 회사의 경우에는 과세기간 또는 사업연도의 종료일)
④ 공익법인등이 보유하고 있는 주식등을 발행한 내국법인이 합병을 함에 따라 그 합병법인이 발행한 주식등을 취득하는 경우	합병등기일이 속하는 과세기간 또는 사업연도 중 「상법」 제354조에 따른 **주주명부의 폐쇄일** 또는 **권리행사 기준일**(주식회사 외의 회사의 경우에는 과세기간 또는 사업연도의 종료일)

(3) 증여세 과세

지분율 계산 기준일 현재 초과부분을 취득하는 데 사용한 재산의 가액을 증여세 과세가액에 산입한다.

초과부분 계산[14)] : Ⓐ－Ⓑ / 「상속세 및 증여세법」 제48조 제2항 제2호 가목~다목
Ⓐ＞Ⓑ의 5%(10%, 20%) 초과분

Ⓐ＝ⓐ＋ⓑ＋ⓒ＋ⓓ

ⓐ : 취득하는 내국법인의 주식 등

ⓑ : 취득 당시 해당 공익법인 등이 보유하고 있는 동일한 내국법인의 주식 등

ⓒ : 해당 내국법인과 특수관계에 있는 출연자가 해당 공익법인 등 외의 다른 공익법인 등에 출연한 동일한 내국법인의 주식 등

ⓓ : 해당 내국법인과 특수관계에 있는 출연자로부터 재산을 출연받은 다른 공익법인 등이 보유하고 있는 동일한 내국법인의 주식 등

Ⓑ－내국법인 발행주식총수 등(2017.1.1. 이후 출연받는 분부터 자기주식, 자기출자지분 제외)

10%	2008.1.1. 이후 출연	성실공익법인 등
	2017.1.1. 이후 출연	상호출자제한기업집단과 특수관계에 있지 않은 공익법인(상증법 제48조 제11항 요건 충족)
20%	2018.1.1. 이후 출연	의결권을 행사하지 않는 조건으로 주식 등을 출연받은 상호출자제한기업집단과 특수관계가 없는 자선 · 장학 · 사회복지 목적의 공익법인(상증법 제48조 제11항 요건 충족)

(4) 증여세 과세 제외(상증법 §48 ② 2호, 상증령 §37 ⑥)

공익법인 등이 출연받은 재산 및 출연재산 매각대금으로 취득한 주식 등의 지분율이 5% 이내인 경우 증여세가 과세되지 않는다.

그런데 만약 출연받은 재산 등으로 취득한 주식 등의 지분율이 5%를 초과하는 경우 어떻게 될까?

주식 등을 취득하는 공익법인이 성실공익법인(「상속세 및 증여세법」 제48조 제11항 요건 충족)이거나 의결권을 행사하지 않는 장학법인 등의 경우 지분율이 5%를 초과해도 증여세를 과세하지 않는데 구체적인 내용은 아래와 같다.

14) 공익법인 세무안내, 국세청, 2022, 148쪽

▶ 공익법인 보유주식 지분율 한도 ◀

한 도	적 용 대 상
5%	① 상호출자제한기업집단과 특수관계에 있는 경우 ②「상속세 및 증여세법」 제48조 제11항 요건(구 성실공익법인)을 불충족한 경우
10%	「상속세 및 증여세법」 제48조 제11항 요건(구 성실공익법인)을 충족한 경우
20%	① 상호출자제한기업집단과 특수관계가 없고「상속세 및 증여세법」 제48조 제11항 요건(구 성실공익법인)을 충족한 경우 ② 취득하는 주식 등의 의결권을 행사하지 않을 것 ③ 자선 · 장학 · 사회복지를 목적으로 할 것
한도 없음	① 상호출자제한기업집단과 특수관계가 없는 성실공익법인 또는 국가 등이 출연하는 설립하는 공익법인이 그 공익법인의 출연자와 특수관계가 없는 내국법인 주식 등을 취득한 경우로 주무관청이 공익법인의 목적사업을 효율적으로 수행하기 위하여 필요하다고 인정하는 경우 ②「공익법인 설립 · 운영에 관한 법률」 및 그 밖의 법령에 따라 내국법인의 주식 등을 취득하는 경우 ③「산업교육진흥 및 산학연협력촉진에 관한 법률」에 따른 산학협력단이 주식 등을 취득하는 경우로 다음의 요건을 모두 갖춘 경우 • 산학협력단이 보유한 기술을 출자하여 같은 법에 따른 기술지주회사 또는「벤처기업 육성에 관한 특별조치법」에 따른 신기술창업전문회사를 설립할 것 • 산학협력단이 출자하여 취득한 주식 등이 기술지주회사인 경우 발행주식총수의 50% 이상(산학협력단 등이 공동으로 기술지주회사를 설립하는 경우는 각 산학협력단 등이 보유한 주식의 합계가 50% 이상을 말함), 신기술창업전문회사는 30% 이상일 것 • 기술지주회사 또는 신기술창업전문회사는 자회사 외의 주식 등을 보유하지 않을 것

4 특수관계에 있는 내국법인 주식의 보유 한도(상증법 §48 ⑨)

공익법인 등이 특수관계에 있는 내국법인의 주식 등을 보유하는 경우로서 그 내국법인의 주식 등의 가액이 해당 공익법인 등의 총재산가액의 30%(50%)를 초과하는 경우에는 가산세를 부과한다.

(1) 특수관계에 있는 내국법인이란?(상증령 §38 ⑬)

다음의 어느 하나에 해당하는 자가 '①'에 해당하는 기업의 주식 등을 출연하거나 보유한 경우의 해당 기업(해당 기업과 함께 '①'에 해당하는 자에 속하는 다른 기업을 포함한다)을 말한다.

▶ 특수관계에 있는 내국법인의 범위[15] ◀

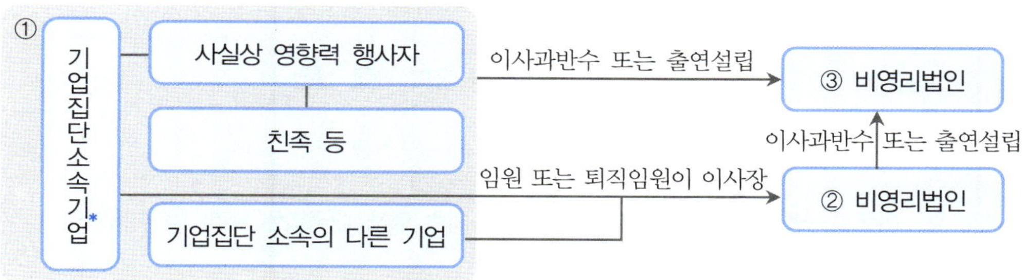

* 「독점규제 및 공정거래에 관한 법률 시행령」 제4조 제1항 각 호의 어느 하나에 해당하는 기업집단에 속하는 계열회사(상증칙 §2)

① 기획재정부령*으로 정하는 기업집단의 소속 기업(해당 기업의 임원 및 퇴직임원을 포함한다)과 다음의 어느 하나에 해당하는 관계에 있는 자 또는 해당 기업의 임원에 대한 임면권의 행사 및 사업방침의 결정 등을 통하여 그 경영에 관하여 사실상의 영향력을 행사하고 있다고 인정되는 자

* 「**상속세 및 증여세 시행규칙**」 **제2조 제1항** : 「독점규제 및 공정거래에 관한 법률 시행령」 제3조에 해당하는 기업집단에 속하는 계열회사
  ㉠ 기업집단 소속의 다른 기업
  ㉡ 기업집단을 사실상 지배하는 자
  ㉢ 사실상 지배자(위 '㉡')와 친족 등(상증령 §2의 2 ① 1호)의 관계에 있는 자

* 기획재정부령으로 정하는 기업집단의 소속 기업"이란 「독점규제 및 공정거래에 관한 법률 시행령」 제4조 제1항 각 호의 어느 하나에 해당하는 기업집단에 속하는 계열회사를 말한다.

② 기업집단 소속 기업(위 '①') 또는 기업집단 소속의 다른 기업(위 '①의 ㉠')의 임원 또는 퇴직임원이 이사장인 비영리법인

③ 위 '①' 및 '②'에 해당하는 자가 이사의 과반수이거나 재산을 출연하여 설립한 비영리법인

15) 공익법인 세무안내, 국세청, 2025, 166쪽

(2) 가산세 부과 대상

공익법인이 특수관계에 있는 내국법인의 주식을 총재산가액의 30%(50% : 회계감사, 전용계좌 개설 · 사용 및 결산서류 등의 공시를 이행하는 공익법인 등)를 초과하는 경우 매 사업연도 말 현재 그 초과하여 보유하는 주식 등의 시가의 5%에 상당하는 금액을 가산세로 부과한다.

가산세 부과 시 나중에 취득한 주식 등부터 부과한다.

▶ **초과하는 내국법인의 주식 등의 가액 산정** ◀

초과 내국법인 주식 등의 가액=Ⓐ-(Ⓑ×30% or 50%)

Ⓐ min=(이동평균법(법인령 §74 ① 1호 마목)에 의한 당해 내국법인 주식 등 취득가액
재무상태표상 가액)

Ⓑ 공익법인 등의 총재산(당해 내국법인의 주식 등을 제외)에 대한 재무상태표상의 가액에 Ⓐ에 의한 주식 등의 가액을 가산한 가액

(3) 가산세 부과 제외

다음의 공익법인 등이 주식보유 한도를 초과하더라도 가산세를 부과하지 않는다.

① 국가나 지방자치단체가 설립한 공익법인 등 및 이에 준하는 공익법인 등

②「상속세 및 증여세법」 제48조 제11항 각 호의 요건을 충족(구 성실공익법인)하는 공익법인 등

5 5% 초과 보유한 주식의 매각 의무(상증법 §49)

공익법인 등이 1996.12.31. 현재 5%를 초과하는 동일한 내국법인의 주식 등을 보유하고 있는 경우에는 다음의 유예기한까지 5%를 초과하여 보유하지 아니하도록 하여야 한다.

공익법인이 보유하고 있는 주식의 지분율	처분유예기한
5% 초과~20% 이하	1999.12.31.까지
20% 초과	2001.12.31.까지

(1) 5% 초과 여부 판단 시 지분율 계산

다음 '①'~'④'의 합계가 내국법인 지분율의 5%를 초과하는 경우 가산세가 부과된다.

① 출연 또는 취득하는 내국법인의 주식 등

② 출연 또는 취득할 당시 해당 공익법인 등이 보유하고 있는 동일한 내국법인의 주식 등

③ 출연 또는 취득할 당시 해당 내국법인과 특수관계에 있는 출연자가 다른 공익법인 등에 출연한 동일한 동일한 내국법인의 주식 등

④ 출연 또는 취득 당시 해당 내국법인과 특수관계에 있는 출연자로부터 재산을 출연받은 다른 공익법인 등이 보유하고 있는 동일한 내국법인의 주식 등

(2) 가산세 부과 대상

공익법인 등이 주식처분 유예기간을 경과하여 5%를 초과하여 주식 등을 보유하고 있는 경우 사업연도 말 현재 시가의 5%에 상당하는 금액을 가산세로 부과한다.

가산세 부과기간은 10년을 초과하지 못하고, 가산세를 부과함에 있어 나중에 취득한 주식 등부터 부과한다.

> 가산세=초과하여 보유하는 주식의 매 사업연도 말 현재의 시가×5%

(3) 가산세 부과 제외

다음의 공익법인은 처분유예기간 내 주식 등을 처분하지 않더라도 가산세를 부과하지 않는다.

① 국가나 지방자치단체가 설립한 공익법인 등 및 이에 준하는 공익법인 등

② 「상속세 및 증여세법」 제48조 제11항 각 호의 요건을 충족(구 성실공익법인)하는 공익법인 등

▶ 공익법인 지분율 검토 흐름도 ◀

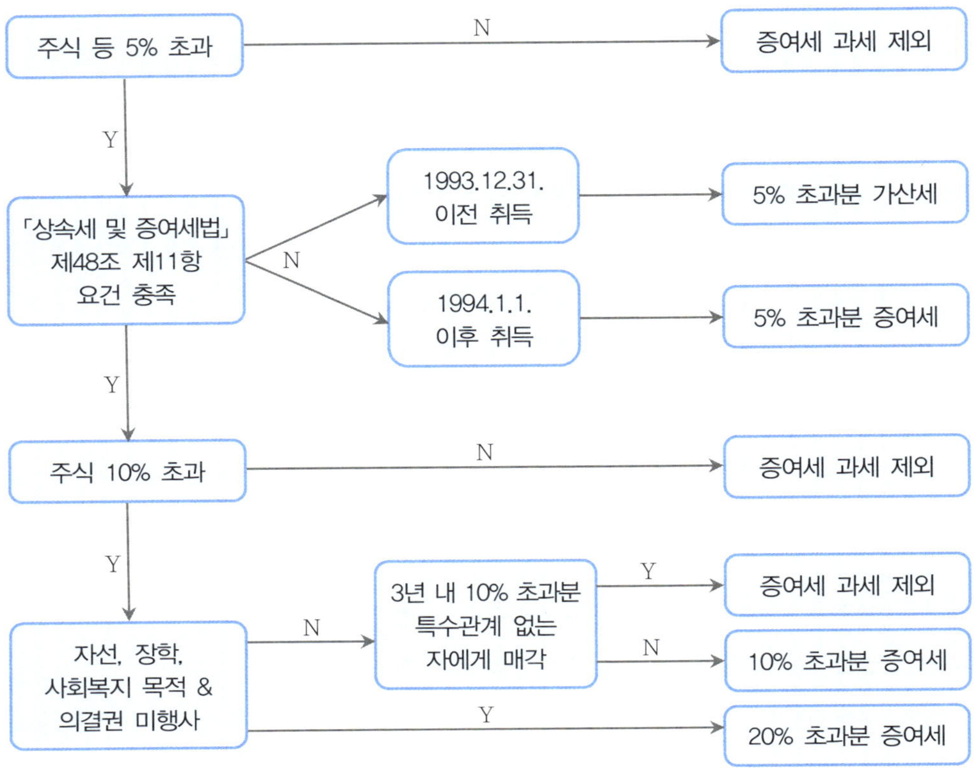

관련 예규 · 판례

1 상속세 신고기한 내에 의결권 없는 주식으로 전환하여 공익법인에 출연하는 경우 상증법 제16조 제2항에 따라 상속세 과세가액에 산입하는지 여부(사전-2023-법규재산-0775, 2023.12.21.)

상속개시일 당시 의결권 있는 보통주를 상속세 신고기한 내에 의결권 없는 우선주로 전환한 후에 공익법인에 출연하는 경우 상속세 과세가액에 산입하는 「상속세 및 증여세법」 제16조 제2항의 주식등이 의결권이 있는지 여부는 상속개시일이 아닌 같은 법 같은 조 제1항에 따라 상속세 과세표준 신고기한까지 주식을 출연하는 시점을 기준으로 판단하는 것임

2 2008년 개정 시행령 제42조 및 제13조 제3항, 제5항에 규정된 강화된 성실공익법인 요건은 그 시행일인 2008.2.22. 전에 공익법인이 출연받거나 취득하여 보유하던 주식에 대하여는 적용되지 않음(대법2022두56906, 2022.12.29.)

「상속세 및 증여세법」 제49조 제1항 단서 전단에 규정된 주식 보유기준의 적용이 제외되는 성실공익법인에 해당하는지를 판단할 때 이 사건 부칙조항 문언에 따라 2008년 개정 시행령 제42조 및 제13조 제3항, 제5항에 규정된 강화된 성실공익법인 요건은 그 시행일인 2008.2.22. 이후 최초로 공익법인에 주식을 출연하거나 공익법인이 주식을 취득하는 분에

대하여 적용되므로, 그 반대해석상 위 시행일 전에 공익법인이 출연받거나 취득하여 보유하던 주식에 대하여는 적용되지 않음

3 공익법인이 벤처기업법에 따라 신기술창업전문회사의 주식을 취득한 경우 증여세 과세 여부
(기획재정부 재산세제과-1529, 2022.12.14.)

「상속세 및 증여세법」 제16조 제1항에 따른 공익법인등인 연구기관이 출연받은 재산 및 출연받은 재산의 매각대금을 벤처기업법에 따라 해당 공익법인등이 설립한 신기술창업전문회사의 주식을 취득하는데 사용하는 경우는 「상속세 및 증여세법」 제16조 제3항 제3호에서 규정한 「공익법인의 설립·운영에 관한 법률」 및 그 밖의 법령에 따라 내국법인의 주식등을 취득하는 경우에 해당하지 않는 것임

4 공익법인이 분할 전 법인의 주식보유비율만큼 교부받게 되는 분할신설법인의 주식은 상증세법 제48조 제2항 제2호에 따른 증여세 과세대상에서 제외됨(공익중소법인지원팀-663, 2022.7.4.)

공익법인이 「법인세법」 제46조 제2항에 따른 적격인적분할에 따라 분할 전 법인의 주식보유비율만큼 교부받게 되는 분할신설법인의 주식은 「상속세 및 증여세법」 제48조 제2항 제2호에 따른 증여세 과세대상에 해당하지 않는 것

5 합병으로 인하여 공익법인의 지분율이 5% 초과한 경우 증여세 과세 여부(기준법령해석법인 2021-245, 2021.12.21.)

공익법인이 합병으로 인하여 합병존속법인의 발행주식총수의 5%를 초과하여 보유하게 되는 경우 그 5% 초과 보유분에 대하여는 증여세 과세대상이 아님

6 공익법인이 사회적 협동조합에 출자한 경우 내국법인의 주식 등 취득 제한규정 적용 여부 등
(사전 - 2017 - 법령해석재산 - 0142, 2018.5.2.)

공익법인 등이 「협동조합 기본법」 제2조 제3호에 따른 사회적 협동조합에 출자한 경우는 내국법인의 의결권 있는 주식 등을 취득한 행위에 해당하지 않는 것임

7 공익법인이 출연받은 재산으로 내국법인의 주식을 취득하는 경우 증여세 과세 여부 등
(서면 - 2015 - 상속증여 - 1582, 2015.9.14.)

공익법인이 출연받은 재산으로 내국법인의 주식을 5%(성실공익법인 10%) 초과하여 취득하는 경우에는 증여세가 과세되는 것임

8 주식발행법인의 흡수합병으로 공익법인이 보유한 주식비율이 5%를 초과한 경우 증여세 과세 여부 등(재산세과 - 300, 2012.8.26.)

공익법인이 보유하고 있는 주식 등을 발행한 내국법인이 다른 법인을 흡수합병하여 그 합병존속법인의 의결권 있는 발행주식총수의 5%(성실공익법인의 경우 10%)를 초과한 경우 5%(10%) 초과분에 대하여는 증여세가 과세됨

9 공익법인 등에 주식을 동시에 출연하는 경우(재산세과 - 420, 2010.6.21.)

내국법인(갑)(이하 "갑법인")의 주식을 소유한 자가 3개의 「상속세 및 증여세법」 제16조의 공익법인 등(A,B,C)에 갑법인 발행주식총수의 3%씩을 동시에 출연하는 경우, A성실공익법인 등과 B성실공익법인 등의 경우는 갑법인 발행주식총수의 1.5%를 초과하는 부분, C일반공익법인 등의 경우는 출연받은 갑법인 주식 3%에 대하여 같은 법 제48조에 따라 증여세가 부과되는 것임

10 공익법인 등이 주식을 출연받는 경우 5% 초과 여부 판단(재산세과 - 167, 2010.3.18.)

공익법인이 주식을 출연받는 경우 5% 초과 여부는 출연받는 주식, 보유하는 주식, 출연자와 특수관계자가 다른 공익법인에 출연한 주식 및 보유하는 주식, 내국법인과 특수관계자가 출연한 다른 공익법인이 보유하는 주식을 합하여 판단함

11 공익법인 주식보유 초과 가산세 등 해당 여부(재산세과 - 1436, 2009.7.15.)

「상속세 및 증여세법」 제49조 제1항의 규정에 의하여 공익법인 등이 1996.12.31. 현재 보유하고 있는 동일한 내국법인의 주식 등이 발행주식총수 등의 100분의 5를 초과하고 100분의 20 이하인 경우로서 1999.12.31.까지 발행주식총수 등의 100분의 5를 초과하는 주식을 처분하지 아니한 경우에는 같은 법 제78조 제4항의 규정에 의한 가산세가 부과되는 것이며, 이 경우 가산세는 당해 내국법인 발행주식총수의 5%를 초과하여 보유하는 주식(무상증자 등으로 증가한 주식을 포함)에 대하여 매년 말 현재 시가의 100분의 5에 상당하는 금액을 부과하는 것임

12 공익법인이 기부받은 비상장주식의 취득가액(법인세과 - 533, 2014.11.28.)

「상속세 및 증여세법 시행령」 제12조에 따른 공익법인이 「법인세법」 제24조 제1항에 따른 지정기부금에 해당하는 비상장주식을 기부받은 경우 해당 주식의 취득가액은 「법인세법 시행령」 제72조 제2항 제5의 3호 내지 제6호에 따른 가액으로 하는 것임

13 공익법인이 출연받은 재산이 국외주식인 경우 증여세 과세가액 불산입 여부

(상속증여세과 - 552, 2013.9.16.)

「상속세 및 증여세법 시행령」 제12조 각 호의 1에 해당하는 공익법인 등이 재산을 출연받아 그 출연받은 날부터 3년 이내에 직접 공익목적사업(직접 공익목적사업에 충당하기 위하여 수익용 또는 수익사업용으로 운영하는 경우를 포함)에 사용하는 경우 같은 법 제48조 제1항 · 제2항에 따라 그 출연받은 재산의 가액은 증여세 과세가액에 산입하지 아니하는 것입니다. 이때 출연받은 재산에는 국외주식을 포함하는 것이며, 주식 등을 5%(성실공익법인 등에 해당하는 경우에는 10%)를 초과 출연받은 경우 초과부분에 대하여 증여세를 과세하는 같은 법 제48조 제1항 단서의 규정은 내국법인의 주식에 한정하여 적용하는 것임

14 **2개 공익법인의 동일한 내국법인 주식보유비율이 동시에 보유기준을 초과하는 경우 초과분 계산방법 등**(기획재정부 재산세제과 - 884, 2019.12.27.)

모든 공익법인이 동시에 출연받은 주식 등과 기존보유주식을 모두 합산한 것이 주식보유한도를 초과하는 경우 그 초과하는 주식 등의 가액(한도초과분합계)을 각 공익법인이 출연받은 주식 등의 가액에 비례하여 안분하는 것임

15 **성실공익법인 요건 위반 시 성실공익법인에 대한 과세방법**

(서면 - 2020 - 법령해석법인 - 5277, 2021.2.2.)

「상속세 및 증여세법」(2020.12.22. 법률 제17654호로 개정되기 전의 것) 제16조 제2항 제2호 각 목 외의 부분 단서에 따른 성실공익법인이 내국법인의 의결권 있는 발행주식총수의 100분의 5를 초과하여 출연(출연받은 재산 및 출연받은 재산의 매각대금으로 주식을 취득하는 경우 포함)받은 후 성실공익법인에 해당하지 아니하게 됨에 따라 같은 법 제48조 제11항을 적용하는 경우로서 해당 보유 주식 중 출연 당시 같은 법 제16조 제2항 제2호 나목에 따른 지분 보유 한도를 초과하여 상속세가 부과된 주식이 있는 경우에는 상속세를 납부하고 출연받은 해당 주식은 상속세 또는 증여세 과세대상에 해당하지 않는 것이며, 해당 성실공익법인이 보유 중인 주식을 일부 처분한 후 성실공익법인에 해당하지 아니하게 됨에 따라 같은 법 제48조 제11항을 적용하는 경우로서 종전 보유주식 중 처분한 주식의 취득시기가 불분명한 경우에는 「소득세법 시행령」 제162조 제5항을 준용하여 먼저 취득한 주식을 먼저 처분하는 것으로 보아 상속세 또는 증여세 과세대상 주식수를 산정하는 것임

16 **공익법인 등의 주식취득에 해당하는지 여부**(서면 - 2017 - 상속증여 - 3203, 2018.2.6.)

공익법인이 특수관계 없는 자산운용사 등에 출연받은 재산 등을 투자하여 수익증권을 취득하고 그 자산운용사 등이 부동산(임대 및 양도 목적)을 취득하는 경우로서 공익법인 등이 실제로 자산운용에 개입하지 않는 경우에는 단순히 개별 수익증권을 취득한 것으로 보는 것임

17 **계열기업의 주식보유 한도 적용 여부**(상속증여세과 - 594, 2013.10.31.)

공익법인이 계열법인 주식을 보유하는 경우로서 그 가액이 총자산가액의 30%를 초과하는 경우 가산세를 부과하는 것이나, 특수관계에 있는 내국법인의 주식이 아닌 경우에는 적용하지 않음

6 관련 서식

① 주식(출자지분) 보유명세서(별지 제26호 서식)
② 주식 등의 출연 · 취득 · 보유 및 처분 명세서(별지 제31호 서식 부표 2)
③ 공익법인등의 주식 보유 관련 의무이행 신고서(별지 제22호 서식)

■ 상속세 및 증여세법 시행규칙 [별지 제26호서식] 〈개정 2023. 3. 20.〉

주식(출자지분) 보유명세서

※ 뒤쪽의 작성방법을 읽고 작성하여 주시기 바랍니다. (앞쪽)

①법인명							②사업연도			
주식발행법인				공익법인 보유주식						
③ 법인명	④ 사업자 등록번호	⑤ 총발행 주식수	⑥ 계열법인 여부	⑦ 주식수	⑧ 지분율	⑨ 취득 구분	⑩ 취득일	⑪ 취득 가액	⑫ 장부 가액	⑬ 의결권 여부

210mm×297mm[백상지 80g/㎡]

(뒤쪽)

작성방법

1. 공익법인이 보유하고 있는 주식 중 기업집단에 속하는 계열법인과 그 밖의 법인을 구분하여 따로 적고(⑥계열법인 여부란에 1. 여, 2. 부로 적습니다), 동일한 내국법인의 의결권 있는 주식과 의결권 없는 주식을 동시에 보유하고 있는 경우에는 각각 구분하여 적습니다(⑬의결권 여부란에 1. 여, 2. 부로 적습니다).

2. ③법인명란에는 보유하고 있는 주식의 발행법인의 회사명을 적고, ④사업자등록번호란에는 주식발행법인의 사업자등록번호를 적습니다.

3. ⑤총발행주식수란은 보유하고 있는 주식의 발행회사가 발행한 총주식수를 적습니다.

4. ⑧지분율란은 다음 계산식에 따른 비율을 적습니다.

$$\frac{⑦주식수}{⑤총발행주식수} \times 100$$

5. ⑨취득구분란은 출연 · 매입 · 유상증자 · 기타로 구분하여 적습니다.

6. ⑩취득일란에는 주식을 취득한 연월일을 적습니다.

7. ⑪취득가액은 「법인세법 시행령」 제74조제1항제1호마목에 따라 평가한 가액을 적습니다.

8. ⑫장부가액란은 재무상태표의 가액을 적습니다.

210mm×297mm[백상지 80g/㎡]

■ 상속세 및 증여세법 시행규칙 [별지 제31호서식 부표 2] 〈개정 2023. 3. 20.〉

주식 등의 출연 · 취득 · 보유 및 처분 명세서

※ 뒤쪽의 작성방법을 읽고 작성하여 주시기 바랍니다. (앞쪽)

1. 주식 등의 보유현황

(단위: 주식 수, 원, %)

주식발행법인		공익법인 보유 주식							
주식명	총 발행 주식 수	보유 주식 수	지분율	주식가액 (장부가액)	보유경위			배당현황	의결권 여부
					출연	유상 취득	기타		
합 계									

2. 보유주식 등 변동사항

(단위: 주식 수, 원)

일자	변동 사유	주식명	주식 수	주식가액 (장부가액)	출연자와 주식 등의 발행법인과의 관계

3. 공익법인의 총자산가액에서 특수관계에 있는 내국법인의 주식 등이 차지하는 비율

(단위 : 원, %)

①자산총액	주식 등의 가액			⑤ 비율 ④÷(①-③+④)	비고
	②취득가액	③장부가액	④ (②,③ 중 적은 금액)		

4. 주식 등의 의결권 행사 결과

주식명	의결권 행사일	의결권 행사 주식 수	의결권 행사 주식 비율	비 고

210mm×297mm[백상지 80g/㎡ 또는 중질지 80g/㎡]

(뒤쪽)

작성방법

1. 주식 등의 보유현황

가. 사업연도말 현재 해당 공익법인이 보유하고 있는 주식 등의 장부가액을 주식 등의 발행회사별로 적습니다.

나. 주식발행회사별 주식의 장부가액을 그 보유한 사유에 따라 구분하여 적습니다.

예) 1.10일 대한(주) 발행주식 1,000주(시가 100백만원)를 무상으로 출연받음

2.10일 대한(주) 발행주식 2,000주를 250백만원에 유상 취득

3.10일 대한(주)가 100% 무상증자를 실시해 무상주 3,000주 수령

⇒ 주식가액(장부가액) : 350백만원

보유경위(출연): 100백만원, 보유경위(유상 취득) : 250백만원, 보유경위(기타) : 0원

* 출연: 무상으로 받은 경우만 적습니다.

* 유상 취득: 출연재산, 매각대금 등을 재원으로 유상 취득하는 경우만 적습니다.

다. 의결권 여부란은 의결권이 있는 주식은 "여", 우선주와 같이 의결권이 없는 주식은 "부"를 적습니다.

2. 보유주식 등 변동상황

가. 사업연도 중 보유주식 변동상황을 적습니다.

나. 변동사유란에는 보유주식이 증감하게 된 사유를 적되, 다음 구분 중에서 선택하여 적습니다.

– 1. 출연(무상 수증) 2. 유상 취득 3. 매각 4. 다른 공익법인에 재출연 5. 기타

다. 주식가액(장부가액)란에는 증가의 경우에는 (+) 금액을 적고 감소의 경우에는 (–) 금액을 적습니다.

3. 공익법인의 총자산가액에서 특수관계에 있는 내국법인의 주식 등이 차지하는 비율: 사업연도말 현재 재무상태표를 기준으로 작성합니다.

4. 주식 등의 의결권 행사 결과 : 의결권 있는 주식 등을 발행주식 총수 등의 100분의 5를 초과하여 보유하고 있는 공익법인등으로서 「상속세 및 증여세법」 제48조제11항 각 호의 요건을 충족하는 공익법인이 해당 주식의 의결권을 행사한 경우 해당 주식명, 의결권 행사일, 의결권을 행사한 주식 수 및 비율을 적습니다.

210mm×297mm[백상지 80g/㎡ 또는 중질지 80g/㎡]

■ 상속세 및 증여세법 시행규칙 [별지 제22호 서식] 〈개정 2025. 3. 21.〉

공익법인등의 주식 보유 관련 의무이행 신고서

※ 뒤쪽의 작성방법을 읽고 작성해 주시기 바라며, [ ]에는 해당되는 곳에 √표를 합니다. (앞쪽)

1. 기본사항

사업연도(과세기간): 년 월 일 ~ 년 월 일			
① 공익법인등 명칭		② 사업자등록번호(고유번호)	
③ 대표자		④ 설립연월일	
⑤ 소재지		⑥ 전화번호/팩스	/
⑦ 홈페이지 주소		⑧ 전자우편주소	
⑨ 주무관청명	( )	⑩ 주무관청 부서명	
⑪ 설립근거법률		⑫ 공익사업 유형	

2. 계열기업 등에 관한 사항

⑬ 상호출자제한기업집단 여부	여[ ] 부[ ]	⑭ 계열그룹명	

3. 의무이행 여부

의 무	이행여부	
	여	부
가. 출연받은 재산을 수익용 또는 수익사업용으로 운용하는 경우 운용소득의 100분의 80 이상을 직접 공익목적사업에 사용할 것		
나. 출연자 또는 그의 특수관계인이 이사 현원의 5분의 1을 초과하지 않을 것		
다. 「상속세 및 증여세법」 제48조제3항에 따른 자기내부거래를 하지 않을 것		
라. 「상속세 및 증여세법」 제48조제10항 전단에 따른 광고ㆍ홍보를 하지 않을 것		

4. 주식의 의결권 미행사 등 요건충족 여부

가. 출연받은 주식등의 의결권을 행사하지 아니할 것	여[ ] 부[ ]
나. 자선ㆍ장학 또는 사회복지를 목적으로 할 것	여[ ] 부[ ]

「상속세 및 증여세법」 제48조제13항 및 같은 법 시행령 제41조의2제7항에 따라 의무이행 신고서를 제출합니다.

년 월 일

신고인 (서명 또는 인)

지방국세청장 귀하

제출서류	1. 해당 공익법인등의 설립허가서 및 정관(최초 신고 시 제출하고, 이후 변경사항이 있는 경우에만 제출합니다.) 2. 「상속세 및 증여세법 시행규칙」 별지 제25호의4서식에 따른 운용소득 사용명세서 3. 「상속세 및 증여세법 시행규칙」 별지 제26호의2서식에 따른 이사등 선임명세서 4. 「상속세 및 증여세법 시행규칙」 별지 제26호의3서식에 따른 특정기업광고 등 명세서 5. 「상속세 및 증여세법 시행규칙」 별지 제32호서식 부표 2에 따른 출연자 등 특수관계인 사용수익명세서 ※ 제2호부터 제5호까지의 서류는 「상속세 및 증여세법」 제48조제5항, 제50조제2항 및 제50조의3제1항에 따라 이미 제출하거나 공시한 경우에는 제출하지 않을 수 있습니다.	수수료 없음
담당공무원 확인사항	법인 등기사항증명서	

210mm×297mm[백상지 80g/㎡ 또는 중질지 80g/㎡]

(뒤쪽)

작성방법

이 서식은 「상속세 및 증여세법 시행규칙」 제13조의2제1항 각 호의 어느 하나에 해당하는 공익법인등이 주식 보유 관련 의무이행 여부 등에 관한 사항을 납세지 관할 지방국세청장에게 신고할 때 작성하는 서식입니다.

1. 기본사항

가. "⑨ 주무관청명"란: 비영리법인의 설립을 허가한 주무관청 명칭(설립허가 이후 주무관청이 변경된 경우 변경된 주무관청 명칭)을 적고, 해당 주무관청으로부터 공익법인등을 관리 · 감독 권한을 위임 받은 기관이 있는 경우에는 위임 받은 기관의 명칭을 괄호에 적습니다.

예) 00시교육청의 관리 · 감독을 받는 장학재단인 경우 '교육부(00시교육청)', 서울특별시의 관리 · 감독을 받는 종교법인의 경우 '문화체육관광부(서울특별시장)', 주무관청이 없는 단체의 경우 '관할 세무서'를 주무관청으로 적습니다.

나. "⑩ 주무관청 부서명"란: 비영리법인의 설립을 허가한 주무관청의 부서명(설립허가 이후 주무관청 부서명이 변경된 경우 변경된 주무관청 부서명)을 적고, 해당 주무관청으로부터 공익법인등을 관리 · 감독 권한을 위임 받은 기관이 있는 경우에는 위임 받은 기관의 부서명을 적습니다.

다. "⑪ 설립근거법률"란: 다음 중에서 해당하는 법률 등을 선택하여 모두 적습니다.

1) 「민법」, 2) 「공익법인의 설립 · 운영에 관한 법률」, 3) 「사회복지사업법」, 4) 「사립학교법」, 5) 「의료법」, 6) 「협동조합 기본법」, 7) 그 밖의 다른 법률, 8) 해당 없음

라. "⑫ 공익사업 유형"란: 1) 교육, 2) 학술 · 장학, 3) 사회복지, 4) 의료, 5) 예술 · 문화, 6) 종교, 7) 그 밖의 유형 중에서 정관상 주된 공익목적사업 하나를 선택하여 적습니다.

2. 계열기업 등에 관한 사항

가. "⑬ 상호출자제한기업집단 여부"란: 「독점규제 및 공정거래에 관한 법률」 제31조제1항 전단에 따른 상호출자제한기업집단과 특수관계에 있는 공익법인등인지 여부를 표시합니다.

나. "⑭ 계열그룹명"란: 「독점규제 및 공정거래에 관한 법률 시행령」 제4조 각 호의 어느 하나에 해당하는 기업집단에 속하는 경우 해당 계열그룹명을 적습니다.

3. 의무이행 여부: 공익법인이 주식을 출연받거나 취득하는 경우 내국법인의 의결권 있는 발행주식총수등의 10%까지 보유할 수 있는 요건을 충족하였는지 여부를 표시합니다(「상속세 및 증여세법」 제16조제2항제2호, 제48조제11항 및 같은 법 시행령 제41조의2).

4. 주식의 의결권 미행사 등 요건충족 여부: 공익법인이 주식을 출연받거나 취득하는 경우 내국법인의 의결권 있는 발행주식총수등의 20%까지 보유할 수 있는 요건을 갖추었는지 여부를 표시합니다(「상속세 및 증여세법」 제16조제2항제2호가목).

※ **(참고)** 공익법인이 주식을 출연받거나 출연재산 등으로 주식을 취득하는 경우 그 내국법인의 의결권 있는 발행주식총수등의 비율(「상속세 및 증여세법」 제16조제2항)이 아래의 구분에 따른 비율을 초과하는 경우 그 초과하는 가액을 증여세 과세가액에 산입합니다.

구 분	비 율
1) 상호출자제한기업집단과 특수관계에 있는 경우 또는 「상속세 및 증여세법」 제48조제11항 각 호의 요건을 충족하지 못하는 경우(같은 법 제16조제2항제2호나목 및 다목)	5%
2) 1)에 해당하지 않는 공익법인으로서 자선 · 장학 · 사회복지 목적으로 설립되었으며 출연받은 주식의 의결권을 행사하지 않는 경우(「상속세 및 증여세법」 제16조제2항제2호가목)	20%
3) 1), 2)에 해당하지 않는 경우	10%

PART 3 상증법상 혜택과 사후관리

05 출연재산 일정비율 의무사용(상증법 §48 ② 7호)

1 개 요

총자산가액이 5억원 이상이거나 해당 사업연도의 수입금액과 출연재산가액 합계액이 3억원 이상인 공익법인 및 동일한 내국법인의 의결권 있는 주식 등을 발행주식총수의 5%를 초과하여 보유하고 있는 공익법인 등은 출연재산가액에 1%(또는 3%)에 상당하는 금액을(이하 '기준금액') 직접 공익목적사업(「소득세법」에 따라 소득세 과세대상이 되거나 「법인세법」에 따라 법인세 과세대상이 되는 사업은 제외)에 사용해야 하고, 미달하여 사용한 경우 가산세를 부과한다.

2 수익용 출연재산가액의 의의와 사용기준금액

(1) 수익용 출연재산가액이란?(상증령 §38 ⑱)

직접 공익목적사업에 사용해야 할 사업연도의 직전 사업연도 종료일 현재 재무상태표 및 운영성과표를 기준으로 다음의 계산식에 따라 계산한 가액을 말한다.

출연재산가액＝총자산가액－(부채가액＋당기순이익)

* 총자산가액은 수익사업용 재산가액으로 직접 공익목적사업용 재산은 제외한다.

** 총자산가액 중 해당 공익법인이 3년 이상 5년 미만 보유한 유가증권시장 또는 코스닥시장에 상장된 주권상장법인의 주식의 가액은 직전 3개 과세기간 또는 사업연도 종료일 현재 각 재무상태표 및 운영 성과표를 기준으로 한 가액의 평균액으로 하고, 해당 공익법인등이 5년 이상 보유한 경우의 가액은 직전 5개 과세기간 또는 사업연도 종료일 현재 각 재무상태표 및 운영성과표를 기준으로 한 가액의 평균액으로 함

다만, 공익법인 등이 「상속세 및 증여세법 시행령」 제41조의 2 제6항(주식보유 관련 의무이행 여부 신고대상)에 따른 공익법인 등에 해당하거나, 「상속세 및 증여세법 시행령」 제43조 제3항(외부회계감사 제외 대상)에 따른 공익법인 등에 해당하지 않는 경우로서 재무상태표상 자산가액이 「상속세 및 증여세법」 제4장(재산의 평가) 규정에 따라 평가한 가액의 100분의

70 이하인 경우에는 「상속세 및 증여세법」 제4장에 따라 평가한 가액을 기준으로 한다.

(2) 사용기준금액

사용기준금액 = 수익사업용 출연재산가액 × 1%(3%)

* 「상속세 및 증여세법」 제16조 제2항 제2호 가목에 해당하는 공익법인 등(의결권 미행사를 정관에 규정한 학술 · 장학 · 사회복지법인)이 발행주식총수의 10%를 초과하여 보유하고 있는 경우에는 3%

(3) 직접 공익목적 사용

직접 공익목적사업에 사용하는 것에 대한 정의는 공익법인 등의 정관상 고유목적사업에 사용하는 것이다. 또한, 출연받은 재산을 해당 직접 공익목적사업에 효율적으로 사용하기 위하여 주무관청의 허가를 받아 다른 공익법인등에게 출연하는 것을 포함한다.

다음의 어느 하나에 해당하는 경우는 직접 공익목적사업 사용에서 제외한다.

① 「법인세법 시행령」 제56조 제11항에 따라 고유목적에 지출한 것으로 보지 아니하는 금액

② 해당 공익법인등의 정관상 고유목적사업에 직접 사용하는 시설에 소요되는 수선비, 전기료 및 전화사용료 등의 관리비를 제외한 관리비

(4) 직접 공익목적사업에 사용한 실적 계산

직접 공익목적사업에 사용한 실적은 직접 공익목적사업에 사용해야 할 과세기간 또는 사업연도 중 고유목적사업비로 지출된 금액으로서 손금에 산입한 금액을 포함한다.

공익법인등이 해당 공익목적사업 개시 후 5년이 지난 경우에는 직접 공익목적사업에 사용한 실적을 계산할 때 아래 두 가지 방법 중 선택이 가능하다.

가) 당해 과세연도 사용실적
나) 당해 과세연도와 직전4개 과세연도의 5년 평균 사용실적

3 의무사용 적용 제외(상증령 §38 ⑱, §43의 5 ①·②)

자산 규모, 사업의 특성 등을 고려하여 다음의 공익법인 등은 제외한다. 단, 상속세 및 증여세법 시행령」 제41조의 2 제6항(주식보유 관련 의무이행 여부 신고대상)에 해당하는 경우 출연재산 일정비율 의무사용 대상 공익법인이다.

① 종교법인

② 결산서류 등의 공시대상 과세기간 또는 사업연도의 종료일 현재 재무상태표상 총자산가액(부동산인 경우 「상속세 및 증여세법」 제60조, 제61조 및 제66조에 따라 평가한 가액이 재무상태표상의 가액보다 크면 그 평가한 가액을 말한다)의 합계액이 5억원 미만이면서 해당 과세기간 또는 사업연도의 수입금액과 그 과세기간 또는 사업연도에 출연받은 재산가액의 합계액이 3억원 미만인 공익법인 등

③ 「법인세법 시행령」 제39조 제1항 제1호 바목에 따른 공익법인 중 「공공기관의 운영에 관한 법률」 제4조에 따른 공공기관 또는 법률에 따라 직접 설립된 기관

4 가산세

기준금액에 미달하게 사용한 경우 해당 금액의 10%를 공익법인 등이 납부할 세액에 가산하여 부과한다. 다만, 주식 5% 등 초과 보유 공익법인(상증령 제38조 제20항에 따라 주식보유 관련 의무이행 신고 대상)은 기준금액 미달 사용금액에 200%를 가산세로 부과한다.

> 가산세=(사용기준금액-직접 공익목적사업에 사용한 금액)×10%(200%)

이 경우 아래의 가산세 규정이 동시에 해당하는 경우에는 더 큰 금액으로 한다(상증법 §78 ⑨).

> ① 운용소득 중 사용하지 아니한 금액(제48조 제2항 제5호에 따라 운용소득을 기준금액에 미달하여 사용한 경우)
> ② 기준금액에서 직접 공익목적사업에 사용한 금액을 차감한 금액(제48조 제2항 제7호에 해당하는 경우)

▶ 출연재산 일정비율 의무사용 개정 연혁[16] ◀

<table>
<tr><th>적용 사업연도</th><th colspan="2">의무사용 대상</th><th>사용 기준금액</th><th>제재규정</th></tr>
<tr><td>2018.1.1. 이후~</td><td colspan="2">성실공익법인</td><td>출연재산가액의 1%(3%)</td><td rowspan="2">기준미달사용액의 10% 가산세 부과</td></tr>
<tr><td>2021.1.1. 이후~</td><td colspan="2">성실공익법인, 자산 5억원, 수입금액 등 3억원 이상 법인</td><td>출연재산가액의 1%(3%)</td></tr>
<tr><td>2022.1.1. 이후~</td><td colspan="2">주식 5% 등 초과보유 법인, 자산 5억원, 수입금액 등 3억원 이상 법인</td><td>출연재산가액의 1%(3%)</td><td>가산세 부과 동일 주식 5% 초과분 증여세 부과</td></tr>
<tr><td rowspan="3">2024.1.1. 이후~</td><td rowspan="2">주식보유의무 이행신고대상 o</td><td>주식 5% 이하 보유 법인</td><td>출연재산가액의 1%(3%)</td><td>기준미달사용액의 10% 가산세 부과</td></tr>
<tr><td>주식 5% 초과 보유 법인</td><td>출연재산가액의 1%(3%)</td><td>기준미달사용액의 200% 가산세 부과</td></tr>
<tr><td>주식보유의무 이행신고대상 x</td><td>자산 5억원, 수입금액 등 3억원 이상 법인</td><td>출연재산가액의 1%(3%)</td><td>기준미달사용액의 10% 가산세 부과</td></tr>
</table>

관련 예규 · 판례

1 성실공익법인 등의 출연재산 의무사용규정이 출연재산가액의 직접적인 사용만을 의미하는 것인지 여부(법인세과-3128, 2020.8.28.)

내국법인의 의결권 있는 주식 등을 그 내국법인의 발행주식총수 등의 100분의 5를 초과하여 보유하고 있는 성실공익법인 등이 「상속세 및 증여세법 시행령」 제38조 제18항 및 제19항에 따라 계산한 금액 이상을 직접 공익목적사업에 사용한 경우 「상속세 및 증여세법」 제48조 제2항 제7호에 따른 의무를 이행한 것에 해당하는 것임

2 성실공익법인의 의무지출금액 미달사용에 따른 가산세 적용 시 주식 5% 초과보유 판정
(법령해석과-836, 2020.3.19.)

성실공익법인이 직전 사업연도 중에 1회라도 주식을 5% 초과보유한 경우 「상속세 및 증여세법」 제48조 제2항 제7호의 기준금액을 직접 공익목적사업에 사용하여야 함

3 의료법인이 출연재산가액의 1% 상당액을 수익사업에 해당하는 의료사업에 사용하는 경우 직접 공익목적사업에 사용한 것으로 볼 수 있는지 여부(법규과-191, 2022.1.18.)

의료법인이 출연재산가액의 1% 상당액을 정관상 고유목적사업으로서 공익목적사업이자 수익 사업에 해당하는 의료사업에 사용하는 경우 해당 금액은 「상속세 및 증여세법」 제48조 제2항 제7호의 직접 공익목적사업에 사용한 것으로 볼 수 없는 것임

16) 공익법인 세무안내, 국세청, 2025, 174쪽

5 관련 서식

• 출연받은 재산의 공익목적사용 현황(별지 제31호 서식 부표 4)

■ 상속세 및 증여세법 시행규칙 [별지 제31호 서식 부표 4] 〈개정 2023. 3. 20.〉

출연받은 재산의 공익목적사용 현황

※ 뒤쪽의 작성방법을 읽고 작성해 주시기 바랍니다. (앞쪽)

1. 출연재산 공익목적사용 현황

(단위 : 원)

① 공익법인명						② 사업연도					
출연재산 명세				전기 사업연도까지 사용금액			해당 사업연도 사용금액			⑬ 미사용 금액 (⑥-⑦-⑩)	⑭ 미사용 사유 또는 사용계획
③ 출연받은 사업연도	출연재산			⑦ 합계 (⑧+⑨)	⑧ 직접 공익목적 사용금액	⑨ 수익사업 사용금액	⑩ 합계 (⑪+⑫)	⑪ 직접 공익목적 사용금액	⑫ 수익사업 사용금액		
	④ 코드	⑤ 종류	⑥ 가액								

2. 수익(사업)용 출연재산 공익목적 의무사용 현황

(단위 : 원)

수익용 또는 수익사업용으로 운용하는 재산			④ 의무사용 출연재산대상가액 [①-(②+③)]	⑤ 사용기준금액 (④×1%,3%)	⑥ 사용실적	⑦ 과부족액 (⑥-⑤)
① 총자산가액	② 부채가액	③ 당기순이익				

210mm×297mm[백상지 80g/㎡]

(뒤쪽)

작 성 방 법

1. 이 서식은 해당 사업연도에 출연받은 재산의 명세 및 사용명세, 그리고 직전 사업연도 종료일 현재 사용이 완료되지 아니한 출연받은 재산의 사용명세(해당 사업연도 사용분)를 작성하며, 출연재산별로 출연일이 빠른 순으로 적습니다.

2. 직전 사업연도 종료일 이전에 출연받은 재산으로서 직전사업연도 종료일 전에 사용을 완료한 경우에는 금년도 출연받은 재산의 사용명세서에 적지 않습니다.

3. 소액계의 ⑩가액란에는 1개 사업연도 중에 50만원 미만을 출연한 자(법인은 제외합니다)가 있는 경우에 소액 출연재산의 합계액을 적습니다.

4. ④출연일란은 출연재산이 공익법인에 귀속된 날짜를 적습니다.

5. ⑤출연자란은 출연자의 성명 또는 상호를 적고, ⑥주민등록번호등란에는 출연자의 주민등록번호 또는 사업자등록번호 등을 적습니다.

6. 출연재산란(⑦~⑩)은 아래의 설명에 따릅니다.

가. ⑦종류란은 출연재산의 종류를 다음 분류에 따라 선택하여 코드와 과목명을 적습니다.

코드	1	2	3	4	5	6	7	8	9	10
과목명	현금	예 · 적금	토지	건물	주식 · 출자지분	기계 장치	의료 장비	채권	차량 운반구	기타

나. ⑧소재지란은 부동산의 경우에는 소재지를 적고, 주식 및 유가증권 등의 경우에는 발행회사를 적으며, 그 밖의 경우에는 적지 않습니다.

다. ⑨수량란에는 부동산은 "㎡"단위로, 주식은 "주"단위로, 현물출연은 현물의 수량을 나타내는 기본단위(예: 기계장치의 경우 "대")로 적습니다.

예1) 토지 1,000㎡의 경우 ⇨ 1,000 입력

예2) 주식 500주의 경우 ⇨ 500 입력

예3) 기계장치 30대의 경우 ⇨ 30 입력

라. ⑩가액란은 출연당시의 시가로 적되, 시가를 산정하기 어려운 경우에는「상속세 및 증여세법」 제61조부터 제65조까지에 따른 평가가액으로 적습니다.

7. ⑫해당 사업연도 사용금액란에는 해당 사업연도에 직접 공익목적사업에 사용한 금액을 적습니다.

8. ⑬해당 사업연도 사용처란은 해당 사업연도에 출연받은 재산을 사용한 구체적인 내용을 적습니다.

예) 도서관 신축, 학교운영비, 수익용 임대건물 취득, 장학금 지급 등

06 출연자 등의 이사 취임 시 지켜야 할 일(상증법 §48 ⑧)

1 개 요

공익법인에 대한 출연자 및 특수관계자 등의 사적지배, 특히 다른 법인에게 지배당하는 것을 방지하기 위하여 출연자 및 그의 특수관계인이 공익법인의 의사결정 권한이 있는 이사에 취임하거나 고용되는 것을 일정비율로 제한한다는 취지의 규정이다.

출연자 또는 그의 특수관계인이 공익법인 등의 현재 이사 수(현재 이사 수가 5명 미만인 경우에는 5명으로 본다)의 5분의 1을 초과하여 이사가 되거나, 그 공익법인 등의 임직원이 되는 경우에는 가산세를 부과한다.

2 가산세 부과

(1) 출연자의 범위(상증령 §38 ⑩)

재산출연일 현재 해당 공익법인 등의 총출연재산가액의 100분의 1에 상당하는 금액과 2천만원 중 적은 금액을 초과하여 출연한 자를 말한다.

(2) 특수관계인의 범위

「상속세 및 증여세법 시행령」 제2조의 2에 해당하는 자를 말한다.

(3) 공익법인(의료법인 제외)의 범위(상증령 §38 ⑪)

① 출연자와 「상속세 및 증여세법 시행령」 제2조의 2 제1항 제3호의 관계에 있는 자가 이사의 과반수를 차지하거나 재산을 출연하여 설립한 비영리법인

② 출연자와 「상속세 및 증여세법 시행령」 제2조의 2 제1항 제4호의 관계에 있는 자가

재산을 출연하여 설립한 비영리법인

③ 출연자와 「상속세 및 증여세법 시행령」 제2조의 2 제1항 제5호 또는 제8호의 관계에 있는 비영리법인

(4) 가산세 계산

이사 수 기준을 초과하는 이사가 있거나, 임직원이 있는 경우 그 사람과 관련하여 지출된 급료, 판공비, 비서실 운영경비 및 차량유지비 등 직접경비 또는 간접경비에 상당하는 금액 전액을 매년 그 공익법인 등이 납부할 세액에 가산하여 부과한다.

이 경우 이사의 취임시기가 다른 경우에는 나중에 취임한 이사에 대한 분부터, 취임시기가 동일한 경우에는 지출경비가 큰 이사에 대한 분부터 가산세를 부과한다.

3 가산세 제외

다음에 해당하는 경우에는 가산세를 부과하지 않는다.

① 부득이한 사유가 있는 경우

사망 등 다음의 부득이한 사유로 출연자 또는 그의 특수관계인이 공익법인 등의 현재 이사 수의 5분의 1을 초과하여 이사가 된 경우로서 해당 사유가 발생한 날부터 2개월 이내에 이사를 보충하거나 개임(改任)하는 경우

- 이사의 사망 또는 사임
- 특수관계인에 해당하지 아니하던 이사가 특수관계인에 해당하는 경우

② 가산세가 부과되지 않는 이사 또는 임직원(상증령 §80 ⑩)

- 의사
- 학교의 교직원(교직원 중 직원은 「사립학교법」 제29조에 따른 학교에 속하는 회계로 경비를 지급하는 직원만 해당)
- 아동복지시설의 보육사
- 도서관의 사서

- 박물관 · 미술관의 학예사
- 사회복지시설의 사회복지사 자격소지자
- 「국가과학기술 경쟁력 강화를 위한 이공계지원 특별법」 제2조 제3호에 따른 연구기관의 연구원으로서 「상속세 및 증여세법 시행규칙」 제21조에서 정하는 연구원* (2021.2.17. 이후 지출분부터)

* **가산세 적용 제외 연구원의 요건**
다음의 요건을 모두 충족하는 사람을 말한다. 이 경우 제1호 및 제2호의 요건을 충족했는지 여부는 공익법인 등에서 근무를 시작한 시점을 기준으로 판단한다.
1. 자연계 · 이공계 · 의학계 분야의 학사 학위 이상을 소지한 사람일 것. 이 경우 각 분야의 예시는 「조세특례제한법 시행규칙」 별표 1의 2와 같다.
2. 다음 각 목의 어느 하나의 기관(이하 이 조에서 "연구기관등"이라 한다)에서 5년(박사 학위를 소지한 사람의 경우 2년을 말한다) 이상 연구개발 및 기술개발 경험이 있을 것.
   이 경우 학위 취득 기간 및 휴직 등으로 인해 실제로 연구원으로 근무하지 않은 기간을 제외하고 연구원으로 근무한 경우 연구개발 및 기술개발 경험이 있는 것으로 본다.
   가. 「국가과학기술 경쟁력 강화를 위한 이공계지원 특별법」 제2조 제3호의 연구기관
   나. 외국의 대학과 그 부설연구소, 국책연구기관 및 기업부설연구소(연구원 근무 증명은 「조세특례제한법 시행규칙」 제10조 제4항을 준용)
3. 해당 공익법인 등에서 연구원(행정 사무만을 담당하는 사람은 제외한다. 이하 이 조에서 같다)으로 근무하는 사람일 것

관련 예규 · 판례

1 공익법인이 특수관계인 이사 제한 규정을 위반하여 가산세를 부과하는 경우 중임된 이사의 취임시기(서면 - 2018 - 법령해석재산 - 0394, 2020.12.17.)

「상속세 및 증여세법」 제48조 제8항에 따라 출연자 및 출연자의 특수관계인이 공익법인 이사의 5분의 1을 초과하여 초과 이사와 관련된 지출경비에 대해 가산세를 부과할 경우 해당 이사가 임기가 끝난 후 연속하여 이사에 임명된 경우 동 이사의 취임시기는 최초 취임일임

2 공익법인 등의 초과 이사와 관련된 경비의 가산세 부과방법
(서면 - 2016 - 상속증여 - 4700, 2018.9.7.)

출연자 또는 그와 특수관계에 있는 자가 공익법인 등의 이사 현원의 5분의 1을 초과하여 이사가 되는 경우에는 그 초과하는 이사와 관련하여 지출된 직접경비 또는 간접경비 전액에 대하여 가산세가 부과됨

3 성실공익법인 등 판단 시 이사의 범위(재산세과 - 125, 2009.9.3.)

성실공익법인 요건 중 출연자와 특수관계자가 이사 현원의 5분의 1을 초과하지 않아야 하는 요건에서 이사란 출연자 등과 특수관계에 있는 자로서 이사의 선임 등 당해 공익법인의 사업운영에 관한 중요사항을 결정할 권한을 가진 자를 포함함

4 임원으로 근무하다 퇴직 당시 종업원인 경우 퇴직 후 5년이 지나지 않은 임원에 해당하는지 여부 (상증, 서면 - 2016 - 법령해석재산 - 2841, 2016.4.21.)

「상속세 및 증여세법」상 특수관계 판단 시 임원은 「법인세법」에 따른 임원의 범위를 준용하며(임원은 직무의 실질에 따라 판단), 퇴직 후 특수관계 판단기준일 5년 이전에 임원이었던 자는 임원의 범위에 포함됨

4 관련 서식

① 이사 등 선임명세서(별지 제26호의 2 서식)
② 출연자 및 이사 등 주요 구성원 현황 명세서(별지 제31호 서식 부표 3)

■ 상속세 및 증여세법 시행규칙 [별지 제26호의 2 서식] 〈개정 2024. 3. 22.〉

이사 등 선임명세서

※ 뒤쪽의 작성방법을 읽고 작성하여 주시기 바랍니다. (앞쪽)

공익법인등 명칭		사업연도	

1. 이사 등 선임명세

이사 등 인적사항		③ 선임일	④ 해임일	⑤ 상임, 비상임 구분	⑥ 출연자와의 관계	⑦ 출연 법인과의 관계	⑧ 다른 이사와의 관계	⑨ 직전3년(5년) 계열기업 임원 근무여부	⑩ 초과 여부	⑪ 구분
① 성명	② 주민등록 번호									

2. 기준초과 이사 및 임 · 직원에 대한 경비 명세

⑫ 성명	⑬ 주민등록 번호	⑭ 직책	⑮ 취임 · 근무일	해당연도 경비 명세						㉒ 구분
				⑯ 급료	⑰ 판공비	⑱ 차량 유지비	⑲ 비서실 운영비	⑳ 그 밖의 경비	㉑ 합계	

210mm×297mm[백상지 80g/㎡ 또는 중질지 80g/㎡]

(뒤쪽)

작 성 방 법

1. 이사 등 선임명세(①~⑪)란에는 공익법인의 전체 이사 및 임원의 명세를 적습니다.

가. "⑥출연자와의 관계" 및 "⑦출연법인과의 관계"란에는 이사 등의 구성원이 출연자, 출연법인, 다른 이사와 「상속세 및 증여세법 시행령」 제2조의2에 따른 특수관계가 있는 경우 아래의 표를 참고하여 해당 코드를 적습니다.

코드	특수관계 설명
0	본인
1	친족*, 직계비속의 배우자의 2촌 이내의 혈족과 그 배우자 * 「국세기본법 시행령」 제1조의2제1항 각 호의 어느 하나에 따른 관계에 있는 자를 말합니다.
2	사용인*(출자에 의해 지배하고 있는 법인의 사용인을 포함하며, 이하 같습니다)이나 사용인 외의 자로서 본인의 재산으로 생계를 유지하는 자 * 「상속세 및 증여세법 시행령」 제2조의2제2항에 따른 임원, 상업사용인 및 그 밖에 고용계약 관계에 있는 자
3	다음의 어느 하나에 해당하는 자 (1) 본인이 개인인 경우 – 본인이 직접 또는 본인과 [코드1]에 해당하는 관계에 있는 자가 임원에 대한 임면권의 행사, 사업방침의 결정 등을 통하여 그 경영에 대해 사실상의 영향력을 행사하고 있는 「상속세 및 증여세법 시행규칙」 제2조제1항에 따른 기업집단의 소속기업(해당 기업의 임원*과 퇴직임원**을 포함합니다) * 「법인세법 시행령」 제40조제1항에 따른 임원 ** 퇴직 후 3년(해당 기업이 「독점규제 및 공정거래에 관한 법률」 제31조제1항 전단에 따른 공시대상기업집단에 소속된 경우는 5년)이 지나지 않은 사람 (2) 본인이 법인인 경우 – 본인이 속한 「상속세 및 증여세법 시행규칙」 제2조제1항에 따른 기업집단의 소속기업(해당 기업의 임원과 퇴직임원 포함)과 해당 기업의 임원에 대한 임면권의 행사 · 사업방침의 결정 등을 통하여 그 경영에 관하여 사실상의 영향력을 행사하고 있는 자 및 그와 [코드1]에 해당하는 관계에 있는 자
4	본인, [코드1]부터 [코드3]까지의 자 또는 본인과 [코드1]부터 [코드3]까지의 자가 공동으로 재산을 출연하여 설립하거나 이사의 과반수를 차지하는 비영리법인
5	[코드3]에 해당하는 기업의 임원 또는 퇴직임원이 이사장인 비영리법인
6	본인, [코드1]~[코드5]의 자 또는 본인과 [코드1]~[코드5]의 자가 공동으로 발행주식총수 등의 30% 이상을 출자하고 있는 법인
7	본인, [코드1]~[코드6]의 자 또는 본인과 [코드1]~[코드6]의 자가 공동으로 발행주식총수 등의 50% 이상을 출자하고 있는 법인
8	본인, [코드1]~[코드7]의 자 또는 본인과 [코드1]~[코드7]의 자가 공동으로 재산을 출연하여 설립하거나 이사의 과반수를 차지하는 비영리법인
9	해당없음

나. "⑨직전 3년(5년) 계열기업 임원 근무여부"란은 특수관계가 있는 기업집단 소속기업의 임원으로 퇴직 후 3년(해당 기업이 「독점규제 및 공정거래에 관한 법률」 제31조에 따른 공시대상기업집단에 소속된 경우는 5년) 이내인 경우 "여"로 적으며, 그 외의 경우에는 "부"로 적습니다.

다. "⑪구분"란에는 이사와 임원을 구분하여 적습니다. 이사와 임원을 겸직하는 경우 이사로 적습니다.

2. 기준초과 이사 및 임직원에 대한 경비 명세는 다음과 같이 적습니다.

가. 출연자[재산출연일 현재 해당 공익법인등의 총출연재산가액의 100분의 1에 상당하는 금액과 2천만원 중 적은 금액을 초과하여 출연한 자(「상속세 및 증여세법 시행령」 제38조제10항)] 또는 그의 특수관계인이 이사 현원(이사 현원이 5명에 미달하는 경우에는 5명으로 봅니다)의 5분의 1을 초과하여 이사가 되는 경우에 그 초과한 이사에 대한 직접 · 간접 경비 명세를 적습니다.

※ 이사의 취임시기가 다른 경우에는 나중에 취임한 이사부터, 취임시기가 동일한 경우에는 지출경비가 큰 이사부터 그 명세를 적습니다.

나. 임원 · 직원이 출연자 또는 그의 특수관계인에 해당되는 경우(「상속세 및 증여세법 시행령」 제80조제10항에 따른 의사 · 교직원 등의 경우는 제외합니다)에는 그 해당 임원 · 직원의 경비 명세를 적습니다.

다. "㉔구분"란에는 이사 · 임원 · 직원을 구분하여 적습니다. 이사와 임원을 겸직하는 경우 이사로 적습니다.

210mm×297mm[백상지 80g/㎡ 또는 중질지 80g/㎡]

■ 상속세 및 증여세법 시행규칙 [별지 제31호 서식 부표 3] 〈개정 2023. 3. 20.〉

출연자 및 이사 등 주요 구성원 현황 명세서

※ 뒤쪽의 작성방법을 읽고 작성하여 주시기 바랍니다. (앞쪽)

1. 출연자(기부자)

(단위 : 원)

가. 설립 시 출연자(기부자)

①성명 (사업자명)	②주민등록번호 (사업자등록번호)	③출연재산 종류	④출연가액	⑤비고

나. 해당 사업연도 출연자(기부자)

⑥성명 (사업자명)	⑦주민등록번호 (사업자등록번호)	⑧출연재산 종류	⑨출연가액	⑩비고

2. 이사 등 구성원 현황

⑪성명	⑫상임, 비상임 구분	⑬출연자와의 관계	⑭출연법인과의 관계	⑮다른 이사와의 관계	⑯직전 3년(5년) 계열기업 임원 근무여부	⑰비고

210mm×297mm[백상지 80g/㎡ 또는 중질지 80g/㎡]

(뒤쪽)

작성방법

1. 출연자(기부자)

가. 이 서식의 작성대상은 설립 시와 해당 사업연도에 출연(기부)한 출연자이며, 재산출연일 현재 해당 공익법인의 총 출연재산가액(장부가액 기준)의 1%에 상당하는 금액과 2천만원 중 적은 금액 미만을 출연한 자는 제외합니다.

나. "출연재산 종류"에는 다음 표에서 선택하여 적습니다.

코 드	1	2	3	4	5	6	7	8	9	10
재산종류	현금	예금 · 적금	토지	건물	주식 · 출자지분	기계장치	의료장비	채권	차량운반구	기타

2. 이사 등 구성원 현황

이사 등 구성원 현황(⑪~⑰)란에는 공익법인의 전체 이사 및 임원의 명세를 적습니다.

가. "⑬출연자와의 관계", "⑭출연법인과의 관계", "⑮다른 이사와의 관계"란에는 이사 등의 구성원이 출연자, 출연법인, 다른 이사와 「상속세 및 증여세법 시행령」 제2조의2에 따른 특수관계에 해당하는 경우 아래 표를 참고하여 해당 코드를 적습니다.

코드	특수관계 설명
0	본인
1	친족*, 직계비속의 배우자의 2촌 이내의 혈족과 그 배우자 * 「국세기본법 시행령」 제1조의2제1항 각 호의 어느 하나에 따른 관계에 있는 자를 말합니다.
2	사용인*(출자에 의해 지배하고 있는 법인의 사용인을 포함하며, 이하 같습니다)이나 사용인 외의 자로서 본인의 재산으로 생계를 유지하는 자 * 「상속세 및 증여세법 시행령」 제2조의2제2항에 따른 임원, 상업사용인 및 그 밖에 고용계약 관계에 있는 자
3	다음의 어느 하나에 해당하는 자 (1) 본인이 개인인 경우 – 본인이 직접 또는 본인과 [코드1]에 해당하는 관계에 있는 자가 임원에 대한 임면권의 행사 · 사업방침의 결정 등을 통하여 그 경영에 대해 사실상의 영향력을 행사하고 있는 「상속세 및 증여세법 시행규칙」 제2조제1항에 따른 기업집단의 소속기업(해당 기업의 임원*과 퇴직임원**을 포함합니다) * 「법인세법 시행령」 제40조제1항에 따른 임원 ** 퇴직 후 3년(해당 기업이 「독점규제 및 공정거래에 관한 법률」 제31조제1항 전단에 따른 공시대상기업집단에 소속된 경우는 5년)이 지나지 않은 사람 (2) 본인이 법인인 경우 – 본인이 속한 「상속세 및 증여세법 시행규칙」 제2조제1항에 따른 기업집단의 소속기업(해당 기업의 임원과 퇴직임원 포함)과 해당 기업의 임원에 대한 임면권의 행사 · 사업방침의 결정 등을 통하여 그 경영에 관하여 사실상의 영향력을 행사하고 있는 자 및 그와 [코드1]에 해당하는 관계에 있는 자
4	본인, [코드1]부터 [코드3]까지의 자 또는 본인과 [코드1]부터 [코드3]까지의 자가 공동으로 재산을 출연하여 설립하거나 이사의 과반수를 차지하는 비영리법인
5	[코드3]에 해당하는 기업의 임원 또는 퇴직임원이 이사장인 비영리법인
6	본인, [코드1]~[코드5]의 자 또는 본인과 [코드1]~[코드5]의 자가 공동으로 발행주식총수 등의 30% 이상을 출자하고 있는 법인
7	본인, [코드1]~[코드6]의 자 또는 본인과 [코드1]~[코드6]의 자가 공동으로 발행주식총수 등의 50% 이상을 출자하고 있는 법인
8	본인, [코드1]~[코드7]의 자 또는 본인과 [코드1]~[코드7]의 자가 공동으로 재산을 출연하여 설립하거나 이사의 과반수를 차지하는 비영리법인

나. "⑯직전 3년(5년) 계열기업 임원 근무여부"란은 특수관계가 있는 기업집단 소속기업의 임원으로 퇴직 후 3년(해당 기업이 「독점규제 및 공정거래에 관한 법률」 제31조제1항 전단에 따른 공시대상기업집단에 소속된 경우는 5년) 이내인 경우 "여"로 적으며, 그 외의 경우에는 "부"로 적습니다.

다. "⑰비고"란에는 이사와 임원을 구분하여 적습니다.

210mm×297mm[백상지 80g/㎡ 또는 중질지 80g/㎡]

07 특수관계에 있는 내국법인 광고 · 홍보 금지(상증법 §48 ⑩)

1 개 요

공익법인을 활용하여 출연자 및 그 계열사의 영리행위에 대한 변칙적인 지원을 차단하기 위하여 공익법인이 특수관계 법인을 광고 · 홍보하는 경우 그와 관련된 경비를 가산세로 추징하고자 하는 규정이며 "영리법인의 일감몰아주기 증여세 과세"와 유사한 입법 취지를 갖고 있다.

따라서 공익법인 등이 특수관계에 있는 내국법인의 이익을 증가시키기 위하여 정당한 대가를 받지 아니하고 광고 · 홍보를 하는 경우에는 가산세를 부과한다.

2 광고 · 홍보 범위와 가산세

광고 · 홍보 행위	가산세
신문 · 잡지 · 텔레비전 · 라디오 · 인터넷 또는 전자광고판 등을 이용하여 내국법인을 위하여 홍보하거나 내국법인의 특정상품에 관한 정보를 제공하는 행위. 다만, 내국법인의 명칭만을 사용하는 홍보를 제외한다.	당해 광고 · 홍보매체의 이용비용
팸플릿 · 입장권 등에 내국법인의 특정상품에 관한 정보를 제공하는 행위. 다만, 내국법인의 명칭만을 사용하는 홍보를 제외한다.	당해 행사비용 전액

관련 예규 · 판례

■ **공익법인의 특정기업 광고 등에 대한 가산세 부과 여부**(재산세과 - 613, 2009.2.23.)

특수관계에 있는 내국법인에 해당하지 않는 경우에는 특정기업 광고 등에 따른 가산세를 부과하지 않는 것임

3 관련 서식

• 특정기업광고 등 명세서(별지 제26호의 3 서식)

[별지 제26호의 3 서식] 〈개정 2020. 3. 13.〉

특정기업광고 등 명세서

공익법인명				사업연도					
특정기업 (특수관계에 있는 내국법인)			④ 특정기업 소유주식수	광고 · 홍보행위 관련비용					⑩ 비고
						지출처			
① 법인명	② 소재지	③사업자 등록번호		⑤ 계정 과목	⑥ 행위 내용	⑦ 사업자 등록번호	⑧ 지출처명	⑨ 지출 금액	

작 성 방 법

1. 이 서식은 공익법인이 「상속세 및 증여세법 시행령」 제38조제13항에 따른 특수관계에 있는 내국법인의 이익을 증가시키기 위하여 정당한 대가를 받지 아니하고 광고 · 홍보를 한 경우에 작성합니다.

2. ④특정기업 소유주식수란에는 공익법인이 보유하고 있는 특정기업의 주식수를 적습니다.

3. 광고 · 홍보를 위하여 지출한 비용(⑤~⑨)란은 계정과목의 분류에도 불구하고 실제로 지출된 내역을 적되, ⑥행위내용란에는 다음의 코드에 따라 1 · 2로 구분하여 적습니다.

코드	행위내용
1	신문, 잡지, 텔레비전, 라디오, 인터넷 또는 전자광고판을 이용하여 특정기업을 위하여 홍보하거나 내국법인의 특정상품에 관한 정보를 제공하는 행위. 다만, 내국법인의 명칭만을 사용하는 홍보는 제외합니다.
2	팜플렛, 입장권 등에 내국법인의 명칭을 사용하거나 내국법인의 특정상품에 관한 정보를 제공하는 행위. 다만, 내국법인의 명칭만을 사용하는 홍보는 제외합니다.

210mm×297mm[백상지 80g/㎡]

08 자기내부거래 시 지켜야 할 일(상증법 §48 ③)

1 개 요

자기내부거래란 특수관계인 간에 내부거래를 통해 이익을 무상으로 이전하는 것을 말한다. 공익법인이 출연받은 재산 등을 특수관계에 있는 자에게 정당한 대가를 받지 않고 사용 · 수익하게 하는 공익법인이 공익목적에 사용하지 않는 것으로 보아 증여세를 과세한다.

2 증여세 과세

(1) 과세대상 내부거래(상증법 §48 ③)

공익법인 등이 출연받은 재산, 출연받은 재산을 원본으로 취득한 재산, 출연받은 재산의 매각대금 등을 다음의 어느 하나에 해당하는 자에게 임대차, 소비대차(消費貸借) 및 사용대차(使用貸借) 등의 방법으로 사용 · 수익하게 하는 경우에는 공익법인 등이 증여받은 것으로 보아 즉시 증여세를 부과한다.

① 출연자 및 그 친족
② 출연자가 출연한 다른 공익법인 등
③ 위 '①' 또는 '②'에 해당하는 자와 특수관계에 있는 자

(2) 특수관계자의 범위

다음의 어느 하나에 해당하는 관계에 있는 자를 말하며, '②'부터 '⑤'까지의 규정에 따른 출연자에는 「상속세 및 증여세법 시행령」 제2조의 2 제2항 제1호에 따른 관계가 있는 자를 포함한다.

① 출연자가 「민법」 제32조에 따라 설립된 법인인 경우에는 그 법인에 대한 출연자 및 그 출연자와 「상속세 및 증여세법 시행령」 제2조의 2 제2항 제1호의 관계에 있는 자

② 출연자가 제1호 외의 법인인 경우에는 해당 법인을 출자에 의하여 지배하고 있는 자 및 그와 「상속세 및 증여세법 시행령」 제2조의 2 제2항 제1호의 관계에 있는 자

③ 출연자의 사용인

④ 출연자로부터 재산을 출연받은 다른 공익법인 등의 임원

⑤ 출연자가 출자에 의하여 지배하고 있는 법인

⑥ 「상속세 및 증여세법 시행령」 제28조 제1항 제2호 및 제3호에 해당하는 관계에 있는 자

* **「상속세 및 증여세법 시행령」 제2조의 2 제2항 제1호에 따른 관계** – 친족 및 직계비속의 배우자의 2촌 이내의 혈족과 배우자

(3) 과세 가액

증여세 과세가액에 산입되는 가액은 아래의 가액을 말하며, 과세요인 발생일 현재 「상속세 및 증여세법」 제60조부터 제66조까지 규정(「상속세 및 증여세법」상 평가가액)에 의해 평가한 가액을 말한다.

① 무상으로 사용 · 수익하게 한 경우 : 해당 출연재산가액

② 낮은 대가로 사용 · 수익하게 한 경우 : 그 차액에 상당하는 출연재산가액

관련법령 공익법인 등의 자기내부거래에 대한 증여세 과세(상증통칙 48–39…6)

① 공익법인 등이 출연받은 재산 등을 출연자 등에게 사용 · 수익하게 하는 경우 영 제39조 제3항에 따른 증여세 과세가액(출연재산 중 일부분만 출연자 등이 사용 · 수익하게 하는 경우 출연자 등이 사용 · 수익하는 일부분의 출연재산가액을 기준으로 계산한다)은 다음 각 호에 따른다. 〈개정 2019.12.23.〉

- 대가 없이 사용 · 수익하게 하는 경우 : 해당 출연재산가액 〈개정 2011.05.20.〉
- 낮은 대가로 사용 · 수익하게 하는 경우 〈개정 2019.12.23.〉

: 해당 출연재산가액 $\times \dfrac{(\text{정상적인 대가} - \text{실제 지급한 대가})}{\text{정상적인 대가}}$

② 영 제39조 제3항, 영 제40조 제1항 제1호 및 제4호부터 제5호까지에 따라 공익법인 등에 부과되는 증여세 과세가액은 각 규정에 따른 가액을 과세요인 발생일 현재 법 제60조부터 제66조까지에 따라 평가한 가액으로 한다.

3 증여세 과세 제외

공익법인 등이 직접 공익목적사업과 관련하여 용역을 제공받고 정상적인 대가를 지급하는 등 다음의 경우에는 증여세 과세대상에서 제외한다.

① 출연자 및 그의 특수관계인이 공익법인이 출연받은 날로부터 3개월 이내의 기간만 사용하는 경우[17)]

② 공익법인이 출연받은 부동산을 출연자 및 그의 특수관계인이 사용하는 경우로 정상적인 대가*를 지급하는 경우

* **다음의 어느 하나에 해당하는 금액**
ⓐ 「상속세 및 증여세법」상 시가(상증령 §32 ③)
ⓑ 「법인세법」상 시가(법인법 §52 ②) – 부당행위계산의 부인이 적용되지 않는 범위에 있는 금액

③ 교육기관(상증령 §12 2호)이 다음의 연구시험용 건물 및 시설 등을 출연받아 이를 해당 공익법인 등과 출연자가 공동으로 사용하는 경우
ⓐ 출연받은 기부금에 의하여 설립한 시설 및 건물
ⓑ 「법인세법 시행규칙」 별표 2 시험연구용 자산의 내용연수표에 규정된 시설 및 설비

④ 해당 공익법인 등이 의뢰한 연구용역 등의 대가 또는 직접 공익목적사업의 수행과 관련한 경비 등을 지급하는 경우

17) 김형배, 비영리조직의 회계와 세무, 조세통람, 2021, 421쪽 참고

관련 예규 · 판례

1 「상속세 및 증여세 시행령」 제38조 제8항 제2호의 「직접 공익목적사업에 사용하는 것이 일부에게만 혜택을 제공하는 것인 때」에 대한 해석(기준-2023-법규법인-0196, 2024.6.11.)

특수관계법인의 임직원의 자녀에게만 유리한 장학금 지급기준을 적용하는 등 특혜를 부여하는 경우에는 일반 장학생에게 장학금을 지급하고 있는지 여부와 무관하게 「상속세 및 증여세 시행령」 제38조 제8항 제2호에 해당하고, 이 경우 「상속세 및 증여세 시행령」 제40조 제1항 제5호에 따라 증여가액(제공된 재산가액)을 산정함

2 공익법인에 출연한 기계장치를 임대차계약을 체결하여 사용한 경우 증여세 과세 여부

(서면 - 2019 - 상속증여 - 4480, 2020.1.9.)

공익법인 등이 출연받은 기계장치 및 설비시설을 출연자에게 낮은 대가를 받고 임대차, 소비대차 등의 방법으로 사용 · 수익하게 한 경우에는 그 차액에 상당하는 출연재산가액을 공익법인 등이 증여받은 것으로 보아 증여세를 부과함

3 공익법인이 출연재산을 특수관계인에게 임대한 경우 증여세 과세 등

(서면 - 2016 - 상속증여 - 4651, 2016.8.24.)

공익법인이 출연재산을 특수관계인에게 임대하는 경우 정상대가와 실제대가의 차액에 상당하는 출연재산가액을 그 사유발생일에 증여받은 것으로 보며, 사유발생일은 임대차계약일로부터 매 1년이 되는 날을 기준으로 판단함

4 공익법인 등의 자기내부거래 해당 여부(상속증여세과 - 45, 2015.1.27.)

공익법인 등이 출연받은 재산 등을 출연자 및 그와 특수관계에 있는 자가 임대차 등의 방법으로 사용 · 수익하는 경우에는 자기내부거래에 해당하는 것임

5 공익법인 등의 자기내부거래에 대한 증여세 과세 여부(재산세과 - 129, 2010.3.2.)

공익법인이 특수관계자에게 출연받은 재산을 정당한 대가 없이 사용수익하게 하는 경우 그 제공된 이익에 상당하는 재산가액을 공익목적사업에 사용하지 않은 것으로 보아 증여세를 과세하나, 정당한 대가를 지급받는 경우에는 그렇지 않음

09 공익사업 수혜를 특정인에게만 귀속시키는 경우(상증법 §48 ② 8호)

1 개 요

공익법인이 출연받은 재산을 불특정 다수를 위해 사용하는 것이 아니라 사회적 지위 · 직업 · 근무처 및 출생지 등에 의하여 일부에게만 혜택을 제공하는 경우 공익법인 등이 공익목적에 사용하지 않는 것으로 보아 증여세를 과세한다.

2 증여세 과세

혜택을 받은 일부에게만 제공된 재산가액 또는 경제적 이익에 상당하는 가액을 증여가액으로 하여 증여세가 과세된다.

3 증여세 과세 제외

공익법인 등이 설립허가 또는 정관변경허가를 받는 조건으로 주무부장관이 기획재정부장관과 협의하여 수혜자의 범위를 정하는 경우 증여세가 과세되지 않는다.

이때 「행정권한의 위임 및 위탁에 관한 규정」 제3조 제1항에 따라 공익법인 등의 설립허가 등에 관한 권한이 위임된 경우에는 해당 권한을 위임받은 기관과 해당 공익법인 등의 관할 세무서장이 협의해야 한다.

관련 예규 · 판례

■ **특정계층에만 공익사업의 혜택이 제공되어 증여세가 과세되는지 여부**(재산세과 - 288, 2010.5.13.)

공익법인이 출연재산을 직접 공익목적사업에 사용하는 것이 일부에게만 혜택을 제공하는 것인 때에는 증여세가 과세되는 것이나, 주무부장관이 기획재정부장관과 협의하는 경우 등에는 제외되는 것임

10 공익법인 해산 시 잔여재산 귀속

1 개 요

공익법인 등이 사업을 종료하여 해산할 때 잔여재산을 국가 · 지방자치단체 또는 해당 공익법인 등과 동일하거나 주무부장관이 유사한 것으로 인정하는 공익법인 등에 귀속시켜야 한다.

만약 국가 등에 잔여재산을 귀속시키지 않은 경우 증여세가 추징된다.

2 증여세 과세

공익법인 등이 사업을 종료한 때의 잔여재산을 국가 등에 귀속시키지 아니한 재산가액에 대하여 공익법인에게 증여세를 부과한다.

3 증여세 과세 제외

잔여재산 중 일부가 다음의 어느 하나에 해당하는 사유로 인하여 국가 · 지방자치단체 및 공익법인 등에 귀속시킬 수 없는 경우에는 해당 금액에 증여세를 부과하지 않는다.

① 공익법인의 이사 또는 사용인의 불법행위로 인하여 출연받은 재산 등이 감소된 경우 [단, 출연자 및 그 출연자와 「상속세 및 증여세법 시행령」 제2조의 2 제2항 제1호의 관계(친족 및 직계비속의 배우자의 2촌 이내의 혈족과 배우자)에 있는 자의 불법행위로 인한 경우를 제외한다]

② 출연받은 재산 등을 분실하거나 도난당한 경우

4 공익법인 청산소득에 대한 법인세

공익법인의 청산소득은 「법인세법」 제4조 제1항에 따라 법인세 과세대상에 해당하지 않는다. 단 수익사업이 있는 경우 공익법인이 해산한 날로부터 3개월 이내에 법인세를 신고납부하여야 한다.

관련 예규 · 판례

1 공익법인이 해산한 공익법인으로부터 승계받은 자산의 증여세 과세 여부 등

(사전 - 2016 - 법령해석재산 - 0249, 2017.3.27.)

해산하는 공익법인으로부터 승계받은 현금으로서 공익사업과 관련된 부분은 전용계좌 사용 대상에 해당함. 해산하는 공익법인이 자신이 소유하는 유가증권 등을 다른 공익법인에게 출연하는 것은 증권거래세 과세대상에 해당하지 아니함

2 통합공익법인이 해산하는 공익법인의 잔여재산을 포괄승계하는 경우 사후관리 대상에 해당되는지 여부(사전 - 2016 - 법령해석재산 - 0050, 2016.2.25.)

통합공익법인이 「민법」 제80조에 따라 주무관청의 허가를 받아 포괄적으로 승계(정관에 해산하는 공익법인의 설립목적 및 사업을 그대로 반영)하는 경우에는 해산하는 공익법인의 잔여재산을 해당 공익법인 등과 동일하거나 유사한 공익법인 등에 귀속시킨 경우에 해당

3 잔여재산을 유사한 공익법인에 귀속시킨 후 사후에 주무관청의 허가를 득하는 경우 추징 여부

(사전 - 2016 - 법령해석재산 - 0282, 2016.8.16.)

잔여재산을 통합하는 공익법인에 귀속시킨 이후 청산절차가 종료되기 전까지 주무관청의 허가를 얻는 경우에도 그 잔여재산에 대하여 증여세가 과세되지 아니하는 것임

4 공익법인 등의 해산 시 출연재산을 반환받는 경우 증여세 과세 여부

(서면인터넷방문상담4팀 - 62, 2008.1.9.)

공익법인 등이 해산할 때의 잔여재산을 국가 · 지방자치단체 또는 당해 공익법인 등과 동일하거나 유사한 다른 공익법인 등에게 귀속시키지 아니한 때에는 증여세를 과세하는 것임

5 공익법인 해산으로 보유주식 이전 시 증여세 과세 여부(재산세과 - 240, 2011.5.18.)

공익법인 등 A가 사업을 종료한 때의 잔여재산을 당해 공익법인 등과 동일하거나 유사한 공익법인 등 B에 귀속시킨 때에 동일한 내국법인의 주식 5% 초과 여부를 판단하는 경우, 공익법인 등 A와 특수관계에 있는 출연자 [갑]이 다른 공익법인 C에 출연한 동일한 내국법인의 주식 등을 합하여 판단함

6 공익법인이 해산하면서 잔여재산을 재출연하는 경우 증여세가 과세되는지 여부

(서일 46014-10399, 2001.11.2.)

공익법인이 사업을 종료한 때의 잔여재산을 주무부장관의 허가를 받아 다른 공익법인 등에 귀속시키는 경우 증여세가 과세되지 아니하는 것임

7 교회의 해산 시 다른 교회에 무상으로 재산을 이전하는 경우 증여세 과세 여부 등

(재산세과-2080, 2008.8.1.)

공익법인 등이 사업을 종료한 때의 잔여재산을 당해 공익법인 등과 동일하거나 유사한 공익법인 등에 귀속시킨 때에는 그 잔여재산에 대하여 증여세가 과세되지 아니하는 것임

PART 4

공익법인의 납세협력의무

앞서 국가는 사회일반의 이익을 위한 공익사업을 지원하고자 공익법인이 출연받은 재산 등에 대해 세제상 혜택(상속세 및 증여세 과세가액 불산입)을 주는 대신 엄격한 사후관리 규정을 두어 요건 미충족 시 상속세 및 증여세를 추징하고, 가산세를 부과하는 규정에 대해 살펴보았다.

본 PART '공익법인 납세협력의무'에서는 출연받은 재산 등과 수령한 기부금의 사용결과를 작성 · 제출하는 세법상 의무와 전 PART에서 설시한 공익법인이 지켜야 할 일을 회계처리, 장부작성으로 입증하여 보고 및 공시하는 납세협력의무에 대해 서술하고자 한다.

「상속세 및 증여세법」상 의무	「법인세법」상 의무
① 출연재산보고서 등 제출의무 ② 공익법인 등의 전용계좌 개설 · 사용의무 ③ 장부의 작성 · 비치 의무 ④ 공익법인 등에 대한 외부전문가 세무확인 ⑤ 공익법인 등에 적용되는 회계기준 ⑥ 공익법인 등의 외부회계감사의무 ⑦ 공익법인 등의 결산서류 등 공시의무	① 공익법인 등 의무이행 여부 점검결과 보고서 제출 ② 연간 기부금 모금액 및 활용실적 명세서 제출 ③ 기부금영수증 발급명세 작성 · 보관 · 제출 의무 ④ (세금)계산서 합계표 등 제출의무

세법상 의무를 이행하지 않으면 가산세가 부과되는데, 이때 부과되는 가산세가 1천만원 이상일 경우 지정기부금단체 지정 취소사유가 되고, 향후 3년간 재지정이 금지되므로 실무자들은 각별히 유념해야 한다.

▶ **지정기부금단체 지정 취소사유** ◀

① 「상속세 및 증여세법」상 의무 위반으로 사업연도별로 1천만원 이상(가산세 포함) 추징된 경우

② 다음의 어느 하나에 해당하는 경우

가. 법인이 목적 외 사업을 하거나 설립 허가의 조건에 위반하는 등 공익목적을 위반한 경우

나. 위 「법인세법」상 지정요건 및 의무사항을 위반한 경우(전용계좌 개설 · 사용, 결산서류 등 공시, 외부 회계감사의무 제외*)

* 2021.1.1. 지정 취소를 요청하는 분부터 적용

다. 의무의 이행 여부에 대한 주무관청의 보고 요구에도 불구하고 이를 보고하지 아니한 경우

③ 불성실 기부금 수령단체로 명단이 공개된 경우

④ 법인의 대표자, 대리인, 사용인 또는 그 밖의 종업원이 「기부금품의 모집 및 사용에 관한 법률」을 위반하여 징역 또는 벌금형이 확정된 경우

⑤ 법인이 해산한 경우

Chapter 1

상속세 및 증여세법상 협력의무

01 출연재산 보고서 등 제출의무(상증법 §48 ⑤, 상증령 §41)

공익법인 등이 출연받은 재산을 고유목적(공익)사업에 사용하지 않거나 탈세의 방법으로 악용하는 것을 방지하기 위하여 검증목적의 사후관리를 하고 있으며 이러한 사후관리를 위하여 공익법인의 출연재산 등에 대한 보고서 제출의무를 부여하고, 그 납세협력의무를 위배하는 경우 공익법인에게 증여세 등을 부과하고 있다.

재산을 출연받은 공익법인 등은 ①결산에 관한 서류 및 ②출연재산 관련 서류를 사업연도 종료일부터 4개월 이내에 납세지 관할세무서장에게 제출하여야 한다.

1 제출서류

(1) 결산에 관한 서류

「공익법인의 설립 · 운영에 관한 법률」 및 그 밖의 법령에 따라 공익법인 등이 주무관청에 제출하는 대차대조표 및 손익계산서(손익계산서에 준하는 수지계산서 등을 포함) 등을 말한다.

「공익법인의 설립 · 운영에 관한 법률」에 따른 결산서류 (공익법인의 설립 · 운영에 관한 법률 시행령 §19 ② · ③)	② 공익법인이 법 제12조 제2항에 따라 제출하는 사업실적 및 결산은 해당 사업의 회계연도 종료후 3개월 이내에 행하여야 하며, 다음 각호의 서류를 첨부하여야 한다. 1. 대차대조표 및 그 부속명세서 2. 손익계산서 및 그 부속명세서 3. 공인회계사의 감사증명서. 다만, 주무관청이 필요하다고 인정하여 첨부하게 한 경우에 한한다. ③ 성실공익법인은 제2항 각 호의 서류와 함께 다음 각 호의 서류를 제출하여야 한다. 1. 「상속세 및 증여세법」 제48조 제2항 제3호에 따른 운용소득 사용내역(해당 회계연도의 사용내역을 말한다) 2. 「상속세 및 증여세법」 제50조 제3항에 따른 회계감사 자료 3. 「상속세 및 증여세법」 제50조의 2에 따른 전용계좌 사용내역(해당 회계연도의 사용내역을 말한다) 4. 기본재산의 목록
그 밖의 법령 (사립학교법, 의료법 등)에 따른 결산서류	학교법인이 주무관청에 제출하는 결산에 관한 서류 중 대차대조표 및 손익계산서(학교회계 관련 세입 · 세출결산서 포함)는 사업연도 종료일부터 3월 이내에 납세지관할 세무서장에게 제출하여야 하는 것임(재산세과-3958, 2008.11.25.) [회 신] 「상속세 및 증여세법」 제48조 제5항 및 같은 법 시행령 제41조 제1항의 규정에 의하여 학교법인이 「사립학교법」에 따라 주무관청에 제출하는 결산에 관한 서류 중 대차대조표 및 손익계산서(학교회계 관련 세입 · 세출결산서 포함)는 사업연도 종료일부터 3월 이내에 납세지관할 세무서장에게 제출하여야 하는 것임

(2) 출연재산 관련 서류(상증칙 §25 ①)

공익법인 등이 재산을 출연받은 경우 '공익법인 출연재산 등에 대한 보고서'에 다음의 서류를 첨부하여 제출해야 한다.

① 별지 제23호 서식에 따른 공익법인 출연재산 등에 대한 보고서

② 별지 제24호 서식에 따른 출연재산 · 운용소득 · 매각대금의 사용계획 및 진도내역서

③ 별지 제25호의 2 서식에 의한 출연받은 재산의 사용명세서

④ 별지 제25호의 3 서식에 의한 출연재산 매각대금 사용명세서

⑤ 별지 제25호의 4 서식에 의한 운용소득 사용명세서

⑥ 별지 제26호 서식에 의한 주식(출자지분)보유명세서

⑦ 별지 제26호의 2 서식에 의한 이사등선임명세서

⑧ 별지 제26호의 3 서식에 의한 특정기업광고등명세서

참고 **출연재산을 3년내에 목적사업에 사용하지 못한다면?**

다음의 사유로 출연 받은 재산을 3년 이내에 직접 공익목적사업 등에 전부 사용하거나 3년 이후 직접 공익목적사업 등에 계속하여 사용하는 것이 곤란한 경우에는 납세지 관할 세무서장에게 출연재산 등에 대한 보고서를 제출하면서 그 사실을 보고하여야 한다.

① 법령상 또는 행정상의 부득이한 사유 등으로 사용이 곤란한 경우로서 주무부장관(권한을 위임받은 자를 포함한다)이 인정한 경우

② 해당 공익목적사업 등의 인가 · 허가 등과 관련한 소송 등으로 사용이 곤란한 경우

2 제출기한

공익법인 등은 결산에 관한 서류 및 출연재산 관련 서류를 사업연도 종료일로부터 4개월 이내에 제출해야 한다.

3 가산세

제출하여야 할 보고서를 제출하지 아니하였거나 제출된 보고서의 내용이 출연재산 · 운용소득 및 매각재산 등의 명세를 누락하거나 잘못 기재하여 사실을 확인할 수 없는 경우에는 그 미제출분 또는 불분명한 부분의 금액에 상당하는 상속세 및 증여세액의 1%를 가산세로 징수한다.

관련 예규 · 판례

1 출연재산 보고서 제출의무가 있는지 여부(서면 - 2020 - 법령해석법인 - 5900, 2021.10.6.)

종교사업에 출연하는 현금(부동산 및 주식 또는 출자지분으로 출연하는 경우 제외)의 경우에는 「상속세 및 증여세법」 제48조 제5항에 따라 출연받은 재산의 사용계획 및 진도에 관한 보고서 제출의무가 없음

2 출연재산에 대해 보고서 제출의무를 이행하지 아니한 경우 가산세 적용 여부

(재삼 01254 - 2000, 1992.8.7.)

보고서를 제출하지 아니하거나 누락된 재산가액은 출연재산명세서와 출연재산사용계획서의 경우는 출연일자별로 출연재산사용계획의 진도 및 완료보고서와 각 사업연도의 결산서의 경우는 사업연도별로 구분하여 산정하는 것임

4 관련 서식

- 공익법인 출연재산 등에 대한 보고서

■ 상속세 및 증여세법 시행규칙 [별지 제23호 서식] 〈개정 2025. 3. 21.〉

공익법인 출연재산 등에 대한 보고서

※ 뒤쪽의 작성방법을 읽고 작성하여 주시기 바랍니다. (앞쪽)

접수번호 :	접수일자 :

1. 인적사항

①공익법인명		②사업자등록번호 (고유번호)	
③대표자		④사업연도	
⑤소재지		⑥전자우편주소	
		⑦전화번호	
⑧공익사업 유형	1.교육 2.학술·장학 3.사회복지 4.의료 5.종교 6.문화 7.기타		
⑨외부세무확인대상	1.여 2.부	⑩수익사업 운영	1.여 2.부
⑪회계감사이행여부	1.여 2.부		

2. 자산보유현황

⑫총자산가액 (⑬+⑭+⑮+⑯+⑰)	⑬토지	⑭건물	⑮주식·출자지분 등	⑯예금·적금 등 금융자산	⑰기타

3. 수익원천별 수익·비용현황

<table>
<tr><th rowspan="4">구분</th><th rowspan="4">⑱
합계
(⑲+㉓+㉖+㉗+㉘+㉙)</th><th colspan="10">기타사업</th><th rowspan="4">㉙공익 목적 사업</th></tr>
<tr><th colspan="8">사업손익</th><th rowspan="3">㉗
사업 외 손익</th><th rowspan="3">㉘
고유목적 사업 준비금 환입 (전입)</th></tr>
<tr><th colspan="4">금융</th><th colspan="3">부동산</th><th rowspan="2">㉖
기타</th></tr>
<tr><th>⑲
소계</th><th>⑳
이자</th><th>㉑
배당</th><th>㉒
기타 금융</th><th>㉓
소계</th><th>㉔
임대</th><th>㉕
매각</th></tr>
<tr><td>수익금액</td><td></td><td></td><td></td><td></td><td></td><td></td><td></td><td></td><td></td><td></td><td></td><td></td></tr>
<tr><td>비용</td><td></td><td></td><td></td><td></td><td></td><td></td><td></td><td></td><td></td><td></td><td></td><td></td></tr>
<tr><td>이익(손실)</td><td></td><td></td><td></td><td></td><td></td><td></td><td></td><td></td><td></td><td></td><td></td><td></td></tr>
</table>

「상속세 및 증여세법」 제48조제5항 및 같은 법 시행령 제41조제1항에 따라 공익법인 출연재산 등에 대한 보고서를 제출합니다.

년 월 일

제출인 (서명 또는 인)

세무서장 귀하

제출서류	1. 「상속세 및 증여세법 시행규칙」 별지 제24호서식에 따른 출연재산·운용소득·매각대금의 사용계획 및 진도내역서 2. 「상속세 및 증여세법 시행규칙」 별지 제25호의2서식에 따른 출연받은 재산의 사용명세서 3. 「상속세 및 증여세법 시행규칙」 별지 제25호의3서식에 따른 출연재산 매각대금 사용명세서 4. 「상속세 및 증여세법 시행규칙」 별지 제25호의4서식에 따른 운용소득 사용명세서 5. 「상속세 및 증여세법 시행규칙」 별지 제26호서식에 따른 주식(출자지분) 보유명세서 6. 「상속세 및 증여세법 시행규칙」 별지 제26호의2서식에 따른 이사 등 선임명세서 7. 「상속세 및 증여세법 시행규칙」 별지 제26호의3서식에 따른 특정기업광고 등 명세서 8. 공익법인등의 세무확인서, 공익법인등의 세무확인 결과 집계표, 출연자 등 특수관계인 사용수익명세서, 수혜자 선정 부적정명세서, 재산의 운영 및 수익사업내역 부적정명세서, 장부의 작성·비치의무 불이행명세서, 보유부동산명세서(「상속세 및 증여세법」 제50조제1항에 따라 외부전문가의 세무확인을 받아야 하는 경우로 한정합니다)	수수료 없음

210mm×297mm[백상지 80g/㎡ 또는 중질지 80g/㎡]

(뒤쪽)

작성방법

1. 인적사항(①~⑪)

가. 인적사항란(①~⑦)은 제출일 현재의 현황을 기준으로 적습니다.

나. ④사업연도란은 공익법인의 회계기간인 사업연도를 적습니다.

예) 결산일이 없거나 12월 31일인 경우 → 예) '21.1.1 ~ '21.12.31

결산일이 2월 말일인 경우 → 예) '21.3.1 ~ '22.2.28

다. ⑧공익사업 유형란은 주된 공익사업의 유형을 선택하여 "○"표시를 합니다.

라. ⑨외부세무확인대상란은 해당 공익법인 등이 「상속세 및 증여세법」 제50조제1항에 따라 외부전문가의 세무확인을 받아야 하는 대상인지 여부를 표시합니다.

마. ⑩수익사업 운영란은 「법인세법 시행령」 제3조에 따른 수익사업의 운영여부를 표시합니다.

바. ⑪회계감사이행여부란은 「상속세 및 증여세법」 제50조제3항에 따른 회계감사 이행여부를 표시합니다. 이 경우 회계감사대상에 해당하지 않더라도 회계감사를 받은 경우에는 "여"로 표시합니다.

2. 자산보유현황(⑫~⑰)

가. 사업연도 종료일 현재 재무상태표의 각 자산종류별 장부가액(고유목적사업과 수익사업 등에 사용되는 모든 자산의 장부가액)을 적습니다.

나. ⑫총자산가액란은 재무상태표상 총자산의 장부가액과 일치하여야 합니다.

다. ⑮주식 · 출자 지분 등란은 공익법인등이 보유한 주식(보통주, 우선주 포함)이나 출자지분의 재무상태표상 가액을 적습니다.

라. ⑯예금 · 적금 등 금융자산란은 공익법인등이 보유하고 있는 현금 및 현금성자산(보통예금, 당좌예금, 취득시 만기가 3개월인 금융상품 등)과 금융기관 등에 예치하고 있는 정기예금, 정기적금, 펀드상품, 저축성 보험상품 등 및 국채, 회사채 등 유가증권(⑮주식 · 출자 지분 등은 제외합니다)의 재무상태표상 가액을 적습니다. 정기예금 등에서 발생한 미수이자는 제외합니다.

마. ⑰기타란은 공익법인등이 가지고 있는 매출채권, 미수이자, 미수임대료, 선급금 등 ⑬부터 ⑯까지에 해당하지 않는 자산을 적습니다.

3. 수익원천별 수익 · 비용현황(⑱ ~ ㉙)

가. 공익법인등의 운영성과표상 공익목적사업과 금융, 부동산 등 발생 원천별 기타사업으로 구분하여 각각 수익금액, 비용, 이익(손실)을 적습니다.

나. ⑱합계란은 수익금액, 비용, 이익(손실)금액을 합한 금액을 각각 적습니다.

다. ㉒기타금융란은 주식과 채권 등의 매도에 따라 발생한 처분손익 등을 적습니다.

라. ㉖기타란은 금융, 부동산 임대 · 매각 수익 외의 기타사업의 사업수익, 사업비용 및 사업이익을 적습니다.

마. ㉗사업외손익란은 공익목적사업 외 기타사업에서 발생한 사업외 손익을 적습니다.

예) 부동산을 제외한 유형자산처분손익 등

바. ㉘고유목적사업준비금 환입(전입)란은 「법인세법」 제29조에 따라 고유목적사업이나 같은 법 제24조제3항제1호에 따른 일반기부금에 사용하기 위해 미리 손비로 계상한 금액을 "비용"에 적으며, 같은 법에 따라 고유목적사업준비금을 익금에 산입한 금액을 "수익"에 적습니다.

사. ㉙공익목적사업란은 공익법인등의 정관에 기재된 공익목적사업의 수익금액, 비용, 이익(손실)을 적습니다.

예) 회비 수입, 교비 수입, 기부금 수입(출연받은 재산) 등

02 공익법인 등의 전용계좌 개설 · 사용의무(상증법 §50의 2, 동령 §43의 4)

공익법인 등이 직접 공익목적사업과 관련한 수입이나 지출은 전용계좌를 사용하여 받거나 지급해야 한다. 전용계좌는 공익법인별로 둘 이상 개설할 수 있다.

1 전용계좌란?

① 금융회사 등에 개설한 계좌일 것
② 공익법인 등의 공익목적사업 외의 용도로 사용되지 아니할 것

종교법인은 사업용 계좌를 개설하지 않아도 되지만, 「상속세 및 증여세법 시행령」 제41조의 2 제6항(주식보유 관련 의무이행 여부 신고대상)에 해당하는 경우 전용계좌를 사용해야 한다.

2 전용계좌 사용의무 거래 범위

공익법인 등은 해당 공익법인 등의 직접 공익목적사업과 관련하여 받거나 지급하는 수입과 지출의 경우로서 다음의 어느 하나에 해당하는 경우에는 전용계좌를 사용하여야 한다.

① 직접 **공익목적사업과 관련된 수입과 지출**을 금융회사의 중개 또는 금융회사 등에 대한 위탁 등을 통하여 다음의 어느 하나에 해당하는 방법으로 그 대금을 결제하는 경우
- 송금 및 계좌 간 자금이체
- 「수표법」 제1조에 따른 수표로 이루어진 거래대금의 지급 및 수취
- 「어음법」 제1조 및 제75조에 따른 어음으로 이루어진 거래대금의 지급 및 수취
- 「여신전문금융업법」 또는 「전자금융거래법」에 따른 신용카드 · 선불카드(선불전자지급수단 및 전자화폐를 포함한다) · 직불카드(직불전자지급수단을 포함한다)를 통하여 이루

어진 거래대금의 지급 및 수취

② **기부금, 출연금** 또는 **회비**를 받는 경우

- 다만, 현금으로 직접 지급받은 기부금 · 출연금 또는 회비를 지급받는 날부터 5일(5일이 되는 날이 공휴일 · 토요일 또는 근로자의 날에 해당하면 그 다음 날)까지 전용계좌에 입금하는 경우는 제외한다. 이 경우 기부금 · 출연금 또는 회비의 현금수입 명세를 작성하여 보관하여야 한다.

③ **인건비, 임차료**를 지급하는 경우

④ 공익목적사업과 관련된 기부금 · 장학금 · 연구비 · 생활비 등을 지출하는 경우. 다만, 100만원을 초과하는 경우로 한정한다.

⑤ 수익용 또는 수익사업용 자산의 처분대금, 그 밖의 운용소득을 고유목적사업회계에 전입(현금 등 자금의 이전이 수반되는 경우만 해당한다)하는 경우

위의 전용계좌 의무사용 거래에 해당되지 않는 경우 '전용계좌외거래명세서'를 별도로 작성 · 보관해야 한다. 다만 다음의 수입과 지출의 경우에는 전용계좌외거래명세서를 작성하여 보관하지 않아도 된다.

①「소득세법」제160조의 2 제2항 제3호 또는 제4호에 해당하는 증거서류를 받은 지출(신용카드매출전표와 현금영수증)

② 거래건당 금액(VAT 포함)이 1만원(2008.12.31.까지는 3만원) 이하인 수입과 지출

③ 그 밖에 증거서류를 받기 곤란한 거래 등으로서 기획재정부령으로 정하는 수입과 지출

3 전용계좌 개설 및 신고

공익법인 등은 전용계좌를 개설하여 납세지 관할세무서장에게 전용계좌 개설(변경 · 추가)신고서를 제출해야 한다.

최초 개설	공익법인 등에 해당하게 된 날부터 3개월 이내 * 설립일부터 1년 이내에 「법인세법 시행령」 제39조 제1항 제1호 바목에 따라 지정 · 고시된 공익법인등의 경우에는 설립일이 아닌 공익법인등으로 고시된 날부터 3개월 이내 개설 및 신고하여야 한다.
변경 · 추가	사유 발생일로부터 1개월 이내 (다만, 2016.1.1., 2017.1.1. 또는 2018.1.1.이 속하는 소득세 과세기간 또는 법인세 사업연도의 수입금액과 그 과세기간 또는 사업연도에 출연받은 재산가액의 합계액이 5억원 미만인 공익법인 등으로서 본문에 따라 개설 신고를 하지 아니한 경우에는 2019.6.30.까지 전용계좌 개설 신고를 할 수 있다)

4 가산세(상증법 §78 ⑩)

① 전용계좌 사용의무 거래 범위에 해당하는 경우로서 전용계좌를 사용하지 않은 경우

$$\text{전용계좌를 사용하지 아니한 금액} \times \frac{5}{1,000}$$

② 전용계좌를 개설 · 신고하지 않은 경우

MAX(㉠, ㉡)

㉠ $A \times \frac{B}{C} \times$ 1천분의 5

A : 해당 각 과세기간 또는 사업연도의 직접 공익목적사업과 관련한 수입금액의 총액
B : 해당 각 과세기간 또는 사업연도 중 전용계좌를 개설 · 신고하지 아니한 기간으로서 신고기한의 다음날부터 신고일 전날까지의 일수
C : 해당 각 과세기간 또는 사업연도의 일수

㉡ 전용계좌 사용의무 대상 거래금액을 합친 금액 $\times \frac{5}{1,000}$

관련 예규 · 판례

1 출연자의 특수관계인(요양보호사)들을 청구법인의 직원으로 고용하여 지출한 인건비에 대하여 청구법인에게 증여세 가산세를 부과한 처분의 당부(조심2024부3617, 2024.8.29.)

노인의료복지시설에서는 사회복지사와 요양보호사를 종사자로 채용하여야 하나, 양자는 자격요건이나 노인의료복지시설 내에서 수행하는 업무의 내용이 상이한 점, 청구법인은 전

용계좌를 신고하지 아니하였던 것으로 보이므로 청구주장을 받아들이기 어려움

2 청구법인이 공익법인 전용계좌를 개설하고 공공기관으로부터 출연금을 지급받았으나 전용계좌를 신고하지 아니한 것에 대하여 전용계좌 미신고가산세를 부과한 처분의 당부

(조심-2023-부-7248, 2023.9.7.)

공익법인이 직접 공익목적사업과 관련하여 출연금을 받은 경우 전용계좌를 사용하여야 하므로, 쟁점출연금이 공공기관으로부터 받은 것이라 하여 그 적용이 배제된다고 보기 어려움

3 전용계좌를 지연신고한 청구법인에 대하여 성실공익법인의 요건을 충족하지 아니한 것으로 보아 초과보유가산세를 부과한 처분의 당부 등(조심-2021-서-1916, 2021.10.14.)

처분청이 쟁점전용계좌를 지연신고한 청구법인에 대하여 성실공익법인의 요건을 충족하지 아니한 것으로 보아 청구법인에게 초과보유가산세를 부과한 이 건 처분은 달리 잘못이 없는 것으로 판단됨

4 공익법인 등의 전용계좌 개설·사용의무(서면 - 2019 - 상속증여 - 0942, 2019.5.28.)

공익법인 등이 직접 공익목적사업과 관련하여 지급받거나 지급하는 수입과 지출로서 「상속세 및 증여세법」 제50조의 2 제1항 각 호의 어느 하나에 해당하는 경우에는 직접 공익목적사업용 전용계좌를 사용하여야 함

5 공익법인 등의 전용계좌 미신고 가산세 부과대상에 해당하는지 여부

(서면 - 2017 - 상속증여 - 1688, 2017.12.7.)

공익법인 등이 기부금을 받는 계좌는 전용계좌를 사용하여야 하며 전용계좌의 개설 · 신고를 하지 아니한 경우 가산세가 부과됨

6 공익법인 전용계좌를 무신고한 경우 신고기간 이내 사용대상 금액의 가산세 부과 여부

(사전 - 2017 - 법령해석재산 - 0609, 2017.10.17.)

공익법인이 설립일로부터 3월 이내에 전용계좌 개설신고를 하지 아니한 경우에는 개설 · 신고하지 아니한 각 과세기간의 직접 공익목적사업과 관련한 수입금액 총액의 0.5%에 상당하는 가산세를 부과함

7 공익법인이 국가로부터 출연받은 재산에 대한 전용계좌 개설·사용의무

(서면 - 2017 - 상속증여 - 1206, 2017.6.9.)

공익법인이 국가 또는 지방자치단체로부터 출연받은 재산에 대하여는 「상속세 및 증여세법」 제50조의 2항에 따른 전용계좌 개설 · 사용의무가 없음

8 학교법인의 전용계좌 개설 및 사용의무(재산세과 - 3956, 2008.11.25.)

학교법인이 학생들로부터 등록금을 받기 위하여 사용하는 계좌와 등록금을 교육사업비로 지출하기 위하여 사용하는 계좌는 전용계좌 개설 · 사용의무 없음

5 관련 서식

① 전용계좌 외 거래명세서(1)
② 전용계좌개설(변경 · 추가) 신고서

■ 상속세 및 증여세법 시행규칙[별지 제29호 서식] 〈개정 2022. 3. 18.〉 (1쪽)

전용계좌외거래명세서(1)

① 공익법인명		② 사업자등록번호(고유번호)	
③ 대 표 자		④ 주민등록번호	
⑤ 소 재 지			

거래처별 · 월별 내역(대금을 지급받은 거래)

(단위 : 천원)

⑥ 일련번호	⑦ 거래일자	공 급 받 는 자				⑫ 거래금액	⑬ 비고
		⑧ 상호	⑨ 성명	⑩ 사업장	⑪ 사업자등록번호		
계							

※ 작성방법
1. 이 서식은 「상속세 및 증여세법 시행령」 제43조의4제7항에 따라 공익법인등이 전용계좌를 사용하지 아니하고 거래한 경우에 그 내역을 작성하는 서식입니다.
2. 본 서식은 본점법인에서 일괄작성(각 지점분 포함)하여 본점 관할 세무서로 제출하시기 바랍니다.
3. 공급받는 자의 상호 · 성명 등(⑧란부터 ⑪란까지)은 거래상대방의 확인이 가능한 경우에 한하여 작성합니다.

210㎜×297㎜(신문용지 54g/㎡(재활용품))

■ 상속세 및 증여세법 시행규칙[별지 제30호 서식] 〈개정 2022. 3. 18.〉

전용계좌개설(변경 · 추가)신고서

신고인	① 공익법인명		② 사업자등록번호(고유번호)	
	③ 대 표 자		④ 주민등록번호	
	⑤ 소 재 지	(☎ :)		

⑥ 개설금융기관	⑦ 예금종류	⑧ 계좌번호	⑨ 구 분

「상속세 및 증여세법 시행령」 제43조의4제10항에 따라 전용계좌[□개설 · □변경 · □추가] 신고를 합니다.

년 월 일

신 고 인 (서명 또는 인)

세 무 서 장 귀 하

※ **첨부서류** : 개설 또는 추가하는 통장 사본 1부

※ **작성방법**

1. 이 서식은 「상속세 및 증여세법」 제50조의2제3항 및 제4항에 따른 전용계좌를 개설 · 변경 · 추가하는 경우에 사용하는 서식입니다.
2. 공익법인등은 최초로 공익법인등에 해당하게 된 날부터 3월 이내에 사업용계좌를 개설하여 납세지 관할 세무서장에게 신고해야 합니다.
3. 전용계좌를 변경하거나 추가하는 경우에는 사유발생일부터 1개월 이내에 신고해야 합니다.
4. 전용계좌는 1개의 계좌를 2 이상의 사업장에 대한 전용계좌로 신고할 수 있으며, 사업장별로 2개 이상의 전용계좌를 개설할 수 있습니다.
5. ⑨구분란에는 개설, 추가, 폐지 등으로 적습니다.

210㎜×297㎜(신문용지 54g/㎡(재활용품))

03 장부의 작성 · 비치의무(상증법 §51)

1 장부 작성

공익법인 등은 소득세 과세기간 또는 법인세 사업연도별로 출연받은 재산 및 공익사업 운용내용 등에 대한 장부를 빠짐없이 기록해야 하고, 복식부기로 작성하여야 하며 장부와 관계있는 중요한 증명서류를 갖춰두어야 한다.

공익법인 등의 수익사업에 대하여 「소득세법」 제160조 및 「법인세법」 제112조 단서에 따라 작성 · 비치된 장부와 증빙서류는 「상속세 및 증여세법」에 따라 작성 · 비치된 것으로 보며, 장부와 증명서류에는 마이크로필름, 자기테이프, 디스켓 또는 그 밖의 정보 보존장치에 저장된 것을 포함한다.

장부와 중요한 증명서류는 해당 공익법인 등의 소득세 과세기간 또는 법인세 사업연도의 종료일부터 10년간 보존하여야 한다.

관련법령 복식부기에 의한 장부를 작성하고 비치한 것으로 보는 경우(상증령 §44 ②)

① 이중으로 대차평균하게 기표된 전표와 이에 대한 증빙서류가 완비되어 재산의 보유 및 운용상태와 수입 및 지출내용의 변동을 빠짐없이 기록한 경우

② 당해 수입과 지출에 대한 계산서(「부가가치세법」에 의한 세금계산서를 포함한다)와 영수증 등에 의하여 재산의 보유 및 운용상태와 수입 및 지출내용의 변동을 빠짐없이 보관하고 있는 경우

2 가산세

장부의 작성 · 비치의무를 이행하지 아니한 경우 다음 산식에 따라 계산한 가액을 가산세로 징수한다(상증법 §78 ⑤).

$$\text{가산세} = (\text{해당 사업연도 수입금액}^{*1} + \text{출연받은 재산가액}^{*2}) \times \frac{7}{10{,}000}$$

*1. 장부의 작성 · 비치의무를 이행하지 않은 사업연도의 수입금액

*2. 외부전문가의 세무확인에 대한 보고를 이미 이행한 분으로서 계속 공익목적사업에 직접 사용하는 분을 차감한 가액과 회계감사를 이미 이행한 분으로서 계속 공익목적사업에 직접 사용하는 분을 차감한 가액의 합계액

3 가산세 제외 대상

다음에 해당하는 경우에는 장부의 작성 · 비치 의무를 위반하더라도 가산세가 부과되지 않는다. 다만, 「상속세 및 증여세법 시행령」 제41조의 2 제6항(주식보유 관련 의무이행 여부 신고대상)에 해당하는 경우에는 아래에 해당하는 경우라도 장부를 작성 · 비치해야 한다.

① 과세기간 또는 사업연도의 종료일 현재 **대차대조표상 총자산가액**(부동산의 경우 「상속세 및 증여세법」 제60조, 제61조 및 제66조에 따라 평가한 가액이 대차대조표상의 가액보다 큰 경우에는 그 평가한 가액을 말한다)의 합계액이 **5억원 미만**이면서, 해당 과세기간 또는 사업연도의 **수입금액** 또는 그 과세기간 또는 사업연도에 **출연받은 재산가액의 합계액이 3억원 미만**인 공익법인 등

② 불특정다수인으로부터 재산을 출연받은 공익법인 등(출연자 1명과 그의 특수관계인이 출연한 출연재산가액의 합계액이 공익법인 등이 출연받은 총재산가액의 100분의 5에 미달하는 경우로 한정한다)

③ 국가 또는 지방자치단체가 재산을 출연하여 설립한 공익법인 등으로서 감사원의 회계검사를 받는 공익법인 등(회계검사를 받는 연도분으로 한정한다)

04 공익법인 등에 대한 외부전문가 세무확인서 보고 의무(상증법 §50)

사업연도 종료일 현재 재무상태표상 총자산가액이 **5억원 이상**이거나 해당 과세기간 또는 사업연도의 **수입금액** 또는 그 과세기간 또는 사업연도에 **출연받은 재산가액의 합계액**이 **3억원 이상**인 공익법인 등은 2명 이상의 변호사, 공인회계사 또는 세무사를 선임하여 세무확인(이하 "외부전문가의 세무확인"이라 한다)을 받아야 한다.

외부전문가는 공익법인 등의 과세기간별 또는 사업연도별로 출연받은 재산의 공익목적사업 사용 여부, 수혜자의 적정성 여부, 장부의 작성 · 비치의무의 준수 여부 등 의무사항을 이행하고 있는지 확인한다.

1 외부전문가 범위

세무확인을 할 수 있는 외부전문가는 해당 공익법인과 이해관계없이 공정한 업무 수행을 할 수 있는 세무사, 회계사, 변호사를 말하며 다음에 해당하는 경우는 세무확인 업무를 수행할 수 없다.

① 해당 공익법인 등의 출연자(재산출연일 현재 해당 공익법인 등의 총출연재산가액의 1%에 해당하는 금액과 2천만원 중 적은 금액 이하의 금액을 출연한 사람은 제외), 설립자(이하 "출연자 등"이라 한다) 또는 임직원(퇴직 후 5년이 지나지 아니한 사람을 포함한다)인 경우

② 출연자 등과 친족(상증령 §2의 2 ① 1호) 또는 사용인 등(상증령 §2의 2 ① 2호)의 관계에 있는 사람인 경우

③ 출연자 등 또는 그가 경영하는 회사(해당 회사가 법인인 경우에는 출연자 등이 최대주주 등인 회사를 말한다)와 소송대리, 회계감사, 세무대리, 고문 등의 거래가 있는 사람인 경우

④ 해당 공익법인 등과 채권 · 채무 관계에 있는 사람인 경우

⑤ '①'부터 '④'까지의 사유 외에 해당 공익법인 등과 이해관계가 있는 등의 사유로 그 직무의 공정한 수행을 기대하기 어렵다고 인정되는 사람인 경우

⑥ '①'(임직원은 제외한다) 및 '③'부터 '⑤'까지의 규정에 따른 관계에 있는 법인에 소속된 사람인 경우

2 세무확인 대상 공익법인의 범위

자산 규모, 사업의 특성 등을 고려하여 아래에 해당하는 경우는 공익법인 등은 외부전문가의 세무확인을 받지 않을 수 있다. 그 외의 경우는 외부전문가의 세무확인을 받아야 한다.

① 과세기간 또는 사업연도의 종료일 현재 **대차대조표상 총자산가액**(부동산의 경우 「상속세 및 증여세법」 제60조, 제61조 및 제66조에 따라 평가한 가액이 대차대조표상의 가액보다 큰 경우에는 그 평가한 가액을 말한다)의 합계액이 **5억원 미만**이면서, 해당 과세기간 또는 사업연도의 **수입금액** 또는 그 과세기간 또는 사업연도에 **출연받은 재산가액의 합계액이 3억원 미만**인 공익법인 등

② 불특정다수인으로부터 재산을 출연받은 공익법인 등(출연자 1명과 그의 특수관계인이 출연한 출연재산가액의 합계액이 공익법인 등이 출연받은 총재산가액의 100분의 5에 미달하는 경우로 한정한다)

③ 국가 또는 지방자치단체가 재산을 출연하여 설립한 공익법인 등으로서 감사원의 회계검사를 받는 공익법인 등(회계검사를 받는 연도분으로 한정한다)

3 외부전문가 세무확인 항목

외부전문가는 공익법인 등이 다음의 제반의무를 이행하고 있는지 확인한다(상증령 §43 ⑤).[1)]

① 출연재산 및 그 운용에 관한 사항

- 출연재산의 3년 내 공익목적 사용 및 사용내역의 적정 여부
- 주식을 출연받거나 취득하는 경우 주식보유기준 초과 여부
- 수익용 또는 수익사업용으로 운용하는 출연재산의 운용소득 중 기준금액 이상을 직접 공익목적사업에 사용하였는지 여부
- 출연재산 매각대금을 기준금액 이상 공익사업에 사용하였는지 여부

1) 공익법인 세무안내, 국세청, 2025, 101쪽

• 출연재산가액에 일정기준금액 이상을 직접 공익목적사업에 사용하였는지 여부
• 공익사업 수혜자의 적정 여부

② 자기내부거래에 관한 사항
• 출연재산을 출연자 및 그와 특수관계에 있는 자에게 무상 또는 낮은 가액으로 사용 · 수익하게 하였는지 여부 등

③ 기타 공익법인 등의 운영에 관한 사항
• 이사 중 특수관계인의 기준 초과 여부 및 특수관계인의 임직원 채용 여부
• 특정법인에 대한 광고 · 홍보 여부
• 장부의 작성 · 비치의무 준수 여부
• 각종 보고서의 제출 여부
• 기타 공익법인의 운영 등과 관련하여 공익목적에 부합되지 않는 사업 또는 행위에 대한 조치사항 등

4 세무확인 실시 및 보고 기한

외부전문가의 세무확인은 해당 공익법인 등의 과세기간 또는 사업연도 종료일부터 2개월 이내에 실시하여야 한다.

외부전문가의 세무확인을 받은 공익법인 등은 세무확인서를 과세기간 또는 사업연도의 종료일부터 4월 이내에 해당 공익법인 등의 관할세무서장에게 보고하여야 한다.

또한 관할세무서장은 공익법인 등의 출연재산의 공익목적사업 사용 여부 등에 관련된 외부전문가의 세무확인 결과를 일반인이 열람할 수 있게 하여야 한다.

5 가산세

외부전문가의 세무확인에 대한 보고의무 등을 이행하지 아니한 경우 다음의 금액을 가산세로 징수한다.

가산세＝MAX(①, ②)

① (해당 사업연도 수입금액*1＋출연받은 재산가액*2)×$\frac{7}{10,000}$

② 100만원

*1. 외부전문가의 확인을 받지 않거나 보고를 이행하지 않은 과세기간 또는 사업연도의 수입금액

*2. **출연재산가액**
외부전문가의 세무확인에 대한 보고를 이미 이행한 분으로서 계속 공익목적사업에 직접 사용하는 분을 차감한 가액과, 회계감사를 이미 이행한 분으로서 계속 공익목적사업에 직접 사용하는 분을 차감한 가액의 합계액

☞ 가산세는 1억원(중소기업은 5천만원)을 한도로 하되 고의적 위반은 한도 없음

관련 예규 · 판례

1 공익법인의 세무대리 수행 회계사가 세무확인 외부전문가 배제대상인지 여부

(기획재정부재산-865, 2023.7.13.)

공익법인의 세무대리를 수행하는 회계사 및 공익법인의 세무대리를 수행하는 회계사가 속한 회계법인의 다른 회계사는 외부전문가 배제대상에 해당하지 않음

2 「외부전문가 세무확인」 의무대상 여부 판단 시, 지방자치단체 출연금이 출연받은 재산가액에 포함되는지 여부(서면상속증여2022-19, 2022.4.19.)

공익법인 외부전문가 세무확인 의무대상과 관련하여 「상속세 및 증여세법 시행령」 제43조 제2항 제1호에 따라 "해당 사업연도의 수입금액과 그 사업연도에 출연받은 재산가액의 합계액이 3억원 이상"인지 여부를 판단함에 있어, 지방자치단체로부터 받은 출연금은 "출연받은 재산가액"에는 포함되지 않는 것임

3 공익법인 등에 대한 외부전문가의 세무확인(법인세과-2912, 2020.8.13.)

출연자 1인 및 그와 특수관계에 있는 자가 출연한 재산가액의 합계액이 공익법인이 출연받은 총재산가액의 5% 이상이 아닌 경우에는 외부전문가의 세무확인을 받지 않아도 되는 것임

4 외부전문가의 세무확인 대상에서 제외되는 공익법인에 해당 여부(재산세과 - 60, 2013.2.25.)

세무확인대상 공익법인 여부 판단 시 "대차대조표상 총자산가액"이라 함은 당해 공익법인 등의 고유목적사업과 수익사업 등에 사용된 모든 자산의 가액을 말하며, "출연받은 재산가액"에 「보조금 관리에 관한 법률」에 따라 지급받는 국고보조금은 포함하지 않음

5 「상속세 및 증여세법」 제50조에 따른 '외부전문가의 세무확인' 대상에 해당하는지 여부 등

(사전 - 2020 - 법령해석재산 - 0197, 2020.4.9.)

사업연도 종료일 현재 총자산가액이 5억원 이상인 경우 외부전문가의 세무확인을 받아야 하며, 직전 사업연도 종료일 현재 총자산가액의 합계액이 100억원 미만인 경우에는 외부감사인의 회계감사를 받아야 하는 대상에서 제외되는 것임

6 외부전문가 세무확인 및 장부비치 관련 가산세 적용방법(재산세과 - 168, 2009.9.9.)

외부전문가 세무확인 및 장부비치 관련 가산세 적용 시 수입금액이란 「법인세법」 규정에 의한 수익사업의 수입금액을 의미함

7 국가출연재산만 있는 공익법인에 대한 외부전문가의 세무확인 필요 여부

(재삼 46014 - 645, 1999.4.1.)

국가 또는 지방자치단체로부터 출연받은 재산 외에 일반 개인이나 법인 등으로부터 출연받은 재산은 없는 경우, 출연재산명세 등을 제출하지 않거나 외부전문가의 세무확인을 받지 아니하여도 되는 것임

6 관련 서식

① 공익법인 등의 세무확인서(별지 제32호 서식)
② 공익법인 등의 세무확인 결과 집계표(별지 제32호 서식 부표 1)
③ 출연자 등 특수관계인 사용수익명세서(별지 제32호 서식 부표 2)
④ 수혜자 선정 부적정 명세서(별지 제32호 서식 부표 3)
⑤ 재산의 운용 및 수익사업 부적정명세서(별지 제32호 서식 부표 4)
⑥ 장부의 작성 · 비치 의무불이행 등 명세서(별지 제32호 서식 부표 5)
⑦ 보유부동산 명세서(별지 제32호 서식 부표 6)

■ 상속세 및 증여세법 시행규칙 [별지 제32호 서식] 〈개정 2025. 3. 21.〉

공익법인 등의 세무확인서

※ 뒤쪽의 작성방법을 읽고 작성하여 주시기 바랍니다. (앞쪽)

① 사업자등록번호		② 법 인 명	
③ 대 표 자 성 명		④ 전 화 번 호	
⑤ 소 재 지		⑥ 사 업 목 적	
⑦ 사 업 연 도		⑧ 설 립 근 거 법	

1. 자산보유현황

구 분		금 액
⑨ 총자산가액		
자 산 종류별	⑩ 토 지	
	⑪ 건 물	
	⑫ 예 · 적금등 금융자산	
	⑬ 주식 · 출자지분 등	
	⑭ 기 타	

2. 수입금액 현황

구 분		금 액
⑮ 총수입금액		
수 입 원천별	⑯ 금 융	
	⑰ 부동산	
	⑱ 기타 수익사업	
	⑲ 사업외손익	
	⑳ 고유목적사업준비금 환입	
	㉑ 공익목적사업	

3. 세무확인결과

㉒ 위 반 금 액	㉓ 외부전문가 종합의견

4. 외부전문가의 인적사항

㉔ 구 분	㉕ 성 명	㉖ 사업자등록번호

「상속세 및 증여세법」 제50조제2항 및 같은 법 시행령 제43조제6항에 따라 보고합니다.

년 월 일

공익법인 대표자 성명 (서명 또는 인)

세무확인자 성명 (서명 또는 인)

세무확인자 성명 (서명 또는 인)

세무서장 귀하

제출서류	1. 공익법인 등의 세무확인 결과집계표(별지 제32호서식 부표 1) 2. 출연자 등 특수관계인 사용수익명세서(별지 제32호서식 부표 2) 3. 수혜자 선정 부적정 명세서(별지 제32호서식 부표 3) 4. 재산의 운용 및 수익사업 부적정명세서(별지 제32호서식 부표 4) 5. 장부의 작성 · 비치 의무불이행 등 명세서(별지 제32호서식 부표 5) 6. 보유부동산 명세서(「상속세 및 증여세법 시행규칙」별지 제32호서식 부표 6) 7. 공익법인 등의 결산서(재무상태표, 손익계산서 또는 수지계산서)	수수료 없 음

210mm×297mm[백상지 80g/㎡(재활용품)]

(뒤쪽)

작 성 방 법

1. 자산보유현황

가. ⑨란의 총자산가액은 외부전문가의 세무확인을 받는 세무확인 대상의 과세기간 또는 사업연도 종료일 현재 대차대조표상 총자산가액을 적습니다.

나. ⑩란부터 ⑭란까지의 자산종류별 가액은 과세기간 또는 사업연도의 종료일 현재의 대차대조표상 해당 계정과목의 금액을 적습니다.

2. 수입금액 현황

⑮ 총수입금액란은 공익법인등의 운영성과표상 공익목적사업과 금융, 부동산 등 발생 원천별 기타 사업으로 구분하여 각각 수익총액을 적습니다.

⑲ 사업외손익란은 공익목적사업 외 기타사업에서 발생한 사업외 손익을 적습니다.

예) 부동산을 제외한 유형자산처분손익 등

⑳ 고유목적사업준비금 환입란은 「법인세법」 제29조에 따라 고유목적사업준비금을 익금에 산입한 금액을 적습니다.

㉑ 공익목적사업란은 공익법인등의 정관에 기재된 공익목적사업의 수익금액을 적습니다.

3. 세무확인결과

가. ㉒란은 부표 1의 ⑯ 위반금액 합계액을 적습니다.

나. ㉓란은 세무확인 결과에 대한 외부전문가의 종합검토의견을 간략히 적습니다.

4. 외부전문가의 인적사항

가. ㉔란의 구분은 외부전문가의 직업인 변호사 · 공인회계사 · 세무사 또는 법무법인 · 회계법인 · 세무법인 및 합동사무소 등 소속법인명을 적습니다.

나. ㉖란의 사업자등록번호는 외부전문가의 사업자등록번호(법인소속 등의 경우 해당법인 또는 합동사무소 등의 사업자등록번호)를 적습니다.

다. 외부전문가가 4명을 초과하는 경우에는 외부전문가의 인적사항을 별지로 적습니다.

■ 상속세 및 증여세법 시행규칙[별지 제32호서식 부표 1] <신설 2012.2.28>

공익법인 등의 세무확인 결과 집계표

사업연도		공익법인명		사업자등록번호	

(단위 : 원)

구분	세 무 확 인 항 목	적정여부 ⑮	위반금액 ⑯
	① 합 계		
출연재산 보고 등	②공익법인 출연재산 등에 대한 보고서 [별지 제23호서식]		
	③출연재산·운용소득·매각대금의 사용계획및 진도내역서 [별지 제24호서식]		
	④출연받은 재산의 사용명세서 [별지 제25호의2서식]		
	⑤재산 매각대금 사용명세서 [별지 제25호의3서식]		
	⑥운용소득의 직접공익목적사업 사용명세서 [별지 제25호의4서식]		
	⑦주식(출자지분) 보유명세서 [별지 제26호서식]		
	⑧이사 등 선임명세서 [별지 제26호의2서식]		
	⑨특정기업을 위한 광고 등 명세서 [별지 제26호의3서식]		
외부전문가의 세무확인	⑩출연자 등 특수관계인 사용수익 명세서 [별지 제32호서식 부표 2]		
	⑪수혜자 선정 부적정 명세서 [별지 제32호서식 부표 3]		
	⑫재산의 운용 및 수익사업 내역 부적정 명세서 [별지 제32호서식 부표 4]		
	⑬장부의 작성·비치 의무 불이행 명세서 [별지 제32호서식 부표 5]		
	⑭ 보유부동산 명세서 [별지 제32호서식 부표 6]		

세무확인자 성명 (서명 또는 인)

성명 (서명 또는 인)

작 성 방 법

가. ⑮란은 공익법인 제출서류의 관련 법 규정에 대한 위반 여부 등 세무확인 결과를 적습니다.

나. ⑯란은 「상속세 및 증여세법」 제48조에 따라 증여세가 과세되거나 가산세가 부과되는 사유에 해당하거나 같은 법 제51조를 위반한 경우 해당 출연재산의 가액 또는 운용소득금액 및 지출비용 등을 적습니다.

210㎜×297㎜[백상지 80g/㎡ 또는 중질지 80g/㎡]

■ 상속세 및 증여세법 시행규칙[별지 제32호서식 부표 2] <신설 2012.2.28>

출연자 등 특수관계인 사용수익명세서

※ 뒤쪽의 작성방법을 읽고 작성하여 주시기 바랍니다.

(앞 쪽)

사업연도		법인명		사업자등록번호	

(단위 : 원, ㎡)

사 용 수 익 재 산						사 용 수 익 의 귀 속 자			⑩ 정상 대가	⑪ 사용 대가	⑫ 사용 수익금액 (⑩-⑪)	⑬ 비고
① 재산 종류	② 출연(취득) 일 자	③ 출연자	④ 소 재 지	⑤ 수 량 (면 적)	⑥ 가 액	⑦ 성 명	⑧ 주민등록번호 (사업자등록번호)	⑨ 출연자 등 과의 관계				
합 계												

364㎜×257㎜[백상지 80g/㎡ 또는 중질지 80g/㎡]

(뒤 쪽)

작성방법
※ 작성대상 「상속세 및 증여세법」 제48조제3항에 따라 출연받은 재산 등을 출연자 및 그 친족 등에게 임대차·소비대차 및 사용대차 등의 방법으로 사용·수익하게 한 재산을 적습니다. 1. ⑥사용수익재산 가액란은 해당 재산에 대하여 「상속세 및 증여세법」 제4장의 규정에 따라 평가한 가액을 적습니다. 2. ⑨출연자등과의 관계란은 해당 공익법인 또는 출연자와의 관계를 적습니다. 3. ⑫사용수익금액란은 ⑩란의 정상대가에서 ⑪란의 실제 사용대가를 차감한 금액을 적습니다. 4. ⑬비고란은 「상속세 및 증여세법 시행령」 제39조제2항에 따른 과세제외 사유를 적습니다.

■ 상속세 및 증여세법 시행규칙 [별지 제32호서식 부표 3] <신설 2012.2.28>

수혜자 선정 부적정명세서

※ 뒤쪽의 작성방법을 읽고 작성하여 주시기 바랍니다.

(앞 쪽)

사업연도		법인명		사업자등록번호	

(단위 : 원, ㎡)

공익목적사업의 사용재산				수혜자의 인적사항					⑩ 출연자등과의 관계
① 재산 종류	② 소 재 지	③ 수량 (면적)	④ 가 액	⑤ 성 명	⑥ 직 업 (근무처)	⑦ 직위	⑧ 주 소	⑨ 주민등록번호 (사업자등록번호)	
합 계									

364㎜×257㎜[백상지 80g/㎡ 또는 중질지 80g/㎡]

(뒤 쪽)

작 성 방 법

※ 작성대상

「상속세 및 증여세법 시행규칙」 제14조제1항제3호에 따른 수혜자 선정이 부적정한 경우를 적습니다.

1. ④가액란은 부적정한 수혜자 선정으로 제공된 재산 또는 경제적이익 등 수혜금액을 적습니다.

2. ⑩출연자등과의 관계란은 「상속세 및 증여세법」 제48조제3항 및 같은 법 시행령 제39조제1항에 따른 공익법인과 출연자등과의 관계를 적습니다.

   * 친족의 범위는 「국세기본법 시행령」 제1조의2제1항 각 호에 해당하는 사람을 말합니다.

■ 상속세 및 증여세법 시행규칙 [별지 제32호서식 부표 4] <신설 2012.2.28>

재산의 운용 및 수익사업내역 부적정명세서

※ 뒤쪽의 작성방법을 읽고 작성하여 주시기 바랍니다.　　(앞 쪽)

사업연도		법인명		사업자등록번호	

(단위 : 원, ㎡)

출연재산				운용현황					⑩ 적요
							오류 및 탈루금액		
① 재산종류	② 소재지	③ 수량(면적)	④ 출연재산가액	⑤ 구분	⑥ 수익금액	⑦ 적정수익금액	⑧ 유형	⑨ 금액	
합계									

364㎜×257㎜[백상지 80g/㎡ 또는 중질지 80g/㎡]

(뒤 쪽)

작성방법

※ 작성대상

「상속세 및 증여세법 시행규칙」 제14조제1항제1호에 따라 해당 공익법인등이 출연받은 재산을 운용 및 수익사업의 내역상 운용·수익사업소득에 대한 탈루사항 등을 적습니다.

* 다만, 「법인세법 시행령」 제97조 및 「소득세법 시행령」 제131조에 따라 세무사가 조정계산서를 작성하여 해당 수익사업에 대한 신고를 한 것과, 출연받은 재산 등을 출연자 등 특수관계인이 임대차 등 사용·수익으로 그들에게 귀속되는 경제적이익 상당액을 별지 제32호서식 부표 2에 따라 작성한 것은 제외합니다.

1. ⑦적정수익금액란은 정상적인 사인간의 거래, 건전한 사회통념상 인정되는 시가를 적습니다.

2. ⑧유형란은 수익금액의 오류 또는 탈루유형을 적습니다.
   (예) 수입이자누락, 매출누락 등

3. ⑨금액란은 누락된 수익금액 및 ⑦란의 적정수익금액과 실제 수익금액의 차액을 적습니다.

4. ⑩적요란은 해당 재산의 운용 및 수익사업소득의 부적정한 내용을 간략히 적습니다.
   (예) - 출연재산을 현저히 저렴한 가액으로 매각한 경우 그 내용 등
   - 무수익자산의 취득 등 수익사업 운용상의 부적정한 내용 등

364㎜×257㎜[백상지 80g/㎡ 또는 중질지 80g/㎡]

■ 상속세 및 증여세법 시행규칙 [별지 제32호서식 부표 5] <신설 2012.2.28>

장부의 작성·비치 의무 불이행 등 명세서

※ 뒤쪽의 작성방법을 읽고 작성하여 주시기 바랍니다. (앞 쪽)

사업연도		공익법인명		사업자등록번호	

1. 장부의 작성·비치의무 불이행 내역

① 구 분		② 해당 과세기간의 수입금액 및 출연재산금액	③ 작성·비치 의무 불이행 장부 등	④ 비 고
공익목적 사 업				
수 익 사 업 명				

2. 출연재산 명세 보고 등 불이행 내역

⑤ 구 분	⑥ 제 출 여 부	⑦ 미제출분에 상당하는 재산가액	⑧ 누락 또는 오류분에 상당하는 재산가액
공익법인 출연재산 등에 대한 보고서 [별지 제23호서식]			
출연재산·운용소득·매각대금의 사용계획 및 진도내역서 [별지 제24호서식]			
출연받은 재산의 사용명세서 [별지 제25호의2서식]			
재산매각대금 사용명세서 [별지 제25호의3서식]			
운용소득의 직접공익목적사업 사용명세서 [별지 제25호의4서식]			
주식(출자지분)보유 명세서 [별지 제26호서식]			
이사 등 선임명세서 [별지 제26호의2서식]			
특정기업광고 등 명세서 [별지 제26호의3서식]			

210mm×297mm[백상지 80g/㎡ 또는 중질지 80g/㎡]

(뒤 쪽)

작성방법

1. 장부의 작성·비치의무 불이행 내역

※ 작성대상

「상속세 및 증여세법」 제51조에 따라 공익법인등의 출연받은 재산 및 공익사업의 운용내역, 수익사업에 대한 장부와 중요한 증빙서류의 작성·비치의무를 이행하지 아니한 것에 대하여 적습니다.

* 다만, 「법인세법 시행령」 제97조 및 「소득세법 시행령」 제131조에 따라 세무사가 조정계산서를 작성하여 해당 수익사업에 대한 신고를 한 것은 제외합니다.

가. ①공익목적사업 및 수익사업명란은 해당 공익법인의 공익목적사업과 수익사업의 명칭을 적습니다.

나. ②해당 과세기간의 수입금액 및 출연재산금액란은 장부의 작성·비치 의무를 불이행한 금액을 적습니다.

다. ③작성·비치의무 불이행 장부 등란은 해당 공익목적사업 및 수익사업과 관련하여 작성·비치해야 할 복식부기형식의 장부로서 의무를 불이행한 주요 장부 또는 장부와 관련된 중요한 증명서류를 적습니다.

2. 출연재산 명세 보고 등 불이행 내역

※ 작성대상

「상속세 및 증여세법」 제48조제5항 및 같은 법 시행령 제41조제1항에 따라 납세지 관할세무서장에게 제출하여야 할 출연 재산명세 등의 이행여부에 대한 사항을 적습니다.

■ 상속세 및 증여세법 시행규칙 [별지 제32호서식 부표 6] <신설 2012.2.28>

보유부동산 명세서

사업연도		법인명				사업자등록번호			
재산 종류	출연일자 (취득일자)	소 재 지	수 량 (면적)	장부가액	재산 종류	출연일자 (취득일자)	소 재 지	수 량 (면적)	장부가액
					합 계				

364㎜×257㎜[백상지 80g/㎡ 또는 중질지 80g/㎡]

05 공익법인 등에 적용되는 회계기준(상증법 §50의 4)

1 개 요

공익법인의 사회적 역할이 중요해질수록 공익법인의 투명한 운영에 대한 사회적 요구가 높아짐에 따라 외부전문가의 세무확인, 결산서류 등의 의무공시, 외부회계감사 등 투명성 제고를 위한 제도를 마련하였다.

하지만 결산서류 작성의 기준이 되는 회계기준이 없어 공익법인에 적용할 수 있는 회계기준을 마련하기로 하였고, 이에 기획재정부 「공익법인회계기준 심의위원회」에서 '공익법인회계기준'을 제정하였다.

이에 2018년부터 공익법인 등이 회계감사의무(상증법 §50 ③) 및 결산서류 등의 공시의무(상증법 §50의 3)를 이행할 때에는 공익법인회계기준을 따라야 한다.

공익법인회계기준의 내용은 본서 'PART 5. 공익법인회계기준'을 참조하길 바란다.

2 공익법인회계기준 적용 예외

공익법인 중 사업의 특수성에 따라 회계처리 및 재무제표 작성에 관하여 다른 법령에서 특별한 규정이 있는 경우 이를 따르도록 규정하고 있다.

① 「의료법」에 따른 의료법인
② 「사립학교법」에 따른 학교법인
③ 「국립대학법인 서울대학교 설립 · 운영에 관한 법률」에 따른 국립대학법인 서울대학교
④ 「국립대학법인 인천대학교 설립 · 운영에 관한 법률」에 따른 국립대학법인 인천대학교

3 적용시기

공익법인회계기준은 2018.1.1. 이후 개시하는 회계연도 분부터 적용한다.

관련 예규 · 판례

1 공익법인회계기준 적용대상 여부(서면 - 2018 - 상속증여 - 2617, 2018.10.17.)

「초 · 중등교육법」 제2조 및 제60조의 2에 따른 외국인학교 「공익법인회계기준」을 따라야 하는 공익법인 등에서 제외하는 것임

2 공익법인 장부의 작성기준(서면 - 2018 - 상속증여 - 1102, 2018.5.18.)

공익법인은 이중으로 기록하여 계산하는 부기 형식의 장부를 작성하여 비치하여야 하며, '이중으로 기록하여 계산하는 부기 형식의 장부'란 「공익법인회계기준」에 따라 작성된 장부를 말함

06 공익법인 등의 외부회계감사의무(상증법 §50 ③)

1 개 요

공익법인 등은 과세기간별 또는 사업연도별로 감사인(주식회사 등의 외부감사에 관한 법률 §2 7호)에게 회계감사를 받아야 한다.

공익법인 주기적 감사인 지정제도 (상증법 §50 ④, 상증령 §43의 2, 상증칙 14조의2)	지정기준일이 속하는 과세연도의 직전 과세연도 종료일 현재 재무상태표상 총자산가액 1천억원 이상 공익법인 등이 연속하는 4개 과세기간 또는 사업연도에 대하여 회계감사를 받은 경우에는 그 다음 과세기간 또는 사업연도부터 연속하는 2개 과세기간 또는 사업연도에 대하여 기획재정부장관이 지정하는 감사인에게 회계감사를 받도록 할 수 있다. 다만, 공공기관인 공익법인 등 기획재정부령으로 정하는 공익법인은 제외한다. 이 경우 기획재정부장관은 감사인 지정 업무의 전부 또는 일부를 국세청장에게 위탁할 수 있다.

	• 공익법인 지정 회계감사의무 미이행 가산세 (해당 사업연도 수입금액+ 출연받은 재산가액)×0.07% 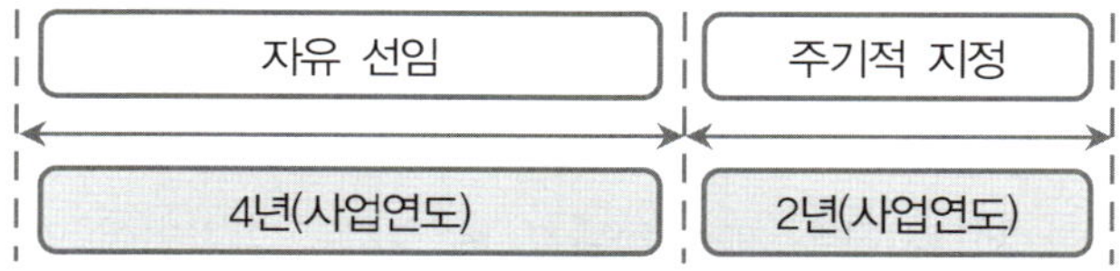
공익법인 회계 감리제도 (상증법 §50 ⑤, 상증령 §43의 3)	기획재정부장관은 회계감사를 받을 의무가 있는 공익법인 등이 공시한 감사보고서와 그 감사보고서에 첨부된 재무제표에 대하여 감리할 수 있다. 이 경우 기획재정부장관은 감리 업무의 전부 또는 일부를 회계감사 및 감리에 관한 전문성을 갖춘 법인이나 단체에 위탁할 수 있다. 감리업무를 위탁받은 법인이나 단체는 회계감사의 감사보수 중 일부를 감사인으로부터 감리업무 수수료로 받을 수 있다

2 외부회계감사 제외(상증령 §43 ③ · ④)

다음의 요건을 충족하는 공익법인 등은 외부회계감사를 받지 않아도 된다. 다만, 「상속세 및 증여세법 시행령」 제41조의 2 제6항(주식 초과 보유 공익법인의 의무이행 여부 신고대상)에 해당하는 경우에는 아래에 해당하는 경우라도 외부 회계감사를 받아야 한다.

① 회계감사를 받아야 하는 과세기간 또는 사업연도의 직전 과세기간 또는 직전 사업연도의 총자산가액 등이 다음의 요건을 모두 충족하는 공익법인 등

㉠ 과세기간 또는 사업연도 종료일의 **재무상태표상 총자산가액**(부동산인 경우 법 제60조 · 제61조 및 제66조에 따라 평가한 가액이 재무상태표상의 가액보다 크면 그 평가한 가액을 말한다)의 합계액이 **100억원 미만**일 것

㉡ 해당 과세기간 또는 사업연도의 수입금액과 그 과세기간 또는 사업연도에 출연받은 재산가액의 합계액이 **50억원 미만**일 것

㉢ 해당 과세기간 또는 사업연도에 출연받은 재산가액이 **20억원 미만**일 것

② 사업의 특성에 따른 다음의 공익법인 등

㉠ 종교의 보급 기타 교화에 현저히 기여하는 사업

㉡ 「초 · 중등교육법」 및 「고등교육법」에 의한 학교, 「유아교육법」에 따른 유치원을 설립 · 경영하는 사업

3 감사보고서 제출(상증령 §43 ⑦)

회계감사를 받은 공익법인 등은 감사인이 작성한 감사보고서를 해당 공익법인 등의 과세기간 또는 사업연도 종료일부터 4개월 이내에 관할 세무서장에게 제출하여야 한다. 이 경우 관할 세무서장은 제출받은 감사보고서를 일반인이 열람할 수 있도록 하여야 한다.

4 가산세(상증법 §78 ⑤ 3호)

회계감사 대상 공익법인이 감사를 받지 않은 경우 다음 산식에 따른 가산세를 부과한다.

$$가산세 = (해당\ 사업연도\ 수입금액^{*1} + 출연받은\ 재산가액^{*2}) \times \frac{7}{10,000}$$

*1. 외부회계감사를 받지 않은 과세기간 또는 사업연도의 수입금액

*2. 출연재산가액

외부전문가의 세무확인에 대한 보고를 이미 이행한 분으로서 계속 공익목적사업에 직접 사용하는 분을 차감한 가액과 회계감사를 이미 이행한 분으로서 계속 공익목적사업에 직접 사용하는 분을 차감한 가액의 합계액

관련 예규 · 판례

■ **「상속세 및 증여세법」에 따른 회계감사의무가 면제되는지 여부**

(사전 - 2021 - 법령해석법인 - 0323, 2021.4.7.)

사회복지법인이 舊「교육법」에 따라 특수학교의 설립을 인가받아 운영하면서 그 외 복지시설을 함께 운영하는 경우에는「상속세 및 증여세법」제50조 제3항 단서 규정에 의해 회계감사를 받지 않아도 되는 것임

07 공익법인 등의 결산서류 등 공시의무

1 개 요

공익법인 등은 결산서류를 해당 공익법인 등의 과세기간 또는 사업연도 종료일부터 4개월 이내에 국세청의 인터넷 홈페이지에 게재하는 방법으로 공시하여야 한다. 다만, 총자산가액 5억원 미만이고, 해당 과세기간 또는 사업연도의 수입금액과 그 과세기간 또는 사업연도에 출연받은 재산가액의 합계액이 3억원 미만인 공익법인은 간편공시로 할 수 있다.

2 공시대상 서류

공익법인 등은 국세청의 인터넷 홈페이지에 접속하여 기획재정부령으로 정하는 표준서식(법 제50조의 3 제1항 각 호 외의 부분 단서에 따른 공익법인 등의 경우 기획재정부령으로 정하는 간편서식을 말한다)에 따라 작성된 다음의 결산서류 등을 직접 공시해야 한다.

① 재무제표(재무상태표, 운영성과표, 주석을 포함)

② 기부금 모집 및 지출내용

③ 해당 공익법인 등의 대표자, 이사, 출연자, 소재지 및 목적사업에 관한 사항

④ 출연재산의 운용소득 사용명세

⑤ 외부회계감사 대상 공익법인의 경우 감사보고서와 첨부된 재무제표(2019.1.1. 이후 공시하는 분부터 적용)

⑥ 법 제50조 제3항에 따른 외부감사를 받는 공익법인 등의 경우에는 출연받은 재산의 공익목적사용 현황

⑦ 주식보유 현황 등에 관한 사항

- 공익법인 등의 주식 등의 출연 · 취득 · 보유 및 처분사항
- 공익법인 등에 주식 등을 출연한 자와 그 주식 등의 발행법인과의 관계
- 주식 등의 보유로 인한 배당현황, 보유한 주식 등의 처분에 따른 수익현황 등

• 내국법인의 의결권 있는 주식 등을 그 내국법인의 발행주식총수 등의 5%를 초과하여 보유하고 있는 공익법인 등으로서 법 제41조의 2 제6항(주식 초과 보유 공익법인의 의무이행 여부 신고대상)에 해당하는 경우에는 보유주식에 대한 의결권의 행사 결과

3 간편공시 대상 공익법인

사업연도의 종료일 현재 재무상태표상 총자산가액(부동산인 경우 「상속세 및 증여세법」 제60조 · 제61조 및 제66조에 따라 평가한 가액이 재무상태표상의 가액보다 크면 그 평가한 가액을 말한다)의 합계액이 **5억원 미만**인 공익법인 등은 간편한 방식으로 공시할 수 있으나, 해당 과세기간 또는 사업연도의 수입금액과 그 과세기간 또는 사업연도에 출연받은 재산가액의 합계액이 3억원 이상인 공익법인 등과 「상속세 및 증여세법 시행령」 제41조의 2 제6항(주식보유 관련 의무이행 여부 신고대상)에 해당하는 경우에는 간편공시 할 수 없다.

4 공시의무 제외 대상

종교의 보급 기타 교화에 현저히 기여하는 사업은 공시의무 예외에 해당한다. 그러나 종교법인이라도 「상속세 및 증여세법 시행령」 제41조의 2 제6항(주식보유 관련 의무이행 여부 신고대상)에 해당하는 경우에는 공시의무를 이행해야 한다.

5 공시요구 및 오류시정 요구

국세청장, 납세지 관할 지방국세청장 또는 납세지 관할 세무서장은 공익법인 등이 결산 서류 등을 공시하지 아니하거나 그 공시내용에 오류가 있는 경우에는 해당 공익법인 등에 대하여 1개월 이내의 기간을 정하여 공시하도록 하거나 오류를 시정하도록 요구할 수 있다.

요구를 이행하지 아니하는 공익법인 등에 대하여는 법 제78조 제11항에 따라 가산세를 부과하고 해당 공익법인 등의 주무부장관에게 관련 사실을 통보하여야 한다.

6 가산세

결산서류 등을 공시하지 않거나 공시내용에 오류가 있는 경우로서 국세청장의 공시 또는 시정 요구를 지정된 기한까지 이행하지 않은 경우에는 다음 산식에 상당하는 금액을 가산세로 부과한다.

$$\text{가산세} = \text{과세기간 또는 사업연도 종료일 현재 자산총액}^{*} \times \frac{5}{1,000}$$

* 공시하여야 할 과세기간 또는 사업연도의 종료일 현재 대차대조표상 총자산가액(부동산인 경우 「상속세 및 증여세법」 제60조 · 제61조 및 제66조에 따라 평가한 가액이 대차대조표상의 가액보다 크면 그 평가한 가액을 말한다)의 합계액

참고

간편공시 대상 공익법인 등의 2022.12.31. 이전에 개시하는 과세기간 또는 사업연도분의 공시에 대하여는 가산세를 부과하지 않는다.

관련 예규 · 판례

1 초·중등학교를 설립·운영하는 학교법인이 재무제표를 공시하는지 여부

(서면-2021-법인-7308, 2022.9.16.)

초 · 중등교육법에 의한 학교를 설립 · 운영하는 학교법인은 주무관청에 재무제표를 제출하지 아니 하더라도 「상속세 및 증여세법」 제50조의 3에 따라 재무제표를 포함한 각 호의 서류를 작성 · 공시하는 것임

2 기한 내에 결산서류 등의 공시의무를 이행하지 아니한 것에 대한 공시업무불이행가산세를 부과한 처분의 당부(조심-2021-광-5528, 2022.5.4.)

「상속세 및 증여세법」 제78조 제11항에서 공익법인등이 결산서류등을 공시하지 아니한 경우로서 국세청장의 공시 또는 시정요구를 지정된 기한까지 이행하지 아니한 경우에는 가산세를 부과한다고 규정하고 있는바, 같은 법 시행령 제12조에 따른 공익법인등에 해당하는 청구법인은 2019사업연도에 대한 결산서류등의 공시업무와 관련하여 처분청의 2차 안내에도 불구하고 공시기한까지 그 의무를 이행하지 아니한 것으로 보이므로 청구법인에게 증여세를 과세한 이 건 처분은 달리 잘못이 없는 것으로 판단됨

3 청구법인에게 가산세를 감면할 정당한 사유가 있는지 여부(조심-2021-인-3059, 2021.11.26.)

청구법인이 공시한 공시내용에 오류가 있어 국세청장이 청구법인에게 시정할 것을 요구하였음에도 청구법인이 재공시한 결산서류 등의 공시내용에 여전히 오류가 있음이 확인되며, 청구법인이 법령의 부지 · 착오 외의 정당한 사유를 제시하지 아니한 이상 이에 대한 가산세를 부과하는 것이 타당함

4 지역조직으로 구성된 공익법인의 결산서류 공시 의무(서면 - 2020 - 법인 - 2801, 2020.12.15.)

공익법인이 내부적으로 다수의 지역조직으로 구성된 경우에도 해당 공익법인 단위로 「상속세 및 증여세법」 제50조의 3 제1항 규정에 따른 결산서류를 공시함

5 공익법인 등의 결산서류 공시의무 등(서면 - 2016 - 상속증여 - 5115, 2016.10.5.)

공익법인 등은 같은 법 제16조 및 제48조에 따른 과세가액 불산입 재산의 출연 여부와 관계없이 같은 법 제50조의 2 및 제50조의 3 규정이 적용되는 것임

6 결산서류 등의 공시의무가 없는 공익법인 해당 여부 판단 시 "출연받은 재산가액"에 국고보조금 포함 여부(상속증여세과 - 177, 2013.6.4.)

결산서류 등의 공시의무가 없는 공익법인 등의 범위를 판단할 때 공익법인 등이 출연받은 재산가액에 「보조금 관리에 관한 법률」에 따라 지급받는 국고보조금은 포함하지 않음

7 관련 서식

① 공익법인 결산서류 등의 공시_표준서식(별지 제31호 서식)
② 기부금품의 수입 및 지출 명세서(별지 제31호 서식 부표 1)
③ 주식 등의 출연 · 취득 · 보유 및 처분 명세서(별지 제31호 서식 부표 2)
④ 출연자 및 이사 등 주요 구성원 현황 명세서(별지 제31호 서식 부표 3)
⑤ 출연받은 재산의 공익목적사용 현황(별지 제31호 서식 부표 4)
⑥ 운용소득 사용명세서(별지 제31호 서식 부표 5)

■ 상속세 및 증여세법 시행규칙 [별지 제31호 서식] 〈개정 2024. 3. 22.〉

공익법인 결산서류 등의 공시_표준서식

※ 뒤쪽의 작성방법을 읽고 작성해 주시기 바랍니다.
※ [ ]에는 해당하는 곳에 √표를 합니다.

(7쪽 중 제1쪽)

1. 기본사항

사업연도(과세기간):	년 월 일 ~ 년 월 일		[ ] 정기공시 [ ] 해산공시
①공익법인등 명칭		②사업자등록번호 (고유번호)	
③대표자		④설립연월일	
⑤소재지		⑥전화번호/팩스	/
⑦홈페이지 주소		⑧전자우편주소	
⑨주무관청		⑩기부금 유형	[ ]특례기부금 [ ]일반기부금 [ ]기타
⑪설립근거법			
⑫설립유형	[ ]재단법인 [ ]사단법인 [ ]법인으로 보는 단체 [ ]공공기관 [ ]기타		
⑬공익사업유형			
⑭설립주체	[ ]개인 [ ]기업 [ ]개인 · 기업 [ ]국가 [ ]지방자치단체 [ ]기타		
⑮이사 수	명	⑯ 자원봉사자 연인원 수	명
⑰고용직원 수	명		

2. 재무현황

(단위: 원)

구분	⑱총자산가액	⑲부채	⑳순자산			
			㉑소계	㉒기본순자산	㉓보통순자산	㉔순자산조정
ⓐ 총계 (ⓐ=ⓑ+ⓒ)						
ⓑ 공익목적사업						
ⓒ 기타사업						

3. 자산현황

(단위: 원)

구분	㉕총자산가액	㉖토지	㉗건물	㉘주식 및 출자지분	㉙금융자산	㉚기타자산
ⓐ 총계 (ⓐ=ⓑ+ⓒ)						
ⓑ 공익목적사업						
ⓒ 기타사업						

4. 수익현황

(단위: 원)

구분	㉛총계	㉜사업수익					㊳사업외수익	㊴고유목적사업 준비금 환입액
		㉝소계	㉞기부금	㉟보조금	㊱회비수익	㊲기타		
ⓐ 총계 (ⓐ=ⓑ+ⓒ)								
ⓑ 공익목적사업								
ⓒ 기타사업			(음영)	(음영)	(음영)			

5. 비용현황

(단위: 원)

구분	㊵총계	㊶사업비용					㊼사업외 비용 등 기타	㊽고유목적사업 준비금전입액
		㊷소계	㊸사업 수행비용	㊹일반 관리비용	㊺모금 비용	㊻기타		
ⓐ 총계(ⓐ=ⓑ+ⓒ)								
ⓑ 공익목적사업						(음영)		
ⓒ 기타사업			(음영)	(음영)	(음영)			

6. 세무확인과 회계감사

㊾복식부기 여부	[ ]여 [ ]부	㊿적용회계기준	
(51)세무확인 여부	[ ]여 [ ]부	(52)외부 회계감사 여부	[ ]여 [ ]부
(53)외부 회계감사인		(54)외부 회계감사 의견	

210mm×297mm[백상지 80g/㎡ 또는 중질지 80g/㎡]

PART 4 공익법인의 납세협력의무

7. 재공시 사유

8. 확인란

본인은 본 결산서와 결산서에 첨부된 명세 및 보고서들을 검토했으며, 해당 정보를 진실하고 성실하게 작성했음을 확인합니다.

대표자 : 확인일자 :

「상속세 및 증여세법」 제50조의3제1항 · 제4항 및 같은 법 시행령 제43조의5에 따라 공익법인등의 결산서류 등을 공시합니다.

년 월 일

법인명

첨부서류	1. 「상속세 및 증여세법 시행규칙」 별지 제31호서식 부표 1에 따른 기부금품의 수입 및 지출 명세서 2. 「상속세 및 증여세법 시행규칙」 별지 제31호서식 부표 2에 따른 주식 등의 출연 · 취득 · 보유 및 처분 명세서 3. 「상속세 및 증여세법 시행규칙」 별지 제31호서식 부표 3에 따른 출연자 및 이사 등 주요 구성원 현황 명세서 4. 「상속세 및 증여세법 시행규칙」 별지 제31호서식 부표 4에 따른 출연받은 재산의 공익목적사용 현황 5. 「상속세 및 증여세법 시행규칙」 별지 제31호서식 부표 5에 따른 운용소득 사용명세서 6. 공익법인등의 재무제표 7. 감사보고서(「상속세 및 증여세법」 제50조제3항에 따른 회계감사 대상 공익법인의 경우만 해당합니다)	수수료 없음

210mm×297mm[백상지 80g/㎡ 또는 중질지 80g/㎡]

작성방법

* 이 서식은 모든 공익법인등(종교사업을 영위하는 공익법인등은 제외합니다)이 작성하는 서식입니다.
* 이 서식을 작성할 때에는 통합 재무상태표와 운영성과표 작성을 위한 내부거래를 제외한 금액을 적습니다.

1. 기본사항

가. 해산(등기)일이 속하는 사업연도(과세기간)에 대하여 공시하는 경우 "해산공시"에, 그 외의 경우 "정기공시"에 √표를 합니다.

나. "⑨주무관청"란은 비영리법인의 설립을 허가한 주무관청 명칭을 적고, 주무관청으로부터 공익법인등을 관리, 감독 권한을 위임 받은 기관이 있는 경우에는 위임받은 기관의 명칭을 괄호에 기록합니다.

(예시) 교육청의 관리 감독을 받는 장학재단인 경우 교육부(교육청), 서울특별시의 관리 감독을 받는 종교법인의 경우 문화체육관광부(서울특별시장), 주무관청이 없는 단체의 경우 관할세무서를 주무관청으로 기록합니다.

다. "⑩기부금 유형"란은 해당 공익법인이 사립학교, 국립대학병원 등 「법인세법」 제24조제2항제1호 또는 「소득세법」 제34조제2항제1호에 따른 기부금 대상인 경우 "특례기부금"에, 사회복지 · 문화 · 교육 · 종교 등「법인세법」 제24조제3항제1호 또는 「소득세법」 제34조제3항제1호에 따른 기부금 대상인 경우 "일반기부금"에, 그 밖의 경우 "기타"에 √표를 합니다.

라. "⑪설립근거법"란은 다음 중에서 해당하는 법률 등을 선택하여 모두 적습니다.

1) 「민법」 2) 「공익법인의 설립 · 운영에 관한 법률」 3) 「사회복지사업법」 4) 「사립학교법」 5) 「의료법」 6) 「협동조합 기본법」 7) 그 밖의 법률 8) 해당 없음

마. "⑫설립유형"란은 해당되는 단체유형에 √표를 합니다.

- 「민법」이나 「공익법인의 설립 · 운영에 관한 법률」에 따라 설립된 재단법인이나 사단법인인 경우에는 각각 해당란에 √표를 합니다.
- 「국세기본법」 제13조에 따른 법인으로 보는 단체는 "법인으로 보는 단체"에 √표를 합니다.
- 「공공기관 운영에 관한 법률」에 따른 공공기관인 경우에는 공공기관에 √표를 합니다.
- 위에 해당하지 않는 공익법인등은 기타에 √표를 합니다.

바. "⑬공익사업유형"란은 1) 교육, 2) 학술 · 장학, 3) 사회복지, 4) 의료, 5) 예술 · 문화, 6) 종교, 7) 그 밖의 유형 중에서 하나를 선택하여 적습니다.

사. "⑭설립주체"란은 설립주체(기본재산 출연자)에 √표를 합니다.

※ 설립주체

- (개인) 개인 또는 가족이 설립한 단체, (기업) 기업이 설립한 단체,(개인 · 기업) 개인과 기업이 동일한 출연금으로 설립한 단체
- (국가) 국가(정부) 및 공공기관이 설립한 단체, (지방자치단체) 지방자치단체가 설립한 단체
- (기타) 그 밖의 주체가 설립한 단체
- 개인과 기업이 함께 출연하여 설립한 경우에는 개인출연금이 기업출연금보다 크면 "개인"을, 기업출연금이 개인출연금보다 크면 "기업"을 선택합니다.

아. "⑮이사 수"란은 사업연도말 현재 이사회 구성원(등기사항증명서상 이사)인 이사 수를 적습니다(법인이 아닌 단체는 정관의 요건을 충족한 이사 수를 적습니다).

자. "⑯자원봉사자 연인원 수"란은 자원봉사자 연인원을 적습니다.

(예) 1명의 자원봉사자가 365일 봉사활동을 수행했을 경우, 1*365=365명

차. "⑰고용직원 수"란은 공익법인등의 연평균 상시근로자 수(공익목적사업과 기타사업을 포함한 정규직 및 비정규직의 상시 인원을 합하며, 일용직은 제외합니다)를 적습니다.

※ 연 평균 상시근로자 수: (매월 말 상시 고용직원 수 합계 / 사업연도 월수)

2. 재무현황

"⑱총자산가액~㉔순자산조정"란은 사업연도(과세기간) 종료일 현재 「공익법인회계기준」에 따라 작성한 재무상태표상 총자산가액 및 부채, 순자산 가액을 공익목적사업과 기타사업으로 구분하여 적습니다.

※ "ⓑ 공익목적사업"은 공익법인등의 정관에 기재된 공익목적사업을 말합니다(예: 문화 · 예술 전시사업, 연주회 등 공익목적으로 하는 사업의 입장료 수익 등은 「법인세법」에 따른 수익사업이지만 공익목적사업부문으로 구분합니다).

※ "ⓒ 기타사업"은 공익법인등의 정관에 기재된 공익목적사업 외의 사업을 말합니다.

※ 공익목적사업 부문과 기타사업 부문 구분 시 참고사항 - 정관에 기재된 사업이어도 공익목적활동으로 볼 수 없는 사업은 기타사업부문으로 구분하며, 공익목적활동의 부수적으로 발생하는 사업이어도 기념품 판매, 카페 운영, 금융소득 창출을 위한 적극적인 금융자산 투자 등은 기타사업부문으로 구분합니다.

210mm×297mm[백상지 80g/㎡ 또는 중질지 80g/㎡]

PART 4 공익법인의 납세협력의무

작성방법

3. 자산현황

가. "㉘주식 및 출자지분"란은 공익법인등이 보유한 주식(보통주, 우선주 포함)이나 출자지분의 재무상태표상 가액을 적습니다.

나. "㉙금융자산"란은 공익법인등이 보유하고 있는 현금 및 현금성자산(보통예금, 당좌예금, 취득 시 만기가 6개월 미만인 금융상품등)과 금융기관 등에 예치하고 있는 정기예금, 정기적금, 펀드상품, 저축성 보험상품 등 및 국채, 회사채등 유가증권(㉘주식 및 출자지분은 제외합니다)의 재무상태표상 가액을 적습니다. 정기예금 등에서 발생한 미수이자는 금융자산란에서 제외합니다.

다. "㉚기타자산"란은 공익법인등이 가지고 있는 매출채권, 미수이자, 미수임대료, 선급금 등 ㉖부터 ㉙까지에 해당하지 않는 자산을 적습니다.

4. 수익현황(해당 사업연도를 기준으로 적습니다)

공익법인등의 운영성과표(손익계산서)상 사업수익과 사업외수익, 고유목적사업준비금 환입액을 공익목적사업과 기타사업으로 구분하여 적습니다.

가. "㉞기부금"란은 개인이나 단체 등으로부터 수령한 현금 및 현물 등의 기부금과 출연받은 재산가액의 합계를 공익목적사업에 적습니다.

※ 예) ㅇㅇ모금회로부터 수령한 지원금, 학교 설립자가 해당 사업연도에 출연한 재산금액

나. "㉟보조금"란은 국가 및 지방자치단체 또는 공공기관 등과 같은 보조사업자로부터 받은 보조금을 공익목적사업에 적습니다. 공익사업과 관련 없이 받은 보조금(예: 장애인 고용장려금, 장애인촉진 지원금 등)은 사업외수익에 적습니다.

※ 보조사업자: 「보조금 관리에 관한 법률」에 따른 보조금의 교부대상이 되는 사무 또는 사업(보조사업)을 수행하는 자

다. "㊱회비수익"란은 공익법인등이 회원을 대상으로 받는 회비를 적습니다. 회원을 대상으로 발생하지만 일반적인 매출(재화 · 용역 제공)거래는 회비수익이 아닙니다. 회원으로부터 받는 회비이지만 납부에 따른 혜택이 없거나, 납부가 강제되지도 않고, 기부금영수증을 발급해 주는 경우에는 명목상 회비일 뿐 기부금과 동일한 성격이므로 "㉞기부금"란에 적습니다.

다. "㊲기타"란은 기부금, 보조금, 회비수익 외의 사업수익을 적습니다.

라. "㊳사업외수익"란은 사업수익이 아닌 수익 또는 차익으로서 운영성과표(손익계산서)에 사업외수익으로 적는 유형 · 무형 자산처분이익, 유형 · 무형자산손상차손환입, 전기오류수정이익 등의 합계액을 적습니다.

마. "㊴고유목적사업준비금 환입액"란은 「법인세법」에 따른 고유목적사업준비금이 「법인세법」에 따라 수익사업부문에서 고유목적사업부문에 전출되어 목적사업에 사용된 금액과 미사용되어 임의 환입된 금액을 합하여 적습니다.

※ 공익목적사업의 수익에 대한 세부현황은 제6쪽 "10. 공익목적사업의 수익 세부현황"에 적습니다.

※ 기타사업의 수익에 대한 세부현황은 제6쪽 "12. 기타사업의 손익 세부현황"에 적습니다.

5. 비용현황

공익법인등의 운영성과표(손익계산서)상의 사업비용과 사업외비용, 고유목적사업준비금 전입액을 공익목적사업과 기타사업으로 구분하여 적습니다.

가. "㊸사업수행비용"란은 공익법인등이 추구하는 본연의 임무나 목적을 달성하기 위해 수혜자, 고객, 회원 등에게 재화나 용역을 제공하는 활동에서 발생하는 비용(제6쪽 "10. 공익목적사업의 비용 세부현황"의 사업수행비용 총 합계)을 적습니다.

나. "㊹일반관리비용"란은 공익법인등의 기획, 인사, 재무, 감독 등 모든 관리활동에서 발생하는 비용(제6쪽 "11. 공익목적사업의 비용 세부현황"의 일반관리비용 총 합계)을 적습니다.

다. "㊺모금비용"란은 공익법인등의 모금 홍보, 모금 행사, 기부자 리스트 관리, 모금 고지서 발송 등의 모금 활동에서 발생하는 비용(제6쪽 "11. 공익목적사업의 비용 세부현황"의 모금비용 총 합계)을 적습니다.

※ 공익목적사업의 비용에 대한 세부현황은 제6쪽 "11. 공익목적사업의 비용 세부현황"에 각각 적습니다.

※ 기타사업의 비용에 대한 세부현황은 제6쪽 "12. 기타사업의 손익 세부현황"에 적습니다.

6. 세무확인과 회계감사

가. "㊾복식부기 여부"는 공익법인등이 복식부기 회계처리 방식을 적용한 경우 "여"에 √표를 하고, 그 외의 경우는 "부"에 √표를 합니다.

나. "㊿적용회계기준"은 공익법인이 회계처리 시 적용한 다음의 회계기준 중 하나를 적고, 기타의 경우 적용한 해당 회계기준 명칭을 괄호 안에 적습니다.

1. 공익법인 회계기준, 2. 의료기관 회계기준 규칙, 3. 사학기관 재무회계 규칙, 4. 사학기관 재무회계 규칙에 대한 특례 규칙, 5. 기타(*****기준)

다. "(51)세무확인 여부"란은 「상속세 및 증여세법」 제50조제1항에 따른 외부전문가의 세무확인을 받은 경우 "여"에, 받지 않은 경우 "부"에 √표를 합니다.

라. "(52)외부회계감사 여부"란은 「상속세 및 증여세법」 제50조제3항에 따른 회계감사를 받은 경우 "여"에, 받지 않은 경우 "부"에 √표를 합니다. (예 : 공익법인등의 상근 혹은 비상근 내부감사에게만 회계감사를 받은 경우에는 "부"에 √표를 합니다)

마. "(53)외부 회계감사인"란은 회계감사를 실시한 회계법인 등의 상호(성명)를 적고, "(54)외부 회계감사 의견"란에는 감사인의 재무제표에 대한 감사의견(적정의견, 한정의견, 부적정의견, 의견거절)을 적습니다.

7. 재공시 사유

법정공시 기한 이후 당초 공시한 내용을 수정하여 재공시하는 경우 재공시하는 사유를 간략하게 적습니다.

(예시) 기부금품 지출명세 수정, 감사보고서 첨부, 이사 및 출연자 명세 수정, 운용소득 과소신고 및 불일치 수정, 기부금 이월액 수정 등

210mm×297mm[백상지 80g/㎡ 또는 중질지 80g/㎡]

9. 공익목적사업 세부현황

① 정관에 기재된 공익목적사업 현황

② 사업내용(중복체크 가능)

[ ]문화예술(코드1100) [ ]스포츠(코드1200) [ ]기타 레크리에이션 및 봉사 클럽(코드1300)

[ ]초등 및 중등 교육(코드2100) [ ]고등교육(코드2200) [ ]기타교육(코드2300) [ ]학술연구(코드2400)
[ ]장학(코드2500) [ ]영유아보육(코드2600)

[ ]병원 및 재활시설(코드3100) [ ]요양원(코드3200) [ ]정신 건강 및 위기개입(코드3300)
[ ]기타 보건서비스(코드3400)

[ ]사회복지(코드4100) [ ]긴급상황 및 구호(코드4200) [ ]소득 지원 및 보존(코드4300)

[ ]환경(코드5100) [ ]동물(코드5200)

[ ]경제, 사회 및 지역사회개발(코드6100) [ ]주거(코드6200) [ ]고용 및 훈련(코드6300)

[ ]시민 및 옹호단체(코드7100) [ ]법률 및 법률서비스(코드7200) [ ]정치단체(코드7300)

[ ]배분(지원) 재단(코드8100) [ ]봉사증진(코드8200) [ ]모금활동(코드8300)

[ ]국제활동(코드9100)

[ ]종교단체 및 종교 관련 단체(코드10100)

[ ]비지니스연합(코드11100) [ ]전문가연합(코드11200) [ ]노동조합(코드11300)

[ ]기타(코드12100)

③ 사업대상
[ ]모두 해당, [ ]아동, [ ]청소년, [ ]노인, [ ]장애인, [ ]외국인(다문화), [ ]가족 · 여성, [ ]일반대중, [ ]기타

④ 국내 주요 사업지역
[ ]전국, [ ]서울, [ ]부산, [ ]인천, [ ]대전, [ ]광주, [ ]대구, [ ]울산, [ ]강원, [ ]경기, [ ]경남, [ ]경북,
[ ]충남, [ ]충북, [ ]전남, [ ]전북, [ ]세종, [ ]제주, [ ]해당 없음

⑤ 국외 주요 사업지역
[ ]전세계, [ ]유럽, [ ]아시아, [ ]북아메리카, [ ]아프리카, [ ]오세아니아, [ ]남아메리카, [ ]해당 없음

⑥ 공익목적사업의 사업별 실적

1	코드		사업명		사업수행비용	원
사업내용					사업지역	
2	코드		사업명		사업수행비용	원
사업내용					사업지역	
3	코드		사업명		사업수행비용	원
사업내용					사업지역	
4	그 외 사업			개	사업수행비용	원
합 계	총 공익목적사업			개	사업수행비용 합계	원

작성방법

9. 공익목적사업 세부현황

가. "① 정관에 기재된 공익목적사업 현황"란은 공익법인등의 정관상 고유목적사업의 주요 업무, 실적 및 향후 계획 등을 적습니다.

나. "② 사업내용"은 공익법인등이 실제로 수행하고 있는 사업에 모두 √표를 합니다. 모금 후 모금액을 불특정 단체에 배분하거나 지원하는 경우는 "배분(지원) 재단(코드8100)"에 √표를 하고, 모금 후 모금액을 소수의 특정한 단체에 지원하는 경우에는 "모금활동(코드8300)"에 √표를 합니다. 사업내용은 중복체크가 가능합니다.

(예) 재단이면서 사회복지단체를 지원하는 경우, "배분(지원) 재단"과 "사회복지" 모두 √표를 합니다.

다. ③부터 ⑤까지 [ ]에는 공익법인등이 실제로 수행하는 사업의 사업대상, 국내 주요 사업지역, 국외 주요 사업지역에 해당되는 곳에 모두 √표를 합니다.

라. ⑥란은 공익목적사업의 사업별 실적(사업명, 사업수행비용, 사업내용, 사업지역)을 적습니다. 코드는 "②사업내용"에 해당하는 코드를 적습니다. 공익법인등이 수행하는 사업이 3개 이상인 경우 사업수행비용이 많은 3개 사업의 사업실적은 별도로 적고, 나머지는 "그 외 사업"에 합산하여 적습니다.

마. ⑥란의 사업수행비용 합계는 제1쪽 "5. 비용현황"의 사업수행비용 총계와 일치해야 합니다.

210mm×297mm[백상지 80g/㎡ 또는 중질지 80g/㎡]

10. 공익목적사업의 수익 세부현황

(단위: 원)

<table>
<tr><th rowspan="2" colspan="3">구 분</th><th colspan="2">사업연도(과세기간)</th></tr>
<tr><th>당 기</th><th>전 기</th></tr>
<tr><td colspan="3">1. 사업수익</td><td></td><td></td></tr>
<tr><td colspan="3">1) 기부금품</td><td></td><td></td></tr>
<tr><td colspan="3">① 개인기부금품</td><td></td><td></td></tr>
<tr><td colspan="3">② 영리법인기부금품</td><td></td><td></td></tr>
<tr><td colspan="3">③ 모금단체, 재단 등 다른 공익법인등의 지원금품</td><td></td><td></td></tr>
<tr><td colspan="3">④ 기타기부금품</td><td></td><td></td></tr>
<tr><td rowspan="2">* 기부물품
①~④에 포함된 기부물품</td><td>당기</td><td>전기</td><td rowspan="2" colspan="2"></td></tr>
<tr><td></td><td></td></tr>
<tr><td colspan="3">2) 보조금</td><td></td><td></td></tr>
<tr><td colspan="3">3) 회비수익</td><td></td><td></td></tr>
<tr><td colspan="3">4) 기타공익목적사업수익</td><td></td><td></td></tr>
<tr><td colspan="3">2. 사업외 수익</td><td></td><td></td></tr>
<tr><td colspan="3">3. 고유목적사업준비금 환입액</td><td></td><td></td></tr>
<tr><td colspan="3">4. 총 합계 (1+2+3)</td><td></td><td></td></tr>
</table>

11. 공익목적사업의 비용 세부현황

(단위: 원)

<table>
<tr><th rowspan="3">구 분</th><th colspan="5">사업연도(과세기간)</th></tr>
<tr><th colspan="4">당 기</th><th rowspan="2">전 기</th></tr>
<tr><th>합계</th><th>사업
수행비용</th><th>일반
관리비용</th><th>모금
비용</th></tr>
<tr><td>1. 사업비용</td><td></td><td></td><td></td><td></td><td></td></tr>
<tr><td>① 분배비용[장학금, 지원금 등 수혜자(단체)에게 직접 지급비용]</td><td></td><td></td><td></td><td></td><td></td></tr>
<tr><td>1) 국 내</td><td></td><td></td><td></td><td></td><td></td></tr>
<tr><td>2) 국 외</td><td></td><td></td><td></td><td></td><td></td></tr>
<tr><td>② 인력비용</td><td></td><td></td><td></td><td></td><td></td></tr>
<tr><td>③ 시설비용</td><td></td><td></td><td></td><td></td><td></td></tr>
<tr><td>④ 기타비용</td><td></td><td></td><td></td><td></td><td></td></tr>
<tr><td>2. 사업외비용</td><td></td><td></td><td></td><td></td><td></td></tr>
<tr><td>3. 고유목적사업준비금 전입액</td><td></td><td></td><td></td><td></td><td></td></tr>
<tr><td>4. 총 합계 (1+2+3)</td><td></td><td></td><td></td><td></td><td></td></tr>
</table>

12. 기타사업의 손익 세부현황

(단위: 원)

<table>
<tr><th rowspan="4">구분</th><th rowspan="4">① 합계</th><th colspan="11">기타사업손익</th></tr>
<tr><th colspan="9">사업손익</th><th rowspan="3">⑩
사업외
손익</th><th rowspan="3">⑪고유목적
사업준비금
환입(전입)</th></tr>
<tr><th colspan="4">금 융</th><th colspan="3">부 동 산</th><th rowspan="2">⑨
기타</th></tr>
<tr><th>② 소계</th><th>③ 이자</th><th>④ 배당</th><th>⑤ 기타
금융</th><th>⑥ 소계</th><th>⑦ 임대</th><th>⑧ 매각</th></tr>
<tr><td>수익금액</td><td></td><td></td><td></td><td></td><td></td><td></td><td></td><td></td><td></td><td></td><td></td></tr>
<tr><td>비용</td><td></td><td></td><td>/</td><td>/</td><td></td><td></td><td></td><td></td><td></td><td></td><td></td></tr>
<tr><td>이익(손실)</td><td></td><td></td><td></td><td></td><td></td><td></td><td></td><td></td><td></td><td></td><td></td></tr>
</table>

210mm×297mm[백상지 80g/㎡ 또는 중질지 80g/㎡]

작성방법

10. 공익목적사업의 수익 세부현황

가. 기부금품(①~④의 합)

1) "①개인기부금품"란은 개인기부자(후원회원을 포함합니다)의 기부금액(기부물품을 포함합니다)을 적습니다.

2) "②영리법인기부금품"란은 기업의 사회공헌으로 기업과 계약을 맺은 기부금 등 영리법인으로부터 받은 기부금액(기부물품을 포함합니다)을 적습니다.

※ 사회복지공동모금회 등 모금단체를 통하여 지원받은 기부금은 "③모금단체, 재단 등 다른 공익법인등의 지원금품"란에 적습니다.

3) "③모금단체, 재단 등 다른 공익법인등의 지원금품"란은 전문모금 및 기금배분단체(예: ○○모금회 등)와 외부공모, 지원사업을 수행하고 있는 단체(예: 기업이 출연한 재단, ○○협회 등) 등으로부터 지원받은 금액(지원받은 물품을 포함합니다)을 적습니다.

4) "④기타기부금품"란은 ①부터 ③까지 외의 기부금(기부물품을 포함합니다)을 적습니다.

5) "* 기부물품"란은 ①~④ 기부금 항목에 포함된 상품, 제품 등 물품(주식 · 채권은 제외합니다)으로 기부받은 금액을 적습니다.

나. "보조금"란은 국가 및 지방자치단체 혹은 공공기관 등과 같은 보조사업자로부터 받은 보조금을 적습니다. 사업과 관련 없이 받은 보조금(예: 장애인 고용장려금, 장애인촉진 지원금 등)은 사업외수익에 적습니다.

다. "회비수익"란은 기부금이 아닌 회원의 의무에 의해 회원으로부터 받은 회비 수입을 적습니다. 기부금 영수증을 발급한 수입금액은 여기에 작성하지 않습니다.

라. "기타공익목적사업수익"란은 위 항목에서 작성하지 않은 공익목적사업수익금액(예: 학교법인의 등록금 수익, 사회복지시설의 사용자부담금 등)을 적습니다.

마. "사업외 수익"란은 사업수익이 아닌 수익 또는 차익으로서 운영성과표(손익계산서)에 사업외수익으로 적는 유형 · 무형자산처분이익, 유형 · 무형자산손상차손환입, 전기오류수정이익 등의 합계액을 적습니다.

바. "고유목적사업준비금 환입액"란은 「법인세법」에 따른 고유목적사업준비금이 「법인세법」에 따라 수익사업부문에서 고유목적사업부문에 전출되어 목적사업에 사용된 금액과 미사용되어 임의 환입된 금액을 합하여 적습니다.

11. 공익목적사업의 비용 세부현황

"공익목적사업의 비용 세부현황"은 공익법인등의 정관에 기재된 공익목적사업에서 발생하는 운영성과표상 분배비용, 인력비용, 시설비용, 기타비용을 적습니다.

가. "①분배비용[장학금, 지원금 등 수혜자(단체)에게 직접 지급비용]"란은 공익법인등이 수혜자 또는 수혜단체에 직접 지급하는 비용을 "국내"와 "국외"로 구분하여 적습니다.

나. "②인력비용"란은 공익법인등에 고용된 인력과 관련된 비용으로서 급여, 상여금, 퇴직급여, 복리후생비, 교육훈련비 등을 포함하여 적습니다.

다. "③시설비용"란은 공익법인등의 운영에 사용되는 토지, 건물, 구축물, 차량운반구 등 시설과 관련된 비용으로서 감가상각비, 지급임차료, 시설보험료, 시설유지관리비 등을 포함하여 적습니다.

라. "④기타비용"란은 분배비용, 인력비용, 시설비용 외의 비용으로서 여비교통비, 소모품비, 지급수수료, 용역비, 업무추진비, 회의비, 대손상각비 등을 포함하여 적습니다.

마. "2. 사업외비용"란은 운영성과표에 사업외비용으로 적는 유형 · 무형자산처분손실, 유형 · 무형자산손상차손, 전기오류수정손실 등의 금액을 합계에 적습니다.

바. "3. 고유목적사업준비금 전입액"란은 「법인세법」 제29조에 따라 고유목적사업이나 같은 법 제24조제3항제1호에 따른 기부금에 사용하기 위해 미리 손비로 계상한 금액을 적습니다.

12. 기타사업의 손익 세부현황

"기타사업의 손익 세부현황"란은 공익법인등의 공익목적사업이 아닌 기타사업에서 발생하는 운영성과표상 사업수익, 사업외수익의 합계와 사업비용, 사업외비용의 합계, 고유목적사업준비금전입액, 법인세비용차감전 당기운영이익(손실)을 금융, 부동산 등 발생 원천별로 구분하여 각각 수익금액, 비용, 이익(손실)에 적습니다.

가. "① 합계"란은 "사업손익"란의 수익금액, 비용, 이익(손실)금액을 합한 금액을 각각 적습니다.

나. "⑤ 기타금융"란은 주식과 채권 등의 매도에 따라 발생한 처분손익 등을 적습니다.

다. "⑨ 기타"란은 금융, 부동산 임대 · 매각 수익 외의 기타사업의 사업수익, 사업비용 및 사업이익을 적습니다.

라. "⑩ 사업외손익"란은 공익목적사업 외 기타사업에서 발생한 사업외 손익을 적습니다.

(예) 부동산을 제외한 유형자산처분손익 등

마. "⑪ 고유목적사업준비금 환입(전입)"란은 「법인세법」 제29조에 따라 고유목적사업이나 같은 법 제24조제3항제1호에 따른 기부금에 사용하기 위해 미리 손비로 계상한 금액을 "비용"에 적으며, 같은 법에 따라 고유목적사업준비금을 익금에 산입한 금액을 "수익"에 적습니다.

210mm×297mm[백상지 80g/㎡ 또는 중질지 80g/㎡]

■ 상속세 및 증여세법 시행규칙 [별지 제31호 서식 부표 1] 〈개정 2023. 3. 20.〉

기부금품의 수입 및 지출 명세서

※ 제2쪽 및 제3쪽의 작성방법을 읽고 작성해 주시기 바랍니다. (3쪽 중 제1쪽)

1. 기부금품의 수입 · 지출 명세

(단위: 원)

① 월별	② 수입	③ 지출	④ 잔액	① 월별	② 수입	③ 지출	④ 잔액
전기이월	–	–		9월			
1월				10월			
2월				11월			
3월				12월			
4월				합계			
5월				기본순자산 편입액	( )	–	
6월				차가감계			
7월				차기이월	–	–	
8월							

2. 기부금품 지출 명세서 (국내사업)

가. 수혜자(수혜단체)에게 지출

(단위: 원)

①(대표)지급처명 (성명 / 단체명)	②주민등록번호 (사업자등록번호)	③지출목적	④수혜인원(단체) 수	⑤지출액		
				⑥현금	⑦물품	⑧합계
			명/개			
			명/개			
			명/개			
⑨ 합 계						

나. 자산 취득에 지출

(단위: 원)

①(대표)지급처명 (성명 / 상호)	②주민등록번호 (사업자등록번호)	③지출목적	④지급처 수	⑤지출액		
				⑥현금	⑦물품	⑧합계
			명/개			
			명/개			
			명/개			
⑨ 합 계						

다. 운영경비에 지출

(단위: 원)

①(대표)지급처명 (성명 / 상호)	②주민등록번호 (사업자등록번호)	③지출목적	④지급처 수	⑤지출액		
				⑥현금	⑦물품	⑧합계
			명/개			
			명/개			
			명/개			
⑨ 합 계						

3. 기부금품 지출 명세서 (국외사업)

(단위: 원)

①(대표)지급처명 (성명 / 단체명)	②국가명	③지출목적	④수혜인원(단체) 수	⑤지출액		
				⑥현금	⑦물품	⑧합계
			명/개			
			명/개			
			명/개			
합 계						

210mm×297mm[백상지 80g/㎡]

(3쪽 중 제2쪽)

작성방법

이 서식은 「공익법인회계기준」의 기부금 수익인식 방법에 따라 작성합니다.(예: ①현금 · 현물을 기부 받은 경우→실제 기부 받은 시점, ②가상계좌,CMS,지로,신용카드 등 납부방법으로 기부받은 경우 → 기부 결재시점(기부금 납부,출금요청,신용카드 승인시점 등)
국가 · 지방자치단체 혹은 공공기관 등과 같은 보조사업자로부터 받은 보조금은 포함하지 않습니다.
「개인정보 보호법」에 따라 주민등록번호 수집이 제한되어 주민등록번호를 수집하지 못한 경우 주민등록번호는 기재를 생략할 수 있습니다.

1. 기부금품의 수입 · 지출명세
  가. "①월별"란은 사업연도 개시월부터 사업연도 종료월까지를 차례대로 적습니다.
    ※ 제1쪽의 "①월별란"은 사업연도 종료월이 12월인 법인을 예로 든 것입니다.
  나. "②수입란"과 "③지출란"은 월 누계액을 적습니다.
  다. "기본순자산 편입액"란은 해당 연도에 기부(출연)받은 금액 중 기부금수익으로 계상되지 않고 기본순자산의 증가로 직접 반영되는 기부금(출연금)을 적습니다(기부금품을 기본순자산으로 편입하는 경우 ③지출란 및 2.기부금품 지출명세서에 작성하지 않습니다).
  라. 차가감계란은 사업연도(과세기간)의 전체 수입(기본순자산 편입액 차감) 및 지출금액을 적습니다.

2. 기부금품 지출명세서 (국내사업)
  가. 수혜자(수혜단체)에게 지출하는 경우
   1) "①(대표)지급처명(성명/단체명)"란은 사업연도기간 동안 수혜 받은 금액이 100만원 이상인 수혜자와 수혜단체의 경우 개별 수혜자(수혜단체)의 성명(수혜단체명)을 적고, 연간 수혜 받은 금액이 100만원 미만인 수혜자와 수혜단체의 경우 지출금액이 가장 큰 대표적인 수혜자의 성명(수혜단체명)을 적고 지출목적별로 합산하여 작성할 수 있습니다.
   2) "③지출목적"란은 해당 사업연도에 기부금을 지출한 목적을 다음 예시와 같이 작성합니다.
     예) ①미래인재개발 장학금, ②사회취약계층 자녀돌봄 및 학업지원, ③노인요양시설 의료지원 및 의약품 제공
   3) "④수혜인원(단체) 수"란은 지급된 지원금을 수혜 받은 인원 또는 단체 수를 적되, 불특정 다수에게 지급한 경우에는 인적사항 대신 지출사유를 간략히 적고, 수혜인원 추정근거를 적습니다.
   4) "⑤지출액"은 사업연도 기간 동안 수혜자(수혜단체)에 지출한 금액을 현금지급과 물품지급으로 구분하여 적습니다.

※ 작성예시1) 홍길동 외 100명에게 사업연도 기간 동안 개인별로 10만원씩 장학금이 지급되고, A복지시설에 노인복지를 위해 물품으로 200만원을 지원한 경우 아래와 같이 적습니다(국외의 내국인에게 지급한 장학금 등 포함).

①(대표)지급처명 (성명 / 단체명)	②주민등록번호 (사업자등록번호)	③지출목적	④수혜인원 (단체) 수	⑤지출액		
				⑥현금	⑦물품	⑧합계
홍길동 외	ssssss-sssssss	미래인재개발 장학사업	101명	10,100,000		10,100,000
A복지시설	111-11-11111	노인요양시설 의료지원	1개		2,000,000	2,000,000

작성예시2) 어린이날 불특정 다수의 어린이에게 체험행사를 진행하거나 연간 무료급식을 제공하고 그 수혜자 수를 추정하여 기재하는 경우 아래와 같이 적습니다.(사례: 시간당 입장객수와 행사시간, 1일 급식인원 등을 감안하여 수혜인원 추정수를 계산)

①(대표)지급처명 (성명 / 단체명)	②주민등록번호 (사업자등록번호)	③지출목적	④수혜인원 (단체) 수	⑤지출액		
				⑥현금	⑦물품	⑧합계
어린이날 체험행사 300명(시간당 입장객수)×8시간(행사시간)		어린이날 무료 직업 체험행사	2,400명	20,000,000	10,000,000	30,000,000
무료급식 제공 200인(1일) ×365(1년)		사회취약계층 무료급식	73,000명	150,000,000		150,000,000

  나. 자산 취득에 지출하는 경우
   1) "①(대표)지급처명(성명/상호)"란은 사업연도 기간 동안 취득한 자산가액이 100만원 이상인 경우 자산별로 자산명을 적고, 취득가액이 100만원 미만인 경우 자산구분별(금융자산, 부동산, 미술품 등)로 합산하여 작성할 수 있습니다.
   2) "③지출목적"란은 해당 사업연도에 기부금을 지출한 목적을 다음 표와 같이 구분하여 적습니다.

구분	자산 취득				
	금융자산*	부동산	미술품	기계장치	기타

210mm×297mm[백상지 80g/㎡]

작성방법

* 금융자산은 현금 및 현금성자산(보통예금, 당좌예금, 취득 시 만기가 3개월인 금융상품 등)을 제외한 정기예금, 정기적금, 펀드상품, 저축성 보험상품 등의 금융상품 및 국채, 회사채, 주식 및 출자지분 등 유가증권을 취득한 경우 적습니다.

3) "④지급처 수"란은 사업연도 기간 동안 취득한 자산 수를 적습니다.

4) "⑤지출액"은 사업연도 기간 동안 자산취득에 지출한 금액을 현금지급과 물품지급으로 구분하여 적습니다.

※ 작성예시) 보통예금 2,000만원, 1년 만기 정기예금 5,000만원을 A은행에 예치, ㈜국세 주식 500만원(500주)을 취득하고, 갑 갤러리로부터 전시용 그림 50점(1점당 90만원) 및 단체가 운용할 부동산(토지 5억원, 건물 3억원)을 취득한 경우 아래와 같이 적습니다.

①(대표)지급처명 (성명 / 상호)	②주민등록번호 (사업자등록번호)	③지출목적	④지급처 수	⑤지출액		
				⑥현금	⑦물품	⑧합계
A은행 정기예금		금융자산	1개	50,000,000		50,000,000
㈜국세 주식	111-11-11111	금융자산	1개	5,000,000		5,000,000
갑 갤러리	222-22-22222	미술품	50개	45,000,000		45,000,000
토지		부동산	1개	500,000,000		500,000,000
건물		부동산	1개	300,000,000		300,000,000

* 보통예금 2,000만원은 현금성자산으로 금융자산 취득에 해당하지 않으므로 지출명세 작성대상에서 제외됩니다.

다. 운영경비에 지출하는 경우

1) "①(대표)지급처명(성명/상호)"란은 사업연도 기간 동안 지급목적별로 합산하여 작성할 수 있습니다.

2) "③지출목적"란은 해당 사업연도에 기부금을 지출한 목적을 다음 표와 같이 구분하여 적습니다.

구분	각종 경비 지출									
	인건비	임차료	회의비	모금비용	연구비	세금과공과	소모품비	지급수수료	수선비	기타

3) "④지급처 수"란은 사업연도 기간 동안 각종 경비로 지출한 거래처 수를 적습니다.

4) "⑤지출액"은 사업연도 기간 동안 각종 경비로 지출한 금액을 현금지급과 물품지급으로 구분하여 적습니다.

※ 작성예시) 월 임대료 80만원(12개월 지급), 사무직원 갑, 을, 병에게 월 급여 200만원(12개월 지급), 기증받은 1,000만원 상당의 기계장치를 연구용으로 사용, 사무실 비품 등(생수 등 연 지출 90만원, 전화비 95만원, 휴대전화 70만원, 정기구독료 50만원, 수수료 60만원)을 지출한 경우 아래와 같이 적습니다.

①(대표)지급처명 (성명 / 상호)	②주민등록번호 (사업자등록번호)	③지출목적	④지급처 수	⑤지출액		
				⑥현금	⑦물품	⑧합계
AA빌딩	111-11-11111	임대료	1개	9,600,000		9,600,000
직원 갑 외 2	******-*******	인건비	3명	72,000,000		72,000,000
OO프로젝트		연구비	1개		10,000,000	10,000,000
사무실 운영비		소모품비	5개	3,650,000		3,650,000

3. 기부금품 지출명세서 (국외사업)

사업연도(과세기간) 중 동일한 목적으로 유사한 금액을 지출한 비용은 지출목적별로 작성할 수 있습니다. 다만, 연간 100만원 이상 개별 수혜자 및 수혜단체에 지출한 경우 개별 수혜자 및 수혜단체별로 작성해야 합니다. 불특정 다수에게 지급한 경우는 인적사항 대신 지출사유를 간략히 적습니다.

가. ①부터 ⑧까지란은 "2. 기부금품 지출명세서 (국내사업)"의 작성방법과 동일한 방법으로 작성합니다.

나. 내용이 많은 경우에는 별지로 작성합니다.

※ 작성예시 : A국가에 소재하는 B복지시설 외 49개 단체에게 사업연도 기간 동안 아동복지 목적으로 현금 각 40만원, 물품 각 40만원을 지급하고, B국가에 거주하는 외국인(해외동포 등)에게 장학금으로 100만원을 지급한 경우 아래와 같이 적습니다.

①(대표)지급처명 (성명 / 단체명)	②국가명	③지출목적	④수혜인원 (단체) 수	⑤지출액		
				⑥현금	⑦물품	⑧합계
B복지시설 외	A국가	아동복지	50개	20,000,000	20,000,000	40,000,000
홍길동	B국가	장학금	1명	1,000,000		1,000,000

210mm×297mm[백상지 80g/㎡]

■ 상속세 및 증여세법 시행규칙 [별지 제31호 서식 부표 2] 〈개정 2023. 3. 20.〉

주식 등의 출연 · 취득 · 보유 및 처분 명세서

※ 뒤쪽의 작성방법을 읽고 작성하여 주시기 바랍니다. (앞쪽)

1. 주식 등의 보유현황

(단위: 주식 수, 원, %)

주식발행법인		공익법인 보유 주식								
주식명	총 발행 주식 수	보유 주식 수	지분율	주식가액 (장부가액)	보유경위			배당현황	의결권 여부
					출연	유상 취득	기타		
합 계									

2. 보유주식 등 변동사항

(단위: 주식 수, 원)

일자	변동 사유	주식명	주식 수	주식가액 (장부가액)	출연자와 주식 등의 발행법인과의 관계

3. 공익법인의 총자산가액에서 특수관계에 있는 내국법인의 주식 등이 차지하는 비율

(단위 : 원, %)

①자산총액	주식 등의 가액			⑤ 비율 ④÷(①-③+④)	비고
	②취득가액	③장부가액	④ (②,③ 중 적은 금액)		

4. 주식 등의 의결권 행사 결과

주식명	의결권 행사일	의결권 행사 주식 수	의결권 행사 주식 비율	비 고

210mm×297mm[백상지 80g/㎡ 또는 중질지 80g/㎡]

(뒤쪽)

작성방법

1. 주식 등의 보유현황

가. 사업연도말 현재 해당 공익법인이 보유하고 있는 주식 등의 장부가액을 주식 등의 발행회사별로 적습니다.

나. 주식발행회사별 주식의 장부가액을 그 보유한 사유에 따라 구분하여 적습니다.

예) 1.10일 대한(주) 발행주식 1,000주(시가 100백만원)를 무상으로 출연받음

2.10일 대한(주) 발행주식 2,000주를 250백만원에 유상 취득

3.10일 대한(주)가 100% 무상증자를 실시해 무상주 3,000주 수령

⇒ 주식가액(장부가액) : 350백만원

보유경위(출연): 100백만원, 보유경위(유상 취득) : 250백만원, 보유경위(기타) : 0원

* 출연: 무상으로 받은 경우만 적습니다.

* 유상 취득: 출연재산, 매각대금 등을 재원으로 유상 취득하는 경우만 적습니다.

다. 의결권 여부란은 의결권이 있는 주식은 "여", 우선주와 같이 의결권이 없는 주식은 "부"를 적습니다.

2. 보유주식 등 변동상황

가. 사업연도 중 보유주식 변동상황을 적습니다.

나. 변동사유란에는 보유주식이 증감하게 된 사유를 적되, 다음 구분 중에서 선택하여 적습니다.

– 1. 출연(무상 수증) 2. 유상 취득 3. 매각 4. 다른 공익법인에 재출연 5. 기타

다. 주식가액(장부가액)란에는 증가의 경우에는 (+) 금액을 적고 감소의 경우에는 (–) 금액을 적습니다.

3. 공익법인의 총자산가액에서 특수관계에 있는 내국법인의 주식 등이 차지하는 비율: 사업연도말 현재 재무상태표를 기준으로 작성합니다.

4. 주식 등의 의결권 행사 결과 : 의결권 있는 주식 등을 발행주식 총수 등의 100분의 5를 초과하여 보유하고 있는 공익법인등으로서 「상속세 및 증여세법」 제48조제11항 각 호의 요건을 충족하는 공익법인이 해당 주식의 의결권을 행사한 경우 해당 주식명, 의결권 행사일, 의결권을 행사한 주식 수 및 비율을 적습니다.

210mm×297mm[백상지 80g/㎡ 또는 중질지 80g/㎡]

■ 상속세 및 증여세법 시행규칙 [별지 제31호 서식 부표 3] 〈개정 2023. 3. 20.〉

출연자 및 이사 등 주요 구성원 현황 명세서

※ 뒤쪽의 작성방법을 읽고 작성하여 주시기 바랍니다. (앞쪽)

1. 출연자(기부자)

(단위 : 원)

가. 설립 시 출연자(기부자)

①성명 (사업자명)	②주민등록번호 (사업자등록번호)	③출연재산 종류	④출연가액	⑤비고

나. 해당 사업연도 출연자(기부자)

⑥성명 (사업자명)	⑦주민등록번호 (사업자등록번호)	⑧출연재산 종류	⑨출연가액	⑩비고

2. 이사 등 구성원 현황

⑪성명	⑫상임, 비상임 구분	⑬출연자와의 관계	⑭출연법인과의 관계	⑮다른 이사 와의 관계	⑯직전 3년(5년) 계열기업 임원 근무여부	⑰비고

210mm×297mm[백상지 80g/㎡ 또는 중질지 80g/㎡]

(뒤쪽)

작성방법

1. 출연자(기부자)

가. 이 서식의 작성대상은 설립 시와 해당 사업연도에 출연(기부)한 출연자이며, 재산출연일 현재 해당 공익법인의 총 출연재산가액(장부가액 기준)의 1%에 상당하는 금액과 2천만원 중 적은 금액 미만을 출연한 자는 제외합니다.

나. "출연재산 종류"에는 다음 표에서 선택하여 적습니다.

코 드	1	2	3	4	5	6	7	8	9	10
재산종류	현금	예금 · 적금	토지	건물	주식 · 출자지분	기계장치	의료장비	채권	차량운반구	기타

2. 이사 등 구성원 현황

이사 등 구성원 현황(⑪~⑰)란에는 공익법인의 전체 이사 및 임원의 명세를 적습니다.

가. "⑬출연자와의 관계", "⑭출연법인과의 관계", "⑮다른 이사와의 관계"란에는 이사 등의 구성원이 출연자, 출연법인, 다른 이사와 「상속세 및 증여세법 시행령」 제2조의2에 따른 특수관계에 해당하는 경우 아래 표를 참고하여 해당 코드를 적습니다.

코드	특수관계 설명
0	본인
1	친족*, 직계비속의 배우자의 2촌 이내의 혈족과 그 배우자 *「국세기본법 시행령」 제1조의2제1항 각 호의 어느 하나에 따른 관계에 있는 자를 말합니다.
2	사용인*(출자에 의해 지배하고 있는 법인의 사용인을 포함하며, 이하 같습니다)이나 사용인 외의 자로서 본인의 재산으로 생계를 유지하는 자 *「상속세 및 증여세법 시행령」 제2조의2제2항에 따른 임원, 상업사용인 및 그 밖에 고용계약 관계에 있는 자
3	다음의 어느 하나에 해당하는 자 (1) 본인이 개인인 경우 – 본인이 직접 또는 본인과 [코드1]에 해당하는 관계에 있는 자가 임원에 대한 임면권의 행사 · 사업방침의 결정 등을 통하여 그 경영에 대해 사실상의 영향력을 행사하고 있는 「상속세 및 증여세법 시행규칙」 제2조제1항에 따른 기업집단의 소속기업(해당 기업의 임원*과 퇴직임원**을 포함합니다) *「법인세법 시행령」 제40조제1항에 따른 임원 ** 퇴직 후 3년(해당 기업이 「독점규제 및 공정거래에 관한 법률」 제31조제1항 전단에 따른 공시대상기업집단에 소속된 경우는 5년)이 지나지 않은 사람 (2) 본인이 법인인 경우 – 본인이 속한 「상속세 및 증여세법 시행규칙」 제2조제1항에 따른 기업집단의 소속기업(해당 기업의 임원과 퇴직임원 포함)과 해당 기업의 임원에 대한 임면권의 행사 · 사업방침의 결정 등을 통하여 그 경영에 관하여 사실상의 영향력을 행사하고 있는 자 및 그와 [코드1]에 해당하는 관계에 있는 자
4	본인, [코드1]부터 [코드3]까지의 자 또는 본인과 [코드1]부터 [코드3]까지의 자가 공동으로 재산을 출연하여 설립하거나 이사의 과반수를 차지하는 비영리법인
5	[코드3]에 해당하는 기업의 임원 또는 퇴직임원이 이사장인 비영리법인
6	본인, [코드1]~[코드5]의 자 또는 본인과 [코드1]~[코드5]의 자가 공동으로 발행주식총수 등의 30% 이상을 출자하고 있는 법인
7	본인, [코드1]~[코드6]의 자 또는 본인과 [코드1]~[코드6]의 자가 공동으로 발행주식총수 등의 50% 이상을 출자하고 있는 법인
8	본인, [코드1]~[코드7]의 자 또는 본인과 [코드1]~[코드7]의 자가 공동으로 재산을 출연하여 설립하거나 이사의 과반수를 차지하는 비영리법인

나. "⑯직전 3년(5년) 계열기업 임원 근무여부"란은 특수관계가 있는 기업집단 소속기업의 임원으로 퇴직 후 3년(해당 기업이 「독점규제 및 공정거래에 관한 법률」 제31조제1항 전단에 따른 공시대상기업집단에 소속된 경우는 5년) 이내인 경우 "여"로 적으며, 그 외의 경우에는 "부"로 적습니다.

다. "⑰비고"란에는 이사와 임원을 구분하여 적습니다.

210mm×297mm[백상지 80g/㎡ 또는 중질지 80g/㎡]

■ 상속세 및 증여세법 시행규칙 [별지 제31호 서식 부표 4] 〈개정 2023. 3. 20.〉

출연받은 재산의 공익목적사용 현황

※ 뒤쪽의 작성방법을 읽고 작성해 주시기 바랍니다. (앞쪽)

1. 출연재산 공익목적사용 현황

(단위 : 원)

① 공익법인명		② 사업연도	

출연재산 명세				전기 사업연도까지 사용금액			해당 사업연도 사용금액			⑬ 미사용 금액 (⑥-⑦-⑩)	⑭ 미사용 사유 또는 사용계획
③ 출연받은 사업연도	출연재산			⑦ 합계 (⑧+⑨)	⑧ 직접 공익목적 사용금액	⑨ 수익사업 사용금액	⑩ 합계 (⑪+⑫)	⑪ 직접 공익목적 사용금액	⑫ 수익사업 사용금액		
	④ 코드	⑤ 종류	⑥ 가액								

2. 수익(사업)용 출연재산 공익목적 의무사용 현황

(단위 : 원)

수익용 또는 수익사업용으로 운용하는 재산			④ 의무사용 출연재산대상가액 [①-(②+③)]	⑤ 사용기준금액 (④×1%,3%)	⑥ 사용실적	⑦ 과부족액 (⑥-⑤)
① 총자산가액	② 부채가액	③ 당기순이익				

210mm×297mm[백상지 80g/㎡]

(뒤쪽)

작 성 방 법

1. 출연재산 공익목적사용 현황
 가. 이 서식은 외부감사를 받는 공익법인등이 출연받은 재산의 공익목적사용 현황에 대하여 출연받은 사업연도부터 사용이 완료되는 사업연도까지 매년 작성합니다.

 나. "③ 출연받은 사업연도"란은 출연일이 속하는 사업연도(예: 2023. 1. ~ 2023. 12.)를 적습니다.

 다. "④ 코드", "⑤ 종류"란은 다음 분류에 따라 적습니다.

코 드	1	2	3	4	5	6	7	8	9	10
재산종류	현금	예금 · 적금	토지	건물	주식 · 출자지분	기계장치	의료장비	채권	차량운반구	기타

 라. "⑥ 가액"은 출연당시의 시가로 적되, 시가를 산정하기 어려운 경우에는「상속세 및 증여세법」 제61조부터 제65조까지에 따른 평가가액을 적습니다.

 마. "⑧, ⑪ 직접공익목적사용금액"란은 출연재산을 공익법인 등의 정관상 고유목적사업에 사용한 금액(다만, 직접 공익목적사업에 충당하기 위해 수익용 또는 수익사업용으로 운용하기 위하여 사용한 금액과 「상속세 및 증여세법 시행령」 제38조제2항 각 호의 금액은 제외합니다)을 적습니다.

 바. "⑨, ⑫ 수익사업사용금액"란은 출연재산을 직접 공익목적사업에 충당하기 위하여 수익용 또는 수익사업용으로 운용하기 위하여 사용한 금액을 적습니다.

 사. "⑬ 미사용금액"란은 출연재산을 해당 사업연도까지 직접공익목적사업 또는 수익사업에 사용하지 않은 금액을 적습니다.

 아. "⑭ 미사용사유 또는 사용계획"란은 출연재산을 사용하지 못한 사유가 있는 경우 그 사유, 출연재산을 이후 사업연도에 사용할 예정인 경우 그 사용계획을 적습니다.
 (예: 정관상 사용이 제한된 재산, 20xx년 전액 사용 예정)

2. 수익(사업)용 출연재산 공익목적 의무사용 현황
 가. 이 란은 다음의 1)또는 2)에 해당하는 공익법인등이 매년 수익(사업)용 출연재산가액의 일정비율에 상당하는 금액을 직접 공익목적에 사용한 현황을 작성합니다.
  1) 총자산가액이 5억원 이상이거나 해당 사업연도 수입금액과 출연재산가액 합계액이 3억원 이상인 공익법인등
  2) 「상속세 및 증여세법」 제48조제13항에 따라 주식보유 관련 의무이행 신고를 하여야 하는 공익법인등

 나. "①~④가액"란은 직접 공익목적사업에 사용하여야 할 과세기간 또는 사업연도의 직전 과세기간 또는 사업연도 종료일 현재 재무상태표 및 운영성과표를 기준으로 기재합니다. 다만, 재무상태표상 가액이 「상속세 및 증여세법」 제4장에 따라 평가한 가액의 100분의 70 이하인 경우에는 같은 법 제4장에 따라 평가한 가액을 적습니다.

 다. "⑤사용기준금액"란은 ④의무사용 출연재산대상가액에 1%를 곱한 금액을 적습니다. 다만, 의결권 미행사를 정관에 규정한 자선 · 장학 · 사회복지 목적 공익법인(「상속세 및 증여세법」 제16조제2항제2호가목)이 의결권 있는 주식을 발행주식총수 등의 100분의 10을 초과하여 보유하는 경우에는 3%를 곱한 금액을 적습니다.

 라. "⑥사용실적"란은 직접 공익목적사업(「소득세법」에 따라 과세대상이 되거나 「법인세법」에 따라 법인세 과세대상이 되는 사업은 제외)에 사용한 금액을 적습니다.

210mm×297mm[백상지 80g/㎡]

■ 상속세 및 증여세법 시행규칙 [별지 제31호 서식 부표 5] 〈개정 2025. 3. 21.〉

운용소득 사용명세서

※ 뒤쪽의 작성방법을 읽고 작성하여 주시기 바랍니다. (앞쪽)

①공익법인등 명칭		②사업연도	

1. 전년도 운용소득을 해당 사업연도까지 직접 공익목적사업에 사용한 실적

구분	⑦ 해당 사업연도	⑧ 1년 전 사업연도	⑨ 2년 전 사업연도	⑩ 3년 전 사업연도	⑪ 4년 전 사업연도	⑫ 5년간의 평균 (⑦~⑪의 평균)
③ 전년도 출연재산 운용소득						
④사용기준액 (③ × ( ) / 100)						
⑤1년 내 사용실적						
⑥과부족액 (⑤ − ④)						

2. 해당 사업연도 운용소득의 계산

⑬ 수익사업 등의 소득금액	가산액				차감액				
	⑭ 고유목적 사업준비금	⑮ 해당 사업연도 (과세기간) 중 고유목적사업비로 지출된 금액으로서 손금에 산입된 금액	⑯ 기타	⑰ 소계 (⑭+⑮+⑯)	⑱ 출연재산 양도차익	⑲ 의제 배당액	⑳ 법인세 등	㉑ 이월 결손금	㉒ 소계 (⑱+⑲+⑳+㉑)

㉓ 차가감 소득 (⑬+⑰−㉒)	직전 사업연도 운용소득 미달사용액			㉗ 해당 사업연도 운용소득 (㉓+㉖)
	㉔ 기준미달사용액	㉕ 운용소득 미달사용가산세	㉖ 소계 (㉔−㉕)	

210mm×297mm[백상지 80g/㎡ 또는 중질지 80g/㎡]

(뒤쪽)

작성방법

1. 전년도 운용소득을 해당 사업연도까지 직접공익목적사업에 사용한 실적

가. "⑧"란부터 "⑫"란까지는 "⑦해당사업연도"의 사용실적이 부족한 경우["⑥과부족액"란이 음수(-)인 경우를 말합니다]에만 적습니다.

나. "③전년도 출연재산 운용소득"란은 직전 사업연도에 대해 제출한 이 서식의 "㉗해당 사업연도 운용소득"의 금액과 일치해야 합니다.

다. "④사용기준액"란은 "③전년도 출연재산 운용소득"란 금액에 100분의 80을 곱하여 계산한 금액을 적습니다.

라. "⑤1년 내 사용실적"란에는 각 사업연도 중 아래사항에 대한 사용실적을 합하여 적습니다.

1) 정관으로 정한 공익목적사업을 직접 수행하는 데 소요된 비용

2) 정관으로 정한 공익목적사업의 수행을 위해 직접 사용되는 자산을 취득한 비용

3) 정관으로 정한 공익목적사업 수행을 위해 사용인의 인건비 등 필요경비로 사용한 비용(수익사업에서 발생한 소득을 50%를 초과하여 고유목적사업준비금으로 손금산입한 법인 등이 8천만 원을 초과하는 인건비를 지급하여 「법인세법 시행령」 제56조제11항에 따라 그 초과하는 금액을 인건비로 보지 않는 경우 그 초과하는 금액은 제외하고 적습니다)

4) 직전 사업연도에 대해 제출한 이 서식의 "㉗해당 사업연도 운용소득"의 금액에 "⑮해당 사업연도(과세기간) 중 고유목적사업비로 지출된 금액으로서 손금에 산입된 금액"이 포함되어 있는 경우 그 금액

※ 수익용 또는 수익사업용 재산 취득에 사용한 운용소득금액은 직접 공익목적사업 사용금액에 포함하지 않습니다.

2. 해당 사업연도 운용소득의 계산

가. "⑬수익사업 등의 소득금액"란은 출연재산을 수익사업이나 예금 등 수익의 원천으로 사용함으로써 생긴 소득금액(「법인세법」 제14조에 따른 각 사업연도 소득금액 계산방법에 따라 계산한 금액을 말합니다)을 적습니다.

나. "⑭고유목적사업준비금"란은 각 사업연도 소득금액 계산 시 적용한 「법인세법」 제29조제1항에 따른 고유목적사업준비금을 적습니다.

다. "⑯기타"란은 출연재산을 수익의 원천에 사용하여 발생한 소득 중 "⑬수익사업 등의 소득금액"에 포함되지 않은 소득금액(예: 분리과세 예금이자소득 등)을 적습니다.

라. "⑱출연재산 양도차익"란은 수익사업 등의 소득금액에 포함된 출연재산 양도차익을 적습니다.

마. "⑲의제배당액"란은 공익법인이 보유한 주식을 발행한 법인의 합병 · 분할에 따른 의제배당액(합병 · 분할대가 중 주식으로 받은 부분으로 한정함)으로서 해당사업연도 소득금액에 포함된 금액을 적습니다.

바. "⑳법인세 등"란은 해당 소득에 대한 법인세 · 주민세 · 농어촌특별세 및 토지 등 양도차익에 대한 법인세 등의 합계액을 적습니다.

사. "㉑이월결손금"란은 「법인세법」 제13조제1항제1호에 따라 수익사업에서 발생한 이월결손금을 적습니다.

아. "㉔기준미달사용액"란은 전년도 운용소득을 사용기준금액에 미달하게 사용하여 "1. 전년도 운용소득을 해당 사업연도까지 직접공익목적사업에 사용한 실적"의 "⑥과부족액"란이 음수(-)["⑦해당 사업연도"와 "⑫5년간의 평균"이 모두 음수(-)]인 경우 작성하며, 이 금액은 "⑦해당 사업연도" 과부족액(-)의 절대값과 "⑫5년간의 평균" 과부족액(-)의 절대값 중 작은 금액을 적습니다.

자. "㉕운용소득 미달사용가산세"란은 「상속세 및 증여세법」 제78조제9항에 따라 미달하여 사용한 운용소득의 100분의 10에 상당하는 가산세를 적습니다.

210mm×297mm[백상지 80g/㎡ 또는 중질지 80g/㎡]

08 주식보유 관련 의무이행 여부 신고(상증법 §48⑬, 동령 §41의 2)

내국법인 주식 5%를 초과 보유하는 공익법인으로 「상속세 및 증여세법」 제48조 제11항의 요건을 모두 충족하여 가산세 및 증여세 부과대상에서 제외되는 경우, 매년 사업연도 종료일부터 4개월 이내에 의무이행 여부를 관할 지방국세청장에게 신고해야 한다.

이 규정은 2021.1.1. 이후 개시되는 사업연도부터 적용한다. 이전에는 성실공익법인 요건 충족 여부를 확인받았으나, 2021년 개정세법에서 일반공익법인과 성실공익법인을 구분하지 않고 "공익법인"으로 명칭을 일원화하였고, 공익법인 사후관리 강화를 위해 성실공익법인 확인제도를 폐지하고 의무이행 여부 신고제도를 신설하였다.

관할 지방국세청장은 의무이행 요건을 충족했는지 확인한 후 국세청장에게 보고하고, 국세청장은 해당 공익법인의 사업연도 종료일로부터 9개월 이내에 주무관청과 공익법인에 통보해야 한다.

1 신고대상 공익법인

주식보유 관련 의무이행 신고 대상은 상증법 제48조 제11항 각 호의 요건을 모두 충족하여 상증법 제16조 제2항, 제48조 제1항, 제48조 제2항 제2호, 제48조 제9항 및 제49조 제1항에 따른 주식등의 출연·취득 및 보유에 대한 증여세 및 가산세 등의 부과대상에서 제외되는 공익법인등으로서 다음의 공익법인등을 말한다.

① 상증법 제16조 제2항 및 제48조 제1항에 따라 내국법인의 발행주식총수등의 5%를 초과하여 주식 등을 출연받은 공익법인등

다만, 아래 어느 하나에 해당하는 경우에는 의무이행 신고대상에서 제외한다.

> ㉠ 국가·지방자치단체가 출연하여 설립한 공익법인 및 상증령제42조 제2항 각 호의 어느 하나에 해당하는 공익법인 등으로 상호출자제한 기업집단과 특수관계가 없는 공익법인 등에 그 공익법인의 출연자와 특수관계가 없는 내국법인의 주식 등을 출연하는 경우로서 주무관청이 공익법인의 목적사업을 효율적으로 수행하기 위하여 필요하다

고 인정하는 경우

㉡「공익법인의 설립 · 운영에 관한 법률」 및 그 밖의 법령에 따라 내국법인의 주식 등을 출연받는 경우

② 상증법 제48조 제2항 제2호에 따라 내국법인의 발행주식총수등의 100분의 5를 초과하여 주식등을 취득한 공익법인등

다만, 아래 어느 하나에 해당하는 경우에는 의무이행 신고대상에서 제외한다.

㉠ 국가 · 지방자치단체가 출연하여 설립한 공익법인 및 상증령 제42조 제2항 각 호의 어느 하나에 해당하는 공익법인 등으로 상호출자제한기업집단에 속하는 법인과 「독점규제 및 공정거래에 관한 법률 시행령」 제4조 제1항 제1호에 따른 동일인관련자의 관계에 있지 않은 공익법인등에 해당하는 경우이면서 다음의 어느 하나에 해당하지 않는 내국법인의 주식 등을 취득하는 경우로서 주무관청이 공익법인의 목적사업을 효율적으로 수행하기 위하여 필요하다고 인정하는 경우

i) 출연자(출연자가 사망한 경우에는 그 상속인을 말한다) 또는 그의 특수관계인(해당 공익법인등은 제외한다)이 주주 또는 출자자(이하 "주주등"이라 한다)이거나 임원의 현원(5명에 미달하는 경우에는 5명으로 본다. 이하 이 항에서 같다) 중 5분의 1을 초과하는 내국법인으로서 출연자 및 그의 특수관계인이 보유하고 있는 주식 및 출자지분(이하 "주식등"이라 한다)의 합계가 가장 많은 내국법인

ii) 출연자 또는 그의 특수관계인(해당 공익법인등은 제외한다)이 주주등이거나 임원의 현원 중 5분의 1을 초과하는 내국법인에 대하여 출연자, 그의 특수관계인 및 공익법인등출자법인[해당 공익법인등이 발행주식총수등의 100분의 5(법 제48조 제11항 각 호의 요건을 모두 충족하는 공익법인등인 경우에는 100분의 10)를 초과하여 주식등을 보유하고 있는 내국법인을 말한다]이 보유하고 있는 주식등의 합계가 가장 많은 경우에는 해당 공익법인등출자법인(출연자 및 그의 특수관계인이 보유하고 있는 주식등의 합계가 가장 많은 경우로 한정한다)

㉡「공익법인의 설립 · 운영에 관한 법률」 및 그 밖의 법령에 따라 내국법인의 주식 등을 출연받는 경우

㉢「산업교육진흥 및 산학연협력촉진에 관한 법률」에 따른 산학협력단이 주식 등을 취득하는 경우로서 영 제37조 제6항 각 호의 요건을 모두 갖춘 경우

i) 「산업교육진흥 및 산학연협력촉진에 관한 법률」에 따른 산학협력단이 보유한 기술을 출자하여 같은 법에 따른 기술지주회사 또는 「벤처기업육성에 관한 특별법」에 따른 신기술창업전문회사를 설립할 것

ii) 산학협력단이 출자하여 취득한 주식등이 기술지주회사인 경우에는 발행주식총수의 100분의 50 이상(「산업교육진흥 및 산학연협력촉진에 관한 법률」 제36조의 2 제1항에 따라 각 산학협력단이 공동으로 기술지주회사를 설립하는 경우에는 각 산학협

력단이 출자하여 취득한 주식등의 합계가 발행주식총수의 100분의 50 이상을 말한다), 신기술창업전문회사인 경우에는 발행주식총수의 100분의 30 이상일 것
iii) 기술지주회사 또는 신기술창업전문회사는 자회사 외의 주식등을 보유하지 아니할 것

③ 특수관계에 있는 내국법인의 주식을 공익법인등의 총 재산가액의 30%(회계감사, 전용계좌 개설 · 사용, 결산서류등 공시 의무 이행 시 50%)를 초과하여 보유하는 공익법인이 아래의 특수관계에 있는 내국법인의 주식등을 보유가는 경우로서 상증령 제38조 제14항에 따른 가액이 0보다 큰 공인법인등

▶ 특수관계에 있는 내국법인 ◀

다음 각 호의 어느 하나에 해당하는 자가 제1호에 해당하는 기업의 주식 등을 출연하거나 보유한 경우의 해당 기업(해당 기업과 함께 제1호에 해당하는 자에 속하는 다른 기업을 포함한다)을 말한다.

1. 기획재정부령으로 정하는 기업집단의 소속 기업(해당 기업의 임원 및 퇴직임원을 포함한다)과 다음 각 목의 어느 하나에 해당하는 관계에 있는 자 또는 해당 기업의 임원에 대한 임면권의 행사 및 사업방침의 결정 등을 통하여 그 경영에 관하여 사실상의 영향력을 행사하고 있다고 인정되는 자
   가. 기업집단 소속의 다른 기업
   나. 기업집단을 사실상 지배하는 자
   다. 나목의 자와 제2조의 2 제1항 제1호의 관계에 있는 자
2. 제1호 각 목 외의 부분에 따른 소속 기업 또는 같은 호 가목에 따른 기업의 임원 또는 퇴직임원이 이사장인 비영리법인
3. 제1호 및 제2호에 해당하는 자가 이사의 과반수이거나 재산을 출연하여 설립한 비영리법인

다만, 아래 어느 하나에 해당하는 경우에는 의무이행 신고대상에서 제외한다.

- 국가 · 지방자치단체가 출연하여 설립한 공익법인 등
- 「상속세 및 증여세법 시행령」 제42조 제2항 각 호의 어느 하나에 해당하는 공익법인 등

④ 1996.12.31. 현재 의결권 있는 발행주식총수 등의 5%를 초과하는 동일한 내국법인의 의결권 있는 주식 등을 보유하고 있는 공익법인 등으로서 해당 주식 등을 발행주식총수 등의 100분의 5를 초과하여 계속하여 보유하고 있는 공익법인 등
다만, 아래 어느 하나에 해당하는 경우에는 의무이행 신고대상에서 제외한다.

- 국가 · 지방자치단체가 출연하여 설립한 공익법인 등
- 「상속세 및 증여세법 시행령」 제42조 제2항 각 호의 어느 하나에 해당하는 공익법인 등

2 의무이행 여부 신고 시 제출서류(상증법 §48 ⑬, 상증령 §41의 2 ⑦)

신고대상 공익법인 등은 해당 과세기간 또는 사업연도 종료일부터 4개월 이내에 다음의 신고서 및 관련 서류를 납세지 관할 지방국세청장에게 제출해야 한다.

① 공익법인 등 의무이행 신고서(별지 제22호 서식)
② 해당 공익법인 등의 설립허가서 및 정관
③ 운용소득 사용명세서별지(제25호의 4 서식)
④ 이사 등 선임명세서(별지 제26호의 2 서식)
⑤ 특정기업광고 등 명세서(별지 제26호의 3 서식)
⑥ 출연받은 재산의 공익목적사용 현황(별지 제31호 서식 부표 4)
⑦ 출연자 등 특수관계인 사용수익명세서(별지 제32호 서식 부표 2)

납세지 관할 지방국세청장은 신고내용을 확인하여 「상속세 및 증여세법」 제48조 제11항 각 호의 요건 충족 여부를 국세청장에게 보고해야 하고, 국세청장은 그 결과를 공익법인 등의 과세기간 또는 사업연도 종료일부터 9개월 이내에 해당 공익법인 등 및 주무관청에 통보해야 한다.

3 미신고 가산세

신고대상 공익법인이 신고하지 않은 경우에는 다음 산식에 상당하는 금액을 가산세로 부과한다.

$$가산세 = 과세기간\ 또는\ 사업연도\ 종료일\ 현재\ 자산총액^{*} \times \frac{5}{1,000}$$

* 공시하여야 할 과세기간 또는 사업연도의 종료일 현재 대차대조표상 총자산가액(부동산인 경우 「상속세 및 증여세법」 제60조 · 제61조 및 제66조에 따라 평가한 가액이 대차대조표상의 가액보다 크면 그 평가한 가액을 말한다)의 합계액

> • **주식보유 관련 의무이행 신고 대상 공익법인 주의사항**
> 주식보유 관련 의무이행 신고 대상에 포함되는 공익법인은 외부회계감사, 전용계좌 사용, 장부작성비치, 결산서류 공시 의무를 이행하여야 한다. 미이행 시 가산세가 부과되므로 주의하여야 한다(종교법인 등 포함).

4 관련 서식

• 공익법인 등의 주식 보유 관련 의무이행 신고서(별지 제22호 서식)

■ 상속세 및 증여세법 시행규칙 [별지 제22호 서식] 〈개정 2025. 3. 21.〉

공익법인등의 주식 보유 관련 의무이행 신고서

※ 뒤쪽의 작성방법을 읽고 작성해 주시기 바라며, [ ]에는 해당되는 곳에 √표를 합니다. (앞쪽)

1. 기본사항

사업연도(과세기간): 년 월 일 ~ 년 월 일			
① 공익법인등 명칭		② 사업자등록번호 (고유번호)	
③ 대표자		④ 설립연월일	
⑤ 소재지		⑥ 전화번호/팩스	/
⑦ 홈페이지 주소		⑧ 전자우편주소	
⑨ 주무관청명	( )	⑩ 주무관청 부서명	
⑪ 설립근거법률		⑫ 공익사업 유형	

2. 계열기업 등에 관한 사항

⑬ 상호출자제한기업집단 여부	여[ ] 부[ ]	⑭ 계열그룹명	

3. 의무이행 여부

의 무	이행여부	
	여	부
가. 출연받은 재산을 수익용 또는 수익사업용으로 운용하는 경우 운용소득의 100분의 80 이상을 직접 공익목적사업에 사용할 것		
나. 출연자 또는 그의 특수관계인이 이사 현원의 5분의 1을 초과하지 않을 것		
다. 「상속세 및 증여세법」 제48조제3항에 따른 자기내부거래를 하지 않을 것		
라. 「상속세 및 증여세법」 제48조제10항 전단에 따른 광고 · 홍보를 하지 않을 것		

4. 주식의 의결권 미행사 등 요건충족 여부

가. 출연받은 주식등의 의결권을 행사하지 아니할 것	여[ ] 부[ ]
나. 자선 · 장학 또는 사회복지를 목적으로 할 것	여[ ] 부[ ]

「상속세 및 증여세법」 제48조제13항 및 같은 법 시행령 제41조의2제7항에 따라 의무이행 신고서를 제출합니다.

년 월 일

신고인 (서명 또는 인)

지방국세청장 귀하

제출서류	1. 해당 공익법인등의 설립허가서 및 정관(최초 신고 시 제출하고, 이후 변경사항이 있는 경우에만 제출합니다.) 2. 「상속세 및 증여세법 시행규칙」 별지 제25호의4서식에 따른 운용소득 사용명세서 3. 「상속세 및 증여세법 시행규칙」 별지 제26호의2서식에 따른 이사등 선임명세서 4. 「상속세 및 증여세법 시행규칙」 별지 제26호의3서식에 따른 특정기업광고 등 명세서 5. 「상속세 및 증여세법 시행규칙」 별지 제32호서식 부표 2에 따른 출연자 등 특수관계인 사용수익명세서 ※ 제2호부터 제5호까지의 서류는 「상속세 및 증여세법」 제48조제5항, 제50조제2항 및 제50조의3제1항에 따라 이미 제출하거나 공시한 경우에는 제출하지 않을 수 있습니다.	수수료 없음
담당공무원 확인사항	법인 등기사항증명서	

210mm×297mm[백상지 80g/㎡ 또는 중질지 80g/㎡]

(뒤쪽)

작성방법

이 서식은 「상속세 및 증여세법 시행규칙」 제13조의2제1항 각 호의 어느 하나에 해당하는 공익법인등이 주식 보유 관련 의무이행 여부 등에 관한 사항을 납세지 관할 지방국세청장에게 신고할 때 작성하는 서식입니다.

1. 기본사항

가. "⑨ 주무관청명"란: 비영리법인의 설립을 허가한 주무관청 명칭(설립허가 이후 주무관청이 변경된 경우 변경된 주무관청 명칭)을 적고, 해당 주무관청으로부터 공익법인등을 관리 · 감독 권한을 위임 받은 기관이 있는 경우에는 위임 받은 기관의 명칭을 괄호에 적습니다.

예) OO시교육청의 관리 · 감독을 받는 장학재단인 경우 '교육부(OO시교육청)', 서울특별시의 관리 · 감독을 받는 종교법인의 경우 '문화체육관광부(서울특별시장)', 주무관청이 없는 단체의 경우 '관할 세무서'를 주무관청으로 적습니다.

나. "⑩ 주무관청 부서명"란: 비영리법인의 설립을 허가한 주무관청의 부서명(설립허가 이후 주무관청 부서명이 변경된 경우 변경된 주무관청 부서명)을 적고, 해당 주무관청으로부터 공익법인등을 관리 · 감독 권한을 위임 받은 기관이 있는 경우에는 위임 받은 기관의 부서명을 적습니다.

다. "⑪ 설립근거법률"란: 다음 중에서 해당하는 법률 등을 선택하여 모두 적습니다.

1) 「민법」, 2) 「공익법인의 설립 · 운영에 관한 법률」, 3) 「사회복지사업법」, 4) 「사립학교법」, 5) 「의료법」, 6) 「협동조합 기본법」, 7) 그 밖의 다른 법률, 8) 해당 없음

라. "⑫ 공익사업 유형"란: 1) 교육, 2) 학술 · 장학, 3) 사회복지, 4) 의료, 5) 예술 · 문화, 6) 종교, 7) 그 밖의 유형 중에서 정관상 주된 공익목적사업 하나를 선택하여 적습니다.

2. 계열기업 등에 관한 사항

가. "⑬ 상호출자제한기업집단 여부"란: 「독점규제 및 공정거래에 관한 법률」 제31조제1항 전단에 따른 상호출자제한기업집단과 특수관계에 있는 공익법인등인지 여부를 표시합니다.

나. "⑭ 계열그룹명"란: 「독점규제 및 공정거래에 관한 법률 시행령」 제4조 각 호의 어느 하나에 해당하는 기업집단에 속하는 경우 해당 계열그룹명을 적습니다.

3. 의무이행 여부: 공익법인이 주식을 출연받거나 취득하는 경우 내국법인의 의결권 있는 발행주식총수등의 10%까지 보유할 수 있는 요건을 충족하였는지 여부를 표시합니다(「상속세 및 증여세법」 제16조제2항제2호, 제48조제11항 및 같은 법 시행령 제41조의2).

4. 주식의 의결권 미행사 등 요건충족 여부: 공익법인이 주식을 출연받거나 취득하는 경우 내국법인의 의결권 있는 발행주식총수등의 20%까지 보유할 수 있는 요건을 갖추었는지 여부를 표시합니다(「상속세 및 증여세법」 제16조제2항제2호가목).

※ **(참고)** 공익법인이 주식을 출연받거나 출연재산 등으로 주식을 취득하는 경우 그 내국법인의 의결권 있는 발행주식총수등의 비율(「상속세 및 증여세법」 제16조제2항)이 아래의 구분에 따른 비율을 초과하는 경우 그 초과하는 가액을 증여세 과세가액에 산입합니다.

구 분	비 율
1) 상호출자제한기업집단과 특수관계에 있는 경우 또는 「상속세 및 증여세법」 제48조제11항 각 호의 요건을 충족하지 못하는 경우(같은 법 제16조제2항제2호나목 및 다목)	5%
2) 1)에 해당하지 않는 공익법인으로서 자선 · 장학 · 사회복지 목적으로 설립되었으며 출연받은 주식의 의결권을 행사하지 않는 경우(「상속세 및 증여세법」 제16조제2항제2호가목)	20%
3) 1), 2)에 해당하지 않는 경우	10%

PART 4 공익법인의 납세협력의무

Chapter 2

법인세법상 협력의무

01 기부금영수증 관련 자료 제출

기부금영수증을 발급하는 공익법인 등은 「기부자별 발급명세」 및 「기부금영수증 발급합계표」를 제출해야 한다. 국세청장이 구축한 전자기부금영수증 발급 시스템을 이용하는 전자적 방법으로 발급한 기부금영수증(“전자기부금영수증”)을 포함한다.

1 기부금영수증 발급내역 작성 · 보관 · 제출의무(법인법 §112의 2)

기부금영수증을 발급하는 공익법인은 「기부자별 발급명세서」를 작성하여 5년간 보관해야 하며, 국세청장이 요구하는 경우 이를 제출해야 한다.

2 기부금영수증 발급합계표 제출

기부금영수증을 발급하는 공익법인은 기부금영수증 총 발급건수와 금액 등이 적힌 「기부금영수증 발급합계표」를 사업연도 종료일이 속하는 달의 말일부터 6개월 이내에 관할세무서장에게 제출해야 하는데, 전자기부금영수증을 발급한 경우에는 제출하지 않아도 된다.

3 의무위반 시 가산세(법인령 §75의 4)

기부금영수증을 발급하는 자가 다음에 해당하는 경우 가산세가 부과된다. 산출세액이 없더라도 가산세가 부과됨에 유의해야 한다.

- 기부금영수증 관련
  - 기부금액이 사실과 다른 경우 : 사실과 다르게 발급된 금액의 $\frac{5}{100}$
  - 기부자의 인적사항이 사실과 다른 경우 : 영수증에 적힌 금액의 $\frac{5}{100}$
- 기부자별 발급명세서를 작성 · 보관하지 않은 경우 : 작성 · 보관하지 않은 금액의 $\frac{2}{1,000}$

4 관련 서식

① 기부자별 발급명세서(소득칙 별지 제29호의 7 서식(1))
② 기부금영수증 발급명세서(소득칙 별지 제29호의 7서식(2))
③ 기부금영수증 발급합계표(법인칙 별지 제75호의 3 서식)

■ 소득세법 시행규칙 [별지 제29호의7서식(1)] 〈개정 2024. 3. 22.〉

귀속연도		기부자별 발급명세서	단체명	
			사업자등록번호	

<table>
<tr><td rowspan="2">일련
번호</td><td rowspan="2">기부
일자</td><td>기부자 성명
(상호)</td><td>주민등록번호
(사업자등록번호)</td><td colspan="3">기부명세</td><td colspan="2">발급명세</td></tr>
<tr><td colspan="2">주 소
(사업장)</td><td>내용</td><td>코드</td><td>금액</td><td>발급
번호</td><td>발급
일자</td></tr>
<tr><td rowspan="2"></td><td rowspan="2"></td><td></td><td></td><td rowspan="2"></td><td rowspan="2"></td><td rowspan="2"></td><td rowspan="2"></td><td rowspan="2"></td></tr>
<tr><td colspan="2"></td></tr>
<tr><td rowspan="2"></td><td rowspan="2"></td><td></td><td></td><td rowspan="2"></td><td rowspan="2"></td><td rowspan="2"></td><td rowspan="2"></td><td rowspan="2"></td></tr>
<tr><td colspan="2"></td></tr>
<tr><td rowspan="2"></td><td rowspan="2"></td><td></td><td></td><td rowspan="2"></td><td rowspan="2"></td><td rowspan="2"></td><td rowspan="2"></td><td rowspan="2"></td></tr>
<tr><td colspan="2"></td></tr>
<tr><td rowspan="2"></td><td rowspan="2"></td><td></td><td></td><td rowspan="2"></td><td rowspan="2"></td><td rowspan="2"></td><td rowspan="2"></td><td rowspan="2"></td></tr>
<tr><td colspan="2"></td></tr>
<tr><td rowspan="2"></td><td rowspan="2"></td><td></td><td></td><td rowspan="2"></td><td rowspan="2"></td><td rowspan="2"></td><td rowspan="2"></td><td rowspan="2"></td></tr>
<tr><td colspan="2"></td></tr>
<tr><td rowspan="2"></td><td rowspan="2"></td><td></td><td></td><td rowspan="2"></td><td rowspan="2"></td><td rowspan="2"></td><td rowspan="2"></td><td rowspan="2"></td></tr>
<tr><td colspan="2"></td></tr>
<tr><td rowspan="2"></td><td rowspan="2"></td><td></td><td></td><td rowspan="2"></td><td rowspan="2"></td><td rowspan="2"></td><td rowspan="2"></td><td rowspan="2"></td></tr>
<tr><td colspan="2"></td></tr>
<tr><td rowspan="2"></td><td rowspan="2"></td><td></td><td></td><td rowspan="2"></td><td rowspan="2"></td><td rowspan="2"></td><td rowspan="2"></td><td rowspan="2"></td></tr>
<tr><td colspan="2"></td></tr>
<tr><td rowspan="2"></td><td rowspan="2"></td><td></td><td></td><td rowspan="2"></td><td rowspan="2"></td><td rowspan="2"></td><td rowspan="2"></td><td rowspan="2"></td></tr>
<tr><td colspan="2"></td></tr>
<tr><td rowspan="2"></td><td rowspan="2"></td><td></td><td></td><td rowspan="2"></td><td rowspan="2"></td><td rowspan="2"></td><td rowspan="2"></td><td rowspan="2"></td></tr>
<tr><td colspan="2"></td></tr>
<tr><td rowspan="2"></td><td rowspan="2"></td><td></td><td></td><td rowspan="2"></td><td rowspan="2"></td><td rowspan="2"></td><td rowspan="2"></td><td rowspan="2"></td></tr>
<tr><td colspan="2"></td></tr>
<tr><td rowspan="2"></td><td rowspan="2"></td><td></td><td></td><td rowspan="2"></td><td rowspan="2"></td><td rowspan="2"></td><td rowspan="2"></td><td rowspan="2"></td></tr>
<tr><td colspan="2"></td></tr>
<tr><td rowspan="2"></td><td rowspan="2"></td><td></td><td></td><td rowspan="2"></td><td rowspan="2"></td><td rowspan="2"></td><td rowspan="2"></td><td rowspan="2"></td></tr>
<tr><td colspan="2"></td></tr>
</table>

작성방법

기부명세의 코드란에는 특례기부금(10), 일반기부금(종교단체)(41), 일반기부금(종교단체 외)(40), 정치자금기부금(20), 우리사주조합기부금(42)으로 구분하여 작성합니다.

210mm×297mm[백상지 80g/㎡ 또는 중질지 80g/㎡]

■ 소득세법 시행규칙 [별지 제29호의 7 서식(2)] 〈개정 2024. 3. 22.〉

기 부 금 영 수 증 발 급 합 계 표

사업연도 (과세기간)	. . ~ . .

1. 기부금 영수증 발급자(단체)	① 단 체 명	② 대 표 자
	③ 사업자등록번호 (고유번호)	④ 전화번호
	⑤ 소 재 지	
	⑥ 유 형 (해당란에 √)	□ 정부등 공공 □ 교육 □ 종교 □ 사회복지 □ 자선 □ 의료 □ 문화 □ 학술 □ 기타

2. 해당 사업연도(과세기간)의 기부금영수증 발급현황

(단위: 원)

⑦ 구 분 / ⑫ 기부자	⑧ 합 계		⑨ 특례기부금		⑩ 일반기부금	
	건수	금액	건수	금액	건수	금액
법 인						
개 인						

「소득세법」 제160조의3제3항에 따른 기부금영수증 발급합계표를 제출합니다.

년 월 일

제출자 (서명 또는 인)

세무서장 귀하

작성방법

1. 이 서식은 기부금영수증을 발급하는 자가 해당 사업연도(과세기간)의 종료일이 속하는 달의 말일부터 6개월 이내에 관할세무서장에게 제출해야 합니다.
2. ⑥유형란: 기부금 영수증 발급자(단체)에 해당하는 유형을 선택합니다.
3. ⑧ ~ ⑩란: 해당 사업연도의 해당 기부금영수증 총 발급건수 및 총 발급금액을 적습니다.
4. 2021년 7월 1일 이후 전자기부금영수증(「소득세법」 제81조의7 및 제160조의3에 규정되어 있습니다)을 발급하는 분부터는 이 서식을 제출할 의무가 없습니다.

210mm×297mm[백상지 80g/㎡ 또는 중질지 80g/㎡]

02 (세금)계산서합계표 등 자료제출 의무(법인법 §120의 3 · §121)

수익사업이 없는 공익법인도 (세금)계산서를 교부받은 경우 매입처별 세금계산서 합계표를 제출해야 한다.

1 매입처별 세금계산서합계표 제출(부가법 §54 ⑤)

세금계산서를 발급받은 국가, 지방자치단체, 지방자치단체조합과 다음에 해당하는 자는 부가가치세 납세의무가 없는 경우에도 「매입처별 세금계산서합계표」를 작성하여 해당 과세기간 종료 후 25일 이내에 관할 세무서장에게 제출해야 한다.

① 부가가치세가 면제되는 사업자 중 소득세 또는 법인세의 납세의무가 있는 자
② 「민법」 제32조에 따라 설립된 법인
③ 특별법에 따라 설립된 법인
④ 각급학교 기성회, 후원회 또는 이와 유사한 단체

「매입처별 세금계산서합계표」를 제출하지 않은 경우 다음 산식에 상당하는 금액을 가산세로 부과한다.

$$\text{가산세} = \text{미제출한 공급가액} \times \frac{5}{1,000}$$

2 매출 · 매입계산서합계표 제출(법인법 §121 ⑤)

부가가치세가 면제되는 재화 또는 용역을 공급하거나 공급받은 경우 매출 · 매입계산서합계표를 매년 2월 10일까지 관할 세무서장에게 제출해야 한다.

「매출 · 매입계산서합계표」를 제출하지 않은 경우 다음 산식에 상당하는 금액을 가산세로 부과한다.

$$\text{가산세} = \text{미제출한 공급가액} \times \frac{5}{1,000}$$

다만, 국가 및 지방단치단체 및 비영리법인(수익사업이 있는 경우는 제외)에 대해서는 가산세를 부과하지 않는다.

PART 4 공익법인의 납세협력의무

PART 5

공익법인회계기준

Chapter 1 공익법인회계기준 총칙

01 도입배경

회계기준이란 일반적으로 인정된 회계원칙이다. 회계관습 중에서 일반적으로 공정성·타당성이 인정된 것을 반영한 것으로서 회계실무상 실행가능하도록 제정된 것이므로 모든 기업이 회계실무에서 실천해야 할 규범인 것이다.

우리나라 영리조직의 회계처리기준은 3가지가 있다. 「한국채택국제회계기준」(K-IFRS), 「일반기업회계기준」, 「중소기업회계기준」이며 회계기준별로 어떤 회사에 적용해야 하는지 정하고 있다.

회계기준	적용기업	근거법령
한국채택국제회계기준 (K-IFRS)	상장기업 및 금융회사, IPO준비 기업 등	외부감사에 관한 법률
일반기업회계기준	K-IFRS를 적용하지 않는 외부감사대상 주식회사	외부감사에 관한 법률
중소기업회계기준	외부감사 대상 外 주식회사	

비영리조직의 공익사업 활성화와 이를 뒷받침하는 건전한 기부문화 조성을 위해서는 비영리조직의 회계투명성 제고가 필요하다는 사회적 인식이 확산되면서, 비영리조직에 일반적으로 적용될 수 있는 통일된 비영리조직 회계기준이 제정되어야 한다는 사회적 욕구가 높아졌다.

이에 비영리조직 중 공익법인이 동일한 회계기준을 적용하여 재무제표를 공시함으로써 회계투명성이 높아지고 기부자들이 기부금 운영내역을 신뢰할 수 있게 하며 기부문화 활성화에 기여하고자 「공익법인회계기준」을 제정하게 되었다.

▶ 법인별 주요 회계처리기준[1] ◀

영역별	근거법령	회계처리규정
공기업	• 정부기업예산법 • 공공기관 운영에 관한 법률 • 지방공기업법 • 공기업의 경영구조개선 및 민영화에 관한 법률	• 공기업 · 준정부기관 회계사무규칙 • 공기업 · 준정부기관 회계기준(기획재정부 고시)
학교법인	• 교육기본법 • 사립학교법 • 유아교육법 • 초 · 중등교육법 • 고등교육법 • 대학설립 · 운영규정	• 사학기관 재무 · 회계규칙 • 사학기관 재무 회계규칙에 대한 특례규칙 • 국립 유치원 및 초 · 중등학교 회계규칙 • 공립 초 · 중등학교 회계규칙
산학협력단	• 산업교육진흥 및 산학연협력촉진에 관한 법률	• 산학협력단회계기준규칙 학교기업회계처리규칙(교육부 고시)
의료법인	• 의료법	• 의료기관 회계기준규칙 • 재무제표 세부작성방법(보건복지부 고시)
사회복지법인	• 사회복지사업법	• 사회복지법인 및 사회복지시설 재무 · 회계 규칙
상증법상 공익법인	• 상속세 및 증여세법	• 공익법인 회계기준(기획재정부 고시)
정부출연기관	• 정부출연연구기관 등의 설립 · 운영 및 육성에 관한 법률	• 정부가 정하는 회계원칙
과학기술분야 정부출연 연구기관	• 과학기술분야정부출연 연구기관 등의 설립 · 운영 및 육성에 관한 법률	• 정부가 정하는 회계원칙

1) 비영리법인의 세무, 국세공무원교육원, 2022, 14~15쪽

02 공익법인회계기준 제정 연혁[2)]

2016년 12월 「상속세 및 증여세법」 제50조의 4 및 「상속세 및 증여세법 시행령」 제43조의 4를 신설하여 「공익법인회계기준」 제정과 공익법인회계기준 심의위원회의 설치근거를 마련하였다.

정부 및 민간전문가로 구성된 TF에서 한국회계기준원의 '비영리조직 회계기준 공개초안'을 기초로 「공익법인회계기준」 제정안을 마련하였고, 이후 기획재정부 차관을 위원장으로 하여 학계, 공익법인, 연구기관 등이 포함된 민간위원과 정부위원으로 구성된 심의위원회를 설치하여 「공익법인회계기준」의 심의를 진행하고 민간전문가 간담회 및 행정예고를 진행하였다.

2017.11.3. 유관부처 담당자, 각계 전문가 및 일반 국민 등을 대상으로 「공익법인회계기준」 마련을 위한 공청회를 개최하여 「공익법인회계기준」의 제정과 주요 내용에 관하여 소개하고 의견을 수렴하였다.

2017.12.7. 기획재정부는 「공익법인회계기준」을 최종 고시하였고 2018.1.1. 이후 시작되는 회계연도부터 「공익법인회계기준」을 적용하도록 하였다.

참고

「공익법인회계기준」 부칙 제5조 【소규모 공익법인의 한시적 단식부기 등 적용】

이 기준 시행 이후(2018년 1월 1일) 최초로 개시하는 회계연도의 직전 회계연도 종료일의 총자산가액의 합계액이 20억원 이하인 공익법인과 이 기준 시행일(2018년 1월 1일)부터 2018년 12월 31일까지의 기간 중에 신설되는 공익법인은 이 기준 시행 이후(2018년 1월 1일) 최초로 개시하는 회계연도와 그 다음 회계연도에는 단식부기를 적용할 수 있으며, 제41조의 필수적 주석기재사항의 기재를 생략할 수 있다.

2) 알기 쉬운 공익법인회계기준, 한국조세재정연구원, 2020, 9쪽

▶ 「공익법인회계기준」 제정 연혁[3] ◀

시기	내용	비고
2016. 12	근거법령 마련	•「상속세 및 증여세법」 제50조의 4 신설 •「상속세 및 증여세법 시행령」 제43조의 4 신설
2016~	공익법인회계기준안 제정	• 정부 및 민간전문가로 구성 • 2016년 5회, 2017년 5회 협의 진행
2017.9~11	심의위원회 및 행정예고	• 2017년 9월 심의위원회 구성 및 심의 • 2017년 10.24.~11.13. 행정예고
2017. 11	공익법인회계기준안 공청회	• 2017년 11.3. 공청회 개최
2017. 12	최종고시	
2018. 1	공익법인회계기준 시행	
2018. 12	공익법인회계기준 실무지침서 발간	
2019. 1	공익법인회계기준 실무지침서 설명회	

03 공익법인회계기준 제정에 대한 기본원리

1 일반목적의 재무보고

비영리조직은 시장의 원리에 의하여 운영되기보다는 법적인 규제와 자원의 제공자에 의해 부여된 제한이 비영리조직의 주요한 통제수단이 되며, 공식적인 예산과 자원 사용에 대한 기증자의 제한과 같은 통제수단이 비영리조직의 경영자에 대한 특별한 책임을 부여하며, 비영리조직의 회계시스템은 이에 관한 정보를 제공해야 한다.[4]

3) 알기 쉬운 공익법인회계기준, 한국조세재정연구원, 2020, 9쪽

공익법인의 재무보고 목적은 기부자, 정부 등 이해관계자의 합리적 의사결정에 유용한 정보를 제공하는데 있다.

유용한 정보란「공익법인회계기준」을 적용하여 작성된 재무제표를 통해 정보이용자로 하여금 공익법인의 사업수행능력을 평가하고, 기부자 등이 공익법인에 제공한 자원이 당초 목적에 따라 사용되고 있는지 확인할 수 있는 정보를 말한다.

「공익법인회계기준」은 공익법인의 회계투명성을 높이고 공익법인 간 비교가능성을 제고하는 통일된 회계규칙이다.

2 공익법인 통합재무제표

일반영리기업에서는 단일 보고단위의 재무제표를 작성하고 있다. 공익법인 역시 공익법인을 하나의 보고실체로 보아 재무제표를 작성하여야 하나, 목적적합한 정보를 제공하기 위하여 공익목적사업부문과 기타사업부문으로 나누어 재무제표를 작성해야 한다.

▶ 재무제표 체계[5] ◀

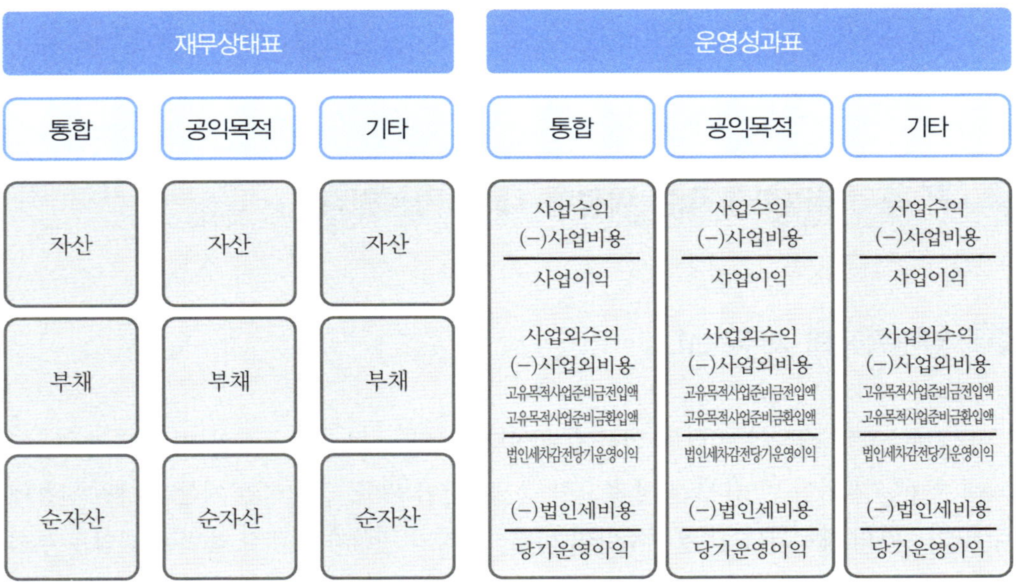

4) 공익법인회계기준 실무지침서, 기획재정부, 2018, 1쪽

5) 알기 쉬운 공익법인회계기준, 한국조세재정연구원, 2020, 73쪽

공익목적사업부문과 기타사업부문의 구분은 공익법인 정관상 공익목적사업에 해당하는지 여부로 결정한다.

공익법인의 정관에는 공익목적으로 수행할 사업에 대해 명시하고 있으므로 정관에 명시된 사업수행의 결과 자산, 부채 및 순자산, 수익 및 비용을 구분하여 공익목적사업부문으로 분류하고 그 외 사업과 관련된 자산, 부채 및 순자산, 수익 및 비용은 기타사업으로 분류한다.

3 발생주의와 복식부기

제 4 조 **【복식부기와 발생주의】** ① 이 기준에 따라 회계처리 및 재무제표를 작성할 때는 발생주의 회계원칙에 따라 복식부기 방식으로 하여야 한다.
② '복식부기'란 공익법인의 자산, 부채, 순자산의 증감 및 변화과정과 그 결과를 계정과목을 통하여 대변과 차변으로 구분하여 이중기록 · 계산이 되도록 하는 부기형식을 말한다.
③ '발생주의'란 현금의 수수와는 관계없이 수익은 실현되었을 때 인식하고 비용은 발생되었을 때 인식하는 개념으로서 기간손익을 계산할 때 경제가치량의 증가나 감소의 사실이 발생한 때를 기준으로 수익과 비용을 인식하는 것을 말한다.

「공익법인회계기준」에 따라 회계처리 및 재무제표를 작성할 때는 발생주의 회계원칙에 따라 복식부기 방식으로 하여야 한다.

'복식부기'란 공익법인의 자산, 부채, 순자산의 증감 및 변화과정과 그 결과를 계정과목을 통하여 대변과 차변으로 구분하여 이중기록 · 계산이 되도록 하는 부기형식을 말한다.

차변과 대변에 기록된 금액의 합계는 반드시 일치해야 한다. 만약 차변의 합계와 대변의 합계가 불일치하는 경우 기록에 오류가 있음을 알 수 있는데 이를 '복식부기의 자기검증기능'이라고 한다.

'발생주의'란 현금의 수수와는 관계없이 수익은 실현되었을 때 인식하고 비용은 발생되었을 때 인식하는 개념으로서 기간손익을 계산할 때 경제가치량의 증가나 감소의 사실이 발생한 때를 기준으로 수익과 비용을 인식하는 것을 말한다.

4 공익법인의 재무제표

(1) 재무제표의 종류

제5조【재무제표】이 기준에서 재무제표는 다음 각 호의 서류로 구성된다.
1. 재무상태표
2. 운영성과표
3. 위 제1호 및 제2호의 서류에 대한 주석

공익법인의 재무제표는 재무상태표, 운영성과표, 주석으로 구성되어 있다.
이는 일반기업의 재무제표(재무상태표, 손익계산서, 자본변동표, 현금흐름표, 주석)와는 다르다.

공익법인의 운영성과표는 일반기업의 손익계산서를 대신한다. 공익사업을 수행하는 특성을 반영하여 사업수익을 기부금수익, 보조금수익, 회비수익 등으로 구분하고, 사업비용을 사업수행비용, 일반관리비용, 모금비용 등으로 구분함으로써 경영성과를 측정하는 손익계산서에 비해 공익사업 수행에 관한 적합한 정보를 제공하게 된다.

공익법인의 재무제표에 자본변동표와 현금흐름표는 제외한다.
공익법인은 주주가 없으므로 일반기업에 비해 단순하고, 순자산에 대한 변동내역은 재무제표가 아닌 주석을 통해 공시하도록 하고 있다.

▶ 비영리법인의 재무제표[6] ◀

같은 성격의 재무제표라 하더라도 명칭과 포맷 등이 상이함

사학기관	사회복지법인	의료기관	종교단체*	학술장학기관	공익법인 (상증법)
대차대조표 운영계산서 자금계산서 부속명세서 주기, 주석	대차대조표 수지계산서 기타부속 명세서	대차대조표 손익계산서 기본금변동 계산서 현금흐름표	재무상태표 운영성과표 현금흐름표 주석	대차대조표 손익계산서	재무상태표 운영성과표 주석

* 교회회계와 재무처리기준(한국기독교교회협의회, 2013.11.18.)

6) 비영리조직회계기준 해설서, 한국회계기준원조사연구실, 2017, 21쪽

(2) 재무제표의 작성원칙

> **제7조【회계정책, 회계추정의 변경 및 오류수정】** ① 재무제표를 작성할 때 채택한 회계정책이나 회계추정은 비슷한 종류의 사건 또는 거래의 회계처리에도 동일하게 적용한다.
> ② '회계정책의 변경'이란 재무제표의 작성에 적용하던 회계정책을 다른 회계정책으로 바꾸는 것을 말한다.
> ③ 이 기준에서 변경을 요구하거나, 회계정책의 변경을 반영한 재무제표가 신뢰성 있고 더 목적적합한 정보를 제공하는 경우에만 회계정책을 변경할 수 있다.
> ④ '회계추정의 변경'이란 환경의 변화, 새로운 정보의 입수 또는 경험의 축적에 따라 회계적 추정치의 근거와 방법 등을 바꾸는 것을 말한다. 이 경우 회계추정에는 대손의 추정, 감가상각자산에 내재된 미래 경제적 효익의 예상되는 소비형태의 유의적인 변동, 감가상각자산의 내용연수 또는 잔존가치의 추정 등이 포함된다.
> ⑤ 변경된 회계정책은 소급하여 적용하며 소급적용에 따른 수정사항을 반영하여 비교재무제표를 재작성한다.
> ⑥ 회계추정의 변경은 전진적으로 회계처리하여 그 효과를 당기와 그 이후의 회계연도에 반영한다.
> ⑦ '오류수정'이란 전기 또는 그 이전 회계연도의 재무제표에 포함된 회계적 오류를 당기에 발견하여 수정하는 것을 말한다.
> ⑧ 당기에 발견한 전기 또는 그 이전 회계연도의 오류는 당기 운영성과표에 사업외손익 중 전기오류수정손익으로 보고한다. 다만, 전기 또는 그 이전 회계연도에 발생한 중대한 오류의 수정은 비교재무제표를 재작성하여 반영한다. 중대한 오류는 재무제표의 신뢰성을 심각하게 손상할 수 있는 매우 중요한 오류를 말한다.

매기 동일한 회계기준을 적용해야 비교가능성이 높아져 재무제표의 유용성이 높아진다. 그러나 기업환경의 변화, 새로운 정보의 획득 등으로 그동안 사용해왔던 회계기준을 다른 회계기준으로 변경해야 하는 경우가 생기는데 이를 회계변경이라고 한다.

회계변경에는 회계정책의 변경과 회계추정의 변경으로 나눈다.

가. 회계정책의 변경

회계정책의 변경이란 공익법인이 재무제표의 작성과 보고에 적용하던 회계정책을 다른 회계정책으로 바꾸는 것을 말한다.

공익법인은 다음 중 하나에 해당하는 경우 회계정책을 변경할 수 있다.

- 「공익법인회계기준」에서 회계정책의 변경을 요구하는 경우
- 회계정책의 변경을 반영한 재무제표가 신뢰성 있고 더 목적적합한 정보를 제공하는 경우

변경된 회계정책은 소급하여 적용하고, 소급적용에 따른 누적효과를 반영한 비교재무제표를 재작성한다.

다만, 회계정책의 변경에 따른 누적효과를 합리적으로 계산하기 어려운 경우에는 전진적으로 처리한다.

회계정책의 변경의 예로는 재고자산 평가방법의 변경, 유가증권의 취득단가산정방법의 변경 등이 있다.

나. 회계추정의 변경

회계추정의 변경이란 경제적 · 사회적 환경의 변화, 새로운 정보의 입수, 경험의 축적에 따라 회계적 추정치의 근거와 방법을 바꾸는 것을 말한다.

회계추정의 변경은 전진적으로 처리하여 그 효과를 당기와 당기 이후의 기간에 반영한다.

회계추정의 변경의 예로는 대손의 추정, 감가상각자산에 내재된 미래 경제적 효익이 예상되는 소비형태의 유의적인 변동, 감가상각자산의 내용연수, 잔존가치의 추정 등이 있다.

구 분	누적효과	예 시
회계정책의 변경	소급법	재고자산평가방법 등
회계추정의 변경	전진법	대손의 추정, 감가상각자산의 내용연수 변경 등

다. 오류수정

오류수정이란 전기 또는 그 이전 회계연도의 재무제표에 포함된 회계적 오류를 당기에 발견하여 수정하는 것을 말한다.

당기에 발견한 전기 또는 그 이전 기간의 오류는 당기 운영성과표에 사업외손익 중 전기오류수정손익으로 보고한다.

만약 재무제표의 신뢰성을 심각하게 손상할 수 있는 중요한 오류일 경우 소급하여 비교재무제표를 재작성한다.

(3) 「공익법인회계기준」의 최초 적용[7)]

「공익법인회계기준 실무지침서」에 따르면 최초로 「공익법인회계기준」을 적용하는 경우 소급해서 적용하거나 전진적으로 처리할 수 있도록 하였다.

소급적용이란 처음부터 「공익법인회계기준」을 적용하였다고 가정하고, 재무제표를 작성하는 것이고, 전진적으로 처리하는 것은 「공익법인회계기준」 적용시점 이전의 회계처리는 그대로 인정하고 당기 및 그 이후의 회계연도에만 「공익법인회계기준」에 따라 회계처리하는 것이다.

회계기준을 최초로 적용하는 경우 소급법으로 하는 것이 원칙이나, 공익법인의 작성부담을 줄이기 위해 전진적으로 회계처리하는 것을 허용하였다.

다만, 「공익법인회계기준」을 적용한 회계연도 말에는 「공익법인회계기준」에서 인식을 요구하는 모든 자산과 부채를 재무제표에 인식하고, 동 기준에서 인식을 허용하지 않는 항목은 자산이나 부채로 인식하지 않는다는 점에 유의해야 한다.

사례 **「공익법인회계기준」 최초 적용 시 기초재무제표 작성[8)]**

A공익법인은 현금주의 · 단식부기를 사용하여 회계처리를 수행하고 있었다. 2×18년 1월 1일을 기준으로 「공익법인회계기준」을 적용하기로 하였다. A공익법인의 자산 및 부채현황(2×18년 1월 1일 기준)은 다음과 같다.

- (자산) 현금 5억원
- (자산) 건물(취득원가 20억원, 취득일 2×13년 1월 1일, 내용연수 20년, 정액법, 기본재산으로 등재되어 공익법인의 임의대로 처분이 불가함)
- (부채) 퇴직급추계액 10,000,000원

회계처리

- 〈2×18.1.1.〉

(차) 현금및현금성자산	500,000,000	(대) 보통순자산	500,000,000
(차) 건 물	2,000,000,000	(대) 기본순자산	2,000,000,000
(차) 보통순자산	500,000,000	(대) 감가상각누계액	500,000,000*1

*1. 2,000,000,000(취득원가)×5/20(경과내용연수/전체내용연수)

7) 공익법인회계기준 실무지침서, 기획재정부, 2018, 28쪽

8) 공익법인회계기준 실무지침서, 기획재정부, 2018, 29쪽

(차) 보통순자산	10,000,000	(대) 퇴직급여충당부채*2	10,000,000

*2. 퇴직급여충당부채는 회계연도 말 현재 모든 임직원이 일시에 퇴직할 경우 지급해야 하는 금액

재무상태표

2×18.1.1. 현재

자산		부채	
현금	500,000,000	퇴직급여충당부채	10,000,000
건물	2,000,000,000	순자산	
감가상각누계액	(500,000,000)	기본순자산	2,000,000,000
		보통순자산	(10,000,000)

해설

현금주의 · 단식부기에서는 자산 · 부채를 인식하지 않았을 것이므로 2×18년 1월 1일 기준으로 공익법인의 자산 · 부채를 「공익법인회계기준」에 따라 인식한다. 자산 · 부채를 인식하면서 상대계정은 보통순자산(잉여금)으로 인식하되, 기본순자산에 해당하는 자산의 경우에는 상대계정을 기본순자산으로 인식한다.

사례 「공익법인회계기준」 최초 적용 – 소급법[9)]

B공익법인은 발생주의 · 복식부기를 사용하여 회계처리를 수행하고 있었으나, 퇴직급여충당부채를 설정하지 않고 있었으며, 매도가능증권의 평가를 하지 않고 있었다. 2×18년 1월 1일 「공익법인회계기준」을 소급하여 적용하기로 결정하였다. 매도가능증권은 B공익법인의 기본순자산에 해당하는 자산이다.

- (자산) 매도가능증권 최초 취득원가 : 8억원
  2×18년 1월 1일 매도가능증권 공정가치 : 10억원
  2×18년 12월 31일 매도가능증권 공정가치 : 9억원
- (부채) 2×18년 1월 1일 퇴직금추계액 : 20,000,000원
  2×18년 12월 31일 퇴직금추계액 : 22,000,000원

회계처리

- 〈2×18.1.1.〉

(차) 보통순자산	20,000,000	(대) 퇴직급여충당부채	20,000,000
(차) 매도가능증권	200,000,000	(대) 매도가능증권평가이익 (순자산조정)	200,000,000

9) 공익법인회계기준 실무지침서, 기획재정부, 2018, 29쪽

재무상태표

2×18.1.1. 현재

자산		부채	
매도가능증권	1,000,000,000	퇴직급여충당부채	20,000,000
		순자산	
		기본순자산	800,000,000
		보통순자산	(20,000,000)
		순자산조정	200,000,000

• 〈2×18.12.31.〉

(차) 퇴직급여	2,000,000	(대) 퇴직급여충당부채	2,000,000
(차) 매도가능증권 평가이익 (순자산조정)	200,000,000	(대) 매도가능증권	200,000,000

재무상태표

2×18.12.31. 현재

자산		부채	
매도가능증권	900,000,000	퇴직급여충당부채	22,000,000
		순자산	
		기본순자산	800,000,000
		보통순자산	(22,000,000)
		순자산조정	100,000,000

해설

2×18년 1월 1일 기준으로 공익법인의 자산 · 부채를 「공익법인회계기준」에 따라 인식한다. 자산 · 부채를 인식하면서 상대계정은 기본순자산 및 보통순자산으로 인식하며, 매도가능증권의 평가손익은 순자산조정으로 인식한다.

사례 「공익법인회계기준」 최초 적용 – 전진법[10)]

B공익법인은 발생주의, 복식부기를 사용하여 회계처리를 수행하고 있었으나 퇴직급여충당부채를 설정하지 않고 있었으며, 매도가능증권의 평가를 하지 않고 있었다. 2×18년 1월 1일 「공익법인회계기준」을 전진 적용하기로 결정하였다.

10) 공익법인회계기준 실무지침서, 기획재정부, 2018, 30쪽

• (자산) 매도가능증권 최초 취득원가 : 8억원
매도가능증권 2×18년 1월 1일 공정가치 : 10억원
매도가능증권 2×18년 12월 31일 공정가치 : 9억원
• (부채) 2×18년 1월 1일 퇴직금추계액 : 20,000,000원
2×18년 12월 31일 퇴직금추계액 : 22,000,000원

회계처리

• 〈2×18.1.1.〉
회계처리 없음

재무상태표

2×18.1.1. 현재

자산		부채	
매도가능증권	800,000,000		
		순자산	
		기본순자산	800,000,000

• 〈2×18.12.31.〉

(차) 퇴직급여	22,000,000	(대) 퇴직급여충당부채	22,000,000
(차) 매도가능증권	100,000,000	(대) 매도가능증권평가이익 (순자산조정)	100,000,000

재무상태표

2×18.12.31. 현재

자산		부채	
매도가능증권	900,000,000	퇴직급여충당부채	22,000,000
		순자산	
		기본순자산	800,000,000
		보통순자산	(22,000,000)
		순자산조정	100,000,000

해설

기존의 회계처리는 인정하고 2×18년 12월 31일에 「공익법인회계기준」에 따라 자산 · 부채가 인식되도록 당기에 전체 효과를 반영한다.

5 공익법인의 특수성 반영

「공익법인회계기준」은 공익법인의 특수성을 반영하여 공익법인 회계처리의 중요한 사항에 대한 원칙을 규정하고 그 외의 「공익법인회계기준」에서 정하지 않은 사항은 「일반기업회계기준」을 따르도록 한다.

▶ 공익법인의 특수한 회계처리 예시[11] ◀

고유목적사업준비금	잉여금 처분 및 부채 인식 모두 허용
순자산의 구분	기본순자산, 보통순자산, 순자산조정으로 구분
기부금 등 수익인식 조건 및 분류	기부금의 수익인식시점 : 실제 기부를 받는 시점
비용의 인식 및 분류	(기능별) 사업수행비용, 일반관리비용, 모금비용 (성격별) 분배비용, 인력비용, 시설비용, 기타비용
자산과 부채의 평가	유형자산 재평가, 매도가능증권 평가
주석에 관한 사항	− 필수적 주석 기재사항 15개 − 회계감사를 받지 않는 공익법인의 주석 기재사항 7개

6 「공익법인회계기준」의 구성

구 분	내 용
제1장 총 칙	제1조(목적)
	제2조(적용)
	제3조(보고실체)
	제4조(복식부기와 발생주의)
	제5조(재무제표)
	제6조(다른 법령과의 관계 등)
	제7조(회계정책, 회계추정의 변경 및 오류수정)
	제8조(재무제표의 구분 · 통합 표시)
	제9조(비교재무제표의 작성)

11) 알기 쉬운 공익법인회계기준, 한국조세재정연구원, 2020, 21쪽

구 분	내 용
제2장 재무상태표	제10조(재무상태표의 목적과 작성단위)
	제11조(재무상태표 작성기준)
	제12조(유동자산)
	제13조(투자자산)
	제14조(유형자산)
	제15조(무형자산)
	제16조(기타비유동자산)
	제17조(유동부채)
	제18조(비유동부채)
	제19조(고유목적사업준비금)
	제20조(기본순자산)
	제21조(보통순자산)
	제22조(순자산조정)
제3장 운영성과표	제23조(운영성과표의 목적과 작성단위)
	제24조(운영성과표 작성기준)
	제25조(사업수익)
	제26조(기부금 등의 수익인식과 측정)
	제27조(사업비용)
	제28조(사업외수익)
	제29조(사업외비용)
	제30조(공통수익 및 비용의 배분)
	제31조(고유목적사업준비금 전입액과 환입액)
	제32조(법인세비용)
제4장 자산 · 부채의 평가	제33조(자산의 평가기준)
	제34조(미수금, 매출채권 등의 평가)
	제35조(유형자산과 무형자산의 평가)
	제36조(유형자산의 재평가)
	제37조(유가증권의 평가)
	제38조(퇴직급여충당부채의 평가)
	제39조(공통자산 · 부채의 배분)

구 분	내 용
제5장 주 석	제40조(주석의 정의)
	제41조(필수적 주석기재사항)
	제42조(선택적 주석기재사항)
	제43조(주석기재방법)
부 칙	제1조(시행일)
	제2조(일반적 적용례)
	제3조(재무제표 작성 적용례)
	제4조(재무제표 작성 경과규정)
	제5조(소규모 공익법인의 한시적 단식부기 등 적용특례)
별지 제1호 서식	재무상태표
별지 제2호 서식	운영성과표

04 공익법인회계기준 적용대상

1 공익법인의 범위

「공익법인회계기준」에서 의미하는 공익법인이란 「상속세 및 증여세법 시행령」 제12조에 열거된 사업(종교, 학술, 자선 또는 그 밖의 공익을 목적으로 하는 사업)을 영위하는 자를 말한다.

① 종교의 보급 기타 교화에 현저히 기여하는 사업

② 「초 · 중등교육법」 및 「고등교육법」에 의한 학교, 「유아교육법」에 따른 유치원을 설립 · 경영하는 사업

③ 「사회복지사업법」의 규정에 의한 사회복지법인이 운영하는 사업

④ 「의료법」에 따른 의료법인이 운영하는 사업

⑤ 「법인세법」 제24조 제2항 제1호에 해당하는 기부금을 받는 자가 해당 기부금으로 운영하는 사업

⑥「법인세법 시행령」 제39조 제1항 제1호 각 목에 따른 공익법인등 및 「소득세법 시행령」 제80조 제1항 제5호에 따른 공익단체가 운영하는 고유목적사업. 다만, 회원의 친목 또는 이익을 증진시키거나 영리를 목적으로 대가를 수수하는 등 공익성이 있다고 보기 어려운 고유목적사업은 제외한다.

⑦「법인세법 시행령」 제39조 제1항 제2호 다목에 해당하는 기부금을 받는 자가 해당 기부금으로 운영하는 사업. 다만, 회원의 친목 또는 이익을 증진시키거나 영리를 목적으로 대가를 수수하는 등 공익성이 있다고 보기 어려운 고유목적사업은 제외한다.

2 「공익법인회계기준」 적용대상

「상속세 및 증여세법」상 외부 회계감사의무 대상 또는 결산서류 공시의무가 있는 공익법인은 「공익법인회계기준」을 적용하여 회계처리하고 재무제표를 작성해야 한다.

외부회계감사 보고서는 과세기간 또는 사업연도 종료일로부터 4개월 이내에 관할 세무서장에게 제출해야 하고, 결산서류 공시는 인터넷 '국세청 홈택스(www.hometax.go.kr)' 홈페이지에 게재해야 한다.

다만, 의료법인, 학교법인, 사회복지법인 등은 사업의 특수성을 감안하여 다른 관련 법령 등에서 회계기준을 정하고 있으므로 「공익법인회계기준」을 적용하지 않아도 된다.

구분	내용
회계감사대상 (상증법 §50 ③)	• 직전 사업연도 총자산가액이 100억원 이상이거나 • 직전 사업연도의 수입금액과 출연재산 합계액이 50억원 이상 또는 • 해당연도에 출연재산가액이 20억원 이상
결산서류공시 (상증법 §50의 3, 상증령 §43의 5)	• 모든 공익법인(단, 종교법인은 제외) 다만, ①총자산가액이 5억 미만이면서 ②해당 과세기간(사업연도)의 수입금액과 그 과세기간 또는 사업연도에 출연받은 재산의 합계액이 3억 미만이고, ③주식보유 관련 의무이행신고대상이 아닌 경우 간편서식으로 공시할 수 있다.

3 「공익법인회계기준」 적용 제외

> 제6조【다른 법령과의 관계 등】① 공익법인의 회계처리 및 재무제표 작성에 관하여 이 기준에서 정하지 아니한 사항은 일반기업회계기준에 따른다.
> ② 제4조 제2항 및 제3항에 따른 공익법인의 회계처리 및 재무제표 작성에 관하여 다른 법령에서 특별한 규정이 있는 경우 외에는 이 기준에 따른다.

의료법인, 학교법인 등은 사업의 특수성을 감안하여 다른 관련 법령 등에서 회계기준을 정하고 있으므로 「공익법인회계기준」을 적용하지 않아도 된다.

「공익법인회계기준」을 적용하지 않아도 되는 공익법인의 유형에 대해서는 「상속세 및 증여세법」과 「공익법인회계기준」에서 정하고 있는데 그 내용은 다음과 같다.

「상속세 및 증여세법」 (상증령 §43의 6 ②)	•「의료법」에 따른 의료법인 •「사립학교법」에 따른 학교법인 •「국립대학법인 서울대학교 설립 · 운영에 관한 법률」에 따른 국립대학법인 서울대학교 •「국립대학법인 인천대학교 설립 · 운영에 관한 법률」에 따른 국립대학법인 인천대학교
「공익법인회계기준」에서 제외	• 종교의 보급 기타 교화에 현저히 기여하는 사업을 운영하는 종교법인 •「의료법」에 따른 의료법인－별도의 회계기준 존재 •「사립학교법」에 따른 학교법인－별도의 회계기준 존재 • 공기업 · 준정부기관－[공기업 · 준정부기관 회계기준] 적용 • 기타 공공기관－관련 법령에 의해 별도의 회계기준이 있는 특정 연구기관 등의 경우 해당 회계기준 적용 • 기타 발생주의 · 복식부기를 기반으로 하는 회계기준을 별도로 마련한 경우(예 : 산학협력단 등)

관련법령

「상속세 및 증여세법」 제50조의 4【공익법인등에 적용되는 회계기준】

① 공익법인등(사업의 특성을 고려하여 대통령령으로 정하는 공익법인등은 제외한다)은 제50조 제3항에 따른 회계감사의무 및 제50조의 3에 따른 결산서류등의 공시의무를 이행할 때에는 대통령령으로 정하는 회계기준을 따라야 한다.

「상속세 및 증여세법」 제50조【공익법인등의 세무확인 및 회계감사의무】

③ 공익법인등은 과세기간별 또는 사업연도별로 「주식회사 등의 외부감사에 관한 법률」 제2조 제7호에 따른 감사인에게 회계감사를 받아야 한다. 다만, 다음 각 호의 어느 하나에 해당하는 공익법인등은 그러하지 아니하다.

1. 자산 규모 및 수입금액이 대통령령으로 정하는 규모 미만인 공익법인등
2. 사업의 특성을 고려하여 대통령령으로 정하는 공익법인등

「상속세 및 증여세법 시행령」 제43조【공익법인등에 대한 외부전문가의 세무확인등】

③ 법 제50조 제3항 제1호에서 "대통령령으로 정하는 규모 미만인 공익법인등"이란 회계감사를 받아야 하는 과세기간 또는 사업연도의 직전 과세기간 또는 직전 사업연도의 총자산가액 등이 다음 각 호를 모두 충족하는 공익법인등을 말한다. 다만, 제41조의 2 제6항에 해당하는 공익법인등은 제외한다.

1. 직전 과세기간 또는 직전 사업연도 종료일의 재무상태표상 총자산가액(부동산인 경우 법 제60조 · 제61조 및 제66조에 따라 평가한 가액이 재무상태표상의 가액보다 크면 그 평가한 가액을 말한다)의 합계액이 100억원 미만일 것
2. 직전 과세기간 또는 직전 사업연도의 수입금액과 그 과세기간 또는 사업연도에 출연받은 재산가액의 합계액이 50억원 미만일 것
3. 직전 해당 과세기간 또는 직전 사업연도에 출연받은 재산가액이 20억원 미만일 것

④ 법 제50조 제3항 제2호에서 "대통령령으로 정하는 공익법인등"이란 제12조 제1호 또는 제2호의 사업을 하는 공익법인등을 말한다. 다만, 제41조의 2 제6항에 해당하는 공익법인등은 제외한다.

「상속세 및 증여세법」 제50조의 3【공익법인등의 결산서류등의 공시의무】

① 공익법인등(사업의 특성 등을 고려하여 대통령령으로 정하는 공익법인등은 제외한다. 이하 이 조에서 같다)은 다음 각 호의 서류 등(이하 이 조에서 "결산서류등"이라 한다)을 해당 공익법인등의 과세기간 또는 사업연도 종료일부터 4개월 이내에 대통령령으로 정하는 바에 따라 국세청의 인터넷홈페이지에 게재하는 방법으로 공시하여야 한다. 다만, 자산 규모 등을 고려하여 대통령령으로 정하는 공익법인등은 대통령령으로 정하는 바에 따라 간편한 방식으로 공시할 수 있다.

1. 재무제표

2. 기부금 모집 및 지출 내용
3. 해당 공익법인등의 대표자, 이사, 출연자, 소재지 및 목적사업에 관한 사항
4. 출연재산의 운용소득 사용명세
5. 제50조 제3항에 따라 회계감사를 받을 의무가 있는 공익법인등에 해당하는 경우에는 감사보고서와 그 감사보고서에 첨부된 재무제표
6. 주식보유 현황 등 대통령령으로 정하는 사항

「상속세 및 증여세법 시행령」 제43조의 6【공익법인등에 적용되는 회계기준】

② 법 제50조의 4 제1항에서 "대통령령으로 정하는 공익법인등"이란 「의료법」에 따른 의료법인 또는 「사립학교법」에 따른 학교법인, 그 밖에 이와 유사한 공익법인등으로서 기획재정부령으로 정하는 공익법인등을 말한다.

「상속세 및 증여세법 시행규칙」 제14조의 5【회계기준이 적용되는 공익법인등】

영 제43조의 6 제2항에서 "기획재정부령으로 정하는 공익법인등"이란 다음 각 호의 공익법인등을 말한다.

1. 「국립대학법인 서울대학교 설립·운영에 관한 법률」에 따른 국립대학법인 서울대학교
2. 「국립대학법인 인천대학교 설립·운영에 관한 법률」에 따른 국립대학법인 인천대학교

Chapter 2

재무상태표

01 재무상태표의 목적과 작성단위

> 제10조【재무상태표의 목적과 작성단위】① 재무상태표는 회계연도 말 현재 공익법인의 자산, 부채 및 순자산을 표시함으로써 다음 각 호의 정보를 제공하는 것을 목적으로 한다.
> 1. 공익법인이 정관상 목적사업을 지속적으로 수행할 수 있는 능력
> 2. 공익법인의 유동성 및 재무건전성
>
> ② 재무상태표의 작성은 공익법인을 하나의 작성단위로 보아 통합하여 작성하되, 공익목적사업부문과 기타사업부문으로 각각 구분하여 표시한다.

1 재무상태표의 목적

재무상태표란 회계연도 말 현재 공익법인의 자산과 부채, 순자산에 대한 정보를 제공하는 보고서이다. 정보이용자(재산출연자, 기부자, 설립자, 국세청, 주무관청 등)로 하여금 공익법인이 정관상 목적사업을 지속적으로 수행할 수 있는 능력이 있는지, 공익법인의 유동성에 문제가 없는지, 재무적으로 건전한지를 판단하고 유용한 정보를 제공하는 데 그 목적이 있다.

2 재무상태표 작성단위

재무상태표의 작성은 공익법인을 하나의 작성단위로 보아 통합하여 작성하되, 공익목적사업부문과 기타사업부문으로 구분하여 표시한다.

여기서 공익목적사업부문과 기타사업부문의 구분은 공익법인의 정관에 기재된 목적사업에 해당하는지에 따라 판단한다.

▶ 정관상 공익목적사업을 기준으로 공익목적사업과 기타사업을 구분[12] ◀

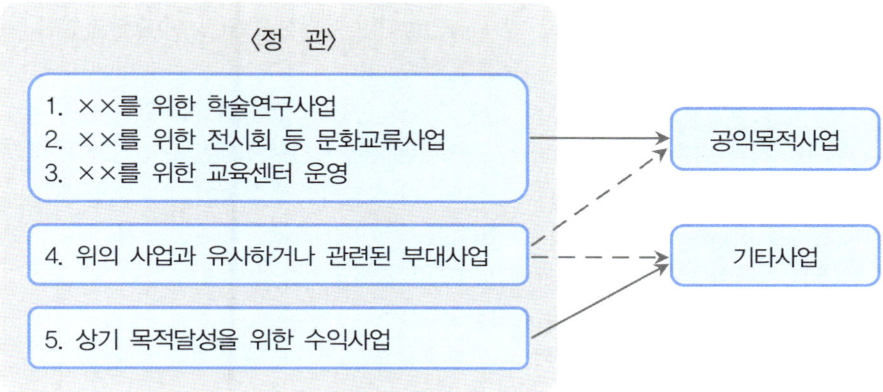

✔ 정관에 기재된 사업이라도 공익목적활동으로 볼 수 없는 사업의 경우에는 기타사업부문으로 구분한다.

✔ 특히, 부대사업의 경우 사업활동의 성격을 고려하여, 공익목적사업 또는 기타사업으로 구분표시한다.

공익법인의 정관에는 공익목적으로 수행할 사업에 대해 명시하고 있으므로 정관에 명시된 사업수행의 결과 자산, 부채 및 순자산, 수익 및 비용을 구분하여 공익목적사업부문으로 분류하고 그 외 사업과 관련된 자산, 부채 및 순자산, 수익 및 비용은 기타사업으로 분류한다.

12) 공익법인회계기준 실무지침서 설명회, 한국조세재정연구원, 2019, 13쪽

02 재무상태표 작성기준

제11조【재무상태표 작성기준】① 재무상태표에는 회계연도 말 현재 공익법인의 모든 자산, 부채 및 순자산을 적정하게 표시한다. [별지 제1호 서식]

② 재무상태표 구성요소의 정의는 다음 각 호와 같다.

1. '자산'이란 과거의 거래나 사건의 결과로 현재 공익법인에 의해 지배되고 미래에 경제적 효익을 창출할 것으로 예상되는 자원을 말한다.
2. '부채'란 과거의 거래나 사건의 결과로 현재 공익법인이 부담하고 있고 미래에 자원이 유출되거나 사용될 것으로 예상되는 의무를 말한다.
3. '순자산'이란 공익법인의 자산 총액에서 부채 총액을 차감한 잔여 금액을 말한다.

③ 자산과 부채는 각각 다음 각 호의 조건을 충족하는 경우에 재무상태표에 인식한다.

1. 자산 : 해당 항목에서 발생하는 미래 경제적 효익이 공익법인에 유입될 가능성이 매우 높고, 그 원가를 신뢰성 있게 측정할 수 있다.
2. 부채 : 해당 의무를 이행하기 위하여 경제적 자원이 유출될 가능성이 매우 높고, 의무의 이행에 소요되는 금액을 신뢰성 있게 측정할 수 있다.

④ 자산, 부채 및 순자산은 다음 각 호에 따라 구분한다.

1. 자산은 유동자산 및 비유동자산으로 구분하고, 비유동자산은 투자자산, 유형자산, 무형자산 및 기타비유동자산으로 구분한다.
2. 부채는 유동부채, 비유동부채로 구분하며 고유목적사업준비금을 부채로 인식할 수 있다.
3. 순자산은 기본순자산, 보통순자산, 순자산조정으로 구분한다.

⑤ 자산과 부채는 유동성이 높은 항목부터 배열한다.

⑥ 자산과 부채는 상계하여 표시하지 않는다.

[별지 제1호 서식]

재 무 상 태 표

제×기 20××년×월×일 현재

제×기 20××년×월×일 현재

공익법인명 (단위 : 원)

과 목	당 기			전 기		
	통합	공익목적 사업	기타사업	통합	공익목적 사업	기타사업
자 산						
유동자산	×××	×××	×××	×××	×××	×××
비유동자산	×××	×××	×××	×××	×××	×××
투자자산	×××	×××	×××	×××	×××	×××
유형자산	×××	×××	×××	×××	×××	×××
무형자산	×××	×××	×××	×××	×××	×××
기타비유동자산	×××	×××	×××	×××	×××	×××
자 산 총 계	×××	×××	×××	×××	×××	×××
부 채						
유동부채	×××	×××	×××	×××	×××	×××
비유동부채	×××	×××	×××	×××	×××	×××
고유목적사업준비금	×××	×××	×××	×××	×××	×××
부 채 총 계	×××	×××	×××	×××	×××	×××
순자산						
기본순자산	×××	×××	×××	×××	×××	×××
보통순자산	×××	×××	×××	×××	×××	×××
순자산조정	×××	×××	×××	×××	×××	×××
순 자 산 총 계	×××	×××	×××	×××	×××	×××
부채 및 순자산 총계	×××	×××	×××	×××	×××	×××

재무상태표의 구성항목은 자산, 부채, 순자산(자산총액－부채총액)으로 나뉜다.
각 구성항목의 정의와 인식조건은 아래 표와 같다.

구 분	정 의	인식조건
자산	과거의 거래나 사건의 결과 현재 공익법인에 의해 지배되고 미래에 경제적 효익을 창출할 것으로 예상되는 자원	미래 경제적 효익이 공인법인에 유입될 가능성이 매우 높고, 그 원가를 신뢰성 있게 측정할 수 있을 때 인식
부채	과거의 거래나 사건의 결과로 현재 공익법인이 부담하고 있고 미래에 자원이 유출되거나 사용될 것으로 예상되는 의무	해당 의무를 이행하기 위하여 경제적 자원이 유출될 가능성이 매우 높고, 의무의 이행에 소요되는 금액을 신뢰성 있게 측정할 수 있을 때 인식
순자산	• 자산총액에서 부채총액을 차감한 잔여금액으로 기본순자산, 보통순자산, 순자산조정으로 구분함 • 주주지분이 있는 영리법인과는 다른 특성을 지니고 있음	

재무상태표는 다음의 원칙에 따라 작성해야 한다.

구 분	작 성 기 준
유동 · 비유동 구분	자산과 부채는 1년을 기준으로 유동 항목과 비유동 항목으로 구분한다. • 유동자산 : 1년 내 현금화되거나 실현될 것으로 예상되는 자산 • 유동부채 : 1년 내 상환을 통해 소멸될 것으로 예상되는 부채
유동성배열법	자산, 부채 과목을 유동성이 높은 항목부터 먼저 표시하고, 유동성이 낮은 것은 나중에 표시한다.
총액인식	• 재무상태표의 자산, 부채, 순자산은 총액으로 표시해야 한다. • 채권, 채무를 서로 가감하여 순액으로 작성하지 않는다.
미결산 항목 및 비망계정	가지급금과 가수금 등의 미결산항목이나 비망계정은 재무상태표에 자산이나 부채로 표시되면 안 된다.

03 자 산

자산이란 과거의 거래나 사건의 결과 현재 공익법인에 의해 지배되고 미래에 경제적 효익을 창출할 것으로 예상되는 자원으로 미래 경제적 효익이 공인법인에 유입될 가능성이 매우 높고, 그 원가를 신뢰성 있게 측정할 수 있을 때 인식한다.

자산 최초 취득 시 취득원가로 인식하나 교환, 현물출자, 증여, 그 밖에 무상으로 취득한 자산은 공정가치를 취득원가로 한다.

자산의 진부화 및 시장가치의 급격한 하락 등으로 인하여 자산의 회수가능가액이 장부금액에 중요하게 미달되는 경우에는 장부가액을 회수가능액(순공정가치와 사용가치 중 큰 금액)으로 조정하고 그 차액은 손상차손으로 처리한다.

자산은 크게 유동자산과 비유동자산으로 구분하며, 비유동자산은 투자자산, 유형자산, 무형자산, 기타비유동자산으로 구분한다.

1 유동자산

> **제12조【유동자산】** ① '유동자산'은 회계연도 말부터 1년 이내에 현금화되거나 실현될 것으로 예상되는 자산을 말한다.
> ② 유동자산에는 현금및현금성자산, 단기투자자산, 매출채권, 선급비용, 미수수익, 미수금, 선급금 및 재고자산 등이 포함된다.
> ③ 매출채권, 미수금 등에 대한 대손충당금은 해당 자산의 차감계정으로, 재고자산평가충당금은 재고자산 각 항목의 차감계정으로 재무상태표에 표시한다.

유동자산은 현금및현금성자산, 단기투자자산, 매출채권, 선급비용, 미수수익, 미수금, 선급금 및 재고자산 등 1년 이내에 현금화되거나 실현될 것으로 예상되는 자산을 말한다.

▶ 유동자산의 분류[13] ◀

구 분	내 용
현금및현금성자산	현금, 요구불예금, 현금성자산
단기투자자산	1년 이내 만기일이 도래하는 정기 예 · 적금과 정형화된 금융상품, 단기자금운용 목적의 유가증권, 회수기한이 1년 이내 도래하는 대여금
매출채권/미수금	거래의 대가로 상대방으로부터 현금을 청구할 수 있는 권리
선급비용	선급한 비용 중 1년 이내 비용으로 인식되는 금액
미수수익	기간 경과에 따라 발생하는 당기 수익 중 미수액
선급금	재화 구입 등에 대하여 미리 지급한 금액
재고자산	판매를 위해 보유하는 자산 또는 고유목적사업활동에 투입될 소모품 형태로 존재하는 자산
미수법인세환급액	법인세 확정 전 미리 납부한 세액

(1) 현금및현금성자산

가. 개 념

현금및현금성자산은 현금, 요구불예금, 현금성자산으로 구성된다. 현금은 통화(지폐, 주화)와 통화대용증권을 말한다. 통화대용증권이란 현금은 아니지만, 언제든지 즉시 현금화가 가능한 것으로 타인발행수표, 자기앞수표 등이 있다. 요구불예금은 입출금이 자유로운 보통예금, 당좌예금을 말한다. 현금성자산은 큰 거래비용 없이 현금으로 전환이 용이하고 이자율 변동에 따른 가치변동의 위험이 경미한 금융상품으로서 취득 당시 만기일(또는 상환일)이 3개월 이내이어야 한다.

주의사항 현금및현금성자산의 분류

✔ 요구불예금의 사용이 제한되어 있는 경우 장 · 단기 금융상품으로 분류하고 그 내용을 주석으로 기재해야 한다.

✔ 현금성자산에 속하는 단기금융자산은 회계연도 말이 아닌 취득일로부터 3개월 이내 만기가 도래해야 한다.

---

13) 공익법인회계기준 실무지침서, 기획재정부, 2018, 36쪽

나. 종 류

구 분	내 용
현금	통화(지폐, 주화), 통화대용증권(타인발행수표, 자기앞수표 등) * **통화대용증권** : 현금은 아니지만, 언제든지 즉시 현금화 가능한 것
요구불예금	보통예금, 당좌예금
현금성자산	큰 거래비용 없이 현금으로 전환이 용이하고 이자율 변동에 따른 가치변동의 위험이 경미한 금융상품으로 취득 당시 만기가 3개월 이내인 금융상품

다. 현금및현금성자산의 분류 시 주의사항

① 요구불예금의 사용이 제한되어 있는 경우 장단기 금융상품으로 분류하고 그 내용을 주석으로 기재해야 한다.

② 현금성자산에 속하는 단기금융자산은 회계연도 말이 아닌 취득일로부터 3개월 이내 만기가 도래해야 한다.

(2) 단기투자자산

가. 개 념

공익법인이 여유자금을 활용할 목적으로 보유하고 있는 금융상품, 대여금 등을 말하며, 단기투자목적으로 보유하거나 만기가 회계연도 말로부터 1년 이내 도래하는 자산을 말한다.

나. 종 류

구 분	내 용
정기 예 · 적금	1년 이내 만기일이 도래하는 정기 예 · 적금
단기매매증권	단기간 매매차익을 목적으로 취득한 유가증권(주식, 채권)
단기대여금	보고기간 종료일 현재 회수기한이 1년 이내 도래하는 대여금

(3) 매출채권과 미수금

가. 개 념

수취채권이란 정상적인 영업순환활동에서 타인에게 재화 또는 용역을 제공하고 그에 대한 대가로 타인에게 현금을 청구할 수 있는 권리를 말한다.

그 중에서 주된 사업과 관련하여 재화 및 서비스를 외상으로 판매하고 대금은 나중에 받기로 한 경우 매출채권이라 하는데, 매출채권에는 외상매출금과 받을어음으로 구분할 수 있다.

일반적인 상거래 외의 거래에서 발생한 미수채권(유형자산의 처분, 배당 등 부차적인 거래)은 미수금이라 한다.

공익법인의 기부금은 어떻게 회계처리할까?

예를 들어 기부자가 신용카드로 100,000원을 기부한 경우 회계처리를 하면 아래와 같다.

사 례

A씨는 20x1년 12월 28일 甲공익법인에 100,000원을 기부하고, 신용카드로 결제하였다. 20x2년 1월 5일 甲공익법인은 신용카드사로부터 카드수수료 2,000원을 제외한 98,000원을 통장으로 입금받았다.

해설

1. 20x1.12.28. 기부자 결제일

(차) 미수금	100,000	(대) 기부금수익	100,000

기부자의 결제시점에 기부행위가 종료되어 기부금수익은 실현되었지만, 신용카드사로부터 결제대금이 입금되지 않았기 때문에 카드사로부터 받아야 할 금액은 미수금으로 계상한다.
기부금 수령은 공익법인의 주된 사업활동인데, 매출채권이 아닌 미수금으로 계상하는 이유는 무엇일까?
기부금 수령이 재화의 판매나 용역의 제공 대가로 발생하는 채권이 아니기 때문에 미수금으로 계상해야 한다.[14)]

14) 공익법인회계기준 실무지침서, 기획재정부, 2018, 38쪽

2. 20x2.1.5. 신용카드사 입금일

(차) 현금및현금성자산	98,000	(대) 미수금	100,000
지급수수료	2,000		

기부자가 신용카드로 기부할 경우 카드사를 통해 기부금이 입금되는데, 카드사는 카드수수료를 제외한 잔액만을 입금하게 된다.
이때 카드수수료는 대손상각비가 아닌 지급수수료로 회계처리해야 한다.
왜냐하면 해당 비용은 대금을 회수하지 못해 발생한 것이 아니라 카드사 이용에 따른 수수료이기 때문이다.

나. 대손충당금 설정

제34조【미수금, 매출채권 등의 평가】 ① 원금이나 이자 등의 일부 또는 전부를 회수하지 못할 가능성이 있는 미수금, 매출채권 등은 합리적이고 객관적인 기준에 따라 대손추산액을 산출하여 대손충당금으로 설정하고, 기존 대손충당금 잔액과의 차이는 대손상각비로 인식한다.
② 미수금, 매출채권 등의 원금이나 이자 등의 일부 또는 전부를 회수할 수 없게 된 경우, 대손충당금과 상계하고, 대손충당금이 부족한 경우에는 그 부족액을 대손상각비로 인식한다.
③ 미수금과 매출채권에 대한 대손상각비는 사업비용(공익목적사업비용이나 기타사업비용 중 관련이 되는 것)의 대손상각비로, 그 밖의 채권에 대한 대손상각비는 사업외비용의 기타의 대손상각비로 구분한다.

외상거래로 발생한 매출채권은 거래처의 부도 등으로 인해 대금을 회수하지 못할 가능성이 존재한다. 회계연도 말 현재 회수불가능한 금액을 합리적으로 추정하여 추정 손실을 비용(대손상각비)으로 처리하고 채권의 가치를 평가(대손충당금)하는데 이를 대손처리라고 한다. 대손충당금은 매출채권 등에 대한 채권과목에서 차감하는 형식으로 표시한다.

매출채권, 미수금에 대한 대손상각비는 사업비용으로, 기타 채권(대여금 등)에 대한 대손상각비는 사업외비용으로 처리한다.

구분	차변	금액	대변	금액
매출채권 및 미수금 대손처리	(차) 대손상각비 (운영성과표－사업비용)	1,000,000	(대) 대손충당금 (채권의 차감항목)	1,000,000
기타 채권 (대여금 등)	(차) 기타의대손상각비 (운영성과표－사업외비용)	120,000	(대) 대손충당금 (채권의 차감항목)	120,000

재무상태표 표시	매출채권 50,000,000 대손충당금 (1,000,000) 49,000,000 단기대여금 6,000,000 대손충당금 (120,000) 5,880,000

① 대손추산액계산

회계연도 말 현재의 채권 중 발생할 대손예상액을 미리 합리적으로 추정하여 당해 채권에서 차감하는 형식으로 표시해야 하는데, 합리적인 추정방법에는 연령분석법, 채권잔액비례법, 대손실적률법 등이 있다.

구 분	내 용[15]
연령분석법	채권의 경과일수에 따라 몇 개의 집단으로 분류하고 상이한 대손율을 적용하여 추산하는 방법
채권잔액비례법	전체 채권의 대손율을 추정하여 전체 채권에 동일한 대손율을 적용하는 방법
대손실적률법	채권에 대한 과거 대손율에 따라 대손추산액을 추정

사례 연령분석법

甲공익법인의 회계연도 말 매출채권의 잔액은 1억원이고, 기간별 대손추정률은 아래와 같을 때 연령분석법을 활용하여 대손추산액을 계산하시오. 기초 대손충당금은 없다.

(대손추산액=매출채권 가액×대손추정률)

경과 기간	매출채권	대손추정률	회수불능액
회수기간 미경과	20,000,000원	0.5%	100,000원
1~30일	45,000,000원	2%	900,000원
31~90일	20,000,000원	5%	1,000,000원
91~180일	10,000,000원	20%	2,000,000원
181일~	5,000,000원	50%	2,500,000원
합 계	100,000,000원		6,500,000원

해설

(차) 대손상각비 6,500,000 (대) 대손충당금 6,500,000

15) 공익법인회계기준 실무지침서, 기획재정부, 2018, 39쪽

② 대손회계처리

사례 대손 발생 시

甲공익법인의 외상매출금 중 5,000,000원이 거래처의 파산으로 대손처리하였다.

해설

실제 대손이 발생하면 전기 이월된 대손충당금을 상계처리한다. 이월된 대손충당금잔액이 부족할 경우 대손충당금을 초과한 부분은 대손상각비로 처리한다.

① 기초 대손충당금이 7,000,000원인 경우

(차) 대손충당금	5,000,000	(대) 외상매출금	5,000,000

② 기초 대손충당금이 3,000,000원인 경우

(차) 대손충당금	3,000,000	(대) 외상매출금	5,000,000
대손상각비	2,000,000		

③ 기초 대손충당금이 0원인 경우

(차) 대손상각비	5,000,000	(대) 외상매출금	5,000,000

대손회계처리는 대손 발생 시, 기말 충당금 설정, 대손 회수 시로 구분할 수 있다.

사례 기말 대손충당금 설정

甲공익법인의 기말 외상매출금 잔액은 100,000,000원이다. 대손추산방법으로 연령분석법을 사용한 대손추산액은 4,000,000원이다.

해설

기말 현재 대손추산액과 장부상 대손충당금 잔액과의 차이를 대손상각비로 인식하고 대손충당금을 설정하면 기말 대손충당금 잔액은 대손추산액이 된다.
만약 회계연도 말 인식해야 할 대손추산액이 현 장부상 대손충당금 잔액보다 적은 경우에는 대손충당금을 환입(사업외수익) 처리한다.

① 대손충당금 설정 전 장부상 대손충당금 잔액이 0원인 경우

(차) 대손상각비	4,000,000	(대) 대손충당금	4,000,000

② 대손충당금 설정 전 장부상 대손충당금 잔액이 3,000,000원인 경우

(차) 대손상각비	1,000,000*	(대) 대손충당금	1,000,000

* 4,000,000원(대손추산액) – 3,000,000원(기말 현재 충당금 잔액)

기말 충당금 설정 전 장부상 가액		기말 충당금 설정 후 장부상 가액	
외상매출금	100,000,000	외상매출금	100,000,000
대손충당금	(3,000,000)	대손충당금	(4,000,000)

③ 대손충당금 설정 전 장부상 대손충당금 잔액이 5,500,000원인 경우

(차) 대손충당금 1,500,000 (대) 대손충당금환입 1,500,000
(사업외수익)

사례 **대손채권의 회수**

甲공익법인은 작년에 회수불능으로 대손 처리한 외상매출금 중 300,000원을 현금으로 회수하였다.

해설

대손 처리한 외상매출금을 회수한 경우 대손충당금을 증가시킨다.

(차) 현 금 300,000 (대) 대손충당금 300,000

(4) 재고자산

가. 개 념

공익법인의 주된 사업활동 과정에서 판매 또는 서비스 제공을 위하여 보유하고 있는 상품·제품이나 제품 생산 과정에서 투입될 원재료·재공품 등을 말한다. 재고자산은 일반적으로 매입가격과 취득과정에서 정상적으로 발생하는 부대원가를 가산한 금액을 취득원가로 한다.

공익법인의 경우 개인이나 기업으로부터 기부받은 물건을 판매하거나 공익목적사업에 사용하는 경우가 있다. 이 경우 관련 물품은 재고자산으로 계상해야 하며, 취득원가는 기부받은 당시의 공정가치로 측정한다.[16)]

16) 공익법인회계기준 실무지침서, 기획재정부, 2018, 43쪽

나. 취득원가의 측정

재고자산의 취득원가는 매입원가(또는 제조원가)에 취득과 관련된 부대비용을 가산한 가액으로 한다.

① 매입원가

재고자산의 매입원가는 매입가액에 운임, 하역료, 보험료 등 취득과정에서 발생한 관련 원가를 가산한 금액이다. 이때 매입할인, 매입에누리 및 기타 유사한 항목은 매입원가 계산 시 차감한다.

② 제조원가

제품 제조과정에서 투입된 재료비, 노무비, 제조와 관련된 제조간접원가를 포함한 가액을 말한다.

다. 재고자산 원가결정방법

재고자산은 기간 손익을 결정하기 위해 판매분(매출원가)과 미판매분(기말재고)을 구분하여야 한다.

일반적인 기업들이 매출원가를 계산할 때에는 매출이 발생할 때마다 원가를 계산하는 것이 아니라 기초재고액에 당기매입액을 더한 후 기말재고를 차감하여 계산한다.

매출원가의 산정 및 재고관리를 위해 재고자산의 수량과 원가를 파악하여야 하는데 그 중 수량을 파악하는 방법에는 계속기록법과 실지재고 조사법이 있다.

① 수량 결정방법

◆ 계속기록법

계속기록법은 재고자산의 입고 · 출고 시마다 계속적으로 수량을 기록하는 방법으로 기말 장부상 수량이 기말재고자산수량이 된다.

항시 재고자산의 수량을 파악할 수 있다는 장점이 있으나, 작업이 번거로운 단점이 있다.

◆ 실지재고조사법

실지재고조사법인 재고자산의 입고 시에만 기록을 하고, 기말에 재고실사를 통해 실제수량을 파악하여 기말재고를 확정하는 방법이다.

작업이 간단하기는 하나, 파손, 도난으로 인한 수량 감소를 파악하기 어렵다.

◆ 혼합법

실무에서는 위 두 가지 방법을 혼합하여 기말재고자산 수량을 파악하는데, 이를 혼합법이라고 한다.

◆ 재고자산감모손실

재고자산의 파손, 도난, 부패 등의 사유로 장부상 수량보다 실제 수량이 부족한 경우 재고자산감모손실이라고 한다.

재고자산감모손실은 운반 또는 보관 중의 분실 · 파손 · 도난 등의 사유로 발생하게 되며, 영업활동 중에 어쩔 수 없이 발생하는 정상적인 부분과 감모손실을 피할 수 있었던 비정상인 부분으로 나눈다. 정상적인 감모손실은 원가성이 있는 것으로 보아 사업비용에 가산하고, 비정상적으로 발생한 감모손실은 사업외비용으로 분류한다.

사례 재고자산감모손실 예제문제

甲공익법인이 보유한 기말 재고자산 자료가 다음과 같은 경우 재고자산감모손실을 계산하시오.

장부상 기말재고수량	1,000개	재고 실사에 의한 실제 기말재고수량	800개
재고자산 개당 단가	@5,000원		
재고자산 감모분 중 90%는 정상적인 것으로 판단되었다.			

해설

재고자산감모손실 계산 : 취득원가×(장부상 수량－실제 수량)

- 감모손실금액 : @5,000원×(1,000개－800개)＝1,000,000원
- 정상감모손실 : 1,000,000원×90%＝900,000원
- 비정상감모손실 : 1,000,000원×(1－90%)＝100,000원

② 단가 결정방법(원가흐름의 가정)

재고자산은 취득과 판매가 빈번하고, 구입가격은 시기별로 변화할 수 있으며 오늘 판매한 재고를 얼마에 사왔는지 정확히 파악하는 것은 어려운 일이다.

이러한 불편을 해소하기 위해 인위적으로 재고자산의 흐름을 가정하여 원가를 효율적으로 계산하고자 하는데 이를 '원가흐름의 가정'이라 한다.

원가흐름의 가정방법에는 개별법, 선입선출법, 후입선출법, 평균법 등이 있다.

◆ 개별법

재고자산 하나하나 개별원가를 인식하고, 재고자산을 판매할 때마다 취득원가를 사업비용으로 대응시키는 방법으로 원가의 흐름과 물량의 흐름이 완전히 일치하는 가장 이상적인 방법이기는 하나, 재고자산의 종류와 수량이 많고 단위당 원가가 적을 때에는 비효율적이다.

◆ 선입선출법(FIFO, First-In First-Out)

선입선출법은 먼저 구입·생산한 재고자산이 먼저 판매·사용된 것으로 가정하는 방법으로 실제 물량의 흐름과 매우 유사하고, 기말 재고자산으로 남아 있는 가액은 시가에 비교적 가깝다는 장점이 있다.

그러나 인플레이션 때에 과대이익을 계상한다는 단점이 있다.

◆ 후입선출법(LIFO, Last-In Last-Out)

후입선출법은 나중에 구입·생산한 재고자산이 먼저 판매·사용된 것으로 가정하는 방법으로 원가를 최근의 단가로 적용하여 당기수익에 당기원가를 대응시킴으로써 수익과 비용의 기간적 대응원칙에 적합한 방법이다.

그러나 기말 재무상태표상 재고자산이 기초에 구입된 재고의 단가 위주로 평가되는 경향이 있어 최근 재고의 원가수준과 거의 관련이 없는 금액으로 평가되는 한계가 있다.

◆ 총평균법

총평균법은 일정기간 동안 매입합계액을 매입수량의 합계로 나누어서 단가를 계산하는 방법으로 계산방법이 간단하나, 월말 또는 기말에 이 계산이 행해지므로 출고시마다 개별 단가를 알 수 없다는 단점이 있다.

◆ 이동평균법

이동평균법은 재고자산 매입 시마다 구입수량과 금액을 앞의 잔액에 가산하여 새로운 단가를 계산하는 방법이다.

이 방법은 재고자산의 가액이 평균화되기 때문에 매입가액이 달라짐에 따라 사업비용(매출원가)이 받는 영향이 적으나, 매입 시마다 평균단가를 재산정하므로 계산이 번잡하다는 불편이 있다.

사례 원가흐름의 가정 종합문제

甲공익법인의 20x1년 거래내역이 다음과 같을 때 매출원가와 기말재고액을 계산하시오.

	수량	단가	금액
전기이월	1,000개	@1,000원	1,000,000원
20x1.02.01. 매입	3,000개	@1,200원	3,600,000원
20x1.02.25. 판매	3,500개	@1,600원	5,600,000원
20x1.05.10. 매입	2,000개	@1,300원	2,600,000원
20x1.08.02. 판매	1,800개	@1,800원	3,240,000원
기말	700개		

해설

(1) 선입선출법

매출원가	① 2.25. 판매분 : 1,000개×@1,000원 + (3,500개－1,000개)×@1,200원＝4,000,000원 ② 8.2. 판매분 : 500개×@1,200원 + (1,800개－500개)×@1,300원＝2,290,000원 → 매출원가 합계 : 4,000,000원 + 2,290,000원＝6,290,000원
기말재고	700개×@1,300원＝910,000원

(2) 후입선출법

매출원가	① 2.25. 판매분 : 3,000개×@1,200원 + (3,500개－3,000개)×@1,000원＝4,100,000원 ② 8.2. 판매분 : 1,800개×@1,300원＝2,340,000원 → 매출원가 합계 : 4,100,000원 + 2,340,000원＝6,440,000원
기말재고	500개×@1,000원 + 200개×@1,300원＝760,000원

(3) 이동평균법

매출원가	① 2.25. 판매분 : 3,500개×@1,150원=4,025,000원 * **2.1. 매입 시 단가** : @1,150원 $\frac{(1{,}000개\times@1{,}000)+(3{,}000개\times@1{,}200)}{1{,}000개+3{,}000개}=@1{,}150$ ② 8.2. 판매분 : 1,800개×@1,270원=2,286,000원 * **5.10. 매입 시 단가** : @1,270원 $\frac{(500개\times@1{,}150)+(2{,}000개\times@1{,}300)}{500개+2{,}000개}=@1{,}270$ → 매출원가 합계 : 4,025,000원 + 2,286,000원=6,311,000원
기말재고	700개×@1,270원=889,000원

(4) 총평균법

매출원가	① 2.25. 판매분 : 3,500개×@1,200원=4,200,000원 ② 8.2. 판매분 : 1,800개×@1,200원=2,160,000원 * **총평균법에 의한 매입단가** : @1,200원 $\frac{(1{,}000개\times@1{,}000)+(3{,}000개\times@1{,}200)+(2{,}000개\times@1{,}300)}{1{,}000개+3{,}000개+2{,}000개}=@1{,}200$ → 매출원가 합계 : 4,200,000원 + 2,160,000원=6,360,000원
기말재고	700개×@1,200원=840,000원

◆ 재고자산평가손실

제12조【유동자산】 ③ 매출채권, 미수금 등에 대한 대손충당금은 해당 자산의 차감계정으로, 재고자산평가충당금은 재고자산 각 항목의 차감계정으로 재무상태표에 표시한다.

a. 저가법

재고자산의 평가는 원칙적으로 취득원가에 따른다. 그러나 해당 재고자산의 시가가 취득원가보다 낮은 경우에는 시가를 장부가액으로 하는 '**저가법**'을 적용한다.

재고자산의 시가가 취득원가보다 낮아지는 사유는 다음과 같다.

① 손상을 입은 경우
② 보고기간말로부터 1년 또는 정상영업주기 내에 판매되지 않았거나 생산에 투입할 수 없어 장기체화 된 경우

③ 진부화하여 정상적인 판매시장이 사라지거나 기술 및 시장 여건 등의 변화에 의해서 판매가치가 하락한 경우

④ 완성하거나 판매하는 데 필요한 원가가 상승한 경우 등이 있다(일반기업회계기준 제7장 문단 7.16).

b. 평 가

재고자산은 취득원가와 순실현가능가치 중 낮은 금액으로 평가한다.

기말 재고자산 가액 = min(취득원가, 순실현가능가치)

여기서 '순실현가능가치'란 아래와 같다.

계정과목	순실현가능가치
원재료	현행대체원가 * **현행대체원가** : 매입이나 재생산에 소요되는 금액
재공품, 제품, 상품	예상판매가격 – 추가 원가(운임 등)와 판매비용

시가가 취득원가보다 낮은 경우 '재고자산평가손실(사업비용)'을 인식하고 해당 금액만큼 '재고자산평가충당금(재고자산의 차감계정)'을 계상한다.

사 례 **재고자산평가손실 예제문제**

甲공익법인이 보유한 재고자산의 기말 평가자료가 다음과 같을 때 재고자산평가손실을 계산하고 회계처리 하시오.

구 분	취득원가	현행대체원가	순실현가능가치
원재료	200,000원	180,000원	160,000원
재공품	50,000원	40,000원	35,000원
제품	300,000원	280,000원	310,000원
상품	450,000원	400,000원	410,000원

회계처리

• **원재료 저가법 평가**=min(취득원가, 현행대체원가)
=min(200,000원, 180,000원)
=180,000원

(차) 재고자산평가손실 (사업비용에 가산)	20,000	(대) 재고자산평가충당금 (재고자산의 차감계정)	20,000

재무상태표

원재료	200,000
재고자산평가충당금	(20,000)

• **재공품 저가법 평가**=min(취득원가, 순실현가능가치)
=min(50,000원, 35,000원)
=35,000원

(차) 재고자산평가손실 (사업비용에 가산)	15,000	(대) 재고자산평가충당금 (재고자산의 차감계정)	15,000

• **제품 저가법 평가**=min(취득원가, 순실현가능가치)
=min(300,000원, 310,000원)
=300,000원

제품의 취득가액은 시가보다 크므로 저가법 평가하지 않고, 취득가액 그대로 계상하면 된다. 따라서 회계처리 없다.

• **상품 저가법 평가**=min(취득원가, 순실현가능가치)
=min(450,000원, 410,000원)
=40,000원

(차) 재고자산평가손실 (사업비용에 가산)	40,000	(대) 재고자산평가충당금 (재고자산의 차감계정)	40,000

(5) 기타의 유동자산

가. 선급금과 선급비용

	선급금	선급비용
정 의	공익법인이 사업활동과 관련한 상품 · 원재료 등을 구입하거나 용역 계약에 따른 사업비를 지급할 때 대금의 일부를 먼저 지출하는 경우 그 선급한 금액을 말한다.	수익 · 비용 대응의 원칙에 따라 대가를 이미 지급하였으나 당기의 비용으로 처리할 수 없고 차기로 이월시켜야 할 비용을 말한다.
공통점	대금을 미리 지급했다는 점	
차이점	재고자산 등 자산의 구입대금의 선지급	자산의 구입이 아닌 차기 이후에 발생하는 비용의 선급
예시	상품 · 원재료 등의 계약금	선급보험료, 선급임차료, 기간 미경과분 선급이자 등
회계처리	甲공익법인은 A법인과 상품구매계약을 체결하고 계약금 500,000원을 지급하다. (차) 선급금 500,000 (대) 현금 500,000	甲공익법인은 5월 1일 B법인과 임대차계약을 맺고, 1년 임차료 12,000,000원을 지급하다. • 5월 1일 (차) 지급임차료 12,000,000 (대) 현금 12,000,000 • 12월 31일(결산 시) (차) 선급비용 4,000,000 (대) 지급임차료 4,000,000 * 선급비용 계상액 4,000,000원은 차기에 비용처리한다.

나. 미수금과 미수수익

	미수금	미수수익
정의	일반적 · 일상적 상거래 外의 거래에서 발생한 채권	발생주의 회계원칙에 따라 현금의 수수와는 상관없이 기간 경과에 따른 수익을 인식해야 하는데 이를 미수수익이라 함
차이점	계약 이행이 완료된 확정채권임	시간의 경과에 따라 발생하고, 계약 이행이 미완료된 미확정채권임
예시	• 사용하던 비품 등을 매각하고, 대금을 수령하지 않은 경우 • 공익법인 기부금을 신용카드로 받은 경우	• 기간은 경과했으나 미수령한 이자수익 • 용역제공기간이 결산시점에 걸쳐 있고 용역의 공급이 완료되지 않아 대금을 지급받지 못했으나 발생주의 회계원칙에 따라 인식해야 하는 수익
회계처리	C씨는 甲공익법인에 기부금 100,000원을 기부하였고, 신용카드로 결제하였다. 신용카드사에서는 카드수수료 2,000원을 제외한 잔액만 입금하였다. • 기부금 결제 시 (차) 미수금 100,000 (대) 기부금수익 100,000 • 신용카드 입금 시 (차) 현금및현금성자산 98,000 지급수수료 2,000 (대) 미수금 50,000	甲공익법인은 5월 1일 정기예금에 가입하였다. 1년 만기 1억원, 연 이자율은 2.4%(이자는 만기에 일시 지급)이다. • 12월 31일(결산 시) (차) 미수수익 1,600,000 (대) 이자수익 1,600,000 * 1억×2.4%× $\frac{8}{12}$ = 1,600,000

2 비유동자산

제11조【재무상태표 작성기준】
④ 자산, 부채 및 순자산은 다음 각 호에 따라 구분한다.
1. 자산은 유동자산 및 비유동자산으로 구분하고, 비유동자산은 투자자산, 유형자산, 무형자산 및 기타비유동자산으로 구분한다.

비유동자산이란 회계연도 말부터 1년 이후와 현금화되는 자산으로 투자자산, 유형자산, 무형자산, 기타비유동자산이 있다.

▶ 비유동자산의 구분 ◀

투자자산	1년 이상 장기투자 목적으로 보유하고 있는 자산으로 정기 예 · 적금, 장기금융상품, 장기대여금 등이 있음
유형자산	1년 이상 기업 내에 보유하면서 기업의 영업활동에 사용되면서 물리적 형체가 있는 자산으로 토지, 건물, 차량운반구, 비품 등이 있음
무형자산	1년 이상 기업 내에 보유하면서 기업의 영업활동에 사용되면서 물리적 형체가 없는 자산으로 특허권, 지식재산권, 소프트웨어 등이 있음
기타비유동자산	임차보증금, 전세권, 전신전화가입권 등

(1) 투자자산

제13조【투자자산】① '투자자산'이란 장기적인 투자 등과 같은 활동의 결과로 보유하는 자산을 말한다.
② 투자자산에는 장기성예적금, 장기투자증권과 장기대여금 등이 포함된다.

가. 개 념

투자자산이란 공익법인이 여유자금을 활용하고자 보유하고 있는 자산으로 1년 이상의 장기적 수익 획득 및 자금운용을 목적으로 하는 정기 예 · 적금, 장기금융상품, 유가증권,

장기대여금 등이 있다.

단기투자목적으로 보유하거나 만기가 1년 이내 도래하는 자산은 단기투자자산으로 분류한다[유동자산 중 (2) 단기투자자산 p.371 참조].

나. 종 류

① 장기 금융상품

공익법인이 여유자금을 활용할 목적으로 보유하고 있는 금융상품으로 회계기간 말 현재 만기가 1년 이상인 정기예금 및 정기적금, 양도성예금증서(CD), 환매조건부채권(RP), CMA 등을 말한다.

금융상품은 사용제한, 만기에 따라 계정과목과 분류에 차이가 있다.

▶ 금융상품의 계정분류[17] ◀

구 분	사용제한 및 만기	계정과목명
당좌예금, 보통예금	사용제한 없음	현금및현금성자산
	사용제한 1년 이내	단기투자자산
	사용제한 1년 이상	투자자산 (장기성예적금)
예 · 적금, 금융자산	만기가 취득일로부터 3개월 이내 도래	현금및현금성자산
	회계연도 말 현재 만기가 1년 이내 도래	단기투자자산
	회계연도 말 현재 만기가 1년 이후 도래	투자자산 (장기성예적금/장기투자증권)

② 유가증권

제37조【유가증권의 평가】① 유가증권은 취득한 후 만기보유증권, 단기매매증권, 그리고 매도가능증권 중의 하나로 분류한다.
② 유가증권의 평가는 일반기업회계기준에 따른다. 다만, 매도가능증권에 대한 미실현보유손익은 순자산조정으로 인식하고 당해 유가증권에 대한 순자산조정은 그 유가증권을 처분하거나 손상차손을 인식하는 시점에 일괄하여 당기손익에 반영한다.

17) 공익법인회계기준 실무지침서, 기획재정부, 2018, 46쪽

유가증권이란 재산적인 권리를 표시한 증서로서 지분증권과 채무증권으로 구분할 수 있다.
지분증권이란 회사, 조합 또는 기금 등의 순자산에 대한 소유지분을 나타내는 유가증권(보통주, 우선주, 수익증권 등) 및 일정 금액으로 소유지분을 취득할 수 있는 권리(신수인수권 또는 콜옵션 등)를 말한다.
채무증권이란 발행자에게 지급을 청구할 수 있는 권리가 있는 유가증권으로 국 · 공채, 회사채, 전화사채 등이 있다.

「공익법인회계기준」에서는 공익법인이 취득한 유가증권을 단기매매증권, 매도가능증권, 만기보유증권 중 하나로 분류하도록 하고 있고, 그 평가는 「일반기업회계기준」을 따르도록 하고 있다.

본 PART에서는 유가증권 보유목적에 따른 계정과목 분류와 유가증권 취득 시, 보유 시, 처분 시로 구분하여 회계처리 하고자 한다.

▶ 유가증권의 종류와 분류 ◀

	보유목적	지분증권	채무증권	분류
단기매매증권	단기 시세차익	○	○	단기투자자산(유동)
매도가능증권	단기 ×, 만기 ×	○	○	투자자산(비유동)
만기보유증권	만기까지 보유할 적극적인 의도와 능력 有	×	○	투자자산(비유동)

a. 단기매매증권

단기매매증권이란 단기간 내의 매매차익을 목적으로 취득한 시장성 있는 유가증권으로 매수와 매도가 빈번하게 이루어지는 것을 말한다.

단기매매증권 취득시점에는 공정가치로 측정하고, 취득 부대비용은 취득원가에 가산하지 않고 비용처리한다. 단기매매증권 보유로 발생하는 배당수익 또는 이자수익은 당기손익으로 인식한다. 또한 매 회계연도 말 보유하고 있는 단기매매증권의 평가는 공정가치로 평가하고, 평가손익은 운영성과표의 사업외수익(또는 사업외비용)으로 계상한다.

단기매매증권을 처분할 경우 처분가액과 장부가액의 차이를 단기매매증권처분손익으로 인식하고, 운영성과표의 사업외수익(또는 사업외비용)으로 계상한다.

사례 **단기매매증권 회계처리**

甲공익법인은 단기매매차익을 목적으로 A주식을 취득하였고, 일자별 내역은 다음과 같을 때 회계처리를 하시오.

일 자	내 역	1주당 가액	금 액
20x1.09.22.	A주식 100주 취득 수수료 150,000원 발생	70,000원	7,000,000원
20x1.12.31.	기말 공정가치	74,000원	7,400,000원
20x2.03.15.	현금배당 수령	1,000원	100,000원
20x2.05.25.	A주식 100주 매도	80,000원	

회계처리

- 20x1.9.22.(취득 시)

(차)	단기매매증권	7,000,000	(대) 현금및현금성자산	7,150,000
	지급수수료	150,000*		

* 취득 시 수수료는 취득원가에 가산하지 않고, 비용처리한다.

- 20x1.12.31.(기말 공정가치 평가)

(차)	단기매매증권	400,000	(대) 단기매매증권평가이익	400,000

- 20x2.3.15.(배당금 수령)

(차)	현금및현금성자산	100,000	(대) 배당금수익	100,000

- 20x2.5.25.(처분 시)

(차)	현금및현금성자산	8,000,000	(대) 단기매매증권	7,400,000
			단기매매증권처분이익	600,000

b. 매도가능증권

매도가능증권이란 단기매매증권이나 만기보유증권으로 분류되지 않는 유가증권을 말한다.

매도가능증권 취득 시 공정가치로 측정하고, 취득과 직접 관련되는 거래원가는 공정가치에 가산한다. 매도가능증권 보유로 발생하는 배당수익 또는 이자수익은 당기손익으로 인식한다. 또한 매 회계연도 말 보유하고 있는 매도가능증권의 평가는 공정가치로 평가하고, 평가손익은 당기손익이 아닌 재무상태표상 순자산조정(매도가능증권평가손익)으로 계상한다.

순자산조정으로 분류된 평가손익은 유가증권을 처분하거나 손상차손을 인식하는 시점에 일괄하여 당기손익에 반영한다(공익법인회계기준 §37 ②).

공익법인의 유가증권 평가는 「일반기업회계기준」을 따르기 때문에 매도가능증권 평가손익은 미실현보유손익으로 당기손익에 반영하지 않는다.

또한 매도가능증권 중 시장성 없는 지분증권의 공정가치를 신뢰성 있게 측정할 수 없는 경우에는 취득원가로 평가한다.

매도가능증권 기말 평가 시 공정가액이 하락하여 회복할 가능성이 없는 경우 장부가액을 회수가능가액으로 수정하고 손상차손을 인식해야 하는데 이를 '매도가능증권 손상차손'이라고 한다.

매도가능증권의 공정가치 변동을 평가손실로 할 것인지 손상차손으로 할 것인지는 유가증권 발행인의 신용위험이 발생했는지 여부에 따라 판단하여야 할 것이다. 「일반기업회계기준」에서는 손상차손이 발생하였다는 객관적인 증거를 예시하고 있는데, 그 내용은 아래와 같다.

▶ 유가증권 손상징후 판단(일반기업회계기준 6.A8) ◀

다음의 경우는 손상차손이 발생하였다는 객관적인 증거가 될 수 있다.

① 은행법에 의해 설립된 금융기관으로부터 당좌거래 정지처분을 받은 경우, 청산 중에 있거나 1년 이상 휴업 중인 경우, 또는 완전자본잠식 상태에 있는 경우와 같이 유가증권발행자의 재무상태가 심각하게 악화된 경우

② 이자 지급과 원금 상환의 지연과 같은 계약의 실질적인 위반이나 채무불이행이 있는 경우

③ 채무자 회생 및 파산에 관한 법률에 의한 회생절차개시의 신청이 있거나 회생절차가 진행 중인 경우와 같이, 유가증권발행자의 재무적 곤경과 관련한 경제적 또는 법률적인 이유 때문에 당초의 차입조건의 완화가 불가피한 경우

④ 유가증권발행자의 파산가능성이 높은 경우

⑤ 과거에 그 유가증권에 대하여 손상차손을 인식하였으며 그 때의 손상사유가 계속

존재하는 경우

⑥ 유가증권발행자의 재무상태가 악화되어 그 유가증권이 시장성을 잃게 된 경우

⑦ 표시이자율 또는 유효이자율이 일반적인 시장이자율보다 비정상적으로 높거나 낮은 채무증권(예 : 후순위채권, 정크본드)을 법규나 채무조정협약 등에 의해 취득한 경우

⑧ 기업구조조정촉진법에 의한 관리절차를 신청하였거나 진행 중인 경우

⑨ 기타 ① 내지 ⑧의 경우에 준하는 사유

매도가능증권 손상차손이 발생하였는지는 매 보고기간 종료일에 평가하고, 그러한 증거가 있는 경우 회수가능액을 추정하여 손상차손을 인식해야 한다.
이때 손상차손은 당기손익에 반영해야 하는데, 순자산조정에 미실현보유손익(매도가능증권평가손익)이 있는 경우 미실현보유손익을 순자산조정에서 제거하여 손상차손에 반영한다.

매도가능증권을 처분할 경우 매도가능증권과 관련한 평가손익이 순자산조정에 계상되어 있다면, 해당 평가손익을 매도가능증권 처분손익에 가감하여 처리해야 한다.

사례

매도가능증권 회계처리

甲공익법인은 매도가능증권 A주식을 취득하였고, 일자별 내역은 다음과 같을 때 회계처리를 하시오.

일 자	내 역	1주당 가액
20x1.09.22.	A주식 100주 취득 / 수수료 150,000원 발생	70,000원
20x1.12.31.	기말 공정가치	74,000원
20x2.03.15.	현금배당 수령	1,000원
20x2.12.31.	기말 공정가치	80,000원
20x3.12.31.	파산가능성이 있어 손상차손 인식	20,000원
20x4.02.12.	A주식 100주를 주당 15,000원에 매도	15,000원

회계처리

• 20x1.9.22.(취득 시)

(차) 매도가능증권	7,150,000*	(대) 현금및현금성자산	7,150,000

* 취득 시 수수료는 취득원가에 가산한다.

• 20x1.12.31.(기말 공정가치 평가)

(차) 매도가능증권	250,000	(대) 매도가능증권평가이익 (순자산조정)	250,000*

* 100주×@74,000원－7,150,000원＝250,000원

• 20x2.3.15.(배당금 수령)

(차) 현금및현금성자산	100,000	(대) 배당금수익	100,000

• 20x2.12.31.(기말 공정가치 평가)

(차) 매도가능증권	600,000	(대) 매도가능증권평가이익 (순자산조정)	600,000*

* 100주×@80,000원－7,400,000원＝600,000원

• 20x3.12.31.(손상차손인식)

(차) 매도가능증권평가이익 (순자산조정)	850,000	(대) 매도가능증권	6,000,000
매도가능증권손상차손 (사업외비용)	5,150,000		

• 20x4.2.12.(처분 시)

(차) 현금및현금성자산	1,500,000	(대) 매도가능증권	2,000,000
매도가능증권처분손실	600,000		

c. 만기보유증권

만기보유증권이란 만기가 확정된 채무증권으로서 상환금액이 확정되었거나 확정이 가능한 채무증권을 말하며 만기까지 보유할 적극적인 의도와 능력이 있는 경우에는 만기보유증권으로 분류한다.

만기보유증권 취득시점에는 공정가치로 측정하고, 취득 부대비용은 취득원가에 가산해야 한다. 채무증권은 발행 시의 유효이자율(시장이자율)과 액면이자율이 동일한지 여부에 따라 할인발행, 액면발행, 할증발행으로 구분한다.
여기서 유효이자율이란 채무증권의 발행가액과 채무증권의 미래현금흐름의 현재가치를 일치시키는 이자율을 말하는 것으로 일반적으로 시장이자율을 뜻한다.

유효이자율(시장이자율) > 액면이자율 → 할인발행
유효이자율(시장이자율) = 액면이자율 → 액면발행
유효이자율(시장이자율) < 액면이자율 → 할증발행

매 회계연도 말 보유하고 있는 만기보유증권의 평가는 상각후원가로 평가하고, 장부가액과 만기액면금액의 차이를 상환기간에 걸쳐 유효이자율법에 의하여 상각하여 취득원가와 이자수익에 가감한다.

기말 평가 시 만기보유증권으로부터 회수할 수 있을 것으로 추정되는 금액이 상각후원가보다 작은 경우 장부가액을 회수가능가액으로 수정하고 손상차손을 인식해야 하는데 이를 '만기보유증권 손상차손'이라고 한다.
만기보유증권의 손상차손이 발생하였는지는 매 보고기간 종료일에 평가하고, 손상차손은 당기손익에 반영해야 한다. 손상징후에 대한 판단은 b.매도가능증권 '유가증권 손상징후 판단(p.390)'을 참조하기 바란다.

만기보유증권은 일반적으로 만기까지 보유하게 되며, 만기일에는 해당 채무증권의 액면금액을 상환받게 된다.
만약, 만기 도래 전 처분할 경우 만기보유증권의 장부가액과 처분가액과의 금액을 비교하여 차액은 처분손익으로 인식한다.

사례 만기증권 회계처리

甲공익법인은 A가 발행한 다음의 만기보유증권을 취득하였다.

액면가액	10,000,000원
유효이자율	10%
액면이자율	8%
취득가액	9,502,630원
만기	3년
발행일	20x1.1.1.

※ 유효이자율법에 의한 상각표

일 자	유효이자율(10%)	액면이자율(8%)	상각액	상각후원가
20x1. 1. 1.				9,502,630원
20x1.12.31.	950,263원	800,000원	150,263원	9,652,893원
20x2.12.31.	965,289원	800,000원	165,289원	9,818,182원
20x3.12.31.	981,818원	800,000원	181,818원	10,000,000원
계	2,897,370원	2,400,000원	497,370원	

회계처리

• 20x1.1.1.(취득 시)

(차) 만기보유증권	9,502,630	(대) 현금및현금성자산	9,502,630

• 20x1.12.31.(기말 상각후원가 평가)

(차) 만기보유증권	150,263*2	(대) 이자수익	950,263*1
현금및현금성자산	800,000		

*1. 9,502,630원×10%
*2. 9,502,630원×10%−800,000원(액면이자)

• 20x2.12.31.(기말 상각후원가 평가)

(차) 만기보유증권	165,289*2	(대) 이자수익	965,289*1
현금및현금성자산	800,000		

*1. 9,652,893원×10%
*2. 9,652,893원×10%−800,000원(액면이자)

• 20x3.12.31.(기말 상각후원가 평가 및 상환)

−이자수익 인식

(차) 만기보유증권	181,818*2	(대) 이자수익	981,818*1
현금및현금성자산	800,000		

−원금상환

(차) 현금및현금성자산	10,000,000	(대) 만기보유증권	10,000,000

*1. 9,818,182원×10%
*2. 9,818,182원×10%−800,000원(액면이자)

▶ 기말 유가증권 평가[18] ◀

구 분	평가방법	평가손익의 인식	
		인식방법	계정과목
단기매매증권	공정가치	당기손익	단기매매증권평가손익
매도가능증권	공정가치	순자산조정	매도가능증권평가손익
	취득원가*1 (평가하지 않음)	–	–
만기보유증권	상각후원가*2	당기손익	이자수익

*1. 시장성 없는 지분증권은 취득원가로 평가

*2. 최초 취득원가에서 유효이자율법을 사용하여 계산한 할인 또는 할증차금의 누계액을 가산하거나 차감한 금액

③ 장기대여금

거래 상대방에게 계약에 의해 빌려준 자금에 대한 채권으로 만기가 1년 이내일 경우 단기대여금으로 만기가 1년 초과일 경우 장기대여금으로 분류한다.

(2) 유형자산

제14조【유형자산】 ① '유형자산'이란 재화를 생산하거나 용역을 제공하기 위하여, 또는 타인에게 임대하거나 직접 사용하기 위하여 보유한 물리적 형체가 있는 자산으로 1년을 초과하여 사용할 것으로 예상되는 자산을 말한다.
② 유형자산에는 토지, 건물, 구축물, 기계장치, 차량운반구와 건설중인자산 등이 포함된다.

제35조【유형자산과 무형자산의 평가】 ① 유형자산과 무형자산의 취득원가는 구입가격 또는 제작원가와 자산을 가동하기 위하여 필요한 장소와 상태에 이르게 하는 데 직접 관련되는 원가를 포함한 금액을 말한다.

18) 알기 쉬운 공익법인회계기준, 한국조세재정연구원, 2020, 41쪽

가. 개념 및 취득가액 계상

유형자산이란 재화의 생산, 용역의 제공, 타인에 대한 임대 또는 자체적으로 사용할 목적으로 보유하는 물리적 실체가 있는 자산으로 1년을 초과하여 사용할 것이 예상되는 자산을 말한다. 유형자산에는 토지, 건물, 구축물, 기계장치, 차량운반구, 비품 등이 있다.

유형자산 취득원가는 자산을 취득하기 위하여 지급한 구입가격 또는 제작원가에 자산을 가동하는 데 필요한 장소와 상태에 이르게 하는 데 직접 관련되는 원가를 포함하고 있는데 그 내용은 아래와 같다.

▶ 자산을 필요한 상태에 이르게 하는 직접 관련 원가(기업회계기준 10.8) ◀

① 설치장소 준비를 위한 지출
② 외부 운송 및 취급비
③ 설치비
④ 설계와 관련하여 전문가에게 지급하는 수수료
⑤ 유형자산의 취득과 관련하여 국·공채 등을 불가피하게 매입하는 경우 당해 채권의 매입금액과 일반기업회계기준에 따라 평가한 현재가치와의 차액
⑥ 자본화대상인 차입원가
⑦ 취득세, 등록세 등 유형자산의 취득과 직접 관련된 제세공과금
⑧ 해당 유형자산의 경제적 사용이 종료된 후에 원상회복을 위하여 그 자산을 제거, 해체하거나 또는 부지를 복원하는 데 소요될 것으로 추정되는 원가가 충당부채의 인식요건을 충족하는 경우 그 지출의 현재가치(이하 '복구원가'라 한다)
⑨ 유형자산이 정상적으로 작동되는지 여부를 시험하는 과정에서 발생하는 원가. 단, 시험과정에서 생산된 재화(예 : 장비의 시험과정에서 생산된 시제품)의 순매각금액(매각금액에서 매각부대원가를 뺀 금액)은 당해 원가에서 차감한다.

나. 종 류

계정과목	내 용
토지	영업활동에 사용하는 대지를 말한다. 만약 투자목적으로 취득했다면 투자자산으로 분류하여야 한다. 토지는 감가상각대상자산이 아니다.
건물	건물, 냉난방설비, 전기 및 통신 등 건물 부속설비를 포함한다.

계정과목	내 용
구축물	건물과 별개의 구조물로 도로, 철길, 옥외주차장, 담장, 접안시설, 내부 인테리어비용 등이 있다.
기계장치	영업활동에 사용되는 기계장치, 운송설비, 기타의 부속설비 등이 있다.
차량운반구	승용자동차, 승합차, 화물차 등이 있다.
비품	복사기, 책상, 의자, 컴퓨터 등이 있다.
건설중인자산	유형자산의 건설을 위해 투입된 재료비, 노무비, 도급금액 일체를 포함한다. 건설중인자산 상태에서는 감가상각을 하지 않고, 완공 시 감가상각한다.

다. 자본적 지출과 수익적 지출

유형자산을 취득하여 사용하던 중에도 여러 가지 지출이 발생할 수 있다.

자본적 지출이란 유형자산의 가치를 증가시키고 내용연수를 연장시키는 지출을 의미하는데, 자본적 지출의 결과 생산능력이 증대되고 상당한 원가절감 및 품질 향상을 가져오게 된다. 자본적 지출이 발생하면 유형자산의 장부가액에 가산하여 내용연수 동안 감가상각비로 비용을 배분한다.

수익적 지출이란 유형자산의 원상회복 및 능률 유지를 위한 지출로 발생한 기간의 비용(수선유지비 등)으로 회계처리 한다.

▶ 자본적 지출과 수익적 지출 비교 ◀

	자본적 지출	수익적 지출
정의	자산의 실질적인 가치를 증가시키고, 내용연수를 연장시키는 지출	유형자산의 원상회복, 본래의 능률 유지, 수선유지를 위한 지출
예시	① 본래의 용도를 변경시키기 위한 개조 ② 엘리베이터 또는 냉난방장치의 설치 ③ 빌딩 등에 있어서 피난시설 등의 설치 ④ 재해 등으로 인하여 멸실 또는 훼손되어 본래 용도에 이용가치가 없는 건축물 · 기계 · 설비 등의 복구비용 등	① 건물 또는 벽의 도장 ② 파손된 유리나 기와의 대체 ③ 기계의 소모품 또는 벨트의 대체 등
회계처리	(차) 건물 등 ×× (대) 현금 등 ×× (자산계상)	(차) 수선유지비 ×× (대) 현금 등 ×× (비용처리)

▶ 자본적 지출 및 수익적 지출 회계처리 ◀

자본적 지출	甲공익법인은 건물 내 엘리베이터를 설치하고, 공사비 50,000,000원을 지급하였다. (차) 건　　물　50,000,000　(대) 현금및현금성자산　50,000,000
수익적 지출	甲공익법인은 유리창을 교체하고, 수리비 1,000,000원을 지급하였다. (차) 수선유지비　1,000,000　(대) 현금및현금성자산　1,000,000

라. 감가상각

> **제35조【유형자산과 무형자산의 평가】** ② 최초 인식 후에 유형자산과 무형자산의 장부금액은 다음 각 호에 따라 결정한다.
> 1. 유형자산 : 취득원가(자본적 지출을 포함한다. 이하 이 조에서 같다)에서 감가상각누계액과 손상차손누계액을 차감한 금액
> 2. 무형자산 : 취득원가에서 상각누계액과 손상차손누계액을 차감한 금액
>
> ③ 취득원가에서 잔존가치를 차감하여 결정되는 유형자산의 감가상각대상금액과 무형자산의 상각대상금액은 해당 자산을 사용할 수 있는 때부터 내용연수에 걸쳐 배분하여 상각한다.
> ④ 유형자산과 무형자산의 내용연수는 자산의 예상 사용기간이나 생산량 등을 고려하여 합리적으로 결정한다.
> ⑤ 유형자산의 감가상각방법과 무형자산의 상각방법은 다음 각 호에서 자산의 경제적 효익이 소멸되는 형태를 반영한 합리적인 방법을 선택하여 소멸형태가 변하지 않는 한 매기 계속 적용한다.
> 1. 정액법
> 2. 정률법
> 3. 연수합계법
> 4. 생산량비례법
>
> ⑥ 전시 · 교육 · 연구 등의 목적으로 보유중인 예술작품 및 유물과 같은 역사적 가치가 있는 유형자산은 일반적으로 시간이 경과하더라도 가치가 감소하지 않으므로 감가상각을 적용하지 아니한다.

① 의 의

감가상각이란 유형자산의 취득원가를 보유하는 회계기간 동안 합리적인 방법에 따라 비용으로 배분하는 절차이다.

② 감가상각의 요소

감가상각은 유형자산의 가액을 내용연수에 걸쳐 합리적인 방법으로 배분하는 과정이다. 감가상각비를 계산하기 위해서는 취득가액, 잔존가액, 내용연수 등이 확정되어야 하는데 이를 '감가상각의 요소'라고 한다.

취득가액	취득가액＋취득부대비용
잔존가액	자산의 내용연수가 종료되는 시점에 남아있는 재산적 가치
내용연수	유형자산의 이용가능한 예상사용기간

③ 감가상각방법

실제 유형자산 감가의 원인은 다양하고 복합적이기 때문에 공익법인의 유형자산의 감가상각액을 측정하는 것은 어려운 일이다.

이에 합리적인 방법으로 추정하여 기간손익에 배분하는 절차가 필요한데, 이러한 감가상각방법에는 정액법, 정률법, 연수합계법, 생산량비례법이 있다.

이 중 공익법인의 경제적 효익이 소멸되는 형태를 반영한 합리적인 방법을 선택하여 소멸형태가 변하지 않는 한 매기 계속하여 적용한다.

	의 의	계 산
정액법	자산의 내용연수에 걸쳐 매기 균등하게 감가상각비를 인식	(취득가액－잔존가치)÷내용연수
정률법	가속상각의 한 방법으로 상각초기 연도에 많은 금액을 감가상각비로 인식	(취득가액－감가상각누계액)×상각률
연수합계법	정률법과 유사하나 상각비의 체감속도가 다소 완화된 감가상각방법	$(\text{취득가액}-\text{잔존가치})\times\frac{\text{잔여내용연수}}{\text{내용연수합계}}$
생산량비례법	생산량에 비례하여 자산이 소비된다는 것을 전제로 감가상각비를 인식	$(\text{취득가액}-\text{잔존가치})\times\frac{\text{당기생산량}}{\text{추정총생산량}}$

사례 감가상각비 계산 및 회계처리

甲공익법인은 20x1.1.1. 기계장치를 10,000,000원에 취득하였다. 차량운반구의 내용연수는 5년, 잔존가치는 1,000,000원이다(정률법 상각률은 40%로 가정한다).

회계처리

(1) 정액법

- 감가상각비 계산 : (10,000,000원 − 1,000,000원) ÷ 5년 = 1,800,000원
- 회계처리 : (차) 감가상각비 1,800,000 (대) 감가상각누계액 1,800,000
  (비용처리) (자산차감항목)
- 재무상태표 계상

기계장치	10,000,000	
감가상각누계액	(1,800,000)	8,200,000

(2) 정률법

- 감가상각비 계산

20x1년 : 10,000,000원 × 40% = 4,000,000원(감가상각누계액 4,000,000원)
20x2년 : (10,000,000원 − 4,000,000원) × 40% = 2,400,000원(감가상각누계액 6,400,000원)
20x3년 : (10,000,000원 − 6,400,000원) × 40% = 1,440,000원(감가상각누계액 7,840,000원)
20x4년 : (10,000,000원 − 7,840,000원) × 40% = 864,000원(감가상각누계액 8,704,000원)
20x5년 : 10,000,000원 − 1,000,000원 − 8,704,000원 = 296,000원(마지막 연도이기 때문에 남은 감가상각 대상금액과 감가상각누계액의 차이를 인식한다)

(3) 연수합계법

- 감가상각비 계산

20x1년 : (10,000,000원 − 1,000,000원) × $\frac{5}{(5+4+3+2+1)}$ = 3,000,000원

20x2년 : (10,000,000원 − 1,000,000원) × $\frac{4}{(5+4+3+2+1)}$ = 2,400,000원

20x3년 : (10,000,000원 − 1,000,000원) × $\frac{3}{(5+4+3+2+1)}$ = 1,800,000원

20x4년 : (10,000,000원 − 1,000,000원) × $\frac{2}{(5+4+3+2+1)}$ = 1,200,000원

20x5년 : (10,000,000원 − 1,000,000원) × $\frac{1}{(5+4+3+2+1)}$ = 600,000원

(4) **생산량비례법** : 총예정생산량이 1,000개이고, 20x1년에 300개 생산으로 가정

• 감가상각비 계산

$$20x1년 : (10,000,000원 - 1,000,000원) \times \frac{300개}{1,000개} = 2,700,000원$$

마. 재평가

第36条【유형자산의 재평가】

① 최초 인식 후에 공정가치를 신뢰성 있게 측정할 수 있는 유형자산은 재평가를 할 수 있다. 이 경우 재평가일의 공정가치에서 이후의 감가상각누계액과 손상차손누계액을 차감한 재평가금액을 장부금액으로 한다.

② 유형자산을 재평가할 때, 재평가 시점의 총장부금액에서 기존의 감가상각누계액을 제거하여 자산의 순장부금액이 재평가금액이 되도록 수정한다.

③ 유형자산의 장부금액이 재평가로 인하여 증가된 경우에 그 증가액은 순자산조정으로 인식한다. 그러나 동일한 유형자산에 대하여 이전에 운영성과표에 사업외비용으로 인식한 재평가감소액이 있다면 그 금액을 한도로 재평가증가액만큼 운영성과표에 사업외수익으로 인식한다.

④ 유형자산의 장부금액이 재평가로 인하여 감소된 경우에 그 감소액은 운영성과표에 사업외비용으로 인식한다. 그러나 그 유형자산의 재평가로 인해 인식한 순자산조정의 잔액이 있다면 그 금액을 한도로 재평가감소액을 순자산조정에서 차감한다.

유형자산 취득 후 공정가치를 신뢰성 있게 측정할 수 있는 경우에는 유형자산을 공정가치로 재평가할 수 있다.

여기서 공정가치란 합리적인 판단력과 거래의사가 있는 독립된 당사자 간에 거래될 수 있는 교환가격을 말하므로, 기업은 재평가 시 전문적 자격이 있는 평가인의 감정뿐만 아니라 토지에 대한 개별공시지가 또는 건물이나 차량 등에 대한 지방세 시가표준액 등 정부의 각종 고시금액이나 시장의 객관적인 시세표 등이 공정가치와 대체로 유사하다고 판단되는 경우 이를 재평가액으로 사용할 수 있다.

재평가 결과 공정가치 상승으로 장부가액을 증가시켜야 하는 경우 그 차액은 재평가이익(순자산조정)으로 인식한다. 그러나 동일한 유형자산에 대하여 이전에 운영성과표에 사업외비용으로 인식한 재평가감소액이 있다면 그 금액을 한도로 재평가증가액만큼 운영성과표에 사업외수익으로 인식한다.

반대로 공정가치가 감소하는 경우에는 재평가손실(당기손실－사업외비용)로 인식한다. 그러나 그 유형자산의 재평가로 인해 인식한 순자산조정의 잔액이 있다면 그 금액을 한도로 재평가감소액을 순자산조정에서 차감한다.

사례 재평가이익이 발생하는 경우

甲공익법인은 20x1.1.1. 건물을 80,000,000원에 취득하였다. 내용연수 10년, 잔존가치는 0원, 정액법으로 감가상각 하고자 한다. 20x1.12.31. 건물의 공정가치가 90,000,000원으로 증가하였을 때 감가상각 및 재평가 관련 회계처리를 하시오.

회계처리

〈20x1.12.31.〉

- 감가상각비 계산 : (80,000,000원－0원)÷10년＝8,000,000원
- 회계처리 : (차) 감가상각비 8,000,000 (대) 감가상각누계액 8,000,000
- 재 평 가 : (차) 건 물 10,000,000 (대) 재평가이익 18,000,000
  감가상각누계액 8,000,000 (순자산조정)

  유형자산을 재평가 할 때에는 기존의 감가상각누계액을 전액 제거하고, 재평가이익은 순자산조정으로 처리한다.
- 재무상태표 표시

건 물	80,000,000
감가상각누계액	(8,000,000)

↓ 재평가 후 장부가액

건 물	90,000,000
감가상각누계액	(0)

사례 재평가손실이 발생하는 경우(위 사례 계속)

甲공익법인은 20x2.12.31. 건물의 공정가치가 50,000,000원으로 하락하여 재평가를 실시하였다.

회계처리

〈20x2.12.31.〉

- 감가상각비 계산 : (90,000,000원－0원)÷9년＝10,000,000원
- 회계처리 : (차) 감가상각비 10,000,000 (대) 감가상각누계액 10,000,000
- 재 평 가 : (차) 감가상각누계액 8,000,000 (대) 건 물 40,000,000

(차)	감가상각누계액	8,000,000	(대) 건 물	40,000,000
	재평가이익 (순자산조정)	18,000,000		
	재평가손실 (사업외비용)	14,000,000		

이전에 재평가로 인한 재평가이익(순자산조정) 잔액이 있는 경우 그 금액을 한도로 재평가 감소액을 순자산조정에서 차감한 후, 나머지 잔액은 재평가손실로 당기손익(운영성과표상 사업외비용)에 반영한다.

반대로 과거 운영성과표에 사업외비용으로 처리한 재평가손실이 있다면 그 금액을 한도로 재평가증가액을 사업외수익으로 인식한 후 나머지 잔액은 재평가이익(순자산조정)에 반영한다.

- 재무상태표 표시

건 물	90,000,000
감가상각누계액	(10,000,000)

↓ 재평가 후 장부가액

건 물	50,000,000
감가상각누계액	(0)

바. 손상차손

제14조 【유형자산】

③ 유형자산의 감가상각누계액과 손상차손누계액은 유형자산 각 항목의 차감계정으로 재무상태표에 표시한다.

제33조【자산의 평가기준】

③ 이 기준에서 별도로 정하는 경우를 제외하고는, 자산의 진부화 및 시장가치의 급격한 하락 등으로 인하여 자산의 회수가능액이 장부금액에 중요하게 미달되는 경우에는 장부금액을 회수가능액으로 조정하고 그 차액을 손상차손으로 처리한다. 이 경우 회수가능액은 다음 제1호와 제2호 중 큰 금액으로 한다.

1. 순공정가치 : 합리적인 판단력과 거래 의사가 있는 독립된 당사자 사이의 거래에서 자산의 매각으로부터 수취할 수 있는 금액에서 처분부대원가를 차감한 금액
2. 사용가치 : 자산에서 창출될 것으로 기대되는 미래 현금흐름의 현재가치

④ 과거 회계연도에 인식한 손상차손이 더 이상 존재하지 않거나 감소하였다면 자산의 회수가능액이 장부금액을 초과하는 금액은 손상차손환입으로 인식한다. 다만, 손상차손환입으로 증가된 장부금액은 과거에 손상차손을 인식하기 전 장부금액의 감가상각 또는 상각 후 잔액을 초과할 수 없다.

유형자산의 물리적 손상, 진부화 및 시장가치의 급격한 하락 등으로 자산의 미래 경제적 가치가 장부가격보다 현저하게 낮아질 가능성이 있는 경우 자산의 회수가능가액을 추정하여 장부가액을 조정하고 그 차액은 손상차손으로 처리한다.

이때 손상차손은 즉시 당기손익으로 인식하고 손상차손누계액은 유형자산 각 항목의 차감계정항목으로 재무상태표에 표시한다.

회수가능가액이란 순공정가치와 사용가치 중 큰 금액을 말한다.

회수가능가액=Max(순공정가치, 사용가치)

- 순공정가치 : 합리적인 판단력과 거래의사가 있는 독립된 당사자 사이의 거래에서 자산의 매각으로부터 수취할 수 있는 금액에서 처분부대비용을 차감한 금액
- 사용가치 : 자산에서 창출될 것으로 기대되는 미래 현금흐름의 현재가치

(예) 건물을 매각할 경우 부동산 중개수수료 등 부수적인 비용이 발생할 때
- 순공정가치 : 건물 매각가액－중개수수료 등(처분부대비용)
- 사용가치 : 건물을 매각하지 않고, 임대할 경우 향후 벌어들일 임대료 수익의 현재가치

손상차손을 인식한 후 수정된 장부가액에서 잔존가치를 차감한 금액을 잔여 내용연수에 걸쳐 배분해야 하므로 손상차손을 인식한 후에 감가상각액 또는 상각액을 조정해야 한다.

또 과거에 인식한 손상차손이 더 이상 존재하지 않거나 감소된 경우 자산의 장부금액을 회수가능액으로 증가시키고, 그 증가금액은 손상차손환입으로 즉시 당기손익으로 인식한다.

단, 이때 손상차손환입으로 증가된 장부금액은 과거에 손상차손을 인식하기 전 장부금액의 감가상각 또는 상각 후 잔액을 초과할 수 없다.

▶ 손상차손인식과 회계처리 정리 ◀

구분	내용
손상차손 회계처리	손상차손인식 전 감가상각비부터 회계처리 해야 한다. (차) 감가상각비 ××× (대) 감가상각누계액 ××× (차) 유형자산손상차손 ××× 손상차손누계액 ××× (당기손익) (자산차감항목) **재무상태표** 유형자산 ××× 감가상각누계액 (×××) 손상차손누계액 (×××) 장부가액 ×××
손상차손환입 회계처리	손상차손 이후 수정된 장부금액을 대상으로 감가상각을 해야 하고, 손상차손환입은 손상차손 전 장부가액을 한도로 환입해야 한다.

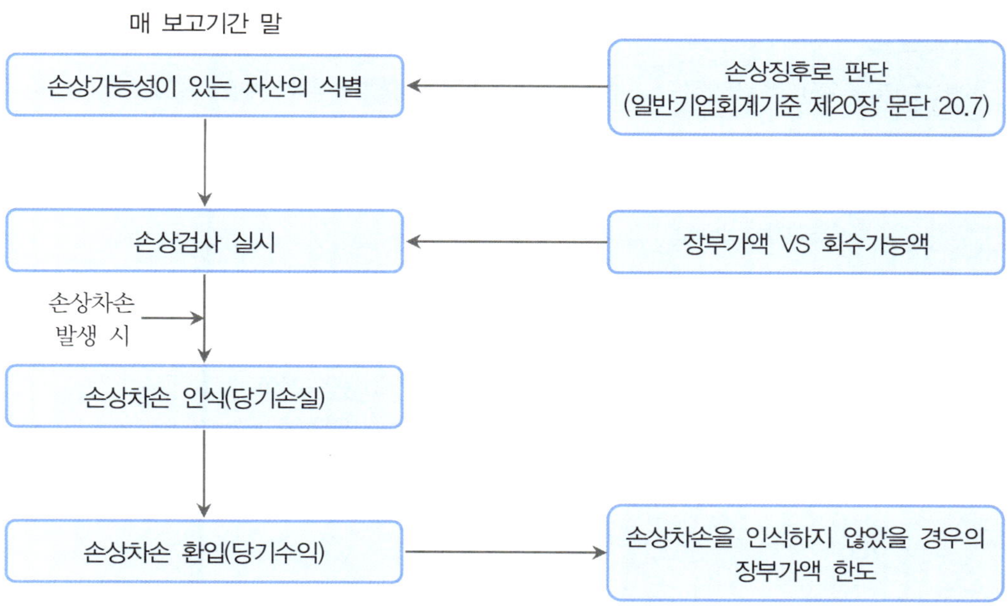

사례 손상차손 예제문제

甲공익법인은 20x1.1.1. 기계장치를 10,000,000원에 취득하였다. 잔존가치는 0원, 내용연수 10년에 정액법으로 감가상각 하기로 한다.
20x2년 말 회수가능액이 6,400,000원으로 추정되었고, 20x4년 말에 7,000,000원으로 회복하였을 때 연도별 회계처리를 하시오.

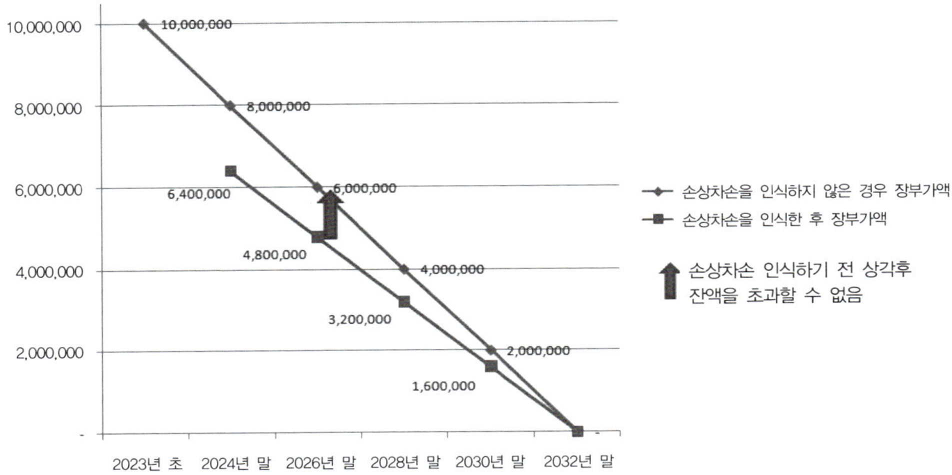

회계처리

20x1년 초	(차) 기계장치	10,000,000	(대) 현금및현금성자산	10,000,000
20x1년 말	(차) 감가상각비	1,000,000	(대) 감가상각누계액	1,000,000
20x2년 말	(차) 감가상각비 손상차손	1,000,000* 1,600,000	(대) 감가상각누계액 손상차손누계액	1,000,000 1,600,000
	* 손상차손 인식하기 전 감가상각부터 한다.			
	손상차손 인식 후 장부가액			
	기계장치	10,000,000		
	감가상각누계액	(2,000,000)		
	손상차손누계액	(1,600,000)		
	장부가액	6,400,000		

<table>
<tr><td>20x3년 말</td><td>

(차) 감가상각비 800,000* (대) 감가상각누계액 800,000

* 6,400,000원÷8년(잔존내용연수)=800,000원

기말 재무상태표

기계장치	10,000,000
감가상각누계액	(2,800,000)
손상차손누계액	(1,600,000)
장부가액	5,600,000

</td></tr>
<tr><td>20x4년 말</td><td>

(차) 감가상각비 800,000 (대) 감가상각누계액 800,000
손상차손누계액 1,200,000* 손상차손환입 1,200,000

* 손상차손환입은 손상차손이 일어나지 않았을 경우 감가상각 후 장부가액을 한도로 환입한다.

손상차손환입액
=min(손상전 감가상각 후 장부가액, 회수가능액)−장부가액
=min(6,000,000원, 7,000,000원)−4,800,000원
=1,200,000원

재무상태표

	기말 감가상각 후	손상차손환입 후
기계장치	10,000,000	10,000,000
감가상각누계액	(3,600,000)	(3,600,000)
손상차손누계액	(1,600,000)	(400,000)
장부가액	4,800,000	6,000,000

</td></tr>
</table>

사. 처 분

제14조【유형자산】

④ 유형자산을 폐기하거나 처분하는 경우 그 자산을 재무상태표에서 제거하고 처분금액과 장부금액의 차액을 유형자산처분손익으로 인식한다.

유형자산을 폐기하거나 처분하는 경우 재무상태표에서 제거하고 처분가액과 장부가액의 차액은 유형자산처분손익으로 하여 당기손익으로 인식한다.

다만, 재평가와 관련하여 인식한 재평가이익(순자산조정)이 있다면, 처분 시 재평가이익을 당기손익으로 인식함으로써 미실현이익이 수익으로 실현된다.

사례 유형자산처분 회계처리

甲공익법인은 20x2.9.30. 사용 중이던 기계장치를 1,000,000원에 처분하였다. 기초부터 처분 시까지 감가상각비는 600,000원으로 가정한다.

20x1.12.31. 기계장치 장부상 가액은 아래와 같다. 기계장치 처분 시 회계처리를 하시오.

기계장치	5,000,000	
감가상각누계액	(2,000,000)	
……		
재평가이익	800,000	←기계장치 관련 재평가이익

회계처리

• 20x2.9.30. 처분 시 감가상각비 회계처리

(차)	감가상각비	600,000	(대) 감가상각누계액	600,000

• 처분 관련 회계처리

(차)	현금및현금성자산	1,000,000	(대) 기계장치	5,000,000
	감가상각누계액	2,600,000		
	재평가이익(순자산조정)	800,000		
	유형자산처분손실	600,000		

(3) 무형자산

제15조【무형자산】 ① '무형자산'이란 재화를 생산하거나 용역을 제공하기 위하여, 또는 타인에게 임대하거나 직접 사용하기 위하여 보유한 물리적 형체가 없는 비화폐성자산을 말한다.
② 무형자산에는 지식재산권, 개발비, 컴퓨터소프트웨어, 광업권, 임차권리금 등이 포함된다.
③ 무형자산은 상각누계액과 손상차손누계액을 취득원가에서 직접 차감한 잔액으로 재무상태표에 표시한다.
④ 무형자산을 처분하는 경우 그 자산을 재무상태표에서 제거하고 처분금액과 장부금액의 차액을 무형자산처분손익으로 인식한다.

가. 개 념

무형자산이란 재화를 생산하거나 용역을 제공하기 위하여 또는 타인에게 임대하거나 직접 사용하기 위하여 보유한 물리적 형체가 없는 비화폐성자산이다.

나. 종 류

무형자산에는 지식재산권, 개발비, 컴퓨터소프트웨어, 광업권, 임차권리금 등이 포함된다.

다. 감가상각

무형자산의 감가상각은 유형자산의 감가상각과 마찬가지로 자산의 사용기간 동안 자산의 취득원가를 합리적인 방법으로 배분하여 장부가액을 감소시키고, 해당 금액을 비용으로 인식해야 한다.

상각방법은 정액법, 정률법, 연수합계법, 생산량비례법 중 선택할 수 있고, 일단 결정된 회계처리 방침은 매기 계속하여 적용해야 한다.

합리적인 상각방법을 정할 수 없는 경우에는 정액법을 사용한다.

감가상각누계액은 재무상태표에 총액으로 표시하지 않고, 취득원가에서 직접 차감하는 형식으로 표시한다.

라. 손상차손과 손상차손환입

◆ 손상차손의 인식

무형자산의 진부화 및 시장가치의 급격한 하락 등으로 자산의 미래 경제적 가치가 장부가격보다 현저하게 낮아질 가능성이 있는 경우 자산의 회수가능가액을 추정하여 장부가액을 조정하고 그 차액은 손상차손으로 처리한다.

이때 손상차손은 즉시 당기손익으로 인식하고 손상차손누계액은 무형자산에서 직접 차감한 가액으로 재무상태표에 표시한다.

◆ 손상차손 환입

과거에 인식한 손상차손이 더 이상 존재하지 않거나 감소된 경우 자산의 장부금액을 회수가능액으로 증가시키고, 그 증가금액은 손상차손환입으로 즉시 당기손익으로 인식한다.

단, 이때 손상차손환입으로 증가된 장부금액은 과거에 손상차손을 인식하기 전 장부금액의 상각 후 잔액을 초과할 수 없다.

사례 무형자산 손상차손 회계처리

甲공익법인은 20x1.1.1. 소프트웨어를 10,000,000원에 취득하였다. 잔존가치는 0원, 내용연수는 10년이고 정액법으로 감가상각한다.
20x2년 말 회수가능액이 6,400,000원으로 추정되었고, 20x4년 말에 7,000,000원으로 회복하였을 때 연도별 회계처리를 하시오.

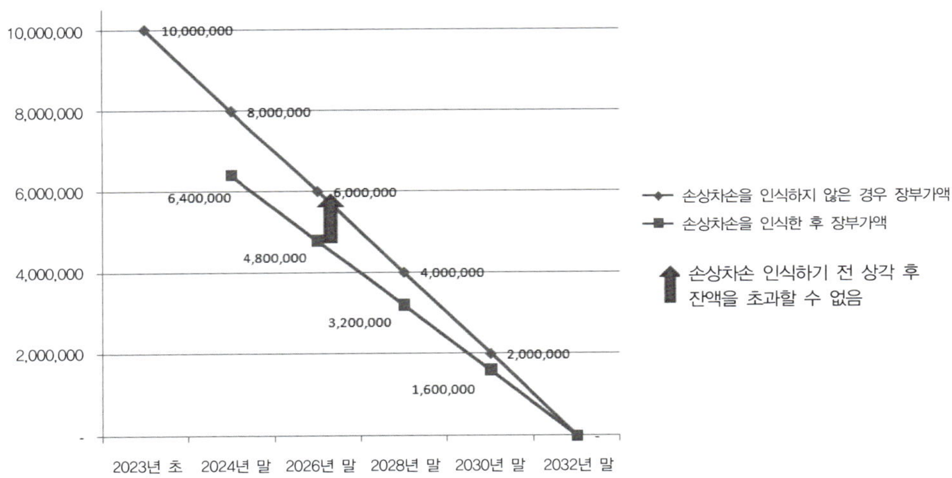

회계처리

20x1년 초	(차) 소프트웨어	10,000,000	(대) 현금및현금성자산	10,000,000
20x1년 말	(차) 감가상각비	1,000,000	(대) 소프트웨어	1,000,000

구분	내용
20x2년 말	(차) 무형자산상각비 1,000,000* (대) 소프트웨어 2,600,000 무형자산손상차손 1,600,000 * 손상차손 인식하기 전 감가상각부터 한다. 무형자산의 감가상각누계액과 손상차손누계액은 취득원가에서 직접 차감한다. 손상차손 인식 후 장부가액 =취득가액－무형자산상각비－손상차손 =10,000,000원－2,000,000원(x1년, x2년)－1,600,000원 =6,400,000원 **재무상태표 표시** 소프트웨어 6,400,000
20x3년 말	(차) 무형자산상각비 800,000* (대) 소프트웨어 800,000 * 6,400,000원÷8년(잔존내용연수)=800,000원 **재무상태표 표시** 소프트웨어 5,600,000
20x41년 말	(차) 무형자산상각비 800,000 (대) 소프트웨어 80 소프트웨어 1,200,000* 무형자산손상차손환입 1,20 * 손상차손환입은 손상차손이 일어나지 않았을 경우 감가상각 후 장부가액을 한도로 환입한다. 손상차손 환입액 =min(손상전 감가상각 후 장부가액, 회수가능액)－장부가액 =min(6,000,000원, 7,000,000원)－4,800,000원 =1,200,000원 **재무상태표 표시** (/ 기말 감가상각 후 / 손상차손환입 후) 소프트웨어 / 4,800,000 / 6,000,000

마. 처 분

무형자산을 처분하는 경우 그 자산을 재무상태표에서 제거하고 처분금액과 장부금액의 차액을 무형자산처분손익(당기손익)으로 인식한다.

(4) 기타비유동자산

제16조【기타비유동자산】① '기타비유동자산'이란 투자자산, 유형자산 및 무형자산에 속하지 않는 비유동자산을 말한다.
② 기타비유동자산에는 임차보증금, 장기선급비용과 장기미수금 등이 포함된다.

가. 개 념

기타비유동자산이란 비유동자산 중 투자자산, 유형자산, 무형자산에 속하지 않는 자산으로 임차보증금, 장기선급비용, 장기미수금 등이 있다.

나. 종 류

임차보증금	타인소유의 자산을 임차하여 임대차계약을 체결하고 지급한 보증금
장기선급비용	공익법인이 선급한 비용 중 1년 이내에 비용으로 인식되는 것은 유동자산으로 1년을 초과하여 비용으로 인식되는 것(장기선급비용)은 기타비유동자산으로 분류한다.
장기미수금	공익법인이 회수하지 못한 미수금 중 회계기간 종료일로부터 1년을 경과하여 회수되는 경우 기타비유동자산으로 분류한다.

04 부 채

제11조【재무상태표 작성기준】
② 재무상태표 구성요소의 정의는 다음 각 호와 같다.
2. '부채'란 과거의 거래나 사건의 결과로 현재 공익법인이 부담하고 있고 미래에 자원이 유출되거나 사용될 것으로 예상되는 의무를 말한다.
③ 자산과 부채는 각각 다음 각 호의 조건을 충족하는 경우에 재무상태표에 인식한다.
2. 부채 : 해당 의무를 이행하기 위하여 경제적 자원이 유출될 가능성이 매우 높고, 의무의 이행에 소요되는 금액을 신뢰성 있게 측정할 수 있다.
④ 자산, 부채 및 순자산은 다음 각 호에 따라 구분한다.
2. 부채는 유동부채, 비유동부채로 구분하며 고유목적사업준비금을 부채로 인식할 수 있다.

부채란 과거의 거래나 사건의 결과로 현재 공익법인이 부담하고 있고 미래에 자원이 유출되거나 사용될 것으로 예상되는 의무를 말한다.

해당 의무를 이행하기 위해 소요되는 금액을 신뢰성 있게 측정할 수 있을 때 재무상태표에 인식한다.

상환기한이 회계연도 말부터 1년 이내인 경우 유동부채, 1년 이후인 경우 비유동부채로 분류한다.

다만, 고유목적사업준비금을 부채로 인식하는 경우에는 유동부채, 비유동부채와는 별개로 인식한다.

(1) 유동부채

제17조【유동부채】① '유동부채'는 회계연도 말부터 1년 이내에 상환 등을 통하여 소멸할 것으로 예상되는 부채를 말한다.
② 유동부채에는 단기차입금, 매입채무, 미지급비용, 미지급금, 선수금, 선수수익, 예수금과 유동성장기부채 등이 포함된다.

가. 개 념

유동부채란 회계연도 말로부터 1년 이내에 상환의무가 도래하는 부채로 매입채무, 미지급금, 선수금 등이 있다.

나. 종 류

구 분	내 용
매입채무	공익법인의 주된 사업활동에서 재화 또는 용역을 구입하고 대금을 외상으로 한 경우 거래 상대방에게 현금 등을 지급해야 할 의무
미지급금	공익법인의 주된 사업활동 외의 거래에서 발생하는 채무
미지급비용	기간 경과에 따른 비용을 인식하였으나 지급시기가 도래하지 않은 경우
선수금	재화 또는 용역을 제공하기 전에 미리 수령한 대가
선수수익	현금을 수령하였으나 차기 이후 기간 경과에 따라 인식할 수익
예수금	일시적으로 보관하였다가 지출되는 자금

① 매입채무

매입채무란 공익법인의 주된 사업과 관련하여 재화 또는 용역을 구입하고 대금을 지급하지 않은 것으로 보통 1년 이내에 소멸된다.

공입법인의 주된 사업과 관련된 것이란 PB상품의 제품생산을 위탁하거나 연구용역을 외주한 경우에 해당한다.

차량이나 비품을 구입하고 대금을 지급하지 않은 것은 주된 사업 외의 것이므로 매입채무로 회계처리하지 않고 미지급금으로 계상해야 한다.

② 선수금과 선수수익

구분	선수금	선수수익
정의	공익법인이 사업활동과 관련한 상품 · 원재료 등을 구입하거나 용역 계약에 따른 대금의 일부를 먼저 수령하는 경우 그 선수한 금액을 말한다.	수익 · 비용 대응의 원칙에 따라 대가를 이미 수령하였으나 당기의 수익으로 처리할 수 없고 차기로 이월시켜야 할 수익을 말한다.
공통점	대금을 미리 받았다는 점	

구분	선수금	선수수익
차이점	재고자산 등 자산의 공급대금의 선수령	일정기간에 걸쳐 제공되는 용역계약과 관련하여 미리 받은 대가 중 기간 미경과로 수익이 실현되지 못한 부분
예시	상품 · 원재료 등의 계약금 수령액	선수임대료, 선수수수료 등

③ 미지급금과 미지급비용

구분	미지급금	미지급비용
정의	일반적 · 일상적 상거래 外의 거래에서 발생한 채무	발생주의 회계원칙에 따라 현금의 수수와는 상관없이 기간 경과에 따른 비용을 인식해야 하는데 이를 미지급비용이라 함
차이점	계약 이행을 해야 할 확정채무임	시간의 경과에 따라 발생하고, 계약 이행이 미완료된 미확정 채무임
예시	• 차량, 비품 등 고정자산의 구입대금 미지급액 • 신용카드 미지급금	당기에 발생하였으나 지급기일이 도래하지 않은 임차료, 급여, 보험료 등

④ 예수금

예수금은 사내에 일시적으로 보관하였다가 지급하는 부채로 급여 지급 시 원천징수된 4대보험료 및 소득세에 대한 예수금과 부가세예수금이 있다.

◆ 원천징수예수금

종업원에게 급여를 지급하면서 4대보험료(국민연금, 건강보험, 고용보험, 산재보험료) 본인부담분과 소득세를 원천징수해야 하는데 이를 예수금이라 한다.

원천징수예수금은 사내에 일시적으로 보관하였다가 납기일에 납부하면 된다.

참고 4대보험 요율

4대보험에는 국민연금, 건강보험(장기요양보험 포함), 고용보험, 산재보험이 있는데, 보험료 전액을 종업원이 부담하는 것이 아니라 일부 사업주도 부담하고 있다.
종업원과 사업주의 보험요율은 아래와 같다(2025년 기준).
만약 종업원의 급여가 100만원일 경우 원천징수해야 할 보험료를 계산하면 다음과 같다.

		근로자부담	사업주부담	원천징수금액	계산방법
국민연금		4.5%	4.5%	45,000원	100만원×4.5%
건강보험	건보	3.545%	3.545%	35,450	100만×3.545%
	장기요양	건강보험료의 12.95%	건강보험료의 12.95%	4,590	34,950원×12.95%
고용보험		0.9%	1.15%~1.75%	9,000	100만×0.9%
산재보험		–	업종에 따라 다름	–	
합 계				94,040원	

따라서 종업원의 급여가 100만원일 경우 4대 보험료 94,040원은 제외한 잔액을 지급해야 한다(소득세와 지방소득세는 고려하지 않음).

사례 원천징수예수금 회계처리

甲공익법인의 당월 종업원급여 30,000,000원을 지급하면서 4대보험료, 소득세 및 지방소득세 4,000,000원을 원천징수하였다. 원천징수액은 다음달 10일 납부할 예정이다.

회계처리

- 급여 지급 시

(차) 급 여 등	30,000,000	(대) 현금및현금성자산	26,000,000
		예수금	4,000,000

- 원천징수액 납부 시(사업주부담 4대보험료는 고려하지 않음)

(차) 예수금	4,000,000	(대) 현금및현금성자산	4,000,000

◆ 부가세예수금과 부가세대급금

참고 **부가세 관련 회계처리**

매입  매출

부가가치세 과세재화를 700원(VAT 70 별도)에 구입하여 1,000원(VAT 100 별도)에 판매하였을 경우 회계처리는 다음과 같다.

매입 시	매출 시
(차) 상품 700 (대) 현금 770 부가세대급금 70	(차) 현금 1,100 (대) 매출액 1,000 부가세예수금 100

부가세대급금을 매입세액이라 하고, 부가세예수금은 매출세액이라 한다.
추후 부가세 납부 시에는 '매출세액－매입세액'으로 계산한 가액을 납부하면 되는데 이를 부가세 납부세액이라 하고, 회계처리는 다음과 같다.

부가세 납부 시 (납부세액＝매출세액－매입세액)
(차) 부가세예수금 100 (대) 현금 30 부가세대급금 70

공익법인의 고유목적사업은 일반적으로 부가세 면세대상이다. 그러나 공익법인이 과세대상사업을 영위할 경우 부가세 납세의무가 발생하게 된다.

과세재화나 용역을 제공하는 경우 수익과 별도로 매출세액(공급가액의 10%)을 수령하여 '부가가치세 예수금(부채)'으로 회계처리 한 후 부가세 신고 · 납부 시점에 일괄 납부한다.

과세재화나 용역을 구입한 경우 구입가격과 별도로 매입세액(공급가액의 10%)을 징수당한 경우 '부가가치세 대급금(자산)'으로 회계처리 한 후 부가세예수금에서 부가세대급금을 차감한 잔액을 납부하면 된다.
만약 부가세 매입세액은 과세사업과 관련된 경우에만 공제가 되고 면세사업을 위해

취득한 경우 매입세액공제가 되지 않는다. 공제받지 못한 매입세액은 관련된 자산의 원가에 가산하거나 비용처리하면 된다.

▶ **부가세 예수금과 대급금**[19] ◀

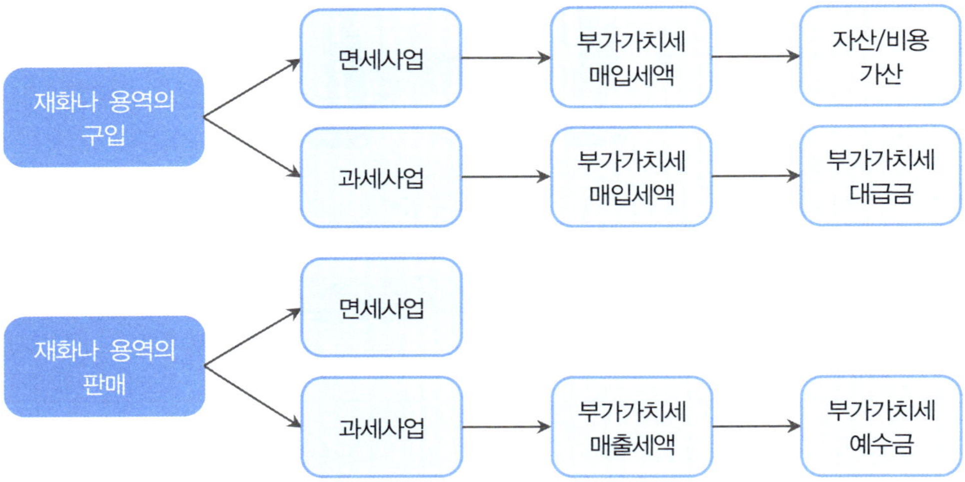

▶ **부가세예수금 회계처리** ◀

① 甲공익법인은 법인이 소유한 건물의 일부를 임대하여 수익을 창출하고 있다. 매월 초 임대료 3,300,000원(VAT 포함)을 받고 세금계산서를 발행하였다.

(차)	현금및현금성자산	3,300,000	(대) 임대료수익	3,000,000
			부가세예수금	300,000

② 甲공익법인은 법인이 소유한 건물의 관리비 550,000원(VAT 포함)을 지급하다.

(차)	관리비	500,000	(대) 현금및현금성자산	550,000
	부가세대급금	50,000		

③ 乙공익법인은 면세사업만 영위하고 있다. 공익사업수행을 위해 차량을 11,000,000원(VAT 포함)에 취득하였다.

(차)	차량운반구	11,000,000*	(대) 현금및현금성자산	11,000,000

* (차)	차량운반구	10,000,000	(대) 현금및현금성자산	11,000,000
	부가세대급금	1,000,000		

으로 회계처리하면 안 된다. 면세사업을 영위하는 경우 매입세액을 공제받을 수 없기 때문이다. 따라서 매입세액 100만원은 관련된 자산의 원가에 가산한다.

---

19) 공익법인회계기준 실무지침서, 기획재정부, 2018, 67쪽

(2) 비유동부채

가. 개 념

> 제18조【비유동부채】① '비유동부채'란 유동부채를 제외한 모든 부채를 말하며, 고유목적사업준비금을 부채로 인식하는 경우에는 유동부채와 고유목적사업준비금을 제외한 모든 부채를 말한다.
> ② 비유동부채에는 장기차입금, 임대보증금과 퇴직급여충당부채 등이 포함된다.

비유동부채란 회계연도 말로부터 1년 이후에 상환의무가 도래하는 부채로 장기차입금, 충당부채, 퇴직급여충당부채, 임대보증금 등이 있다.

나. 종 류

구 분	내 용
장기차입금	공익법인이 시설투자 및 운영자금으로 사용하기 위하여 타인으로부터 조달한 자금
충당부채	과거사건이나 거래의 결과에 의한 현재의무로서 그 의무이행을 위해 자원이 유출될 가능성이 높고, 그 금액을 신뢰성 있게 측정할 수 있을 때 충당부채로 인식
퇴직급여충당부채	회계연도 말 공익법인의 모든 임직원이 퇴사했을 때 지급해야 하는 퇴직금추계액
고유목적사업준비금	「법인세법」상 수익사업소득의 일부를 고유목적사업이나 지정기부금에 사용할 목적으로 적립해둔 금액
기타 비유동부채	임대보증금, 이연법인세부채 등

① 장기차입금

공익법인이 시설투자 및 운영자금으로 사용하기 위하여 금융기관 등으로부터 자금을 빌리고 상환해야 할 의무가 있는 채무로 상환기한이 회계연도 말로부터 1년 이후인 경우 장기차입금으로 분류한다. 차입당시 장기차입금이었으나 기간이 경과하여 상환기일이 회계연도 말로부터 1년 이내에 도래하는 경우 유동성장기부채(유동부채)로 분류해야 한다.

차입으로 인한 금융비용은 이자비용(당기비용)으로 처리한다.

② 충당부채와 우발부채

과거사건이나 거래의 결과에 의한 현재의무로서 그 의무이행을 위해 자원이 유출될 가능성이 높고, 그 금액을 신뢰성 있게 측정할 수 있을 때 재무상태표에 '충당부채'로 인식한다.

반면 과거사건이나 거래의 결과이지만 그 의무이행을 위해 자원이 유출될 가능성이 거의 없거나 자원의 유출 가능성이 있으나 유출될 자원의 금액을 추정할 수 없는 경우 재무상태표에 부채로 인식할 수 없는데 이를 '우발부채'라고 한다.

우발부채는 재무상태표에 인식할 수 없고 그 내용을 주석으로 기재해야 한다.

▶ 충당부채와 우발부채의 인식요건[20] ◀

자원유출 가능성	금액추정 가능성	
	신뢰성 있게 추정 가능	추정 불가능
가능성이 매우 높음	충당부채로 인식	우발부채로 주석공시
가능성이 어느 정도 있음	우발부채로 주석공시	우발부채로 주석공시
가능성이 거의 없음	공시하지 않음	공시하지 않음

③ 퇴직급여충당부채

제38조【퇴직급여충당부채의 평가】 ① 퇴직급여충당부채는 회계연도 말 현재 모든 임직원이 일시에 퇴직할 경우 지급하여야 할 퇴직금에 상당하는 금액으로 한다.
② 확정기여형퇴직연금제도를 설정한 경우에는 퇴직급여충당부채 및 관련 퇴직연금운용자산을 인식하지 않는다. 다만 해당 회계기간에 대하여 공익법인이 납부하여야 할 부담금을 퇴직급여(비용)로 인식하고, 미납부액이 있는 경우 미지급비용(부채)으로 인식한다.
③ 확정급여형퇴직연금제도와 관련하여 별도로 운용되는 자산은 하나로 통합하여 '퇴직연금운용자산'으로 표시하고, 퇴직급여충당부채에서 차감하는 형식으로 표시한다. 퇴직연금운용자산의 구성내역은 주석으로 기재한다.

20) 공익법인회계기준 실무지침서, 기획재정부, 2018, 69쪽

관련법령 퇴직금 관련 규정 → 「근로기준법」, 「근로자퇴직급여 보장법」

「근로기준법」 제2조 【정의】

① 이 법에서 사용하는 용어의 뜻은 다음과 같다.

6. "평균임금"이란 이를 산정하여야 할 사유가 발생한 날 이전 3개월 동안에 그 근로자에게 지급된 임금의 총액을 그 기간의 총일수로 나눈 금액을 말한다. 근로자가 취업한 후 3개월 미만인 경우도 이에 준한다.

「근로자퇴직급여 보장법」 제8조 【퇴직금제도의 설정 등】

① 퇴직금제도를 설정하려는 사용자는 계속근로기간 1년에 대하여 30일분 이상의 평균임금을 퇴직금으로 퇴직 근로자에게 지급할 수 있는 제도를 설정하여야 한다.

◆ 퇴직금추계액

퇴직급여충당부채는 회계연도 말 현재 모든 임직원이 일시에 퇴직할 경우 지급해야 할 퇴직금상당액을 매 사업연도의 비용으로 반영하고, 그 가액만큼 결산 시 설정하는 부채를 말한다.

퇴직급여충당부채의 설정근거는 「근로기준법」에 있으나 이와는 별개로 공익법인의 정관 등에 규정을 두고 있는 경우에는 그에 따른다.

「근로기준법」에서 규정하는 퇴직금추계액은 최저한의 기준을 제시하고 있는 것으로 공익법인의 자체규정이 최저지급규정에 미달할 경우 그 규정은 효력이 없게 된다.

기말 결산 시 당기 비용처리하는 퇴직급여는 아래의 산식으로 계산한다.

퇴직급여 = 당기말 퇴직금추계액 − (전기말 퇴직금추계액 − 당기 퇴직금지급액)

◆ 회계처리

사례 퇴직금 지급 및 퇴직급여 충당부채 설정

甲공익법인의 재무상태표상 퇴직급여충당부채는 50,000,000원이다. 기중 종업원의 퇴사로 퇴직금 10,000,000원을 지급하다. 기말 퇴직금추계액은 65,000,000원이다.

해설

• 기중 직원 퇴사 시

(차) 퇴직급여충당부채	10,000,000	(대) 현금및현금성자산	10,000,000

• 기말 퇴직급여충당부채 설정 시

(차) 퇴직급여	25,000,000*	(대) 퇴직급여충당부채	25,000,000

* 65,0000,000원 − (50,000,000원 − 10,000,000원)

◆ 퇴직연금제도

종전 「근로기준법」에 따른 퇴직금제도에서 사용자는 계속근로기간 1년당 30일분 이상의 평균임금을 퇴직급여로 퇴직하는 근로자에게 지급을 강제하는 제도이다. 이 제도는 근무기간 단축과 잦은 이직, 연봉제 확산 등의 노동시장변화로 인하여 퇴직일시금으로는 노후생활을 보장하기에 부족한 문제가 있었다.

이러한 문제점 때문에 근로자의 안정적인 노후생활 보장을 위하여 「근로자퇴직급여보장법」이 제정되어 2005.12.1.부터 퇴직연금제도가 시행되었다.

퇴직연금제도는 사용자가 매월 또는 매년 사외의 금융기관에 퇴직금을 적립하고, 금융기관이 이를 운영하고, 종업원이 퇴직 후 연금으로 받을 수 있게 하는 제도이고 확정기여형(DC : Defined Contribution)과 확정급여형(DB : Defined Benefit)으로 구분된다.

구분		확정급여형(DB)	확정기여형(DC)
개 념		• 근로자가 지급받을 급여 수준이 사전에 결정되어 있는 제도 • 사업체 소유의 계좌 • 근로자가 해당 계좌에 입출금할 수 없음 • 중간정산 불가함	• 법적으로 개인이 계좌를 소유하며, 사업체에서는 해당 계좌에 퇴직금에 해당하는 금액을 매년 적립하는 방식 • 근로자는 사용자의 부담금 외에 추가로 부담금을 납부할 수 있음 • 중간정산 가능*
사용자 부담금		• 일정수준의 부담금을 금융기관에 맡겨놓음 • 적립금 운용결과에 대한 책임은 사용자에게 있음	적립금 운용결과에 대한 책임은 근로자에게 있음
회계처리	불입시	퇴직연금운용자산 ××× / 현금 등 ××× (퇴충차감항목) → 퇴직연금운용자산의 구성내역은 주석으로 기재해야 함	퇴직급여 ××× / 현금 등 ××× (비용)
	기말	퇴직급여 ××× / 퇴직급여충당부채 ××× (비용)	–
	퇴직시	퇴직급여충당부채 ××× / 퇴직연금운용자산 ××× 퇴직급여 ××× / 현금 등 ×××	–

* **퇴직금 중간정산 사유**(근로자퇴직급여 보장법 시행령 §3 ①)
  ① 무주택 근로자가 본인명의로 주택 구입하는 경우
  ② 무주택 근로자가 주거목적으로 전세금, 보증금 부담하는 경우
  ③ 근로자 본인, 배우자, 부양가족의 질병이나 부상으로 6개월 이상 요양이 필요한 경우의 의료비가 근로자 본인 연봉의 125/1000을 초과하여 부담하는 경우
  ④ 5년 이내 근로자가 파산선고를 받거나 개인회생절차개시 결정을 받은 경우
  ⑤ 사용자가 기존의 정년을 연장하거나 보장하는 조건으로 단체협약 및 취업규칙 등을 통하여 일정나이, 근속시점 또는 임금액을 기준으로 임금을 줄이는 제도를 시행하는 경우
  ⑥ 사용자가 근로자와의 합의에 따라 근로시간을 1일 1시간 또는 1주 5시간 단축함으로써 단축된 소정근로시간에 따라 근로자가 3개월 이상 계속 근로하기로 한 경우
  ⑦ 재난으로 피해를 입은 경우

④ 고유목적사업준비금

제19조【고유목적사업준비금】 ① 고유목적사업준비금이란 「법인세법」 제29조에 따라 고유목적사업이나 지정기부금에 사용하기 위해 미리 비용으로 계상하면서 동일한 금액으로 인식한 부채계정으로, 유동부채와 비유동부채로 구분하지 않고 별도로 표시한다.
② 제1항은 고유목적사업준비금을 부채로 인식하는 경우에 한하여 적용한다.

제31조【고유목적사업준비금 전입액과 환입액】 ① '고유목적사업준비금전입액'이란 공익법인이 법인세법에 따라 수익사업부문에서 발생한 소득 중 일부를 고유목적사업부문이나 지정기부금에 지출하기 위하여 적립한 금액을 말한다. 이에 상응하여 동일한 금액을 부채에 '고유목적사업준비금'이라는 과목으로 인식한다.
② '고유목적사업준비금환입액'이란 고유목적사업준비금이 「법인세법」에 따라 수익사업부문에서 고유목적사업부문에 전출되어 목적사업에 사용되었거나 미사용되어 임의 환입된 금액을 말한다.
③ 제1항과 제2항의 내용은 고유목적사업준비금을 부채로 인식하는 경우에 한하여 적용한다.

고유목적사업준비금이란 비영리법인에서 사용하는 계정과목으로 법인의 수익사업에서 발생한 소득에 '고유목적사업준비금전입액'을 비용으로 계상하여 추후 고유목적사업에 사용하기 위해 설정한 지급준비금이다.

「법인세법」 제29조에서도 비영리법인이 수익사업에서 생긴 소득을 고유목적사업이나 지정기부금에 지출하기 위하여 고유목적사업준비금을 설정한 경우에는 법률이 정한 한도 내에서 손금산입할 수 있다고 명시하고 있다.
비영리법인이 수익사업에서 생긴 소득을 고유목적사업에 지출하더라도 그 지출금액이 수익사업을 얻기 위하여 소요된 경비라고 할 수 없으므로 정확히 손금의 개념에 부합하는 것은 아니나, 수익사업에서 생긴 소득을 고유목적사업에 지출하도록 유도하기 위하여 제한적으로 손금산입을 허용하는 것이다.[21)]

이에 「공익법인회계기준」 제19조와 제31조에서 고유목적사업에 사용하기 위해 수익사업부문에서 발생한 소득에 대해 '고유목적사업준비금 전입액'을 비용으로 계상하면서 동 금액을 부채 계정인 '고유목적사업준비금'으로 계상하도록 하고 있다.

21) 이재호, 비영리법인의 법인세 과세체계에 대한 입법론적 고찰, 조세법연구 제14권 제2호, 한국세법학회, 2008, 351쪽

(차) 고유목적사업준비금전입액(비용) ×××	(대) 고유목적사업준비금 ×××

고유목적사업준비금 전입액과 고유목적사업준비금을 각각 비용과 부채로 처리하는 것이 재무회계개념체계상 비용과 부채의 정의와 부합하지 않는다는 논란이 많았다. 그러나 「공익법인회계기준」에서는 실무적 관행을 고려하여 고유목적사업준비금전입액과 고유목적사업준비금을 각각 비용과 부채로 인식할 수 있도록 규정하였다(결산조정).

이 규정은 선택사항으로 고유목적사업준비금을 「법인세법」상 신고조정으로 처리하고 있는 공익법인의 경우 적용하지 않아도 된다. 다만, 신고조정은 잉여금 처분을 통해 고유목적사업준비금을 설정하므로 이에 대한 보충정보를 제공하기 위하여 주석으로 잉여금처분계산서를 제공해야 한다.

◆ 결산조정에 의한 회계처리

고유목적사업준비금전입액을 비용처리하고, 그 금액만큼 고유목적사업준비금으로 부채로 계상하는 결산조정방법으로 회계처리를 하였을 때 재무상태표 및 운영성과표에는 아래와 같이 표시된다.

▶ 재무상태표 ◀

과 목	당 기			전 기		
	통합	공익목적 사업	기타 사업	통합	공익목적 사업	기타 사업
부 채						
유동부채	×××	×××	×××	×××	×××	×××
비유동부채	×××	×××	×××	×××	×××	×××
고유목적사업준비금	×××	×××	×××	×××	×××	×××
부 채 총 계	×××	×××	×××	×××	×××	×××

✔ 고유목적사업준비금(부채)은 유동부채 및 비유동부채와 별개로 표시한다.

PART 5 공익법인 회계기준

▶ 운영성과표 ◀

과 목	당 기			전 기		
	통합	공익목적사업	기타사업	통합	공익목적사업	기타사업
사업수익	×××	×××	×××	×××	×××	×××
사업비용	×××	×××	×××	×××	×××	×××
사업이익(손실)	×××	×××	×××	×××	×××	×××
사업외수익	×××	×××	×××	×××	×××	×××
사업외비용	×××	×××	×××	×××	×××	×××
고유목적사업준비금전입액	×××	×××	×××	×××	×××	×××
고유목적사업준비금환입액	×××	×××	×××	×××	×××	×××
법인세비용차감전 당기운영이익(손실)	×××	×××	×××	×××	×××	×××
법인세비용	×××	×××	×××	×××	×××	×××
당기운영이익(손실)	×××	×××	×××	×××	×××	×××

✔ 고유목적사업준비금전입액(비용)과 고유목적사업준비금환입액 사업수익, 사업비용, 사업외수익, 사업외비용과 별개로 표시한다.

사례 고유목적사업준비금 결산조정 회계처리 1

甲공익법인은 기타사업의 소득금액 100,000,000원이 발생하였다. 甲공익법인의 「법인세법」상 수익사업은 모두 기타사업에서만 발생하였다. 甲공익법인은 해당 금액을 고유목적사업준비금으로 설정하였다.

회계처리

① 고유목적사업준비금의 설정(기타사업)

공익목적사업	기타사업
–	(차) 고유목적사업준비금전입액 100,000,000 (대) 고유목적사업준비금 100,000,000

[재무상태표]

과 목	공익목적사업	기타사업
부 채		
고유목적사업준비금	0	100,000,000

[운영성과표]

과 목	공익목적사업	기타사업
고유목적사업준비금전입액	0	100,000,000

② 고유목적사업준비금을 고유목적사업에 사용하기 위해 공익목적사업부문으로 전출

공익목적사업	기타사업
(차) 현금및현금성자산 100,000,000 (대) 고유목적사업준비금 100,000,000	(차) 고유목적사업준비금 100,000,000 (대) 현금및현금성자산 100,000,000 → 공익목적사업 전출

[재무상태표]

과 목	공익목적사업	기타사업
부 채		
고유목적사업준비금	100,000,000	0

③ 기타사업부문에서 전입받은 고유목적사업준비금의 사용

공익목적사업	기타사업
(차) 고유목적사업준비금 100,000,000 (대) 고유목적사업준비금환입액 100,000,000 (차) 목적사업비 100,000,000 (대) 현금및현금성자산 100,000,000	–

[운영성과표]

과 목	공익목적사업	기타사업
사업비용	×××	
사업수행비용	100,000,000	
고유목적사업준비금환입액	100,000,000	

사례 고유목적사업준비금 결산조정 회계처리 2

甲공익법인은 소득금액 100,000,000원이 발생하였는데 소득금액 중 70,000,000원은 기타사업에서, 나머지 30,000,000원은 공익목적사업에서 발생하였다. 甲공익법인은 해당금액을 고유목적사업준비금으로 설정하였다.

회계처리

① 고유목적사업준비금의 설정

공익목적사업		기타사업	
(차) 고유목적사업준비금전입액	30,000,000	(차) 고유목적사업준비금전입액	70,000,000
(대) 고유목적사업준비금	30,000,000	(대) 고유목적사업준비금	70,000,000

[재무상태표]

과 목	공익목적사업	기타사업
부 채		
고유목적사업준비금	30,000,000	70,000,000

[운영성과표]

과 목	공익목적사업	기타사업
고유목적사업준비금전입액	30,000,000	70,000,000

② 고유목적사업준비금을 고유목적사업에 사용하기 위해 공익목적사업부문으로 전출

공익목적사업		기타사업	
		(차) 고유목적사업준비금	70,000,000
		(대) 현금및현금성자산	70,000,000
공익목적사업 전출			
(차) 현금및현금성자산	70,000,000		
(대) 고유목적사업준비금	70,000,000		

[재무상태표]

과 목	공익목적사업	기타사업
부 채		
고유목적사업준비금	100,000,000	0

③ 고유목적사업준비금의 사용

공익목적사업	기타사업
(차) 고유목적사업준비금 100,000,000 (대) 고유목적사업준비금환입액 100,000,000 (차) 목적사업비 100,000,000 (대) 현금및현금성자산 100,000,000	-

[운영성과표]

과 목	공익목적사업	기타사업
사업비용	×××	
사업수행비용	100,000,000	
고유목적사업준비금환입액	100,000,000	

사례 고유목적사업준비금 신고조정 회계처리

甲공익법인은 기타사업의 소득금액 100,000,000원이 발생하였다. 甲공익법인의 「법인세법」상 수익사업은 모두 기타사업에서만 발생하였다.

회계처리

① 기말

공익목적사업	기타사업
회계처리 없음	회계처리 없음

② 잉여금처분일

공익목적사업	기타사업
-	(차) 미처분이익잉여금 100,000,000 (대) 고유목적사업준비금 100,000,000 (준비금적립, 잉여금처분)

③ 기타사업부문에서 공익목적사업부문으로 현금 등 전출

공익목적사업	기타사업
공익목적사업 전출 → (차) 현금및현금성자산 100,000,000 (대) 고유목적사업준비금 100,000,000	(차) 고유목적사업준비금 100,000,000 (잉여금 차감) (대) 현금및현금성자산 100,000,000

④ 기타사업부문에서 전입받은 고유목적사업준비금의 사용

공익목적사업	기타사업
(차) 고유목적사업준비금 100,000,000 (대) 고유목적사업준비금환입액 100,000,000 (차) 목적사업비 100,000,000 (대) 현금및현금성자산 100,000,000	–

고유목적사업준비금은 「법인세법」상 수익사업에서 발생하는 계정과목으로 공익법인 회계상 주로 기타사업에서 발생할 것이다.

그러나 공익목적사업에서도 고유목적사업준비금이 발생할 수 있는데, 공익법인의 정관에 명시된 공익사업이 「법인세법」상 수익사업에 속하는 경우이다.

예를 들면 공익사업부문에 의료사업, 문화공연사업, 이자배당소득 등이 발생하였다면 공익목적사업에서도 고유목적사업준비금 회계처리가 발생하게 되는 것이다.

참고 고유목적사업준비금의 손금산입[22)]

1. 설정방법

① 결산조정방법

결산조정방법이란 고유목적사업준비금으로 손금산입하고자 하는 금액을 운영성과표에 비용으로 계상하고 이에 상당하는 금액을 재무상태표에 부채로 계상하는 방법을 말한다. 원칙적으로 고유목적사업준비금은 결산조정방법에 의하여 손금에 산입하여야 한다.

② 신고조정방법

「주식회사의 외부감사에 관한 법률」 제3조 규정에 의한 감사인의 회계감사를 받는 비영리내국법인은 고유목적사업준비금을 신고조정(세무조정계산서에만 표시함으로써 손금산입되는 방식)에 의하여 손금산입할 수 있다. 단 이 경우에는 이익잉여금처분계산서에서 당해 준비금을 이익처분하여야 한다.

> 「주식회사의 외부감사에 관한 법률」 제3조 【감사인】
> ① 제2조에 따라 감사를 실시하는 감사인은 다음과 같다. 다만, 연결재무제표 또는 대통령령으로 정하는 주권상장법인의 재무제표를 감사하는 감사인은 다음 각 호의 감사인 중에서 대통령령으로 정한다. 〈개정 2013.5.28.〉
> 1. 「공인회계사법」 제23조에 따른 회계법인(이하 "회계법인"이라 한다)
> 2. 「공인회계사법」 제41조에 따라 설립된 한국공인회계사회(이하 "한국공인회계사회"라 한다)에 총리령으로 정하는 바에 따라 등록을 한 감사반(이하 "감사반"이라 한다)

2. 고유목적사업준비금 사용방법

법인이 손금에 산입한 고유목적사업준비금은 그 준비금을 손금에 산입한 사업연도종료일 이후 5년이 되는 날까지 고유목적사업 또는 지정기부금으로 지출 또는 사용하여야 한다. 위 기간 내에 사용하지 못한 준비금은 소득금액 계산에 있어 익금산입하여 법인세를 추가납부하여야 한다.

22) 공익법인회계기준 실무지침서, 기획재정부, 2018, 77쪽

05 순자산

제11조【재무상태표 작성기준】① 재무상태표에는 회계연도 말 현재 공익법인의 모든 자산, 부채 및 순자산을 적정하게 표시한다. [별지 제1호 서식(재무상태표) 참조]
② 재무상태표 구성요소의 정의는 다음 각 호와 같다.
3. '순자산'이란 공익법인의 자산 총액에서 부채 총액을 차감한 잔여 금액을 말한다.
④ 자산, 부채 및 순자산은 다음 각 호에 따라 구분한다.
3. 순자산은 기본순자산, 보통순자산, 순자산조정으로 구분한다.

제22조【순자산조정】'순자산조정'이란 순자산 가감성격의 항목으로서 매도가능증권평가손익, 유형자산재평가이익 등이 포함된다.

「공익법인회계기준」에서 순자산은 영리법인의 자본과는 다른 개념이다.

공익법인회계에서 순자산이란 자산 총액에서 부채 총액을 차감한 잔액으로 기본순자산, 보통순자산, 순자산조정으로 구분한다.

구 분	내 용
기본순자산	사용이나 처분에 영구적인 제약이 있어 주무관청 등의 허가가 필요한 재산
보통순자산	법인의 운영활동, 자산의 처분 및 기타 손익거래에서 발생한 이익 중 사내 유보된 금액을 의미하며 잉여금과 적립금으로 나눌 수 있음
순자산조정	순자산의 가감 성격항목으로서 매도가능증권평가손익, 유형자산재평가이익 등이 포함됨

1 기본순자산

제20조【기본순자산】① '기본순자산'이란 사용이나 처분에 '영구적 제약'이 있는 순자산을 말한다.
② '영구적 제약'이란 법령, 정관 등에 의해 사용이나 처분 시 주무관청 등의 허가가 필요한 경우를 말한다.

(1) 개 념

「공익법인회계기준」에서 의미하는 기본순자산은 기존 명칭에 관계없이 사용이나 처분에 '영구적 제약'이 있는 자산을 말한다.

'영구적 제약'이란 법령 · 정관 등에 의해 사용이나 처분 시 주문관청 등의 허가가 필요한 경우를 말한다. 기본순자산에 영구적 제약을 두는 것은 기본순자산이 공익법인의 공익사업을 수행하는 데 재정적 기초가 되는 자원으로 법인의 재무건전성과 지속가능성에 큰 영향을 끼친다고 볼 수 있기 때문이다.

다만, 주문관청 등의 허가가 있으면 기본재산의 일부가 보통재산으로 편입할 수 있는데 특정 용도에 사용하기 위한 편입이면 적립금으로 그렇지 않은 경우 잉여금으로 분류한다.

(2) 기본순자산과 기본재산의 구분

기본순자산은 정관상의 '기본재산'과 일치하지 않을 수 있다는 점에 유의해야 한다.

'기본재산'이란 「공익법인회계기준」에 의한 회계상 개념이 아니다.

기본재산은 「공익법인 설립 · 운영에 관한 법률」 제11조와 동법 시행령 제16조에 나오는 개념으로 공익법인의 재산을 기본재산과 보통재산으로 나누고 있다. 이러한 구분은 공익법인의 사후관리를 위해 구분하는 것이지 회계상 개념은 아닌 것이다.

예를 들어 공익법인 설립 시 기본순자산으로 주식을 100 출연받았고, 기말 평가가액이 110이라면 다음과 같이 「공익법인회계기준」에 따라 처리하게 된다.

구분	차변	금액	대변	금액
출연 시	(차) 매도가능증권	100	(대) 기본순자산	100
기말평가 시	(차) 매도가능증권	10	(대) 매도가능증권평가이익 (순자산조정)	10

그러나 정관상의 기본재산가액은 주무관청과의 협의를 통해 변경 여부가 결정되는 사항이지 회계상의 평가만으로 변경할 수 있는 사항이 아니다. 따라서 정관상의 기본재산가액은 변경하지 않아도 된다.

이로써 기본순자산과 기본재산의 금액에 차이가 발생할 수 있다.

관련법령 기본순자산과 기본재산의 구분

「공익법인의 설립 · 운영에 관한 법률」 제11조 【재산】

① 공익법인의 재산은 대통령령으로 정하는 바에 따라 기본재산과 보통재산으로 구분한다.

② 기본재산은 그 목록과 평가액을 정관에 적어야 하며, 평가액에 변동이 있을 때에는 지체 없이 정관 변경 절차를 밟아야 한다.

③ 공익법인은 기본재산에 관하여 다음 각 호의 어느 하나에 해당하는 경우에는 주무관청의 허가를 받아야 한다. 〈개정 2016. 5. 29.〉

1. 매도 · 증여 · 임대 · 교환 또는 용도변경하거나 담보로 제공하려는 경우
2. 대통령령으로 정하는 일정 금액 이상을 장기차입(長期借入)하려는 경우
3. 기본재산의 운용수익이 감소하거나 기부금 또는 그 밖의 수입금이 감소하는 등 대통령령으로 정하는 사유로 정관에서 정한 목적사업의 수행이 현저히 곤란하여 기본재산을 보통재산으로 편입하려는 경우

「공익법인의 설립 · 운영에 관한 법률 시행령」 제16조 【재산의 구분】

① 공익법인의 재산 중 다음 각 호의 1에 해당하는 재산은 기본재산으로 한다.

1. 설립 시 기본재산으로 출연한 재산
2. 기부에 의하거나 기타 무상으로 취득한 재산. 다만, 기부목적에 비추어 기본재산으로 하기 곤란하여 주무관청의 승인을 얻은 것은 예외로 한다.
3. 보통재산중 총회 또는 이사회에서 기본재산으로 편입할 것을 의결한 재산
4. 세계잉여금중 적립금

② 보통재산은 기본재산 이외의 모든 재산으로 한다.

③ 주무관청은 공익법인의 보통재산이 과다하다고 인정할 때에는 그 일부를 기본재산으로 편입하게 할 수 있다.

「공익법인의 설립 · 운영에 관한 법률 시행령」 제17조 【기본재산의 처분】

① 법 제11조 제3항 제1호에 따라 기본재산의 매도 · 증여 · 임대 또는 교환에 관한 허가를 받으려는 경우에는 그 허가신청서에 다음 각 호의 서류를 첨부하여 주무관청에 제출해야 한다.

1. 처분재산명세서
2. 「감정평가 및 감정평가사에 관한 법률」 제2조 제4호에 따른 감정평가법인등(이하 "감정평가법인등"이라 한다)이 작성한 감정평가서 또는 시장 · 군수 또는 구청장(자치구의 구청장을 말한다. 이하 같다)이 「부동산 가격공시에 관한 법률」 제8조에 따라 표준지의 공시지가를 기준으로 하여 산정한 개별필지에 대한 지가확인서(교환의 경우에는 쌍방의 재산에 관한 것이어야 한다)
3. 총회 또는 이사회 회의록 사본
4. 교환재산 또는 처분대금의 처리에 관한 사항을 기재한 서류(교환 또는 매도의 경우에 한한다)

「공익법인의 설립 · 운영에 관한 법률 시행령」 제18조의 2【기본재산의 보통재산으로의 편입】
① 법 제11조 제3항 제3호에서 "기본재산의 운용수익이 감소하거나 기부금 또는 그 밖의 수입금이 감소하는 등 대통령령으로 정하는 사유"란 다음 각 호의 어느 하나에 해당하는 사유를 말한다.
1. 기본재산의 운용수익이 감소한 경우
2. 기부금 등 무상으로 취득한 재산이 감소한 경우
3. 회비수입이 감소한 경우
4. 법 제4조 제3항에 따른 수익사업의 수익이 감소한 경우
5. 그 밖에 제1호부터 제4호까지에 준하는 사유로 보통재산이 고갈된 경우

2 보통순자산

제21조【보통순자산】① '보통순자산'이란 '기본순자산'이나 '순자산조정'이 아닌 순자산을 말한다.
② '보통순자산'은 잉여금과 적립금으로 구분하고, 적립금은 미래 특정 용도로 사용하기 위하여 적립해두는 준비금이나 임의적립금 등이 해당한다.

보통순자산은 기본순자산이나 순자산조정이 아닌 순자산으로 정의되며, 잉여금과 적립금으로 구분할 수 있다.

공익법인이 공익목적사업과 기타사업을 수행하면서 발생한 운영이익 및 자산의 처분으로 인한 이익금이 누적되면 잉여금이 되고, 잉여금 중 일부를 특정목적에 사용하기 위해 적립할 경우 적립금으로 분류한다.

특정목적에는 시설투자, 이사회 결의 등에 의한 사업의 확장하는 경우, 기부금 등을 제공한 자에 의해 처분의 조건이 가해지는 경우 등이 있다.

사례 기본순자산, 보통순자산 회계처리

甲공익법인은 설립 시 주식 300,000,000원의 기본순자산을 기부받았다.

회계처리

• 출연 시

(차) 매도가능증권	300,000,000	(대) 기본순자산	300,000,000

甲공익법인은 목적사업운영에 어려움이 있어 주무관청의 허가를 받아 주식 1억원을 보통순자산으로 편입하였다.

(차) 기본순자산	100,000,000	(대) 보통순자산	100,000,000

3 순자산조정

제22조【순자산조정】'순자산조정'이란 순자산 가감성격의 항목으로서 매도가능증권평가손익, 유형자산재평가이익 등이 포함된다.

순자산조정이란 순자산 가감 성격의 항목으로 매도가능증권평가손익, 유형자산 재평가이익 등이 포함된다.

유형자산 재평가이익	유형자산을 재평가하여 장부가액이 증가한 경우 그 가액
매도가능증권 평가손익	매도가능증권에 대한 미실현보유손익

유형자산재평가이익 및 매도가능증권 평가손익은 미실현 손익으로 당기손익에 반영하지 않고 순자산조정으로 인식했다가, 실현되는 시점에 당기손익으로 재분류한다.

과 목	당 기			전 기		
	통합	공익목적사업	기타사업	통합	공익목적사업	기타사업
순자산						
기본순자산	×××	×××	×××	×××	×××	×××
보통순자산	×××	×××	×××	×××	×××	×××
적립금	×××	×××	×××	×××	×××	×××
잉여금	×××	×××	×××	×××	×××	×××
순자산조정	×××	×××	×××	×××	×××	×××
순자산총계	×××	×××	×××	×××	×××	×××

▶ 재무상태표 구조 ◀

자 산	부 채
1. 유동자산 1) 현금및현금성자산 2) 매출채권과 미수금 3) 대손충당금 4) 선급금, 선급비용 5) 미수금, 미수수익 6) 재고자산 7) 미수법인세 환급액 2. 비유동자산 1) 투자자산 2) 유형자산 3) 무형자산 4) 기타비유동자산	1. 유동부채 1) 매입채무와 미지급금 2) 선수금, 선수수익 3) 미지급금, 미지급비용 4) 예수금 2. 비유동부채 1) 장기차입금 2) 충당부채 3) 퇴직급여충당부채 3. 고유목적사업준비금 **순자산** 1. 기본순자산 2. 보통순자산 3. 순자산조정

Chapter 3

운영성과표

01 운영성과표의 목적과 작성단위

제23조 【운영성과표의 목적과 작성단위】 ① 운영성과표는 해당 회계연도의 모든 수익과 비용을 표시함으로써 다음 각 호의 정보를 제공하는 것을 목적으로 한다.

1. 공익법인의 사업 수행 성과
2. 관리자의 책임 수행 정도

② 운영성과표의 작성은 공익법인을 하나의 작성단위로 보아 통합하여 작성하되, 공익목적사업부문과 기타사업부문으로 각각 구분하여 표시한다.

제24조 【운영성과표 작성기준】 ① 운영성과표에는 그 회계연도에 속하는 모든 수익 및 이에 대응하는 모든 비용을 적정하게 표시한다. [별지 제2호 서식(운영성과표) 참조]

② 운영성과표는 다음 각 호에 따라 작성한다.

1. 모든 수익과 비용은 그것이 발생한 회계연도에 배분되도록 회계처리한다. 이 경우 발생한 원가가 자산으로 인식되는 경우를 제외하고는 비용으로 인식한다.
2. 수익과 비용은 그 발생 원천에 따라 명확하게 분류하고, 수익항목과 이에 관련되는 비용항목은 대응하여 표시한다.
3. 수익과 비용은 총액으로 표시한다.
4. 운영성과표는 다음 각 목과 같이 구분하여 표시한다.
   가. 사업수익
   나. 사업비용
   다. 사업이익(손실)
   라. 사업외수익
   마. 사업외비용

바. 고유목적사업준비금을 부채로 인식하는 경우 고유목적사업준비금전입액
사. 고유목적사업준비금을 부채로 인식하는 경우 고유목적사업준비금환입액
아. 법인세비용차감전 당기운영이익(손실)
자. 법인세비용
차. 당기운영이익(손실)

1 운영성과표의 목적

영리기업은 기업의 이익을 극대화하는 영리추구가 목적이나 공익법인은 공익사업을 통해 사회전체의 이익을 극대화하는 것을 목적으로 한다.

운영성과표는 해당 회계연도의 모든 수익과 비용을 표시하는 재무제표로 공익법인의 사업 수행에 따른 성과 및 결과를 평가하는데 유용한 정보를 제공한다.

2 운영성과표 작성단위

운영성과표의 작성은 공익법인을 하나의 작성단위로 보아 통합하여 작성하되, 공익목적사업부문과 기타사업부문으로 구분하여 표시한다.

여기서 공익목적사업부문과 기타사업부문의 구분은 공익법인의 정관에 기재된 공익목적사업에 해당하는지에 따라 판단한다.

02 운영성과표 작성기준

운영성과표의 모든 수익과 비용은 발생주의 원칙에 따라 회계처리한다. 이는 현금의 수입과 지출 시에 거래를 인식하는 현금주의와는 다르다.

수익과 비용은 그 발생원천에 따라 명확하게 분류해야 하고, 총액으로 기록해야 한다. 총액인식이란 수익과 비용을 직접 상계하여 순액처리하면 안 된다는 의미이다.

▶ 운영성과표 구성[23] ◀

사업 수익

1) 기부금수익
2) 보조금수익
3) 회비수익
4) 투자자산수익
5) 매출액

사업 비용

1) 기능별 구분
   (1) 사업수행비용
   (2) 일반관리비용
   (3) 모금비용

2) 성격별 구분
   (1) 분배비용
   (2) 인력비용
   (3) 시설비용
   (4) 기타비용

사업외수익

사업외비용

고유목적사업준비금 전입액 · 환입액

법인세비용

자산 손상

23) 공익법인회계기준 실무지침서 설명회, 한국조세재정연구원, 2019, 45쪽

운 영 성 과 표

제×기 20××년×월×일부터 20××년×월×일까지
제×기 20××년×월×일부터 20××년×월×일까지

공익법인명 (단위 : 원)

과 목	당 기			전 기		
	통합	공익목적사업	기타사업	통합	공익목적사업	기타사업
사업수익	×××	×××	×××	×××	×××	×××
기부금수익	×××	×××	–	×××	×××	–
보조금수익	×××	×××	–	×××	×××	–
회비수익	×××	×××	–	×××	×××	–
투자자산수익	×××	×××	–	×××	×××	–
매출액	×××	×××	–	×××	×××	–
......	×××	×××	–	×××	×××	–
사업비용	×××	×××	×××	×××	×××	×××
사업수행비용	×××	×××	–	×××	×××	–
○○사업수행비용	×××	×××	–	×××	×××	–
△△사업수행비용	×××	×××	–	×××	×××	–
......	×××	×××	–	×××	×××	–
일반관리비용	×××	×××	–	×××	×××	–
모금비용	×××	×××	–	×××	×××	–
......	×××	–	×××	×××	–	×××
사업이익(손실)	×××	×××	×××	×××	×××	×××
사업외수익	×××	×××	×××	×××	×××	×××
유형자산손상차손환입	×××	×××	×××	×××	×××	×××
유형자산처분이익	×××	×××	×××	×××	×××	×××
전기오류수정이익	×××	×××	×××	×××	×××	×××
.....	×××	×××	×××	×××	×××	×××
사업외비용	×××	×××	×××	×××	×××	×××
기타의 대손상각비	×××	×××	×××	×××	×××	×××
유형자산손상차손	×××	×××	×××	×××	×××	×××
유형자산처분손실	×××	×××	×××	×××	×××	×××
유형자산재평가손실	×××	×××	×××	×××	×××	×××
전기오류수정손실	×××	×××	×××	×××	×××	×××
......	×××	×××	×××	×××	×××	×××
고유목적사업준비금전입액	×××	×××	×××	×××	×××	×××
고유목적사업준비금환입액	×××	×××	×××	×××	×××	×××
법인세비용차감전 당기운영이익(손실)	×××	×××	×××	×××	×××	×××
법인세비용	×××	×××	×××	×××	×××	×××
당기운영이익(손실)	×××	×××	×××	×××	×××	×××

03 운영성과표 구성요소

1 사업수익

제25조【사업수익】① '사업수익'은 공익목적사업과 기타사업의 결과 경상적으로 발생하는 자산의 증가 또는 부채의 감소를 말한다.
② 사업수익은 공익목적사업수익과 기타사업수익으로 구분하여 표시한다.
③ 공익목적사업수익은 공익법인의 특성을 반영하여 기부금수익, 보조금수익, 회비수익 등으로 구분하여 표시한다.
④ 기타사업수익은 공익법인이 필요하다고 판단하는 경우에는 그 구분정보를 운영성과표 본문에 표시하거나 주석으로 기재할 수 있다.
⑤ 이자수익 또는 배당수익과 처분손익 등이 공익목적사업활동의 주된 원천이 되는 경우에는 사업수익에 포함한다.

▶ 사업수익의 구성[24] ◀

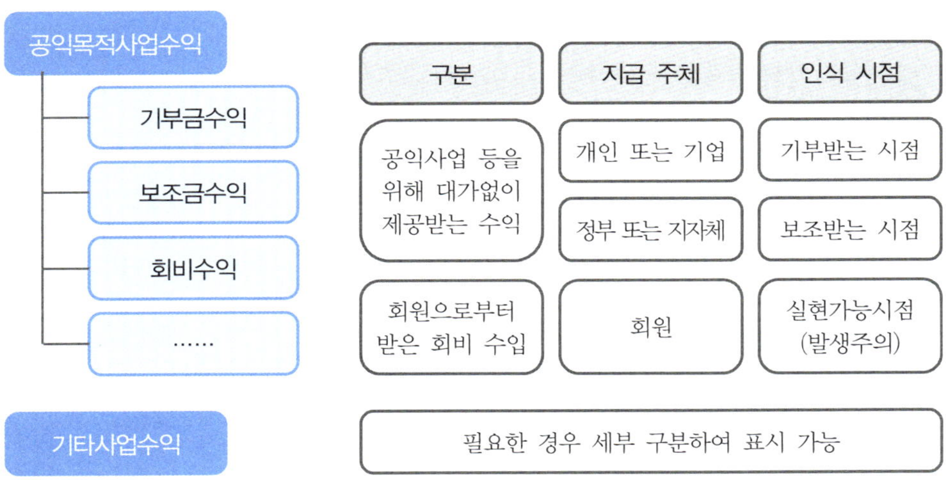

24) 알기 쉬운 공익법인회계기준, 한국조세재정연구원, 2020, 54쪽

공익법인의 사업수익은 공익목적사업과 기타사업의 결과 경상적으로 발생하는 자산의 증가 및 부채의 감소를 말하며 공익목적사업과 기타사업으로 구분하여 표시한다.

공익법인의 특수성을 고려하여 공익목적 사업수익은 기부금수익, 보조금수익, 회비수익 등 구분표시하지만, 기타사업은 통합표시한다. 그러나 기타사업 부문도 구분표시가 필요하다고 판단될 경우 운영성과표 본문에 표시할 수 있다.

(1) 기부금수익

가. 개 념

기부금수익은 기부금, 후원금 등 명칭 여하 불문하고 기부자의 자발적인 의사로 반대급부 없이 공익법인에 출연하는 기금이나 물품을 말한다.

나. 기부금수익의 인식과 현금기부금 평가

제26조【기부금 등의 수익인식과 측정】① 현금이나 현물을 기부받을 때에는 실제 기부를 받는 시점에 수익으로 인식한다.
② 현물을 기부받을 때에는 수익금액을 공정가치(합리적인 판단력과 거래 의사가 있는 독립된 당사자 사이의 거래에서 자산이 교환되거나 부채가 결제될 수 있는 금액을 말한다. 이하 같다)로 측정한다.
③ 납부가 강제되는 회비 등에 대해서는 발생주의에 따라 회수가 확실해지는 시점에 수익을 인식할 수 있다.
④ 기부금 등이 기본순자산에 해당하는 경우 사업수익으로 인식하지 않고 기본순자산의 증가로 인식한다.

PART 5 공익법인 회계기준

① 기부금 수익인식

「공익법인회계기준」에서 발생주의에 의해 회계처리하는 것이 원칙이지만 기부금에 대해서는 실제 기부를 받는 시점에 수익을 인식한다.

기부자가 기부약정을 했으나 실제로 기부가 이행되지 않은 채 취소될 수 있기 때문에 발생주의로 회계처리를 할 수 없는 것이다.

또한 기부의 형식이 현금 외에도 신용카드 결제, 가상계좌, 지로, 모바일 등 다양한 방식으로 기부함으로써 기부 시점과 공익법인에 기부금이 입금되는 시점이 달라 수익 인식시점을 언제로 할 것인지 의문이 생길 수 있다. 이 경우 기부자가 결제를 하는 시점에 기부금수익을 인식한다. 실제 현금이 입금된 것은 아니지만 결제 시점에 실제 기부라는 행위가 완료되었고, 단지 납부방법에 따라 입금이 늦어지는 것이기 때문이다.

▶ 기부금 납부방법에 따른 입금시점 예시[25) ◀

No	기부금 납부수단	납부 방법	결제정산 데이터 수령 시점(PG* 로부터)	현금입금시점
1	가상계좌	후원자 직접납부	납부즉시(실시간)	납부 후 4영업일
2	CMS(정기)	자동 출금	출금 후 1영업일	출금 후 1영업일
3	지로	후원자 직접납부	납부 후 2영업일	납부 후 2영업일
4	CMS즉시출금	기관대리승인요청	출금 즉시	출금 후 3영업일
5	신용카드(즉시)	기관대리승인요청	출금 즉시	결제 후 4영업일
6	신용카드(일시)	후원자 직접승인	결제 즉시	결제 후 4영업일
7	신용카드 (정기 자동이체)	자동이체	결제 후 1영업일	결제 후 4영업일
8	페이코 결제	후원자 직접승인	결제 즉시	결제 후 3영업일
9	카카오페이	후원자 직접승인	결제 즉시	결제 후 7영업일

* PG(Payment Gateway) : 중간 지불 결제 사업자

사례 W

기부금 약정과 회계처리

甲공익법인은 20x1.8.1. A로부터 현금 100,000,000원을 기부받기로 하였다. 기부금은 한 달 후인 20x1.9.1.에 입금되었다.

회계처리

- 20x1.8.1.

회계처리 없음

기부금을 받기로 약정한 것에 불과하므로 실제 기부금이 입금된 때에 수익을 인식한다.

- 20x1.9.1.

(차) 현금및현금성자산 100,000,000 (대) 기부금수익 100,000,000

25) 공익법인회계기준 실무지침서, 기획재정부, 2018, 89쪽

② 현물기부금 평가

기부금을 현금이 아닌 현물로 받는 경우 기부금수익은 얼마로 계산하면 될까? 「공익법인회계기준」에서는 현물기부금의 수익금액은 공정가치로 인식한다고 명시하고 있다. 공정가치란 합리적인 판단력과 거래 의사가 있는 독립된 당사자 사이의 거래에서 자산이 교환되거나 부채가 결제될 수 있는 금액을 말한다.

그러나 현금및현금성자산, 주권상장주식을 제외하고는 공정가치를 평가하기 어렵다. 이에 「공익법인회계기준 실무지침서」에서는 현물 기부물품에 대한 공정가치 평가방법을 예시하고 있다.

현물 기부자산 종류	공정가치 평가방법[26]
유형자산	공시지가, 감정평가 등
유가증권	시장가격, 감정평가 등
재고자산, 기타물품	시장가격, 유사한 자산의 시장가격 등

다. 용역의 기부

현금이나 현물이 아닌 재능이나 용역으로 기부를 받는 경우도 있는데, 이러한 재능이나 용역은 공정가치를 산정하기 어려우므로 기부금수익으로 인식할 수 없다.

사례 용역의 기부 회계처리

甲공익법인은 A세무법인으로부터 1천만원 상당의 세무신고 용역(공익법인에 유산기부 시 상속세 신고 등)을 무상으로 재능기부 받기로 하였다.

회계처리

- 회계처리 없음

용역이나 재능으로 기부받는 경우 공정가치 산정이 어려우므로 기부금수익으로 인식할 수 없다.

26) 공익법인회계기준 실무지침서, 기획재정부, 2018, 90쪽

라. 기부금이 기본순자산이 되는 경우

기부금이 기본순자산이 되는 경우 기부금수익으로 인식할 수 없고 기본순자산의 증가로 인식해야 한다.

기본순자산이 된다는 의미는 해당 기부금의 사용 및 처분에 제약이 있다는 것이기 때문에 수익으로 인식할 수 없는 것이다.

예를 들어 거액의 현금을 기부받은 장학재단이 기부 원금은 사용할 수 없으나 은행에 예치함으로써 발생하는 이자수익으로 장학사업을 운영하는 경우 기부금은 사업수익이 아닌 기본순자산으로 회계처리한다.

사례 기부금이 기본순자산이 되는 경우 회계처리

甲공익법인은 A로부터 300,000,000원의 토지를 기부받았다. 해당 토지는 기본재산으로 주무관청의 허가 없이는 처분 및 사용할 수 없다.

회계처리

(차) 토지	300,000,000	(대) 기본순자산	300,000,000

(2) 보조금 수익

가. 개 념

공익법인은 국가가 정책적으로 장려하는 학술, 연구, 자선 등 공익사업을 수행하기 때문에 정부나 지방자치단체 등으로부터 각종 지원금을 받는다.

정부나 지방자치단체로부터 직접 수령하는 직접 보조금과 공공기관을 통해 간접적으로 수령하는 간접 보조금이 있다.

▶ 직접 보조금 ◀

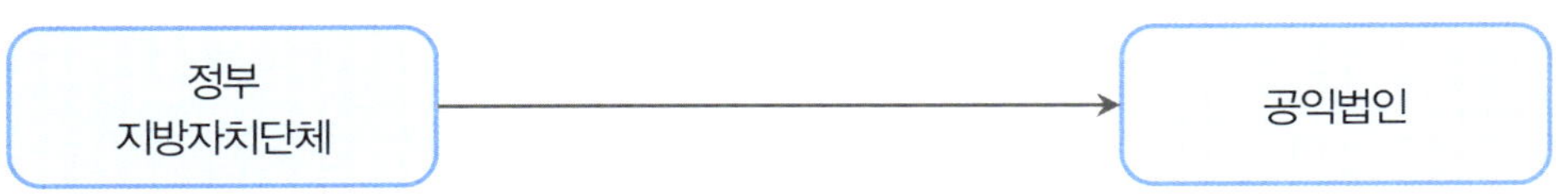

▶ 간접 보조금 ◀

정부 지방자치단체 → 공공기관 또는 공익법인 → 공익법인

✔ 직접 보조금뿐만 아니라 간접보조금도 보조금수익이므로 누락해서는 안 된다.

나. 보조금의 유형

① 자산 취득 관련 보조금

자산 취득을 조건으로 수령하는 보조금으로 해당 자산의 취득기간이나 보유기간에 제한이 있을 수 있다.

이러한 보조금은 당해 자산의 취득가액에서 차감하는 형식으로 표시하지 않고 그 총액을 보조금수익으로 인식한다.

② 경상보조금

공익법인의 운영자금 지원목적의 보조금으로 인건비나 운영비 등 경상적인 지원을 위한 보조금 총액을 수익으로 인식한다.

다. 보조금수익의 인식

정부, 지방자치단체 및 공공기관 등으로부터 지급받은 보조금은 반대급부 없이 지급받는 것이므로 정부부처 외 기관 및 개인으로부터 받는 기부금과 실질적으로 동일하다고 볼 수 있다.

따라서 보조금도 기부금과 동일하게 실질적으로 수령하는 때에 수익으로 인식하고, 보조금이 기본순자산에 해당할 경우 수익이 아닌 기본순자산으로 처리해야 한다(「일반기업회계기준」의 정부보조금 회계처리가 아님에 유의해야 한다).

라. 일반회계기준과의 차이[27)]

보조금 구분	「공익법인회계기준」	「일반기업회계기준」
자산 취득 관련	수익 인식	관련 자산의 차감 표시
자산(기본순자산) 취득 관련	기본순자산 인식	
수익 관련	수익 인식	수익 인식
비용 보전	수익 인식	수익 인식 또는 비용 차감

(3) 회비수익

> 제26조【기부금 등의 수익인식과 측정】
> ③ 납부가 강제되는 회비 등에 대해서는 발생주의에 따라 회수가 확실해지는 시점에 수익을 인식할 수 있다.

가. 개 념

단체를 만들거나 유지하기 위하여 그 단체의 구성원들에게 받는 회비는 회비수익으로 처리한다.

회비는 소속단체의 유지를 위해 의무적으로 내야 하는 것으로 납부에 따른 혜택이 있다는 점에서 반대급부가 없이 자발적으로 납부하는 기부금과 구분된다.

만약 회비 납부가 강제되지 않고 회비에 대해 기부금영수증을 발급해주는 경우 기부금과 동일한 성격이므로 기부금수익으로 처리한다.

「공익법인회계기준 실무지침서」에서는 기부금수익과 회비수익의 판단기준을 아래와 같이 서술하고 있다.

---

27) 공익법인회계기준 실무지침서, 기획재정부, 2018, 93쪽

▶ 기부금수익과 회비수익의 구분[28] ◀

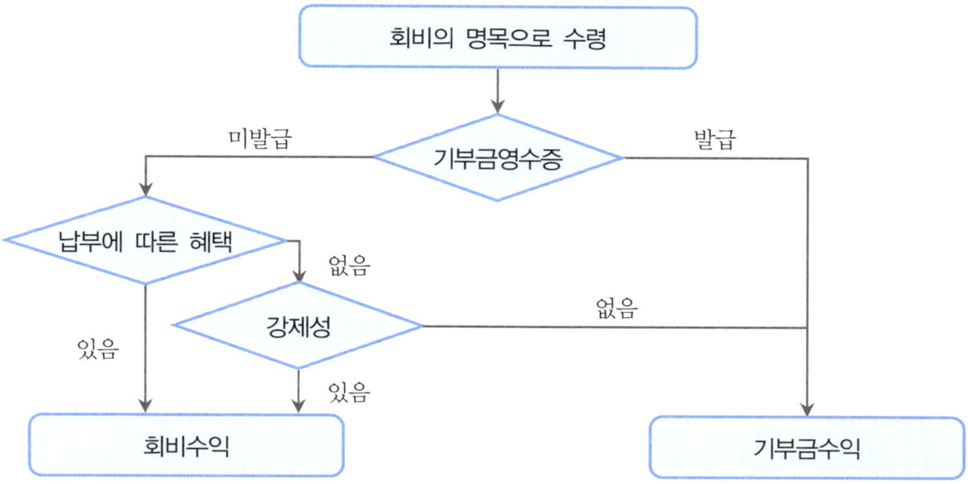

기부금 성격의 회비를 받는 경우 기부금수익으로 인식하지만 공익법인이 필요하다고 판단되는 경우 기부금수익의 하위 범위에 일반기부금과 회원기부금으로 세분화하여 보다 효과적인 정보제공을 할 수 있다.

나. 회비의 수익 인식시점

회비는 실제 받는 시점에 수익으로 인식하는 것이 원칙이다.

다만, 납부가 강제되는 회비의 경우 발생주의에 따라 회수가 확실해지는 시점에 수익을 인식할 수 있다.

▶ 회비수익 회계처리 ◀

• 회비를 실제로 받을 때

(차) 현금및현금성자산	×××	(대) 회비수익 (공익목적사업)	×××

• 납부가 강제되는 회비로 발생주의에 따라 회수가 확실해지는 경우

(차) 미수금	×××	(대) 회비수익 (공익목적사업)	×××

28) 공익법인회계기준 실무지침서, 기획재정부, 2018, 95쪽

(4) 투자자산수익

> 제25조【사업수익】
> ⑤ 이자수익 또는 배당수익과 처분손익 등이 공익목적사업활동의 주된 원천이 되는 경우에는 사업수익에 포함한다.

「공익법인회계기준」에서는 공익목적사업과 기타사업의 결과 계속적, 반복적으로 발생하는 수익은 사업수익으로 인식하고, 비경상적으로 발생하는 것은 사업외수익으로 구분한다.

주식, 채권 등 투자자산에서 발생하는 이자수익, 배당수익 등은 일반적으로 사업외수익이다. 그러나 기부금, 보조금 수익이 없는 공익법인의 경우 투자자산에서 발생하는 이자수익 및 배당수익에 의존할 수밖에 없다. 이자수익, 배당수익 등이 공익목적사업의 주된 자금원천인 공익법인의 경우 해당 소득에 대해 사업수익으로 분류해야 한다.

예를 들어 공익법인이 보유하고 있는 예금에서 발생한 이자수익과 공익법인이 소유한 주식에서 발생하는 배당금으로 공익목적사업을 운영하는 경우 사업외수익이 아닌 사업수익으로 인식한다.

▶ 이자 · 배당수익의 표시 ◀

	공익목적사업	기타사업
사업수익	×××	×××
기부금수익	×××	–
보조금수익	×××	–
회비수익	×××	–
이자수익	×××	×××
사업비용	×××	×××
사업수행비용	×××	–
일반관리비용	×××	–
모금비용	×××	–
사업외수익	×××	×××
이자수익	×××	×××
배당수익	×××	×××
················		

✔ 이자수익, 배당수익 등이 공익목적사업의 주된 자금원천인 경우 사업수익으로 분류한다.

▶ 투자자산수익 ◀

• 기본재산으로 분류된 정기예금에서 발생한 이자수익

(차) 현금및현금성자산	×××	(대) 이자수익 (사업수익)	×××

• 운용자금으로 보유하던 보통예금에서 발생한 이자수익

(차) 현금및현금성자산	×××	(대) 이자수익 (사업外수익)	×××

(5) 매출액

공익법인의 주된 사업활동에서 발생한 제품매출, 용역매출, 임대수익 등 총매출액에서 매출에누리, 매출환입, 매출할인 등을 차감한 금액이다.

2 사업비용

제27조【사업비용】 ① '사업비용'은 공익목적사업과 기타사업의 결과 경상적으로 발생하는 자산의 감소 또는 부채의 증가를 말한다.

② 사업비용은 공익목적사업비용과 기타사업비용으로 구분하여 표시한다.

③ 공익목적사업비용은 활동의 성격에 따라 다음 각 호와 같이 사업수행비용, 일반관리비용, 모금비용으로 구분하여 표시한다.

1. '사업수행비용'은 공익법인이 추구하는 본연의 임무나 목적을 달성하기 위해 수혜자, 고객, 회원 등에게 재화나 용역을 제공하는 활동에서 발생하는 비용을 말한다.
2. '일반관리비용'은 기획, 인사, 재무, 감독 등 제반 관리활동에서 발생하는 비용을 말한다.
3. '모금비용'은 모금 홍보, 모금 행사, 기부자 리스트 관리, 모금 고지서 발송 등의 모금활동에서 발생하는 비용을 말한다.

④ 사업수행비용은 세부사업별로 추가 구분한 정보를 운영성과표 본문에 표시하거나 주석으로 기재할 수 있다.

⑤ 사업수행비용, 일반관리비용, 모금비용에 대해서는 각각 다음 각 호와 같이 분배비용, 인력비용, 시설비용, 기타비용으로 구분하여 분석한 정보를 운영성과표 본문에 표시하거나 주석으로 기재한다. 다만, 공익법인이 필요하다고 판단하는 경우에는 더 세분화된 정보를 운영성과표 본문에 표시하거나 주석으로 기재할 수 있다.

1. '분배비용'은 공익법인이 수혜자 또는 수혜단체에 직접 지급하는 비용으로 장학금, 지원금 등을 포함한다.
2. '인력비용'은 공익법인에 고용된 인력과 관련된 비용으로서 급여, 상여금, 퇴직급여, 복리후생비, 교육훈련비 등을 포함한다.
3. '시설비용'은 공익법인의 운영에 사용되는 토지, 건물, 구축물, 차량운반구 등 시설과 관련된 비용으로서 감가상각비, 지급임차료, 시설보험료, 시설유지관리비 등을 포함한다.
4. '기타비용'은 분배비용, 인력비용, 시설비용 외의 비용으로서 여비교통비, 소모품비, 지급수수료, 용역비, 업무추진비, 회의비, 대손상각비 등을 포함한다. 이 경우 각 공익법인의 특성에 따라 금액이 중요한 기타비용 항목은 별도로 구분하여 운영성과표 본문에 표시하거나 주석으로 기재한다.

⑥ 기타사업비용을 인력비용, 시설비용, 기타비용으로 구분하여 분석한 정보는 운영성과표 본문에 표시하거나 주석으로 기재하여야 하며, 그 외 공익법인이 필요하다고 판단하는 구분정보에 대해서는 운영성과표 본문에 표시하거나 주석으로 기재할 수 있다.

(1) 개 념

사업비용은 공익목적사업과 기타사업의 결과 경상적으로 발생하는 비용을 의미하며 공익목적사업비용과 기타사업비용으로 나눌 수 있다.

공익목적사업비용은 활동의 성격에 따라 사업수행비용, 일반관리비용, 모금비용으로 구분표시해야 하고, 다시 각 비용에 대해 분배비용, 인력비용, 일반관리비용, 기타비용으로 구분하여 운영성과표나 주석에 기재해야 한다.

(2) 기능별 구분

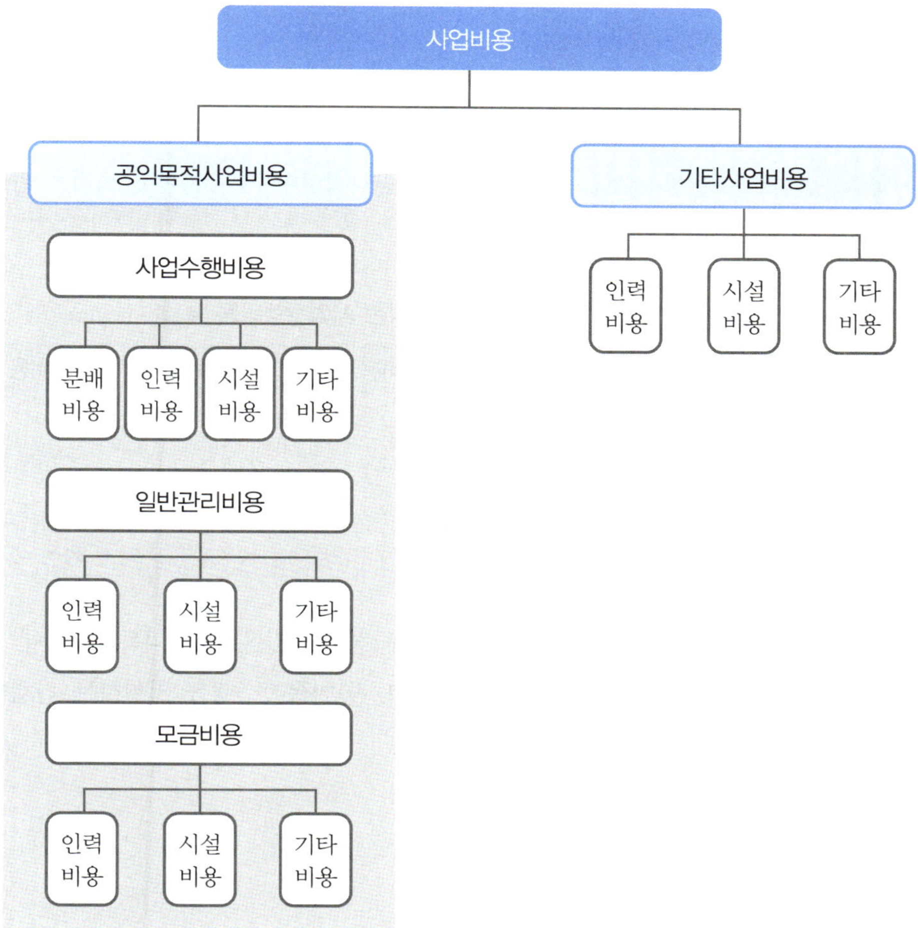

가. 사업수행비용

사업수행비용이란 공익법인이 추구하는 본연의 임무나 목적을 달성하기 위해 수혜자, 고객, 회원 등에게 재화나 용역을 제공하는 활동에서 발생하는 비용을 말한다.

즉, 공익법인의 목적활동을 수행하면서 발생하는 비용으로 구체적인 내용은 아래와 같다.

- 장학사업을 운영하는 경우 장학금 지급액
- 사회복지사업을 하는 경우 기초생계지원비 지급액 및 지원물품비용
- 학술연구단체가 지출하는 연구비용

사업수행비용은 세부사업별로 구분한 정보를 운영성과표 본문이나 주석에 기재할 수 있다. 세부사업별로 구분한 정보를 제공하는 경우 공익법인이 어느 분야에 노력을 기울이고 있는지 확인할 수 있다.

▶ 주석에 세부사업별로 구분표시한 사업수행비용 ◀

구 분	분배비용	인력비용	시설비용	기타비용
사업수행비용	×××	×××	×××	×××
기초생계비 지원사업	×××	×××	×××	×××
주거환경개선 사업	×××	×××	×××	×××
교육자립지원 사업	×××	×××	×××	×××

사업수행비용과 일반관리비용을 구분하기 어려운 경우가 많은데, 공익목적활동에 직접적으로 소요된 비용은 사업수행비용으로 인식하고, 공익목적수행을 지원하는 간접비는 일반관리비용으로 인식한다.

나. 일반관리비용

일반관리비용은 기획, 인사, 재무, 감독 등 제반 관리활동에서 발생하는 비용을 말한다. 공익법인이 공익목적수행을 하는 데 있어 간접적으로 지원(경영지원실, 인사팀, 총무팀, 회계팀 등)하는 부서에서 발생하는 비용은 일반관리비용으로 반영한다.

공익목적사업수행과 지원업무를 동시에 수행하는 경우 합리적인 기준을 세워 비용을 배분해야 한다. 배분하는 기준은 업무시간, 사용면적, 사용빈도수 등이 있다.

다. 모금비용

기부금수익을 창출하기 위한 중요활동에 투입되는 모금비용은 별도로 표시해야 한다. 모금활동에서 발생하는 다음의 모든 비용은 모금비용으로 인식한다.

모금홍보	모금홍보영상 제작, 거리 모금활동, 모금광고 등
모금행사	후원인의 밤 행사, 바자회
기부자리스트 관리	기부금영수증 발행, 기부자 관리시스템 유지
모금고지서 발송	고지서 제작비용, 우편료

공익법인이 후원회원을 모집하거나, 기부금을 모집하기 위한 홍보활동은 모금비용으로 인식한다. 모금활동이 아닌 사업 또는 법인 자체 홍보활동에서 발생한 비용은 일반관리비용이나 사업수행비용으로 인식한다.

라. 기타사업비용

공익법인이 공익목적활동 이외에 기타사업을 수행하는 경우 발생하는 비용은 기타사업비용으로 구분하여 인식한다.

기타사업은 영리기업의 사업과 유사하므로 매출원가, 판매비와 관리비 등으로 구분표시할 수 있다.

기타사업비용은 기타사업에서 발생하는 비용이므로 공익목적사업에서는 발생하지 않는다. 반대로 사업수행비용, 일반관리비용, 모금비용은 공익목적사업에서만 발생하는 경비이므로 기타사업에서는 발생하지 않는다.

사례 사업비용의 기능별 구분

乙장학재단은 교육지원사업부, 모금사업부, 총무부로 나뉘어 있다.

20x1년 중 교육지원사업에 400,000,000원을 사용하였다.

각 부서에서 발생한 인건비는 교육지원사업부 70,000,000원, 모금사업부 20,000,000원, 총무부 8,000,000원의 급여를 지급하였다.

乙장학재단은 한 개의 층을 임차하여 사용하고 있으며 임차료는 연간 24,000,000원이 발생하였다(전체 면적은 300㎡이고, 교육지원사업부에서 200㎡, 모금사업부와 총무부에서 각각 50㎡씩 사용하고 있다).

교육지원사업부에서 지출한 출장여비는 2,000,000원이고, 모금사업부에서 모금홍보영상 제작비용으로 1,000,000원을 지출하였다.

해설

	교육지원사업부	모금사업부	총무부
사업수행비용	400,000,000원 70,000,000원 16,000,000원*1 2,000,000원		
일반관리비용			8,000,000원 4,000,000원*2
모금비용		20,000,000원 4,000,000원*2 1,000,000원	
계	488,000,000원	25,000,000원	12,000,000원

*1. $24{,}000{,}000\text{원} \times \frac{200\text{m}^2}{300\text{m}^2} = 16{,}000{,}000\text{원}$

*2. $24{,}000{,}000\text{원} \times \frac{50\text{m}^2}{300\text{m}^2} = 4{,}000{,}000\text{원}$

(3) 성격별 구분

사업비용을 사업수행비용, 일반관리비용, 모금비용으로 구분하는 것은 기능별 구분이고, 사업비용을 분배비용, 인력비용, 시설비용, 기타비용으로 구분하는 것은 성격별 구분이다.

가. 분배비용

공익법인이 수혜자 또는 수혜단체에 직접 지급하는 비용으로 장학금, 지원금 등을 포함한다.

분배비용은 현금으로 지급하는 것뿐만 아니라 현물로 지급하는 것도 포함한다.

분배비용에는 ▶저소득층을 위한 장학금 지급 ▶주거환경개선을 위한 공사비 ▶기초생계지원을 위한 자금 및 물품 지원 ▶사회복지공동모금회와 같이 공동모금을 통한 기부금 수익을 다른 공익단체에 지급하는 지원금 등이 있다.

분배비용은 공익법인이 공익목적사업을 수행하기 위해 직접 현금 및 현물을 지급하는 것이므로 사업수행비용에서만 발생할 뿐 일반관리비용과 모금비용에서는 발생하지 않는다.

사례 **분배비용 회계처리**

甲공익법인은 저소득층을 위한 장학금 10,000,000원을 지급하였다.

회계처리

(차) 사업수행비용 (분배비용)	10,000,000	(대) 현금및현금성자산	10,000,000

나. 인력비용

공익법인에 고용된 인력에 관련된 비용으로서 급여, 상여금, 퇴직급여, 복리후생비, 교육훈련비 등을 포함한다.

공익법인 내부에는 공익목적사업을 수행하는 부서, 지원부서, 모금부서 모두 인력이 존재할 수 있으므로 인력비용은 사업수행비용, 일반관리비용, 모금비용에 모두 나타난다.

인력비용의 구분은 공익법인과 고용관계에 있느냐에 달려 있다. 따라서 고용관계가 없는 파견직의 인건비와 자원봉사자들에 대한 인건비는 인력비용으로 인식하지 않고 기타비용(용역비 등)으로 인식해야 한다.

사례 인력비용 회계처리

乙장학재단은 교육지원사업부, 모금사업부, 총무부로 나뉘어 있다.
각 부서에서 발생한 인건비는 교육지원사업부 70,000,000원, 모금사업부 20,000,000원, 총무부 8,000,000원의 급여를 지급하였다.

회계처리

(차) 급여 (사업수행비용, 인력비용)	70,000,000	(대) 현금및현금성자산	70,000,000
(차) 급여 (모금비용, 인력비용)	20,000,000	(대) 현금및현금성자산	20,000,000
(차) 급여 (일반관리비용, 인력비용)	8,000,000	(대) 현금및현금성자산	8,000,000

다. 시설비용

시설비용은 공익법인의 운영에 사용되는 토지, 건물, 구축물, 차량운반구 등 시설과 관련된 비용으로서 감가상각비, 지급임차료, 시설보험료, 시설유지관리비 등을 포함한다.

공익법인 내부에는 공익목적사업을 수행하는 부서, 지원부서, 모금부서 각각 시설이 존재할 수 있으므로 시설비용은 사업수행비용, 일반관리비용, 모금비용에 모두 나타난다.

라. 기타비용

기타비용이란 분배비용(수혜자에게 직접 지급하는 비용), 인력비용(고용된 인력에 지급하는 비용), 시설비용(시설관련 비용) 외의 비용으로서 여비교통비, 소모품비, 지급수수료, 용역비, 업무추진비, 회의비, 대손상각비 등을 포함한다. 이 경우 각 공익법인의 특성에 따라 금액이 중요한 기타비용 항목은 별도로 구분하여 운영성과표 본문에 표시하거나 주석으로 기재한다.

▶ 운영성과표 표시－사업비용 ◀

	공익목적사업	기타사업
사업비용	×××	×××
사업수행비용	×××	－
분배비용	×××	－
인력비용	×××	－
시설비용	×××	－
기타비용	×××	－
일반관리비용	×××	－
인력비용	×××	－
시설비용	×××	－
기타비용	×××	－
모금비용	×××	－
인력비용	×××	－
시설비용	×××	－
기타비용	×××	－
기타사업비용	－	×××
인력비용	－	×××
시설비용	－	×××
기타비용	－	×××

▶ 주석 표시 ◀

	분배비용	인력비용	시설비용	기타비용	합 계
공익목적사업비용	×××	×××	×××	×××	×××
사업수행비용	×××	×××	×××	×××	×××
일반관리비용	－	×××	×××	×××	×××
모금비용	－	×××	×××	×××	×××
기타사업비용	－	×××	×××	×××	×××
합 계	×××	×××	×××	×××	×××

3 사업외수익

제28조 【사업외수익】 사업외수익은 사업수익이 아닌 수익 또는 차익으로서 유형 · 무형자산 처분이익, 유형 · 무형자산손상차손환입, 전기오류수정이익 등으로 한다.

사업외수익은 사업수익이 아닌 수익 또는 차익으로서 유형 · 무형자산처분이익, 유형 · 무형자산손상차손환입, 전기오류수정이익 등이 있다.

(1) 유형, 무형자산 처분이익

유형 · 무형자산 처분 시 처분가액이 장부가액보다 큰 경우 발생하는 이익금을 말한다.

(2) 유형, 무형자산 손상차손환입

과거에 유형 · 무형자산의 손상차손을 인식하였다가 손상이 회복되었다고 판단되어 과거 인식한 손상차손을 환입하는 경우 발생하는 그 금액을 말한다.

(3) 전기오류수정이익

과거 재무제표에 포함된 회계적 오류를 당기에 발견하여 수정할 때 당기운영이익이 증가하는 경우 그 금액을 말한다.

(4) 외화환산이익

화폐성 외화자산 및 화폐성 외화부채가 있는 경우 환율의 변동으로 발생하는 차익을 말한다.

(5) 외환차익

외화자산 · 부채가 있는 경우 자산 · 부채 인식 시의 환율과 외화자산을 회수 및 외화부채를 상환하는 시점의 환율 차이로 인해 발생한 이익금을 말한다.

(6) 이자수익 및 배당수익

공익법인의 투자자산에서 발생하는 이자수익과 배당수익은 사업외수익으로 분류한다. 그러나 이자수익, 배당수익 등이 공익목적사업의 주된 자금원천인 경우 사업수익으로 분류해야 한다.

4 사업외비용

> 제29조【사업외비용】사업외비용은 사업비용이 아닌 비용 또는 차손으로서 유형 · 무형자산처분손실, 유형 · 무형자산손상차손, 유형자산재평가손실, 기타의 대손상각비, 전기오류수정손실 등으로 한다.

사업외비용은 사업비용이 아닌 비용 또는 차손으로서 유형 · 무형자산처분손실, 유형 · 무형자산손상차손, 유형자산재평가손실, 기타의 대손상각비, 전기오류수정손실 등으로 한다.

(1) 유형, 무형자산 처분손실

유형 · 무형자산 처분 시 처분가액이 장부가액보다 작은 경우 발생하는 손실금을 말한다.

(2) 유형, 무형자산 손상차손

자산의 진부화 및 시장가치의 급격한 하락 등으로 유형 · 무형자산의 가치가 크게 손상되어 회수가능가액이 장부가액에 미달하는 경우 그 차액을 손상차손으로 인식한다.

(3) 전기오류수정손실

과거 재무제표에 포함된 회계적 오류를 당기에 발견하여 수정할 때 당기운영이익이 감소하는 경우 그 금액을 말한다.

(4) 외화환산손실

화폐성 외화자산 및 화폐성 외화부채가 있는 경우 환율의 변동으로 발생하는 손실을 말한다.

(5) 외환차손

외화자산 · 부채가 있는 경우 자산 · 부채 인식 시의 환율과 외화자산을 회수 및 외화부채를 상환하는 시점의 환율 차이로 인해 발생한 손실을 말한다.

5 고유목적사업준비금 전입액 및 환입액

제31조【고유목적사업준비금 전입액과 환입액】 ① '고유목적사업준비금전입액'이란 공익법인이 법인세법에 따라 수익사업부문에서 발생한 소득 중 일부를 고유목적사업부문이나 지정기부금에 지출하기 위하여 적립한 금액을 말한다. 이에 상응하여 동일한 금액을 부채에 '고유목적사업준비금'이라는 과목으로 인식한다.
② '고유목적사업준비금환입액'이란 고유목적사업준비금이 법인세법에 따라 수익사업부문에서 고유목적사업부문에 전출되어 목적사업에 사용되었거나 미사용되어 임의 환입된 금액을 말한다.
③ 제1항과 제2항의 내용은 고유목적사업준비금을 부채로 인식하는 경우에 한하여 적용한다.

'고유목적사업준비금전입액'이란 「법인세법」에 따라 수익사업부문에서 발생한 소득 중 일부를 고유목적사업이나 지정기부금에 지출하기 위하여 적립한 금액을 의미한다.

'고유목적사업준비금환입액'이란 고유목적사업준비금이 「법인세법」에 따라 수익사업부문에서 고유목적사업부문에 전출되어 목적사업에 사용되었거나 미사용되어 임의 환입된 금액을 말한다.

고유목적사업준비금에 대한 회계처리는 p.424에서 확인하기 바란다.

6 법인세비용

> **제32조【법인세비용】** 공익법인이 법인세를 부담하는 경우에는 일반기업회계기준 제22장 '법인세회계'와 제31장 '중소기업 회계처리 특례'의 법인세 회계처리를 고려하여 회계정책을 개발하여 회계처리한다.

공익법인이 「법인세법」에서 정하는 수익사업을 운영하여 소득이 발생하는 경우 법인세를 납부해야 한다.

「일반기업회계기준」의 법인세회계를 따라 자산 · 부채의 세무기준액과 장부금액과의 일시적 차이에 대해 이연법인세를 인식하는 방법을 적용할 수 있다.

그러나 규모가 작은 공익법인이 이연법인세를 인식하는 방법으로 법인세를 회계처리하는 것은 어려운 일이므로 중소기업회계처리 특례에 따라 실제 납부해야 할 금액을 법인세비용으로 인식할 수도 있다.

법인세비용은 기타사업부문에서만 발생할까?

법인세비용은 「법인세법」에서 규정하는 수익사업에서 발생하는 것이다. 따라서 공익사업부문에 「법인세법」상 수익사업이 있는 경우(공연수입, 전시수입)에는 공익목적사업에서도 법인세비용이 발생할 수 있다.

▶ 운영성과표 구성 ◀

과 목	설 명	비 고
사업수익	공익목적사업과 기타사업의 결과 경상적으로 발생하는 자산의 증가 및 부채의 감소	기부금수익 보조금수익 회비수익 투자자산수익 매출액 등
(−) 사업비용	공익목적사업과 기타사업의 결과 경상적으로 발생하는 자산의 감소 및 부채의 증가	(1) 기능별 구분 1) 사업수행비용 2) 일반관리비용 3) 모금비용 (2) 성격별 구분 1) 분배비용 2) 인력비용 3) 시설비용 4) 기타비용
= 사업이익(손실)		
(+) 사업외수익	사업수익 외의 수익 또는 차익	유형자산처분이익 전기오류수정이익 유형자산손상차손환입
(−) 사업외비용	사업비용 외의 비용 또는 차손	기타의 대손상각비 유형자산손상차손 유형자산처분손실 유형자산재평가손실 전기오류수정손실
(−) 고유목적사업 준비금전입액	수익사업에서 발생한 소득 중 일부를 고유목적사업에 사용하거나 지정기부금에 지출하기 위해 적립한 금액(법인법 §29)	고유목적사업준비금을 부채로 인식하는 경우에만 해당
(+) 고유목적사업 준비금환입액	고유목적사업준비금이 수익사업부문에서 고유목적사업부문에 전출되어 목적사업에 사용되었거나 미사용되어 임의 환입된 금액	고유목적사업준비금을 부채로 인식하는 경우에만 해당
= 법인세비용차감전 당기운영이익(손실)		
(−) 법인세비용		
= 당기운영이익(손실)		

Chapter 4 기타 재무제표 작성원칙

01 구분회계

공익법인의 재무상태표와 운영성과는 공익목적사업과 기타목적으로 구분하여 작성해야 한다. 구분회계를 함으로써 공익활동의 수행결과를 더 명확하게 파악할 수 있어 보다 목적적합한 재무정보를 제공할 수 있기 때문이다.

▶ 재무제표 체계[29] ◀

재무상태표		
통합	공익목적	기타
자산	자산	자산
부채	부채	부채
순자산	순자산	순자산

운영성과표		
통합	공익목적	기타
사업수익	사업수익	사업수익
(−)사업비용	(−)사업비용	(−)사업비용
사업이익	사업이익	사업이익
사업외수익	사업외수익	사업외수익
(−)사업외비용	(−)사업외비용	(−)사업외비용
고유목적사업준비금전입액	고유목적사업준비금전입액	고유목적사업준비금전입액
고유목적사업준비금환입액	고유목적사업준비금환입액	고유목적사업준비금환입액
법인세차감전당기운영이익	법인세차감전당기운영이익	법인세차감전당기운영이익
(−)법인세비용	(−)법인세비용	(−)법인세비용
당기운영이익	당기운영이익	당기운영이익

29) 알기 쉬운 공익법인회계기준, 한국조세재정연구원, 2020, 73쪽

여기서 공익목적사업부문과 기타사업부문의 구분은 공익법인의 정관에 기재된 목적사업에 해당하는지에 따라 판단한다.

공익법인의 정관에는 공익목적으로 수행할 사업에 대해 명시하고 있으므로 정관에 명시된 공익목적사업 관련 자산, 부채 및 순자산, 수익 및 비용을 구분하여 공익목적사업부문으로 분류하고 그 외 사업과 관련된 자산, 부채 및 순자산, 수익 및 비용은 기타사업으로 분류한다.

▶ 구분회계 예시[30] ◀

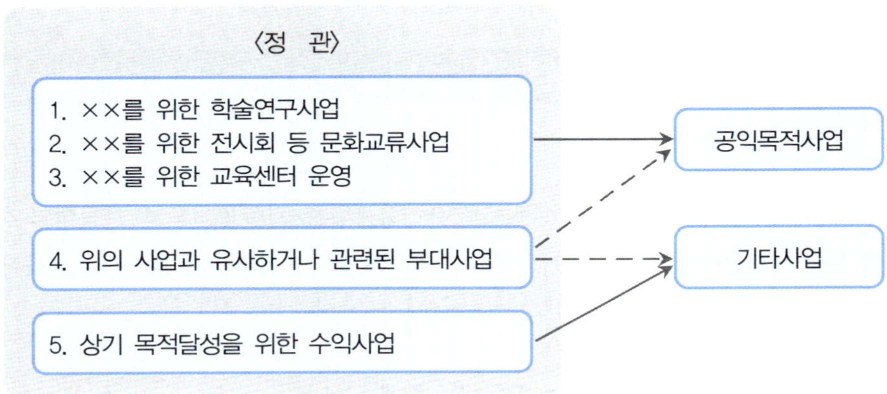

「법인세법」에서는 수익사업과 고유목적사업을 겸영하는 경우 각각 구분경리하도록 규정하고 있다. 그렇다면 「법인세법」상 구분경리와 「공익법인회계기준」상 구분회계는 동일하다고 볼 수 있을까?

「법인세법」에서 '수익사업'과 '수익사업이 아닌 그 밖의 사업'으로 구분하는 기준과 「공익법인회계기준」상 '공익목적사업'과 '기타사업'으로 구분하는 기준은 별개로 보아야 한다.

예를 들어 공익법인이 전시회(또는 연주회)를 열고 입장료를 받았는데, 전시회(또는 연주회)가 정관상 공익목적사업으로 기재되어 있다면 「공익법인회계기준」상 '공익목적사업'이지만, 「법인세법」에서는 수익사업에 해당된다.

그러나 정관에 기재된 사업이라도 공익목적활동으로 볼 수 없는 사업의 경우에는 공익목적사업부문이 아닌 기타사업부문으로 구분해야 한다.

또한 공익목적활동의 부수적으로 발생하는 사업이더라도 기념품판매, 카페운영, 금융

30) 알기 쉬운 공익법인회계기준, 한국조세재정연구원, 2020, 73쪽

소득 창출을 위한 적극적인 금융자산 투자(단순 은행예금 거치 예외) 등은 공익목적사업부문이 아닌 기타사업부문으로 구분하는 것이 바람직하다.[31)]

참고

「법인세법」상 수익사업

① 제조업, 도 · 소매업 등 수익이 발생하는 사업
② 이자소득(예외－원천징수분에 대하여 분리과세 선택가능)
③ 배당소득
④ 주식 · 신주인수권 · 출자지분 양도수입 / 부동산에 관한 권리 및 기타 자산의 양도수입
⑤ 유 · 무형자산의 처분수입(3년간 고유목적사업 사용분 제외)
⑥ 채권 등 매매익

「법인세법」상 수익사업에 대한 구체적인 내용은 「법인세법」 제4조 제3항 및 「법인세법 시행령」 제3조 제1항에 명시되어 있으며 본서 p.102를 확인하기 바란다.

02 공통자산 · 부채와 공통수익 · 비용의 배분

제30조【공통수익 및 비용의 배분】 어떤 수익과 비용항목이 복수의 활동에 관련되는 경우에는 해당 수익과 비용의 성격에 따라 투입한 업무시간, 관련 시설면적, 사용빈도 등 합리적인 배분기준에 따라 활동 간에 배분하며, 그 배분기준은 일관되게 적용하여야 한다.

제39조【공통자산 · 부채의 배분】 어떤 자산 또는 부채 항목이 복수의 활동에 관련되는 경우에는 관련 시설면적, 사용빈도 등 합리적인 배분기준에 따라 활동 간에 배분하고, 그 배분기준은 일관되게 적용하여야 한다.

공익법인의 자산 · 부채 및 수익 · 비용은 공익목적사업부문과 기타사업부문으로 구분하여 표시해야 한다. 부문별로 파악이 가능하면 구분하기 용이하지만, 공통으로 발생하는 공통자산, 공통부채, 공통수익, 공통비용은 구분하기 어렵다.

31) 공익법인회계기준 실무지침서, 기획재정부, 2018, 126쪽

이런 경우 공익법인은 합리적인 배분기준을 정하여 일괄되게 적용해야 한다.

합리적인 배분기준의 예시로 관련 시설면적, 사용면적, 부서별 사용빈도, 투입된 업무시간 등이 될 수 있다. 이는 「법인세법 시행규칙」 제76조에서 정하는 공통익금과 공통손금에 대한 배분기준은 「법인세법」상 구분경리 방식으로 「공익법인회계기준」과는 다른 것이다.

참고

「법인세법 시행규칙」 제76조에 의한 구분경리

① 공통익금 : 수익사업과 고유목적사업의 수입금액 또는 매출액에 비례하여 안분

② 공통손금

–수익사업과 고유목적사업의 업종이 동일한 경우 : 수입금액 또는 매출액 비율로 안분계산

–수익사업과 고유목적사업의 업종이 다른 경우 : 개별 손금액에 비례하여 계산

사 례

공통자산 · 공통부채의 배분

甲공익법인이 소유하고 있는 3층 건물에서 1층은 임대를 주고 있고, 2,3층은 甲공익법인이 직접 사용하고 있다.

건물의 취득가액은 15억원이고, 기말 현재 감가상각누계액은 3억원이다.

	통 합	공익목적사업	기타사업
건 물	1,500,000,000원	1,000,000,000원	500,000,000원
감가상각누계액	(300,000,000원)	(200,000,000원)	(100,000,000원)

해설

사용면적을 기준으로 공익목적사업 2/3, 기타사업 1/3로 구분한다.

사 례

공통수익 · 공통비용의 배분

(1) 감가상각비 배분

乙장학재단이 소유하고 있는 3층 건물에서 1층은 임대를 주고 있고, 2,3층은 甲공익법인이 직접 사용하고 있다. 건물의 취득가액은 15억원이고, 내용연수는 20년, 잔존가액은 없다.

1층	임대사업에 사용	100평
2층	교육지원사업부 사용	100평
3층	모금사업부 60평, 총무부 40평 사용	

해설

• 감가상각비 : (15억원－0원)÷20년＝75,000,000원

1층	임대사업 75,000,000원×1/3＝25,000,000원 …①
2층	교육지원사업부 75,000,000원×1/3＝25,000,000원 …②
3층	모금사업부 : 25,000,000원×60평/100평＝15,000,000원 …③ 총무부 : 25,000,000원×40평/100평＝10,000,000원 …④

	사업수행비용		일반관리비용		모금비용		기타사업비용	
	공익	기타	공익	기타	공익	기타	공익	기타
분배비용								
인력비용								
시설비용	25백만원 ②		10백만원 ④		15백만원 ③			25백만원 ①

(2) 인건비 배분

乙장학재단의 직원은 10명이고, 연봉은 모두 20,000,000원이다.

교육지원사업부	5명	이 중 1명은 모금사업부도 병행하고 있고, 업무시간 비중은 교육지원사업부 70%, 모금사업부 30%이다.
모금사업부	3명	
총무부	2명	이 중 1명은 임대사업(기타사업) 업무도 관리하고 있다. 총무부서 업무시간은 비중은 60% 임대사업의 업무시간 40%이다.

해설

• 인건비 배분

교육지원사업부	4명	20,000,000×4명＝80,000,000원 …⑤	
	1명	교육지원사업부 업무	20,000,000×70%＝14,000,000원 …⑥
		모금사업부 업무	20,000,000×30%＝ 6,000,000원 …⑦
모금사업부	3명	20,000,000원×3명＝60,000,000원 …⑧	
총무부	1명	20,000,000원 …⑨	
	1명	총무부 업무	20,000,000×60%＝12,000,000원 …⑩
		임대사업 업무	20,000,000×40%＝ 8,000,000원 …⑪

PART 5 공익법인 회계기준

	사업수행비용		일반관리비용		모금비용		기타사업비용	
	공익	기타	공익	기타	공익	기타	공익	기타
분배비용								
인력비용	80백만 +14백만 …⑤+⑥		20백만 +12백만 …⑨+⑩		6백만 +60백만 …⑦+⑧			8백만 …⑪
시설비용								

▶ 운영성과표 ◀

	통 합	공익목적사업	기타사업
사업수행비용	119,000,000	119,000,000	–
인력비용	94,000,000	⑤+⑥ 94,000,000	–
시설비용	25,000,000	② 25,000,000	–
일반관리비용	42,000,000	42,000,000	–
인력비용	32,000,000	⑨+⑩ 32,000,000	–
시설비용	10,000,000	④ 10,000,000	–
모금비용	81,000,000	81,000,000	–
인력비용	66,000,000	⑦+⑧ 66,000,000	–
시설비용	15,000,000	③ 15,000,000	–
기타사업비용	33,000,000	–	33,000,000
인력비용	–	–	⑪ 8,000,000
시설비용	–	–	① 25,000,000

03 통합재무제표 작성 및 내부거래 제거

> 제 3 조【보고실체】이 기준에 따라 재무제표를 작성할 때에는 공익법인 전체를 하나의 보고실체로 하여 작성한다.
>
> 제10조【재무상태표의 목적과 작성단위】
> ② 재무상태표의 작성은 공익법인을 하나의 작성단위로 보아 통합하여 작성하되, 공익목적사업부문과 기타사업부문으로 각각 구분하여 표시한다.
>
> 제23조【운영성과표의 목적과 작성단위】
> ② 운영성과표의 작성은 공익법인을 하나의 작성단위로 보아 통합하여 작성하되, 공익목적사업부문과 기타사업부문으로 각각 구분하여 표시한다.

1 통합재무제표 작성의 의의

「공익법인회계기준」에서는 재무제표 작성 시 공익목적사업부문과 기타사업부문으로 각각 구분하여 표시하되 공익법인 자체를 하나의 작성단위로 보아 통합재무제표도 작성하도록 규정하고 있다.

이를 통해 기부자 등 이해관계자들은 부문별 회계정보뿐만 아니라 공익법인 전체의 재무상태와 운영성과에 대한 다양한 회계정보를 제공하게 된다.

통합재무제표 작성 시 주의할 것은 공익목적사업부문과 기타사업부문의 내부거래는 제거해야 한다는 것이다.

내부거래 제거란 공익법인 내 사업부문 간의 거래를 통해 발생한 채권 · 채무 및 수익 · 비용의 상계처리를 의미한다.

내부거래를 제거하지 않으면 회계처리가 중복 계상되어 통합재무제표가 왜곡되기 때문에 반드시 제거해야 한다.

단, 고유목적사업준비금 거래는 제거하지 않고 운영성과표상 고유목적사업준비금 전입액 · 환입액과 재무상태표상 고유목적사업준비금 계정에 표시해야 한다.

이와 관련해서는 고유목적사업준비금(p.424)을 확인하기 바란다.

내부거래 구분을 위해 별도의 계정과목을 사용하거나(전출금, 전입금 등), 동일한 계정과목을 쓸 경우 내부거래임을 확인할 수 있도록 구분표시해야 할 것이다.

통합재무제표는 사업 부문 간의 내부거래 제거로 인하여 각 부문 재무제표의 단순 합산 금액과 다를 수 있으며 이러한 내용은 공익법인의 선택에 따라 주석사항으로 공시할 수 있다.[32)]

2 내부거래 제거

▶ 내부거래의 이해[33)] ◀

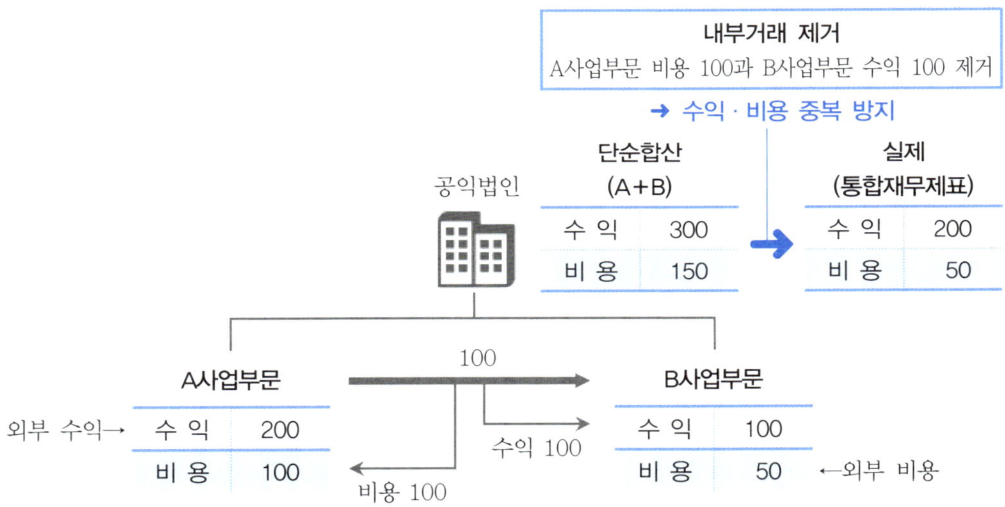

공익목적사업부문과 기타사업부문 간에 채권 · 채무가 발생할 수 있다. 예를 들어 업무 편의를 위해 소모품 등을 한 사업부문에서 일괄구입하거나, 사업운영 시 일시적으로 자금이 부족하여 타사업 부문에서 자금을 대여한 경우 등이 있다.

32) 공익법인회계기준 실무지침서, 기획재정부, 2018, 129쪽

33) 알기 쉬운 공익법인회계기준, 한국조세재정연구원, 2020, 72쪽

이러한 내부거래는 통합재무제표 작성 시 제거해야 한다. 동일한 실체 내에서 채권 · 채무가 성립될 수 없기 때문이다.

사례 재무제표 작성방법

A공익법인은 20x1년 12월 28일 공익목적사업과 기타사업에 모두 사용할 사무용품을 ₩2,000,000에 외상으로 구입하였다. 사무용품은 공익목적사업 수행부서에서 ₩1,500,000, 기타사업 수행부서에서 ₩500,000씩 사용할 예정이며, 업무의 편의를 위하여 공익목적사업에서 한꺼번에 구매하였다.

해설

① 20x1.12.31. 공익목적사업부문은 외부에 지급해야할 ₩2,000,000의 미지급금이 있다.

② 사무용품 중 ₩500,000은 기타사업부문에서 사용하므로 기타사업부문에서 공익목적사업부문에 ₩500,000을 지급해야 한다.
(기타사업 : ₩500,000 미지급금, 공익목적사업 : 미수금 ₩500,000)

③ 단순합산 결과, 공익법인 전체 미수금 ₩500,000과 미지급금 ₩2,500,000이 계상된다.

	단순합계 (A+B)	공익목적사업 (A)	기타사업 (B)
자 산			
미수금	③ ₩500,000	② ₩500,000	
부 채			
미지급금	③ ₩2,500,000	① ₩2,000,000	② ₩500,000

④ 공익법인 통합관점에서 미지급금 ₩2,000,000이 외부와의 거래에 의해 발생하였다. 미지급금 ₩500,000과 미수금 ₩500,000은 사업부문 간 내부 거래에 불과하므로 해당 거래를 제거한다.

⑤ 공익법인 통합재무제표에는 미지급금 ₩2,000,000만이 계상되었음을 알 수 있다.

	통합 (A+B+C)	내부거래 (C)	공익목적사업 (A)	기타사업 (B)
자 산				
미수금	0	④ (₩500,000)	② ₩500,000	
부 채				
미지급금	⑤ ₩2,000,000	④ (₩500,000)	① ₩2,000,000	② ₩500,000

Chapter

5 주 석

제40조【주석의 정의】 '주석'이란 재무제표 본문(재무상태표, 운영성과표를 말한다)의 전반적인 이해를 돕는 일반사항에 관한 정보, 재무제표 본문에 표시된 항목을 구체적으로 설명하거나 세분화하는 정보, 재무제표 본문에 표시할 수 없는 회계사건 및 그 밖의 사항으로 재무제표에 중요한 영향을 미치거나 재무제표의 이해를 위하여 필요하다고 판단되는 정보를 추가하여 기재하는 것을 말한다.

제41조【필수적 주석기재사항】 ① 공익법인은 이 기준의 다른 조항에서 주석으로 기재할 것을 요구하거나 허용하는 사항 외에 다음 각 호의 사항을 주석으로 기재한다.

1. 공익법인의 개황 및 주요사업 내용
2. 공익법인이 채택한 회계정책(자산 · 부채의 평가기준 및 수익과 비용의 인식기준을 포함한다)
3. 사용이 제한된 현금및현금성자산의 내용
4. 차입금 등 현금 등으로 상환하여야 하는 부채의 주요 내용
5. 현물기부의 내용
6. 제공한 담보 · 보증의 주요 내용
7. 특수관계인(상속세 및 증여세법 제2조 제10호의 정의에 따른다)과의 중요한 거래의 내용
8. 총자산 또는 사업수익금액의 10% 이상에 해당하는 거래에 대한 거래처명, 거래금액, 계정과목 등 거래 내역
9. 회계연도 말 현재 진행 중인 소송 사건의 내용, 소송금액, 진행 상황 등
10. 회계정책, 회계추정의 변경 및 오류수정에 관한 사항
11. 기본순자산의 취득원가와 공정가치를 비교하는 정보에 관한 사항
12. 순자산의 변동에 관한 사항
13. 유형자산 재평가차액의 누적금액
14. 유가증권의 취득원가와 재무제표 본문에 표시된 공정가치를 비교하는 정보
15. 그 밖에 일반기업회계기준에 따라 주석기재가 요구되는 사항 중 공익법인에 관련성이

있고 그 성격이나 금액이 중요한 사항

② 제1항에도 불구하고「상속세 및 증여세법」제50조 제3항 단서에 해당하는 공익법인이 결산서류 등을 공시하는 경우에는 이 기준의 다른 조항에서 주석으로 기재할 것을 요구하거나 허용하는 사항 외에 제1항 제3호부터 제7호까지, 제9호 및 제11호의 사항을 주석으로 기재한다.

제42조【선택적 주석기재사항】 이 기준과 일반기업회계기준에서 요구하는 주석기재사항 외에도 재무제표의 유용성을 제고하고 공정한 표시를 위하여 필요한 정보는 재무제표 작성자의 판단과 책임하에서 자발적으로 주석을 기재할 수 있다. 예를 들어, 공익법인이 내부관리목적으로 복수의 구분된 단위로 회계를 하는 경우 각 회계단위별로 작성된 재무제표의 전부 또는 일부를 주석으로 기재할 수 있다.

제43조【주석기재방법】 주석기재는 재무제표 이용자의 이해와 편의를 도모하기 위하여 다음 각 호에 따라 체계적으로 작성한다.

1. 재무제표상의 개별항목에 대한 주석 정보는 해당 개별항목에 기호를 붙이고 별지에 동일한 기호를 표시하여 그 내용을 설명한다.
2. 하나의 주석이 재무제표상 둘 이상의 개별항목과 관련된 경우에는 해당 개별항목 모두에 주석의 기호를 표시한다.
3. 하나의 주석에 포함된 정보가 다른 주석과 관련된 경우에도 해당되는 주석 모두에 관련된 주석의 기호를 표시한다.

01 개 념

'주석'이란 재무제표 본문의 전반적인 이해를 돕는 일반사항에 관한 정보, 재무제표 본문에 표시된 항목을 구체적으로 설명하거나 세분화하는 정보, 재무제표 본문에 표시할 수 없는 회계사건 및 그 밖의 사항으로 재무제표에 중요한 영향을 미치거나 재무제표의 이해를 위하여 필요하다고 판단되는 정보를 추가하여 기재하는 것을 말한다.

주석은「공익법인회계기준」에서 정하는 재무제표 중 하나로 재무상태표 및 운영성과표에 표시된 정보 이외의 필요한 정보를 구체적으로 추가한 것이다.

「공익법인회계기준」 제41조에서 정하고 있는 15개의 주석사항은 모든 기관이 필수적으로 제출해야 할 사항으로 그 내용은 아래와 같다(필수적 기재사항).

① 공익법인의 개황 및 주요사업 내용
② 공익법인이 채택한 회계정책
③ 사용이 제한된 현금및현금성자산의 내용
④ 차입금 등 현금 등으로 상환하여야 하는 부채의 주요 내용
⑤ 현물기부의 내용
⑥ 제공한 담보 · 보증의 주요 내용
⑦ 특수관계인과의 중요한 거래의 내용
⑧ 총자산 또는 사업수익금액의 10% 이상에 해당하는 거래에 대한 거래처명, 거래금액, 계정과목 등 거래 내역
⑨ 회계연도 말 현재 진행 중인 소송 사건의 내용, 소송금액, 진행 상황 등
⑩ 회계정책, 회계추정의 변경 및 오류수정에 관한 사항
⑪ 기본순자산의 취득원가와 공정가치를 비교하는 정보에 관한 사항
⑫ 순자산의 변동에 관한 사항
⑬ 유형자산 재평가차액의 누적금액
⑭ 유가증권의 취득원가와 재무제표 본문에 표시된 공정가치를 비교하는 정보
⑮ 그 밖에 「일반기업회계기준」에 따라 주석기재가 요구되는 사항 중 공익법인에 관련성이 있고 그 성격이나 금액이 중요한 사항

기획재정부는 2024년 4월 5일 회계감사를 받지 않는 공익법인(상증법 §50 ③ 단서)의 공시부담을 완화하기 위하여 해당 공익법인이 결산서류 등을 공시하는 경우에 대한 필수적 주석기재사항을 별도로 규정하여 고시하였다(기획재정부고시 제2024-13호).

구분	필수적 주석사항	회계감사대상	회계감사 제외
1	공익법인의 개황 및 주요사업 내용	o	x
2	공익법인이 채택한 회계정책	o	x
3	사용이 제한된 현금및현금성자산의 내용	o	o
4	차입금 등 현금 등으로 상환하여야 하는 부채의 주요 내용	o	o
5	현물기부의 내용	o	o

구분	필수적 주석사항	회계감사대상	회계감사 제외
6	제공한 담보 · 보증의 주요 내용	o	o
7	특수관계인과의 중요한 거래의 내용	o	o
8	총자산 또는 사업수익금액의 10% 이상에 해당하는 거래에 대한 거래처명, 거래금액, 계정과목 등 거래 내역	o	x
9	회계연도 말 현재 진행 중인 소송 사건의 내용, 소송금액, 진행 상황 등	o	o
10	회계정책, 회계추정의 변경 및 오류수정에 관한 사항	o	x
11	기본순자산의 취득원가와 공정가치를 비교하는 정보에 관한 사항	o	o
12	순자산의 변동에 관한 사항	o	x
13	유형자산 재평가차액의 누적금액	o	x
14	유가증권의 취득원가와 재무제표 본문에 표시된 공정가치를 비교하는 정보	o	x
15	그 밖에 「일반기업회계기준」에 따라 주석기재가 요구되는 사항 중 공익법인에 관련성이 있고 그 성격이나 금액이 중요한 사항	o	x

관련법령 **회계감사를 받지 않는 공익법인**(상증법 §50 ③) – 아래 요건 모두 충족

① 회계감사를 받아야 하는 과세기간 또는 사업연도의 직전 과세기간 또는 직전사업연도의 총자산가액 등이 각 호를 모두 충족하는 공인법인 등

㉠ 과세기간 또는 사업연도 종료일 현재 재무상태표상 총자산가액의 합계액이 100억 미만일 것

㉡ 해당 과세기간 또는 사업연도의 수입금액과 그 과세기간 또는 사업연도에 출연받은 재산가액의 합계액이 50억원 미만 일 것

㉢ 해당 과세기간 또는 사업연도에 출연받은 재산가액이 20억원 미만일 것

② 상증령 제12조 제1호(종교), 제2호(학교 등)의 사업을 영위하는 공익법인

02 필수적 주석기재사항

1 공익법인의 개황 및 주요사업 내용

공익법인 전반의 상황을 파악할 수 있는 설립목적, 목적사업의 종류, 설립근거법, 설립일, 위치, 연혁 등을 기재한다.

▶ 〈공익법인의 개황 및 주요사업 내용〉 예시 ◀

> 재단법인 ○○은 사회일반의 이익에 공여하기 위해 미술품의 체계적 수집, 보전, 전시, 활용 등을 통한 미술 문화예술 발전과 문화예술교육지원, 문화예술발전에 기여함을 목적으로 '민법' 및 '문화관광부 및 문화재청 소관 비영리법인의 설립 및 감독에 관한 규칙'에 따라 설립허가를 받아 설립되었습니다.
> 보고기간 종료일 이후 법인은 주사무소를 ○○시에서 ○○시로 이전하였습니다.
>
> 당기말 현재 법인은 다음의 목적사업을 영위하고 있습니다.
>
> ① 미술전시회 개회 및 전시회에 대한 지원
> ② 미술관 및 종합문화예술관 건립 및 운영
> ③ 문화예술교육사업
> ④ 기타 문화예술 발전에 관한 부대사업 일체
>
> 재단은 위와 같은 목적사업 달성을 위해 부동산임대사업 등의 부대사업을 영위하고 있습니다.
> 또한 법인은 20x1년에 상속증여세법시행령 제13조 제5항 및 동법시행규칙 제4조 제3항에 따라 국세청이 정하는 성실공익법인으로 확인되었습니다.

2 공익법인이 채택한 회계정책

공익법인이 재무제표 작성 시 채택한 회계기준과 법인이 채택하고 있는 중요한 회계처리 방침에 대해 기술한다.

▶ 〈공익법인이 채택한 회계정책〉 예시 ◀

법인은 '공익법인회계기준'에 따라 재무제표를 작성하고 있습니다.
법인이 채택하고 있는 중요한 회계정책은 다음과 같습니다.

(1) 구분경리

법인은 비영리법인의 설립 및 감독에 관한 규칙에 따라 법인의 고유목적사업에 따른 회계와 수익사업에 따른 회계로 구분하여 회계처리하고 있으며 법인세법 규정에 의한 법인세 과세대상이 되는 수익과 이에 대응되는 비용은 수익사업회계로 처리하고 있습니다.
한편, 목적사업회계와 수익사업회계로 구분하기 곤란한 비용은 공통비용배분에 관한 법인세법규정을 준용하여 회계처리하고 있습니다.

(2) 유가증권의 평가

법인은 일반기업회계기준 제6장 제2절 '유가증권'을 적용하여 지분증권(지분법적용 투자주식 제외)과 채무증권에 대한 투자에 대해 취득목적과 보유의도에 따라 단기매매증권, 매도가능증권 및 만기보유증권으로 분류하고 있습니다. 단기매매증권은 유동자산으로 분류하고, 매도가능증권 및 만기보유증권은 투자자산으로 분류하고 있습니다.

유가증권의 취득원가는 이동평균법을 이용하여 취득가액에 취득부대비용을 가산한 가액으로 산정하고 있습니다.
단기매매증권과 매도가능증권은 공정가액으로 평가하고, 만기보유증권은 상각후취득원가로 평가(취득원가와 액면가액의 차이를 상환기간에 걸쳐 유효이자율법에 의하여 상각하여 취득원가와 이자수익에 가감)하였습니다.

(3) 유형자산

법인은 유형자산 취득원가는 매입가액(또는 제작원가)에 취득부대비용을 가산한 가액으로 합니다.

법인은 유형자산 취득원가에서 아래의 추정내용연수와 상각방법에 따라 산정된 추정내용연수와 감가상각방법에 따라 산정된 감가상각누계액과 손상차손누계액을 차감한 금액으로 표시하고 있습니다.

구 분	추정내용연수	감가상각방법
건물	40년	정액법

(4) 종업원급여

법인은 확정기여형 퇴직연금제도에 따라 당해 회계기간 중에 법인이 납부하여야 할 부담금을 퇴직급여의 과목으로 하여 당기비용으로 계상하고 있습니다.

(5) 고유목적사업준비금

법인은 법인세법 제29조의 규정에 따라 법인의 수익사업에서 발생한 이익을 고유목적사업에 지출하기 위하여 고유목적사업준비금을 설정하고 있습니다.

고유목적사업준비금 설정액은 운영성과표상에 비용으로 계상하며, 동 준비금은 재무상태표상 부채로 계상하고 있습니다. 이러한 고유목적사업준비금은 5년 이내에 고유목적사업에 사용해야 하며 미사용액에 대해서는 법인세 및 이자상당액이 가산되어 부과됩니다.

(6) 법인세 등

법인은 수익사업에서 발생한 수익에 대하여 법인세를 납부할 의무가 있으며, 법인세법 등의 법령에 의하여 납부하여야 할 금액을 법인세비용의 과목으로 하여 운영성과표에 계상하고 있습니다.

3 사용이 제한된 현금및현금성자산의 내용

사용이 제한된 현금및현금성자산의 상세내역 및 제한 사유를 주석으로 기재해야 한다. 사용이 제한된 현금및현금성자산에는 기본재산 등과 같이 주무관청의 허가 없이 사용이나 처분이 불가능한 자산뿐 아니라 차입금 담보, 당좌개설 보증금 등의 사유로 인해 사용이 제한된 자산도 포함된다.

현금및현금성자산이 아니더라도 사용의 제한이 있는 모든 금융상품을 포함하여 작성한다. 현금및현금성자산 이외 사용이 제한된 금융상품 등을 포함하여 주석을 작성하는 경우 사용이 제한된 금융상품으로 주석명칭을 변경해서 작성이 가능하다.[34)]

▶ 〈사용이 제한된 현금및현금성자산의 내용〉 예시 ◀

당기말 현재 사용이 제한된 금융상품 등의 내용은 다음과 같습니다.

계정과목	종류	금융기관명	당기말 금액	사용 제한 내용
단기투자자산	보통예금	○○은행	×××	기본재산
	자유예금	○○은행	×××	지급보증 담보제공
	CMA	○○증권	×××	기본재산
장기투자자산	정기예금	○○은행	×××	차입금 담보
합 계			×××	

34) 공익법인회계기준 실무지침서, 기획재정부, 2018, 112쪽

4 차입금 등 현금 등으로 상환하여야 하는 부채의 주요 내용

공익법인이 상환해야 할 채무의 종류, 이자율, 채무액, 상환 기한 등을 기재한다.

▶ 〈차입금 등 현금 등으로 상환하여야 하는 부채의 주요 내용〉 예시 ◀

당기 말 현금등으로 상환해야 할 부채의 종류는 아래와 같습니다.

종 류	이자율	채무액	상환 기한	
			1년 이내	1년 초과
단기차입금 A	3.5%	100,000,000	100,000,000	
장기차입금 B	4.2%	300,000,000		300,000,000

5 현물기부의 내용

현물을 기부받은 경우 그 내역, 금액, 기부자 등을 기재한다.

▶ 〈현물기부의 내용〉 예시 ◀

당기 중 현물로 기부받은 자산의 내역은 다음과 같습니다.

내 역	금 액	기 부 자
미술교구	100,000,000	ㅇㅇ화방
미술교육도서	20,000,000	ㅇㅇ문고
차량운반구	40,000,000	㈜ㅇㅇ자동차

6 제공한 담보 · 보증의 주요 내용

법인이 채권자에게 제공한 담보의 종류, 채무액, 채권자에 대한 내용을 기재한다.

▶ 〈제공한 담보 · 보증의 주요 내용〉 예시 ◀

당기말 현재 유형자산을 담보로 제공한 내역은 다음과 같습니다.

계정과목	채권자	채무액	근저당설정액	비 고
토지	○○은행	100,000,000	120,000,000	공동담보
건물	○○은행			

7 특수관계인과의 중요한 거래의 내용

회계기간 내에 특수관계자와의 거래가 발생한 경우 관련 내용을 공시해야 한다.

특수관계자와는 불공정거래가 이루어질 가능성이 있기 때문에 특수관계자와의 거래가 법인에 미칠 수 있는 잠재적 영향을 파악하게 하기 위해 주석으로 기재하도록 하고 있다.

「공익법인회계기준」에서는 「상속세 및 증여세법」 제2조 제10호 및 「상속세 및 증여세법 시행령」 제2조의 2에 정한 자를 특수관계인으로 본다.

▶ 〈특수관계인과의 중요한 거래의 내용〉 예시 ◀

(1) 보고기간 중 특수관계자와의 거래내역은 다음과 같습니다.

특수관계자 구분	특수관계자	매출거래		매입거래	
		당기	전기	당기	전기
출연법인	㈜○○	×××	×××	×××	×××
기타	㈜○○	×××	×××	×××	×××

(2) 보고기간종료일 현재 특수관계자에 대한 채권 · 채무 내역은 다음과 같습니다.

특수관계자 구분	특수관계자	채 권		채 무	
		당기	전기	당기	전기
출연법인	㈜○○	×××	×××	×××	×××
기타	㈜○○	×××	×××	×××	×××

관련법령 특수관계인의 범위

「상속세 및 증여세법」 제2조 【정의】

10. "특수관계인"이란 본인과 친족관계, 경제적 연관관계 또는 경영지배관계 등 대통령령으로 정하는 관계에 있는 자를 말한다. 이 경우 본인도 특수관계인의 특수관계인으로 본다.

「상속세 및 증여세법 시행령」 제2조의 2 【특수관계인의 범위】

① 법 제2조 제10호에서 "본인과 친족관계, 경제적 연관관계 또는 경영지배관계 등 대통령령으로 정하는 관계에 있는 자"란 본인과 다음 각 호의 어느 하나에 해당하는 관계에 있는 자를 말한다.

1. 「국세기본법 시행령」 제1조의 2 제1항 제1호부터 제5호까지의 어느 하나에 해당하는 자(이하 "친족"이라 한다) 및 직계비속의 배우자의 2촌 이내의 혈족과 그 배우자
2. 사용인(출자에 의하여 지배하고 있는 법인의 사용인을 포함한다. 이하 같다)이나 사용인 외의 자로서 본인의 재산으로 생계를 유지하는 자
3. 다음 각 목의 어느 하나에 해당하는 자
   가. 본인이 개인인 경우: 본인이 직접 또는 본인과 제1호에 해당하는 관계에 있는 자가 임원에 대한 임면권의 행사 및 사업방침의 결정 등을 통하여 그 경영에 관하여 사실상의 영향력을 행사하고 있는 기획재정부령으로 정하는 기업집단의 소속 기업[해당 기업의 임원(「법인세법 시행령」 제40조 제1항에 따른 임원을 말한다. 이하 같다)과 퇴직 후 3년(해당 기업이 「독점규제 및 공정거래에 관한 법률」 제31조에 따른 공시대상기업집단에 소속된 경우는 5년)이 지나지 않은 사람(이하 "퇴직임원"이라 한다)을 포함한다]
   나. 본인이 법인인 경우: 본인이 속한 기획재정부령으로 정하는 기업집단의 소속 기업(해당 기업의 임원과 퇴직임원을 포함한다)과 해당 기업의 임원에 대한 임면권의 행사 및 사업방침의 결정 등을 통하여 그 경영에 관하여 사실상의 영향력을 행사하고 있는 자 및 그와 제1호에 해당하는 관계에 있는 자
4. 본인, 제1호부터 제3호까지의 자 또는 본인과 제1호부터 제3호까지의 자가 공동으로 재산을 출연하여 설립하거나 이사의 과반수를 차지하는 비영리법인
5. 제3호에 해당하는 기업의 임원 또는 퇴직임원이 이사장인 비영리법인
6. 본인, 제1호부터 제5호까지의 자 또는 본인과 제1호부터 제5호까지의 자가 공동으로 발행주식총수 또는 출자총액(이하 "발행주식총수등"이라 한다)의 100분의 30 이상을 출자하고 있는 법인
7. 본인, 제1호부터 제6호까지의 자 또는 본인과 제1호부터 제6호까지의 자가 공동으로 발행주식총수등의 100분의 50 이상을 출자하고 있는 법인
8. 본인, 제1호부터 제7호까지의 자 또는 본인과 제1호부터 제7호까지의 자가 공동으로 재산을 출연하여 설립하거나 이사의 과반수를 차지하는 비영리법인

② 제1항 제2호에서 "사용인"이란 임원, 상업사용인, 그 밖에 고용계약관계에 있는 자를

말한다.

③ 제1항 제2호 및 제39조 제1항 제5호에서 "출자에 의하여 지배하고 있는 법인"이란 다음 각 호의 어느 하나에 해당하는 법인을 말한다.

1. 제1항 제6호에 해당하는 법인
2. 제1항 제7호에 해당하는 법인
3. 제1항 제1호부터 제7호까지에 해당하는 자가 발행주식총수등의 100분의 50 이상을 출자하고 있는 법인

「국세기본법 시행령」 제1조의 2【특수관계인의 범위】

① 법 제2조 제20호 가목에서 "혈족 · 인척 등 대통령령으로 정하는 친족관계"란 다음 각 호의 어느 하나에 해당하는 관계(이하 "친족관계"라 한다)를 말한다.

1. 4촌 이내의 혈족
2. 3촌 이내의 인척
3. 배우자(사실상의 혼인관계에 있는 자를 포함한다)
4. 친생자로서 다른 사람에게 친양자 입양된 자 및 그 배우자 · 직계비속
5. 본인이 「민법」에 따라 인지한 혼인 외 출생자의 생부나 생모(본인의 금전이나 그 밖의 재산으로 생계를 유지하는 사람 또는 생계를 함께하는 사람으로 한정한다)

8 총자산 또는 사업수익금액의 10% 이상에 해당하는 거래에 대한 거래처명, 거래금액, 계정과목 등 거래 내역

회계기간 중에 발생한 거래 중 총자산 또는 사업수익금액의 10% 이상에 해당하는 거래에 대한 거래처명, 거래가액, 거래내역 등에 대해 주석으로 기재한다.

▶ 〈총자산 또는 사업수익금액의 10% 이상에 해당하는 거래에 대한 거래처명, 거래금액, 계정과목 등 거래내역〉 예시 ◀

단일 거래처로부터 발생한 거래규모가 총자산 또는 사업수익금액의 10% 이상인 주요거래처는 다음과 같습니다.

(1) 당기

거래처명	계정과목	거래금액	거래내용
㈜AA	기부금수입	×××	현물기부
㈜BB	기본재산	×××	현물기부
김○○	기부금수입	×××	현금기부

(2) 전기

거래처명	계정과목	거래금액	거래내용
㈜AA	기부금수입	×××	현물기부
㈜CC	기부금수입	×××	현금기부

참고 **총자산 또는 사업수익금액의 10% 계산**

甲공익법인의 재무제표상 총자산규모는 50억원이고, 사업수익금액은 15억원이다.
주요 거래처와의 거래내역은 아래와 같다.

거래처명	날 짜	금 액	내 역
㈜AA	20x1.03.31.	80,000,000	임대료 수익
	20x1.06.30.	80,000,000	임대료 수익
	20x1.09.30.	80,000,000	임대료 수익
	20x1.12.31.	80,000,000	임대료 수익
소 계		320,000,000	
㈜BB	20x1.02.15.	60,000,000	기부금 수익
	20x1.09.05.	60,000,000	기부금 수익
소 계		120,000,000	
CC재단	20x1.08.30.	(100,000,000)	분배비용(장학금)
소 계		(100,000,000)	
DD재단	20x1.01.02.	(50,000,000)	분배비용(교육지원)
	20x1.04.01.	(50,000,000)	분배비용(교육지원)
	20x1.07.01.	(50,000,000)	분배비용(교육지원)
	20x1.10.01.	(50,000,000)	분배비용(교육지원)
소 계		(200,000,000)	

(1) 기준금액계산

기준금액 = min(총자산×10%, 사업수입금액×10%)

= min(50억×10%, 15억×10%)

= 150,000,000원

→ 기준금액인 150,000,000원을 초과하는 거래를 한 ㈜AA와 DD재단과의 거래내역은 주석공시대상에 해당된다.

(2) 주석 공시

거래처명	계정과목	거래금액	거래내용
㈜AA	임대료 수입	320,000,000	임대료 수입
DD재단	사업수행비용	200,000,000	분배비용(교육지원)

9 회계연도 말 현재 진행 중인 소송 사건의 내용, 소송금액, 진행 상황 등

공익법인이 소송의 당사자가 되어 진행 중인 소송 사건의 내용과 소송결과에 따라 발생할 이익 또는 손실의 가액, 회계연도 말 현재 진행상황 등을 기재한다.

▶ 〈회계연도 말 현재 진행 중인 소송 사건의 내용, 소송금액, 진행 상황 등〉 예시 ◀

회계연도 말 현재 법인이 피고로 계류 중인 소송사건은 지적재산권 침해에 따른 손해배상청구소송이며, 소송금액은 50,000,000원입니다. 1심에서는 법인이 원고에게 10,000,000원을 배상할 의무가 있다고 판결하였고, 이에 법인은 항소하여 2심을 진행중에 있습니다.

10 회계정책, 회계추정의 변경 및 오류수정에 관한 사항

재무제표 작성 시 적용하던 회계정책을 변경하거나, 회계적 추정치를 변경하는 경우 및 오류를 수정을 한 내역이 있다면 그 내용을 주석으로 기재한다.

▶ 〈회계정책, 회계추정의 변경 및 오류수정에 관한 사항〉 예시 ◀

(1) 회계 정책의 변경

법인은 전기까지 사회복지법인 및 사회복지시설 재무 · 회계규칙을 준용하여 재무제표를 작성하였으나, 당기부터 「공익법인회계기준」을 적용하여 재무제표를 작성하였습니다. 변경된 회계정책은 소급하여 적용하며 소급적용에 따른 수정사항을 반영하여 비교재무제표를 재작성해야 하나, 「공익법인회계기준」 부칙 제3조에 따라 「공익법인회계기준」이 최초 적용되는 당기 재무제표에 대해 비교재무제표를 작성하지 아니하였습니다.

(2) 회계 추정의 변경

법인은 유형자산의 사용 및 잔여사용가능 기간을 재검토 하였으며, 현재의 상각방법인 정액법이 미래 경제적 효익의 소비형태를 보다 합리적으로 반영한다고 판단하였습니다. 이에 따라 전환일부터 감가상각방법을 정률법에서 정액법으로 변경하여 적용하였으며, 이로 인해 감가상각비는 정률법으로 상각할 때보다 ×××원 증가하였습니다.

11 기본순자산의 취득원가와 공정가치를 비교하는 정보에 관한 사항

기본순자산은 공익법인의 설립 · 유지를 위한 기초적인 자산으로 사용이나 처분에 영구적 제약이 있어 주무관청 등의 허가가 필요한 자산이다.

기본순자산에 영구적 제약을 두는 것은 기본순자산이 공익법인의 공익사업을 수행하는데 재정적 기초가 되는 자원으로 법인의 재무건전성과 지속가능성에 큰 영향을 끼친다고 볼 수 있기 때문이다.

주석에 기본순자산의 취득원가와 공정가치 정보를 제공함으로써 정보이용자에게 공익법인의 기본순자산에 대한 이해를 증진시키고 유용한 정보를 제공할 수 있게 된다.

주석을 작성하기 위하여 기본순자산에 해당하는 자산의 공정가치평가를 별도로 수행할 필요는 없다. 재무제표에 공정가치로 평가한 자산은 공정가치 정보를 제공하고 취득원가로 평가산 자산은 취득원가부분만 작성하면 된다.[35)]

▶ 〈기본순자산의 취득원가와 공정가치를 비교하는 정보에 관한 사항〉 예시 ◀

법인의 당기말 현재 기본순자산의 취득원가와 공정가치는 다음과 같습니다. 유형자산은 취득 이후 재평가하지 않고 취득원가로 인식하고 있습니다.

구 분	취득원가	공정가치
㈜AA 주식	100,000,000	110,000,000
토지	500,000,000	평가하지 않음
건물	150,000,000	평가하지 않음

35) 공익법인회계기준 실무지침서, 기획재정부, 2018, 117쪽

12 순자산의 변동에 관한 사항

순자산 변동에 관한 내용을 주석을 통해 구체적이고 포괄적으로 보여 주게 된다. 순자산 변동에 관한 사항을 작성할 때에는 재무상태표와 운영성과표와 연계하여 작성해야 하고, 유의사항은 다음과 같다.[36)]

① 당기초 금액은 전년도 자산변동에 관한 사항 주석 당기말 금액으로 작성한다.

② 전기말 보고금액이 전기오류수정, 회계정책변경 등으로 인해 변동된 경우, 당기 이전의 손익효과를 구분 기재하여 수정후 순자산 금액을 산출한다.

–「공익법인회계기준」은 동 기준을 최초 적용하는 재무제표에 대하여 전진법 또는 소급법을 선택 적용하도록 규정하고 있다. 전진법을 적용하는 경우에는 전기 변동내역은 작성하지 않고 당기초 순자산부터 분류체계에 맞게 분류하여 작성하면 된다.

③ 보통순자산에서 기본순자산으로 편입되는 경우, 기본순자산 증가와 보통순자산 감소를 동시에 기재한다. 당기에 지급받은 기부금이나 보조금 등이 기본순자산으로 분류되는 경우 기본순자산의 증감에 인식한다.

④ 당기운영손익에 따른 순자산변동내역은 보통순자산의 잉여금에 반영한다.

–해당 금액은 운영성과표의 당기운영이익(손실) 금액과 일치해야 한다.

⑤ 매도가능증권평가이익이나 유형자산재평가이익 등 운영성과표에 반영되지 않는 손익은 순자산조정 항목에 반영한다.

⑥ 기초 금액에서 기중 순자산변동내역을 반영하여 당기말 금액을 작성한다.

–이때, 기본순자산, 보통순자산, 순자산조정 금액은 재무상태표상 기말금액과 일치해야 한다.

▶ 재무제표와 순자산의 변동에 관한 사항의 관계 ◀

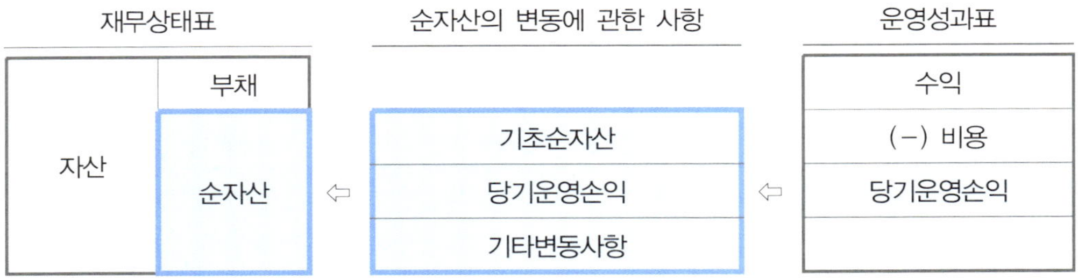

36) 공익법인회계기준 실무지침서, 기획재정부, 2018, 118쪽

▶ 〈순자산의 변동에 관한 사항〉 예시 ◀

보고기간 중 법인의 순자산 변동내역은 다음과 같습니다.

법인은 당기 중 ×××원을 기부받았습니다. 그 중 ×××원은 주무관청의 승인을 얻어 기본재산으로 등재하였고, ×××원은 기부금수입으로 인식하였습니다.

과 목	통합				공익목적사업부문				기타사업부문			
	기본순자산	보통순자산		순자산조정	기본순자산	보통순자산		순자산조정	기본순자산	보통순자산		순자산조정
		적립금	잉여금			적립금	잉여금			적립금	잉여금	
전기초	×××	×××	×××	×××	×××	×××	×××	×××	×××	×××	×××	×××
회계정책변경누적효과	(×××)	(×××)	(×××)	(×××)	(×××)	(×××)	(×××)	(×××)	(×××)	(×××)	(×××)	(×××)
전기오류수정	(×××)	(×××)	(×××)	(×××)	(×××)	(×××)	(×××)	(×××)	(×××)	(×××)	(×××)	(×××)
수정후 순자산	×××	×××	×××	×××	×××	×××	×××	×××	×××	×××	×××	×××
기본순자산증감	×××		(×××)		×××		(×××)		×××		(×××)	
당기운영이익(손실)			×××				×××				×××	
매도가능증권평가이익				×××				×××				×××
유형자산재평가이익				×××				×××				×××
적립금 전입		×××	(×××)			×××	(×××)			×××	(×××)	
…	×××	×××	×××	×××	×××	×××	×××	×××	×××	×××	×××	×××
전기말	×××	×××	×××	×××	×××	×××	×××	×××	×××	×××	×××	×××
당기초	×××	×××	×××	×××	×××	×××	×××	×××	×××	×××	×××	×××
회계정책변경누적효과	(×××)	(×××)	(×××)	(×××)	(×××)	(×××)	(×××)	(×××)	(×××)	(×××)	(×××)	(×××)
전기오류수정	(×××)	(×××)	(×××)	(×××)	(×××)	(×××)	(×××)	(×××)	(×××)	(×××)	(×××)	(×××)
수정후 순자산	×××	×××	×××	×××	×××	×××	×××	×××	×××	×××	×××	×××
기본순자산증감	×××		(×××)		×××		(×××)		×××		(×××)	
당기운영이익(손실)			×××				×××				×××	
매도가능증권평가이익				×××				×××				×××
유형자산재평가이익				×××				×××				×××
적립금 전입		×××	(×××)			×××	(×××)			×××	(×××)	
…	×××	×××	×××	×××	×××	×××	×××	×××	×××	×××	×××	×××
당기말	×××	×××	×××	×××	×××	×××	×××	×××	×××	×××	×××	×××

13 유형자산 재평가차액의 누적금액

유형자산의 재평가 수행으로 발생한 누적 손익인 유형자산 재평가차액을 주석에 기재한다.

▶ 〈유형자산 재평가차액의 누적금액〉 예시 ◀

법인의 당기말 현재 보유하고 있는 유형자산의 재평가차익은 다음과 같습니다.

구 분	평가방법	평가전 장부가액(①)	재평가액(②)	차익(②-①)
토 지	개별공시지가	300,000,000	320,000,000	20,000,000
건 물	감정평가가액	100,000,000	90,000,000	(10,000,000)

14 유가증권의 취득원가와 재무제표 본문에 표시된 공정가치를 비교하는 정보

「공익법인회계기준」에서는 유가증권의 취득목적과 보유의도에 따라 단기매매증권, 매도가능증권, 만기보유증권으로 분류하고 있다.

단기매매증권과 매도가능증권은 공정가치로 평가하여 재무제표에 표시해야 하며 공정가치와 취득원가를 비교하는 정보를 주석으로 기재해야 한다.

▶ 〈유가증권의 취득원가와 재무제표 본문에 표시된 공정가치를 비교하는 정보〉 예시 ◀

보고기간종료일 현재 법인이 보유한 유가증권의 내역은 다음과 같습니다.

계정과목	회사명	주식수	지분율	취득가(①)	장부가(②)	차액(②-①)
단기매매증권	㈜AA	××	××%	5,000,000	6,000,000	1,000,000
매도가능증권	㈜BB	××	××%	8,000,000	8,500,000	500,000
합 계				13,000,000	14,500,000	1,500,000

* 당기말 현재 장부가액은 공정가치로 평가한 것이고 회계연도말 현재의 종가로 측정하였습니다.

* 상기 매도가능증권 중 ×××원은 기본재산으로 등재되어 있어 처분을 위해서는 주무관청의 승인을 득하여야 합니다.

15 그 밖에 「일반기업회계기준」에 따라 주석기재가 요구되는 사항 중 공익법인에 관련성이 있고 그 성격이나 금액이 중요한 사항

03 선택적 주석기재사항

「공익법인회계기준」과 「일반기업회계기준」에서 요구하는 주석기재사항 외에도 재무제표의 유용성을 제고하고 공정한 표시를 위하여 필요한 정보는 재무제표 작성자의 판단과 책임하에서 자발적으로 주석을 기재할 수 있다. 예를 들어, 공익법인이 내부관리목적으로 복수의 구분된 단위로 회계를 하는 경우 각 회계단위별로 작성된 재무제표의 전부 또는 일부를 주석으로 기재할 수 있다(공익법인회계기준 §42).

04 기타 주석사항

제25조【사업수익】

④ 기타사업수익은 공익법인이 필요하다고 판단하는 경우에는 그 구분정보를 운영성과표 본문에 표시하거나 주석으로 기재할 수 있다.

제27조【사업비용】

④ 사업수행비용은 세부사업별로 추가 구분한 정보를 운영성과표 본문에 표시하거나 주석으로 기재할 수 있다.

⑤ 사업수행비용, 일반관리비용, 모금비용에 대해서는 각각 다음 각 호와 같이 분배비용, 인력비용, 시설비용, 기타비용으로 구분하여 분석한 정보를 운영성과표 본문에 표시하거나 주석으로 기재한다. 다만, 공익법인이 필요하다고 판단하는 경우에는 더 세분화된 정보를 운영성과표 본문에 표시하거나 주석으로 기재할 수 있다.

⑥ 기타사업비용을 인력비용, 시설비용, 기타비용으로 구분하여 분석한 정보는 운영성과표 본문에 표시하거나 주석으로 기재하여야 하며, 그 외 공익법인이 필요하다고 판단하는 구분정보에 대해서는 운영성과표 본문에 표시하거나 주석으로 기재할 수 있다.

제38조【퇴직급여충당부채의 평가】

③ 확정급여형퇴직연금제도와 관련하여 별도로 운용되는 자산은 하나로 통합하여 '퇴직연금운용자산'으로 표시하고, 퇴직급여충당부채에서 차감하는 형식으로 표시한다. 퇴직연금운용자산의 구성내역은 주석으로 기재한다.

「공익법인회계기준」 개별 조항에서는 기타사업수익과 사업수행비용에 대한 정보를 재무제표에 표시하고, 구분정보가 필요하다고 판단되는 경우 주석으로 기재할 수 있다.

1 기타사업수익의 구분 정보

기타사업수익은 공익법인이 필요하다고 판단하는 경우에는 그 구분정보를 운영성과표 본문에 표시하거나 주석으로 기재할 수 있다.

2 사업비용의 성격별 구분

「공익법인회계기준」상 사업비용을 기능별로 구분하면 아래와 같다.

공익목적사업비용	기타사업비용
• 사업수행비용 • 일반관리비용 • 모금비용	–

사업비용을 성격별로 구분하면 분배비용, 인력비용, 시설비용, 기타비용으로 나눌 수 있고 그 내용은 다음과 같다.

분배비용	공익법인이 수혜자 또는 수혜단체에 직접 지급하는 비용으로 장학금, 지원금 등을 포함한다.
인력비용	공익법인에 고용된 직원에 관련된 비용으로서 급여, 상여금, 퇴직급여, 복리후생비, 교육훈련비 등을 포함한다.
시설비용	시설비용은 공익법인의 운영에 사용되는 토지, 건물, 구축물, 차량운반구 등 시설과 관련된 비용으로서 감가상각비, 지급임차료, 시설보험료, 시설유지관리비 등을 포함한다.
기타비용	기타비용이란 분배비용(수혜자에게 직접 지급하는 비용), 인력비용(고용된 인력에 지급하는 비용), 시설비용(시설관련 비용) 외의 비용으로서 여비교통비, 소모품비, 지급수수료, 용역비, 업무추진비, 회의비, 대손상각비 등을 포함한다.

▶ 〈사업비용의 성격별 구분〉 예시 ◀

운영성과표에는 사업비용이 기능별로 구분표시 되어 있습니다. 이를 다시 성격별로 구분한 내용은 다음과 같습니다.

〈당 기〉

	분배비용	인력비용	시설비용	기타비용	합계
공익목적사업비용	×××	×××	×××	×××	×××
사업수행비용	×××	×××	×××	×××	×××
일반관리비용	×××	×××	×××	×××	×××
모금비용	×××	×××	×××	×××	×××
기타사업비용	×××	×××	×××	×××	×××
합 계	×××	×××	×××	×××	×××

〈운영성과표 표시－사업비용〉

	공익목적사업	기타사업
사업비용	×××	×××
사업수행비용	×××	－
분배비용	×××	－
인력비용	×××	－
시설비용	×××	－
기타비용	×××	－
일반관리비용	×××	－
인력비용	×××	－
시설비용	×××	－
기타비용	×××	－
모금비용	×××	－
인력비용	×××	－
시설비용	×××	－
기타비용	×××	－
기타사업비용	－	×××
인력비용	－	×××
시설비용	－	×××
기타비용	－	×××

3 퇴직연금운용자산의 구성내역

확정급여형퇴직연금제도와 관련하여 별도로 운용되는 자산은 하나로 통합하여 '퇴직연금운용자산'으로 표시하고, 퇴직급여충당부채에서 차감하는 형식으로 표시한다. 퇴직연금운용자산의 구성내역은 주석으로 기재한다(공익법인회계기준 §38 ③).

▶ 〈퇴직연금운용자산의 구성내역〉 예시[37] ◀

甲공익법인의 퇴직연금운용자산의 구성내역은 다음과 같습니다.

구 분	당기말	전기말
정기예금	30,000,000	40,000,000
매도가능증권	90,000,000	76,000,000
기타	90,000,000	60,000,000
합 계	210,000,000	176,000,000

37) 공익법인회계기준 실무지침서, 기획재정부, 2018, 122쪽

공익법인회계기준

[시행 2024. 4. 5.] [기획재정부고시 제2024-13호, 2024. 4. 5., 일부개정.]

기획재정부(법인세제과), 044－215－4223

제1장 총　칙

제 1 조 **【목적】** 공익법인회계기준(이하 '이 기준'이라 한다)은 「상속세 및 증여세법」 제50조의4 및 같은 법 시행령 제43조의 4에 따라 같은 법 제16조 제1항에 따른 공익법인등(이하 '공익법인'이라 한다)의 회계처리 및 재무제표를 작성하는 데 적용되는 기준을 제시하는 것을 목적으로 한다.

제 2 조 **【적용】** 이 기준은 공익법인이 「상속세 및 증여세법」 제50조 제3항에 따라 회계감사를 받는 경우 및 같은 법 제50조의3에 따라 결산서류 등을 공시하는 경우 등에 적용한다.

제 3 조 **【보고실체】** 이 기준에 따라 재무제표를 작성할 때에는 공익법인 전체를 하나의 보고실체로 하여 작성한다.

제 4 조 **【복식부기와 발생주의】** ① 이 기준에 따라 회계처리 및 재무제표를 작성할 때는 발생주의 회계원칙에 따라 복식부기 방식으로 하여야 한다.
② '복식부기'란 공익법인의 자산, 부채, 순자산의 증감 및 변화과정과 그 결과를 계정과목을 통하여 대변과 차변으로 구분하여 이중기록 · 계산이 되도록 하는 부기형식을 말한다.
③ '발생주의'란 현금의 수수와는 관계없이 수익은 실현되었을 때 인식하고 비용은 발생되었을 때 인식하는 개념으로서 기간손익을 계산할 때 경제가치량의 증가나 감소의 사실이 발생한 때를 기준으로 수익과 비용을 인식하는 것을 말한다.

제5조【재무제표】 이 기준에서 재무제표는 다음 각 호의 서류로 구성된다.

1. 재무상태표
2. 운영성과표
3. 위 제1호 및 제2호의 서류에 대한 주석

제6조【다른 법령과의 관계 등】 ① 공익법인의 회계처리 및 재무제표 작성에 관하여 이 기준에서 정하지 아니한 사항은 일반기업회계기준에 따른다.

② 제4조 제2항 및 제3항에 따른 공익법인의 회계처리 및 재무제표 작성에 관하여 다른 법령에서 특별한 규정이 있는 경우 외에는 이 기준에 따른다.

제7조【회계정책, 회계추정의 변경 및 오류수정】 ① 재무제표를 작성할 때 채택한 회계정책이나 회계추정은 비슷한 종류의 사건 또는 거래의 회계처리에도 동일하게 적용한다.

② '회계정책의 변경'이란 재무제표의 작성에 적용하던 회계정책을 다른 회계정책으로 바꾸는 것을 말한다.

③ 이 기준에서 변경을 요구하거나, 회계정책의 변경을 반영한 재무제표가 신뢰성 있고 더 목적적합한 정보를 제공하는 경우에만 회계정책을 변경할 수 있다.

④ '회계추정의 변경'이란 환경의 변화, 새로운 정보의 입수 또는 경험의 축적에 따라 회계적 추정치의 근거와 방법 등을 바꾸는 것을 말한다. 이 경우 회계추정에는 대손의 추정, 감가상각자산에 내재된 미래 경제적 효익의 예상되는 소비형태의 유의적인 변동, 감가상각자산의 내용연수 또는 잔존가치의 추정 등이 포함된다.

⑤ 변경된 회계정책은 소급하여 적용하며 소급적용에 따른 수정사항을 반영하여 비교재무제표를 재작성한다.

⑥ 회계추정의 변경은 전진적으로 회계처리하여 그 효과를 당기와 그 이후의 회계연도에 반영한다.

⑦ '오류수정'이란 전기 또는 그 이전 회계연도의 재무제표에 포함된 회계적 오류를 당기에 발견하여 수정하는 것을 말한다.

⑧ 당기에 발견한 전기 또는 그 이전 회계연도의 오류는 당기 운영성과표에 사업외손익 중 전기오류수정손익으로 보고한다. 다만, 전기 또는 그 이전 회계연도에 발생한 중대한 오류의 수정은 비교재무제표를 재작성하여 반영한다. 중대한 오류는 재무제표의 신뢰성을 심각하게 손상할 수 있는 매우 중요한 오류를 말한다.

제8조【재무제표의 구분 · 통합 표시】 중요한 항목은 재무제표의 본문 또는 주석에 그 내용을 가장 잘 나타낼 수 있도록 구분하여 표시한다.

제9조【비교재무제표의 작성】 ① 재무제표의 기간별 비교가능성을 제고하기 위하여 전기 재무제표상의 모든 계량정보를 당기와 비교하는 형식으로 표시한다.

② 전기 재무제표상의 비계량정보가 당기 재무제표를 이해하는 데 관련된 경우에는 이를 당기의 정보와 비교하여 주석으로 기재한다.

제2장 재무상태표

제10조【재무상태표의 목적과 작성단위】 ① 재무상태표는 회계연도 말 현재 공익법인의 자산, 부채 및 순자산을 표시함으로써 다음 각 호의 정보를 제공하는 것을 목적으로 한다.

1. 공익법인이 정관상 목적사업을 지속적으로 수행할 수 있는 능력
2. 공익법인의 유동성 및 재무건전성

② 재무상태표의 작성은 공익법인을 하나의 작성단위로 보아 통합하여 작성하되, 공익목적사업부문과 기타사업부문으로 각각 구분하여 표시한다.

제11조【재무상태표 작성기준】 ① 재무상태표에는 회계연도 말 현재 공익법인의 모든 자산, 부채 및 순자산을 적정하게 표시한다.[별지 제1호 서식 참조]

② 재무상태표 구성요소의 정의는 다음 각 호와 같다.

1. '자산'이란 과거의 거래나 사건의 결과로 현재 공익법인에 의해 지배되고 미래에 경제적 효익을 창출할 것으로 예상되는 자원을 말한다.
2. '부채'란 과거의 거래나 사건의 결과로 현재 공익법인이 부담하고 있고 미래에 자원이 유출되거나 사용될 것으로 예상되는 의무를 말한다.
3. '순자산'이란 공익법인의 자산 총액에서 부채 총액을 차감한 잔여 금액을 말한다.

③ 자산과 부채는 각각 다음 각 호의 조건을 충족하는 경우에 재무상태표에 인식한다.

1. 자산 : 해당 항목에서 발생하는 미래 경제적 효익이 공익법인에 유입될 가능성이 매우 높고, 그 원가를 신뢰성 있게 측정할 수 있다.
2. 부채 : 해당 의무를 이행하기 위하여 경제적 자원이 유출될 가능성이 매우 높고, 의무

의 이행에 소요되는 금액을 신뢰성 있게 측정할 수 있다.

④ 자산, 부채 및 순자산은 다음 각 호에 따라 구분한다.

1. 자산은 유동자산 및 비유동자산으로 구분하고, 비유동자산은 투자자산, 유형자산, 무형자산 및 기타비유동자산으로 구분한다.
2. 부채는 유동부채, 비유동부채로 구분하며 고유목적사업준비금을 부채로 인식할 수 있다.
3. 순자산은 기본순자산, 보통순자산, 순자산조정으로 구분한다.

⑤ 자산과 부채는 유동성이 높은 항목부터 배열한다.

⑥ 자산과 부채는 상계하여 표시하지 않는다.

제12조【유동자산】 ① '유동자산'은 회계연도 말부터 1년 이내에 현금화되거나 실현될 것으로 예상되는 자산을 말한다.

② 유동자산에는 현금및현금성자산, 단기투자자산, 매출채권, 선급비용, 미수수익, 미수금, 선급금 및 재고자산 등이 포함된다.

③ 매출채권, 미수금 등에 대한 대손충당금은 해당 자산의 차감계정으로, 재고자산평가충당금은 재고자산 각 항목의 차감계정으로 재무상태표에 표시한다.

제13조【투자자산】 ① '투자자산'이란 장기적인 투자 등과 같은 활동의 결과로 보유하는 자산을 말한다.

② 투자자산에는 장기성예적금, 장기투자증권과 장기대여금 등이 포함된다.

제14조【유형자산】 ① '유형자산'이란 재화를 생산하거나 용역을 제공하기 위하여, 또는 타인에게 임대하거나 직접 사용하기 위하여 보유한 물리적 형체가 있는 자산으로 1년을 초과하여 사용할 것으로 예상되는 자산을 말한다.

② 유형자산에는 토지, 건물, 구축물, 기계장치, 차량운반구와 건설중인자산 등이 포함된다.

③ 유형자산의 감가상각누계액과 손상차손누계액은 유형자산 각 항목의 차감계정으로 재무상태표에 표시한다.

④ 유형자산을 폐기하거나 처분하는 경우 그 자산을 재무상태표에서 제거하고 처분금액과 장부금액의 차액을 유형자산처분손익으로 인식한다.

제15조【무형자산】 ① '무형자산'이란 재화를 생산하거나 용역을 제공하기 위하여, 또는

타인에게 임대하거나 직접 사용하기 위하여 보유한 물리적 형체가 없는 비화폐성자산을 말한다.

② 무형자산에는 지식재산권, 개발비, 컴퓨터소프트웨어, 광업권, 임차권리금 등이 포함된다.

③ 무형자산은 상각누계액과 손상차손누계액을 취득원가에서 직접 차감한 잔액으로 재무상태표에 표시한다.

④ 무형자산을 처분하는 경우 그 자산을 재무상태표에서 제거하고 처분금액과 장부금액의 차액을 무형자산처분손익으로 인식한다.

제16조【기타비유동자산】 ① '기타비유동자산'이란 투자자산, 유형자산 및 무형자산에 속하지 않는 비유동자산을 말한다.

② 기타비유동자산에는 임차보증금, 장기선급비용과 장기미수금 등이 포함된다.

제17조【유동부채】 ① '유동부채'는 회계연도 말부터 1년 이내에 상환 등을 통하여 소멸할 것으로 예상되는 부채를 말한다.

② 유동부채에는 단기차입금, 매입채무, 미지급비용, 미지급금, 선수금, 선수수익, 예수금과 유동성장기부채 등이 포함된다.

제18조【비유동부채】 ① '비유동부채'란 유동부채를 제외한 모든 부채를 말하며, 고유목적사업준비금을 부채로 인식하는 경우에는 유동부채와 고유목적사업준비금을 제외한 모든 부채를 말한다.

② 비유동부채에는 장기차입금, 임대보증금과 퇴직급여충당부채 등이 포함된다.

제19조【고유목적사업준비금】 ① 고유목적사업준비금이란 법인세법 제29조에 따라 고유목적사업이나 지정기부금에 사용하기 위해 미리 비용으로 계상하면서 동일한 금액으로 인식한 부채계정으로, 유동부채와 비유동부채로 구분하지 않고 별도로 표시한다.

② 제1항은 고유목적사업준비금을 부채로 인식하는 경우에 한하여 적용한다.

제20조【기본순자산】 ① '기본순자산'이란 사용이나 처분에 '영구적 제약'이 있는 순자산을 말한다.

② '영구적 제약'이란 법령, 정관 등에 의해 사용이나 처분시 주무관청 등의 허가가 필요한 경우를 말한다.

제21조【보통순자산】 ① '보통순자산'이란 '기본순자산'이나 '순자산조정'이 아닌 순자산을 말한다.

② '보통순자산'은 잉여금과 적립금으로 구분하고, 적립금은 미래 특정 용도로 사용하기 위하여 적립해두는 준비금이나 임의적립금 등이 해당한다.

제22조【순자산조정】 '순자산조정'이란 순자산 가감성격의 항목으로서 매도가능증권평가손익, 유형자산재평가이익 등이 포함된다.

제3장 운영성과표

제23조【운영성과표의 목적과 작성단위】 ① 운영성과표는 해당 회계연도의 모든 수익과 비용을 표시함으로써 다음 각 호의 정보를 제공하는 것을 목적으로 한다.

1. 공익법인의 사업 수행 성과
2. 관리자의 책임 수행 정도

② 운영성과표의 작성은 공익법인을 하나의 작성단위로 보아 통합하여 작성하되, 공익목적사업부문과 기타사업부문으로 각각 구분하여 표시한다.

제24조【운영성과표 작성기준】 ① 운영성과표에는 그 회계연도에 속하는 모든 수익 및 이에 대응하는 모든 비용을 적정하게 표시한다.[별지 제2호 서식 참조]

② 운영성과표는 다음 각 호에 따라 작성한다.

1. 모든 수익과 비용은 그것이 발생한 회계연도에 배분되도록 회계처리한다. 이 경우 발생한 원가가 자산으로 인식되는 경우를 제외하고는 비용으로 인식한다.
2. 수익과 비용은 그 발생 원천에 따라 명확하게 분류하고, 수익항목과 이에 관련되는 비용항목은 대응하여 표시한다.
3. 수익과 비용은 총액으로 표시한다.
4. 운영성과표는 다음 각 목과 같이 구분하여 표시한다.

가. 사업수익

나. 사업비용

다. 사업이익(손실)

라. 사업외수익

마. 사업외비용

바. 고유목적사업준비금을 부채로 인식하는 경우 고유목적사업준비금전입액

사. 고유목적사업준비금을 부채로 인식하는 경우 고유목적사업준비금환입액

아. 법인세비용차감전 당기운영이익(손실)

자. 법인세비용

차. 당기운영이익(손실)

제25조 **【사업수익】** ① '사업수익'은 공익목적사업과 기타사업의 결과 경상적으로 발생하는 자산의 증가 또는 부채의 감소를 말한다.

② 사업수익은 공익목적사업수익과 기타사업수익으로 구분하여 표시한다.

③ 공익목적사업수익은 공익법인의 특성을 반영하여 기부금수익, 보조금수익, 회비수익 등으로 구분하여 표시한다.

④ 기타사업수익은 공익법인이 필요하다고 판단하는 경우에는 그 구분정보를 운영성과표 본문에 표시하거나 주석으로 기재할 수 있다.

⑤ 이자수익 또는 배당수익과 처분손익 등이 공익목적사업활동의 주된 원천이 되는 경우에는 사업수익에 포함한다.

제26조 **【기부금 등의 수익인식과 측정】** ① 현금이나 현물을 기부 받을 때에는 실제 기부를 받는 시점에 수익으로 인식한다.

② 현물을 기부 받을 때에는 수익금액을 공정가치(합리적인 판단력과 거래 의사가 있는 독립된 당사자 사이의 거래에서 자산이 교환되거나 부채가 결제될 수 있는 금액을 말한다. 이하 같다)로 측정한다.

③ 납부가 강제되는 회비 등에 대해서는 발생주의에 따라 회수가 확실해지는 시점에 수익을 인식할 수 있다.

④ 기부금 등이 기본순자산에 해당하는 경우 사업수익으로 인식하지 않고 기본순자산의 증가로 인식한다.

제27조 【사업비용】 ① '사업비용'은 공익목적사업과 기타사업의 결과 경상적으로 발생하는 자산의 감소 또는 부채의 증가를 말한다.

② 사업비용은 공익목적사업비용과 기타사업비용으로 구분하여 표시한다.

③ 공익목적사업비용은 활동의 성격에 따라 다음 각 호와 같이 사업수행비용, 일반관리비용, 모금비용으로 구분하여 표시한다.

1. '사업수행비용'은 공익법인이 추구하는 본연의 임무나 목적을 달성하기 위해 수혜자, 고객, 회원 등에게 재화나 용역을 제공하는 활동에서 발생하는 비용을 말한다.
2. '일반관리비용'은 기획, 인사, 재무, 감독 등 제반 관리활동에서 발생하는 비용을 말한다.
3. '모금비용'은 모금 홍보, 모금 행사, 기부자 리스트 관리, 모금 고지서 발송 등의 모금 활동에서 발생하는 비용을 말한다.

④ 사업수행비용은 세부사업별로 추가 구분한 정보를 운영성과표 본문에 표시하거나 주석으로 기재할 수 있다.

⑤ 사업수행비용, 일반관리비용, 모금비용에 대해서는 각각 다음 각 호와 같이 분배비용, 인력비용, 시설비용, 기타비용으로 구분하여 분석한 정보를 운영성과표 본문에 표시하거나 주석으로 기재한다. 다만, 공익법인이 필요하다고 판단하는 경우에는 더 세분화된 정보를 운영성과표 본문에 표시하거나 주석으로 기재할 수 있다.

1. '분배비용'은 공익법인이 수혜자 또는 수혜단체에 직접 지급하는 비용으로 장학금, 지원금 등을 포함한다.
2. '인력비용'은 공익법인에 고용된 인력과 관련된 비용으로서 급여, 상여금, 퇴직급여, 복리후생비, 교육훈련비 등을 포함한다.
3. '시설비용'은 공익법인의 운영에 사용되는 토지, 건물, 구축물, 차량운반구 등 시설과 관련된 비용으로서 감가상각비, 지급임차료, 시설보험료, 시설유지관리비 등을 포함한다.
4. '기타비용'은 분배비용, 인력비용, 시설비용 외의 비용으로서 여비교통비, 소모품비, 지급수수료, 용역비, 업무추진비, 회의비, 대손상각비 등을 포함한다. 이 경우 각 공익법인의 특성에 따라 금액이 중요한 기타비용 항목은 별도로 구분하여 운영성과표 본문에 표시하거나 주석으로 기재한다.

⑥ 기타사업비용을 인력비용, 시설비용, 기타비용으로 구분하여 분석한 정보는 운영성과표 본문에 표시하거나 주석으로 기재하여야 하며, 그 외 공익법인이 필요하다고 판단하는 구분정보에 대해서는 운영성과표 본문에 표시하거나 주석으로 기재할 수 있다.

제28조【사업외수익】 사업외수익은 사업수익이 아닌 수익 또는 차익으로서 유형 · 무형자산처분이익, 유형 · 무형자산손상차손환입, 전기오류수정이익 등으로 한다.

제29조【사업외비용】 사업외비용은 사업비용이 아닌 비용 또는 차손으로서 유형 · 무형자산처분손실, 유형 · 무형자산손상차손, 유형자산재평가손실, 기타의 대손상각비, 전기오류수정손실 등으로 한다.

제30조【공통수익 및 비용의 배분】 어떤 수익과 비용항목이 복수의 활동에 관련되는 경우에는 해당 수익과 비용의 성격에 따라 투입한 업무시간, 관련 시설면적, 사용빈도 등 합리적인 배분기준에 따라 활동 간에 배분하며, 그 배분기준은 일관되게 적용하여야 한다.

제31조【고유목적사업준비금 전입액과 환입액】 ① '고유목적사업준비금전입액'이란 공익법인이 법인세법에 따라 수익사업부문에서 발생한 소득 중 일부를 고유목적사업부문이나 지정기부금에 지출하기 위하여 적립한 금액을 말한다. 이에 상응하여 동일한 금액을 부채에 '고유목적사업준비금'이라는 과목으로 인식한다.

② '고유목적사업준비금환입액'이란 고유목적사업준비금이 법인세법에 따라 수익사업부문에서 고유목적사업부문에 전출되어 목적사업에 사용되었거나 미사용되어 임의 환입된 금액을 말한다.

③ 제1항과 제2항의 내용은 고유목적사업준비금을 부채로 인식하는 경우에 한하여 적용한다.

제32조【법인세비용】 공익법인이 법인세를 부담하는 경우에는 일반기업회계기준 제22장 '법인세회계'와 제31장 '중소기업 회계처리 특례'의 법인세 회계처리를 고려하여 회계정책을 개발하여 회계처리한다.

제4장 자산 · 부채의 평가

제33조【자산의 평가기준】 ① 자산은 최초에 취득원가로 인식한다.

② 교환, 현물출자, 증여, 그 밖에 무상으로 취득한 자산은 공정가치를 취득원가로 한다.

③ 이 기준에서 별도로 정하는 경우를 제외하고는, 자산의 진부화 및 시장가치의 급격한 하락 등으로 인하여 자산의 회수가능액이 장부금액에 중요하게 미달되는 경우에는 장부금액을 회수가능액으로 조정하고 그 차액을 손상차손으로 처리한다. 이 경우 회수가능액은 다음 제1호와 제2호 중 큰 금액으로 한다.

1. 순공정가치 : 합리적인 판단력과 거래 의사가 있는 독립된 당사자 사이의 거래에서 자산의 매각으로부터 수취할 수 있는 금액에서 처분부대원가를 차감한 금액
2. 사용가치 : 자산에서 창출될 것으로 기대되는 미래 현금흐름의 현재가치

④ 과거 회계연도에 인식한 손상차손이 더 이상 존재하지 않거나 감소하였다면 자산의 회수가능액이 장부금액을 초과하는 금액은 손상차손환입으로 인식한다. 다만, 손상차손환입으로 증가된 장부금액은 과거에 손상차손을 인식하기 전 장부금액의 감가상각 또는 상각 후 잔액을 초과할 수 없다

제34조【미수금, 매출채권 등의 평가】 ① 원금이나 이자 등의 일부 또는 전부를 회수하지 못할 가능성이 있는 미수금, 매출채권 등은 합리적이고 객관적인 기준에 따라 대손추산액을 산출하여 대손충당금으로 설정하고, 기존 대손충당금 잔액과의 차이는 대손상각비로 인식한다.

② 미수금, 매출채권 등의 원금이나 이자 등의 일부 또는 전부를 회수할 수 없게 된 경우, 대손충당금과 상계하고, 대손충당금이 부족한 경우에는 그 부족액을 대손상각비로 인식한다.

③ 미수금과 매출채권에 대한 대손상각비는 사업비용(공익목적사업비용이나 기타사업비용 중 관련이 되는 것)의 대손상각비로, 그 밖의 채권에 대한 대손상각비는 사업외비용의 기타의대손상각비로 구분한다.

제35조【유형자산과 무형자산의 평가】 ① 유형자산과 무형자산의 취득원가는 구입가격 또는 제작원가와 자산을 가동하기 위하여 필요한 장소와 상태에 이르게 하는 데 직접 관련되는 원가를 포함한 금액을 말한다.

② 최초 인식 후에 유형자산과 무형자산의 장부금액은 다음 각 호에 따라 결정한다.

1. 유형자산 : 취득원가(자본적 지출을 포함한다. 이하 이 조에서 같다)에서 감가상각누계액과 손상차손누계액을 차감한 금액
2. 무형자산 : 취득원가에서 상각누계액과 손상차손누계액을 차감한 금액

③ 취득원가에서 잔존가치를 차감하여 결정되는 유형자산의 감가상각대상금액과 무형자산의 상각대상금액은 해당 자산을 사용할 수 있는 때부터 내용연수에 걸쳐 배분하여 상각한다.

④ 유형자산과 무형자산의 내용연수는 자산의 예상 사용기간이나 생산량 등을 고려하여 합리적으로 결정한다.

⑤ 유형자산의 감가상각방법과 무형자산의 상각방법은 다음 각 호에서 자산의 경제적 효익이 소멸되는 형태를 반영한 합리적인 방법을 선택하여 소멸형태가 변하지 않는 한 매기 계속 적용한다.

1. 정액법
2. 정률법
3. 연수합계법
4. 생산량비례법

⑥ 전시 · 교육 · 연구 등의 목적으로 보유중인 예술작품 및 유물과 같은 역사적 가치가 있는 유형자산은 일반적으로 시간이 경과하더라도 가치가 감소하지 않으므로 감가상각을 적용하지 아니한다.

제36조【유형자산의 재평가】① 최초 인식 후에 공정가치를 신뢰성 있게 측정할 수 있는 유형자산은 재평가를 할 수 있다. 이 경우 재평가일의 공정가치에서 이후의 감가상각누계액과 손상차손누계액을 차감한 재평가금액을 장부금액으로 한다.

② 유형자산을 재평가할 때, 재평가 시점의 총장부금액에서 기존의 감가상각누계액을 제거하여 자산의 순장부금액이 재평가금액이 되도록 수정한다.

③ 유형자산의 장부금액이 재평가로 인하여 증가된 경우에 그 증가액은 순자산조정으로 인식한다. 그러나 동일한 유형자산에 대하여 이전에 운영성과표에 사업외비용으로 인식한 재평가감소액이 있다면 그 금액을 한도로 재평가증가액만큼 운영성과표에 사업외수익으로 인식한다.

④ 유형자산의 장부금액이 재평가로 인하여 감소된 경우에 그 감소액은 운영성과표에 사

업외비용으로 인식한다. 그러나 그 유형자산의 재평가로 인해 인식한 순자산조정의 잔액이 있다면 그 금액을 한도로 재평가감소액을 순자산조정에서 차감한다.

제37조【유가증권의 평가】 ① 유가증권은 취득한 후 만기보유증권, 단기매매증권, 그리고 매도가능증권 중의 하나로 분류한다.
② 유가증권의 평가는 일반기업회계기준에 따른다. 다만, 매도가능증권에 대한 미실현보유손익은 순자산조정으로 인식하고 당해 유가증권에 대한 순자산조정은 그 유가증권을 처분하거나 손상차손을 인식하는 시점에 일괄하여 당기손익에 반영한다.

제38조【퇴직급여충당부채의 평가】 ① 퇴직급여충당부채는 회계연도 말 현재 모든 임직원이 일시에 퇴직할 경우 지급하여야 할 퇴직금에 상당하는 금액으로 한다.
② 확정기여형퇴직연금제도를 설정한 경우에는 퇴직급여충당부채 및 관련 퇴직연금운용자산을 인식하지 않는다. 다만 해당 회계기간에 대하여 공익법인이 납부하여야 할 부담금을 퇴직급여(비용)로 인식하고, 미납부액이 있는 경우 미지급비용(부채)으로 인식한다.
③ 확정급여형퇴직연금제도와 관련하여 별도로 운용되는 자산은 하나로 통합하여 '퇴직연금운용자산'으로 표시하고, 퇴직급여충당부채에서 차감하는 형식으로 표시한다. 퇴직연금운용자산의 구성내역은 주석으로 기재한다.

제39조【공통자산 · 부채의 배분】 어떤 자산 또는 부채 항목이 복수의 활동에 관련되는 경우에는 관련 시설면적, 사용빈도 등 합리적인 배분기준에 따라 활동 간에 배분하고, 그 배분기준은 일관되게 적용하여야 한다.

제5장 주　석

제40조【주석의 정의】'주석'이란 재무제표 본문(재무상태표, 운영성과표를 말한다)의 전반적인 이해를 돕는 일반사항에 관한 정보, 재무제표 본문에 표시된 항목을 구체적으로 설명하거나 세분화하는 정보, 재무제표 본문에 표시할 수 없는 회계사건 및 그 밖의 사항으로 재무제표에 중요한 영향을 미치거나 재무제표의 이해를 위하여 필요하다고 판단되는 정보를 추가하여 기재하는 것을 말한다.

제41조【필수적 주석기재사항】① 공익법인은 이 기준의 다른 조항에서 주석으로 기재할 것을 요구하거나 허용하는 사항 외에 다음 각 호의 사항을 주석으로 기재한다.

1. 공익법인의 개황 및 주요사업 내용
2. 공익법인이 채택한 회계정책(자산 · 부채의 평가기준 및 수익과 비용의 인식기준을 포함한다)
3. 사용이 제한된 현금및현금성자산의 내용
4. 차입금 등 현금 등으로 상환하여야 하는 부채의 주요 내용
5. 현물기부의 내용
6. 제공한 담보 · 보증의 주요 내용
7. 특수관계인(상속세 및 증여세법 제2조 제10호의 정의에 따른다)과의 중요한 거래의 내용
8. 총자산 또는 사업수익금액의 10% 이상에 해당하는 거래에 대한 거래처명, 거래금액, 계정과목 등 거래 내역
9. 회계연도 말 현재 진행 중인 소송 사건의 내용, 소송금액, 진행 상황 등
10. 회계정책, 회계추정의 변경 및 오류수정에 관한 사항
11. 기본순자산의 취득원가와 공정가치를 비교하는 정보에 관한 사항
12. 순자산의 변동에 관한 사항
13. 유형자산 재평가차액의 누적금액
14. 유가증권의 취득원가와 재무제표 본문에 표시된 공정가치를 비교하는 정보
15. 그 밖에 일반기업회계기준에 따라 주석기재가 요구되는 사항 중 공익법인에 관련성이 있고 그 성격이나 금액이 중요한 사항

② 제1항에도 불구하고「상속세 및 증여세법」제50조 제3항 단서에 해당하는 공익법인이

결산서류 등을 공시하는 경우에는 이 기준의 다른 조항에서 주석으로 기재할 것을 요구하거나 허용하는 사항 외에 제1항 제3호부터 제7호까지, 제9호 및 제11호의 사항을 주석으로 기재한다.

제42조【선택적 주석기재사항】 이 기준과 일반기업회계기준에서 요구하는 주석기재사항 외에도 재무제표의 유용성을 제고하고 공정한 표시를 위하여 필요한 정보는 재무제표 작성자의 판단과 책임하에서 자발적으로 주석을 기재할 수 있다. 예를 들어, 공익법인이 내부관리목적으로 복수의 구분된 단위로 회계를 하는 경우 각 회계단위별로 작성된 재무제표의 전부 또는 일부를 주석으로 기재할 수 있다.

제43조【주석기재방법】 주석기재는 재무제표 이용자의 이해와 편의를 도모하기 위하여 다음 각 호에 따라 체계적으로 작성한다.

1. 재무제표상의 개별항목에 대한 주석 정보는 해당 개별항목에 기호를 붙이고 별지에 동일한 기호를 표시하여 그 내용을 설명한다.
2. 하나의 주석이 재무제표상 둘 이상의 개별항목과 관련된 경우에는 해당 개별항목 모두에 주석의 기호를 표시한다.
3. 하나의 주석에 포함된 정보가 다른 주석과 관련된 경우에도 해당되는 주석 모두에 관련된 주석의 기호를 표시한다.

부 칙 〈제2017－35호, 2017. 12. 7.〉

제1조【시행일】 이 기준은 2018년 1월 1일부터 시행한다.

제2조【일반적 적용례】 이 기준은 이 기준 시행 이후 개시하는 회계연도부터 적용한다.

제3조【재무제표 작성 적용례】 이 기준이 최초 적용되는 재무제표에 대하여는 제9조에 따른 비교재무제표를 작성하지 아니할 수 있다.

제4조【재무제표 작성 경과규정】 이 기준은 공익법인이 원하는 경우 이 기준 시행 이전에 개시하는 회계연도에 적용할 수 있다.

제5조【소규모 공익법인의 한시적 단식부기 등 적용특례】 이 기준 시행 이후 최초로 개시하는 회계연도의 직전 회계연도 종료일의 총자산가액의 합계액이 20억원 이하인 공익법인과 이 기준 시행일부터 2018년 12월 31일까지의 기간 중에 신설되는 공익법인은 이

기준 시행 이후 최초로 개시하는 회계연도와 그 다음 회계연도에는 단식부기를 적용할 수 있으며, 제41조의 필수적 주석기재사항의 기재를 생략할 수 있다.

부 칙 〈제2024-13호, 2024. 4. 5.〉

제1조【시행일】이 규칙은 발령한 날부터 시행한다.

제2조【필수적 주석기재사항에 관한 적용례】제41조 제2항의 개정규정은 이 기준 시행 이후 결산서류 등을 공시하는 경우부터 적용한다.

[별지 제1호 서식]

재 무 상 태 표

제×기 20××년×월×일 현재

제×기 20××년×월×일 현재

공익법인명 (단위 : 원)

과 목	당 기			전 기		
	통합	공익목적사업	기타사업	통합	공익목적사업	기타사업
자 산						
유동자산	×××	×××	×××	×××	×××	×××
현금및현금성자산	×××	×××	×××	×××	×××	×××
단기투자자산	×××	×××	×××	×××	×××	×××
매출채권	×××	×××	×××	×××	×××	×××
(−) 대손충당금	(×××)	(×××)	(×××)	(×××)	(×××)	(×××)
선급비용	×××	×××	×××	×××	×××	×××
미수수익	×××	×××	×××	×××	×××	×××
미수금	×××	×××	×××	×××	×××	×××
(−) 대손충당금	(×××)	(×××)	(×××)	(×××)	(×××)	(×××)
선급금	×××	×××	×××	×××	×××	×××
재고자산	×××	×××	×××	×××	×××	×××
……	×××	×××	×××	×××	×××	×××
비유동자산	×××	×××	×××	×××	×××	×××
투자자산	×××	×××	×××	×××	×××	×××
장기성예적금	×××	×××	×××	×××	×××	×××
장기투자증권	×××	×××	×××	×××	×××	×××
장기대여금	×××	×××	×××	×××	×××	×××
……	×××	×××	×××	×××	×××	×××
유형자산	×××	×××	×××	×××	×××	×××
토지	×××	×××	×××	×××	×××	×××
건물	×××	×××	×××	×××	×××	×××
(−) 감가상각누계액	(×××)	(×××)	(×××)	(×××)	(×××)	(×××)
구축물	×××	×××	×××	×××	×××	×××
(−) 감가상각누계액	(×××)	(×××)	(×××)	(×××)	(×××)	(×××)
기계장치	×××	×××	×××	×××	×××	×××

과 목	당 기			전 기		
	통합	공익목적사업	기타사업	통합	공익목적사업	기타사업
(−) 감가상각누계액	(×××)	(×××)	(×××)	(×××)	(×××)	(×××)
차량운반구	×××	×××	×××	×××	×××	×××
(−) 감가상각누계액	(×××)	(×××)	(×××)	(×××)	(×××)	(×××)
건설중인자산	(×××)	(×××)	(×××)	(×××)	(×××)	(×××)
……	×××	×××	×××	×××	×××	×××
무형자산	×××	×××	×××	×××	×××	×××
지식재산권	×××	×××	×××	×××	×××	×××
개발비	×××	×××	×××	×××	×××	×××
컴퓨터소프트웨어	×××	×××	×××	×××	×××	×××
광업권	×××	×××	×××	×××	×××	×××
임차권리금	×××	×××	×××	×××	×××	×××
……	×××	×××	×××	×××	×××	×××
기타비유동자산	×××	×××	×××	×××	×××	×××
임차보증금	×××	×××	×××	×××	×××	×××
장기선급비용	×××	×××	×××	×××	×××	×××
장기미수금	×××	×××	×××	×××	×××	×××
……	×××	×××	×××	×××	×××	×××
자 산 총 계	×××	×××	×××	×××	×××	×××
부 채						
유동부채	×××	×××	×××	×××	×××	×××
단기차입금	×××	×××	×××	×××	×××	×××
매입채무	×××	×××	×××	×××	×××	×××
미지급비용	×××	×××	×××	×××	×××	×××
미지급금	×××	×××	×××	×××	×××	×××
선수금	×××	×××	×××	×××	×××	×××
선수수익	×××	×××	×××	×××	×××	×××
예수금	×××	×××	×××	×××	×××	×××
유동성장기부채	×××	×××	×××	×××	×××	×××
……	×××	×××	×××	×××	×××	×××
비유동부채	×××	×××	×××	×××	×××	×××

과 목	당 기			전 기		
	통합	공익목적사업	기타사업	통합	공익목적사업	기타사업
장기차입금	×××	×××	×××	×××	×××	×××
임대보증금	×××	×××	×××	×××	×××	×××
퇴직급여충당부채	×××	×××	×××	×××	×××	×××
(−) 퇴직연금운용자산	(×××)	(×××)	(×××)	(×××)	(×××)	(×××)
……	×××	×××	×××	×××	×××	×××
고유목적사업준비금	×××	×××	×××	×××	×××	×××
부 채 총 계	×××	×××	×××	×××	×××	×××
순자산[*1]						
기본순자산	×××	×××	×××	×××	×××	×××
보통순자산	×××	×××	×××	×××	×××	×××
적립금	×××	×××	×××	×××	×××	×××
잉여금	×××	×××	×××	×××	×××	×××
순자산조정	×××	×××	×××	×××	×××	×××
순 자 산 총 계	×××	×××	×××	×××	×××	×××
부채 및 순자산 총계	×××	×××	×××	×××	×××	×××

[별지 제2호 서식]

운 영 성 과 표

제×기 20××년×월×일부터 20××년×월×일까지

제×기 20××년×월×일부터 20××년×월×일까지

공익법인명 (단위 : 원)

과 목	당 기			전 기		
	통합	공익목적사업	기타사업	통합	공익목적사업	기타사업
사업수익	×××	×××	×××	×××	×××	×××
기부금수익	×××	×××	–	×××	×××	–
보조금수익	×××	×××	–	×××	×××	–
회비수익	×××	×××	–	×××	×××	–
투자자산수익	×××	×××	–	×××	×××	–
매출액	×××	×××	–	×××	×××	–
……	×××	×××	–	×××	×××	–
사업비용[*2]	×××	×××	×××[*3]	×××	×××	×××[*3]
사업수행비용	×××	×××	–	×××	×××	–
○○사업수행비용	×××	×××	–	×××	×××	–
△△사업수행비용	×××	×××	–	×××	×××	–
……	×××	×××	–	×××	×××	–
일반관리비용	×××	×××	–	×××	×××	–
모금비용	×××	×××	–	×××	×××	–
……	×××	–	×××	×××	–	×××
사업이익(손실)	×××	×××	×××	×××	×××	×××
사업외수익	×××	×××	×××	×××	×××	×××
유형자산손상차손환입	×××	×××	×××	×××	×××	×××
유형자산처분이익	×××	×××	×××	×××	×××	×××
무형자산손상차손환입	×××	×××	×××	×××	×××	×××
무형자산처분이익	×××	×××	×××	×××	×××	×××
전기오류수정이익	×××	×××	×××	×××	×××	×××
…..	×××	×××	×××	×××	×××	×××
사업외비용	×××	×××	×××	×××	×××	×××
기타의 대손상각비	×××	×××	×××	×××	×××	×××
유형자산손상차손	×××	×××	×××	×××	×××	×××
유형자산처분손실	×××	×××	×××	×××	×××	×××
유형자산재평가손실[*4]	×××	×××	×××	×××	×××	×××
무형자산손상차손	×××	×××	×××	×××	×××	×××
무형자산처분손실	×××	×××	×××	×××	×××	×××
전기오류수정손실	×××	×××	×××	×××	×××	×××
……	×××	×××	×××	×××	×××	×××
고유목적사업준비금전입액	×××	×××	×××	×××	×××	×××
고유목적사업준비금환입액	×××	×××	×××	×××	×××	×××
법인세비용차감전 당기운영이익(손실)	×××	×××	×××	×××	×××	×××
법인세비용	×××	×××	×××	×××	×××	×××
당기운영이익(손실)	×××	×××	×××	×××	×××	×××

*1. 순자산의 변동에 관한 사항은 아래와 같이 주석으로 기재한다.

과 목	통합				공익목적사업부문				기타사업부문			
	기본 순자산	보통순자산		순자산 조정	기본 순자산	보통순자산		순자산 조정	기본 순자산	보통순자산		순자산 조정
		적립금	잉여금			적립금	잉여금			적립금	잉여금	
전기초	xxx	xxx	xxx	xxx	xxx	xxx	xxx	xxx	xxx	xxx	xxx	xxx
회계정책변경누적효과	(xxx)	(xxx)	(xxx)	(xxx)	(xxx)	(xxx)	(xxx)	(xxx)	(xxx)	(xxx)	(xxx)	(xxx)
전기오류수정	(xxx)	(xxx)	(xxx)	(xxx)	(xxx)	(xxx)	(xxx)	(xxx)	(xxx)	(xxx)	(xxx)	(xxx)
수정후 순자산	xxx	xxx	xxx	xxx	xxx	xxx	xxx	xxx	xxx	xxx	xxx	xxx
기본순자산증감	xxx		(xxx)		xxx		(xxx)		xxx		(xxx)	
당기운영이익(손실)			xxx				xxx				xxx	
매도가능증권평가이익				xxx				xxx				xxx
유형자산재평가이익				xxx				xxx				xxx
적립금 전입		xxx	(xxx)			xxx	(xxx)			xxx	(xxx)	
......	xxx	xxx	xxx	xxx	xxx	xxx	xxx	xxx	xxx	xxx	xxx	xxx
전기말	xxx	xxx	xxx	xxx	xxx	xxx	xxx	xxx	xxx	xxx	xxx	xxx
당기초	xxx	xxx	xxx	xxx	xxx	xxx	xxx	xxx	xxx	xxx	xxx	xxx
회계정책변경누적효과	(xxx)	(xxx)	(xxx)	(xxx)	(xxx)	(xxx)	(xxx)	(xxx)	(xxx)	(xxx)	(xxx)	(xxx)
전기오류수정	(xxx)	(xxx)	(xxx)	(xxx)	(xxx)	(xxx)	(xxx)	(xxx)	(xxx)	(xxx)	(xxx)	(xxx)
수정후 순자산	xxx	xxx	xxx	xxx	xxx	xxx	xxx	xxx	xxx	xxx	xxx	xxx
기본순자산증감	xxx		(xxx)		xxx		(xxx)		xxx		(xxx)	
당기운영이익(손실)			xxx				xxx				xxx	
매도가능증권평가이익				xxx				xxx				xxx
유형자산재평가이익				xxx				xxx				xxx
적립금 전입		xxx	(xxx)			xxx	(xxx)			xxx	(xxx)	
......	xxx	xxx	xxx	xxx	xxx	xxx	xxx	xxx	xxx	xxx	xxx	xxx
당기말	xxx	xxx	xxx	xxx	xxx	xxx	xxx	xxx	xxx	xxx	xxx	xxx

*2. 사업비용의 기능별 구분과 성격별 구분에 관한 정보를 아래와 같이 주석으로 기재한다.

〈주석기재 예시〉

주석 YY. 사업비용의 성격별 구분

운영성과표에는 사업비용이 기능별로 구분되어 표시되어 있습니다. 이를 다시 성격별로 구분한 내용은 다음과 같습니다.

	분배비용	인력비용	시설비용	기타비용	합 계
공익목적사업비용	×××	×××	×××	×××	×××
사업수행비용	×××	×××	×××	×××	×××
일반관리비용	–	×××	×××	×××	×××
모금비용	–	×××	×××	×××	×××
기타사업비용	–	×××	×××	×××	×××
합 계	–	×××	×××	×××	×××

* 분배비용이 없는 공익법인은 해당 계정을 삭제할 수 있다.

또는 공익법인이 선택에 따라 위 정보를 운영성과표 본문에 다음과 같이 직접 표시할 수도 있다.

Ⅰ. 공익목적사업비용	(×××)
1. 사업수행비용	(×××)
분배비용	(×××)
인력비용	(×××
시설비용	(×××)
기타비용	(×××)
2. 일반관리비용	(×××)
인력비용	(×××)
시설비용	(×××)
기타비용	(×××)
3. 모금비용	(×××)
인력비용	(×××)
시설비용	(×××)
기타비용	(×××)
Ⅱ. 기타사업비용	(×××)
인력비용	(×××)
시설비용	(×××)
기타비용	(×××)

*3. 「공익법인회계기준」 제27조 제6항에 따라 기타사업비용을 더 상세하게 구분한 정보를 주석으로 기재할 수 있다. 예를 들어, 기타사업비용을 매출원가와 판매관리비로 구분하여 주석으로 기재할 수 있다.

*4. 유형자산재평가손실은 사업외비용으로 표시한다.

PART 6

유형별 회계기준과 세무

Chapter 1 유형별 회계기준

01 사학기관 회계

1 학교법인이란?

사학기관을 살펴보기에 앞서 학교의 근간이 되는 법률에 대한 이해가 필요하다. 사학기관은 「교육기본법」에서 출발한다. 「교육기본법」 제9조에서는 유아교육 · 초등교육 · 중등교육 및 고등교육을 하기 위하여 학교를 둔다고 하고 있으며 그 학교의 종류와 학교의 설립 · 경영 등 학교교육에 관한 기본적인 사항은 따로 법률로 정한다고 하고 있다. 이에 「교육기본법」 제9조에 따라 「유아교육법」, 「초 · 중등교육법」, 「고등교육법」에서는 학교의 종류 및 설립 등 교육에 관한 사항을 아래와 같이 정하고 있다.

구 분	관련 조항	주요 내용
「고등교육법」	제2조 학교의 종류	대학, 산업대학, 교육대학, 전문대학, 기술대학 등
	제3조 국립 · 공립 · 사립 학교의 구분	국가가 설립 · 경영하거나 국가가 국립대학 법인으로 설립하는 국립학교, 지방자치단체가 설립 · 경영하는 공립학교(설립주체에 따라 시립학교 · 도립학교로 구분할 수 있다), 학교법인이 설립 · 경영하는 사립학교로 구분
	제4조 학교의 설립 등	① 시설 · 설비 등 설립기준을 갖추어야 함 ② 국가 외의 자가 학교를 설립하는 경우 교육부장관의 인가를 받아야 함

구 분	관련 조항	주요 내용
「초 · 중등교육법」	제2조 학교의 종류	초등학교, 중학교 · 고등공민학교, 고등학교 · 고등기술학교, 특수학교 등
	제3조 국립 · 공립 · 사립 학교의 구분	설립주체에 따라 국립학교, 공립학교, 사립학교로 구분
	제4조 학교의 설립 등	① 시설 · 설비 등 설립기준을 갖추어야 함 ② 사립학교를 설립하려는 자는 교육감의 인가를 받아야 함
「유아교육법」	제2조 정의	"유치원"이란 유아의 교육을 위하여 이 법에 따라 설립 · 운영되는 학교를 말함
	제7조 유치원의 구분	설립주체에 따라 국립유치원, 공립유치원, 사립유치원(법인, 사인 설립)으로 구분
	제8조 유치원의 설립 등	① 시설 · 설비 등 설립기준을 갖추어야 함 ② 사립유치원을 설립하려는 자는 교육감의 인가를 받아야 함

2 사립학교란?

「사립학교법」에서는 사립학교, 학교법인, 사립학교경영자에 대한 용어를 정의하면서 학교법인만 설립할 수 있는 사립학교에 대해 규정하고 있다. 아래의 규정 내용을 살펴보면 유치원과 「초 · 중등교육법」 제52조 제2항(근로청소년을 위한 특별학급 등)에 따른 중학교 또는 고등학교를 제외하고는 학교법인만이 사립학교 등을 설립할 수 있다.

관련법령

사립학교법 제2조 【정의】 이 법에서 사용하는 용어의 뜻은 다음과 같다.

1. "사립학교"란 학교법인, 공공단체 외의 법인 또는 그 밖의 사인(私人)이 설치하는 「유아교육법」 제2조제2호, 「초 · 중등교육법」 제2조 및 「고등교육법」 제2조에 따른 학교를 말한다.
2. "학교법인"이란 사립학교만을 설치 · 경영할 목적으로 이 법에 따라 설립되는 법인을 말한다.
3. "사립학교경영자"란 「유아교육법」, 「초 · 중등교육법」, 「고등교육법」 및 이 법에 따라 사립학교를 설치 · 경영하는 공공단체 외의 법인(학교법인은 제외한다) 또는 사인을 말한다.

사립학교법 제3조【학교법인이 아니면 설립할 수 없는 사립학교 등】 학교법인이 아닌 자는 다음 각 호의 어느 하나에 해당하는 사립학교를 설치·경영할 수 없다. 다만, 「초·중등교육법」 제52조 제2항에 따라 산업체가 그 고용근로청소년의 교육을 위하여 중학교 또는 고등학교를 설치·경영하는 경우에는 그러하지 아니하다.
1. 초등학교·중학교·고등학교·특수학교·대학
2. 산업대학·사이버대학·전문대학·기술대학
3. 대학·산업대학·전문대학 또는 기술대학에 준하는 각종학교

학교법인은 아래 내용을 통하여 「민법」 제32조의 재단법인 성격을 갖은 비영리법인임을 알 수 있다.

사립학교를 설립할 수 있는 학교법인은 사립학교에 필요한 시설·설비와 당해 학교의 경영에 필요한 재산을 갖추어야 하기 때문에, 학교법인을 설립하려는 자는 일정한 재산을 출연하고, 정관을 작성하여 교육부장관의 허가를 받아야 한다.

「사립학교법」에서는 학교법인이 해산에 따른 잔여재산(殘餘財産)의 귀속자에 관한 규정을 두려는 경우 그 귀속자는 학교법인이나 그 밖에 교육사업을 경영하는 자 중에서 선정되도록 하고 학교법인의 설립자 등은 잔여재산 귀속자로 지정할 수 없도록 하고 있다.

관련법령

「사립학교법」 제5조【자산】 ① 학교법인은 그가 설치·경영하는 사립학교에 필요한 시설·설비와 그 학교의 경영에 필요한 재산을 갖추어야 한다.
② 제1항에 따른 사립학교에 필요한 시설·설비와 재산에 관한 기준은 대통령령으로 정한다.

「사립학교법」 제10조【설립허가】 ① 학교법인을 설립하려는 자는 일정한 재산을 출연하고, 다음 각 호의 사항을 적은 정관을 작성하여 대통령령으로 정하는 바에 따라 교육부장관의 허가를 받아야 한다. 이 경우 기술대학을 설치·경영하는 학교법인을 설립할 때에는 대통령령으로 정하는 바에 따라 미리 산업체가 일정한 재산을 출연하여야 한다.

「사립학교법」 제35조【잔여재산의 귀속】 ① 학교법인이 정관에 해산에 따른 잔여재산(殘餘財産)의 귀속자에 관한 규정을 두려는 경우 그 귀속자는 학교법인이나 그 밖에 교육사업을 경영하는 자 중에서 선정되도록 하여야 한다.
② 해산한 학교법인의 잔여재산은 합병 및 파산의 경우를 제외하고는 교육부장관에게 청산종결을 신고한 때에 제1항에 따라 정관으로 지정한 자에게 귀속된다.
③ 제1항 및 제2항에도 불구하고 학교법인의 임원 또는 해당 학교법인이 설립한 사립학교를 경영하는 자 등이 이 법 또는 교육 관계 법령을 위반하여 해당 학교법인이 관할청으로부터

회수 등 재정적 보전(補塡)을 필요로 하는 시정요구를 받았으나 이를 이행하지 아니하고 해산되는 경우 정관으로 지정한 자가 다음 각 호의 어느 하나에 해당하는 경우에는 그 지정이 없는 것으로 본다.
1. 해산한 학교법인의 설립자나 임원 등
2. 정관으로 지정한 자의 임원 또는 정관으로 지정한 자가 설립한 사립학교를 경영하는 자 등

3 학교법인의 재산[1)]

(1) 학교법인 재산의 구분

학교법인은 그가 설치 · 경영하는 사립학교에 필요한 시설 · 설비와 그 학교의 경영에 필요한 재산을 갖추어야 한다(사립학교법 §2 ①).

학교법인의 재산은 크게 기본재산과 보통재산으로 나누고(사립학교법 시행령 §5), 기본재산은 그 사용목적에 따라 교육용 기본재산과 수익용 기본재산으로 재분류한다(사립학교법 시행령 §4 ②).

보통재산은 사용자의 구분에 따라 법인용 재산과 학교용 재산으로 구분(사학기관 재무 · 회계규칙 §42)하는데, 그 내용을 표로 나타내면 아래와 같다.

▶ 학교법인 재산의 분류 ◀

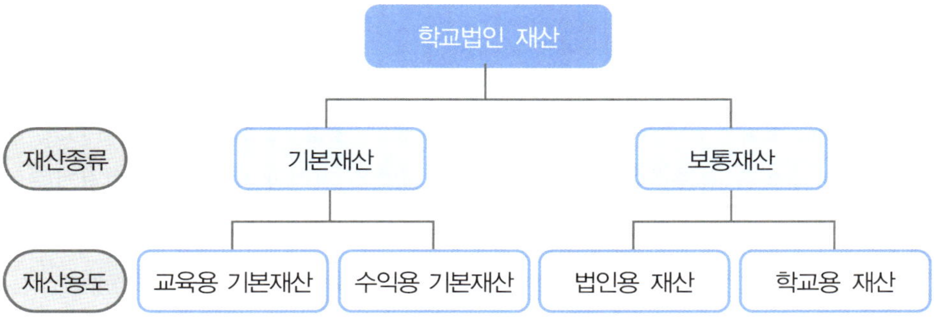

1) 사립대학(법인) 기본재산 관리 안내서, 교육부, 2023, 1쪽

▶ 학교법인 기본재산 유형 ◀

교육용 기본재산	수익용 기본재산
• 교육용 토지 • 교육용 건물	• 수익용 부동산(토지, 건물) • 수익용 유가증권 • 수익용 신탁예금 • 위 유형 외의 기타재산

가. 교육용 기본재산

교육용 기본재산이란 기본재산 중 학생들의 교육 · 연구 활동에 공여되는 토지 및 건물을 말한다.

- **교지(校地)** : 캠퍼스 교지경계선 내에 위치한 토지이거나 경계선을 기준으로 20km 이내 또는 동일 시군구에 위치한 토지로 교육 · 연구 목적으로 활용하는 것
  ※ 단, 농장 · 학술림 · 사육장 · 목장 · 양식장 · 어장 및 약초원 등 실습지와 「대학설립 · 운영규정」 제7조에 따른 수익용 기본재산에 해당하는 용지를 제외
- **교사(校舍)** : 캠퍼스 교지경계선 내, 경계선을 기준으로 20km 이내 또는 동일 시군구 내 교지에 위치한 위치한 건물의 전부 또는 일부가 「대학설립 · 운영규정」 별표2에 명시된 교육기본 · 지원 · 연구시설로 활용하는 것
- 교지 · 교사가 아닌 교육원 토지 및 건물

나. 수익용 기본재산

학교법인이 설치 · 경영하는 사립학교의 경영에 필요한 재산 중 수익을 목적으로 하는 재산으로 토지, 건물, 신탁예금, 유가증권, 기타재산 등을 말한다.

학교법인은 수익을 창출하여 설치 · 경영하는 대학을 지원할 수 있도록 법적기준 이상의 수익용 기본재산을 확보해야 하는데(대학설립 · 운영규정 §7 ①), 수익용 기본재산이 법정기준에 미달할 경우 아래의 최소 기준액을 적용한다(대학설립 · 운영규정 §7 ①).

2005.10.25. 이후 설립	2015.7.24. 이후 설립
대학 100억원 전문대학 70억원 대학원대학 40억원	대학 300억원 전문대학 200억원 대학원대학 100억원

수익용 기본재산은 그 총액에 한국은행이 발표하는 전년도의 예금은행 가중평균금리 중 저축성 수신 금리를 곱하여 산출한 금액 이상의 연간 수익이 발생하여야 하고(대학설립 · 운영규정 §7 ③), 수익용 기본재산을 운용하여 창출한 소득의 80% 이상을 설치 · 경영하는 학교로 전출하여야 한다(대학설립 · 운영규정 §8 ①).

관련법령

「사립학교법 시행령」 제5조【재산의 구분】 ① 학교법인의 재산 중 다음 각 호의 1에 해당하는 재산은 기본재산으로 한다.

1. 부동산
2. 정관에 의하여 기본재산으로 되는 재산
3. 이사회의 결의에 의하여 기본재산에 편입되는 재산
4. 학교법인에 속하는 회계의 매년도 세계잉여금 중 적립금

② 학교법인의 자산 중 제1항 각호 이외의 재산은 보통재산으로 한다.

「사립학교법 시행령」 제4조【학교법인의 설립허가신청】 ② 제1항 제3호의 재산목록은 기본재산과 보통재산으로 구분하여 작성하되, 기본재산은 교육용 기본재산과 수익용 기본재산으로 구분하여야 한다.

「사학기관 재무 · 회계규칙」 제42조【재산의 구분】 시행령 제5조 제2항에 규정한 법인의 보통재산은 그 사용자의 구분에 따라 이를 다음과 같이 법인용 재산과 학교용 재산으로 구분한다.

1. 법인용 재산
   법인에서 직접 사용하는 일반사무용 재산
2. 학교용 재산
   학교에서 직접 사용하는 일반사무용 재산과 기타 학교에 소속되는 보통재산

(2) 학교법인 재산의 관리 및 운영

기본재산의 취득	→	기본재산 운영	→	기본재산 처분
• 이사회의 심의 · 의결 사항 (관할청의 승인사항 아님) • 유상취득, 기부, 증여	→	• 교육용 기본재산은 학생의 교육과 학술 및 연구활동에 사용되어야 함 • 교육에 직접 활용되지 않는 유휴 교육용 기본재산은 용도변경 가능	→	• 이사회의 심의 · 의결과 관할청의 허가(신고)를 得해야 함

가. 기본재산의 취득, 운영, 처분

학교법인의 기본기본재산 취득 · 처분과 관리에 관한 사항은 이사회에서 심의 · 의결하여야 하고(사립학교법 §16), 학교법인이 기본재산을 매도 · 증여 · 교환 · 용도변경 및 담보에 제공하고자 할 때에는 관할청의 허가(일부 경미한 사항은 신고)를 받아 처분해야 한다(사립학교법 §28).

참고

「대학설립 · 운영규정」 제11조

학교법인의 기본재산 취득은 이사회의 심의 · 의결사항으로 관할청의 승인 사항은 아님

나. 수익용 기본재산 관련 유의사항

① 임대보증금 사용 시 유의사항

임대보증금은 기타 고정부채로서 수익용 기본재산 확보금액에 반영되므로 보증금을 임의로 사용해서는 안 되고, 임대료, 관리비 등과 구분하여 별도 계좌로 관리해야 한다.

② 법인보유 재산 중 미등기 재산은 조속히 등기하여 재산관리를 철저히 하여야 한다.

③ 수익용 기본재산 보유현황 제출 시 재산내역을 면밀히 검증하여 제출해야 한다.

④ 신탁예금 및 유가증권의 구분

수익용 신탁예금	수익용 유가증권
은행 예금상품 중 변동금리 및 원금보장 상품인 정기예금(전액 원금 보장되는 저축성 예금) ⓐ 저축성 예금 ⓑ 주가지수연동예금(ELD) ⓒ 원화로 표시된 양도성 예금증서(CD)	주식, 채권, 펀드 등(정기예금 이외의 금융투자 상품)

4 학교법인 회계기준

「사립학교법」에서는 학교법인의 회계규칙, 그 밖에 예산 또는 회계에 관하여 필요한 사항은 교육부장관이 정하도록 하고 있으며, 이에 따라 "사학기관 재무 · 회계 규칙"이 제정되었다.

「사학기관 재무 · 회계 규칙」은 학교법인 및 사립학교의 재무와 회계의 운영에 관하여 필요한 사항을 규정하고 있다.

한편 사립대학 및 이를 설치 · 경영하는 학교법인의 특성에 맞는 예산 · 회계 및 결산에 관한 사항을 정하기 위하여 「사학기관재무 · 회계규칙에 대한 특례규칙」을 별도로 정하고 있다. 「사학기관재무 · 회계규칙에 대한 특례규칙」은 「사학기관 재무 · 회계 규칙」에 대한 특례의 성격을 갖고 있으며 예산, 회계, 결산에 대한 내용으로 구성되어 있다.

	「사학기관 재무 · 회계규칙」	「사학기관 재무 · 회계규칙에 대한 특례규칙」
대 상	학교법인 및 모든 사립학교	사립대학, 산업대학, 전문대학 및 학교법인
구 성	제1장 총칙 제2장 예산과 결산 제3장 회계 ▷제1절 총칙 ▷제2절 수입 ▷제3절 지출 ▷제4절 계약 ▷제5절 감사 제4장 재산 제5장 물품 제6장 장부와 서식 제7장 보칙	제1장 총칙 제2장 예산 제3장 회계 ▷제1절 회계원칙 및 재무제표 ▷제2절 자금계산서 ▷제3절 대차대조표 ▷제4절 운영계산서 ▷제5절 자산 · 부채의 평가 ▷제6절 종합재무제표등 제4장 결산

(1) 학교법인 회계의 구분

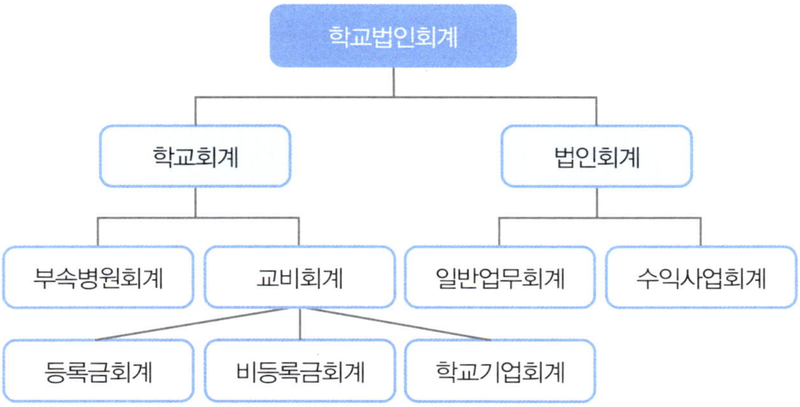

학교법인의 회계는 학교회계와 법인회계로 나뉜다. 학교회계란 학교법인이 설치·경영하는 학교에 속하는 회계로 교비회계와 부속병원회계로 나뉘고, 법인회계란 사립학교를 설립하고 운영하는 주체인 학교법인의 업무에 속하는 회계로 일반업무회계와 수익사업회계로 나뉜다(사립학교법 §29).

학교 회계	교비회계	학생들에게 수령한 등록금을 재원으로 하여 교육활동을 수행할 때 발생하는 수입과 지출을 보고하는 회계로 등록금회계와 비등록금회계로 구분함
	부속병원회계	의과대학의 실습장인 부속병원의 구분회계를 말하는 것으로 의료수입 및 비용, 관련 자산 및 부채를 보고하는 회계단위임
법인 회계	일반업무회계	학교를 설치하고 운영하는 주체인 학교법인의 고유한 영역에 대한 회계단위로서 이사회, 법인사무국, 학교운영을 위한 전출금 등과 관련된 내용이 포함됨
	수익사업회계	학교법인이 영위하고 있는 수익사업의 성과를 구분하여 관리하기 위해 법인 일반업무회계와 별개로 표시함 대다수의 학교법인은 다양한 수익사업을 영위할 수 있을 만큼 재정이 충분하지 않기 때문에 수익사업의 형태가 단순한 투자나 임대업인 경우가 많음 수익사업의 규모가 작고 수입이 미미한 경우에는 실무적으로 별도의 수익사업회계를 구분하지 않고 법인일반업무회계에 포함하여 보고하는 것도 가능함[2]

2) 사학기관 재무 회계규칙에 대한 특례규칙 해설서, 한국사학진흥재단, 2023, 96쪽

(2) 회계보고 단위별 적용하는 회계규칙

회계보고 단위별로 적용되는 회계규칙과 재무제표는 다음과 같다.[3]

회계구분		회계규칙	재무제표 구성	비 고
학교회계	교비회계	특례규칙	자금계산서 대차대조표 운영계산서	
	부속병원회계	의료기관 회계기준	대차대조표 손익계산서 기본금변동계산서 현금흐름표	
	학교기업회계	학교기업 회계처리준칙	대차대조표 운영계산서 현금흐름표	규칙에 정하지 않은 사항은 기업회계기준을 특례규칙에 우선하여 적용
법인회계	일반업무회계	특례규칙	자금계산서 대차대조표 운영계산서	합산재무제표 및 종합재무제표 추가 작성
	수익사업회계	기업회계기준	자금계산서 대차대조표 운영계산서	기업회계기준을 적용하나 특례규칙상 별도로 규정한 재무제표를 작성
산학협력단		산학협력단 회계처리규칙	재무상태표 운영계산서 운영차손익처분계산서 현금흐름표	규칙에 정하지 않은 사항은 기업회계기준을 특례규칙에 우선하여 적용

3) 사학기관 재무 회계규칙에 대한 특례규칙 해설서, 한국사학진흥재단, 2023, 100쪽

(3) 회계연도

학교법인의 회계연도는 그가 설치 · 경영하는 사립학교의 학년에 따른다(사립학교법 §30)고 되어 있을 뿐 정확하게 기간이 명시되어 있지 않다.

그러나 「유아교육법」 제12조 제1항, 「초 · 중등교육법」 제24조 제1항, 「고등교육법」 제20조에 의한 유치원 및 학교의 학년도(學年度)는 3월부터 다음연도 2월 말까지이므로, 매년 3월 1일부터 다음해 2월 말까지가 학교법인의 회계연도가 된다.

(4) 외부회계감사

공익법인 등은 과세기간별 또는 사업연도별로 회계법인 등(외부감사법 §2 ⑦)의 감사인에게 회계감사를 받아야 한다(상증법 §40 ④).

그러나 「상속세 및 증여세법 시행령」 제43조 제4항에 따르면 「초 · 중등교육법」 및 「고등교육법」에 의한 학교, 「유아교육법」에 따른 유치원을 설립 · 경영하는 자는 회계감사대상에서 제외한다.

즉, 학교법인은 「상속세 및 증여세법」에 의한 외부 회계감사의무는 없다. 그러나 「사립학교법」 제31조 제4항에서 학교법인이 결산서를 제출할 때에는 독립된 공인회계사 또는 회계법인의 감사증명서 및 부속서류를 첨부하도록 규정하고 있으므로 「사립학교법」에 따른 감사의무는 있는 것이다.

참고

외부감사인 지정(사립학교법 §31 ⑤ 2호)

총자산가액이 1천억원 이상인 학교법인 등은 교육부장관이 지정하는 외부감사인으로부터 회계감사를 받아야 함

외부회계감사에 대한 감리(사립학교법 §31의 2)

교육부장관은 필요한 경우 외부감사보고서 및 부속서류를 감리(監理)할 수 있음

5 학교법인 재무제표의 작성

(1) 회계원칙

이사장 및 학교장은 다음의 원칙에 따라 회계를 처리하고, 재무제표를 작성해야 한다(사학기관 재무 · 회계 규칙에 대한 특례규칙 §15).

① 회계처리는 복식부기원리에 따라야 한다.

② 회계처리는 신뢰할 수 있도록 객관적인 자료와 증거에 의하여 공정하게 처리하여야 한다.

③ 재무제표의 양식 및 과목과 회계용어는 이해하기 쉽도록 표시하여야 한다.

④ 회계처리의 방법은 기간별 비교가 가능하도록 매기 계속하여 적용하고, 정당한 사유 없이 이를 변경하여서는 아니 된다.

⑤ 회계처리 및 재무제표 작성에 있어서 과목은 그 중요성에 따라 실용적인 방법에 의하여 결정하여야 한다.

(2) 재무제표의 종류

재무제표는 자금계산서, 대차대조표 및 운영계산서로 한다. 재무제표는 이를 이용하는 자에게 충분한 회계정보를 제공할 수 있도록 필요한 부속명세서를 작성하고, 주기 및 주석을 하여야 한다(사학기관 재무 · 회계 규칙에 대한 특례규칙 §16).

가. 자금계산서

① 의 의

자금계산서에는 당해 회계연도의 활동(교육, 영업, 투자, 재무활동 등)에 따른 모든 자금의 수입과 지출에 대한 정보를 제공한다. 또한 자금계산서에는 자금의 흐름이 예산 대비 실제 결산과의 차이에 대한 내역이 포함되어 있다.

학교법인 및 대학교는 비영리법인으로 예산회계를 적용하고 있으며 이러한 예산의 준수 여부를 위한 가장 중요한 재무제표가 자금계산서이다. 대학은 예산을 수립할 때 자금예산서를 작성하고 있으며 자금예산서는 당해 회계연도의 모든 수입과 지출에 대한 계획을 포괄하고 있다. 학교법인 및 대학교는 결산이라는 절차를 통해 사전에 수립된 자금예산서의 관, 항, 목에 대응되는 실제 수입 및 지출 내용을 대사하여 예산의 준수 여부를 확인하고 있다.[4)]

② 자금계산서 양식

◆ 수입 항목

과 목			예산액	결산액	증감액
관	항	목			
등록금수입			×××	×××	×××
	등록금수입		×××	×××	×××
		입학금	×××	×××	×××
		수업료	×××	×××	×××
	.....	.....	.....	.....	.....
.....	.....	.....	.....	.....	.....
전입 및 기부금수입			×××	×××	×××
	전입금수입		×××	×××	×××
		경상비전입금	×××	×××	×××
		부속병원전입금	×××	×××	×××
	기부금수입		×××	×××	×××
		일반기부금	×××	×××	×××
	국고보조금수입		×××	×××	×××
		교육부	×××	×××	×××
		기타국고지원	×××	×××	×××
	.....	.....	.....	.....	.....
.....	.....	.....	.....	.....	.....
미사용 전기이월자금	전기이월자금		×××	×××	×××
	기초유동자산		×××	×××	×××
		유동자금	×××	×××	×××
		기타유동자산	×××	×××	×××

4) 사학기관 재무 회계규칙에 대한 특례규칙 해설서, 한국사학진흥재단, 2023, 122쪽

과 목			예산액	결산액	증감액
관	항	목			
	기초유동부채		×××	×××	×××
		예수금	×××	×××	×××
		선수금	×××	×××	×××
자금수입 총계			×××	×××	×××

◆ 지출 항목

과 목			예산액	결산액	증감액
관	항	목			
보수			×××	×××	×××
	교원보수		×××	×××	×××
		교원급여	×××	×××	×××
		교원상여금	×××	×××	×××
	·····	·····	·····	·····	·····
·····	·····	·····	·····	·····	·····
관리운영비			×××	×××	×××
	시설관리비		×××	×××	×××
		건축물관리비	×××	×××	×××
		장비관리비	×××	×××	×××
	일반관리비		×××	×××	×××
		전기 · 수도료	×××	×××	×××
		제세공과금	×××	×××	×××
	운영비		×××	×××	×××
		복리후생비	×××	×××	×××
		교육훈련비	×××	×××	×××
	·····	·····	·····	·····	·····
·····	·····	·····	·····	·····	·····
미사용 차기이월자금	차기이월자금		×××	×××	×××
	기말유동자산		×××	×××	×××
		유동자금	×××	×××	×××
		기타유동자산	×××	×××	×××

과 목			예산액	결산액	증감액
관	항	목			
	기말유동부채		×××	×××	×××
		예수금	×××	×××	×××
		선수금	×××	×××	×××
자금지출총계			×××	×××	×××

③ 자금계산서 계정과목

자금계산서의 주요 계정과목의 내용은 다음과 같고, 구체적인 것은 「사학기관 재무·회계 규칙에 대한 특례규칙」 [별표 1]을 참조하기 바란다.

◆ 수입 항목

과 목			적용회계		해 설
관	항	목	법인 회계	학교 회계	
등록금 및 수강료수입			×	○	
	등록금수입		×	○	
		학부입학금	×	○	대학 신입생(편입생 포함)으로부터 받는 입학금
		대학원입학금	×	○	대학원 신입생(편입생 포함)으로부터 받는 입학금
		학부수업료	×	○	대학생으로부터 받는 수업료
		대학원수업료	×	○	대학원생으로부터 받는 수업료
	수강료수입		×	○	
		단기수강료	×	○	특별강좌·평생교육강좌개설 등의 단기교육 수강료
전입 및 기부수입			○	○	
	전입금수입		○	○	
		경상비전입금	×	○	법인으로부터 인건비, 관리·

과 목			적용회계		해 설
관	항	목	법인 회계	학교 회계	
					운영비, 연구 · 학생경비 등 경상비용으로 받는 전입금
		법정부담 전입금	×	○	법인으로부터 학교의 교직원에 대한 각종 법정부담금(연금 · 의료보험 등)으로 받는 전입금
		부속병원 전입금	○	○	학교 또는 법인이 의과대학 · 치과대학 및 한의과대학 등의 부속병원으로부터 전입받는 금액
		수익사업 전입금	○	×	수익사업회계로부터 받는 전입금
	기부금수입		○	○	
		일반기부금	×	○	기증자가 기부금의 용도를 지정하지 않은 일반기부금
		지정기부금	○	○	기증자가 기부금의 용도를 지정한 기부금
		연구기부금	○	○	외부 연구기관 및 기업 등으로부터 연구 · 개발 목적으로 받는 기부금
	국고보조금수입		○	○	
		교육부	○	○	교육부로부터 지원받는 보조금
		기타국고지원	○	○	교육부 외 기타 정부 부처로부터 받는 보조금
		지방자치단체	○	○	지방자치단체로부터 지원받는 보조금
교육부대수입					
	입시수수료수입		×	○	입시관리비와 대응
	증명 · 사용료 수입		×	○	
교육외수입					
	예금이자수입		○	○	

과 목			적용회계		해 설
관	항	목	법인 회계	학교 회계	
투자와 기타자산수입			○	○	
	투자자산 수입		○	○	
		투자유가증권 매각대	○	○	채권·주식 등의 유가증권 실제 매각금액(장부가액이 아님)
	기타자산수입		○	○	
	원금보존기금 인출수입		○	○	※예산편성(유동자금화)을 필요로 함
	임의기금인출 수입		○	○	※예산편성(유동자금화)을 필요로 함
고정자산매각 수입			○	○	
	유형고정자산 매각수입		○	○	
		토지 매각대	○	○	토지(교육용 및 수익용을 포함한다)의 매각대금 총액(장부가액이 아님)
		건물 매각대	○	○	건물(교육용 및 수익용을 포함한다)의 매각대금 총액(장부가액이 아님)
유동부채입금			○	○	
	단기차입금		○	○	
		단기차입금 차입	○	○	상환기간이 1년 미만인 차입금의 차입
고정부채입금			○	○	
	장기차입금		○	○	
		장기차입금 차입	○	○	상환기간이 1년 이상인 차입금의 차입(외화장기차입금을 포함한다)

과 목			적용회계		해 설
관	항	목	법인 회계	학교 회계	
	기 타 고정부채		○	○	토지 · 건물 · 기계 등을 임대하고 받는 각종 보증금수입
		임대보증금 수입	○	○	
기본금			○	○	
	출연기본금		○	○	
		설립자기본금	○	×	설립자 및 이사장, 학교법인의 특수관계자가 출연한 재산
		법인	×	○	토지와 건축물에 상당하는 기본금
미사용 전기이월자금	전기이월자금		○	○	기초 유동자산－기초 유동부채
	기초유동자산		○	○	
		유동자금	○	○	기초 대차대조표상의 유동자금 총액
		기타 유동자산	○	○	기초 대차대조표상의 기타유동자산 총액
	기초유동부채				
		예수금	○	○	기초 대차대조표상의 예수금 총액
		선수금	○	○	기초 대차대조표상의 선수금 총액
		기타유동부채	○	○	기초 대차대조표상의 기타유동부채 총액
자금수입 총계			○	○	

비고 :

1. 적용회계란의 ○표는 그 계정과목이 해당 회계의 적용 대상임을 표시하고, ×표는 그 계정과목이 해당 회계의 적용 대상이 아님을 표시한 것임.
2. 자금수입 총계는 자금지출 총계와 일치해야 함.

◆ 지출 항목

과 목			적용회계		해 설
관	항	목	법인회계	학교회계	
보수			○	○	
	교원보수		○	○	
		교원급여	×	○	교원의 정액급여(인건비성 연구보조비를 포함하되, 정액수당은 제외한다)
		교원상여금	×	○	교원의 상여금
	직원보수		○	○	
		직원급여	○	○	직원의 정액급여
		직원상여금	○	○	직원의 상여금
관리 · 운영비			○	○	
	시설 관리비		○	○	
		건축물관리비	○	○	건축물의 보수 및 유지 · 관리비
		장비관리비	○	○	공구, 비품, 기계 · 기구류의 수선 및 수리비
		조경관리비	○	○	조경 · 운동장 및 구축물 그 밖의 시설물의 유지 · 보수비
		시설 용역비	○	○	청소 · 경비 등 시설용역 비용
		리스 · 임차료	○	○	토지 · 건물 · 기계기구 등의 리스료 및 임차료
	일반 관리비		○	○	
		여비 교통비	○	○	교직원의 국내외 출장여비 및 교통비
		차량 유지비	○	○	차량 유지에 드는 유류비 · 수리비 등
		소모품비	○	○	일반소모품 등의 구입비용(복사용지 · 프린트용지 · 간행물 구독료 등 각종 사무용품비)
		난방비	○	○	난방 등에 드는 연료구입비 등
		전기 · 수도료	○	○	전기 · 수도요금

과 목			적용회계		해 설
관	항	목	법인 회계	학교 회계	
		각종 세금 · 공과금	○	○	법인 및 학교가 부담해야 할 각종 세금 · 공과금, 각종 협회비 및 자동차세
	운영비		○	○	
		복리 후생비	○	○	교직원의 복리후생을 위하여 지출하는 현물식사대와 의복 · 개인장비 등 각종 복리후생비
		교육 · 훈련비	○	○	교직원의 교육 · 훈련에 지출하는 비용
		기관장 업무 추진비	○	○	기관장(이사장 및 총장)의 업무 추진에 특별히 드는 비용
		상임이사 업무 추진비	○	×	상임이사의 업무 추진에 특별히 드는 비용
		홍보비	○	○	신문 공고, 홍보용 책자, 기념품 등의 홍보용품 제작 경비
		행사비	○	○	입학식 · 졸업식 · 개교기념식 등의 행사에 지출하는 비용
연구 · 학생 경비			○	○	
	연구비		×	○	
		연구비	×	○	교원 및 직원 연구비
		연구 관리비	×	○	연구용 도서 구입, 연구결과 보고서 출판 등에 지출하는 각종 비용
	학생경비		○	○	
		교외장학금	○	○	기부금 수입 등 외부 재원으로 지급하는 장학금
		교내장학금	○	○	(등록금회계) 등록금 재원으로 지급하는 장학금 (비등록금회계) 적립금, 적립이자 등의 재원으로 지급하는 장학금

과 목			적용회계		해 설
관	항	목	법인회계	학교회계	
		실험 실습비	×	○	실험 · 실습교육에 지출하는 각종 비용
		논문 심사료	×	○	논문심사에 드는 비용(5331 논문심사수입과 대응)
	입시 관리비		×	○	입시수수료수입과 대응
		입시수당	×	○	입학시험관리 담당 교직원의 수당
교육외비용			○	○	
	지급이자		○	○	
		지급이자	○	○	차입금 · 차관 등에 대한 이자 지급액
	기타교육외비용		○	○	
전출금			○	○	
	전출금		○	○	
		경상비전출금	○	×	법인이 학교의 인건비, 관리 · 운영비, 학생경비, 연구비 등으로 전출하는 금액
		법정부담전출금	○	×	법인이 학교의 교직원에 대한 각종 법정부담금(연금 · 의료보험 등)으로 전출하는 금액
		자산 전출금	○	×	법인이 학교에게 토지 및 건축물이 아닌 자산을 전출하거나 토지 및 건축물이 아닌 자산을 취득할 목적으로 전출하는 현금
		부속병원전출금	○	×	법인이 의과대학 · 치과대학 및 한의과대학의 운영을 위해 부담하는 각종 전출금
		특별회계전출금	○	○	특별회계로 전출하는 전출금

과 목			적용회계		해 설
관	항	목	법인회계	학교회계	
	산학협력단 및 학교기업 전출금		○	○	
		산학협력단 전출금	○	○	법인회계 또는 학교회계에서 산학협력단 회계로 전출하는 금액
		학교기업 전출금	○	○	법인회계 또는 학교회계에서 학교기업회계로 전출하는 금액
예비비			○	○	
투자와 기타자산지출			○	○	
	설치학교		○	×	
	투자자산지출		○	○	
	기타자산지출		○	○	
	원금보존기금 적립		○	○	
	임의기금적립		○	○	
	유형고정자산 매입지출		○	○	고정자산을 취득하기 위하여 예산(자금)이 수반될 때에는 자금 항목이나, 기증 등과 같이 자금이 수반되지 않는 고정자산 증가는 자금 항목이 아닌 대차대조표 증가 항목임
	무형고정자산 취득비		○	○	
유동부채상환			○	○	
	단기차입금 상환		○	○	
고정부채상환			○	○	
	장기차입금 상환		○	○	

과 목			적용회계		해 설
관	항	목	법인 회계	학교 회계	
	기타고정부채 상환		○	○	
미사용 차기이월자금	차기이월자금		○	○	당기말 유동자산－당기말 유동부채 (다음 회계연도 전기이월자금과 일치해야 함)
	기말 유동자산		○	○	
	기말 유동부채		○	○	
	자금지출 총계		○	○	

나. 대차대조표

① 의 의

대차대조표란 대차대조표일 현재 법인 및 학교의 재무상태가 적정하게 파악될 수 있도록 재무상태에 대한 정보를 제공해주는 보고서이다.

대차대조표는 자산, 부채, 기본금으로 구분하고, 자산은 유동자산, 투자와기타자산, 고정자산으로 나누고, 부채는 유동부채와 고정부채로, 기본금은 출연기본금, 적립금, 기본금조정, 운영차액으로 나눈다.

② 대차대조표 양식

재무상태표 주요 계정과목의 내용은 다음과 같고, 구체적인 것은「사학기관 재무 · 회계 규칙에 대한 특례규칙」[별표 2]를 참조하기 바란다.

◆ 자 산

과 목			적용회계		해 설
관	항	목	법인 회계	학교 회계	
유동자산			○	○	
	유동자금		○	○	
		현금, 예금	○	○	현금 및 금융회사에 예치된 각종 예금
	기타유동자산				
		단기대여금	○	○	상환기간이 1년 미만인 다른 회계 조직 등에 대한 일시적 대여금
		선급금	○	○	물품 및 용역 구입비용 등의 선지급액
투자와 기타자산			○	○	
	설치학교		○	×	
		대학	○	×	대학회계에 투입되어 있는 법인 일반회계의 투자액
		전문대학	○	×	전문대학회계에 투입되어 있는 법인 일반회계의 투자액
		원격대학	○	×	원격대학에 투입되어 있는 법인 일반회계의 투자액
		유·초·중·고교	○	×	유·초·중·고교회계에 투입되어 있는 법인 일반회계의 투자액
		부속병원	○	×	부속병원에 투입되어 있는 법인 회계의 투자액
	투자자산		○	○	
		투자 유가증권	○	○	투자 목적으로 소유하는 주식·사채 및 국공채 등
		부속병원투자	○	×	부속병원에 투자하는 금액
		등록금회계	×	○	비등록금회계 재원으로 구입한 고정자산을 등록금회계로 전출한 금액

PART 6 유형별 회계기준과 세무회계

과 목			적용회계		해 설
관	항	목	법인 회계	학교 회계	
	기타자산		○	○	
		임차 보증금	○	○	부동산 등의 임차보증금
		수익용 예금	○	×	학교법인이 수익용 기본재산으로 관리하고 있는 신탁예금
	원금보존기금		○	○	
		원금보존연구기금	○	○	연구 장려 등을 위하여 원금보존으로 별도로 예치한 자금 등
		원금보존건축기금	○	○	건축비용 충당을 위하여 원금보존으로 별도로 예치한 자금 등
		원금보존장학기금	○	○	장학금 지급을 위하여 원금보존으로 별도로 예치한 자금 등
	임의기금		○	○	
		임의연구기금	○	○	연구 장려 등을 위하여 임의로 별도 예치한 자금
		임의건축기금	○	○	건축비용 충당을 위하여 임의로 별도 예치한 자금
		임의장학기금	○	○	장학금 지급을 위하여 임의로 별도 예치한 자금
고정자산			○	○	
	유형 고정자산		○	○	
		토지	○	○	대지 · 임야 · 전 · 답 · 잡종지 등
		건물	○	○	건물 및 냉난방 · 보일러 및 그 밖의 건물 부속설비
		기계기구	○	○	기계장치 및 각종 기구
		집기비품	○	○	내용연수가 1년 이상인 집기비품 및 상당한 가치를 지닌 전산프로그램 등
		차량 운반구	○	○	자동차 및 그 밖의 운반구
		도서	○	○	도서비치용 도서(일반부서의 간행물은 제외한다)
		박물관유물	×	○	박물관의 각종 유물

과 목			적용회계		해 설
관	항	목	법인 회계	학교 회계	
	무형 고정자산		○	○	
		무형 고정자산	○	○	특허권 · 실용신안권 · 상표권 · 광업권 · 어업권 등 각종 무형고정자산
자산 총계			○	○	

비고 :

1. 적용회계란의 ○표는 그 계정과목이 해당 회계의 적용 대상임을 표시하고, ×표는 그 계정과목이 해당 회계의 적용 대상이 아님을 표시한 것임.
2. 자산 총계는 부채 및 기본금 총계와 일치해야 함.

◆ 부채 및 기본금

과 목			적용회계		해 설
관	항	목	법인 회계	학교 회계	
유동부채			○	○	
	단기차입금		○	○	
		단기 차입금	○	○	상환기간이 1년 미만인 차입금 등
	예수금		○	○	
		일반 예수금	○	○	급여 지급 시 공제하는 연금 · 의료보험 등 일시적 예수액
		각종 세금 예수금	○	○	갑근세 원천징수액 등 일시적인 각종 세금 예수금
		특별회계 예수금	○	○	특별회계로부터 예수한 금액
고정부채			○	○	
	장기 차입금		○	○	
		장기 차입금	○	○	상환기간이 1년을 초과하는 차입금(외화 장기차입금을 포함한다)
		차관	○	○	각종 차관의 미상환 잔액

과 목			적용회계		해 설
관	항	목	법인 회계	학교 회계	
		학교채	×	○	학교채 미상환액
	기타 고정부채		○	○	
		임대 보증금	○	○	부동산 등을 임대하고 받는 보증금
		장기 미지급금	○	○	지급기한이 1년을 초과하는 미지급금
감가상각 누계액			○	○	
	감가상각 누계액		○	○	
		건물감가상각 누계액	○	○	건물의 감가상각 누계액
		구축물감가 상각누계액	○	○	구축물의 감가상각 누계액
		기계기구감가 상각누계액	○	○	기계기구의 감가상각 누계액
		집기비품감가 상각누계액	○	○	집기비품의 감가상각 누계액
		차량운반구 감가상각누계액	○	○	차량운반구의 감가상각 누계액
		도서감가상각 누계액	○	○	도서의 감가상각 누계액
사용수익권			○	○	
	사용수익권		○	○	
		사용수익권	○	○	BTO방식으로 준공된 건물의 운영권에 대한 회계처리(건물 차감계정이며 권리제공기간을 거쳐 상각함)
기본금			○	○	
	출연 기본금		○	○	

과 목			적용회계		해 설
관	항	목	법인회계	학교회계	
		설립자기본금	○	×	설립자 및 이사장, 학교법인의 특수관계자가 출연한 재산
		법인	×	○	토지와 건축물에 상당하는 기본금(자산의 설치학교와 대응)
	원금보존적립금		○	○	
		원금보존연구적립금	○	○	원금보존연구기금에 대응된 운영차액 대체액
		원금보존건축적립금	○	○	원금보존건축기금에 대응된 운영차액 대체액
		원금보존장학적립금	○	○	원금보존장학기금에 대응된 운영차액 대체액
		원금보존특정목적적립금	○	○	원금보존특정목적기금에 대응된 운영차액 대체액
	임의적립금		○	○	자산의 임의기금과 대응
		재평가적립금	○	○	자산재평가로 인한 평가차익에 대응된 회계상 적립금(자금 항목이 아님)
		임의연구적립금	○	○	임의연구기금에 대응된 운영차액 대체액
		임의건축적립금	○	○	임의건축기금에 대응된 운영차액 대체액
		임의장학적립금	○	○	임의장학기금에 대응된 운영차액 대체액
		임의퇴직적립금	○	○	임의퇴직기금에 대응된 운영차액 대체액
		임의특정목적적립금	○	○	임의특정목적기금에 대응된 운영차액 대체액
	기본금조정		○	○	

과 목			적용회계		해 설
관	항	목	법인 회계	학교 회계	
		투자유가증권평가손익	○	○	당기의 운용결과로 볼 수 없는 투자유가증권평가손익 등의 미실현보유손익(이익은 +, 손실은 −로 표시)
		기금평가손익	○	○	당기의 운용결과로 볼 수 없는 기금평가손익 등의 미실현보유손익(이익은 +, 손실은 −로 표시)
		비등록금회계	×	○	비등록금회계 재원으로 구입한 고정자산을 등록금회계로 전입받은 금액
	운영차액		○	○	
		전기이월운영차액	○	○	전기 이월운영차액(전기 대차대조표상의 운영차액과 일치해야 한다)
		당기운영차액	○	○	당기 운영차액(운영계산서상의 당기 운영차액과 일치해야 한다)
부채 및 기본금 총계			○	○	

비고 :

1. 적용회계란의 ○표는 그 계정과목이 해당 회계의 적용 대상임을 표시하고, ×표는 그 계정과목이 해당 회계의 적용 대상이 아님을 표시한 것임.
2. 부채 및 기본금 총계는 자산 총계와 일치해야 함.

다. 운영계산서

① 의 의

운영계산서란 당해 회계연도의 운영성과에 대한 정보를 제공하는 재무보고서이다.

구 분		내 용
운영수익		당해 연도 운영수익을 계정과목별로 구분하여 계산
운영비용	운영비용	당해 연도 운영비용을 계정과목별로 구분하여 계산
	기본금대체액	당해 연도 중 비운영지출(고정자산 구입 등)에 대응한 설립자기자본금대체액, 법인대체액, 제적립금대체액 등으로 표시
	운영차액	운영수익과 운영비용을 일치시키기 위한 차액

② 운영계산서 양식

운영계산서의 주요 계정과목의 내용은 다음과 같고, 구체적인 것은 「사학기관 재무·회계 규칙에 대한 특례규칙」 [별표 3]을 참조하기 바란다.

◆ 운영수익

과 목			적용회계		해 설
관	항	목	법인회계	학교회계	
등록금 및 수강료수입			×	○	
	등록금수입		×	○	
		학부입학금	×	○	대학 신입생(편입생 포함)으로부터 받는 입학금
		대학원입학금	×	○	대학원 신입생(편입생 포함)으로부터 받는 입학금
		학부수업료	×	○	대학생으로부터 받는 수업료(계절학기 수업료 포함)
		대학원수업료	×	○	대학원생으로부터 받는 수업료(계절학기 수업료 포함)
	수강료수입		×	○	
		단기수강료	×	○	특별강좌·평생교육강좌개설 등의 단기교육 수강료
전입 및 기부수입			○	○	
	전입금수입		○	○	

과 목			적용회계		해 설
관	항	목	법인회계	학교회계	
		경상비전입금	×	○	법인으로부터 인건비, 관리·운영비, 연구의 경상비용으로 받는 전입금
		법정부담전입금	×	○	법인으로부터 학교의 교직원에 대한 각종 법정부담금(연금·의료보험 등)으로 받는 전입금
		자산전입금	×	○	학교가 법인으로부터 토지 및 건축물이 아닌 자산을 전입하거나 토지 및 건축물이 아닌 자산을 취득할 목적으로 받는 현금
		수익사업전입금	○	×	수익사업회계로부터 받는 전입금
		등록금회계전입금	×	○	비등록금회계가 등록금회계로부터 받는 전입금 ※ 건축적립금 적립액과 차입원리금 상환액으로 세목 구분
	기부금수입		○	○	
		일반기부금	×	○	기증자가 기부금의 용도를 지정하지 않은 일반기부금
		지정기부금	○	○	기증자가 기부금의 용도를 지정한 기부금
		연구기부금	○	○	외부 연구기관 및 기업 등으로부터 연구·개발 목적으로 받는 기부금
		현물기부금	○	○	토지·건축물·실험기자재·유물 등의 기증받은 현물을 시가로 평가한 금액
	국고보조금		○	○	
		교육부	○	○	교육부로부터 지원받는 보조금

과 목			적용회계		해 설
관	항	목	법인회계	학교회계	
	산학협력단 및 학교기업 전입금		×	○	
		산학협력단 전입금	×	○	산학협력단으로부터 받는 전입금
교육부대수입			×	○	
	입시수수료 수입		×	○	입시관리비와 대응
	증명 · 사용료수입		×	○	
	기타교육 부대수입		×	○	
		논문심사료 수입	×	○	학생 논문지도 및 논문심사료수입(운영비용의 논문심사료와 대응)
교육외 수입			○	○	
	예금이자 수입		○	○	
	기타교육외 수입		○	○	
	수익재산 수입		○	×	법인회계의 수익재산 수입(수익사업회계로 별도 독립되어 정리되는 수입 외의 수입)
		임대료 수입	○	×	수익용 토지 및 건물 등 재산을 임대하고 받는 임대료수입
		배당금 수입	○	×	수익을 목적으로 주식 등에 투자하여 그로부터 받는 배당금 등
	운영수익 총계		○	○	

비고 :

1. 적용회계란의 ○표는 그 계정과목이 해당 회계의 적용 대상임을 표시하고, ×표는 그 계정과목이 해당 회계의 적용 대상이 아님을 표시한 것임.
2. 운영수익 총계는 비용 총계와 일치해야 함.

◆ 운영비용

과 목			적용회계		해 설
관	항	목	법인 회계	학교 회계	
보수			○	○	
	교원보수		○	○	
		교원급여	×	○	교원의 정액급여(인건비성 연구보조비를 포함하되, 정액수당은 제외한다)
		교원상여금	×	○	교원의 상여금
		시간강의료	×	○	정규 교육과정의 강의를 담당하는 강사에게 지급하는 각종 강의료
		특별강의료	○	○	비정규 교육과정의 강의(강연)를 담당하는 강사에게 지급하는 강의료
		교원퇴직금	×	○	「사립학교교직원 연금법」에 따른 퇴직급여 외의 퇴직금
		조교인건비	×	○	유급조교(장학조교는 제외한다)에게 지급하는 급여 · 상여금 · 각종 수당 · 법정부담금 및 퇴직금
	직원보수		○	○	
		직원급여	○	○	직원의 정액 급여
		직원상여금	○	○	직원의 상여금
		직원퇴직금	○	○	「사립학교교직원 연금법」에 따른 퇴직급여 외의 퇴직금
관리 · 운영비			○	○	
	시설관리비		○	○	
		건축물관리비	○	○	건물의 보수 및 유지 · 관리비
		장비관리비	○	○	공구, 비품, 기계 · 기구류의 수선 및 수리비
		조경관리비	○	○	조경 · 운동장 및 구축물 그 밖의 시설물의 유지 · 보수비

과 목			적용회계		해 설
관	항	목	법인 회계	학교 회계	
		박물관관리비	×	○	박물관 및 유물 관리에 지출하는 각종 비용
		리스 · 임차료	○	○	토지 · 건물 · 기계기구 등의 리스료 및 임차료
	일반관리비		○	○	
		여비교통비	○	○	교직원의 국내외 출장여비 및 교통비
		차량유지비	○	○	차량 유지에 드는 유류비 · 수리비 등
		소모품비	○	○	일반소모품 등의 구입비용(복사용지 · 프린트용지 · 간행물구독료 등 각종 사무용품비)
		인쇄 · 출판비	○	○	각종 서식 및 유인물의 인쇄비, 제본비 등
		전기 · 수도료	○	○	전기 · 수도요금
		통신비	○	○	전신 · 전화 · 우편요금 등의 통신비
		각종 세금 · 공과금	○	○	법인 및 학교가 부담해야 할 각종 세금 · 공과금, 각종 협회비 및 자동차세
	운영비		○	○	
		복리후생비	○	○	교직원의 복리후생을 위하여 지출하는 현물식사대(급여 시 지급하는 식대수당은 제외한다)와 의복 · 개인장비 등 각종 복리후생비
		교육 · 훈련비	○	○	교직원의 교육 · 훈련에 지출하는 비용
		기관장 업무 추진비	○	○	기관장(이사장 및 총장)의 업무 추진에 특별히 드는 비용

과 목			적용회계		해 설
관	항	목	법인 회계	학교 회계	
		상임이사 업무 추진비	○	×	상임이사의 업무 추진에 특별히 드는 비용
		홍보비	○	○	신문 공고, 홍보용 책자, 기념품 등의 홍보용품 제작경비
		회의비	○	○	각종 회의에 지출하는 비용
		행사비	○	○	입학식 · 졸업식 · 개교기념식 등의 행사에 지출하는 비용
	감가상각비		○	○	※ 운영계산서에만 해당됨
		유형고정자산 감가상각비	○	○	유형고정자산의 해당 회계연도 감가상각액
		무형고정자산 감가상각비	○	○	무형고정자산의 해당 회계연도 감가상각액
연구학생경비			○	○	
	연구비		×	○	
		연구비	×	○	교원 및 직원 연구비
	학생경비		○	○	
		교외장학금	○	○	기부금 수입 등 외부 재원으로 지급하는 장학금
		교내장학금	○	○	(등록금회계) 등록금 재원으로 지급하는 장학금 (비등록금회계) 적립금 및 적립 이자, 수입이자 등의 재원으로 지급하는 장학금
	입시관리비		×	○	위 운영수익의 입시수수료수입과 대응
		입시수당	×	○	입학시험관리 담당 교직원의 수당
교육외비용			○	○	
	지급이자		○	○	
전출금			○	○	
	전출금		○	○	

과 목			적용회계		해 설
관	항	목	법인회계	학교회계	
		경상비전출금	○	×	법인이 학교의 인건비, 관리·운영비, 학생경비, 연구비 등으로 전출하는 금액
		법정부담 전출금	○	×	법인이 학교의 교직원에 대한 각종 법정부담금(연금·의료보험 등)으로 전출하는 금액
		자산전출금	○	×	법인이 학교에게 토지 및 건축물이 아닌 자산을 전출하거나 토지 및 건축물이 아닌 자산을 취득할 목적으로 전출하는 현금
		부속병원 전출금	○	×	법인이 의과대학·치과대학 및 한의과대학의 운영을 위해 부담하는 각종 전출금
	산학협력단 및 학교기업 전출금		○	○	
운영비용 합계			○	○	
기본금대체액			○	○	
	각종 적립금 대체액		○	○	각종 적립기금에 상당하는 운영차액의 대체액
운영차액 대체액			○	○	각종 적립금 인출에 따른 적립금 운영차액으로의 대체액
당기 운영차액			○	○	
		당기 운영차액	○	○	운영수익 총계－운영비용 합계－각종 적립금 대체액＋운영차액 대체액(기본금 대체액을 각종 적립금 대체액으로 변경)
비용 총계			○	○	

비고 :

1. 적용회계란의 ○표는 그 계정과목이 해당 회계의 적용 대상임을 표시하고, ×표는 그 계정과목이 해당 회계의 적용 대상이 아님을 표시한 것임.
2. 비용 총계는 운영수입 총계와 일치해야 함.

▶ 대학회계의 재무제표 간 관계도[5] ◀

<table>
<tr><td colspan="6">자금계산서</td></tr>
<tr><td rowspan="14">자
금
지
출</td><td></td><td colspan="2">운영계산서</td><td></td><td rowspan="14">자
금
수
입</td></tr>
<tr><td>인건비(보수)</td><td rowspan="4">운
영
비
용</td><td rowspan="6">운
영
수
입</td><td>등록금수입</td></tr>
<tr><td>관리운영비</td><td>전입 및 기부금수입</td></tr>
<tr><td>연구학생경비</td><td>교육부대 수입</td></tr>
<tr><td>교육외비용</td><td>교육외수입</td></tr>
<tr><td>전출금</td><td>기본금대체</td><td></td></tr>
<tr><td>예비비</td><td>운영차액</td><td></td></tr>
<tr><td></td><td colspan="2">대차대조표</td><td>미사용전기이월자금</td></tr>
<tr><td>투자와 기타자산 지출</td><td rowspan="6">자
산</td><td rowspan="3">부
채</td><td>투자와 기타자산수입</td></tr>
<tr><td>고정자산 매입지출</td><td>고정자산 매각수입</td></tr>
<tr><td>유동부채 상환</td><td>유동부채 입금</td></tr>
<tr><td>고정부채 상환</td><td>출연기본금</td><td>고정부채 입금</td></tr>
<tr><td rowspan="2">미사용 차기이월자금</td><td>적립금</td><td rowspan="2"></td></tr>
<tr><td>운영차액</td></tr>
</table>

라. 종합재무제표와 합산재무제표

종합재무제표와 합산재무제표는 법인회계 및 학교회계를 하나의 회계단위로 하여 종합적인 자금수지, 재무상태 및 운영수지가 적정하게 파악되도록 작성해야 한다.

종합재무제표와 합산재무제표는 법인 및 학교의 개별 재무제표를 합산한 후 내부의 수입 및 지출, 내부의 채권 및 채무를 상계하여 작성한다(사학기관 재무 · 회계 규칙에 대한 특례규칙 §36 · §37 · §38).

합산재무제표는 법인회계, 학교회계 각각을 합한 것이고, 종합재무제표는 법인회계와 학교회계를 모두 합한 것이다.

5) 이동규, 사립대학의 경영과 회계, 선학사, 2001, 151쪽

6 특례규칙과 기업회계기준의 차이점

기업회계기준은 영리를 추구하는 기업에서 적용하는 것으로 기업의 이해관계자들(주주, 채권자, 국가기관 등)이 의사결정을 하는 데 유용한 정보(재무상태, 경영성과, 현금흐름 및 자본변동에 관한 정보)를 제공하는데 목적이 있다.

기업회계기준은 회계처리기준에 대해 상세하게 규정을 정하고 있으며 급변하는 경제활동을 반영하기 위해 변화하고 있다.

반면 특례규칙은 영리를 추구하지 않는 비영리법인인 사립학교에 적용되는 회계기준으로 경영성과보다는 고유목적사업의 달성 여부의 표시가 중요한 문제이다.

특례규칙은 영리법인에 비해 회계정보의 수요가 적어 상세한 회계처리에 대한 규정보다는 개념적 회계처리에 대한 내용이 기술되어 있다.

따라서 회계처리에 대한 규정이 없는 경우 기업회계기준을 준용하고 있다.

이하 특례규칙과 기업회계기준의 차이점을 표로 요약하면 아래와 같다.

▶ 특례규칙과 기업회계기준의 차이점[6] ◀

구 분	교비회계	기업회계
자금계산서상의 차이점	자금＝유동자산－유동부채(개념)	자금＝현금 및 현금등가물
	자금이 수반되지 않는 거래는 표시 안 함(현금주의)	당기순이익에서 출발하여 기초현금에서 기말현금까지의 흐름을 표시(발생주의)
운영계산서상의 차이점	등록금수입, 교육부대수입, 연구학생경비, 전출금 등이 존재	상품거래 등의 거래가 존재
	당기운영차액 ＝운영수익－순운영비용－기본금 및 제적립대체액, 운영차액대체	당기순이익 ＝수익－비용
	기금 · 적립 인출 시 제적립금대체 및 운영차액대체를 처리함	기본금의 반영은 이익잉여금처분을 통해 가능

6) 사학기관 재무 회계규칙에 대한 특례규칙 해설서, 한국사학진흥재단, 2023, 52쪽

구 분	교비회계	기업회계
대차대조표상의 차이점	유동자금의 예금은 현금화가 가능한 예금으로 단기금융상품이 별도로 미존재	당좌자산 분류 만기 3개월 내는 현금및현금등가물 3개월 초과~1년 미만은 단기금융상품
	법인회계에서 토지, 건축물로 전출한 부분만 법인기본금으로 계상함	설치학교, 출연기본금이란 계정이 없음
	자산의 특정기금을 계상 시 기본금의 제적립도 대응하여 계상 * 비용과목의 제적립금대체액과 계상	특정기금 대신 장기금융상품과목으로 분류하고, 이익잉여금 중 ○○적립금으로 분류하나 특례규칙과 의미가 다름
	기본금조정 항목이 존재	자본조정 항목이 존재

02 의료기관 회계

1 의료기관이란?

의료인(보건복지부장관의 면허를 받은 의사 · 치과의사 · 한의사 · 조산사 및 간호사)이 공중(公衆) 또는 특정 다수인을 위하여 의료 · 조산의 업을 하는 곳을 의료기관이라 하는데 의료기관은 다음과 같이 구분할 수 있다(의료법 §3 ②).

	내 용	종 류
의원급 의료기관	의사, 치과의사 또는 한의사가 주로 외래환자를 대상으로 각각 그 의료행위를 하는 의료기관	의원, 치과의원, 한의원
조산원	조산사가 조산과 임산부 및 신생아를 대상으로 보건활동과 교육 · 상담을 하는 의료기관	–
병원급 의료기관	의사, 치과의사 또는 한의사가 주로 입원환자를 대상으로 의료행위를 하는 의료기관	병원, 치과병원, 한방병원, 요양병원, 정신병원, 종합병원

병원, 치과병원, 한방병원 및 요양병원은 30개 이상의 병상(병원, 한방병원만 해당한다) 또는 요양병상(요양병원만 해당하며, 장기입원이 필요한 환자를 대상으로 의료행위를 하기 위하여 설치한 병상을 말한다)을 갖추어야 한다. 종합병원은 100개 이상의 병상을 갖추고 필수진료과목과 전문의를 두어야 한다.

참고 **종합병원 병상규모별 필수 진료과목**(의료법 §3의 3)

병상규모	필수진료과목
100병상 이상~300병상 이하	내과, 외과, 소아청소년과, 산부인과 중 3개 진료과목, 영상의학과, 마취통증학과와 진단검사의학과 또는 병리과를 포함한 7개 이상의 진료과목
300병상 초과~	내과, 외과, 소아청소년과, 산부인과, 영상의학과, 마취통증의학과, 진단검사의학과 또는 병리과, 정신건강의학과 및 치과를 포함한 9개 이상의 진료과목

보건복지부장관은 보건의료정책에 필요하다고 인정하는 경우에는 의료기관의 종류별 표준 업무를 정하여 고시할 수 있다(의료법 §3 ③).

이에 따라 보건복지부는 「의료기관의 종류별 표준업무규정」을 제정 · 고시하였는데 그 내용은 아래와 같다(고시 제2020-140호, 제정 2011.6.24, 개정 2020.7.1.).

▶ 의료기관의 종류별 표준업무규정 ◀

	의 원	병원 및 종합병원	상급종합병원
관련 법령	고시 제5조	고시 제6조	고시 제7조
주요 대상	주로 외래환자	주로 입원환자	주로 중증질환자
표준 업무	① 간단하고 흔한 질병에 대한 외래진료 ② 질병의 예방 및 상담 등 포괄적인 의료서비스 ③ 지역사회 주민의 건강 보호와 증진을 위한 건강관리 ④ 장기 치료가 필요한 만성질환을 가진 환자로서 입원할 필요가 없는 환자의 진료 ⑤ 간단한 외과적 수술이나 처치 등 그 밖의 통원치료가 가능한 환자의 진료 ⑥ 다른 의원급 의료기관으로부터 의뢰받은 환자의 지료 ⑦ 병원, 종합병원, 상급종합병원의 표준업무에 부합하는 진료를 마친 후 회송받은 환자의 진료	① 일반적인 입원, 수술 진료 ② 분야별로 보다 전문적인 관리가 필요한 환자의 진료 ③ 장기 치료가 필요한 만성질환을 가진 환자로서 입원할 필요가 있는 환자의 진료 ④ 당해 진료기관에 입원하였던 환자로서 퇴원 후 당해 의료기관에서 직접 경과의 관찰이 필요한 환자의 진료 ⑤ 의원 또는 다른 병원, 종합병원으로부터 의뢰받은 환자의 진료 ⑥ 제5조 각 호에 해당하나 합병증 등 다른 질환을 동반하여 당해 의료기관에서 입원, 수술 등이 필요한 환자의 진료 ⑦ 상급종합병원으로부터 회송받은 환자의 진료	① 수술, 시술 등 고난이도의 치료기술을 필요로 하는 중한 질병의 진료 ② 치사율이 높고 합병증 발생가능성이 높은 질환을 가진 환자의 진료 ③ 다수 진료과목의 진료와 특수시설 · 장비의 이용이 필요한 환자의 진료 ④ 희귀 · 난치성 질환을 가진 환자의 진료 ⑤ 중증질환에 대한 전문진료 분야별 전문진료센터의 운영 ⑥ 당해 의료기관에 입원하였던 환자로서 퇴원 후 당해 의료기관에서 직접 경과의 관찰이 필요한 환자의 진료 ⑦ 의원, 병원, 종합병원 또는 다른 상급종합병원으로부터 의뢰받은 환자의 진료 ⑧ 제5조 및 제6조 각 호에

	의 원	병원 및 종합병원	상급종합병원
		⑧ 장기입원이 필요한 환자의 진료	해당하나 합병증 등 다른 질환을 동반하여 당해 의료기관에서 입원, 수술 등이 필요한 환자의 진료 ⑨ 의료인 교육, 의료에 관한 연구와 개발 등 의료의 발전과 확산
권장 질환	간단하고 흔하게 발생하는 질환, 상담 및 관리 등 외래 진료를 통해 입원 등 환자의 상태가 악화되는 것을 예방할 수 있는 질환	일반적인 입원, 수술, 분야별로 보다 전문적인 관리가 필요한 질환	고난이도의 치료기술, 특수 시설과 장비의 활용이 필요한 중한 질환, 희귀난치성 질환

2 의료기관 회계기준

(1) 「의료기관 회계기준 규칙」 제정

의료기관의 회계투명성을 확보하기 위하여 기업회계기준을 근거로 하여 「의료기관 회계기준 규칙」이 제정되었고, 재무제표의 명칭과 표시방법이 의료기관 실정에 맞도록 조정 · 변경하는 「재무제표 세부 작성방법」이 고시되었다(보건복지부 고시 제2016-206호).

(2) 의료기관 회계기준 적용대상

2020.3.4. 의료기관 회계기준을 준수해야 하는 대상이 일정 규모 이상의 종합병원에서 병원급 의료기관으로 확대되는 내용이 담긴 「의료법」이 개정(법률 제17069호)되었다.

직전 회계연도 종료일 현재 100병상 이상의 종합병원의 개설자는 의료기관 회계기준을 준수해야 하고, 나머지 병원급 의료기관의 경우 2022년부터 300병상 이상에서 2024년 100병상까지 적용대상이 단계적으로 확대되었다(의료기관 회계기준 규칙 §2).

회계연도	의료기관 회계기준 적용대상	규 모
2004년	300병상 이상	종합병원
2005년	200병상 이상	
2006년	100병상 이상	
2022년	100병상 이상 300병상 이상	종합병원 병원급 의료기관
2023년	100병상 이상 200병상 이상	종합병원 병원급 의료기관
2024년	100병상 이상	종합병원 병원급 의료기관

(3) 회계의 구분

병원의 개설자인 법인은 법인회계와 병원회계로 구분해야 하고, 법인이 2 이상의 병원을 설치 · 운영하는 경우에는 각 병원마다 회계를 구분해야 한다(의료기관 회계기준 규칙 §3).

(4) 회계연도

병원의 회계연도는 정부의 회계연도에 따른다. 다만, 「사립학교법」에 따라 설립된 학교법인이 개설자인 병원의 회계연도는 사립학교의 학년도에 따른다(의료기관 회계기준 규칙 §5).

① 정부회계연도 : 1월 1일~12월 31일

② 사립학교 학년도 : 3월 1일~2월 28일(29일)

(5) 재무제표의 종류

병원의 재무상태와 운영성과를 나타내기 위하여 작성하여야 하는 재무제표는 다음과 같다.

가. 재무상태표

재무상태표 작성일 현재의 자산, 부채 및 자본에 관한 항목을 객관적인 자료에 따라 작성하여야 한다.

나. 손익계산서

회계기간에 속하는 모든 수익과 이에 대응하는 모든 비용을 객관적인 자료에 따라 작성하여야 한다.

다. 기본금변동계산서

기본금과 이익잉여금의 변동 및 수정에 관한 사항을 객관적인 자료에 따라 작성하여야 한다.

라. 현금흐름표

당해 회계기간에 속하는 현금의 유입과 유출내용을 객관적인 자료에 따라 작성하여야 한다.

(6) 재무제표의 공시

병원의 장은 매 회계연도 종료일로부터 3개월 이내에 결산서와 함께 재무제표(4종), 필수부속명세서(10종), 선택부속명세서(7종)을 보건복지부장관에게 제출해야 한다.

100병상 이상의 병원급 의료기관은 의료기관 회계기준에 따라 작성한 재무제표를 보건복지부 장관이 정하는 인터넷사이트(http://has.khidi.or.kr)에 공시해야 한다.

▶ 제출자료 ◀

재무제표(4종)	필수부속명세서(10종)	선택부속명세서(7종)
① 재무상태표	① 의료미수금명세서	① 수가종류별 의료수익
② 손익계산서	② 재고자산명세서	② 직종별 인력
③ 현금흐름표	③ 유형자산명세서	③ 월별 환자수 및 의료수익
④ 기본금변동계산서 (개인병원 제외)	④ 감가상각누계액 명세서	④ 주요시설의 이용실적
	⑤ 차입금명세서	⑤ 외주용역 현황
	⑥ 진료과별 환자종류별 입원수익 명세서	⑥ 진료과별 전문의 및 레지던트
	⑦ 진료과별 환자종류별 외래수익 명세서	⑦ 급여종류별 환자수
	⑧ 직종별 인건비명세서	
	⑨ 진료과별 환자종류별 입원환자 명세서	
	⑩ 진료과별 환자종류별 외래환자 명세서	

▶ 제출방법 : 보건복지부 장관이 정하는 인터넷사이트(http://has.khidi.or.kr)에 공시 ◀

① 병원별로 로그인 후 회계자료 제출

② 회계연도 종료일부터 3개월 이내 제출(12월말 결산 시 익년 3월말 제출, 2월말 결산 시 5월말 제출. 단, 성실신고사업자인 개인 설립 의료기관은 6월 말까지 제출)

3 재무제표의 작성방법

의료기관의 재무제표 작성기준은 기업회계기준서와 매우 유사한데 그 내용은 아래와 같다.[7)]

(1) 회계의 일반원칙

가. 신뢰성

회계처리 및 보고는 신뢰할 수 있도록 객관적인 자료와 증거에 의하여 공정하게 처리하여야 한다.

나. 명료성

재무제표의 양식 및 과목과 회계용어는 이해하기 쉽도록 간단 · 명료하게 표시하여야 한다.

다. 충분성

중요한 회계방침과 회계처리기준과목 및 금액에 관하여는 그 내용을 재무제표상에 충분히 표시하여야 한다.

라. 계속성

회계처리에 관한 기준 및 추정은 기간별 비교가 가능하도록 매기 계속하여 적용하고 정당한 사유 없이 이를 변경하여서는 아니 된다.

7) [보건복지부 고시 제2016-206호] 재무제표 세부 작성방법

마. 중요성

회계처리와 재무제표 작성에 있어서 과목과 금액은 그 중요성에 따라 실용적인 방법에 의하여 결정하여야 한다.

바. 보수주의

회계처리과정에서 2 이상의 선택 가능한 방법이 있는 경우에는 재무적 기초를 견고히 하는 관점에 따라 처리하여야 한다.

사. 실질반영

회계처리는 거래의 실질과 경제적 사실을 반영할 수 있어야 한다.

(2) 재무상태표 작성원칙

가. 내 용

① 재무상태표는 자산, 부채 및 자본으로 구분한다.

② 자산, 부채 및 자본은 총액으로 기재함을 원칙으로 한다. 자산의 항목과 부채 또는 자본의 항목을 상계함으로써 그 전부 또는 일부를 재무상태표에서 제외해서는 안 된다.

③ 자산과 부채는 1년을 기준으로 하여 유동자산 또는 비유동자산, 유동부채 또는 비유동부채로 구분하는 것을 원칙으로 한다.

④ 재무상태표에 기재하는 자산과 부채의 항목배열은 유동성배열법에 의함을 원칙으로 한다.

⑤ 가지급금 또는 가수금 등의 미결산 항목은 그 내용을 나타내는 적절한 과목으로 기재한다.

나. 재무상태표의 계정

재무상태표의 자산, 부채, 자본과 관련 계정과목에 대한 구체적인 내용은 아래와 같다.[8)]

	유동성		계 정 과 목
자산	유동자산	당좌자산	현금및현금성자산, 국고보조금, 단기금융상품, 단기매매증권, 의료미수금[*1], 단기대여금, 대손충당금, 미수금, 미수수익, 선급금, 선급비용, 선급제세, 본지점, 이연법인세자산, 기타의 당좌자산, 국고보조금
		재고자산[*2]	약품, 진료재료, 급식재료, 저장품, 의료부대물품
		기타유동자산	기타의 유동자산
	비유동자산	투자자산	장기금융상품, 투자유가증권, 장기대여금, 장기대여금대손충당금, 퇴직보험예치금, 보증금, 기타투자자산
		유형자산	토지, 건물, 구축물, 기계장치, 의료장비, 차량운반구, 공기구비품, 건설중인 자산, 기타유형자산, 감가상각누계액, 국고보조금
		무형자산	영업권, 산업재산권
		기타비유동자산	이연법인세자산
부채	유동부채		매입채무, 단기차입금, 미지급금, 선수금, 예수금, 미지급비용, 미지급제세, 유동성장기부채, 선수수익, 예수보증금, 단기부채성충당금, 임직원단기차입금, 이연법인세부채, 기타의 유동부채
	비유동부채		장기차입금, 외화장기차입금, 금융리스미지급금, 장기성매입채무, 퇴직급여충당금, 이연법인세부채, 임대보증금
	고유목적사업준비금		고유목적사업준비금[*3]
	의료발전준비금		의료발전준비금[*4]
자본	기본금[*5] (기본재산)		법인기본금, 기타기본금
	자본잉여금		자산재평가적립금, 기타 자본잉여금
	기타포괄손익누계액		재평가잉여금, 해외사업환산손익
	이익잉여금 (결손금)		차기이월잉여금(결손금), 당기순이익(순손실)

8) [보건복지부고시 제2016-206호] 별표1 재무제표 세부 작성방법

*1. 의료미수금

의료미수금은 진료행위로 발생한 의료미수금, 받을어음, 부도어음 등을 말하는데, 보험자단체 등의 청구미수금과 환자본인부담금미수액을 포함한다.

- 재원미수금 : 입원환자 재원기간 중 발생한 미수금, 환자의 종류에 따라 건강보험미수금, 의료급여미수금, 자동차보험미수금, 산재보험미수금, 일반환자미수금 및 건강검진미수금 등으로 구분할 수 있다.
- 퇴원미수금 : 퇴원환자로부터 발생한 미수금
- 외래미수금 : 외래환자로부터 발생한 미수금
- 기타의료수익미수금

[「재무제표 세부작성방법」 별지 제1호 서식] 의료미수금명세서

계 정 과 목	기초 잔액	당기 증가	당기 감소	삭감액	기말 잔액	대 손 충당금	비 고
1. 재원미수금 −보험미수금 −급여미수금 ······· 2. 퇴원미수금 −보험미수금 ······· 3. 외래미수금 −보험미수금 ·······							충당금 설정률 등
계							

*2. 재고자산

의료기관이 진료나 병원운영을 위해 보관중인 유형의 자산으로 구체적인 내용은 다음과 같다.

구 분	내 용
약품	• 진료목적으로 보유하고 있는 일반약품, 주사약품, 마취약품, 마약, 소독약품, 약국재료 등 • 약품매입 시 또는 대금결재 시의 에누리 · 할인 · 할증 · 판매장려금 등은 약품매입액에서 차감하여 계상

구 분	내 용
	• 약국재료는 조제를 위한 약포장지 · 약병 · 연고튜브 · 약조 제기기 · 실험정보실 재료 등 간접재료
진료재료	• 진료목적으로 보유하고 있는 각종 재료와 진료용구로서 1년 이내에 사용되는 재료 • 진료재료는 방사선재료, 검사재료, 수술재료, 치과재료, 의료소모품, 혈액, 동위원소재료 등으로 분류 – 방사선재료 : 진단방사선과의 방사선필름 · 현상약품 · 조영제 · 필름봉투 등 – 검사재료 : 임상검사과 · 병리과 · 기능검사실 등의 시약 · 초자류 등 – 수술재료 : 수술 시 환자체내에 삽입되는 심장판막 · 인공수정체 · 인공관절 등 – 치과재료 : 치과에서 치료 시 사용하는 금 · 지경 · 석고 · 은 · 질렉스 · 징크세멘 · 수은 등 – 의료소모품 : 중앙공급실에서 공급하는 수술이나 처치용 소모품(붕대 · 거즈 등) 및 내구성 의료용소도구(청진기, 혈압계, 감자류 등) – 동위원소재료 : 핵의학과의 동위원소(1년 내 사용분) · 필름 · 시약 · 장갑 · 컵 등
급식재료	급식을 위한 채소류 · 육류 · 생선류 · 미곡류 등의 재료와 급식용구(접시, 수저 등)
저장품	• 약품, 진료재료 및 급식재료 이외의 사무 · 수선 · 청소 · 냉난방을 위한 저장품 • 사무용 · 관리용 사무용품(장부 · 각종 서식 · 인쇄물 · 문방구류), 기계부품 등 수선용부품, 냉난방을 위한 유류, 인쇄물, 청소용구 · 청소용품 등 환경용품, 직원복리를 위한 제복 · 포상용 상품 등의 저장품으로 구분
의료부대물품	의료부대수익을 위하여 보유하고 있는 장의용품, 매점용품 등

*3. 고유목적사업준비금

고유목적사업준비금이란 비영리법인에서 사용하는 계정과목으로 법인의 수익사업에서 발생한 소득에 '고유목적사업준비금전입액'을 비용으로 계상하여 추후 고유목적사업에 사용하기 위해 설정한 지급준비금이다.

「법인세법」 제29조에서도 비영리법인이 수익사업에서 생긴 소득을 고유목적사업이나 지정기부금에 지출하기 위하여 고유목적사업준비금을 설정한 경우에는 법률이 정한 한도 내에서 손금산입할 수 있다고 명시하고 있다.

고유목적사업준비금은 유동부채, 비유동부채로 구분하지 않고 별도로 표시되고, 결산 시 장부에 반영을 해야 인정되나 회계감사를 받는 비영리내국법인은 신고조정으로 손금산입이 가능하다.

고유목적사업준비금은 고유목적사업에 사용하는 것이 원칙이다. 여기서 고유목적사업이란 정관 또는 법령에 규정된 사업을 직접 수행하는 것으로 수익사업에 해당하지 않는 것이다.

병원 건물 및 부속토지를 취득하기 위하여 지출하는 금액은 고유목적사업에 지출 또는 사용한 금액으로 보는 것이나, 병원 건물 신축(증축)용 토지 및 주차장용 토지를 취득하기 위해 지출하는 금액은 고유목적사업에 지출 또는 사용한 금액으로 보지 않는다(법인세과-498, 2009.4.24.).

또 의료법인이 병원건물에 해당하지 아니하는 직원 기숙사 및 연수원을 취득하기 위하여 지출하는 금액은 고유목적사업에 지출 또는 사용한 금액에 해당하지 아니하는 것으로 보고 있다(법인세과-1121, 2010.11.30.).

*4. 의료발전준비금

의료법인이 의료기기(병원 건물 및 부속토지, 의료기기, 보건의료정보 관리를 위한 정보시스템설비)를 취득하거나, 의료 해외진출을 위해 병원 건물 등을 임차 또는 인테리어 용도로 지출하는 금액은 고유목적사업준비금을 사용한 것으로 인정하고 있다. 이렇게 고유목적사업준비금을 사용한 것으로 인정하는 금액은 의료발전회계로 구분경리해야 한다.

관련법령 의료발전회계의 처리방법(법인통칙 29-56…6)

구 분	병원회계(수익사업)	의료발전회계
100 전입 시	고유목적사업준비금전입 100 / 고유목적사업준비금 100	
100 구입 시	자산 100 / 현금 100 고유목적사업준비금 100 / 의료발전준비금 100	자산(별도관리) 100 / 의료발전준비금 100
20 감가 상각 시	감가상각비 20 / 감가상각누계액 20 의료발전준비금 20 / 의료발전준비금환입(익금) 20	의료발전준비금 20 / 자산 20
50으로 처분 시	현금 50 / 자산 100 감가상각누계액 20 처분손실 30 의료발전준비금 80 / 의료발전준비금환입(익금) 80	의료발전준비금 80 / 자산 80

*5. 기본금

법인설립을 위하여 출연한 금액인 법인기본금과 병원증축 등을 위해 출연한 금액 중 미등기금액 또는 이익잉여금의 기본금대체액(정부로부터 받는 출연금 포함)인 기타기본금으로 나눈다.

다. 손익계산서의 계정

① 손익계산서의 구조

Ⅰ. 의료수익
Ⅱ. 의료비용 Ⅲ. 의료이익(손실) Ⅳ. 의료외수익 Ⅴ. 의료외비용
Ⅵ. 법인세차감전순이익(순손실) Ⅶ. 법인세비용(소득세 등)
Ⅷ. 고유목적사업준비금설정전 당기순이익 Ⅸ. 고유목적사업준비금전입액 Ⅹ. 고유목적사업준비금환입액
Ⅺ. 당기순이익(손실)

② 손익계산서 계정과목

구 분		계 정 과 목
수익	의료수익	입원수익*1, 외래수익*2, 기타의료수익*3(건강진단수익, 제증명료수익, 구급차 운영수익 등)
	의료외수익	의료부대수익*4, 이자수익, 배당금수익, 임대료수익, 단기매매증권처분이익, 단기매매증권평가이익, 연구수익*5, 외환차익, 외화환산이익, 투자자산 처분이익, 유형자산 처분이익, 대손충당금환입, 기부금수익*6, 잡이익, 자산수증이익, 채무면제이익, 보험차익

구 분		계 정 과 목
비용	의료비용	인건비(급여*7, 제수당, 퇴직급여), 재료비*8(약품비, 진료재료비, 급식재료비), 관리운영비 등
	의료외비용	의료부대비용*9, 이자비용, 기타의 대손상각비, 기부금, 단기매매증권 처분손실, 단기매매증권 평가손실, 연구비용*10, 외환차손, 외화환산 손실, 투자자산 처분손실, 유형자산 처분손실, 재고자산 감모손, 고유목적사업비*11, 잡손실, 재해손실
	법인세비용	법인세 등에 의거 당기과세소득에 대해 당기부담할 법인세 및 부가되는 세액합계에 당기이연법인세변동액을 가감 · 산출된 금액
고유목적사업준비금 전입액		법인의 고유목적사업인 연구용진료 · 건물증축 · 의료장비구입 · 대학운영 등을 위하여 준비금을 설정하여 결산서에 반영한 경우 준비금 전입액
고유목적사업준비금 환입액		고유목적사업준비금 미사용분 및 의료발전준비금환입액

*1. **입원수익**

① 입원환자 진료에 따른 제반 의료수익

② 환자 종류별로 보험 · 급여 · 산재 · 일반 · 자보수익 등으로 구분 가능

③ 사전에 정한 할인율에 따라 특정기관 및 개인에게 진료비를 에누리 또는 할인해 준 금액, 극빈환자 등을 위한 자선진료에 따른 무료 또는 감면액, 연구용환자에 대한 진료비감면액을 차감하여 계상

*2. **외래수익**

① 외래환자진료에 따른 제반 의료수익

② 환자종류별로 구분 가능

③ 진료비의 에누리 등은 입원수익과 같은 방법으로 차감하여 계상

*3. **기타의료수익**

건강진단수익	종합건강진단 · 신체검사 · 건강상담 · 예방접종 등에 따른 제반수익
수탁검사수익	타 병원으로부터 검사 · 촬영 등을 의뢰받아 발생한 수익
직원급식수익	병원의 주방시설을 이용하여 병원직원 및 내방객 등에게 식사를 제공하여 발생한 수익
제증명료수익	진단서 등의 발급에 따른 수익
구급차 운영수익	환자에게 구급차를 제공하여 발생한 수익
기타수익	기타 다른 계정에 속하지 아니하는 의료수익(단, 금액적으로 중요한 경우 독립된 계정과목을 설정)

*4. **의료부대수익**

① 병원이 주된 의료사업 이외의 영안실 · 매점 · 슈퍼마켓 등의 부대사업을 직영하여 발생한 수익

② 시설직영수익 금액이 큰 경우에는 독립과목으로 계상

*5. 연구수익

연구중심병원 연구수익	① 연구중심병원으로 지정된 기관의 총 연구수익 및 연구중심병원이 아닌 기관에서 수행한 수탁연구수익 ② 의약품 등의 안전성 · 유효성을 심의하기 위하여 병원에서 실시되는 임상시험 수익 등 ③ 1년 이상 진행되는 연구의 경우 진행기준에 따라 연구수익을 인식하여야 함
수탁연구수익	
임상시험수익	
기타연구수익	

*6. 기부금수익

① 병원이 재화 및 용역의 제공 없이 제3자로부터 무상으로 받은 수입 등
② 공공병원이 정부 등으로부터 결손보전 또는 운영비보조목적으로 받은 보조금

*7. 급여

의사 급여	전문의, 전공의 급여
간호직 급여	간호사, 조산사, 간호조무사
약무직 급여	약사, 한약사
의료기사직 급여	의료기사
영양직 급여	영양사, 조리사
사무직 급여	행정직원, 전산직원
기술직 급여	의공, 전기, 기계, 열관리, 환경관리 등 면허보유 기술자
기능직 급여	운전기사, 교환원, 경비원, 목공, 보일러공, 미화원, 세탁원
보조직 급여	일용인력, 보조인력, 배식인력

*8. 재료비

약품비	① 환자의 진료를 위하여 실제로 소모된 약품비 포함 ② 약품종류에 따라 일반약품비 · 주사약품비 · 마취약비 · 마약비 · 소독약품비 · 약국재료비 등으로 분류
진료재료비	① 환자의 진료를 위하여 실제로 소모된 진료재료비 ② 진료재료의 종류에 따라 방사선재료비 · 검사재료비 · 수술재료비 · 치과재료비 · 의료소모품비 · 혈액비 · 동위원소재료비 · 기타재료비 등으로 분류
급식재료비	환자 · 환자보호자 · 병원직원 등을 위한 급식에 소모된 급식재료와 급식용구

*9. 의료부대비용

① 병원이 주된 의료사업 이외의 영안실 · 매점 · 슈퍼마켓 등의 부대사업을 직영하여 발생한 비용
② 시설직영수익을 독립과목으로 계상한 경우에는 해당비용도 독립과목으로 계상

*10. 연구비용

연구중심병원 연구비용	① 연구중심병원으로 지정된 기관의 총 연구비용 및 연구중심병원이 아닌 기관에서 수행한 수탁연구비용 등 ② 의약품 등의 안전성 · 유효성을 심의하기 위하여 의료기관에서 실시되는 임상시험으로 인해 발생한 비용 ③ 연구비용은 1년 이상 진행되는 연구의 경우 진행기준에 따라 연구비용을 인식하여야 한다.
수탁연구비	
임상시험비	
기타연구비	

*11. 고유목적사업비

① 대학 및 학교법인의 고유목적사업을 위하여 전출한 금액
② 대학병원의 경우 임상교원의 급여와 연구보조비를 차감한 잔액을 계상

부록 1

의료기관 회계기준 규칙

[시행 2021. 3. 5.] [보건복지부령 제72호, 2021. 2. 1., 일부개정]

보건복지부(의료기관정책과) 044-202-2475

제 1 조 【목적】 이 규칙은 「의료법」 제62조에 따라 의료기관의 개설자가 준수하여야 하는 의료기관 회계기준을 정함으로써 의료기관 회계의 투명성을 확보함을 목적으로 한다. 〈개정 2007. 7. 27.〉

제 2 조 【의료기관 회계기준의 준수대상】 ① 「의료법」 제62조 제2항에 따라 의료기관 회계기준을 준수해야 하는 의료기관의 개설자는 다음 각 호의 구분에 따른 병원급 의료기관(이하 "병원"이라 한다)의 개설자를 말한다. 〈개정 2007. 7. 27., 2011. 2. 10., 2021. 2. 1.〉

1. 2022년 회계연도 : 300병상(종합병원의 경우에는 100병상) 이상의 병원급 의료기관
2. 2023년 회계연도 : 200병상(종합병원의 경우에는 100병상) 이상의 병원급 의료기관
3. 2024년 회계연도 이후 : 100병상 이상의 병원급 의료기관

② 제1항에 따른 병상 수는 해당 병원의 직전 회계연도의 종료일을 기준으로 산정한다. 〈신설 2007. 7. 27.〉

[제목개정 2007. 7. 27.]

제 3 조 【회계의 구분】 ① 병원의 개설자인 법인(이하 "법인"이라 한다)의 회계와 병원의 회계는 이를 구분하여야 한다.

② 법인이 2 이상의 병원을 설치 · 운영하는 경우에는 각 병원마다 회계를 구분하여야 한다.

제 4 조 【재무제표】 ① 병원의 재무상태와 운영성과를 나타내기 위하여 작성하여야 하는 재무제표는 다음 각 호와 같다. 〈개정 2015. 12. 31.〉

1. 재무상태표

2. 손익계산서

3. 기본금변동계산서(병원의 개설자가 개인인 경우를 제외한다)

4. 현금흐름표

② 제1항의 규정에 의한 재무제표의 세부작성방법은 보건복지부장관이 정하여 고시한다. 〈개정 2008. 3. 3., 2010. 3. 19.〉

제5조【회계연도】 병원의 회계연도는 정부의 회계연도에 따른다. 다만, 「사립학교법」에 따라 설립된 학교법인이 개설자인 병원의 회계연도는 동법 제30조의 규정에 의한 사립학교의 학년도에 따른다. 〈개정 2007. 7. 27.〉

제6조【계정과목의 표시】 제4조의 규정에 의한 재무제표는 이 규칙에서 정한 계정과목을 사용하여야 한다. 다만, 계정과목을 정하지 아니한 것은 그 성질이나 금액이 유사한 계정과목으로 통합하여 사용하거나 그 내용을 나타낼 수 있는 적절한 계정과목을 신설하여 사용할 수 있다.

제7조【재무상태표】 ① 재무상태표는 재무상태표 작성일 현재의 자산 · 부채 및 자본에 관한 항목을 객관적인 자료에 따라 작성하여야 한다. 〈개정 2015. 12. 31.〉

② 제1항에 따른 재무상태표는 별지 제1호 서식에 따른다. 〈개정 2015. 12. 31.〉

[제목개정 2015. 12. 31.]

제8조【손익계산서】 ① 손익계산서는 회계기간에 속하는 모든 수익과 이에 대응하는 모든 비용을 객관적인 자료에 따라 작성하여야 한다.

② 제1항의 규정에 의한 손익계산서는 별지 제2호 서식에 의한다.

제9조【기본금변동계산서】 ① 기본금변동계산서는 기본금과 이익잉여금의 변동 및 수정에 관한 사항을 객관적인 자료에 따라 작성하여야 한다.

② 제1항의 규정에 의한 기본금변동계산서는 별지 제3호 서식에 의한다.

제10조【현금흐름표】 ① 현금흐름표는 당해 회계기간에 속하는 현금의 유입과 유출내용을 객관적인 자료에 따라 작성하여야 한다. 다만, 병원의 개설자가 「사립학교법」에 따라 설립된 학교법인 또는 「지방공기업법」에 따라 설립된 지방공사인 경우에는 자금수지계산서로 이를 갈음할 수 있다. 〈개정 2007. 7. 27.〉

② 제1항의 규정에 의한 현금흐름표는 별지 제4호서식에 의한다.

제11조【결산서의 제출 및 공시】 ① 병원의 장은 매 회계연도 종료일부터 3월 이내에 다음 각 호의 서류를 첨부한 결산서를 보건복지부장관에게 제출하여야 한다. 〈개정 2008. 3. 3., 2010. 3. 19., 2015. 12. 31.〉

1. 재무상태표와 그 부속명세서
2. 손익계산서와 그 부속명세서
3. 기본금변동계산서(병원의 개설자가 개인인 경우를 제외한다)
4. 현금흐름표

② 법인은 제1항 제1호 및 제2호에 따른 병원의 재무상태표와 손익계산서를 보건복지부장관이 정하는 인터넷 사이트에 공시하여야 한다. 〈신설 2015. 12. 31.〉

[제목개정 2015. 12. 31.]

제12조 삭제 〈2018. 12. 28.〉

부 칙 〈제72호, 2021. 2. 1.〉

이 규칙은 2021년 3월 5일부터 시행한다.

재무제표 세부 작성방법

[시행 2016. 11. 1.] [보건복지부고시 제2016－206호, 2016. 11. 1., 일부개정]

보건복지부(의료기관정책과), 044－202－2475

Ⅰ. 일반적 작성기준

1. 회계의 일반원칙

가. 회계처리 및 보고는 신뢰할 수 있도록 객관적인 자료와 증거에 의하여 공정하게 처리하여야 한다.

나. 재무제표의 양식 및 과목과 회계용어는 이해하기 쉽도록 간단 · 명료하게 표시하여야 한다.

다. 중요한 회계방침과 회계처리기준 · 과목 및 금액에 관하여는 그 내용을 재무제표 상에 충분히 표시하여야 한다.

라. 회계처리에 관한 기준 및 추정은 기간별 비교가 가능하도록 매기 계속하여 적용하고 정당한 사유 없이 이를 변경하여서는 아니된다.

마. 회계처리와 재무제표 작성에 있어서 과목과 금액은 그 중요성에 따라 실용적인 방법에 의하여 결정하여야 한다.

바. 회계처리과정에서 2 이상의 선택 가능한 방법이 있는 경우에는 재무적 기초를 견고히 하는 관점에 따라 처리하여야 한다.

사. 회계처리는 거래의 실질과 경제적 사실을 반영할 수 있어야 한다.

2. 재무제표 및 부속명세서 작성원칙

재무제표는 재무상태표, 손익계산서, 기본금변동계산서, 현금흐름표 및 주기와 주석으로 한다.

가. 재무제표는 이 고시와 의료기관 회계기준 규칙에 따라 작성하되 이 고시 및 동 규칙에 정하지 아니한 사항에 대해서는 의료기관 회계기준 규칙에 반하지 않는 범위 내에서 기업회계기준과 일반적으로 공정 · 타당하다고 인정되는 회계 관행에 따라 처리한다.

나. 재무제표는 당해 회계연도분과 직전 회계연도 분을 비교하는 형식으로 작성하여야 한다.

다. 재무제표의 양식은 보고식을 원칙으로 한다.

라. 기타 필요한 명세서는 부속명세서를 작성하여야 한다.

마. 재무제표에는 이를 이용하는 자에게 충분한 회계정보를 제공하도록 중요한 회계방침 등 필요한 사항에 대하여는 다음의 방법에 따라 주기 및 주석을 하여야 한다.

1) 주기는 재무제표상의 해당과목 다음에 그 회계사실의 내용을 간단한 자구 또는 숫자로 괄호 안에 표시하는 방법으로 한다.

2) 주석은 재무제표상의 해당과목 또는 금액에 기호를 붙이고 난외 또는 별지에 동일한 기호를 표시하여 그 내용을 간결 · 명료하게 기재하는 방법으로 한다.

3) 동일한 내용의 주석이 2 이상의 과목에 관련되는 경우에는 주된 과목에 대한 주석만 기재하고, 다른 과목의 주석은 기호만 표시함으로써 이를 갈음할 수 있다.

II. 세부 작성기준

1. 재무상태표

가. 재무상태표 작성기준

1) 재무상태표는 자산, 부채 및 자본으로 구분한다.

2) 자산, 부채 및 자본은 총액에 의하여 기재함을 원칙으로 하고, 자산의 항목과 부채 또는 자본의 항목을 상계함으로써 그 전부 또는 일부를 재무상태표에서 제외하여서는 아니된다.

3) 자산과 부채는 1년을 기준으로 하여 유동자산 또는 비유동자산, 유동부채 또는 비유동부채로 구분하는 것을 원칙으로 한다.

4) 재무상태표에 기재하는 자산과 부채의 항목배열은 유동성배열법에 의함을 원칙으로 한다.

5) 가지급금 또는 가수금 등의 미결산 항목은 그 내용을 나타내는 적절한 과목으로 기재하여야 한다.

나. 자산의 계정과목구분

자산은 유동자산과 비유동자산으로 구분한다.

1) 유동자산은 당좌자산, 재고자산, 기타유동자산으로 구분한다.

가) 당좌자산은 현금 및 현금성자산, 국고보조금, 단기금융상품, 단기매매증권, 의료미수금, 단기대여금, 대손충당금, 미수금, 미수수익, 선급금, 선급비용, 선급제세, 본지점, 이연법인세자산 및 기타의 당좌자산으로 구분한다.

(1) 의료미수금은 진료행위로 인하여 발생한 외상매출금과 받을 어음으로 한다.

① 입원환자 재원기간 중 발생한 미수금은 재원미수금, 퇴원환자로부터 발생한 미수금은 퇴원미수금, 외래환자로부터 발생한 미수금은 외래미수금, 기타의료수익의 미수금은 기타의료수익미수금으로 구분한다.

② 의료미수금은 보험자단체 등의 청구미수금과 환자본인부담금미수액을 포함한다.

③ 재원미수금 등은 환자종류에 따라 건강보험미수금, 의료급여미수금, 자동차보험미수금, 산재보험미수금, 일반환자미수금 및 건강검진미수금 등으로 구분할 수 있다.

(2) 미수금은 의료미수금을 제외한 미수채권 등을 말한다.

나) 재고자산은 약품, 진료재료, 급식재료, 저장품, 의료부대물품으로 구분한다.

2) 비유동자산은 투자자산, 유형자산, 무형자산, 기타비유동자산으로 구분한다.

가) 투자자산은 장기금융상품, 투자유가증권, 장기대여금, 장기대여금대손충당금, 퇴직보험예치금, 보증금 및 기타투자자산으로 구분한다.

나) 유형자산은 토지, 건물, 구축물, 기계장치, 의료장비, 차량운반구, 공기구비품, 건설 중인 자산, 기타유형자산, 감가상각누계액 및 국고보조금으로 구분한다. 이 경우 유형자산 과목별로 감가상각방법, 내용연수 등을 주석으로 기재하여야 한다.

(1) 유형자산의 인식시점 이후에는 원가모형이나 재평가모형 중 하나를 회계정책으로 선택하여 유형자산 분류별로 동일하게 적용한다.

다) 무형자산은 영업권 및 산업재산권으로 구분한다.

다. 부채의 계정과목구분

부채는 유동부채와 비유동부채로 구분한다.

1) 유동부채는 매입채무, 단기차입금, 미지급금, 선수금, 예수금, 미지급비용, 미지급제세, 유동성장기부채, 선수수익, 예수보증금, 단기부채성충당금, 임직원단기차입금, 이연법인세부채 및 기타의 유동부채로 구분한다.
2) 비유동부채는 장기차입금, 외화장기차입금, 금융리스미지급금, 장기성매입채무, 퇴직급여충당금, 이연법인세부채 및 임대보증금으로 구분한다.
3) 고유목적사업준비금을 결산서에 인식하는 경우 해당 고유목적사업준비금은 유동부채 및 비유동부채와는 별도로 구분하여 표시한다.

라. 자본의 계정과목구분

1) 법인병원 등은 자본을 기본금, 자본잉여금, 기타포괄손익누계액 및 이익잉여금(결손금)으로 구분한다.
   가) 기본금은 법인기본금과 기타기본금으로 구분한다.
   나) 자본잉여금은 자본보존목적의 기타 자본잉여금으로 한다.
   다) 기타포괄손익누계액은 재평가잉여금과 해외사업환산손익 등으로 구분한다.
   라) 이익잉여금(결손금)은 차기이월잉여금(결손금) 및 당기순이익(순손실)으로 구분한다.
2) 개인병원은 자본금이라는 개념이 없고 총자산에서 총부채를 차감하면 자본이 되므로 이를 구분하지 아니한다.

마. 재무상태표 과목분류 및 내용해설은 별표 1과 같다.

2. 손익계산서

가. 손익계산서 작성기준

1) 모든 수익과 비용은 그것이 발생한 기간에 정당하게 배분되도록 처리하여야 한다. 다만, 수익은 실현시기를 기준으로 계상하고 미실현수익은 당기의 손익계산에 산입 하지 아니함을 원칙으로 한다.
2) 수익과 비용은 그 발생원천에 따라 명확하게 분류하고 각 수익항목과 이에 관련되는 비용항목을 대응 표시하여야 한다.

3) 수익과 비용은 총액에 의하여 기재함을 원칙으로 하고 수익항목과 비용항목을 직접 상계함으로써 그 전부 또는 일부를 손익계산서에서 제외하여서는 아니된다.

4) 손익계산서는 의료이익(의료손실), 법인세차감전순이익(순손실), 법인세비용, 고유목적사업준비금설정전 당기순이익(손실), 고유목적사업준비금전입액, 고유목적사업준비금환입액 및 당기순이익(순손실)으로 구분 표시하여야 한다.

나. 수익과목 계정과목 구분

수익과목은 의료수익과 의료외수익으로 구분한다.

1) 의료수익은 입원수익, 외래수익 및 기타의료수익으로 구분하며 의료수익감면을 차감한 후의 수익을 계상한다. 이 경우 의료수익감면에 대한 세부내역을 주석으로 기재하여야 한다.

2) 의료수익감면은 진료비에누리(또는 진료비할인), 연구용환자감면 및 자선환자감면 등으로 구분한다.

   가) 진료비에누리는 일정한 요건에 적합한 환자에 대하여 사전에 약정한 할인율에 따라 진료비의 일부 또는 전부를 감액하여 주는 것을 말한다.

   나) 진료비할인은 진료비가 청구되어 의료미수금으로 계상되었으나 환자의 지불능력 부족 등의 이유로 진료비의 일부 또는 전부를 감액하여 주는 것을 말한다.

   다) 연구용환자나 자선환자에 대해 진료비를 일부 또는 전부를 감면해주는 경우, 환자로부터 수납한 진료비만을 수익으로 계상한다.

3) 의료외수익은 의료부대수익, 이자수익, 배당금수익, 임대료수익, 단기매매증권처분이익, 단기매매증권평가이익, 연구수익, 외환차익, 외화환산이익, 투자자산처분이익, 유형자산처분이익, 대손충당금환입, 기부금수익, 잡이익, 자산수증이익, 채무면제이익 및 보험차익 등으로 구분한다.

   가) 의료부대수익은 주차장직영수익, 매점직영수익, 일반식당직영수익, 영안실직영수익 및 기타 시설직영수입 등으로 구분할 수 있다. 이 경우 의료부대수익에 대한 세부내역을 주석으로 기재하여야 한다.

   나) 임대료수익은 임대한 병원시설에 따라 영안실임대수익 및 매점임대수익 등으로 구분할 수 있다.

   다) 연구수익은 연구가 1년 이상 진행되는 경우 진행기준에 따라 인식한다.

다. 비용과목 계정과목 구분

비용과목은 의료비용과 의료외비용으로 구분한다.

1) 의료비용은 인건비, 재료비 및 관리운영비로 구분한다.

가) 인건비는 급여, 제수당 및 퇴직급여로 구분한다.

나) 재료비는 약품비, 진료재료비 및 급식재료비로 구분하며 약품, 진료재료 등의 매입조건이나 대금지불조건 등에 따라 발생하는 매입대금의 감액은 매입에누리(또는 매입할인)로 분류하고, 약품 등의 매입액에서 직접 차감하여 표시한다.

(1) 매입에누리는 일정기간의 거래수량이나 거래금액 또는 대금지불조건 등에 따라 약품 등의 매입대금일부를 감액 받는 것을 말한다.

(2) 매입할인은 약품, 진료재료 등의 매입과 관련하여 발생한 채무를 조기 변제함으로써 상대방으로부터 할인받는 금액을 말한다.

다) 관리운영비는 복리후생비, 여비교통비, 통신비, 전기수도료, 세금과공과, 보험료, 환경관리비, 지급임차료, 지급수수료, 수선비, 차량유지비, 교육훈련비, 도서인쇄비, 접대비, 행사비, 연료비, 선교비, 의료사회사업비, 소모품비, 자체연구비, 감가상각비, 무형자산상각비, 임차자산개량상각비, 광고선전비, 대손상각비, 피복침구비, 외주용역비, 잡비 및 의료분쟁비용 등으로 구분한다.

(1) 의료분쟁비용은 의료사고 보상금, 의료사고 처리수수료 등으로 구분할 수 있으며, 이에 대한 세부내역을 주석으로 기재하여야 한다.

2) 의료외비용은 의료부대비용, 이자비용, 기타의 대손상각비, 기부금, 단기매매증권처분손실, 단기매매증권평가손실, 연구비용, 외환차손, 외화환산손실, 투자자산처분손실, 유형자산처분손실, 재고자산감모손, 고유목적사업비, 잡손실 및 재해손실 등으로 구분한다.

가) 의료부대비용은 주차장직영비용, 매점직영비용, 일반식당직영비용, 영안실직영비용 및 기타 시설직영비용 등으로 구분할 수 있다. 이 경우 의료부대비용에 대한 세부내역을 주석으로 기재하여야 한다.

(1) 의료부대비용은 의료비용과 별도로 인건비, 재료비, 관리운영비 등으로 구분하고, 공통비용은 의료기관의 특성을 고려하여 합리적인 기준에 따라 배분한다.

① 인건비는 인력 수, 총 급여 및 투입시간 등의 기준으로 배분한다.

② 재료비는 재료의 투입량, 직접재료비, 사용면적(병실수), 사용인원 등의 기준으로 배분한다.

③ 관리운영비는 매출액, 점유면적, 서비스시간, 사용인원, 관련 유형자산 가액 등의 기준으로 배분한다.

나) 학교법인병원 · 국립대학교병원 및 서울대학교병원에서 법인에 전출한 이익금은 고유목적사업비로 처리한다. 이 경우 고유목적사업비의 세부사용내역을 주석으로 기재하여야 한다.

다) 연구비용은 연구가 1년 이상 진행되는 경우 진행기준에 따라 인식한다.

3) 학교법인 · 국립대학교병원 · 서울대학교병원 또는 의료법인 등에서 이익금의 일부 또는 전부를 고유목적사업준비금으로 전입하기 위해 결산서에 반영하는 경우 해당 금액은 고유목적사업준비금전입액으로 처리하고, 고유목적사업준비금전입액은 의료비용 및 의료외비용과는 별도로 구분하여 표시한다. 이 경우 고유목적사업준비금의 세부사용내역을 주석으로 기재하여야 한다.

라. 법인세비용

법인세비용은 법인세법등의 법령에 의하여 당해 연도의 부담법인세와 법인세에 부가되는 세액합계에 당기 이연법인세 변동액을 가감하여 법인세비용을 산출한다. 다만, 학교법인병원 · 국립대학교병원 및 서울대학교병원 이외의 병원은 법인세부담액을 법인세비용으로 계상할 수 있다.

마. 손익계산서 과목분류 및 내용해설은 별표 2와 같다.

3. 자산 · 부채의 평가

가. 증여 받은 자산의 평가

1) 당해 자산의 취득을 위하여 통상적으로 소요되는 가액과 비교하여 현저하게 저렴한 가격으로 취득한 자산 또는 증여 받은 자산은 취득하거나 증여 받은 때의 시가로 평가한다.

2) 증여 받은 자산의 시가는 「부동산가격공시 및 감정평가에 관한 법률」에 의한 감정평가액에 의함을 원칙으로 하되, 토지의 경우는 동법 제3조의 규정에 의한 당해 토지의 공시지가(당해 토지의 공시지가가 없는 경우는 동법 제9조의 규정에 의하여 산정한 개별토지의 가격)에 의할 수 있다.

나. 진료비청구액의 삭감

1) 국민건강보험 등의 적용을 받아 진료비의 일부 또는 전부가 보험자단체에 의하여 지불되는 환자에 대하여 청구한 진료비의 일부가 삭감되는 경우에는 보험자단체의 심사가 완료되어 수납할 금액이 확정된 시점을 기준으로 하여 이미 계상된 의료미수금과 의료수익을 상계 처리한다. 이 경우 의료수익 삭감액에 대한 세부내역을 주석으로 기재하여야 한다.

2) 삭감된 진료비중 보험자단체에 이의 신청하여 일부 또는 전부가 수납될 경우에는 수납된 시점에 의료수익이 수납액만큼 발생한 것으로 회계 처리한다. 따라서 이의신청 시는 회계처리하지 않으며 이의신청장부에 비망으로 기록한다.

다. 국고보조금의 처리방법

1) 국립대학교병원이나 지방공사의료원 등의 공공병원이 적자보전이나 운영비보조 등 다음과 같은 수익적 지출에 충당하기 위해 국고보조금을 받았다면 의료외수익 중 기부금수입으로 처리한다.
   가) 지방자치단체에서 지방공사의료원이 의료급여환자를 많이 진료하여 적자가 발생할 경우 건강보험수가와의 수가차액을 보조해주는 경우
   나) 공공병원이 차관 등의 이자를 지불할 능력이 충분하지 않을 경우 지방자치단체에서 이자비용을 보조해 주는 경우
   다) 기타 공공병원의 운영적자를 지방자치단체에서 보조해 주는 경우

2) 시설투자목적 등 자본적 지출에 충당할 목적으로 받은 국고보조금은 이를 취득자산에서 차감하는 형식으로 표시하고 당해 자산의 내용연수에 걸쳐 상각금액과 상계하며, 당해 자산을 처분하는 경우에는 그 잔액을 당해 자산의 처분손익에 차감 또는 부가한다.

4. 기본금변동계산서

기본금변동계산서는 기본금, 자본잉여금, 기타포괄손익누계액, 이익잉여금(결손금), 이익잉여금처분액 및 차기이월이익잉여금(결손금)으로 구분한다.

5. 현금흐름표

현금흐름표는 영업활동으로 인한 현금흐름, 투자활동으로 인한 현금흐름, 재무활동으로 인한 현금흐름, 현금의 증가, 기초의 현금 및 기말의 현금으로 구분한다.

6. 주 석

가. 주석 작성기준

1) 주석은 재무상태표, 손익계산서, 기본금변동계산서 및 현금흐름표에 표시된 개별 항목과 상호 연결시켜 표시한다.

2) 주석은 일반적으로 다음 순서로 표시한다.

가) 의료기관 회계기준을 준수하였다는 사실

나) 의료기관 회계기준 규칙 제3조에 따른 회계 구분 내역

다) 재무상태표, 손익계산서, 기본금변동계산서 및 현금흐름표에 표시된 항목에 대한 보충 정보

Ⅲ. 결 산

결산 시 작성하여야 하는 서류는 다음과 같다.

1. 재무상태표와 그 부속명세서
2. 손익계산서와 그 부속명세서
3. 기본금변동계산서(개인병원은 제외)
4. 현금흐름표
5. 주기와 주석

Ⅳ. 재무제표의 주요부속명세서

재무제표의 부속명세서로 작성하여야 하는 서류는 다음과 같다.

1. 의료미수금명세서(별지 제1호 서식과 같다)
2. 재고자산명세서(별지 제2호 서식과 같다)
3. 유형자산명세서(별지 제3호 서식과 같다)
4. 감가상각누계액명세서(별지 제4호 서식과 같다)
5. 차입금명세서(별지 제5호 서식과 같다)
6. 진료과별 · 환자종류별 외래(입원)수익명세서(별지 제6호 서식과 같다)
7. 직종별 인건비명세서(별지 제7호 서식과 같다)
8. 진료과별 환자종류별 입원환자 명세서(별지 제8호 서식과 같다)
9. 진료과별 환자종류별 외래환자 명세서(별지 제9호 서식과 같다)

Ⅴ. 재검토기한

이 고시는 「훈령 · 예규 등의 발령 및 관리에 관한 규정」(대통령훈령 제334호)에 따라 이 고시에 대하여 2017년 1월 1일을 기준으로 매 3년이 되는 시점(매 3년째의 12월 31일까지를 말한다)마다 그 타당성을 검토하여 개선 등의 조치를 하여야 한다.

03 사회복지법인 회계

1 사회복지법인과 사회복지시설의 의의

사회복지법인이란 사회복지사업을 할 목적으로 설립된 법인을 말하고, 사회복지시설이란 사회복지사업을 할 목적으로 설치된 시설을 말한다.

사회복지법인이 수행할 수 있는 목적사업은 "사회복지사업"에 한정되므로 사회복지사업 이외의 사업을 목적사업으로 수행할 수 없음에 유의해야 한다.

여기서 '사회복지사업'이란 「사회복지사업법」 제2조 제1항에 따른 사업을 말하는데, 그 내용은 다음과 같다.

관련법령 사회복지사업(사회복지사업법 §2 ①)

"사회복지사업"이란 다음 각 목의 법률에 따른 보호 · 선도(善導) 또는 복지에 관한 사업과 사회복지상담, 직업지원, 무료 숙박, 지역사회복지, 의료복지, 재가복지(在家福祉), 사회복지관 운영, 정신질환자 및 한센병력자의 사회복귀에 관한 사업 등 각종 복지사업과 이와 관련된 자원봉사활동 및 복지시설의 운영 또는 지원을 목적으로 하는 사업을 말한다.

가. 「국민기초생활 보장법」
나. 「아동복지법」
다. 「노인복지법」
라. 「장애인복지법」
마. 「한부모가족지원법」
바. 「영유아보육법」
사. 「성매매방지 및 피해자보호 등에 관한 법률」
아. 「정신건강증진 및 정신질환자 복지서비스 지원에 관한 법률」
자. 「성폭력방지 및 피해자보호 등에 관한 법률」
차. 「국내입양에 관한 특별법」 및 「국제입양에 관한 법률」
카. 「일제하 일본군위안부 피해자에 대한 생활안정지원 및 기념사업 등에 관한 법률」
타. 「사회복지공동모금회법」
파. 「장애인 · 노인 · 임산부 등의 편의증진 보장에 관한 법률」
하. 「가정폭력방지 및 피해자보호 등에 관한 법률」

거. 「농어촌주민의 보건복지증진을 위한 특별법」
너. 「식품등 기부 활성화에 관한 법률」
더. 「의료급여법」
러. 「기초연금법」
머. 「긴급복지지원법」
버. 「다문화가족지원법」
서. 「장애인연금법」
어. 「장애인활동 지원에 관한 법률」
저. 「노숙인 등의 복지 및 자립지원에 관한 법률」
처. 「보호관찰 등에 관한 법률」
커. 「장애아동 복지지원법」
터. 「발달장애인 권리보장 및 지원에 관한 법률」
퍼. 「청소년복지 지원법」
허. 그 밖에 대통령령으로 정하는 법률

2 사회복지법인의 설립 및 운영

「사회복지사업법」 제16조부터 제31조에는 사회복지법인의 설립과 운영에 대해 규정하고 있다.

사회복지법인은 재산의 출연, 정관작성, 주무관청의 허가, 설립등기를 통해 설립되고, 사회복지 사업 외의 사업은 목적사업으로 수행할 수 없다.

(1) 사회복지법인의 설립

① 재산의 출연

법인은 사회복지사업의 운영에 필요한 재산을 소유하여야 하는데, 법인의 재산은 기본재산과 보통재산으로 구분하고, 기본재산은 그 목록과 가액을 정관에 기재하여야 한다.

기본재산	목적사업 및 수익사업의 수행을 위해 기본적으로 필요한 재산으로 부동산, 정관에서 기본재산으로 정한 재산, 이사회의 결의에 의하여 기본재산으로 편입된 재산을 말한다. ⓐ 목적사업용 기본재산 : 법인이 시설 등을 설치하는데 직접 사용하는 기본재산 ⓑ 수익용 기본재산 : 법인이 그 수익으로 목적사업의 수행에 필요한 경비를 충당하기 위한 재산
보통재산	기본재산 외의 재산 (자동차, 컴퓨터, 집기, 비품 등 감가상각 하는 재산은 보통재산에 해당)

② 정관 작성(사회복지사업법 §17)

법인의 정관에는 다음 각 호의 사항이 포함되어야 하고, 정관을 변경하려는 경우에는 시 · 도지사의 인가를 받아야 한다.

1. 목적
2. 명칭
3. 주된 사무소의 소재지
4. 사업의 종류
5. 자산 및 회계에 관한 사항
6. 임원의 임면(任免) 등에 관한 사항
7. 회의에 관한 사항
8. 수익(收益)을 목적으로 하는 사업이 있는 경우 그에 관한 사항
9. 정관의 변경에 관한 사항
10. 존립시기와 해산 사유를 정한 경우에는 그 시기와 사유 및 남은 재산의 처리방법
11. 공고 및 공고방법에 관한 사항

참고 **정관 작성 시 참고사항**[9)]

- 정관은 법 제17조 정한 사항을 모두 기재하고 있는 때에만 유효하며, 그 가운데 하나라도 빠지면 정관으로서의 효력이 생기지 않음
- 설립자가 정관에서 가장 중요한 목적과 자산만을 정하고 그 명칭, 사무소 주소지, 이사임면의 방법과 같은 가벼운 사항을 정하지 않고서 사망한 경우에 이해관계인 또는 검사의 청구에 의하여 법원이 이들 사항을 정할 수 있음(민법 §44)

9) 사회복지법인 관리안내, 보건복지부, 2024, 25쪽

③ 주무관청의 허가

사회복지법인을 설립하고자 하는 자는 당해 법인의 주사무소를 관할하는 시 · 도지사의 허가를 받아야 한다.

④ 설립등기

시 · 도지사의 허가를 받은 자는 법인의 주된 사무소의 소재지에서 설립등기를 하여야 한다.

(2) 사회복지법인의 이사회 구성

이사회는 이사 7인 이상(외국인 이사는 이사 현원의 1/2 미만이어야 한다) 두어야 하며 이사회 구성에 있어 시행령 제9조(특별한 관계에 있는 자)에 의한 "특별한 관계에 있는 자"는 이사 현원의 1/5을 초과할 수 없다.

관련법령 **특별한 관계에 있는 자의 범위**(사회복지사업법 시행령 §9)

1. 출연자
2. 출연자 또는 이사와의 관계가 다음 각 목의 어느 하나에 해당하는 사람
   가. 6촌 이내의 혈족
   나. 4촌 이내의 인척
   다. 배우자(사실상 혼인관계에 있는 사람을 포함한다)
   라. 친생자(親生子)로서 다른 사람에게 친양자(親養子)로 입양된 사람 및 그 배우자와 직계비속
3. 출연자 또는 이사의 사용인 그 밖에 고용관계에 있는 자(출연자 또는 이사가 출자에 의하여 사실상 지배하고 있는 법인*의 사용인 그 밖에 고용관계에 있는 자를 포함한다)
4. 출연자 또는 이사의 금전 그 밖의 재산에 의하여 생계를 유지하는 자 및 그와 생계를 함께 하는 자
5. 출연자 또는 이사가 재산을 출연한 다른 법인의 이사

* **3의 "출자에 의하여 사실상 지배하고 있는 법인"의 의미**

가. 법인의 발행주식총액 또는 출자총액의 100분의 30 이상을 출자자 1인과 그와 상기 "2", "4" 및 사용인 그 밖에 고용관계에 있는 자(이하 "지배주주"라 한다)가 소유하고 있는 경우

나. 법인의 발행주식총액 또는 출자총액의 100분의 50 이상을 "가"의 법인과 그의 지배주주가 소유하고 있는 경우

다. 법인의 발행주식총액 또는 출자총액의 100분의 50 이상을 "가" 법인과 그의 지배주주 및 "나"의 법인이 소유하고 있는 경우

(3) 사회복지법인의 수익사업(사회복지사업법 §28)

사회복지법인은 목적사업의 경비에 충당하기 위해 필요할 경우 법인의 설립 목적 수행에 지장이 없는 범위에서 수익사업을 할 수 있다.

법인은 수익사업에서 생긴 수익을 사회복지시설의 운영 외의 목적에 사용할 수 없고, 수익사업에 관한 회계는 법인의 다른 회계와 구분하여 회계처리 해야 한다.

3 사회복지법인 및 사회복지시설 재무 · 회계 규칙

(1) 의 의

「사회복지법인 및 사회복지시설 재무 · 회계 규칙」은 사회복지법인 및 사회복지시설의 재무 · 회계, 후원금관리 및 회계감사의 명확성 · 공정성 · 투명성을 기함으로써 사회복지법인 및 사회복지시설의 합리적인 운영에 기여하기 위해 제정되었다.

「사회복지사업법」의 적용을 받는 사회복지법인 및 사회복지시설은 「사회복지법인 및 사회복지시설 재무 · 회계 규칙」을 적용해야 한다.

즉, 소관부처 및 정부보조금 지급 여부와는 상관없이 모든 사회복지법인과 사회복지시설에 적용된다.

「사회복지법인 및 사회복지시설 재무 · 회계 규칙」의 조문구성은 아래와 같다.

장	조 문	내 용
제1장 총칙	제1조~제6조의 2	재무 · 회계운영의 기본원칙, 회계연도, 회계의 구분 등
제2장 예산과 결산	제1절 예산 (제7조~제18조)	예산편성 및 결정절차, 첨부서류
	제2절 결산 (제19조~제20조)	결산서의 작성 제출, 첨부서류

장	조 문	내 용
제3장 회계	제1절 총칙 (제21조~제24조)	수입 및 지출관리, 회계의 방법, 장부의 종류
	제2절 수입 (제25조~제27조)	수납, 과년도 수입과 반납금 여입, 반환
	제3절 지출 (제28조~제30조)	지출의 원칙과 방법, 지출특례
	제4절 계약 (제30조의 2~제31조)	원칙, 담당자
제4장 물품	제38조~제41조	물품의 관리
제4장의 2 후원금의 관리	제41조의 2	후원금의 범위 등
제5장 감사	제42조~제42조의 2	회계감사
제6장 보칙	제43조~제44조	인수 · 인계

(2) 회계의 구분 및 방법

법인회계	법인의 업무전반에 관한 회계
시설회계	법인이 설치 · 운영하는 시설의 회계
수익사업회계	법인이 수행하는 수익사업에 관한 회계

회계는 단식부기에 의한다. 다만, 법인회계와 수익사업회계에 있어서 복식부기의 필요가 있는 경우에는 복식부기에 의한다(사회복지법인 및 사회복지시설 재무 · 회계 규칙 §23).

(3) 회계연도

법인 및 시설의 회계연도는 정부의 회계연도(1월 1일~12월 31일)로 한다. 다만, 「영유아보육법」 제2조에 따른 어린이집의 회계연도는 매년 3월 1일에 시작하여 다음 연도 2월 말일에 종료한다(사회복지법인 및 사회복지시설 재무 · 회계 규칙 §3).

(4) 사회복지법인의 예산과 결산

사회복지법인은 예산회계를 근간으로 하고 있으며, 모든 수입은 세입으로 하고 모든 지출은 세출로 하여 전부 예산에 계상하여야 한다.

예산 및 결산보고서는 이사회 결의를 마치면 시 · 군 · 구에 제출하고 관련 내용을 인터넷홈페이지에 공고해야 한다. 결산보고서 첨부서류는 세입 · 세출결산서, 과목 전용조서, 예비비 사용조서, 재무상태표, 수지계산서, 현금 및 예금명세서 등이 있다(사회복지법인 및 사회복지시설 재무 · 회계 규칙 §20).

▶ 사회복지법인의 예산 및 결산 ◀

항 목	내 용	관계 법령
예산편성 및 결정	법인회계, 시설회계, 수익사업으로 구분한 예산을 편성하고 확정한 예산은 매 회계연도 개시 5일 전까지 관할 시장 · 군수 · 구청장에게 제출해야 한다.	「사회복지법인 및 사회복지시설 재무 · 회계 규칙」 제10조
공고	세입 · 세출 명세서는 시 · 군 · 구 게시판, 인터넷홈페이지에 20일 이상 공고	「사회복지법인 및 사회복지시설 재무 · 회계 규칙」 제10조
목적 외 사용금지	법인회계 및 시설회계의 예산은 세출예산이 정한 목적 외에 사용하면 아니 됨	「사회복지법인 및 사회복지시설 재무 · 회계 규칙」 제15조
세출예산의 이월	불가피한 사유로 연도 내에 지출하지 못한 경비는 이사회의 의결 및 시설운영위원회에 보고를 거쳐 다음연도에 이월하여 사용	「사회복지법인 및 사회복지시설 재무 · 회계 규칙」 제17조
결산서의 작성 제출	법인회계와 시설회계의 세입 · 세출 결산보고서 작성 → 이사회 의결 및 시설운영위원회 보고 → 시 · 군 · 구청장에게 제출	「사회복지법인 및 사회복지시설 재무 · 회계 규칙」 제19조

(5) 후원금 관리

후원금이란 사회복지법인이 아무런 대가 없이 무상으로 받은 금품이나 그 밖의 자산을 말한다. 후원금의 수입 및 지출 내용은 공개해야 하며 명확하게 관리해야 한다.

▶ 후원금의 관리 ◀

항 목	내 용	관계 법령
후원금 영수증 발급	후원금을 받은 때에는 후원금 영수증을 발급해야 하며 영수증 발급목록을 별도의 장부로 작성 · 비치해야 함	「사회복지법인 및 사회복지시설 재무 · 회계 규칙」 제41조의 4
후원금 전용계좌 사용	후원금을 받을 때에는 별도의 후원금 전용계좌 등을 사용하여야 함	「사회복지법인 및 사회복지시설 재무 · 회계 규칙」 제41조의 4
후원금 수입, 사용내역 보고	시 · 군 · 구청에 제출 후 사회복지법인 홈페이지에 3개월간 공고	「사회복지법인 및 사회복지시설 재무 · 회계 규칙」 제41조의 6
후원금 용도 외 사용 금지	후원금은 후원자가 지정한 사용용도외의 용도로 사용할 수 없음	「사회복지법인 및 사회복지시설 재무 · 회계 규칙」 제17조

사회복지법인 및 사회복지시설 재무·회계 규칙

[시행 2023. 1. 1.] [보건복지부령 제928호, 2022. 12. 30., 일부개정]

보건복지부(사회서비스자원과) 044-202-3261

제1장 총　칙

제 1 조【목적】 이 규칙은「사회복지사업법」제23조 제4항, 제34조 제4항, 제45조 제2항 및 제51조 제2항에 따라 사회복지법인 및 사회복지시설의 재무 · 회계, 후원금관리 및 회계감사에 관한 사항을 규정하여 재무 · 회계, 후원금관리 및 회계감사의 명확성 · 공정성 · 투명성을 기함으로써 사회복지법인 및 사회복지시설의 합리적인 운영에 기여함을 목적으로 한다. 〈개정 2012. 8. 7., 2019. 6. 12.〉
[전문개정 2005. 7. 15.]

제 2 조【재무 · 회계운영의 기본원칙】 사회복지법인(이하 "법인"이라 한다) 및 사회복지시설(법인이 설치 · 운영하는 사회복지시설을 포함하며, 이하 "시설"이라 한다)의 재무 · 회계는 그 설립목적에 따라 건전하게 운영되어야 한다. 〈개정 2012. 8. 7.〉

제 2 조의 2【다른 법령과의 관계】 법인 및 시설의 재무 및 회계 처리에 관하여 다른 법령에 특별한 규정이 있는 경우를 제외하고는 이 규칙이 정하는 바에 따른다.
[본조신설 2012. 8. 7.]

제 3 조【회계연도】 법인 및 시설의 회계연도는 정부의 회계연도에 따른다. 다만,「영유아보육법」제2조에 따른 어린이집의 회계연도는 매년 3월 1일에 시작하여 다음 연도 2월 말일에 종료한다. 〈개정 2012. 8. 7., 2015. 12. 24.〉

제 4 조【회계연도 소속구분】 법인 및 시설의 수입 및 지출의 발생과 자산 및 부채의 증감 · 변동에 관하여는 그 원인이 되는 사실이 발생한 날을 기준으로 하여 연도소속을 구분한다. 다만, 그 사실이 발생한 날을 정할 수 없는 경우에는 그 사실을 확인한 날을 기준으로 하여 연도소속을 구분한다. 〈개정 2012. 8. 7.〉

제 5 조【출납기한】 1회계연도에 속하는 법인 및 시설의 세입 · 세출의 출납은 회계 연도가 끝나는 날까지 완결하여야 한다. 〈개정 1993. 12. 27., 2012. 8. 7., 2015. 12. 24.〉
[제목개정 1998. 1. 7.]

제 6 조【회계의 구분】 ① 이 규칙에서의 회계는 법인의 업무전반에 관한 회계(이하 "법인회계"라 한다), 시설의 운영에 관한 회계(이하 "시설회계"라 한다) 및 법인이 수행하는 수익사업에 관한 회계(이하 "수익사업회계"라 한다)로 구분한다.
② 법인의 회계는 법인회계, 해당 법인이 설치 · 운영하는 시설의 시설회계 및 수익사업회계로 구분하여야 하며, 시설의 회계는 해당 시설의 시설회계로 한다.
[전문개정 2012. 8. 7.]

제 6 조의 2【정보통신매체에 의한 재무 · 회계처리】 ① 법인 및 시설의 재무 · 회계는 컴퓨터 회계프로그램으로 처리할 수 있다. 〈개정 2012. 8. 7.〉
② 보건복지부장관은 법인 및 시설의 재무 · 회계업무의 효율성 및 투명성을 높이기 위하여 「사회복지사업법」 제6조의2제2항에 따른 정보시스템으로서 법인 및 시설의 재무회계를 처리하기 위한 정보시스템을 구축 · 운영할 수 있다. 〈신설 2012. 8. 7.〉
③ 보건복지부장관, 시 · 도지사, 시장(「제주특별자치도 설치 및 국제자유도시 조성을 위한 특별법」 제11조 제2항에 따른 행정시장을 포함한다. 이하 같다) · 군수 · 구청장(자치구의 구청장을 말한다. 이하 같다)은 법인 또는 시설에 대하여 제2항에 따른 시스템을 사용할 것을 권장할 수 있다. 〈신설 2012. 8. 7., 2015. 12. 24., 2018. 3. 30.〉
④ 「사회복지사업법」 제42조에 따른 보조금을 받는 법인 및 시설과 보조금을 받지 아니하는 시설로서 「노인복지법」 제31조에 따른 노인복지시설 중 「노인장기요양보험법」 제31조에 따라 장기요양기관으로 지정받은 시설(이하 "노인장기요양기관"이라 한다)은 제1항에 따른 컴퓨터 회계프로그램 중 보건복지부장관이 검증한 표준연계모듈이 적용된 정보시스템 또는 제2항에 따른 정보시스템을 사용하여 재무 · 회계를 처리하여야 한다. 다만, 보건

복지부장관이 정하는 법인 및 시설은 그러하지 아니하다. 〈신설 2012. 8. 7., 2018. 3. 30.〉

⑤ 제1항에 따른 컴퓨터 회계프로그램 또는 제2항에 따른 시스템에 의하여 전자장부를 사용하는 경우에는 제24조에 따른 회계장부를 둔 것으로 본다. 〈개정 2012. 8. 7.〉

[본조신설 2005. 7. 15.]

시행일 제6조의 2 제4항의 개정규정은 다음 각 호의 구분에 따른 날부터 시행한다.

1. 「노인복지법」 제34조 제1항에 따른 노인의료복지시설 및 같은 법 제38조 제1항 제2호 · 제3호의 서비스를 제공하는 노인장기요양기관(이하 "주 · 야간보호기관등"이라 한다)으로서 2018년 5월 30일 기준으로 정원이 20명을 초과하는 기관 : 2018년 5월 30일
2. 「노인복지법」 제38조 제1항 제1호 · 제4호 및 같은 법 시행규칙 제26조의 2 제2호의 서비스를 제공하는 노인장기요양기관(이하 "방문요양기관등"이라 한다)으로서 2017년 일일평균 이용자가 20명을 초과하거나, 2018년 1월 1일 이후 「노인장기요양보험법」 제31조 제1항에 따라 지정을 받고 같은 해 4월 30일까지 일일평균 이용자가 20명을 초과하는 기관 : 2018년 5월 30일
3. 주 · 야간보호기관등으로서 2018년 5월 30일 기준으로 정원이 20명 이하인 기관 : 2019년 5월 30일
4. 방문요양기관등으로서 2017년 일일평균 이용자가 20명 이하이거나, 2018년 1월 1일 이후 「노인장기요양보험법」 제31조 제1항에 따라 지정을 받고 같은 해 4월 30일까지 일일평균 이용자가 20명 이하인 기관 및 2018년 5월 1일 이후 「노인장기요양보험법」 제31조 제1항에 따라 지정을 받은 기관 : 2019년 5월 30일

제2장 예산과 결산

제1절 예　산

제 7 조 【세입 · 세출의 정의】 1회계연도의 모든 수입을 세입으로 하고, 모든 지출을 세출로 한다.

제 8 조【예산총계주의원칙】 세입과 세출은 모두 예산에 계상하여야 한다.
[전문개정 1998. 1. 7.]

제 9 조【예산편성지침】 ① 법인의 대표이사는 제2조의 취지에 따라 매 회계연도 개시 1월 전까지 그 법인과 해당 법인이 설치 · 운영하는 시설의 예산편성 지침을 정하여야 한다. 〈개정 1998. 1. 7., 2012. 8. 7.〉
② 법인 또는 시설의 소재지를 관할하는 시장 · 군수 · 구청장은 특히 필요하다고 인정되는 사항에 관하여는 예산편성지침을 정하여 매 회계연도 개시 2월전까지 법인 및 시설에 통보할 수 있다. 〈개정 1998. 1. 7., 2012. 8. 7., 2015. 12. 24.〉
[제목개정 2012. 8. 7.]

제10조【예산의 편성 및 결정절차】 ① 법인의 대표이사 및 시설의 장은 예산을 편성하여 각각 법인 이사회의 의결 및 「사회복지사업법」 제36조에 따른 운영위원회 또는 「영유아보육법」 제25조에 따른 어린이집운영위원회(이하 "시설운영위원회"라 한다)에의 보고를 거쳐 확정한다. 다만, 법인이 설치 · 운영하는 시설인 경우에는 시설운영위원회에 보고한 후 법인 이사회의 의결을 거쳐 확정한다. 〈신설 2012. 8. 7.〉
② 법인의 대표이사 및 시설의 장은 제1항에 따라 확정한 예산을 매 회계연도 개시 5일전까지 관할 시장 · 군수 · 구청장에게 제출(「사회복지사업법」 제6조의 2 제2항에 따른 정보시스템을 활용한 제출을 포함한다)하여야 한다. 〈개정 2009. 2. 5., 2012. 8. 7., 2015. 12. 24.〉
③ 제1항에 따라 예산을 편성할 경우 법인회계와 시설회계의 예산은 별표 1부터 별표 4까지에 따른 세입 · 세출예산과목 구분에 따라 편성해야 한다. 다만, 다음 각 호의 시설은 각 호에서 정하는 바에 따라 편성한다. 〈개정 2009. 2. 5., 2010. 3. 19., 2012. 8. 7., 2018. 3. 30., 2022. 12. 28.〉
1. 다음 각 목의 시설: 별표 5 및 별표 6에 따른 세입 · 세출예산과목 구분에 따라 편성
   가. 「사회복지사업법」 제34조의 5에 따른 사회복지관
   나. 「노인복지법」 제36조 제1항 제1호에 따른 노인복지관
   다. 「장애인복지법」 제58조 제1항 제2호에 따른 장애인 지역사회재활시설
   라. 「아동복지법」 제44조의 2에 따른 다함께돌봄센터
   마. 아동복지법」 제52조 제1항 제8호에 따른 지역아동센터

바. 그 밖에 보건복지부장관이 정하여 고시하는 시설

2. 「영유아보육법」 제2조에 따른 어린이집 : 별표 7 및 별표 8에 따른 세입 · 세출예산과목 구분에 따라 편성

3. 노인장기요양기관 : 별표 9의 세입예산과목 구분 및 별표 10의 세출예산과목 구분에 따라 편성하되, 세출예산을 편성하는 때에는 「노인장기요양보험법」 제38조 제4항에 따라 장기요양급여비용 중 그 일부를 보건복지부장관이 정하여 고시하는 비율에 따라 인건비로 편성

4. 삭제 〈2012. 8. 7.〉

④ 시장 · 군수 · 구청장은 제2항에 따라 예산을 제출받은 때에는 20일 이내에 법인과 시설의 회계별 세입 · 세출명세서를 시(「제주특별자치도 설치 및 국제자유도시 조성을 위한 특별법」 제10조 제2항에 따른 행정시를 포함한다. 이하 같다) · 군 · 구(자치구를 말한다. 이하 같다)의 게시판과 인터넷 홈페이지에 20일 이상 공고하고, 법인의 대표이사 및 시설의 장으로 하여금 해당 법인 및 시설의 게시판과 인터넷 홈페이지에 20일 이상 공고하도록 하여야 한다. 〈개정 2009. 2. 5., 2012. 8. 7., 2018. 3. 30.〉

⑤ 제4항에 따른 공고는 「사회복지사업법」 제6조의 2 제2항에 따른 정보시스템에 게시하거나 「영유아보육법」 제49조의 2 제1항에 따라 공시하는 것으로 갈음할 수 있다. 〈개정 2015. 12. 24.〉

[전문개정 1998. 1. 7.]

제11조【예산에 첨부하여야 할 서류】 ① 예산에는 다음 각 호의 서류가 첨부되어야 한다. 다만, 단식부기로 회계를 처리하는 경우에는 제1호 · 제2호 · 제5호 및 제6호의 서류만을 첨부할 수 있고, 국가 · 지방자치단체 · 법인 외의 자가 설치 · 운영하는 시설로서 거주자 정원 또는 일일평균 이용자가 20명 이하인 시설(이하 "소규모 시설"이라 한다)은 제2호, 제5호(노인장기요양기관의 경우만 해당한다) 및 제6호의 서류만을 첨부할 수 있으며, 「영유아보육법」 제2조에 따른 어린이집은 보건복지부장관이 정하는 바에 따른다. 〈개정 1993. 12. 27., 2012. 8. 7., 2018. 3. 30., 2019. 9. 27., 2020. 1. 7.〉

1. 예산총칙
2. 세입 · 세출명세서
3. 추정재무상태표
4. 추정수지계산서

5. 임직원 보수 일람표

6. 예산을 의결한 이사회 회의록 또는 예산을 보고받은 시설운영위원회 회의록 사본

② 제1항 제2호부터 제5호까지의 서류는 별지 제1호 서식부터 별지 제4호 서식까지에 따른다. 다만, 노인장기요양기관의 장이 첨부해야 하는 제1항 제5호의 임직원 보수 일람표는 별지 제4호의 2 서식에 따른다. 〈개정 2018. 3. 30., 2020. 1. 7.〉

시행일 제11조 제2항 단서의 개정규정은 다음 각 호의 구분에 따른 날부터 시행한다.

1. 「노인복지법」 제34조 제1항에 따른 노인의료복지시설 및 같은 법 제38조 제1항 제2호·제3호의 서비스를 제공하는 노인장기요양기관(이하 "주·야간보호기관등"이라 한다)으로서 2018년 5월 30일 기준으로 정원이 20명을 초과하는 기관 : 2018년 5월 30일
2. 「노인복지법」 제38조 제1항 제1호·제4호 및 같은 법 시행규칙 제26조의 2 제2호의 서비스를 제공하는 노인장기요양기관(이하 "방문요양기관등"이라 한다)으로서 2017년 일일평균 이용자가 20명을 초과하거나, 2018년 1월 1일 이후 「노인장기요양보험법」 제31조 제1항에 따라 지정을 받고 같은 해 4월 30일까지 일일평균 이용자가 20명을 초과하는 기관 : 2018년 5월 30일
3. 주·야간보호기관등으로서 2018년 5월 30일 기준으로 정원이 20명 이하인 기관 : 2019년 5월 30일
4. 방문요양기관등으로서 2017년 일일평균 이용자가 20명 이하이거나, 2018년 1월 1일 이후 「노인장기요양보험법」 제31조 제1항에 따라 지정을 받고 같은 해 4월 30일까지 일일평균 이용자가 20명 이하인 기관 및 2018년 5월 1일 이후 「노인장기요양보험법」 제31조 제1항에 따라 지정을 받은 기관 : 2019년 5월 30일

제12조 【준예산】 회계연도 개시전까지 법인 및 시설의 예산이 성립되지 아니한 때에는 법인의 대표이사 및 시설의 장은 시장·군수·구청장에게 그 사유를 보고하고 예산이 성립될 때까지 다음의 경비를 전년도 예산에 준하여 집행할 수 있다. 〈개정 2012. 8. 7.〉

1. 임·직원의 보수
2. 법인 및 시설운영에 직접 사용되는 필수적인 경비
3. 법령상 지급의무가 있는 경비

제13조 【추가경정예산】 ① 법인의 대표이사 및 시설의 장은 예산성립후에 생긴 사유로

인하여 이미 성립된 예산에 변경을 가할 필요가 있을 때에는 제10조 및 제11조의 규정에 의한 절차에 준하여 추가경정예산을 편성 · 확정할 수 있다. 이 경우 노인장기요양기관의 장은 「노인장기요양보험법」 제38조 제4항에 따라 장기요양급여비용 중 그 일부를 보건복지부장관이 정하여 고시하는 비율에 따라 인건비로 편성하여야 한다. 〈개정 2012. 8. 7., 2018. 3. 30.〉
② 법인의 대표이사 및 시설의 장은 추가경정예산이 확정된 날로부터 7일이내에 이를 시장 · 군수 · 구청장에게 제출하여야 한다. 〈개정 2012. 8. 7.〉

제14조【예비비】 법인의 대표이사 및 시설의 장은 예측할 수 없는 예산외의 지출 또는 예산의 초과지출에 충당하기 위하여 예비비를 세출예산에 계상할 수 있다. 〈개정 2012. 8. 7.〉
[전문개정 1999. 3. 11.]

제15조【예산의 목적외 사용금지】 법인회계 및 시설회계의 예산은 세출예산이 정한 목적외에 이를 사용하지 못한다.

제16조【예산의 전용】 ① 법인의 대표이사 및 시설의 장은 관 · 항 · 목간의 예산을 전용할 수 있다. 다만, 법인 및 시설(소규모 시설은 제외한다)의 관간 전용 또는 동일 관내의 항간 전용을 하려면 이사회의 의결 또는 시설운영위원회에의 보고를 거쳐야 하되, 법인이 설치 · 운영하는 시설인 경우에는 시설운영위원회에 보고한 후 법인 이사회의 의결을 거쳐야 한다. 〈개정 1998. 1. 7., 2012. 8. 7.〉
② 제1항에도 불구하고 예산총칙에서 전용을 제한하고 있거나 이사회 및 시설 예산심의과정에서 삭감한 관 · 항 · 목으로는 전용하여서는 아니 되며, 노인장기요양기관의 장은 예산을 전용하는 때에는 「노인장기요양보험법」 제38조 제4항에 따라 장기요양급여비용 중 그 일부를 보건복지부장관이 정하여 고시하는 비율에 따라 인건비로 편성하여야 한다. 〈신설 2012. 8. 7., 2018. 3. 30.〉
③ 법인의 대표이사 및 시설의 장은 제1항에 따라 관 · 항 간 예산을 전용한 경우에는 관할 시장 · 군수 · 구청장에게 제19조 및 제20조에 따른 결산보고서를 제출할 때에 과목 전용조서를 첨부하여야 한다. 〈개정 2012. 8. 7.〉

제17조【세출예산의 이월】 법인의 대표이사 및 시설의 장은 법인회계와 시설회계의 세출예산중 경비의 성질상 당해회계연도안에 지출을 마치지 못할 것으로 예측되는 경비와 연도내에 지출원인행위를 하고 불가피한 사유로 인하여 연도내에 지출하지 못한 경비를 각각 이사회의 의결 및 시설운영위원회에의 보고를 거쳐 다음 연도에 이월하여 사용할 수 있다. 다만, 법인이 설치 · 운영하는 시설인 경우에는 시설운영위원회에 사전 보고한 후 법인 이사회의 의결을 거쳐야 한다. 〈개정 1998. 1. 7., 2012. 8. 7.〉

제18조【특정목적사업 예산】 ① 법인의 대표이사 및 시설의 장은 완성에 수년을 요하는 공사나 제조 그밖의 특수한 사업을 위하여 2회계연도 이상에 걸쳐서 그 재원을 적립할 필요가 있는 때에는 회계연도마다 일정액을 예산에 계상하여 특정목적사업을 위한 적립금으로 적립할 수 있다. 〈개정 2012. 8. 7., 2017. 2. 14.〉

② 적립금의 적립 및 사용 계획(변경된 계획을 포함한다)은 시장 · 군수 · 구청장에게 사전에 보고하여야 한다. 〈신설 2012. 8. 7.〉

③ 적립금은 그 적립목적에만 사용해야 한다. 다만, 노인장기요양기관의 경우 「재난 및 안전관리 기본법」 제14조 제1항에 따른 대규모 재난으로 인하여 인건비 지급이 어려운 경우로서 보건복지부장관이 정하는 기준에 해당하는 때에는 관할 시장 · 군수 · 구청장의 승인을 받아 한시적으로 인건비로 사용할 수 있다. 〈개정 2021. 9. 30.〉

④ 시장 · 군수 · 구청장은 법인 및 시설의 재정 상태 등을 고려하여 적립금의 적립 여부, 규모 및 적립기간 등에 관하여 필요한 조치를 할 수 있다. 〈신설 2012. 8. 7.〉

제2절 결 산

제19조【결산서의 작성 제출】 ① 법인의 대표이사 및 시설의 장은 법인회계와 시설회계의 세입 · 세출 결산보고서를 작성하여 각각 이사회의 의결 및 시설운영위원회에의 보고를 거친 후 다음 연도 3월 31일까지(「영유아보육법」 제2조에 따른 어린이집의 경우에는 5월 31일까지를 말한다) 시장 · 군수 · 구청장에게 제출(「사회복지사업법」 제6조의 2 제2항에 따른 정보시스템을 활용한 제출을 포함한다)하여야 한다. 다만, 법인이 설치 · 운영하는 시설인 경우에는 시설운영위원회에 보고한 후 법인 이사회의 의결을 거쳐 제출하여야 한다. 〈개정 2012. 8. 7., 2015. 12. 24.〉

② 시장 · 군수 · 구청장은 제1항에 따라 결산보고서를 제출받은 때에는 20일 이내에 법인

및 시설의 세입 · 세출결산서를 시 · 군 · 구의 게시판과 인터넷 홈페이지에 20일 이상 공고하고, 법인의 대표이사 및 시설의 장으로 하여금 해당 법인 및 시설의 게시판과 인터넷 홈페이지에 20일 이상 공고하도록 하여야 한다. 〈신설 1998. 1. 7., 2009. 2. 5., 2012. 8. 7.〉

1. 삭제 〈2012. 8. 7.〉

2. 삭제 〈2012. 8. 7.〉

③ 제2항에 따른 공고는 「사회복지사업법」 제6조의 2 제2항에 따른 정보시스템에 게시하거나 「영유아보육법」 제49조의 2 제1항에 따라 공시하는 것으로 갈음할 수 있다. 〈개정 2015. 12. 24.〉

제20조【결산보고서에 첨부해야 할 서류】 ① 결산보고서에는 다음 각 호의 서류가 첨부되어야 한다. 다만, 단식부기로 회계를 처리하는 경우에는 제1호부터 제3호까지 및 제14호부터 제23호까지의 서류만을 첨부할 수 있고, 소규모 시설의 경우에는 제1호 및 제17호의 서류(노인장기요양기관의 경우에는 제1호부터 제3호까지 및 제16호부터 제21호까지의 서류)만을 첨부할 수 있으며, 「영유아보육법」 제2조에 따른 어린이집은 보건복지부장관이 정하는 바에 따른다. 〈개정 1993. 12. 27., 1998. 1. 7., 2012. 8. 7., 2015. 12. 24., 2019. 9. 27., 2020. 1. 7.〉

1. 세입 · 세출결산서
2. 과목 전용조서
3. 예비비 사용조서
4. 재무상태표
5. 수지계산서
6. 현금 및 예금명세서
7. 유가증권명세서
8. 미수금명세서
9. 재고자산명세서
10. 그 밖의 유동자산명세서(제6호부터 제9호까지의 유동자산 외의 유동자산을 말한다)
11. 고정자산(토지 · 건물 · 차량운반구 · 비품 · 전화가입권)명세서
12. 부채명세서(차입금 · 미지급금을 포함한다)
13. 각종 충당금 명세서

14. 기본재산수입명세서(법인만 해당한다)
15. 사업수입명세서
16. 정부보조금명세서
17. 후원금수입 및 사용결과보고서(전산파일을 포함한다)
18. 후원금 전용계좌의 입출금내역
19. 인건비명세서
20. 사업비명세서
21. 그 밖의 비용명세서(인건비 및 사업비를 제외한 비용을 말한다)
22. 감사보고서
23. 법인세 신고서(수익사업이 있는 경우만 해당한다)

② 제1항 제1호부터 제3호까지의 서류는 별지 제5호 서식 · 별지 제5호의 2 서식부터 별지 제5호의 4 서식까지 · 별지 제6호 서식 및 별지 제7호 서식에 따르고, 제1항 제4호 및 제5호의 서류는 별지 제2호 서식 및 별지 제3호 서식에 따르며, 제6호부터 제17호까지의 서류는 별지 제8호 서식부터 별지 제19호 서식까지에 따르고, 제19호부터 제22호까지의 서류는 별지 제20호 서식부터 별지 제23호 서식까지에 따른다. 다만, 노인장기요양기관의 장이 첨부해야 하는 제1항 제19호의 인건비명세서는 별지 제4호의 2 서식에 따른다. 〈개정 2005. 7. 15., 2012. 8. 7., 2018. 3. 30., 2020. 1. 7.〉

[제목개정 2020. 1. 7.]

시행일 제20조 제2항 단서의 개정규정은 다음 각 호의 구분에 따른 날부터 시행한다.

1. 「노인복지법」 제34조 제1항에 따른 노인의료복지시설 및 같은 법 제38조 제1항 제2호 · 제3호의 서비스를 제공하는 노인장기요양기관(이하 "주 · 야간보호기관등"이라 한다)으로서 2018년 5월 30일 기준으로 정원이 20명을 초과하는 기관 : 2018년 5월 30일
2. 「노인복지법」 제38조 제1항 제1호 · 제4호 및 같은 법 시행규칙 제26조의 2 제2호의 서비스를 제공하는 노인장기요양기관(이하 "방문요양기관등"이라 한다)으로서 2017년 일일평균 이용자가 20명을 초과하거나, 2018년 1월 1일 이후 「노인장기요양보험법」 제31조 제1항에 따라 지정을 받고 같은 해 4월 30일까지 일일평균 이용자가 20명을 초과하는 기관 : 2018년 5월 30일
3. 주 · 야간보호기관등으로서 2018년 5월 30일 기준으로 정원이 20명 이하인 기관 : 2019년 5월 30일

4. 방문요양기관등으로서 2017년 일일평균 이용자가 20명 이하이거나, 2018년 1월 1일 이후 「노인장기요양보험법」 제31조 제1항에 따라 지정을 받고 같은 해 4월 30일까지 일일평균 이용자가 20명 이하인 기관 및 2018년 5월 1일 이후 「노인장기요양보험법」 제31조 제1항에 따라 지정을 받은 기관 : 2019년 5월 30일

제3장 회　계

제1절 총　칙

제21조【수입 및 지출사무의 관리】 ① 법인의 대표이사와 시설의 장은 법인과 시설의 수입 및 지출에 관한 사무를 관리한다.

② 법인의 대표이사와 시설의 장은 수입 및 지출원인행위에 관한 사무를 각각 소속직원에게 위임할 수 있다.

제22조【수입과 지출의 집행기관】 ① 법인과 시설에는 수입과 지출의 현금출납업무를 담당하게 하기 위하여 각각 수입원과 지출원을 둔다. 다만, 법인 또는 시설의 규모가 소규모인 경우에는 수입원과 지출원을 동일인으로 할 수 있다.

② 제1항의 수입원과 지출원은 각각 그 법인의 대표이사와 시설의 장이 임면한다.

제23조【회계의 방법】 회계는 단식부기에 의한다. 다만, 법인회계와 수익사업회계에 있어서 복식부기의 필요가 있는 경우에는 복식부기에 의한다.

[전문개정 1993. 12. 27.]

제24조【장부의 종류】 ①법인 및 시설에는 다음의 회계장부를 둔다. 〈개정 1998. 1. 7.〉

1. 현금출납부
2. 총계정원장
3. 삭제 〈2012. 8. 7.〉
4. 재산대장
5. 비품관리대장

6. 삭제 〈2009. 2. 5.〉

7. 삭제 〈1998. 1. 7.〉

8. 삭제 〈1998. 1. 7.〉

9. 삭제 〈1998. 1. 7.〉

10. 삭제 〈1998. 1. 7.〉

11. 삭제 〈1998. 1. 7.〉

12. 삭제 〈1998. 1. 7.〉

② 노인장기요양기관의 장이 제10조에 따른 예산을 기한 내에 제출하지 않은 경우에는 제1항 제1호 및 제2호에 따른 회계장부(해당 회계연도 1월부터 6월까지의 회계장부를 말한다)를 해당 회계연도 8월 15일까지 시장 · 군수 · 구청장에게 정보시스템을 사용하여 제출해야 한다. 〈신설 2018. 3. 30., 2020. 1. 7.〉

③ 노인장기요양기관의 장이 제19조에 따른 결산보고서를 기한 내에 제출하지 않은 경우에는 제1항 제1호 및 제2호에 따른 회계장부(해당 회계연도의 다음 연도 1월부터 6월까지의 회계장부를 말한다)를 해당 회계연도의 다음 연도 8월 15일까지 시장 · 군수 · 구청장에게 정보시스템을 사용하여 제출해야 한다. 〈신설 2020. 1. 7.〉

④ 제1항 제1호부터 제5호까지의 규정에 따른 회계장부는 별지 제24호 서식, 별지 제24호의 2 서식, 별지 제25호 서식, 별지 제25호의 2 서식 및 별지 제26호 서식부터 별지 제28호 서식까지에 따른다. 〈개정 2009. 2. 5., 2018. 3. 30., 2020. 1. 7.〉

(시행일) 제24조 제2항의 개정규정은 다음 각 호의 구분에 따른 날부터 시행한다.

1. 「노인복지법」 제34조 제1항에 따른 노인의료복지시설 및 같은 법 제38조 제1항 제2호 · 제3호의 서비스를 제공하는 노인장기요양기관(이하 "주 · 야간보호기관등"이라 한다)으로서 2018년 5월 30일 기준으로 정원이 20명을 초과하는 기관 : 2018년 5월 30일
2. 「노인복지법」 제38조 제1항 제1호 · 제4호 및 같은 법 시행규칙 제26조의 2 제2호의 서비스를 제공하는 노인장기요양기관(이하 "방문요양기관등"이라 한다)으로서 2017년 일일평균 이용자가 20명을 초과하거나, 2018년 1월 1일 이후 「노인장기요양보험법」 제31조 제1항에 따라 지정을 받고 같은 해 4월 30일까지 일일평균 이용자가 20명을 초과하는 기관 : 2018년 5월 30일
3. 주 · 야간보호기관등으로서 2018년 5월 30일 기준으로 정원이 20명 이하인 기관 : 2019년 5월 30일

4. 방문요양기관등으로서 2017년 일일평균 이용자가 20명 이하이거나, 2018년 1월 1일 이후 「노인장기요양보험법」 제31조 제1항에 따라 지정을 받고 같은 해 4월 30일까지 일일평균 이용자가 20명 이하인 기관 및 2018년 5월 1일 이후 「노인장기요양보험법」 제31조 제1항에 따라 지정을 받은 기관 : 2019년 5월 30일

제2절 수 입

제25조 【수입금의 수납】 ① 모든 수입금의 수납은 이를 금융기관에 취급시키는 경우를 제외하고는 수입원이 아니면 수납하지 못한다.
② 수입원이 수납한 수입금은 그 다음날까지 금융기관에 예입하여야 한다. 〈개정 1998. 1. 7.〉
③ 제1항 및 제2항의 규정에 의한 수입금에 대한 금융기관의 거래통장은 제6조의 규정에 의한 회계별로 구분될 수 있도록 보관·관리하여야 한다. 〈신설 1998. 1. 7.〉

제26조 【과년도 수입과 반납금 여입】 ① 출납이 완결한 연도에 속하는 수입 기타 예산외의 수입은 모두 현년도의 세입에 편입하여야 한다.
② 지출된 세출의 반납금은 각각 지출한 세출의 당해과목에 다시 넣을 수 있다. 〈개정 2019. 9. 27.〉

제27조 【과오납의 반환】 과오납된 수입금은 수입한 세입에서 직접 반환한다.

제3절 지 출

제28조 【지출의 원칙】 ① 지출은 제21조의 규정에 의한 지출사무를 관리하는 자 및 그 위임을 받아 지출명령이 있는 것에 한하여 지출원이 행한다.
② 제1항의 지출명령은 예산의 범위안에서 하여야 한다.

제29조 【지출의 방법】 ① 지출은 상용의 경비 또는 소액의 경비지출을 제외하고는 예금통장에 의하거나 「전자문서 및 전자거래 기본법」 제2조 제5호에 따른 전자거래로 행하여야 한다. 다만, 시설에 지원되는 국가 또는 지방자치단체의 보조금 지출은 보조금 결제 전용

카드나 전용계좌를 이용하여야 한다. 〈개정 2009. 2. 5., 2012. 8. 7., 2012. 8. 31., 2015. 12. 24.〉

② 제1항에도 불구하고 지출원은 상용의 경비 또는 소액의 경비를 지출할 수 있으며, 이를 위하여 100만원 이하의 현금을 보관할 수 있다. 〈개정 2009. 2. 5., 2012. 8. 7.〉

③ 제1항 및 제2항에 따른 상용의 경비 또는 소액의 경비지출의 범위는 시 · 도지사가 정할 수 있다. 〈신설 2012. 8. 7.〉

제30조【지출의 특례】 ① 선금지급할 수 있는 경비의 범위는 다음과 같다. 〈개정 2009. 2. 5., 2019. 9. 27.〉

1. 외국에서 직접 구입하는 기계, 도서, 표본 또는 실험용재료의 대가
2. 정기간행물의 대가
3. 토지 또는 가옥의 임대료와 용선료
4. 운 임
5. 소속직원중 특별한 사정이 있는 자에 대하여 지급하는 급여의 일부
6. 관공서(「공공기관의 운영에 관한 법률」에 따른 공공기관 및 특별법에 의하여 설립된 특수법인을 포함한다)에 대하여 지급하는 경비
7. 외국에서 연구 또는 조사에 종사하는 자에 대하여 지급하는 경비
8. 보조금
9. 사례금
10. 계약금액이 1천만원이상인 공사나 제조 또는 물건의 매입을 하는 경우에 계약금액의 100분의 50을 초과하지 아니하는 금액

② 추산지급할 수 있는 경비의 범위는 다음과 같다. 〈개정 2009. 2. 5., 2019. 9. 27.〉

1. 여비 및 판공비
2. 관공서(「공공기관의 운영에 관한 법률」에 따른 공공기관 및 특별법에 의하여 설립된 특수법인을 포함한다)에 대하여 지급하는 경비
3. 보조금
4. 소송비용

제4절 계 약

제30조의 2【계약의 원칙】 계약에 관한 사항은 「지방자치단체를 당사자로 하는 계약에 관한 법률」, 같은 법 시행령 및 같은 법 시행규칙을 준용한다. 다만, 국가 · 지방자치단체 · 법인 외의 자가 설치 · 운영하는 시설의 경우에는 그러하지 아니하다. 〈개정 2012. 8. 7., 2015. 12. 24.〉
[전문개정 2009. 2. 5.]

제31조【계약담당자】 ① 계약에 관한 사무는 각각 그 법인의 대표이사와 시설의 장이 처리한다.
② 법인의 대표이사와 시설의 장은 계약체결에 관한 사무를 소속직원에게 위임할 수 있다.

제32조 삭제 〈2009. 2. 5.〉

제33조 삭제 〈2009. 2. 5.〉

제34조 삭제 〈2009. 2. 5.〉

제35조 삭제 〈2009. 2. 5.〉

제36조 삭제 〈2009. 2. 5.〉

제37조 삭제 〈2009. 2. 5.〉

제37조의 2 삭제 〈2009. 2. 5.〉

제4장 물　품

제38조【물품의 관리자와 출납원】 ① 법인의 대표이사와 시설의 장은 그 소관에 속하는 물품(현금 및 유가증권을 제외한 동산을 말한다. 이하 같다)을 관리한다. 〈개정 1998. 1. 7.〉

② 법인의 대표이사와 시설의 장은 그 소관에 속하는 물품관리에 관한 사무를 소속직원에게 위임할 수 있다.

③ 법인의 대표이사와 시설의 장(제2항의 규정에 의하여 위임을 받은 자를 포함한다. 이하 "물품관리자"라 한다)은 물품의 출납보관을 위하여 소속직원중에서 물품출납원을 지정하여야 한다.

제39조【물품의 관리의무】 물품관리자 및 물품출납원은 선량한 관리자의 주의로써 사무에 종사하여야 한다.

제40조【물품의 관리】 ① 물품관리자는 물품을 출납하게 하고자 할 때에는 물품출납원에게 출납하여야 할 물품의 분류를 명백히 하여 그 출납을 명령하여야 한다.

② 물품출납원은 제1항의 규정에 의한 명령이 없이는 물품을 출납할 수 없다.

제40조의 2【재물조사】 법인의 대표이사와 시설의 장은 연 1회 그 관리에 속하는 물품에 대하여 정기적으로 재물조사를 실시하여야 하며, 필요하다고 인정하는 때에는 정기재물조사외에 수시로 재물조사를 할 수 있다.

[본조신설 1998. 1. 7.]

제41조【불용품의 처리】 ① 법인과 시설의 물품관리자는 물품중 그 사용이 불가능하거나 수리하여 다시 사용할 수 없게 된 물품이 있을 때에는 그 물품에 대하여 불용의 결정을 하여야 한다.

② 제1항의 규정에 의한 불용품을 매각한 경우 그 대금은 당해법인 또는 시설의 세입예산에 편입시켜야 한다.

제4장의 2 후원금의 관리 〈신설 1998. 1. 7.〉

제41조의 2【후원금의 범위등】① 법인의 대표이사와 시설의 장은 「사회복지사업법」 제45조에 따른 후원금의 수입 · 지출 내용과 관리에 명확성이 확보되도록 하여야 한다. 시설거주자가 받은 개인결연후원금을 당해인이 정신질환 기타 이에 준하는 사유로 관리능력이 없어 시설의 장이 이를 관리하게 되는 경우에도 또한 같다. 〈개정 1999. 3. 11., 2012. 8. 7.〉

② 삭제 〈1999. 3. 11.〉

[본조신설 1998. 1. 7.]

제41조의 3 삭제 〈1999. 3. 11.〉

제41조의 4【후원금의 영수증 발급 등】① 법인의 대표이사와 시설의 장은 후원금을 받은 때에는 「소득세법 시행규칙」 제101조 제20호의 2에 따른 기부금영수증 서식 또는 「법인세법 시행규칙」 제82조 제7항 제3호의 3에 따른 기부금영수증 서식에 따라 후원금 영수증을 발급하여야 하며, 영수증 발급목록을 별도의 장부로 작성 · 비치하여야 한다. 〈개정 2009. 2. 5., 2012. 8. 7.〉

② 법인의 대표이사와 시설의 장은 금융기관 또는 체신관서의 계좌입금을 통하여 후원금을 받은 때에는 법인명의의 후원금전용계좌나 시설의 명칭이 부기된 시설장 명의의 계좌(이하 "후원금전용계좌등"이라 한다)를 사용하여야 한다. 이 경우 후원자가 영수증 발급을 원하는 경우를 제외하고는 제1항에 따른 영수증의 발급을 생략할 수 있다. 〈개정 2009. 2. 5.〉

③ 법인의 대표이사 및 시설의 장은 후원금을 받을 때에는 각각의 법인 및 시설별로 후원금전용계좌등을 구분하여 사용하여야 하며, 미리 후원자에게 후원금전용계좌등의 구분에 관한 사항을 안내하여야 한다. 〈신설 2012. 8. 7.〉

④ 모든 후원금의 수입 및 지출은 후원금전용계좌등을 통하여 처리하여야 한다. 다만, 물품 형태의 후원금은 그러하지 아니하다. 〈신설 2012. 8. 7.〉

[전문개정 2005. 7. 15.]

[제목개정 2009. 2. 5.]

제41조의 5【후원금의 수입 및 사용내용통보】 법인의 대표이사와 시설의 장은 연 1회이상 해당 후원금의 수입 및 사용내용을 후원금을 낸 법인 · 단체 또는 개인에게 통보하여야 한다. 이 경우 법인이 발행하는 정기간행물 또는 홍보지등을 이용하여 일괄 통보할 수 있다.
[본조신설 1998. 1. 7.]

제41조의 6【후원금의 수입 · 사용결과 보고 및 공개】 ① 법인의 대표이사와 시설의 장은 제19조 및 제20조에 따른 결산보고서를 제출할 때에 별지 제19호 서식에 따른 후원금수입 및 사용결과보고서(전산파일을 포함한다)를 관할 시장 · 군수 · 구청장에게 제출(「사회복지사업법」 제6조의 2 제2항에 따른 정보시스템을 활용한 제출을 포함한다)하여야 한다.
〈개정 2005. 7. 15., 2009. 2. 5., 2012. 8. 7., 2015. 12. 24.〉
② 시장 · 군수 · 구청장은 제1항에 따라 제출받은 후원금수입 및 사용결과보고서를 제출받은 날부터 20일 이내에 인터넷 등을 통하여 3개월 동안 공개하여야 하며, 법인의 대표이사 및 시설의 장은 해당 법인 및 시설의 게시판과 인터넷 홈페이지에 같은 기간 동안 공개하여야 한다. 다만, 후원자의 성명(법인 등의 경우는 그 명칭)은 공개하지 아니한다.
〈신설 2005. 7. 15., 2009. 2. 5., 2012. 8. 7., 2015. 12. 24.〉
③ 제2항에 따른 공개는 「사회복지사업법」 제6조의 2 제2항에 따른 정보시스템에 게시하는 것으로 갈음할 수 있다. 〈신설 2015. 12. 24.〉
[본조신설 1998. 1. 7.]
[제목개정 2005. 7. 15.]

제41조의 7【후원금의 용도외 사용금지】 ① 법인의 대표이사와 시설의 장은 후원금을 후원자가 지정한 사용용도외의 용도로 사용하지 못한다.
② 보건복지부장관은 후원자가 사용용도를 지정하지 아니한 후원금에 대하여 그 사용기준을 정할 수 있다. 〈신설 2012. 8. 7.〉
③ 후원금의 수입 및 지출은 제10조의 규정에 의한 예산의 편성 및 확정절차에 따라 세입 · 세출예산에 편성하여 사용하여야 한다. 〈개정 2012. 8. 7.〉
[본조신설 1998. 1. 7.]

제5장 감 사

제42조【감사】 ① 법인의 감사는 당해법인과 시설에 대하여 매년 1회이상 감사를 실시하여야 한다.

② 법인의 대표이사는 시설의 장과 수입원 및 지출원이 사망하거나 경질된 때에는 그 관장에 속하는 수입, 지출, 재산, 물품 및 현금등의 관리상황을 감사로 하여금 감사하게 하여야 한다.

③ 제2항에 따른 감사를 실시할 때에는 전임자가 참관해야 하며, 전임자가 참관할 수 없으면 관계 직원 중에서 전임자의 전임자나 법인의 대표이사가 지정한 사람이 참관해야 한다. 〈개정 2019. 9. 27.〉

④ 감사는 제1항 내지 제3항의 규정에 의하여 감사를 한 때는 감사보고서를 작성하여 당해법인의 이사회에 보고하여야 하며, 재산상황 또는 업무집행에 관하여 부정 또는 불비한 점이 발견된 때에는 시장 · 군수 · 구청장에게 보고하여야 한다.

⑤ 제4항의 감사보고서에는 감사가 서명 또는 날인하여야 한다. 〈개정 1998. 1. 7.〉

제42조의 2【회계감사】 ① 시 · 도지사 또는 시장 · 군수 · 구청장은 법인 및 시설이 다음 각 호의 어느 하나에 해당하는 경우 회계감사를 실시할 수 있다.

1. 「사회복지사업법」 제40조 제1항 제4호에 따른 회계부정이나 불법행위 또는 그 밖의 부당행위 등이 발견된 경우
2. 「사회복지사업법」 제42조 제3항 제1호에 따라 거짓이나 그 밖의 부정한 방법으로 보조금을 받은 경우
3. 「사회복지사업법」 제42조 제3항 제2호에 따라 사업 목적 외의 용도에 보조금을 사용한 경우
4. 「사회복지사업법」 또는 「사회복지사업법」에 따른 명령을 위반한 경우
5. 제42조 제4항에 따라 감사가 시장 · 군수 · 구청장에게 보고한 경우

② 제1항에서 규정한 사항 외에 공인회계사 또는 감사인의 추천 등 회계감사의 실시와 관련하여 필요한 사항은 해당 지방자치단체의 조례로 정한다.

[본조신설 2019. 6. 12.]

제6장 보 칙

제43조【사무의 인계 · 인수】 ① 회계사무를 담당하는 직원이 교체된 때에는 당해사무의 인계 · 인수는 발령일로부터 5일이내에 행하여져야 한다. 〈개정 2012. 8. 7.〉

② 인계자는 인계할 장부와 증빙서류등의 목록을 각각 3부씩 작성하여 인계 · 인수자가 각각 서명 또는 날인한 후 각각 1부씩 보관하고, 1부는 이를 예금잔고증명과 함께 인계 · 인수보고서에 첨부하여 법인의 대표이사 및 시설의 장에게 제출하여야 한다. 이 경우 법인이 설치 · 운영하는 시설에 있어서는 시설의 장을 거쳐 제출하여야 한다. 〈개정 2012. 8. 7., 2015. 12. 24.〉

제44조【시행세칙】 이 규칙의 시행을 위하여 필요한 세부사항은 보건복지부장관이 정한다. 〈개정 1998. 1. 7., 2008. 3. 3., 2010. 3. 19.〉

제45조 삭제 〈2018. 12. 28.〉

부 칙 〈제831호, 2021. 9. 30.〉

이 규칙은 공포한 날부터 시행한다.

Chapter 2 유형별 세무

Ⅰ. 사학기관 세무

01 개 요

학교란 교육의 목적을 가지고 교과과정, 설비, 제도 및 법규에 의하여 계속적으로 학생에게 교육을 실시하는 기관을 말한다.

설립근거법에 따라 유치원, 초등학교 등, 대학 등으로 나뉘고, 학교를 설립하는 주체에 따라 국립학교, 공립학교, 사립학교로 나눌 수 있다.

사학기관이 사업을 수행하면서 발생하는 소득 중 수익사업에서 발생한 소득이 있다면 법인세 납세의무가 발생하고, 부가가치세가 과세되는 재화 · 용역을 공급할 경우 부가가치세 과세문제가 발생하며, 출연받은 재산을 목적사업에 사용하지 않을 경우 증여세 및 가산세가 추징된다.

이하 본 PART에서는 사학기관에 관련된 「부가가치세법」, 「법인세법」, 「상속세 및 증여세법」 규정에 대해 설명하고자 한다.

02 사학기관의 법인세 납세의무

1 법인세 과세대상 수익사업

비영리법인도 수익사업을 영위하는 경우 법인세를 신고 · 납부해야 한다. 비영리법인의 수익사업에서 발생한 소득에 대해 과세를 하지 않으면 영리법인과 비영리법인 간의 과세 형평에 어긋나기 때문이다.

법인세 과세대상인 수익사업이란 「법인세법」 제4조 제3항에 열거한 소득을 말하고, 구체적인 내용과 범위는 본서 p.102를 참조하기 바란다.

사학기관의 「법인세법」상 납세의무는 국내외 원천소득 중 수익사업에서 발생한 소득과 토지 등 양도소득에 국한된다.

그러나 국가가 장려하는 정책적인 목적이 있는 농업, 교육서비스업, 사회복지사업 등 특수한 경우의 사업은 법인세 과세대상에서 제외하는 사업소득으로 구분하고 있다(법인령 §3 ①).

관련법령 법인세 과세대상 사업소득에서 제외하는 소득(법인령 §3 ① 3호)

3. 다음 각 목의 어느 하나에 해당하는 교육시설에서 해당 법률에 따른 교육과정에 따라 제공하는 교육서비스업
   가. 「유아교육법」에 따른 유치원
   나. 「초 · 중등교육법」 및 「고등교육법」에 따른 학교
   다. 「경제자유구역 및 제주국제자유도시의 외국교육기관 설립 · 운영에 관한 특별법」에 따라 설립된 외국교육기관(정관 등에 따라 잉여금을 국외 본교로 송금할 수 있거나 실제로 송금하는 경우는 제외한다)
   라. 「제주특별자치도 설치 및 국제자유도시 조성을 위한 특별법」에 따라 설립된 비영리법인이 운영하는 국제학교
   마. 「평생교육법」 제31조 제4항에 따른 전공대학 형태의 평생교육시설 및 같은 법 제33조 제3항에 따른 원격대학 형태의 평생교육시설

▶ 「법인세법」상 수익사업의 유형[10] ◀

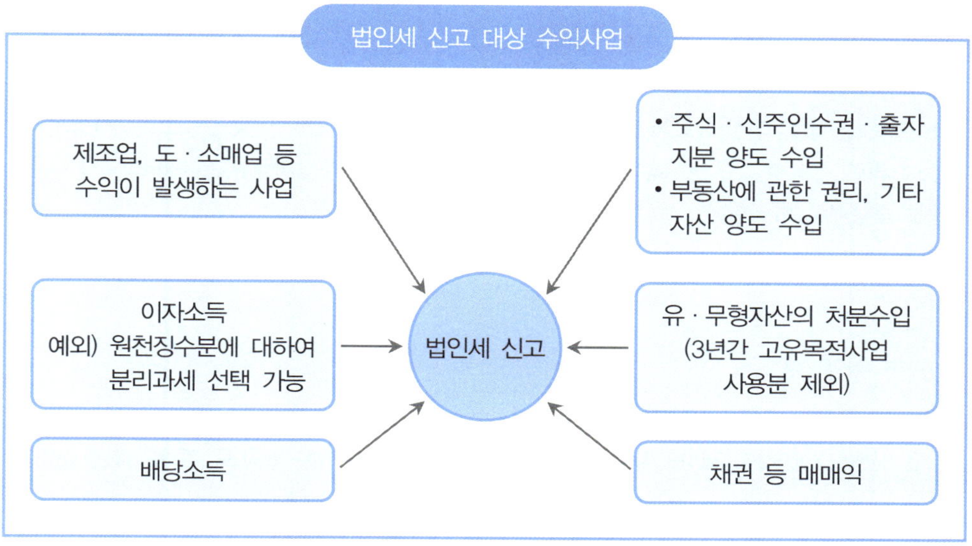

위 「법인세법 시행령」에서 열거한 기관에서 제공하는 교육서비스업은 수익사업 중 사업소득에서 제외된다.

따라서 사학기관이 제공하는 교육용역을 제공하고 받는 등록금, 수강료 등은 법인세 납세의무가 없지만, 교비회계의 이자수익, 배당소득, 부동산임대수익 등은 법인세 납세의무가 발생한다. 그러나 사립학교의 경우 수익사업에서 발생한 소득에 대해 100% 고유목적사업준비금을 손금에 산입할 수 있고 5년 내에 목적사업에 사용하면 그에 따라 법인세가 면제됨으로서 비영리목적사업을 지원하고 있다.

과세제외 비수익사업	과세대상 수익사업
사학기관 고유목적인 교육용역을 제공하고 수납하는 등록금, 수강료수입 등	• 학교법인의 임야에서 발생한 수입과 임업수입 • 학교부설연구소의 원가계산 등의 용역수입 • 학교에서 전문의를 고용하여 운영하는 의료수입 • 「평생교육법」에 의한 학교부설 평생교육기관인 전산정보교육원 등의 운영관련 교육서비스업

10) 공익법인 세무안내, 국세청, 2025, 47쪽

관련법령 **교육서비스업의 범위**(법인통칙 4-3…6)

영 제3조 제1항 제3호에서 「유아교육법」에 따른 유치원, 「초 · 중등교육법」 및 「고등교육법」에 따른 학교와 「평생교육법」에 따른 원격대학형태의 평생교육시설이 제공하는 교육서비스업이란 같은 법에 의한 교육과정에 따라 실시하는 교육서비스업을 말하는 것으로 「평생교육법」에 의한 학교부설 평생교육기관인 전산정보교육원 등의 운영과 관련된 교육서비스업은 이에 해당되지 아니한다.

관련 예규 · 판례

1 내국법인의 사업부 중 하나가 『고등교육법』에 따른 학교'라 하더라도 해당 내국법인은 「법인세법 시행령」 제39조 제1항 제1호 다목의 『고등교육법』에 따른 학교'로 볼 수 없는 것임

(사전 - 2021 - 법령해석법인 - 0743, 2021.6.11.)

1. 사실관계
   ▶ A법인은 연구소, 부속병원, ○○사업본부, ○○○대학교 등 4개의 사업부로 이루어진 법인이며,
   - 사업부 중 ○○○대학교는 「고등교육법」에 따라 설립된 학교로서, 「법인세법 시행령」 제39조 제1항 제1호 다목에 따라 지정기부금 단체 요건을 충족하나
   - A법인은 지정기부금단체 요건을 충족하지 못하며,
   - 4개의 사업부 외에 별도의 행정지원 부서가 있고, 행정지원 부서들은 4개 사업부의 회계, 인사, 예산 등의 행정 지원업무를 수행하고 있음

2. 질의내용
   내국법인이 4개의 사업부로 조직되어 있고, 그 중 하나의 사업부가 「고등교육법」에 따른 학교인 경우 해당 내국법인을 지정기부금 단체로 볼 수 있는지 여부

3. 답변내용
   내국법인이 4개의 사업부로 조직되어 있고, 그 중 하나의 사업부가 『고등교육법』에 따른 학교'라 하더라도 해당 내국법인은 「법인세법 시행령」 제39조 제1항 제1호 다목의 『고등교육법』에 따른 학교'로 볼 수 없는 것임

2 비영리법인의 기숙사 임대료 등 수익사업 해당 여부

(서면 - 2017 - 법인 - 1776 [법인세과 - 2832], 2017.10.23.)

비영리내국법인이 기숙사를 운영하면서 이용자로부터 징수하는 사생비 및 식비, 카페 임대료 등 수입이 발생하는 것은 수익사업에 해당함

3 학교법인이 임대업에 사용하던 부동산 처분 시 법인세 과세 여부

(사전 - 2016 - 법령해석법인 - 0292, 2016.8.16.)

학교법인이 임대사업에 사용하던 부동산의 양도로 인하여 발생하는 수입은 법인세가 과세되는 것임. 다만, 동 부동산 양도소득에 대해서는 소득금액의 전액을 고유목적사업준비금으로 손금에 산입할 수 있으며, 손금으로 계상한 고유목적사업준비금은 5년 이내에 고유목적사업에 사용하여야 하는 것임

4 학교법인이 기본재산을 처분할 경우 법인세 과세 여부(법인세과 - 709, 2010.7.27.)

「사립학교법」에 의한 학교법인이 기본재산인 토지를 같은 법 제28조에 따라 관할 교육청의 허가를 받아 처분함에 따라 생기는 수입의 수익사업 해당 여부는 당해 토지의 지목에 관계없이 「법인세법 시행령」 제2조 제2항에 의하여 처분일 현재 3년 이상 계속하여 법령 또는 정관에 규정된 고유목적사업(수익사업 제외)에 직접 사용한 것인지에 따라 수익사업 여부를 판단하는 것임

5 학교법인이 임대사업과 관련하여 받는 금액이 수익사업 소득에 해당하는지 여부

(법인 46012 - 2229, 2000.11.7.)

「사립학교법」에 의한 학교법인이 임대사업과 관련하여 받는 금액은 징수명목에 불구하고 수익사업에서 생기는 소득에 포함하는 것임

2 구분경리

사학기관이 수익사업을 영위하는 경우 자산 · 부채 및 손익을 그 수익사업에 속하는 것과 수익사업이 아닌 그 밖의 사업(이하 "기타의 사업")에 속하는 것을 각각 다른 회계로 구분하여 기록하여야 한다.

여기서 「법인세법」의 구분경리와 사학기관 재무회계 규칙 등 회계기준에 따른 구분경리를 혼동해서는 안 된다. 「법인세법」에서 구분경리는 「법인세법」상 수익사업에 해당하는 사업이 있을 경우 구분경리를 통하여 법인세 과세대상 소득을 명확히 하여 법인세의 신고 및 납부가 이루어지도록 하기 위한 것이다.

실무적으로 복잡한 부분이 있지만 이해를 돕기 위해 학교법인 회계를 사례로 살펴보면 학교회계(목적사업 부문)에서 발생하는 임대수입은 「사학기관 재무 · 회계 규칙」에 따라 목

적사업부문에 계상되지만, 「법인세법」상 수익사업에 해당하므로 법인세 신고를 위해 구분경리를 할 경우 수익사업에 포함하여야 한다.

관련 예규 · 판례

1 비영리법인이 수익사업을 영위하는 경우 구분경리 방법

(서면 - 2018 - 법인 - 0661 [법인세과 - 1186], 2018.5.17.)

비영리법인이 수익사업을 영위하는 경우에는 복식부기 방식으로 장부를 기장하여야 하며, 수익사업에 속하는 것과 수익사업이 아닌 그 밖의 사업에 속하는 것을 구분경리하여야 하는 것임

2 비영리법인의 기숙사 임대료 등 수익사업 해당 여부

(서면 - 2017 - 법인 - 1776 [법인세과 - 2832], 2017.10.23.)

비영리내국법인이 기숙사를 운영하면서 이용자로부터 징수하는 사생비 및 식비, 카페 임대료 등 수입이 발생하는 것은 수익사업에 해당함

3 시민사회단체 부설 평생교육시설 운영사업의 수익사업 여부

(서면 - 2017 - 법인 - 1032 [법인세과 - 2489], 2017.9.14.)

「평생교육법」 제36조에 의해 설치된 시민사회단체 부설 평생교육시설이 제공하는 교육용역은 수익사업에서 제외되는 교육서비스업의 범위에 해당되지 아니하는 것임

3 고유목적사업준비금

고유목적사업준비금이란 비영리법인에서 사용하는 계정과목으로 법인의 수익사업에서 발생한 소득에 '고유목적사업준비금전입액'을 비용으로 계상하여 추후 고유목적사업에 사용하기 위해 설정한 지급준비금이다.

「법인세법」 제29조에서도 비영리법인이 수익사업에서 생긴 소득을 고유목적사업이나 지정기부금에 지출하기 위하여 고유목적사업준비금을 설정한 경우에는 법률이 정한 한도 내에서 손금산입할 수 있다고 명시하고 있다.

비영리법인이 과세대상 수익사업을 하면 일반 법인과 동일한 납세의무를 지게 된다. 보통 비영리법인이 고유목적사업을 원활하게 운영하기 위해 수익사업을 통해 자금을 마련하게 되는데, 비영리법인에게 영리법인과 동일하게 과세하면 공익사업 수행에 제약이 발

생하게 된다.

이에 비영리법인의 고유목적사업을 원활히 수행하게 하기 위해 고유목적사업준비금을 통해 법인세 과세를 면제하는 데 그 의의가 있다.

고유목적사업준비금에 관련한 구체적인 내용은 본서 p.134를 참조하기 바란다.

비영리법인의 수익사업소득의 종류에 따라 50~100% 범위 내에서 고유목적사업준비금으로 손금계상할 수 있다.

100% 손금산입한도	80% 손금산입한도	50% 손금산입한도
• 이자소득 및 배당소득 등 • 특별법에 의한 비영리내국법인의 복지사업 융자금 이자소득 • 학교법인, 사회복지법인, 국립대학교병원 등의 수입사업소득	고유목적사업 지출액 중 50% 이상을 장학금으로 지출하는 법인	그 밖의 수익사업 소득

사립학교는 특례비율을 적용하여 수익사업소득의 100%를 고유목적사업준비금을 설정할 수 있어 법인세 부담은 면제된다(조특법 §74).

▶ 사립대학 고유목적사업준비금 관련 세법규정[11] ◀

구 분	규 정	내 용
설 정	「법인세법」 제29조 제1항	비영리법인이 그 고유목적사업 또는 지정기부금에 지출하기 위해 고유목적사업준비금을 결산서상 비용으로 계상한 경우에 손금에 산입한다.
	「법인세법」 제29조 제2항	외부감사를 받는 경우 고유목적사업준비금에 대해 잉여금처분에 의한 신고조정을 할 수 있다.
사 용	「법인세법」 제29조 제3항	고유목적사업준비금을 초과하여 고유목적사업 등에 지출한 금액은 이를 당해 연도에 계상할 고유목적사업준비금에서 지출한 것으로 본다.

11) 사학기관 재무 회계규칙에 대한 특례규칙 해설서, 한국사학진흥재단, 2023, 428쪽

구 분	규 정	내 용
사 용	법인 46012-2758, 서이 46012-10111 외	비영리내국법인이 고유목적사업준비금을 손금으로 계상하지 아니하고 수익사업에서 생긴 소득을 당해 법인의 고유목적사업 등에 직접 지출한 경우에 그 금액은 고유목적사업준비금을 계상하여 지출한 것으로 본다.
	「법인세법 시행규칙」 제76조 제4항, 법인 46012-4050, 서면2팀-341	「사립학교법」에 의한 학교법인이 수익사업회계에 속하는 자산을 비영리사업회계에 전출한 경우에는 이를 비영리사업에 지출한 것으로 본다.
사후관리	「법인세법」 제29조 제4항~제7항	고유목적사업준비금의 잔액이 있는 경우 다음 각 호의 사유에 해당하는 경우 그 잔액은 당해사유가 발생한 연도에 익금에 산입한다. 1. 해산 2. 고유목적사업 폐지 3. 법인 승인취소 4. 고유목적사업준비금을 5년 내 사용하지 않은 때 5. 고유목적사업준비금을 5년 경과 전에 환입계상한 경우 5년 내에 사용하지 않거나 5년이 되기 전에 환입한 경우 이자상당액을 법인세에 가산하여 납부함

「법인세법 시행령」을 보면 학교 등에 지출하는 기부금이 법정기부금(법인법 §24 ② 1호 라목)과 지정기부금(법인령 §39 ① 1호 다목)에 모두 명시되어 있는데 그 차이는 무엇일까?

법정기부금 단체는 법률로 정하고 있으며, 기부금 지출 용도가 정해져 있다.

예를 들어 「사립학교법」에 따른 사립학교에 시설비 · 교육비 · 장학금 또는 연구비로 지출하는 기부금은 법정기부금이지만, 그 외의 목적(기부금 사용용도를 학교에 일임하는 등 제한이 없는 경우)으로 지출하는 기부금은 공익법인 등의 고유목적사업비로 지출하는 것으로 보아 지정기부금에 해당하는 것이다.

4 수익용 기본재산 대체 취득 관련 과세이연

학교법인이 수익용 기본재산을 양도하고 양도일로부터 1년 이내에 다른 수익용 기본재산을 취득하는 경우 양도차익에 일정 비율을 곱하여 계산한 금액을 해당 사업연도의 소득금액에 계산할 때 익금에 산입하지 않고, 양도일이 속하는 사업연도 종료일 이후 3년이 되는 날이 속하는 사업연도부터 3개의 사업연도기간 동안 균분한 금액을 익금에 산입한다 (조특법 §104의 16).

사례 계산사례[12)]

20×3년 12월 학교법인의 수익용 기본재산인 건물을 100억원(장부가액 : 10억원)에 양도하고 다른 상가건물을 80억원에 대체 취득함. 단, 이월결손금은 없음

해설

수익용 기본재산을 대체 취득하는 경우 고정자산 양도차익에 대하여 3년 거치 3년 균등분할 익금산입함

① 양도차익 : 양도가액 100억원－장부가액 10억원＝양도차익 90억원

② 과세이연대상 양도차익 : 양도차익 90억원× $\frac{\text{대체취득자산 80억원}}{\text{양도가액 100억원}}$ ＝72억원

③ 당해 익금산입액 : 양도차익 90억원－과세이연대상 양도차익 72억원＝18억원

④ 연도별 익금산입 대상액

사업연도	20×3년	20×4년	20×5년	20×6년	20×7년	20×8년
익금	18억원	－	－	24억원	24억원	24억원
비고	3년 거치			3년 균등분할익금		
고목준비금	5년 사용	－	－	5년 사용	5년 사용	5년 사용

5 학교법인 출연금에 대한 손금산입 특례

「고등교육법」에 따른 학교법인이 발행주식총수의 100분의 50 이상을 출자하여 설립한 법인이 해당 법인에 출자한 학교법인에 출연하는 금액(“학교법인 출연금”이라 한다)은 다음의 금액을 한도로 손금에 산입한다(조특법 §104의 16).

PART 6 유형별 기준과 회계 세무

12) 사학기관 재무 회계규칙에 대한 특례규칙 해설서, 한국사학진흥재단, 2023, 435쪽

손금산입 한도액＝A－B

A＝해당 사업연도의 소득금액(「법인세법」 제24조에 따른 기부금을 손금에 산입하기 전의 소득금액을 말한다)
B＝「법인세법」 제13조 제1항 제1호에 따른 결손금의 합계액 및 같은 법 제24조에 따른 기부금(학교법인 출연금은 제외한다)의 합계액

관련 예규 · 판례

1 비영리내국법인의 지점(수익사업)에서 본점(비수익사업)에 지급하는 현금의 세무처리 방법
(서면 - 2016 - 법령해석법인 - 4643 [법령해석과 - 4058], 2016.12.14.)

수익사업을 영위하는 비영리법인 지점이 수익의 일부를 고유목적사업을 영위하는 비영리법인 본점에 전출하는 경우에는 고유목적사업준비금을 고유목적사업에 사용한 것으로 볼 수 없는 것임

2 토지매매계약 해지환급금에 대한 대손금의 손금귀속시기
(서면 - 2014 - 법령해석법인 - 20573, 2015.2.1.)

「사립학교법」에 따른 학교법인이 타인소유의 토지를 교문, 경비실 등 학교 운영에 무단으로 사용하던 중에 토지소유주로부터 부당이득금반환청구소송이 제기되어 법원 판결에 의해 확정된 부당이득반환금을 고유목적사업준비금으로 지급하는 경우, 해당 부당이득반환금 중 정상적인 임대료 상당액은 「법인세법 시행령」 제56조 제5항 및 6항에 따라 고유목적사업에 지출 또는 사용한 금액으로 보는 것임

3 대학에 장학금으로 지출한 기부금의 세무처리(법인세과 - 138, 2009.1.12.)

국립대학 및 사립학교에 지출한 기부금은 고유목적사업준비금에서 상계처리하지 않는 것임

4 고유목적사업준비금의 사용 여부(서면인터넷방문상담2팀 - 1469, 2005.9.12.)

비영리내국법인이 수익사업의 회계에 속하는 차입금을 상환하는 금액은 고유목적사업에 지출 또는 사용한 것으로 보니 아니하는 것임

5 학교법인의 고유목적사업준비금 사용 여부(서면인터넷방문상담2팀 - 2072, 2004.10.11.)

학교법인이 기존병원의 매각과 관련하여 지급받은 선수금을 신축병원의 건축비로 지출한 금액은 고유목적사업준비금 사용에 해당하며 의료발전회계로 구분하여 경리하여야 하는 것임

6 수익사업회계의 차입금을 상환하는 것은 고유목적사업에 사용한 것이 아님

(법인 46012 - 372, 2000.2.9.)

고유목적사업준비금의 손금산입 규정 적용 시 수익사업의 회계에 속하는 차입금을 상환하는 금액은 고유목적사업에 지출 또는 사용한 것으로 보지 아니함

7 비영리내국법인의 손금산입한 고유목적사업준비금의 사용(법인 46012 - 4273, 1999.12.11.)

고유목적사업준비금을 손금에 산입한 비영리내국법인이 당해 법인과 별개인 「사립학교법」 규정에 의하여 설립된 사립학교에 시설비 · 교육비 또는 연구비로 지출한 기부금은 고유목적사업준비금을 사용한 것으로 보는 것임.

8 전액출자한 학교법인에 지출한 출연금의 손금산입 한도액 계산방법

(조특, 법인세과 - 3037, 2008.10.23.)

조세특례제한법 제104조의 16 제4항 제1호에서 규정하는 "법인세법 제24조에 따른 기부금"이란 법인세법 제24조 제1항의 지정기부금과 같은 조 제2항의 법정기부금을 의미하는 것이며, 같은 항 제2호에서 규정한 "같은 법 제24조에 따른 기부금과 제73조에 따른 기부금의 합계액"은 관련 법령에 의한 한도초과 여부에 불구하고 당해 법인이 지출한 지정기부금과 법정기부금 및 특례기부금 해당금액의 합계액을 의미하는 것임

9 대학 재정 건전화를 위한 과세특례 적용 여부

(조특, 서면 - 2019 - 법령해석법인 - 0344 [법령해석과-3761], 2020.11.19.)

「고등교육법」에 따른 학교법인이 100% 출자하여 설립한 A법인이 다시 100% 출자하여 B법인을 설립한 후 해당 학교법인이 A법인으로부터 B법인의 주식을 전부 인수하여 B법인이 학교법인의 완전자법인이 되는 경우, B법인이 해당 학교법인에 출연하는 금액에 대하여는 「조세특례제한법」 제104조의 16 제4항에 따른 과세특례를 적용할 수 없는 것임

03 원천징수와 소득세

1 교원에 대한 보수

학교에서 지급하는 보수는 교원에 대한 보수와 직원에 대한 보수로 구분할 수 있다. 당해 사학기관에 종속되어 상시 근로하는 교직원에 대한 보수는 근로소득이고, 「소득세

법」에 따라 원천징수하면 된다.

그러나 고용관계없이 독립된 자격으로 계속적 · 반복적으로 강의를 하고 지급하는 강사료 등은 사업소득에 해당하고, 고용관계없이 일시적으로 강의를 하고 지급하는 강사료 등은 기타소득에 해당한다. 이때 일시적인지 계속적 · 반복적인지 여부는 사업자등록의 유무와 관계없이 규모 · 횟수 등의 실질적인 내용에 따라 사실판단하는 것이다(서면인터넷방문상담1팀 - 1099, 2006.8.8.).

시간제 강사에게 강사료를 지급할 때 동일한 학교에서 3개월 이상 계속하여 강사료를 지급받는 경우에는 근로소득으로 보는 것에 유의해야 한다.

시간강사의 강의기간	소득의 구분
3개월 이상 계속하여 강의	근로소득
3개월 이내	사업소득 또는 기타소득

관련법령 시간강사료의 소득구분(소득통칙 20-0…2)

학교 등과의 근로계약에 의하여 정기적으로 일정한 과목을 담당하고 강의를 한 시간 또는 날에 따라 강사료를 지급받는 경우에는 동일한 학교에서 3개월 이상 계속하여 강사료를 지급받는 경우에 한하여 법 제20조에 규정하는 일반급여자의 근로소득으로 본다.

시간제 강사에게 강사료를 지급하면서 사업소득으로 구분될 경우 3.3%(지방소득세 포함), 기타소득금액의 20%를 원천징수하면 된다.

구 분	원천징수세율
사업소득	3.3%(사업소득세 3%, 지방소득세 3.3%)
기타소득	기타소득금액 = 기타소득 - 필요경비(60%) 만약, 외부강사를 초청하여 강사료 100,000원을 지급할 때 기타소득으로 원천징수한다고 하면 필요경비 60%로 하여 기타소득금액을 계산하면 아래와 같다. • 기타소득금액 = 100,000원 - 60,000원 = 40,000원

구 분	원천징수세율
	• 기타소득세＝기타소득금액×20% ＝40,000원×20% ＝8,000원 기타소득세의 10%를 지방소득세로 원천징수해야 하므로 • 지방소득세 : 8,000원×10%＝800원 간단하게 계산하면 지급한 수당의 8.8%를 원천징수하면 된다. • 원천징수세액＝100,000원×8.8% ＝8,800원(기타소득세 8,000원, 지방소득세 800원)

2 연구비 등의 소득구분

대학교에서는 교수 등이 지급받는 연구비에 대해 어떤 소득으로 구분해야 하는가에 대한 문제가 발생한다. 소득 구분을 정확하게 해야 올바르게 원천징수할 수 있으므로 연구비 소득에 대한 성격을 명확하게 구분해야 하겠다.

관련법령 연구개발업 적용례(소득통칙 19-33…1)

① 교수 · 기타 전문지식인 등(이하 "교수 등"이라 한다)이 독립된 자격으로 자기책임하에 학술연구용역 및 기술연구용역(계약 등에 의하여 그 대가를 받고 연구개발용역을 제공하는 사업을 제외한다)을 제공하고 지급받는 연구비에 대하여는「소득세법 시행령」제33조(연구개발업의 범위)의 규정에 의하여 소득세가 과세되지 않는다.

② 교수 등이 독립된 자격으로 자기의 책임하에 연구용역을 제공하지 아니하고 타인의 연구사업 수행을 보조하고 월정액의 급여 또는 수당을 받는 경우에는「소득세법 시행령」제33조(연구개발업의 범위)에 규정하는 연구개발업에 해당하지 아니한다.

연구과제의 관리 주체와 소득 귀속자에 따라 아래와 같이 소득을 구분할 수 있다.

구 분[13)]		연구자금의 원천	
		교내	외부
연구과제 관리주체	대학교 중앙관리	CASE Ⅰ	CASE Ⅱ
	교수 등 개별관리	CASE Ⅲ	CASE Ⅳ

연구비로 지급되는 것은 인건비와 경비(연구경비, 대학교에 귀속되는 간접경비 등)로 구분할 수 있다.

연구비구성	소득귀속처		소 득 구 분			
			CASE Ⅰ	CASE Ⅱ	CASE Ⅲ	CASE Ⅳ
인건비	교내(고용관계)	교수 등*1	근로소득	기타소득	근로소득	사업소득
		연구원*2	근로소득	근로소득	근로소득	근로소득
	교외	타대학교 교수	기타소득	기타소득	기타소득	기타소득
		기타	기타소득	기타소득	기타소득	기타소득
경비	외부사업자		사업소득	사업소득	사업소득	사업소득
	교내내부거래		비과세	비과세	비과세	비과세
간접경비	대학교귀속		비과세	비과세	비과세	비과세

*1 연구목적의 고용관계가 없는 교수 및 연구보조원
*2 연구를 목적으로 고용관계에 있는 연구원

04 학교시설에 대한 부가가치세 납세의무

1 부가가치세가 면제되는 교육용역

계약상 또는 법률상의 모든 원인에 따라 역무를 제공하거나 재화 · 시설물 · 권리를 사용하게 하는 것은 용역의 공급으로 부가가치세가 과세된다.

그러나 주무관청의 허가 또는 인가를 받거나 신고된 학교, 학원, 강습소, 훈련원, 교습소 등에서 학생, 수강생, 훈련생, 교습생 또는 청강생에게 지식, 기술 등을 가르치는 교육용역에 대해 부가가치세를 면제한다(부가령 §36).

또한 주무관청의 허가 또는 인가를 받은 단체로 「상속세 및 증여세법 시행령」 제12조(공익법인 등의 범위, 학교 등 포함)에 규정하는 사업을 하는 단체가 고유의 사업목적을 위하여

13) 사학기관 재무 회계규칙에 대한 특례규칙 해설서, 한국사학진흥재단, 2023, 436~437쪽

일시적으로 공급하거나 실비 또는 무상으로 공급하는 재화 또는 용역은 부가가치세를 면제한다(부가령 §45).

그러나 주무관청의 인 · 허가를 받은 공익법인이라도 해당 법인이 소유한 재산을 임대하고 계속 · 반복적으로 발생하는 임대소득에 대해서는 부가가치세가 과세되는 것이고, 일시적으로 공급하거나 실비 또는 무상제공 시에는 부가가치세가 면제되는 것이다.

예를 들어 학교가 다른 사업자에게 교실, 강의실, 회의실 등의 학교시설을 계속 · 반복적으로 임대하고 수취하는 임대료는 부가가치세 과세대상이나, 학교 운동장이나 강의실 등을 행사장 또는 시험장소로 일시적으로 임대하고 실비변상적으로 받는 대가는 부가가치세를 과세하지 않는다.

부가가치세 과세	부가가치세 면제
① 사립학교가 부동산임대용역을 공급하고 받는 대가 ② 사립학교가 이동통신 광중계기를 설치하게 하는 용역을 제공하고 사용료를 받는 경우 ③ 정부의 인가를 받은 사립학교가 학교시설인 수영장에서 학생 외의 일반인에게 수영교습을 제공하고 받는 대가 ④ 사업자가 정부의 인 · 허가를 받은 학교 내에서 당해 학교의 학생을 대상으로 학교장의 책임하에 시설 · 수입금액관리 · 교육과정 · 정원 등에 관한 일정한 요건을 갖추어 제공하는 용역	① 학교시설을 시험장소로 사용하게 하고 실비상당의 사용료를 받는 경우 ② 사립학교가 게스트하우스를 운영하고 이용료를 받는 경우로 일시적으로 공급하거나 실비 또는 무상으로 공급하는 경우 ③ 국립대학교의 학교시설에서 초등정규교과인 초등학생 생존수영 교육용역을 공급하고 교육내용 및 과정에 대해 주무관청으로부터 실질적인 관리 · 감독을 받는 경우

관련 예규 · 판례

1 체육교습업이 부가가치세 면제대상인지 여부

(서면 - 2020 - 부가 - 6079 [부가가치세과 - 33], 2021.1.8.)

「체육시설의 설치 · 이용에 관한 법률」에 따라 신고한 체육교습소에서 아이들에게 이론 · 지식 · 기술 등 교육을 주된 용역으로 공급하면서 체육시설을 부수적으로 이용하게 하고 그 대가를 받는 경우에는 부가가치세가 면제되는 것임

2 방과후학교를 실시하는 학교 내에서 제공하는 교육용역의 부가가치세 면제 여부

(서면 - 2020 - 부가 - 3099 [부가가치세과 - 1625], 2020.9.9.)

사업자가 정부의 허가를 받은 학교 내에서 당해 학교의 학생을 대상으로 학교장의 책임하에 시설, 교육과정 등 일정한 요건을 제공하는 방과후학교 교육용역은 부가가치세가 면제되는 것임

3 산학협력단이 제공하는 기술교육 용역의 부가가치세 면제 여부 등

(사전 - 2020 - 법령해석부가 - 0151, 2020.2.27.)

산학협력단이 한국국제협력단과 용역계약을 체결하여 해외 기술자들을 국내로 초청하여 기술자들에게 문화유산의 복원, 보존 기술 등 교육용역을 제공하는 경우 해당 용역의 공급은 부가가치세가 면제되는 것이며, 교육용역의 공급에 대하여 계산서를 발급하는 것임

4 언론기관 부설 평생교육시설로 신고한 후 공급하는 필라테스 교육용역의 면세 여부

(사전 - 2019 - 법령해석부가 - 0698, 2019.12.10.)

「평생교육법」에 따라 언론기관 부설 평생교육시설을 갖추고 운영규칙을 첨부하여 교육감에게 신고한 사업자가 해당 운영규칙에 따라 필라테스 교육용역을 제공하는 경우 부가가치세가 면제됨

5 학습이 가능한 태블릿 PC를 판매하는 경우 부가가치세 면제 여부

(서면 - 2019 - 부가 - 0475 [부가가치세과 - 1773], 2019.9.6.)

「평생교육법」에 따라 원격평생교육시설로 신고한 사업자가 온라인 강의를 제공하는 경우 교육용역으로서 부가가치세가 면제되며 해당 온라인 강의를 수강할 수 있는 단말기를 하나의 공급단위로 함께 공급하는 경우로서 해당 단말기를 독립적으로 활용 가능한 경우 단말기는 부가가치세가 과세됨

6 어린이집에서 외부강사가 교육용역 제공 시 부가가치세 면제 여부

(서면 - 2018 - 부가 - 2578 [부가가치세과 - 802], 2019.4.26.)

사업자가 정부의 허가 또는 인가를 받은 학교 등에서 제공하는 교육용역은 부가가치세를 면제하나 해당 사업이 단순한 인력파견업에 해당하는 경우에는 부가가치세가 과세되는 것임

7 과학교재와 함께 공급하는 교구의 면세 여부

(서면 - 2018 - 부가 - 1491 [부가가치세과 - 1166], 2018.5.31.)

학습교재와 함께 공급하는 학습도구는 부수재화로서 부가가치세가 면제되는 것이나, 사실상 별개의 재화로 볼 수 있는 경우 학습도구는 부가가치세가 과세되는 것임

8 산학협력단이 제공하는 스포츠경영·스포츠행정 관련 교육용역의 면세 여부

(서면 - 2018 - 부가 - 0448 [부가가치세과 - 846], 2018.4.20.)

「산업교육진흥 및 산학연협력촉진에 관한 법률」 제25조에 따른 산학협력단이 제공하는 교육용역은 「부가가치세법 시행령」 제36조에 따라 부가가치세가 면제되는 것임

9 기숙사 임대 시 부가가치세 과면세 여부

(서면 - 2017 - 부가 - 0428 [부가가치세과 - 2858], 2017.12.26.)

사업자가 건물을 주거용 주택으로 임대하고 임차인이 당해 건물을 상시 주거용 주택으로 사용하는 경우 당해 임대용역은 부가가치세가 면제되는 것임

10 학교시설을 일시 사용하고 사용료 지급 시 부가가치세 과세 여부

(서면 - 2017 - 부가 - 2858 [부가가치세과 - 2652], 2017.11.30.)

학교에서 학교시설(기숙사, 교실 등)을 일시적으로 일반인에게 사용하게 하고 사용료를 실비로 받는 경우 부가가치세가 면제됨

11 국·공립학교가 구내식당에서 교직원에게 공급하는 음식용역의 면세 여부

(기획재정부 부가가치세제과 - 523, 2017.10.17.)

국 · 공립학교의 학교장이 그 소속 직원의 복리후생을 위하여 교내에서 식당을 직접 경영하여 음식을 공급하는 경우에는 부가가치세가 면제되는 것임

12 평생교육시설로 신고한 사업자가 교육용역 제공 시 부가가치세 면세 여부

(서면 - 2017 - 부가 - 1506 [부가가치세과 - 1559], 2017.6.30.)

「평생교육법」 규정에 의하여 원격평생교육시설을 갖추고 신고를 필한 후 관련 규정 및 운영규칙 등에 따라 제공하는 교육용역은 부가가치세가 면제되는 것이나, 그러하지 아니하는 경우에는 부가가치세가 과세되는 것임

13 공익단체가 공급하는 용역을 부가가치세 면제대상으로 볼 수 있는지 여부

(사전 - 2016 - 법령해석부가 - 0195, 2016.6.14.)

문화체육관광부장관으로부터 허가받은 단체가 박물관의 강당을 빌려 공무원을 상대로 국어교육용역을 제공하고 일정한 교육비를 받는 경우 해당 용역이 고유의 사업목적을 위해 실비로 공급하는 용역에 해당하는 경우에는 부가세 면제대상에 해당하는 것임

05 사학기관의 상속세 및 증여세

「상속세 및 증여세법 시행령」 제12조에는 공익법인의 범위에 대해 서술하고 있다. 공익법인은 사회복지, 종교, 교육, 장학, 의료 등 사회일반의 이익을 목적으로 설립된 비영리법인으로 공익법인이 출연받은 재산으로 공익목적사업을 이행하면 해당 자산에 대한 상속세 및 증여세를 부과하지 않는 세제혜택을 받을 수 있다.

사학기관은 「상속세 및 증여세법 시행령」 제12조 제2호에 「초 · 중등교육법」 및 「고등교육법」에 의한 학교, 「유아교육법」에 따른 유치원을 설립 · 경영하는 사업을 영위하는 교육기관으로 공익법인에 해당하게 된다.

따라서 사학기관은 공익법인에게 주는 「상속세 및 증여세법」의 세제혜택을 받을 수 있다.

다만, 이에 상응하는 의무가 뒤따르고, 의무이행을 하지 않을 경우 부의 변칙적 이전 등 조세회피 행위를 규제하기 위해 증여세를 추징, 기준금액 미달 사용의 경우 가산세를 부과하는 등 사후관리를 엄격하게 하고 있다.

「상속세 및 증여세법」 관련 규정은 사학기관, 의료기관, 사회복지기관 등 공익법인에 해당될 경우 공통적으로 적용되는 규정이다. 이하 대략적인 내용을 서술하고, 구체적은 내용은 본서 'PART 3. 상속세 및 증여세법상 혜택과 사후관리'를 참조하길 바란다.

▶ 공익법인의 납세의무 개요[14] ◀

출연자 —(출 연)→ 공익법인 —(사 용)→ 수혜자

출연
- 공익법인 등에 출연한 재산에 대한 상속세 과세가액 불산입
- 공익법인 등이 출연받은 재산에 대한 증여세 과세가액 불산입

사용
- 출연재산 사용
- 출연재산 매각대금 사용
- 운용소득 사용

고유목적사업과 관련하여 지켜야 할 일

- 출연재산을 3년 내 직접 공익목적에 사용
- 출연재산 매각대금을 1년 내 30%, 2년 내 60%, 3년 내 90% 이상 직접 공익목적에 사용
- 출연재산 운용소득을 1년 이내에 80% 이상 직접 공익목적에 사용
- 내국법인 주식은 발생주식총수의 5%(10%, 20%) 이하 취득 및 보유
- 출연재산가액의 1%(3%) 이상 의무 사용
- 출연자 또는 그 특수관계인의 이사(5분의 1 초과) 및 임직원 취임 제한
- 특정기업의 광고 등 금지
- 특수관계인 간 부당 내부거래 금지
- 특정계층에만 공익사업의 혜택 제공 금지
- 공익법인 해산 시 잔여재산 국가 등에 귀속

수익사업에 대한 법인세 등

- 수익사업에 대한 법인세 신고납부 의무
- 고유목적사업준비금 손금산입
- 이자소득에 대한 법인세 신고특례
- 자산양도소득에 대한 과세특례

공익법인의 납세협력의무

- 공익법인 출연재산 등에 대한 보고서 제출의무
- 공익법인 결산서류 공시의무
- 장부의 작성 · 비치의무
- 외부전문가의 세무확인 및 보고의무
- 외부 회계감사를 받아야 할 의무
- 주식보유 관련 의무이행 신고
- 공익목적사업용 전용계좌 개설 · 사용의무
- 공익법인 등의 회계기준 적용의무
- 기부금영수증 발급내역 작성 · 보관 · 제출의무
- (세금)계산서합계표 등 자료 제출의무

※ **고유목적사업** : 법령 또는 정관에 규정된 설립목적을 직접 수행하는 사업

14) 공익법인 세무안내, 국세청, 2025, 1쪽

1 공익법인이 고유목적사업과 관련하여 지켜야 할 일

(1) 출연받은 재산을 3년 내 직접 공익목적에 사용

공익법인이 출연받은 재산은 3년 내 직접 공익목적에 사용해야 하고, 3년 이후에도 계속해서 공익목적으로 사용해야 하는데 그렇지 않을 경우 증여세가 과세된다.

여기서 '직접 공익목적에 사용'한다는 의미는 ① 공익법인 등의 정관상 고유목적사업에 사용하거나, ② 출연받은 재산을 해당 공익사업의 효율적인 수행을 위해 주무관청의 허가를 받아 다른 공익법인에 출연하는 경우 등을 말한다.

(2) 출연재산 매각대금을 직접 공익목적사업에 사용

공익법인이 출연받은 재산을 매각하는 경우 그 매각대금을 공익목적사업에 사용해야 하고, 해당 매각대금은 매각일이 속하는 사업연도의 종료일로부터 1년 이내 30%, 2년 이내 60%, 3년 이내 90% 이상을 직접 공익목적사업에 사용하여야 한다.

기한 내 직접 공익목적사업에 사용하지 않을 경우 증여세를 과세한다.

▶ 매각대금 사용기준 ◀

사용기간	의무사용비율	미달 사용 시
1년 이내	30%	가산세(미달 사용액의 10%)
2년 이내	60%	가산세(미달 사용액의 10%)
3년 이내	90%	증여세(미달 사용액)

(3) 출연재산 운용소득을 직접 공익목적에 사용

출연받은 재산을 수익용 또는 수익사업용으로 운용하여 발생한 운용소득은 고유목적사업에 지출해야 하는데(1년 이내에 80% 이상), 미달하게 사용하면 가산세가 부과된다.

출연재산 운용소득이란 출연재산을 수익사업이나 예금 등 수익의 원천으로 사용함으로써 발생한 소득을 말한다.

운용소득의 80%(2021년 이전 70%)에 상당하는 금액을 1년 이내에 고유목적사업에 사용하지 않으면 미달사용금액의 10%를 가산세로 내야 한다.

(4) 주식 등의 취득 및 보유 시 지켜야 할 일

공익법인이 의결권 있는 내국법인 주식 등을 출연받은 경우 등으로 지분율이 5%(10%, 20%)를 초과하는 경우 그 초과분에 대해서는 증여세가 과세된다.

이는 공익법인에 대한 출연재산은 상속세 및 증여세가 부과되지 않는 점을 악용하여 공익법인에 대한 주식 출연을 통해 내국법인에 대한 경영권을 유지하고, 조세회피를 방지하기 위한 것이다.

(5) 출연받은 재산의 의무사용

총자산가액이 5억원 이상이거나 해당 사업연도의 수입금액과 출연재산가액 합계액이 3억원 이상인 공익법인 및 동일한 내국법인의 의결권 있는 주식 등을 발행주식총수의 5%를 초과하여 보유하고 있는 공익법인 등은 출연재산가액에 1%(또는 3%)에 상당하는 금액을(이하 '기준금액') 고유목적사업에 사용해야 하고, 미달하여 사용한 경우 가산세를 부과한다.

(6) 출연자 등의 이사 취임 시 지켜야 할 일

공익법인의 이사의 구성이 출연자 또는 그의 특수관계인이 5분의 1을 초과하여 이사가 되거나, 그 공익법인 등의 임직원이 되는 경우에는 가산세를 부과한다.

가산세는 기준이 되는 이사 수를 초과하거나, 임직원이 있는 경우 그 사람과 관련하여 지출된 급료, 판공비, 비서실 운영경비 및 차량유지비 등 직접경비 또는 간접경비에 상당하는 금액 전액을 매년 그 공익법인 등이 납부할 세액에 가산하여 부과한다.

(7) 특수관계에 있는 내국법인 광고 · 홍보 금지

공익법인이 특수관계에 있는 내국법인의 이익을 증가시키기 위하여 정당한 대가를 받지 않고 광고 · 홍보를 하는 경우에는 가산세를 부과한다.

(8) 자기내부거래 시 지켜야 할 일

자기내부거래란 특수관계인 간에 내부거래를 통해 이익을 무상으로 이전하는 것을 말하는데, 공익법인이 출연받은 재산 등을 특수관계자에게 정당한 대가를 받지 않고 사용·수익하게 하는 경우 공익목적에 사용하지 않는 것으로 보아 증여세를 부과한다.

(9) 공익사업 수혜를 특정인에게만 귀속시키는 경우

공익법인이 출연받은 재산은 불특정 다수의 이익을 위해 사용하지 않고 출생지, 직업, 학연 등 특정계층에게만 혜택을 제공하는 경우 출연받은 재산을 공익목적에 사용하지 않는 것으로 보아 증여세를 부과한다.

(10) 공익법인 해산 시 잔여재산 귀속

공익법인이 보유하고 있는 재산은 공익목적으로 출연받은 재산이므로 공익법인이 해산할 때에는 잔여재산을 국가·지방자치단체 등에 귀속시켜야 하고, 국가 등에 잔여재산을 귀속시키지 않은 경우 증여세가 과세된다.

▶ 공익법인이 고유목적사업 관련 준수사항 위반 시 증여세 추징사유와 가액 ◀

증여세 추징사유	증여재산가액
① 직접 공익목적사업의 용도 외에 사용한 경우	그 사용한 가액
② 출연받은 재산을 출연받은 날부터 3년 이내에 직접 공익목적사업에 사용하지 않은 경우	미달사용액 혹은 사용하지 않은 가액
③ 출연받은 재산을 수익용 또는 수익사업용으로 운용하여 그 운용소득을 직접 공익목적사업 외에 사용한 경우	직접 공익목적사업에 사용하지 않은 출연재산의 평가가액 $\times \dfrac{\text{공익목적사업 외에 사용한 금액}}{\text{운용소득}}$
④ 출연받은 재산의 매각대금을 공익목적사업 외에 사용하거나 매각한 날부터 3년이 지난날까지 매각대금의 90% 이상을 공익목적사업에 사용하지 않은 경우	가. 공익목적사업 외에 사용한 경우 매각대금의 $90\% \times \dfrac{\text{공익목적사업 외에 사용한 금액}}{\text{매각대금}}$ 나. 사용기준금액에 미달하게 사용한 경우 : 당해 미달사용액
⑤ 그 밖의 출연받은 재산 및 직접 공익목적사업을 운용하지 아니하는 경우	국가·지방자치단체·공익법인 등에게 귀속시키지 않은 금액

증여세 추징사유	증여재산가액
⑥ 직접 공익목적사업에 사용하는 것의 혜택이 특정 일부에게만 제공되는 경우	혜택을 받은 일부에게만 제공된 재산가액
⑦ 공익법인의 자기내부거래	가. 대가없이 사용 · 수익하게 하는 경우 : 해당 출연재산가액 ※ 전체 출연재산가액 중 출연자가 사용 · 수익하는 출연재산가액 나. 낮은 대가로 사용 · 수익하게 하는 경우 $\text{당해 출연재산가액} \times \frac{(\text{정상적인 대가}-\text{실제 지급한 대가})}{\text{정상적인 대가}}$
⑧ 출연받은 재산이나 운영소득을 내국법인 주식 등을 취득하는 데 사용하여 출연자 및 공익법인의 주식보유비율이 5%(성실공익법인의 경우 10% 또는 20%)를 초과하는 경우	주식보유비율을 초과하여 취득한 주식의 취득가액
⑨ 위 '③'의 운용소득을 기준금액에 미달하게 사용하거나 '④'의 매각대금을 매각한 날부터 2년 이내 기준금액에 미달하게 사용하는 경우	미달사용금액에 대한 가산세 추징

2 공익법인의 납세협력의무

공익법인은 출연받은 재산 등과 기부금 수령액의 사용결과를 작성 · 제출해야 하고, 이를 이행하지 않을 경우 가산세가 부과된다.

「상속세 및 증여세법」상 의무	「법인세법」상 의무
① 출연재산보고서 등 제출의무 ② 공익법인 등의 전용계좌 개설 · 사용 의무 ③ 장부의 작성 · 비치 의무 ④ 공익법인 등에 대한 외부전문가 세무확인 ⑤ 공익법인 등에 적용되는 회계기준 ⑥ 공익법인 등의 외부회계감사의무 ⑦ 공익법인 등의 결산서류 등 공시의무	① 공익법인 등 의무이행 여부 점검결과 보고서 제출 ② 연간 기부금 모금액 및 활용실적 명세서 제출 ③ 기부금영수증 발급명세 작성 · 보관 · 제출 의무 ④ (세금)계산서 합계표 등 제출의무

Ⅱ. 의료기관 세무

01 개 요

의료보건 용역은 부가가치세가 면제되지만, 의료업을 영위하는 주체가 개인이면 「소득세법」이 적용되고, 법인일 경우 「법인세법」이 적용되어 소득세 및 법인세 납세의무가 있다.

의료법인은 비영리법인(현행 법규상 의료법인은 영리법인의 형태로 운영할 수 없으므로, 모든 의료법인은 비영리법인임)에 해당하나 병원에서 수익사업을 통해 발생하는 소득에 대해서는 법인세 납세의무가 있다.

▶ 세법 적용에 따른 의료기관의 분류[15] ◀

구 분		병원의 종류
법인세 비과세 의료기관		국공립병원
「법인세법」 적용 의료기관	고유목적사업준비금 100% 설정	대학병원, 사회복지법인, 국립암센터, 적십자병원, 국립중앙의료원, 지방의원, 중소도시 소재 의료법인
	고유목적사업준비금 50% 설정	의료법인, 사단법인, 재단법인 병원 등
「소득세법」 적용 의료기관		개인의료기관

이하 본 PART에서는 의료기관에 관련된 「부가가치세법」, 「법인세법」, 「상속세 및 증여세법」 규정에 관해 설명하고자 한다.

15) 박두진, 병원회계와 세무실무, 코페하우스, 2021, 19쪽

02 의료기관의 법인세 납세의무

1 법인세 과세대상 수익사업

비영리법인도 수익사업을 영위하는 경우 법인세를 신고 · 납부해야 한다. 비영리법인의 수익사업에서 발생한 소득에 대해 과세를 하지 않으면 영리법인과 비영리법인 간의 과세 형평에 어긋나기 때문이다.

법인세 과세대상인 수익사업이란「법인세법」제4조 제3항에 열거한 소득을 말하고, 구체적인 내용과 범위는 본서 p.102를 참조하기 바란다.

의료법인은 영리법인의 형태로 운영할 수 없으므로, 모든 의료법인은 비영리법인에 해당한다. 의료법인의 영리성이 없음에도 불구하고,「법인세법」에서는 의료업을 통해 발생한 소득에 대해 수익사업으로 과세하고 있다.

따라서 의료업에서 발생하는 소득과 의료업에 부수되는 사업(매점, 식당, 주차장 등)에서 발생하는 소득에 대해 법인세가 과세된다.

의료법인은 타인으로부터 재산을 출연받거나, 기부를 받는 경우가 빈번하다. 이럴 때 어떤 과세문제가 발생할까?

비영리내국법인이 업무와 직접 관계없이 무상으로 받은 자산의 가액은 비수익사업에 속하므로 법인세 과세대상이 되지 않는다(법인세과-1143, 2010.12.7.).

따라서 의료법인이 수취한 기부금, 채무면제이익, 자산수증이익은 법인세가 과세되지 않지만, 대가성 없이 순수하게 증여받은 재산에 대해 상속세 및 증여세 과세대상이 된다.

의료법인은「상속세 및 증여세법 시행령」제12조에서 열거하는 공익법인으로 분류되므로 출연받은 재산에 대해 증여세과세가액이 불산입되어 세제혜택을 받을 수 있으나, 현행 세법에서는 사후관리를 엄격하게 하고 있어 출연받은 재산을 고유목적에 사용하지 않을 경우 증여세 및 가산세가 부과될 수 있다.

관련 예규 · 판례

1 비영리법인이 수령한 기부금의 법인세 과세 여부(서면 - 2020 - 법인 - 3408, 2021.3.3.)

비영리내국법인이 업무와 관계없이 무상으로 받은 자산의 가액은 비수익사업에 속하므로 법인세 과세대상이 되지 아니하고 무상을 받은 자산을 수익사업에 사용하는 경우 해당 자산의 가액은 법인세 과세대상에 해당하지 아니하는 것임

2 비영리법인이 무상으로 받은 부동산에 대한 법인세 과세 여부

(서면 - 2016 - 법인 - 3855, 2016.8.11.)

비영리내국법인이 업무와 직접 관계없이 타인으로부터 무상으로 받은 자산의 가액은 비수익사업에 속하므로 법인세 과세대상이 되지 아니하는 것임

3 비영리내국법인의 자산수증이익에 대한 법인세 과세 여부(법인세과 - 457, 2013.8.30.)

「법인세법 기본통칙」 3－2…3의 규정에 의해 비영리법인이 업무와 직접 관계없이 타인으로부터 무상으로 받은 자산의 가액은 비수익사업에 속하는 것임

4 의료업에 속한 자산을 증여받은 경우 법인세 과세대상 아님(법인세과 - 1035, 2011.12.28.)

의료법인이 다른 의료법인이 청산함에 따라 의료업에 속한 자산과 부채를 출연받은 경우 출연받은 순자산 가액은 법인세 과세대상에 해당되지 않는 것임

의료법인은 국가, 지방자치단체로부터 국가보조금을 받는 경우도 많다. 수취한 국가보조금으로 결손을 보전하거나 의료장비를 취득하게 되는데, 국가보조금은 법인세가 과세될까?

비영리법인이 국가 등으로부터 지원받은 보조금을 수익사업에 해당하지 않는 고유목적사업의 수행에 사용한 경우 해당 보조금은 비영리법인의 수익사업 소득에 해당하지 않지만, 수익사업에 사용하였다면 수익사업으로 보아 법인세 과세대상이 된다(서면인터넷방문상담2팀－1188, 2006.6.22.).

의료법인은 의료업이 고유목적사업이자 수익사업이기 때문에 국가 등으로부터 국고보조금을 받고 이를 수익사업에 사용하였다면 과세대상 수익으로 보아야 할 것이다.

단, 국가 등으로부터 받은 국고보조금을 병원 건물 취득 또는 의료기기 등을 취득하는데 사용하였다면 수익사업소득으로 보지 않는다.

의료법인이 수령한 국고보조금을 수익사업에 지출 또는 전입한 경우에는 자본의 원입으로 처리하고, 해당 자금을 원천으로 취득한 병원 건물 또는 의료기기 등에 대한 감가상각비는 「법인세법」 제23조(감가상각비 손금불산입)에 따라 손금산입한다.

관련법령 국고보조금에 대한 세무조정방법(법인통칙 36-64…1)

법 제36조 제1항에 따라 국고보조금으로 사업용자산을 취득한 법인이 재무상태표를 작성함에 있어서 기업회계기준에 따라 국고보조금을 취득한 고정자산에서 차감하는 형식으로 표시한 경우 이에 대한 세무조정방법은 다음과 같다.

<table>
<tr><th rowspan="2">구 분</th><th colspan="2">기 업 회 계 기 준</th><th rowspan="2">세 무 조 정</th></tr>
<tr><th>차 변</th><th>대 변</th></tr>
<tr><td>2,000
수령 시</td><td>현금 2,000</td><td>국고보조금 2,000
(현금차감계정)</td><td>국고보조금(현금차감계정)
익금산입 2,000 (유보)</td></tr>
<tr><td>2,000
자산취득 시</td><td>차량운반구 2,000
국고보조금 2,000
(현금차감계정)</td><td>현금 2,000
국고보조금 2,000
(자산차감계정)</td><td>국고보조금(현금차감계정)
손금산입 2,000 (△유보)
국고보조금(자산차감계정)
익금산입 2,000 (유보)
일시상각충당금 2,000
손금산입 (△유보)</td></tr>
<tr><td>400
감가상각
(결산 시)</td><td>감가상각비 400
국고보조금 400
(자산차감계정)</td><td>감가상각누계액 400
감가상각비 400</td><td>일시상각충당금 400
익금산입 (유보)
국고보조금(자산차감계정)
손금산입 400 (△유보)</td></tr>
<tr><td>2,000
매각 시</td><td>현금 2,000
감가상각누계액 400
국고보조금 1,600</td><td>차량운반구 2,000
처분이익 2,000</td><td>일시상각충당금 1,600
익금산입 (유보)
국고보조금(자산차감계정)
손금산입 1,600 (△유보)</td></tr>
</table>

관련 예규 · 판례

1 감염병 관리기관으로 지정된 병원 등을 운영하는 사업자가 「감염병예방법」 제70조에 따라 기회비용분 손실보상금에 대응하여 지출되는 비용은 필요경비에 산입하지 않는 것임

(기획재정부 소득세제과-415, 2023.5.15.)

2 의료법인이 지급받은 코로나19 관련 손실보상금은 수익사업에서 발생한 소득에 해당하지 않음

(기재부 법인세제과 343, 2022.8.29.)

3 의료업 영위 비영리법인이 지급받은 코로나19 손실보상금을 원천으로 지출한 비용은 손금산입하지 아니함(기재부 법인세제과 282, 2023.5.8.)

4 의료업을 영위하는 비영리내국법인이 지방자치단체로부터 부채상환, 결손보전 등에 사용할 목적으로 수령한 국고보조금은 「법인세법」 제3조 제3항 제1호(2018.12.24. 법률 제16008호로 개정되기 전의 것)에 따른 "수익사업에서 생기는 소득"에 해당하지 않은 것임

(사전-2019-법령해석법인-0125,2019.4.3.)

5 의료법인이 시설투자 목적으로 지급받은 국고보조금의 세무처리

(서면 - 2016 - 법령해석법인 - 6066, 법령해석과 - 2937, 2017.10.17.)

의료법인이 국가 또는 지자체로부터 병원 건물 또는 의료기기 등을 취득할 목적으로 수령한 국고보조금은 수익사업소득에 해당하지 아니하며, 해당 국고보조금을 수익사업에 지출 또는 전입한 경우에는 자본의 원입으로 처리하고, 해당 자금을 원천으로 취득한 병원 건물 또는 의료기기 등에 대한 감가상각비는 「법인세법」 제23조에 따라 손금산입함

6 국고보조금의 세무처리 방법(서면 - 2018 - 법인 - 1781, 법인세과 - 2490, 2018.9.13.)

정부의 허가를 받아 설립된 비영리내국법인이 국가연구개발사업인 백신글로벌 산업화 기반구축사업을 위해 국가 또는 지방자치단체로부터 무상으로 받는 국고보조금은 「법인세법」 제3조 제3항 제1호에서 규정하는 '수익사업에서 생기는 소득'에 해당하지 않음

7 응급의료정보센터가 지급받는 보조금에 대한 법인세 과세 여부

(서면인터넷방문상담2팀 - 472, 2006.3.7.)

의료업을 영위하는 비영리법인이 「응급의료에 관한 법률」 제27조의 규정에 의하여 설치된 '응급의료정보센터'를 보건복지부로부터 위탁받아 운영하면서 국가 등으로부터 같은 법 제15조의 규정에 따라 '정보센터 운영비'로 지급받는 보조금은 정보센터의 고유 업무에 속하는 자금으로서 법인세 과세대상이 아니므로 당해 비영리법인의 수익 및 비수익사업 회계와는 별도로 구분경리하여야 하는 것임.

다만, 당해 비영리법인이 같은 법 제17조 및 「보조금의 예산 및 관리에 관한 법률」의 규정에 의하여 '응급의료기관 지원비' 등의 명목으로 국가 등으로부터 지원받는 국고보조금은 동 비영리 법인의 회계에 속하는 자금으로서 「법인세법 시행령」 제2조의 규정에 의한 수익사업에서 발생된 소득에 해당하지 아니하는 것이며, 이 경우 당해 국고보조금을 수익사업회계로 전출 · 사용하고 자본의 원입으로 경리한 의료기기 등 고정자산에 대해서는 「법인세법 시행령」 제26조의 규정에 의해 계산한 감가상각비를 손금에 산입할 수 있는 것임.

2 고유목적사업준비금

고유목적사업준비금이란 비영리법인에서 사용하는 계정과목으로 법인의 수익사업에서 발생한 소득에 '고유목적사업준비금전입액'을 비용으로 계상하여 추후 고유목적사업에 사

용하기 위해 설정한 지급준비금이다.

「법인세법」 제29조에서도 비영리법인이 수익사업에서 생긴 소득을 고유목적사업이나 지정기부금에 지출하기 위하여 고유목적사업준비금을 설정한 경우에는 법률이 정한 한도 내에서 손금산입할 수 있다고 명시하고 있다.

비영리법인이 과세대상 수익사업을 하면 일반 법인과 동일한 납세의무를 지게 된다. 보통 비영리법인이 고유목적사업을 원활하게 운영하기 위해 수익사업을 통해 자금을 마련하게 되는데, 비영리법인에게 영리법인과 동일하게 과세하면 공익사업 수행에 제약이 발생하게 된다.

이에 비영리법인의 고유목적사업을 원활히 수행하게 하기 위해 고유목적사업준비금을 통해 법인세 과세를 면제하는 데 그 의의가 있다.

고유목적사업준비금에 관련한 구체적인 내용은 본서 p.134를 참조하기 바란다.

비영리법인의 수익사업소득의 종류에 따라 50~100% 범위 내에서 고유목적사업준비금으로 손금계상할 수 있다.

100% 손금산입한도	80% 손금산입한도	50% 손금산입한도
• 이자소득 및 배당소득 등 • 학교법인, 사회복지법인, 국립대학교병원 등*의 수입사업 소득	고유목적사업 지출액 중 50% 이상을 장학금으로 지출하는 법인	그 밖의 수익사업 소득

* **고유목적사업준비금 100% 설정 가능한 병원**(조특법 §74 ① 3호)
  가. 「국립대학병원 설치법」에 따른 국립대학병원 및 「국립대학치과병원 설치법」에 따른 국립대학치과병원
  나. 「서울대학교병원 설치법」에 따른 서울대학교병원
  다. 「서울대학교치과병원 설치법」에 따른 서울대학교치과병원
  라. 「국립암센터법」에 따른 국립암센터
  마. 「지방의료원의 설립 및 운영에 관한 법률」에 따른 지방의료원
  바. 「대한적십자사 조직법」에 따른 대한적십자사가 운영하는 병원
  사. 「국립중앙의료원의 설립 및 운영에 관한 법률」에 따른 국립중앙의료원
  아. 다음의 어느 하나에 해당하는 법인이 「보건의료기술 진흥법」 제28조의 2에 따라 설립한 의료기술협력단
    1) 제1호 가목의 법인
    2) 제2호의 법인
    3) 가목부터 사목까지의 법인

03 의료기관의 부가가치세 납세의무

1 의료보건용역

의료기관이 제공하는 의료보건용역은 부가가치세가 면제되는데 구체적인 범위는 아래와 같다(부가령 §35).

① 「의료법」에 따른 의사, 치과의사, 한의사, 조산사 또는 간호사가 제공하는 용역. 다만, 「국민건강보험법」 제41조 제4항에 따라 요양급여의 대상에서 제외되는 다음 각 목의 진료용역은 제외한다.

가. 쌍꺼풀수술, 코성형수술, 유방확대 · 축소술(유방암 수술에 따른 유방 재건술은 제외한다), 지방흡인술, 주름살제거술, 안면윤곽술, 치아성형(치아미백, 라미네이트와 잇몸성형술을 말한다) 등 성형수술(성형수술로 인한 후유증 치료, 선천성 기형의 재건수술과 종양 제거에 따른 재건수술은 제외한다)과 악안면 교정술(치아교정치료가 선행되는 악안면 교정술은 제외한다)

나. 색소모반 · 주근깨 · 흑색점 · 기미 치료술, 여드름 치료술, 제모술, 탈모치료술, 모발이식술, 문신술 및 문신제거술, 피어싱, 지방융해술, 피부재생술, 피부미백술, 항노화치료술 및 모공축소술

② 「의료법」에 따른 접골사(接骨士), 침사(鍼士), 구사(灸士) 또는 안마사가 제공하는 용역

③ 「의료기사 등에 관한 법률」에 따른 임상병리사, 방사선사, 물리치료사, 작업치료사, 치과기공사 또는 치과위생사가 제공하는 용역

④ 「약사법」에 따른 약사가 제공하는 의약품의 조제용역

⑤ 「수의사법」에 따른 수의사가 제공하는 용역. 다만, 동물의 진료용역은 다음 각 목의 어느 하나에 해당하는 진료용역으로 한정한다.

가. 「축산물 위생관리법」에 따른 가축에 대한 진료용역

나. 「수산생물질병 관리법」에 따른 수산동물에 대한 진료용역

다. 「장애인복지법」 제40조 제2항에 따른 장애인 보조견표지를 발급받은 장애인 보조견에 대한 진료용역

라. 「국민기초생활 보장법」 제2조 제2호에 따른 수급자가 기르는 동물의 진료용역

마. 가목부터 라목까지의 규정에 따른 진료용역 외에 질병 예방을 목적으로 하는 동물의 진료용역으로서 농림축산식품부장관 또는 해양수산부장관이 기획재정부장관과 협의하여 고시하는 용역

⑥ 장의업자가 제공하는 장의용역

⑦ 「장사 등에 관한 법률」 제14조부터 제16조까지의 규정에 따라 사설묘지, 사설화장시설, 사설봉안시설 또는 사설자연장지를 설치 · 관리 또는 조성하는 자가 제공하는 묘지분양, 화장, 유골 안치, 자연장지분양 및 관리업 관련 용역

⑧ 지방자치단체로부터 「장사 등에 관한 법률」 제13조 제1항에 따른 공설묘지, 공설화장시설, 공설봉안시설 또는 공설자연장지의 관리를 위탁받은 자가 제공하는 묘지분양, 화장, 유골 안치, 자연장지분양 및 관리업 관련 용역

⑨ 「응급의료에 관한 법률」 제2조 제8호에 따른 응급환자이송업자가 제공하는 응급환자이송용역

⑩ 「하수도법」 제45조에 따른 분뇨수집 · 운반업의 허가를 받은 사업자와 「가축분뇨의 관리 및 이용에 관한 법률」 제28조에 따른 가축분뇨수집 · 운반업 또는 가축분뇨처리업의 허가를 받은 사업자가 공급하는 용역

⑪ 「감염병의 예방 및 관리에 관한 법률」 제52조에 따라 소독업의 신고를 한 사업자가 공급하는 소독용역

⑫ 「폐기물관리법」 제25조에 따라 생활폐기물 또는 의료폐기물의 폐기물처리업 허가를 받은 사업자가 공급하는 생활폐기물 또는 의료폐기물의 수집 · 운반 및 처리용역과 같은 법 제29조에 따라 폐기물처리시설의 설치승인을 받거나 그 설치의 신고를 한 사업자가 공급하는 생활폐기물의 재활용용역

⑬ 「산업안전보건법」 제21조에 따라 보건관리전문기관으로 지정된 자가 공급하는 보건관리용역 및 같은 법 제126조에 따른 작업환경측정기관이 공급하는 작업환경측정용역

⑭ 「노인장기요양보험법」 제2조 제4호에 따른 장기요양기관이 같은 법에 따라 장기요양인정을 받은 자에게 제공하는 신체활동 · 가사활동의 지원 또는 간병 등의 용역

⑮ 「사회복지사업법」 제5조의 2 제2항에 따라 보호대상자에게 지급되는 사회복지서비스 이용권을 대가로 국가 및 지방자치단체 외의 자가 공급하는 용역

⑯ 「모자보건법」에 따른 산후조리원에서 분만 직후의 임산부나 영유아에게 제공하는 급식 · 요양 등의 용역

⑰「사회적기업 육성법」 제7조에 따라 인증받은 사회적기업 또는 「협동조합 기본법」 제85조 제1항에 따라 설립인가를 받은 사회적협동조합이 직접 제공하는 간병 · 산후조리 · 보육 용역

⑱「정신건강증진 및 정신질환자 복지서비스 지원에 관한 법률」 제15조 제6항 및 그 밖에 기획재정부령으로 정하는 법령에 따라 국가 및 지방자치단체로부터 의료보건 용역을 위탁받은 자가 제공하는 의료보건 용역

2 장례식장에서 제공하는 장의용역

부가가치세가 면제되는 장의용역이란 시신의 보관, 염습 및 매장과 그 과정에서 망인에 대한 예를 갖추기 위한 빈소와 제단 설치, 조문을 위한 장례식장의 임대 등 이용자에게 장례 의식과 관련한 역무를 제공하거나 시설물 등을 사용하게 하는 것을 말한다.

장의업자가 제공하는 장의용역은 부가가치세가 면제되고, 장례를 치르는 데 필요한 시설과 용역인 장례식장, 화장터, 납골시설, 상조회사 용역 등도 면세이며, 장의용역을 제공하는 데 부수적으로 사용되는 장의용품(관, 유골함, 수의 등)도 부가가치세 면세이다.

과거에는 장례식장에서 제공하는 음식물이 부가가치세 과세되었다. 그러나 2013.6.28. 대법원 판례에서 장례식장에서 제공하는 음식물이 장의용역의 공급에 통상적으로 부수된 것으로 인정하였다. 그에 따라 국세청 예규도 변경(기획재정부 부가가치세제과-640, 2013.10.30.)되었다.

관련 예규 · 판례

1 자연장지 조성자가 공급하는 수목장림 분양 및 관리 용역의 부가가치세 면제 여부

(서면-2021-법령해석부가-4058 [법령해석과-2243], 2021.6.29.)

자연장지를 조성한 사업자가 수목장림 분양 및 관리 용역을 공급하는 경우 면세하는 의료보건 용역의 범위에 포함되지 아니하여 부가가치세가 과세되는 것임

2 장례식장에서 공급하는 잡화, 과자, 담배, 커피 등의 부가가치세 면제 여부

(서면-2019-부가-2933 [부가가치세과-1767], 2020.10.8.)

장의업을 영위하는 자가 장의용역의 공급에 필수적으로 부수되지 아니하는 부가가치세가

과세되는 "잡화, 담배 등"을 장의용역을 공급받는 자 및 일반인에게 공급하는 경우에는 재화의 공급에 해당하여 부가가치세가 과세되는 것임

3 장례식장 영업자가 장례식장에서 음식물과 함께 제공하는 1회용기, 음료 등의 부가가치세 면제 여부(서면 - 2019 - 법령해석부가 - 1623 [법령해석과 - 1740], 2019.7.3.)

장례식장 영업자가 장례식장을 방문한 문상객에게 음식용역을 공급하면서 이에 부수하여 1회용기, 음료, 주류 등을 제공하는 경우 해당 재화는 부가가치세가 면제되는 음식용역의 공급에 포함되는 것임

4 장례식장 영업자의 장례음식 공급용역은 장례용역에 부수되는 용역으로 면세됨

(기획재정부 부가가치세제과 - 640, 2013.10.30.)

장례식장 영업자가 장례식장을 방문한 문상객에게 음식용역을 제공하는 경우 동 음식용역은 「부가가치세법」 제26조 제2항의 규정에 따라 면세되는 용역에 통상적으로 부수되는 용역으로 보는 것임

5 거래의 관행상 장례식장에서의 음식물 제공용역의 공급이 장의용역의 공급에 통상적으로 부수되고 있음(대법원 2013두932, 2013.6.28.)

장례식장에서의 음식물 제공용역의 공급은 일반인이 아니라 특정 조문객만을 대상을 빈소 바로 옆 공간이라는 제한된 장소에서 이루어지는 것이 일반적인 점 등에 비추어 보면, 거래의 관행상 장례식장에서의 음식물 제공용역의 공급이 부가가치세 면세대상인 장의용역의 공급에 통상적으로 부수되고 있음을 충분히 인정할 수 있음

3 병원 식당

입원한 환자들에게 제공하는 음식물은 의료용역에 부수적으로 제공되는 것으로 면세이나, 환자 보호자 및 외래환자, 직원에게 제공하는 음식물은 과세이다.

4 병원 주차장

의료업과 관련하여 주차장을 운영하면서 주차료 징수 시 당해 운영수입은 부가가치세 과세이다.

04 의료기관이 준수해야 할 상속세 및 증여세법 및 납세협력의무

「상속세 및 증여세법 시행령」 제12조에서 서술하고 있는 공익법인은 사회복지, 종교, 교육, 장학, 의료 등 사회일반의 이익을 목적으로 설립된 비영리법인으로 공익법인이 출연받은 재산으로 공익목적사업을 이행하면 해당 자산에 대한 상속세 및 증여세를 부과하지 않는 세제혜택을 받을 수 있다.

의료기관은「상속세 및 증여세법 시행령」 제12조 제4호에「의료법」에 따른 의료법인이 운영하는 사업을 영위하는 의료기관으로 공익법인에 해당하게 된다.

따라서 의료기관은 공익법인에게 주는「상속세 및 증여세법」의 세제혜택을 받을 수 있다.

세제혜택을 받는 대신 이에 상응하는 의무가 뒤따르고, 의무이행을 하지 않을 경우 증여세를 추징, 기준금액 미달 사용의 경우 가산세를 부과하는 등 사후관리를 엄격하게 하고 있다.

「상속세 및 증여세법」 관련 규정은 사학기관, 의료기관, 사회복지기관 등 공익법인에 해당될 경우 공통적으로 적용되는 규정이다. 이하 구체적인 내용은 본서 'PART 3. 상속세 및 증여세법상 혜택과 사후관리'를 참조하기 바란다.

▶ 공익법인의 납세의무 개요[16] ◀

출연자 —(출 연)→ 공익법인 —(사 용)→ 수혜자

출연 관련
- 공익법인등에 출연한 재산에 대한 상속세 과세가액 불산입
- 공익법인등이 출연받은 재산에 대한 증여세 과세가액 불산입

사용 관련
- 출연재산 사용
- 출연재산 매각대금 사용
- 운용소득 사용

고유목적사업과 관련하여 지켜야 할 일
- 출연재산을 3년 내 직접 공익목적에 사용
- 출연재산 매각대금을 1년 내 30%, 2년 내 60%, 3년 내 90% 이상 직접 공익목적에 사용
- 출연재산 운용소득을 1년 이내에 80% 이상 직접 공익목적에 사용
- 내국법인 주식은 발생주식총수의 5%(10%, 20%) 이하 취득 및 보유
- 출연재산가액의 1%(3%) 이상 의무 사용
- 출연자 또는 그 특수관계인의 이사(5분의 1 초과) 및 임직원 취임 제한
- 특정기업의 광고 등 금지
- 특수관계인 간 부당 내부거래 금지
- 특정 계층에만 공익사업의 혜택 제공 금지
- 공익법인 해산 시 잔여재산 국가 등에 귀속

수익사업에 대한 법인세 등
- 수익사업에 대한 법인세 신고납부 의무
- 고유목적사업준비금 손금산입
- 이자소득에 대한 법인세 신고특례
- 자산양도소득에 대한 과세특례

공익법인의 납세협력의무
- 공익법인 출연재산 등에 대한 보고서 제출의무
- 공익법인 결산서류 공시의무
- 장부의 작성 · 비치의무
- 외부전문가의 세무확인 및 보고의무
- 외부 회계감사를 받아야 할 의무
- 주식보유 관련 의무이행 신고
- 공익목적사업용 전용계좌 개설 · 사용 의무
- 공익법인 등의 회계기준 적용의무
- 기부금영수증 발급내역 작성 · 보관 · 제출의무
- (세금)계산서합계표 등 자료 제출의무

※ **고유목적사업** : 법령 또는 정관에 규정된 설립목적을 직접 수행하는 사업

16) 공익법인 세무안내, 국세청, 2025, 1쪽

▶ 공익법인이 고유목적사업 관련 준수사항 위반 시 증여세 추징사유와 가액 ◀

증여세 추징사유	증여재산가액
① 직접 공익목적사업의 용도 외에 사용한 경우	그 사용한 가액
② 출연받은 재산을 출연받은 날부터 3년 이내에 직접 공익목적사업에 사용하지 않은 경우	미달사용액 혹은 사용하지 않은 가액
③ 출연받은 재산을 수익용 또는 수익사업용으로 운용하여 그 운용소득을 직접 공익목적사업 외에 사용한 경우	직접 공익목적사업에 사용하지 않은 출연재산의 평가가액 $\times \dfrac{\text{공익목적사업 외에 사용한 금액}}{\text{운용소득}}$
④ 출연받은 재산의 매각대금을 공익목적사업 외에 사용하거나 매각한 날부터 3년이 지난날까지 매각대금의 90% 이상을 공익목적사업에 사용하지 않은 경우	가. 공익목적사업 외에 사용한 경우 매각대금의 $90\% \times \dfrac{\text{공익목적사업 외에 사용한 금액}}{\text{매각대금}}$ 나. 사용기준금액에 미달하게 사용한 경우 : 당해 미달사용액
⑤ 그 밖의 출연받은 재산 및 직접 공익목적사업을 운용하지 아니하는 경우	국가·지방자치단체·공익법인 등에게 귀속 시키지 않은 금액
⑥ 직접 공익목적사업에 사용하는 것의 혜택이 특정 일부에게만 제공되는 경우	혜택을 받은 일부에게만 제공된 재산가액
⑦ 공익법인의 자기내부거래	가. 대가없이 사용·수익하게 하는 경우 : 해당 출연재산가액 ※ 전체 출연재산가액 중 출연자가 사용·수익하는 출연재산가액 나. 낮은 대가로 사용·수익하게 하는 경우 당해 출연재산가액 $\times \dfrac{\text{(정상적인 대가}-\text{실제 지급한 대가)}}{\text{정상적인 대가}}$
⑧ 출연받은 재산이나 운영소득을 내국법인 주식 등을 취득하는 데 사용하여 출연자 및 공익법인의 주식보유비율이 5%(성실공익법인의 경우 10% 또는 20%)를 초과하는 경우	주식보유비율을 초과하여 취득한 주식의 취득가액
⑨ 위 '③'의 운용소득을 기준금액에 미달하게 사용하거나 '④'의 매각대금을 매각한 날부터 2년 이내 기준금액에 미달하게 사용하는 경우	미달사용금액에 대한 가산세 추징

▶ 공익법인의 납세협력의무 ◀

「상속세 및 증여세법」상 의무	「법인세법」상 의무
① 출연재산보고서 등 제출의무 ② 공익법인 등의 전용계좌 개설 · 사용 의무 ③ 장부의 작성 · 비치 의무 ④ 공익법인 등에 대한 외부전문가 세무확인 ⑤ 공익법인 등에 적용되는 회계기준 ⑥ 공익법인 등의 외부회계감사의무 ⑦ 공익법인 등의 결산서류 등 공시의무	① 공익법인 등 의무이행 여부 점검결과 보고서 제출 ② 연간 기부금 모금액 및 활용실적 명세서 제출 ③ 기부금영수증 발급명세 작성 · 보관 · 제출 의무 ④ (세금)계산서 합계표 등 제출의무

Ⅲ. 사회복지법인 세무

01 개 요

사회복지법인이란 사회복지사업을 할 목적으로 설립된 법인을 말하고, 사회복지시설이란 사회복지사업을 할 목적으로 설치된 시설을 말한다.

여기서 '사회복지사업'이란 「사회복지사업법」 제2조 제1항에 따른 사업을 말하는데, 법률에 따른 보호 · 선도(善導) 또는 복지에 관한 사업과 사회복지상담, 직업지원, 무료 숙박, 지역사회복지, 의료복지, 재가복지(在家福祉), 사회복지관 운영, 정신질환자 및 한센병력자의 사회복귀에 관한 사업 등 각종 복지사업과 이와 관련된 자원봉사활동 및 복지시설의 운영 또는 지원을 목적으로 하는 사업을 말한다.

사회복지사업은 「법인세법」상 비수익사업에 해당하여 법인세가 과세되지 않는다. 그러나 「법인세법」 제4조 제3항(과세소득의 범위) 및 「법인세법 시행령」 제3조(수익사업의 범위)에 해당하는 사업에서 발생하는 소득에 대해서는 법인세가 과세된다.

또한 보건 및 사회복지사업은 부가가치세 과세대상이나, 고유목적사업을 위해 일시적으로 제공되거나 실비 또는 무상으로 공급하는 재화 또는 용역에 대해서는 부가가치세를 면제한다.

이하 본 PART에서는 사회복지법인에 관련된 「부가가치세법」, 「법인세법」, 「상속세 및 증여세법」 규정에 대해 설명하고자 한다.

02 사회복지법인의 법인세 납세의무

비영리법인도 수익사업을 영위하는 경우 법인세를 신고 · 납부해야 한다. 비영리법인의 수익사업에서 발생한 소득에 대해 과세를 하지 않으면 영리법인과 비영리법인 간의 과세 형평에 어긋나기 때문이다.

법인세 과세대상인 수익사업이란 「법인세법」 제4조 제3항에 열거한 소득을 말하고, 구체적인 내용과 범위는 본서 p.102를 참조하기 바란다.

「사회복지사업법」에 의하여 설립된 사회복지법인은 「법인세법」상 비영리법인에 해당하고, 국내외 원천소득 중 수익사업에서 발생한 소득이 있다면 법인세를 신고 · 납부해야 한다.

그러나 국가가 장려하는 정책적인 목적이 있는 농업, 교육서비스업 등 특수한 경우의 사업은 법인세 과세대상에서 제외하는 사업소득으로 구분하고 있다(법인령 §3 ①).

관련법령 **법인세 과세대상 사업소득에서 제외하는 소득(법인령 §3 ① 4호)**

4. 보건업 및 사회복지 서비스업 중 다음 각 목의 어느 하나에 해당하는 사회복지시설에서 제공하는 사회복지사업
   가. 「사회복지사업법」 제34조에 따른 사회복지시설 중 사회복지관, 부랑인 · 노숙인 시설 및 결핵 · 한센인 시설
   나. 「국민기초생활보장법」 제15조의 2 제1항 및 제16조 제1항에 따른 중앙자활센터 및 지역자활센터
   다. 「아동복지법」 제52조 제1항에 따른 아동복지시설
   라. 「노인복지법」 제31조에 따른 노인복지시설(노인전문병원은 제외한다)
   마. 「노인장기요양보험법」 제2조 제4호에 따른 장기요양기관
   바. 「장애인복지법」 제58조 제1항에 따른 장애인복지시설 및 같은 법 제63조 제1항에 따른 장애인복지단체가 운영하는 「중증장애인생산품 우선구매 특별법」 제2조 제2항에 따른 중증장애인생산품 생산시설
   사. 「한부모가족지원법」 제19조 제1항에 따른 한부모가족복지시설
   아. 「영유아보육법」 제10조에 따른 어린이집
   자. 「성매매방지 및 피해자보호 등에 관한 법률」 제9조 제1항에 따른 지원시설, 제15조 제2항에 따른 자활지원센터 및 제17조 제2항에 따른 성매매피해상담소

차.「정신건강증진 및 정신질환자 복지서비스 지원에 관한 법률」 제3조 제6호 및 제7호에 따른 정신요양시설 및 정신재활시설
카.「성폭력방지 및 피해자보호 등에 관한 법률」 제10조 제2항 및 제12조 제2항에 따른 성폭력피해상담소 및 성폭력피해자보호시설
타.「입양특례법」 제20조 제1항에 따른 입양기관
파.「가정폭력방지 및 피해자보호 등에 관한 법률」 제5조 제2항 및 제7조 제2항에 따른 가정폭력 관련 상담소 및 보호시설
하.「다문화가족지원법」 제12조 제1항에 따른 다문화가족지원센터
거.「건강가정기본법」 제35조 제1항에 따른 건강가정지원센터

위「법인세법 시행령」에서 열거한 시설이 제공하는 사회복지사업은 수익사업 중 사업소득에서 제외된다.

관련 예규 · 판례

1 비영리법인이 지자체로부터 노인일자리사업을 위탁받아 운영하는 경우, 해당 사업에서 발생한 손익이 지자체로 귀속되는 경우 법인세 과세대상에 해당하지 않음

(사전 - 2021 - 법령해석법인 - 1214 [법령해석과 - 3719], 2021.10.26.)

비영리내국법인이「노인복지법」 제23조의 2 제2항에 따라 국가 또는 지방자치단체(이하 "지방자치단체 등")로부터 노인일자리전담기관의 운영 전부 또는 일부를 위탁받아 노인일자리사업을 수행하면서 그 사업에서 발생하는 손익이 실질적으로 해당 지방자치단체 등에 귀속되는 경우, 해당 사업에서 발생한 소득은「법인세법」 제3조 제2항에 따라 법인세 과세대상에 해당하지 않는 것임

2 장애인 보호작업장의 수익사업 해당 여부

(서면 - 2019 - 법인 - 0828 [법인세과 - 1071], 2019.5.7.)

비영리내국법인이「장애인복지법」 제58조 제1항에 따른 장애인복지시설로서 같은 법 시행규칙 별표 4에 열거하고 있는 장애인 보호작업장을 운영하는 경우, 해당 사회복지사업은「법인세법 시행령」 제2조 제1항 제4호에 해당하여 수익사업에 해당하지 아니하는 것임

3 장애인 보호작업장의 수익사업 해당 여부

(서면 - 2017 - 법인 - 2325 [법인세과 - 2577], 2017.9.25.)

비영리내국법인이 장애인복지시설로서 장애인 보호작업장을 운영하는 사회복지사업은 수익사업에 해당하지 아니하는 것임

4 지자체로부터 위탁받은 노인전문병원 의료사업의 수익사업 해당 여부

(서면 - 2015 - 법인 - 2061 [법인세과 - 914], 2016.4.18.)

지방자치단체로부터 위탁받은 노인전문병원의 의료사업은 「법인세법 시행령」 제2조 제1항의 수익사업에 해당하여 법인세 신고의무가 있음

5 장애인 보호작업장의 수익사업 해당 여부(법인세과 - 15, 2014.1.8.)

비영리내국법인이 「장애인복지법」 제58조 제1항에 따른 장애인복지시설로서 같은 법 시행규칙 별표 4에 열거하고 있는 장애인 보호작업장을 운영하는 경우, 해당 사회복지사업은 「법인세법 시행령」 제2조 제1항 제4호에 해당하여 수익사업에 해당하지 아니하는 것임

6 비영리내국법인의 수익사업 여부(법인세과 - 645, 2011.8.31.)

「노인장기요양보험법」 제2조 제4호에 따른 장기요양기관이 제공하는 사회복지사업은 「법인세법 시행령」 제2조 제1항 제4호 마목에 따라 비영리내국법인의 수익사업에 해당하지 아니하는 것임.

7 장기요양기관의 시설급여사업의 수익사업 여부(법인세과 - 1031, 2010.11.2.)

「노인장기요양보험법」에 의한 장기요양기관이 제공하는 재가급여 또는 시설급여를 제공하는 사업 중 「노인복지법」에 의한 재가노인복지시설, 노인요양시설, 노인요양공동생활가정에서 제공되는 경우에는 수익사업에 해당하지 아니함

1 사회복지법인과 기부금

「사회복지사업법」에 의해 설립된 사회복지법인에 지출하는 기부금은 「법인세법 시행령」 제39조 제1항 제1호(구 지정기부금) 각 목에 따른 기부금 단체에 해당된다.

따라서 기부금을 수취한 사회복지법인은 기부자들에게 기부금영수증을 발급해주고, 기부자들이 연말정산 시 세제혜택을 받을 수 있도록 연말정산간소화 서비스에 기부금 납입내역을 입력해야 하고, 연간 기부금 모금액 및 활용실적 명세서와 기부금영수증 발급명세서를 제출하는 등 세법에서 규정하는 여러 가지 의무를 이행하여야 한다.

월별 기부금 관련 업무일정 및 구체적인 내용은 다음과 같다.

시점	내　　용
상시	기부금영수증 발급, 기부자별 발급명세서 작성
1월	연말정산간소화 세액공제 자료 제출
4월	「기부금 모금액 및 활용실적 명세서」 제출 「공익법인 등 의무이행 여부 보고서」 제출
6월	「기부금영수증 발급합계표」 제출

기부금 관련 내용은 본서 p.56을 참조하기 바란다.

2 고유목적사업준비금

고유목적사업준비금이란 비영리법인에서 사용하는 계정과목으로 법인의 수익사업에서 발생한 소득에 '고유목적사업준비금전입액'을 비용으로 계상하여 추후 고유목적사업에 사용하기 위해 설정한 지급준비금이다.

「법인세법」 제29조에서도 비영리법인이 수익사업에서 생긴 소득을 고유목적사업이나 지정기부금에 지출하기 위하여 고유목적사업준비금을 설정한 경우에는 법률이 정한 한도 내에서 손금산입할 수 있다고 명시하고 있다.

비영리법인이 과세대상 수익사업을 하면 일반 법인과 동일한 납세의무를 지게 된다. 보통 비영리법인이 고유목적사업을 원활하게 운영하기 위해 수익사업을 통해 자금을 마련하게 되는데, 비영리법인에게 영리법인과 동일하게 과세하면 공익사업 수행에 제약이 발생하게 된다.

이에 비영리법인의 고유목적사업을 원활히 수행하게 하기 위해 고유목적사업준비금을 통해 법인세 과세를 면제하는 데 그 의의가 있다.

고유목적사업준비금에 관련한 구체적인 내용은 본서 p.134를 참조하기 바란다.

비영리법인의 수익사업소득의 종류에 따라 50~100% 범위 내에서 고유목적사업준비금으로 손금 계상할 수 있다.

100% 손금산입한도	80% 손금산입한도	50% 손금산입한도
• 이자소득 및 배당소득 등 • 학교법인, 사회복지법인, 국립대학교병원 등의 수입사업 소득	고유목적사업 지출액 중 50% 이상을 장학금으로 지출하는 법인	그 밖의 수익사업 소득

「사회복지사업법」에 의해 설립된 사회복지법인은 수익사업에서 발생한 소득의 100%를 고유목적사업준비금으로 설정할 수 있다.

03 사회복지법인의 부가가치세 납세의무

사회복지법인이 제공하는 사회복지서비스업은 부가가치세가 과세되는 용역이다(부가령 §3 ① 10호). 그러나 주무관청의 허가 또는 인가를 받거나 주무관청에 등록된 단체가 고유의 사업목적을 위하여 일시적으로 공급하거나 실비(實費) 또는 무상으로 공급하는 재화 또는 용역은 부가가치세가 면제된다.

관련 예규 · 판례

1 공익단체가 실비로 공급하는 용역에 해당되어 부가가치세가 면제되는지

(사전 - 2020 - 법령해석부가 - 0627, 2020.8.5.)

주무관청의 허가 또는 인가를 받은 비영리법인이 그 고유목적사업을 위하여 실비로 용역을 공급하는 경우에는 부가가치세가 면제되는 것이나, 실비에 해당하는지는 사실판단 사항임

2 사회적협동조합이 목적사업으로서 공사용역을 제공하고 대가를 받는 경우 부가가치세 면제 여부(사전 - 2020 - 법령해석부가 - 0144, 2020.2.14.)

주무관청의 인가를 받아 설립된 사회적 협동조합이 고유의 사업목적을 위하여 공급하는 용역의 대가가 실비에 해당하지 아니한 경우에는 부가가치세가 과세되는 것이나 해당 대가가 실비에 해당하는지 여부는 사실판단 할 사항임

3 공익단체의 실비공급으로 부가가치세가 면제되는지 여부(법규부가 2014 - 68, 2014.3.7.)

주무관청의 인가를 받은 비영리법인이 그 고유목적사업을 위하여 실비로 공급하는 경우 부가가치세가 면제됨

04 사회복지법인이 준수해야 할 상속세 및 증여세법 및 납세협력의무

「상속세 및 증여세법 시행령」 제12조에서 서술하고 있는 공익법인은 사회복지, 종교, 교육, 장학, 의료 등 사회일반의 이익을 목적으로 설립된 비영리법인으로 공익법인이 출연받은 재산으로 공익목적사업을 이행하면 해당 자산에 대한 상속세 및 증여세를 부과하지 않는 세제혜택을 받을 수 있다.

사회복지법인은 「상속세 및 증여세법 시행령」 제12조 제3호에 「사회복지사업법」의 규정에 의한 사회복지법인은 공익법인에 해당하게 된다.

따라서 사회복지법인은 공익법인에게 주는 「상속세 및 증여세법」의 세제혜택을 받을 수 있다.

세제혜택을 받는 대신 이에 상응하는 의무가 뒤따르고, 의무이행을 하지 않을 경우 증여세를 추징, 기준금액 미달 사용의 경우 가산세를 부과하는 등 사후관리를 엄격하게 하고 있다.

「상속세 및 증여세법」 관련 규정은 사학기관, 의료기관, 사회복지기관 등 공익법인에 해당될 경우 공통적으로 적용되는 규정이다. 이하 구체적인 내용은 본서 'PART 3. 상속세 및 증여세법상 혜택과 사후관리'를 참조하기 바란다.

▶ 공익법인의 납세의무 개요[17] ◀

출연자 —(출 연)→ 공익법인 —(사 용)→ 수혜자

출연
- 공익법인등에 출연한 재산에 대한 상속세 과세가액 불산입
- 공익법인등이 출연받은 재산에 대한 증여세 과세가액 불산입

사용
- 출연재산 사용
- 출연재산 매각대금 사용
- 운용소득 사용

고유목적사업과 관련하여 지켜야 할 일
- 출연재산을 3년 내 직접 공익목적에 사용
- 출연재산 매각대금을 1년 내 30%, 2년 내 60%, 3년 내 90% 이상 직접 공익목적에 사용
- 출연재산 운용소득을 1년 이내에 80% 이상 직접 공익목적에 사용
- 내국법인 주식은 발생주식총수의 5%(10%, 20%) 이하 취득 및 보유
- 출연재산가액의 1%(3%) 이상 의무 사용
- 출연자 또는 그 특수관계인의 이사(5분의 1 초과) 및 임직원 취임 제한
- 특정기업의 광고 등 금지
- 특수관계인 간 부당 내부거래 금지
- 특정 계층에만 공익사업의 혜택 제공 금지
- 공익법인 해산 시 잔여재산 국가 등에 귀속

수익사업에 대한 법인세 등
- 수익사업에 대한 법인세 신고납부 의무
- 고유목적사업준비금 손금산입
- 이자소득에 대한 법인세 신고특례
- 자산양도소득에 대한 과세특례

공익법인의 납세협력의무
- 공익법인 출연재산 등에 대한 보고서 제출의무
- 공익법인 결산서류 공시의무
- 장부의 작성 · 비치의무
- 외부전문가의 세무확인 및 보고의무
- 외부 회계감사를 받아야 할 의무
- 주식보유 관련 의무이행 신고
- 공익목적사업용 전용계좌 개설 · 사용 의무
- 공익법인 등의 회계기준 적용의무
- 기부금영수증 발급내역 작성 · 보관 · 제출의무
- (세금)계산서합계표 등 자료 제출의무

※ **고유목적사업** : 법령 또는 정관에 규정된 설립목적을 직접 수행하는 사업

17) 공익법인 세무안내, 국세청, 2025, 1쪽

▶ 공익법인이 고유목적사업 관련 준수사항 위반 시 증여세 추징사유와 가액 ◀

증여세 추징사유	증여재산가액
① 직접 공익목적사업의 용도 외에 사용한 경우	그 사용한 가액
② 출연받은 재산을 출연받은 날부터 3년 이내에 직접 공익목적사업에 사용하지 않은 경우	미달사용액 혹은 사용하지 않은 가액
③ 출연받은 재산을 수익용 또는 수익 사업용으로 운용하여 그 운용소득을 직접 공익목적사업 외에 사용한 경우	직접 공익목적사업에 사용하지 않은 출연재산의 평가가액 × $\frac{\text{공익목적사업 외에 사용한 금액}}{\text{운용소득}}$
④ 출연받은 재산의 매각대금을 공익목적사업 외에 사용하거나 매각한 날부터 3년이 지난날까지 매각 대금의 90% 이상을 공익목적사업에 사용하지 않은 경우	가. 공익목적사업 외에 사용한 경우 매각대금의 90% × $\frac{\text{공익목적사업 외에 사용한 금액}}{\text{매각대금}}$ 나. 사용기준금액에 미달하게 사용한 경우 : 당해 미달사용액
⑤ 그 밖의 출연받은 재산 및 직접 공익목적사업을 운용하지 아니하는 경우	국가 · 지방자치단체 · 공익법인 등에게 귀속시키지 않은 금액
⑥ 직접 공익목적사업에 사용하는 것의 혜택이 특정 일부에게만 제공되는 경우	혜택을 받은 일부에게만 제공된 재산가액
⑦ 공익법인의 자기 내부거래	가. 대가없이 사용 · 수익하게 하는 경우 : 해당 출연재산가액 ※ 전체 출연재산가액 중 출연자가 사용 · 수익하는 출연재산가액 나. 낮은 대가로 사용 · 수익하게 하는 경우 당해 출연재산가액 × $\frac{\text{(정상적인 대가} - \text{실제 지급한 대가)}}{\text{정상적인 대가}}$
⑧ 출연받은 재산이나 운영소득을 내국법인 주식 등을 취득하는데 사용하여 출연자 및 공익법인의 주식보유비율이 5%(성실공익법인의 경우 10% 또는 20%)를 초과하는 경우	주식보유비율을 초과하여 취득한 주식의 취득가액
⑨ 위 '③'의 운용소득을 기준금액에 미달하게 사용하거나 '④'의 매각대금을 매각한 날부터 2년 이내 기준금액에 미달하게 사용하는 경우	미달사용금액에 대한 가산세 추징

▶ 공익법인의 납세협력의무 ◀

「상속세 및 증여세법」상 의무	「법인세법」상 의무
① 출연재산보고서 등 제출의무 ② 공익법인 등의 전용계좌 개설 · 사용 의무 ③ 장부의 작성 · 비치 의무 ④ 공익법인 등에 대한 외부전문가 세무확인 ⑤ 공익법인 등에 적용되는 회계기준 ⑥ 공익법인 등의 외부회계감사의무 ⑦ 공익법인 등의 결산서류 등 공시의무	① 공익법인 등 의무이행 여부 점검결과 보고서 제출 ② 연간 기부금 모금액 및 활용실적 명세서 제출 ③ 기부금영수증 발급명세 작성 · 보관 · 제출 의무 ④ (세금)계산서 합계표 등 제출의무

Ⅳ. 종교단체 회계와 종교인 과세

미국의 종교단체는 비영리조직 일반에 대한 회계기준을 적용하고 있고, 일본은 별도의 종교법인회계기준을 마련하고 있다.

이에 반해 우리나라는 사학기관, 의료기관, 사회복지기관 등에 대한 각각의 회계기준이 존재함에도 불구하고 종교기관 회계에 대한 지침이 전혀 마련되어 있지 않은 상황이다. 다만, 종단 및 교단에서 내부적으로 적용하는 회계 규정이 있을 뿐인데 그 내용은 아래 표와 같다.

한국기독교교회 협의회	교회회계와 재무처리기준
대한불교조계종	예산회계법 사찰의 경우 사찰예산회계법 및 동법 시행령

이에 학계에서는 종교단체의 회계제도를 선진국 사례에 접목하여 회계지침을 마련함으로써 회계투명성을 제고해야 한다는 주장이 꾸준히 제기되고 있다.

본서에서는 종교단체의 내부 회계규정 대신 2018년 1월부터 시행된 '종교인 과세'에 대한 세법내용에 대해 기술하고자 한다.

01 종교인의 소득의 개념과 범위

1 종교인 소득이란?

종교관련 종사자(이하 '종교인')가 종교의식을 집행하는 등 종교관련 종사자로서의 활동과 관련하여 소속된 종교단체로부터 받을 소득을 말한다(소득법 §21 ① 26호).

종교인이 종교활동과 관련하여 소속된 종교단체로부터 받은 소득을 과세대상으로 하며, 다음의 것은 소득세를 과세하지 않는다.

- 종교인 소득 중 법령에 따른 본인 학자금
- 식사 또는 식사대(월 10만원 이내의 식대로 종교단체로부터 식사나 그 밖의 음식물을 제공받지 않는 경우에 한함)
- 실비변상적 성질의 비용(일직료, 숙직료, 여비, **종교활동비**, 재해 관련 지급액)
- 출산 · 6세 이하 보육수당
- 사택제공이익

종교인소득은 종교단체로부터 수령한 소득으로 한정하므로 헌금, 시주 등 종교단체가 기부받은 금액은 종교단체에 귀속되는 부분으로 종교인 소득에 해당되지 않는다.

참고 종교인 소득의 비과세 여부

① 종교단체가 지원하는 종교인 본인의 학자금 지원은 비과세이다. 그러나 학교 등으로부터 장학금 혜택을 받으면서도 종교단체로부터 학자금을 지급받는 경우에도 비과세일까?

☞ 장학금을 받으면서 종교단체로부터 지급받는 학자금은 과세대상임
즉, 전액 장학금을 받은 경우 종교단체로부터 받은 학자금 전액, 일부 장학금 혜택을 받은 경우 종교단체로 받은 학자금 중 일부 장학금에 해당하는 부분은 종교인 소득에 해당되어 과세됨

② 종교인 본인이 아닌 배우자 또는 자녀에 대한 학자금 지원은 비과세 소득에 해당하는가?

☞ 비과세 소득에 해당하는 학자금은 종교인 본인에 대한 학자금에 한하므로 배우자 및 자녀에 대한 학자금 지원은 비과세소득이 아님

③ 목회자 자녀교육비 등을 교회에서 종교활동비라는 명목으로 지출한 경우, 비과세되는 종교활동비로 분류가 가능한지?

☞ 목회자 자녀의 교육비 등 종교인 개인에게 처분권이 위임되어 귀속이 되는 경우에는 종교활동비로 구분할 수 없음

④ 비과세되는 사택제공이익은?[18)]

☞ 사택은 종교단체가 소유한 것으로 종교인에게 무상 또는 저가로 제공하는 주택이나, 종교단체가 직접 임차한 것으로 종교인에게 무상으로 제공하는 주택을 말함

따라서 종교인 명의로 임차한 주택에 대한 임차료를 종교단체가 지원하는 경우 종교단체의 내부규정에 따라 지급한다 하더라도 과세대상임

또한 사택에 거주하는 종교인의 전기요금, 수도요금, 가스요금 등을 종교단체가 부담하는 경우에도 과세대상임

⑤ 종교활동비는 종교단체의 규약 또는 의결기구의 의결 · 승인 등에 의하여 결정된 지급기준에 따라야 한다는 것이 구체적으로 어떤 의미인가?[19)]

☞ 종교인에게 지급되는 금액인 종교활동비가 비과세 되기 위해서는 아래 요건을 모두 충족하여야 함

- 소속 종교단체의 규약 또는 의결기구의 의결 · 승인 등이 있어야 하고,
- 승인에 따라 결정된 지급기준에 따라 지급되어야 하며,
- 종교활동을 위하여 통상적으로 사용할 목적으로 지급받아야 함

⑥ 종교인이 아닌 종교단체의 행정업무를 담당하는 직원의 소득도 종교인소득에 해당하는가?

☞ 행정업무를 담당하는 직원에게 고용관계 등에 따라 지급하는 경우 종교인소득에 해당하지 아니하나, 세법에 따라 근로소득이나 기타소득에 해당하므로 원천징수의무를 이행하여야 함

18) 종교인소득 신고안내, 국세청, 2023, 141쪽

19) 종교인소득 신고안내, 국세청, 2023, 21쪽

2 종교인의 범위

종교인 과세대상 종교인이란 한국표준직업분류 중 종교관련 종사자이다.

▶ 한국표준직업분류 중 종교관련 종사자[20] ◀

분 류 명			설 명 ( )직업 예시
소분류	세분류	세세분류	
종교 관련 종사자 (248)	성직자 (2481)	목사(24811)	기독교 종교예식이나 의식을 집행하고 관장하며 신자들에게 정신적, 도덕적 지도를 하는 사람으로 교리의 해설과 설교를 하며, 종교의식을 집행하는 자를 말한다.(목사, 교목, 원목, 군목, 부목사)
		신부(24812)	천주교 종교예식이나 의식을 집행하고 관장하며 신자들에게 정신적, 도덕적 지도를 하는 사람으로 교리의 해설과 설교를 하며, 종교의식을 집행하는 자를 말한다.(사제, 주교, 신부, 부제)
		승려(24813)	불교 종교계식이나 의식을 집행하고 관장하며 신자들에게 정신적, 도덕적 지도를 하는 사람으로 교리의 해설과 설교를 하며, 종교의식을 집행하는 자를 말한다.(승려, 스님, 법사)
		교무(24814)	원불교 종교예식이나 의식을 집행하고 관장하며 신자들에게 정신적, 도덕적 지도를 하는 사람으로 교리의 해설과 설교를 하며 종교의식을 집행하는 자를 말한다.(교무, 원불교)
		그 외 성직자(24819)	상기 세세분류 어느 항목에도 포함되지 않는 기타 종교관련 성직자가 여기에 분류(전교, 대종교, 유교)
	기타 종교관련 종사원 (2489)	수녀 및 수사(24891)	천주교회에서 신부를 보조하여 미사 등의 집전을 보조하며, 신자들에게 신앙 및 정신적·도덕적 지도를 하는 자를 말한다.(수녀, 수사)
		전도사(24892)	교회에서 맡은 역할에 따라 청소년이나 신자들의 교육을 담당하거나, 찬양 율동, 음악 등을 지도하는 자를 말한다.(전도사)
		그 외 종교관련 종사원 (24899)	상기 세세분류 어느 항목에도 포함되지 않는 기타 종교관련 종사자가 여기에 분류(포교사, 선교사)

20) 통계청 통계분류포털(kssc.kostat.go.kr : 8443)

02 종교인소득 원천징수

종교단체는 종교인에게 소득을 지급할 때 소득세 등을 원천징수한 후 잔액을 지급해야 한다. 종교인소득은 「소득세법」상 기타소득으로 분류하나, 근로소득으로 선택하여 원천징수할 수 있다.

1 기타소득 원천징수

종교단체가 종교인에게 소득지급 시 기타소득으로 원천징수하는 경우 「종교인소득 간이세액표」에 의해 원천징수하면 된다.

간이세액표에 따라 원천징수한 세액 합계액이 연말정산 시 결정세액보다 큰 경우 그 차액을 환급하고, 적은 경우에는 추가납부한다.

(1) 종교인소득 간이세액표를 이용한 원천징수세액 계산[21)]

① 홈택스(www.hometax.go.kr) ⇒ 조회/발급 ⇒ 기타 조회 ⇒ 종교인소득 간이세액표에 의해 매월 원천징수액을 확인할 수 있다.

② 월지급액은 비과세소득을 제외한 금액이다.

③ 공제대상 가족수는 기본 공제대상자에 포함되는 부양가족 수이다.

사례 종교인소득 간이세액표를 이용한 원천징수세액 산출사례

연간지급액(월 지급액)	원천징수 세액		
	1명	2명	4명(6명으로 적용)
2,000만원(월 167만원)	1,000원	0원	0원
4,000만원(월 333만원)	83,630원	61,130원	1,000원
5,000만원(월 417만원)	163,230원	140,730원	50,730원

21) 종교인소득 신고안내, 국세청, 2022, 48쪽

해설

가정 : (1명)본인, (2명)본인+배우자, (4명)본인+배우자+자녀 2명(20세 이하)

• 추가공제 적용 시 공제대상 가족의 수=실제 공제대상 가족의 수+경로우대, 장애인공제대상 인원 수, 20세 이하 자녀의 수로 계산

따라서, 위 표상 4명의 경우 20세 이하 자녀의 수 2명을 더해 6명으로 적용

(2) 종교인소득 간이세액 산출방법[22)]

<table>
<tr><th>구 분</th><th>계 산 방 법</th></tr>
<tr><td>종교인소득 지급액</td><td>소속 종교단체와의 계약을 통해 결정된 연간 지급액 합계액 또는 매월 지급받는 금액을 연간으로 환산한 금액</td></tr>
<tr><td>필요경비</td><td><table>
<tr><th>종교관련 종사자가 받는 금액</th><th>필요경비</th></tr>
<tr><td>2천만원 이하</td><td>종교관련 종사자가 받은 금액의 100분의 80</td></tr>
<tr><td>2천만원 초과 4천만원 이하</td><td>1,600만원+(2천만원을 초과하는 금액의 100분의 50)</td></tr>
<tr><td>4천만원 초과 6천만원 이하</td><td>2,600만원+(4천만원을 초과하는 금액의 100분의 30)</td></tr>
<tr><td>6천만원 초과</td><td>3,200만원+(6천만원을 초과하는 금액의 100분의 20)</td></tr>
</table></td></tr>
<tr><td>소득금액</td><td>=연간 종교인소득 지급액-필요경비</td></tr>
<tr><td>기본공제</td><td>기본공제 : 공제대상 가족 1명당 150만원
기본공제대상의 자녀가 있는 경우 공제대상 가족 수
=실제 공제대상 가족 수+20세 이하 자녀 수로 적용</td></tr>
<tr><td>연금소득 공제</td><td>종교인이 국민연금 등을 가입하는 경우(총 지급액의 4.5%)</td></tr>
<tr><td>과세표준</td><td>연간종교인소득지급액-필요경비-기본공제-연금소득공제</td></tr>
<tr><td>세율</td><td>종교인소득 원천징수 세율 20%</td></tr>
<tr><td>산출세액</td><td>과세표준×세율</td></tr>
</table>

22) 종교인소득 신고안내, 국세청, 2023, 49쪽

구 분	계 산 방 법
세액공제	총지급액이 7천만원 이하인 자는 총지급액의 2.3%(초과자는 정액 161만원) +산출세액의 10%(90만원 한도) * 종교인이 일반인보다 기부금등의 지출액이 높은 수준을 감안하여 산정
결정세액	산출세액 – 세액공제
간이세액	결정세액 ÷ 12개월(원단위 이하 절사)

* 간이세액표 제공 시에는 추가공제와 자녀세액공제는 제외하고 산정

(3) 기타소득 연말정산

종교단체가 종교인에게 소득을 지급할 때 「종교인소득 간이세액표」에 의해 원천징수한 소득세를 확정하는 제도를 말한다.

기타소득의 연말정산은 해당 과세기간의 다음연도 2월에 연말정산을 실시한다.

2 근로소득 원천징수

종교단체가 종교인에게 소득지급 시 근로소득으로 원천징수하는 경우 「근로소득 간이세액표」에 의해 원천징수하면 된다.

근로소득 연말정산 시 기본세율을 적용하며, 연말정산 후 결정된 세액에서 기납부한 세액을 차감하여 추가납부 또는 환급신청하게 된다.

일반적인 근로소득자와 동일하게 원천징수 및 연말정산하면 된다.

3 기타소득과 근로소득 비교[23)]

<table>
<tr><th></th><th>종교인소득(기타소득)
(종교인소득의 과세체계 적용)</th><th>근로소득
(근로소득의 과세체계 적용)</th></tr>
<tr><td>과세소득</td><td>종교인이 종교활동과 관련하여 소속된 종교단체로부터 받은 소득</td><td>종교인이 종교활동과 관련하여 소속된 종교단체로부터 받은 소득</td></tr>
<tr><td>비과세소득</td><td>학자금, 식사·식사대, 실비변상액(종교활동비 포함), 출산보육수당, 사택제공 이익 등</td><td>근로소득의 비과세소득 규정을 적용(사실상 동일)</td></tr>
<tr><td>필요경비 또는 근로소득 공제</td><td>
<table>
<tr><th>종교인이 받은 금액</th><th>필요경비</th></tr>
<tr><td>2천만원 이하</td><td>80%</td></tr>
<tr><td>2천만원 초과
4천만원 이하</td><td>1,600만원+
2천만원 초과의 50%</td></tr>
<tr><td>4천만원 초과
6천만원 이하</td><td>2,600만원+
4천만 초과의 30%</td></tr>
<tr><td>6천만원 초과</td><td>3,200만원+
6천만 초과의 20%</td></tr>
</table>
예) 수입금액 5,000만원인 경우 2,900만원 필요경비 인정</td><td>
<table>
<tr><th>총급여액</th><th>근로소득공제금액</th></tr>
<tr><td>500만원 이하</td><td>총급여액의 70%</td></tr>
<tr><td>500만원 초과
1,500만원 이하</td><td>350만원+
500만 초과의 40%</td></tr>
<tr><td>1,500만원 초과
4,500만원 이하</td><td>750만원+
1,500만 초과의 15%</td></tr>
<tr><td>4,500만원 초과
1억원 이하</td><td>1,200만원+
4,500만 초과의 5%</td></tr>
<tr><td>1억원 초과</td><td>1,475만원+
1억원 초과의 2%</td></tr>
</table>
예) 총급여액 5,000만원인 경우 1,225만원 소득공제</td></tr>
<tr><td>소득공제</td><td>기본공제, 추가공제, 연금보험료 공제, 벤처투자조합 출자 등, 개인연금저축</td><td>(좌동)+특별소득공제(건보료 등), 주택마련저축공제, 신용카드 공제, 장기집합투자증권저축</td></tr>
<tr><td>세액공제</td><td>자녀세액공제, 기부금공제, 외국납부, 연금계좌세액공제, 표준공제(7만원)</td><td>(좌동, 표준공제는 13만원)+월세, 의료비·교육비·보험료공제, 근로소득세액공제</td></tr>
<tr><td>근로·
자녀장려금</td><td>수급 가능</td><td>수급 가능</td></tr>
</table>

23) 종교인소득 신고안내, 국세청, 2023. 9쪽

03 종교인소득 관련 법령[24]

구 분	내 용	법 령
과세대상	• 종교인소득의 범위 및 기타소득 과세 –종교인이 소속된 종교단체로부터 받은 소득	「소득세법」 제21조 제1항 26호
	• 근로소득으로 신고한 경우 근로소득 신고 허용	「소득세법」 제21조 제4항
	• 종교단체의 범위 –「민법」에 따라 설립된 비영리법인, 「국세기본법」에 따른 법인으로 보는 단체, 부동산등기법에 따라 부동산등기용 등록번호를 부여받은 법인 아닌 사단 · 재단(그 소속단체를 포함)	「소득세법 시행령」 제41조 제15항
	• 종교관련 종사자의 범위 –통계청 한국표준직업분류에 따른 종교관련 종사자	「소득세법」 제12조 제5호 아목
	• 비과세 대상의 세부기준 –학자금, 식사대, 실비변상적 비용(종교활동비 등), 자녀보육수당, 사택 제공이익	
과세체계	• 종교인소득의 기타소득 필요경비계산 –2천만원 이하 80%, 지급액 증가에 따라 비율 감소(~20%)	「소득세법 시행령」 제87조 제3호
	• 종합소득과세표준신고 예외 –원천징수되는 종교인소득(기타소득)만 있는 자는 종합소득 과세표준 신고를 하지 않을 수 있음	「소득세법」 제73조 제1항 · 제2항
	• 종교단체의 반기별납부 승인 신청 –종교단체의 경우 상시근무 인원수에 관계없이 신청 가능	「소득세법 시행령」 제186조
	• 종교인소득(기타소득)의 원천징수 방법 –종교인소득 간이세액표에 따른 세액을 기준으로 원천징수	「소득세법 시행령」 제202조 제4항
	• 종교인소득(기타소득)의 연말정산 –다음연도 2월 소득 지급 시(미지급 시 2월말)	「소득세법」 제145조의 3
	• 종교인소득(기타소득)의 연말정산 방법 –필요경비 공제 후 소득 · 세액공제하여 소득세 산출	「소득세법 시행령」 제202조의 4
	• 종교인소득의 원천징수 예외 –종교단체는 원천징수를 하지 않을 수 있음 (종교인이 다음해 5월 종합소득 과세표준 확정신고)	「소득세법」 제155조의 6

24) 종교인소득 신고안내, 국세청, 2023, 11쪽

구 분	내 용	법 령
	• 종교인소득 또는 근로소득 지급명세서 제출 – 다음연도 3월 10일까지 제출	「소득세법」 제164조 제1항
기타	• 종교단체의 구분기장에 대한 규정 – 종교인소득을 지급하는 종교단체는 소속 종교인에게 지급한 금품(비과세금품도 포함) 등과 종교 활동과 관련하여 지출한 비용을 구분하여 기록 · 관리	「소득세법 시행령」 제41조 제16항
	• 종교인소득에 대한 질문 · 조사의 범위 – 종교단체가 종교인회계와 종교단체 회계를 정당하게 구분하여 기록 · 관리하는 경우, 세무에 종사하는 공무원이 질문 · 조사하는 때에 종교단체 회계에 대하여는 조사하거나 그 제출을 명할 수 없음	「소득세법」 제170조 「소득세법 시행령」 제222조
서식 (14종)	• 원천징수이행상황신고서(21호), 종교인소득지급명세서(23호(6)), 종교인소득세액연말정산신청서(25호의 3), 종교인소득소득 · 세액공제신고서(37호) 등	「소득세법 시행규칙」 (별지서식)

Chapter 3

지방세특례제한법 및 종합부동산세

공익법인은 영리법인과 동일하게 지방세 납세의무가 있으나 사회복지, 교육 및 과학기술, 문화 및 관광 등 특정 성격의 공익법인에 대하여 지방세특례제한법에서 감면 혜택을 주고 있다. 그러나 많은 공익법인들이 사무에 대한 행정력이 부족하다 보니 감면공제 혜택을 챙기기지 못하고 납부하거나 사후관리 규정을 인지하지 못하고 추징당하는 사례가 빈번하게 발생한다.

이하 공익법인에 대한 지방세 감면규정 중 대표적인 사례만을 서술하였으니 상세한 내용은 지방세특례제한법 법령 또는 서울특별시에서 발간한 "알기 쉬운 지방세" 자료를 참고하기 바란다.

참고 주의할 용어

1. "고유업무"란 법령에서 개별적으로 규정한 업무와 법인등기부에 목적사업으로 정하여진 업무를 말한다.
2. "수익사업"이란 「법인세법」 제4조제3항에 따른 수익사업을 말한다.
3. "직접 사용"이란 부동산 · 차량 · 건설기계 · 선박 · 항공기 등의 소유자(「신탁법」 제2조에 따른 수탁자를 포함하며, 신탁등기를 하는 경우만 해당한다)가 해당 부동산 · 차량 · 건설기계 · 선박 · 항공기 등을 사업 또는 업무의 목적이나 용도에 맞게 사용(이 법에서 임대를 목적 사업 또는 업무로 규정한 경우 외에는 임대하여 사용하는 경우는 제외한다)하는 것을 말한다.

01 사회복지를 위한 지원

우리나라 지방세 제도는 의료기관, 어린이집 및 유치원, 아동복지시설, 청소년단체, 사회적기업, 사회복지법인 등 공익적 성격을 지닌 단체나 기업에 대해 취득세 · 재산세 등 지방세를 감면하고 있다. 이는 공익적 목적을 수행하는 기관의 재정적 부담을 완화시켜 사회서비스를 안정적으로 제공할 수 있도록 하고, 궁극적으로 지역사회와 국가 전체의 복지 수준을 높이려는 데 그 목적이 있다.

1 사회복지법인 등에 대한 감면(지특법 §22)

「사회복지사업법」 등에 따라 설립되어 아동, 노인, 장애인 등 사회적 약자를 대상으로 복지서비스를 제공하는 사회복지법인 등이 해당 시설에 직접 사용할 목적으로 취득하는 부동산에 대하여 취득세와 재산세를 25~100% 감면한다. 이로써 사회복지법인의 재정 부담을 덜어주어 안정적이고 지속적인 복지사업 운영을 지원하고 있다.

(1) 감면대상

다음에 해당하는 사회복지법인 등이 복지사업에 사용하기 위해 취득하는 부동산에 대해 지방세를 감면한다.

① 「사회복지사업법」에 따른 사회복지법인(이하 "사회복지법인"이라 한다) 또는 한센인 권익 · 복지의 증진 · 개선 등을 목적으로 「민법」 제32조에 따라 설립된 사단법인 한국한센복지협회(이하 "사회복지법인")

② 「사회복지사업법」에 따른 사회복지시설을 설치 · 운영하는 아래의 법인 또는 단체(이하 "사회복지시설")

- 「민법」 제32조에 따라 설립된 비영리법인
- 다음 각 목의 요건을 모두 갖춘 단체
  - 단체의 조직과 운영에 관한 일반 규정(規程)이 있을 것
  - 단체의 대표자나 관리인이 있을 것
  - 단체 자신의 명의와 계산으로 수익과 재산을 독립적으로 소유 · 관리하고 있을 것
  - 단체의 수익을 구성원에게 분배하지 않을 것

(2) 감면내용

지방자치단체는 사회복지법인의 재정적 부담을 경감시켜 복지 서비스 확대를 유도하기 위해 지방세 세제혜택을 부여하고 있는데, 그 내용을 표로 정리하면 다음과 같다.

세 목	내 용	감면율
취득세	사회복지법인이 해당사업에 직접 사용하기 위해 취득하는 부동산	100%
	사회복지시설을 설치운영하는 법인 또는 단체가 해당사업에 직접 사용하기 위하여 취득하는 부동산 ※ 입소자 및 이용자가 비용을 부담하지 않는 사회복지시설의 경우	25% ※ 100%
재산세 (단, 수익사업, 유료 사용, 목적에 직접 미사용 제외)	사회복지법인이 해당사업에 직접 사용하는 부동산 (재산세 도시지역분 및 소방분지역자원시설세 포함)	100%
	사회복지시설을 설치운영하는 법인 또는 단체가 해당사업에 직접 사용하는 부동산 ※ 입소자 및 이용자가 비용을 부담하지 않는 사회복지시설의 경우	25% ※ 50%
등록면허세	사회복지법인 등이 그 사회복지사업에 직접 사용하기 위한 면허	100%
주민세	사회복지법인 등의 사업장에 대한 사업소분(연면적에 대한 세율) 및 종업원분. 단, 수익사업에 관계되는 부분은 제외하며 겸용(겸직)하는 경우 주된 용도(직무)에 따름	100%
사회복지법인이 의료업에 직접사용하기 위하여 취득 및 사용하는 부동산에 대하여 취득세 및 재산세를 감면함(감염병전문병원의 경우 10% 추가 감면)		취득세 30% 재산세 50%

지방자치단체의 장은 취득세 또는 재산세를 감면하는 경우 해당 지역의 재정 여건 등을 고려하여 100분의 50의 범위에서 조례로 정하는 율을 추가로 경감할 수 있다

(3) 사후관리

취득세를 감면받은 사회복지법인 등이 다음 어느 하나에 해당하는 경우 그 해당 부분에 대해서는 감면된 취득세를 추징한다.

① 부동산을 취득한 날부터 5년 이내에 수익사업에 사용하는 경우

② 정당한 사유 없이 부동산의 취득일부터 3년이 경과할 때까지 해당 용도로 직접 사용하지 아니하는 경우

③ 해당 용도로 직접 사용한 기간이 2년 미만인 상태에서 부동산을 매각 · 증여하거나 다른 용도로 사용하는 경우

관련 예규 · 판례

1 청구인이 쟁점 토지를 취득한 후 2년 이상 목적사업에 직접 사용하였는지 여부 등

(감심2023-654, 2025.4.22.)

청구인이 쟁점 토지를 취득한 후 2년 이상 목적사업에 직접 사용하였는지 여부 등 청구인은 쟁점 토지를 취득한 이후 3년 이내에 목적사업에 쟁점 토지를 직접 사용하였다고도 주장하는데 청구인이 쟁점 토지를 취득한 이후부터 2년 이상 직접 사용한 경우는 취득일 이후 3년 이내에 목적사업에 직접 사용한 경우에도 해당하므로 2년 이상 직접 사용하였는지를 주요 쟁점으로 하여 판단함

2 청구법인이 「지방세특례제한법」 제22조 및 같은 법 시행령 제10조에 따른 사회복지법인에 해당하는지 여부(조심2023지5638, 2024.10.10.)

청구법인은 장애인복지의 종합적이고 체계적인 조사 · 연구 · 평가 및 장애인 체육활동 등 장애인정책개발 등을 위하여 필요한 정책을 강구하기 위하여 국가에 의하여 설립된 법인으로서 복지진흥은 물론 조사 · 연구 및 정책개발 등에 관한 업무를 하는 법인(「장애인복지법」 제29조 제1항, 제29조의 2 제1항)으로 오로지 직접적인 복지사업활동만을 영위하고 있다고 보기 어려운 점 등에 비추어 청구법인이 지특법 제22조 및 같은 법 시행령 제10조에 따른 사회복지법인에 해당한다고 보기는 어려우므로(조심 2022지1338, 2024.8.8., 같은 뜻임) 이 건 재산세 등을 부과한 처분청의 처분은 달리 잘못이 없다고 판단됨

3 청구법인을 「지방세특례제한법」 제22조 및 제52조에서 규정하는 사회복지법인 또는 체육단체에 해당하지 아니한 것으로 보아 가산세를 포함하여 기 감면한 취득세를 추징한 처분의 당부

(조심2023지4129, 2024.4.30.)

청구법인은 「장애인복지법」 제32조의 6 제3항 및 같은 법 시행령 제20조의 4에 따라 국가와 지방자치단체가 장애인 지원 사업을 위탁하는 한국장애인개발원에 해당하지 아니하므

로 「지방세특례제한법」 제22조 제1항에서 규정하는 사회복지법인에 해당하지 아니함. 아울러, 청구법인은 「공공기관의 운영에 관한 법률」 제4조에서 규정하는 기타공공기관에 해당하나, 행정안전부장관이 정하여 고시하는 법인 또는 단체에 해당하지 아니하므로 「지방세특례제한법」 제52조 제2항에서 규정하는 체육단체에 해당하지 아니함.

4 해당지원센터가 쟁점규정에 따른 주민세(종업원분) 면제 대상에 해당되는지 여부

(조심2022지595, 2022.10.20.)

「장애인복지법」에 따라 설립된 장애인자립생활지원센터를 운영하는 이 건 지원센터가 「사회복지사업법」에 따라 설립된 사회복지법인이나, 사단법인 한국한센복지협회에 해당하지 않는 점, 이 건 지원센터가 아동양육시설, 모자가족복지시설 · 부자가족복지시설 · 미혼모자가족복지시설 또는 한센병요양시설을 직접 설치 · 운영하는 단체에 해당하지 않는 점 등에 비추어 볼 때 이 건 지원센터를 쟁점규정에 따른 주민세(종업원분) 면제 대상에 해당된다고 볼 수 없으므로 처분청이 청구인에게 이 건 주민세를 부과한 처분은 달리 잘못이 없다고 판단됨.

2 사회적기업에 대한 감면(지특법 §22의 4)

사회적기업은 일반 영리기업과 달리 취약계층에 일자리를 제공하고, 지역사회 공헌, 사회서비스를 제공하는 등 공익적 목적을 수행한다. 지방세 감면은 이들의 재정적 부담을 줄여 기업 본연의 목적에 더 충실할 수 있도록 돕고, 안정적인 운영을 가능하게 하여 사회적 가치 실현을 장려하는 데 그 목적이 있다.

(1) 감면대상

「사회적기업 육성법」 제2조 제1호에 따른 사회적기업은 취득세 등을 감면을 받을 수 있다. 이때 사회적 기업이 「상법」에 따른 회사인 경우에는 「중소기업기본법」 제2조 제1항에 따른 중소기업으로 한정한다.

참고

「사회적기업 육성법」 제2조 제1호에 따른 사회적기업이란?

취약계층에 사회서비스 또는 일자리를 제공하거나 지역사회에 공헌함으로써 지역주민의 삶의 질을 높이는 등의 사회적 목적을 추구하면서 재화 및 서비스의 생산·판매 등 영업활동을 하는 기업으로 고용노동부장관의 인증을 받은 기업을 말한다.

(2) 감면내용

지방자치단체는 사회적기업의 재정적 부담을 경감시켜 일자리 창출 및 사회적경제 활성화를 유도하기 위해 지방세 세제혜택을 부여하고 있는데, 그 내용은 다음과 같다.

세 목	내 용	감면율
취득세	그 고유업무에 직접 사용하기 위하여 취득하는 부동산	50%
재산세	과세기준일 현재 그 고유업무에 직접 사용하는 부동산	25%

(3) 사후관리

취득세를 감면받은 사회적기업이 다음 어느 하나에 해당하는 경우 그 해당 부분에 대해서는 감면된 취득세를 추징한다

① 취득일부터 3년 이내에 「사회적기업 육성법」 제18조에 따라 사회적기업의 인증이 취소되는 경우

② 정당한 사유 없이 취득일부터 1년이 경과할 때까지 해당 용도로 직접 사용하지 아니하는 경우

③ 해당 용도로 직접 사용한 기간이 2년 미만인 상태에서 매각·증여하거나 다른 용도로 사용하는 경우

3 의료법인 등에 대한 감면(지특법 §38)

「의료법」 등에 따라 설립되어 국민의 건강 보호와 증진을 목적으로 활동하는 의료법인 등에게 취득세 · 재산세 등을 감면하여 의료법인의 재정 부담을 줄여 줌으로써 의료서비스 확대와 공익적 보건활동을 장려하는 데 그 목적이 있다.

(1) 감면대상

다음에 해당하는 의료법인 등이 의료업에 사용하기 위해 취득하는 부동산에 대해 지방세를 감면한다.

① 「의료법」 제48조에 따라 설립된 의료법인
② 민법 제32조에 따라 재단법인으로 설립된 종교단체가 「의료법」에 따라 개설한 의료기관
③ 「지방의료원의 설립 및 운영에 관한 법률」에 따라 설립된 지방의료원
④ 「고등교육법」 제4조에 따라 설립된 의과대학(한의과대학, 치과대학 및 수의과대학을 포함한다)의 부속병원

(2) 감면내용

지방자치단체는 의료법인이 의료업무에 필요한 재정 부담을 완화시켜 안정적인 의료서비스를 제공할 수 있도록 지방세 세제혜택을 부여하고 있는데, 그 내용은 다음과 같다.

세 목	내 용	감면율
취득세	「의료법」 제48조에 따라 설립된 의료법인 및 민법 제32조에 따라 재단법인으로 설립된 종교단체가 「의료법」에 따라 개설한 의료기관이 의료업에 직접 사용하기 위하여 취득하는 부동산	30% (감염병전문병원 40%)
	「지방의료원의 설립 및 운영에 관한 법률」에 따라 설립된 지방의료원이 의료업에 직접 사용하기 위하여 취득하는 부동산	75% (감염병전문병원 85%)

세 목	내 용	감면율
재산세	「의료법」 제48조에 따라 설립된 의료법인 및 민법 제32조에 따라 재단법인으로 설립된 종교단체가 「의료법」에 따라 개설한 의료기관이 과세기준일 현재 의료업에 직접 사용하는 부동산	50% (감염병전문병원 60%)
	「지방의료원의 설립 및 운영에 관한 법률」에 따라 설립된 지방의료원이 과세기준일 현재 의료업에 직접 사용하는 부동산	75% (감염병전문병원 85%)
주민세	고등교육법」 제4조에 따라 설립된 의과대학 등의 부속병원 대한 사업소분(연면적에 대한 세율) 및 종업원분	100%

(3) 사후관리

다음 어느 하나에 해당하는 경우 그 해당 부분에 대해서는 감면된 취득세를 추징한다.

① 정당한 사유 없이 그 취득일부터 1년이 경과할 때까지 해당 용도로 직접 사용하지 아니하는 경우

② 해당 용도로 직접 사용한 기간이 2년 미만인 상태에서 매각 · 증여하거나 다른 용도로 사용하는 경우

관련 예규 · 판례

1 청구법인이 쟁점부동산을 취득한 후 감면 유예기간(1년) 이내에 해당 용도로 직접 사용하였는지 여부(조심2023지5008, 2024.9.25.)

극히 소액에 불과한 공과금 수납내역만으로 쟁점1부동산 취득 시점부터 이를 본점 사무실로 사용하였다고 인정하기는 어려운 점, 또한 해당 기간 체결된 각종 계약서에 기재된 법인 소재지는 쟁점1부동산이 아니라 기존 본점으로 나타나는 점, 청구법인은 2020년 12월 귀속분 지방소득세부터 쟁점부동산을 관할하는 처분청에 신고 · 납부한 것으로 확인되는 점 등에서 청구주장을 받아들이기 어려움. 청구법인이 쟁점2부동산을 타인에게 임대한 이상, 그 임대 경위가 청년 창업가 육성 · 지원 등 사회적기업인 청구법인의 목적사업에 부합한다고 하더라도, 이 건 직접 사용 여부를 판단함에 있어 영향을 미치지 않는다 할 것인 점(조심 2021지851, 2021.12.27., 같은 뜻임)에서 위 청구주장도 받아들이기 어려움

2 청구법인이 쟁점주택을 취득하고 취득일부터 1년이 경과할 때까지 해당 용도로 직접 사용하지 아니한 것으로 보아 기 감면한 취득세 등을 부과한 처분의 당부(조심2021지5694, 2022.12.7.)

유예기간에 사회적기업의 용도로 사용한 입증자료를 제출하지 아니한 점, 청구법인이 쟁점주택을 사회적기업의 용도로 사용할 계획을 가지고 있다 하여 이를 해당 용도에 직접 사용하였다고 어려운 점 등에 비추어 청구법인이 쟁점주택을 취득하고 유예기간에 사회적기업 용도로 직접 사용하지 아니한 것으로 보아 기 감면한 취득세 등을 부과한 처분은 달리 잘못이 없다고 판단됨

3 쟁점토지 취득일부터 1년 이내에 해당 용도로 직접 사용하지 않은 것에는 정당한 사유가 있다는 청구주장의 당부(조심2021지2851, 2022.8.24.)

청구법인은 2020.1.10. 쟁점토지를 취득한 후, 2020.3.16. 건축허가를 신청하고 2020.4.8. 착공하여 쟁점토지 취득일부터 1년 5개월 만인 2021.6.14. 건축물의 사용승인을 받았으며, 쟁점토지를 취득하여 1년 이내에 착공한 후 별다른 공백기 없이 건축공사를 지속적으로 진행시킨 것으로 보이는바, 청구법인은 쟁점토지를 취득일부터 1년 이내에 고유업무에 직접 사용하기 위하여 진지한 노력을 다하여 정당한 사유가 있다고 보는 것이 타당하므로 처분청이 이 건 경정청구 거부처분을 한 것은 잘못이 있다고 판단됨

02 교육 및 과학기술 등에 대한 지원

교육, 문화, 학술, 장학 등 공익적 목적을 수행하는 기관들은 사회 전체의 이익과 발전을 위해 설립·운영된다. 이런 기관들에 대한 지방세 감면은 세부담을 덜어주어 안정적으로 운영될 수 있도록 지원하고, 본연의 목적사업에 집중할 수 있는 제도적 기반을 마련한 것이다.

이하 학교, 박물관, 장학재단에 대한 감면 내용을 구체적으로 살펴보면 다음과 같다.

1 학교 및 외국교육기관에 대한 면제(지특법 §41)

교육은 국민의 기본권이자 공공재 성격이 강하므로 교육 시설에 대한 세부담을 줄여

교육 기회를 확대하고 교육의 질 향상을 위해 교육 활동에 직접 사용하는 부동산에 대해 취득세 · 재산세를 감면한다.

(1) 감면대상

다음에 해당하는 학교 등이 교육 활동에 직접 사용하는 부동산에 대해 지방세를 감면한다.

① 「초 · 중등교육법」 및 「고등교육법」에 따른 학교

② 「경제자유구역 및 제주국제자유도시의 외국교육기관 설립 · 운영에 관한 특별법」 또는 「기업도시개발 특별법」에 따른 외국교육기관을 경영하는 자

(2) 감면내용

세 목	내 용	감면율
취득세	학교 등이 해당 사업에 직접 사용하기 위하여 취득하는 부동산(기숙사는 다른 조항에서 규정함)	100%
재산세 (단, 수익사업, 유료 사용, 목적사업에 직접 미사용 제외)	학교 등이 과세기준일 현재 해당 사업에 직접 사용하는 부동산(재산세 도시지역분 및 소방분지역자원시설세 포함) * 해당 사업에 직접 사용할 건축물을 건축 중인 경우와 건축허가 후 행정기관의 건축규제조치로 건축에 착공하지 못한 경우의 건축 예정 건축물의 부속토지 포함	100%
등록면허세	학교 등이 그 사업에 직접 사용하기 위한 면허	100%
주민세	학교 등에 대한 사업소분(연면적에 대한 세율) 및 종업원분. 단, 수익사업에 관계되는 부분은 제외하며 겸용(겸직)하는 경우 주된 용도(직무)에 따름	100%
지역자원시설세	학교등에 생산된 전력 등을 무료로 제공하는 경우 그 부분	100% (특정시설분)
「고등교육법」 제4조에 따라 설립된 의과대학(한의과대학, 치과대학 및 수의과대학을 포함한다)의 부속병원이 의료업에 직접 사용하는 부동산에 대해서는 취득세 및 재산세를 감면		취득세 30% 재산세 50% (감염병전문병원 10% 추가 감면)

참고 **지방대학법인 지원**

「지방대학 및 지역균형인재 육성에 관한 법률」에 따른 지방대학을 경영하는 자(이하 "지방대학법인"이라 한다)가 「대학설립 · 운영 규정」 제7조 제1항에 따른 수익용기본재산(이하 "수익용기본재산"이라 한다)으로 직접 사용(임대 포함)하기 위하여 취득하는 다음의 어느 하나에 해당하는 부동산에 대해서는 취득세의 100분의 50을 경감하고(제2호의 경우 매각대금의 범위 내로 한정한다), 과세기준일 현재 해당 용도에 직접 사용하는 부동산에 대해서는 재산세 납세의무가 최초로 성립한 날부터 5년간 재산세의 100분의 50을 경감한다(제2호의 경우 매각대금의 범위 내로 한정한다). 다만, 해당 부동산을 취득한 날부터 2년 이내에 매각 · 증여하거나 다른 용도로 사용하는 경우에는 경감된 취득세를 추징한다.

- 해당 지방대학법인의 수익용기본재산인 토지 위에 2024년 1월 1일부터 2026년 12월 31일까지의 기간 동안 신축 및 소유권 보존등기를 경료한 건축물
- 해당 지방대학법인이 2024년 1월 1일부터 2026년 12월 31일까지 수익용기본재산인 토지를 매각한 경우로서 그 매각일부터 3년 이내에 취득하는 건축물 및 그 부속토지

참고 **기숙사 등에 대한 감면**

「지방세특례제한법」 제42조에서 규정하는 기숙사 등에 대한 감면은 제41조 학교에 대한 면제와 다른 규정으로 학교 내의 기숙사에 대한 감면을 검토할 경우 구분이 필요하다.

(3) 사후관리

다음 어느 하나에 해당하는 경우 그 해당 부분에 대해서는 면제된 취득세를 추징한다.

① 해당 부동산을 취득한 날부터 5년 이내에 수익사업에 사용하는 경우
② 정당한 사유 없이 그 취득일부터 3년이 경과할 때까지 해당 용도로 직접 사용하지 아니하는 경우
③ 해당 용도로 직접 사용한 기간이 2년 미만인 상태에서 매각 · 증여하거나 다른 용도로 사용하는 경우

관련 예규 · 판례

1 대안학교가 문화예술단체 고유업무에 해당하는지 여부(지방세특례-810, 2022.4.14.)

대안학교는 「초 · 중등교육법」에서 열거하는 학교의 종류에 해당되며, 교과과정 중 특성화 교육(음악, 미술, 체육) 등을 포함하고 있다 하더라도 주요 교육과정이 일반 정규학교 교육과정과 다를 바 없는 학력인정 대안학교의 교지, 교사 등의 용도로 사용되는 학교 부속시설은 "문화예술단체" 등이 고유목적 사업에 직접 사용하는 부동산으로 보기 어렵고,

「지방세특례제한법」 제41조 제1항에서는 학교 등의 취득세 감면대상에 대하여 '학교 등을 경영하는 자가 해당 사업에 직접 사용하기 위하여 취득하는 부동산'이라 명시하고 있어, 부동산 취득 시 감면 주체로서의 요건이 먼저 선행적으로 충족되어야 함을 규정하고 있는 바, 학교의 설립인가를 받지 않았거나 설립인가를 예정하고 있는 자가 학교로 사용하기 위하여 취득하는 부동산은 「지방세특례제한법」 제41조 제1항에서 규정하는 취득세 면제 대상에 해당하지 않음

2 의과대학 부속병원 내 전공의 숙소 등이 학교 감면 포함 여부(지방세특례-756, 2022.4.6.)

「지방세특례제한법」 제41조 제7항의 감면 대상으로 규정하는 의과대학의 부속병원이 의료업에 직접 사용하는 부동산의 범위는 의료법에 의한 의료인의 진료행위와 직 · 간접적으로 관련이 있는 용도로 사용되는 부동산에 적용되어야 할 것인바, 병원의 운영과 관련하여 '교수연구실, 전공의 숙소, 연구실험실, 의국 등'은 의사가 환자 치료와 진료를 위한 의료업과 관련된 부수시설로 보아야 할 것이므로 「지방세특례제한법」 제41조 제1항 및 제2항에 따른 학교 등이 해당 사업에 직접 사용하는 부동산에 해당하지 않는다 판단됨

3 해당 부동산은 청구법인 불교학과 등 재학생 실습(요가 · 명상)용도로 사용되는 학교시설임에도 처분청이 수익사업 또는 유료로 사용되는 시설인 것으로 보아 취득세를 부과한 처분이 부당하다는 청구주장의 당부(조심2025지315, 2025.5.28.)

「지방세특례제한법」 제41조 제1항은 감면을 받은 부동산이 순수한 교육용으로 사용될 것을 전제로 하고 있으므로, 일정 부분 교육과 관련된 요소가 있다 하더라도 금전적 대가를 받고 반복적 · 계속적으로 제공되는 유료 프로그램이 병행되는 경우에는 해당 부동산은 수익사업에 사용된다고 보는 것이 합리적임

4 학교법인의 쟁점토지에 대해 재산세를 부과하는 것은 부당하다는 청구주장의 당부
(조심2024지145, 2025.3.27.)

청구법인은 쟁점토지를 자연상태의 임야로 방치한 것이 아니라 학생들의 수업과 연구활동 등 학교 교육용에 활용하고 있는 것으로 보임

5 쟁점토지는 「지방세법특례제한법」 제41조에 따른 학교용 토지에 해당한다는 청구주장의 당부

(조심2024지280, 2025.2.24.)

쟁점면적의 취득목적은 학교용에 직접 사용하기 위한 것으로 보이는 점, 쟁점토지는 이 건 대학 건물 과 연접한 뒤편으로, 처분청이 쟁점면적을 위성사진 등으로 임의로 산정한 것일 뿐, 청구법인이 필지를 분할하는 등의 방법으로 이를 쟁점토지와 분리하여 사용한 사실이 없는 점, 쟁점토지는 그 지리적 위치가 왕복 8차선 도로 또는 인근 아파트와 연접하여, 쟁점면적은 「도시 · 군계획시설의 결정 · 구조 및 설치기준에 관한 규칙」 제89조 제1항 제4호에 따라 이 건 대학을 주변과 차단하기 위한 녹지로, 학교시설의 설치 · 운영을 위한 필수불가결한 시설로 보이는 점 등에 비추어, 이 건 대학의 학교용 건축물이 소재한 일단의 학교교지로서 학교 등이 해당 사업에 직접 사용하는 부동산으로 보는 것이 타당함

6 ① 쟁점토지는 학교시설로 개발이 불가한 자연상태의 임야로서 청구법인이 학교용도에 직접 사용하지 못하는 정당한 사유가 있으므로 이 건 재산세 부과가 부당하다는 청구주장의 당부 ② 쟁점토지는 10년 이상 장기간 미집행된 도시계획시설로서 이 건 재산세를 경감(50%)하여야 한다는 청구주장의 당부(조심2023지4122, 2024.4.18.)

2018~2022년도 재산세 과세기준일(6.1.) 현재 쟁점토지는 자연 상태의 임야인 것으로 보이며 직접 사용하지 못한 것에 대한 정당한 사유가 있는지 여부에 대하여는 별도로 규정하고 있지 않은 점, 쟁점토지는 2000.1.3. 도시계획시설(학교) 결정고시 및 지적 승인되어 사실상 그 제한이 해소되었다고 할 수 있음에도 10년이 경과한 2018~2022년도 재산세 과세기준일(6.1.)까지 그 집행이 이루어지지 않은 것은 청구법인의 내부적인 사유로 보이고, 이러한 사유에 대해 감면대상으로 보지 않는 것이 조세법규의 감면규정에 대한 엄격해석의 원칙에 부합하는 것으로 보이는 점 등에 비추어 2018~2022년도 재산세 과세기준일(6.1.) 현재 청구법인이 쟁점토지를 학교용에 직접 사용하고 있거나 「지방세특례제한법」 제84조 제1항의 규정에 따른 경감 대상에 해당된다고 보기는 어렵다 하겠음

2 박물관 등에 대한 감면(지특법 §44의 2)

박물관 · 미술관 등이 그 고유 업무에 직접 사용하는 부동산을 취득한 경우 취득세와 재산세를 면제한다. 세제혜택을 통해 문화시설의 재정적 부담을 완화하고, 유물 및 작품의 보전 · 전시 활동을 활성화하여 국민의 문화 향유 기회를 확대하는 등 공공성을 강화하는 데 그 목적이 있다.

(1) 감면대상

다음에 해당하는 박물관 등이 고유 업무에 사용하기 위해 취득하는 부동산에 대해 취득세 · 재산세를 감면한다.

① 「박물관 및 미술관 진흥법」 제16조에 따라 등록된 박물관 또는 미술관

② 「도서관법」 제36조에 따라 등록된 공공도서관(전문도서관 포함)

③ 「과학관의 설립 · 운영 및 육성에 관한 법률」 제6조에 따라 등록된 과학관

(2) 감면내용

세 목	내 용	감면율
취득세	박물관, 미술관, 도서관, 과학관으로 직접 사용하기 위하여 취득하는 부동산	100%
재산세	과세기준일 현재 박물관, 미술관, 도서관, 과학관으로 직접 사용하는 부동산 (해당 시설을 다른 용도로 함께 사용하는 경우 그 부분은 제외)	100%

(3) 사후관리

다음 어느 하나에 해당하는 경우 그 해당 부분에 대해서는 면제된 취득세를 추징한다.

① 정당한 사유 없이 그 취득일부터 1년이 경과할 때까지 해당 용도로 직접 사용하지 아니하는 경우

② 해당 용도로 직접 사용한 기간이 2년 미만인 상태에서 매각 · 증여하거나 다른 용도로 사용하는 경우

③ 취득일부터 3년 이내에 아래와 같이 관계 법령에 따라 등록취소되는 경우

가) 「박물관 및 미술관 진흥법」 제22조에 따라 폐관신고되거나 같은 법 제29조에 따라 등록취소된 경우

나) 「도서관법」 제36조 제5항에 따라 폐관신고되거나 같은 법 제38조에 따라 등록취소된 경우

다) 「과학관의 설립 · 운영 및 육성에 관한 법률」 제12조에 따라 등록취소되거나 같은 법 제14조에 따라 폐관통보된 경우

관련 예규 · 판례

1 쟁점부동산을 취득일부터 감면 유예기간(1년) 내에 해당 용도로 직접 사용하지 못한 정당한 사유가 있는지 여부(조심-2023-지-5538,2024.9.10.)

청구인은 쟁점부동산 취득일 이후 감면 유예기간(1년)을 경과한 심리일 현재까지도 쟁점부동산을 박물관진흥법령에 따른 박물관으로 등록하지 못하여 위 법령상 감면요건을 충족하지 아니한 것으로 확인되는 점, 청구인이 감면 유예기간 내에 쟁점부동산을 박물관진흥법령에 따른 박물관으로 등록하기 위하여 정상적인 노력을 다하였음에도, 박물관 등록관청의 귀책사유로 그 등록절차가 지연되었다는 특별한 사정을 인정할 만한 객관적 증빙의 제시가 없는 점 등에 비추어 처분청에서 청구인이 쟁점부동산의 취득일부터 감면 유예기간(1년) 내에 해당 용도로 직접 사용하지 아니한 것으로 보아 이 건 취득세 등을 부과한 데에는 달리 잘못이 없다고 판단됨

2 청구인들이 쟁점부동산을 미술관으로 직접 사용한 기간이 2년 미만인 상태에서 다른 용도로 사용한 것으로 보아 기 감면한 취득세 등을 추징한 처분의 당부(조심2021지5752, 2023.1.5.)

쟁점부동산의 주된 이용자가 미술관 관람객이라고 하나 일반인들도 쟁점부동산을 카페 등으로 이용하고 있고, 카페의 이용가격이 일반 카페 이용가격과 차이가 없는 점 등에 비추어 청구인들이 쟁점부동산을 미술관으로 직접 사용한 기간이 2년 미만인 상태에서 다른 용도로 사용한 것으로 보아 처분청이 기 면제한 취득세 등을 추징한 처분은 달리 잘못이 없다고 판단됨

3 청구인 소유의 쟁점토지를 박물관에 직접 사용한 것으로 볼 수 있는지 여부

(조심2020지2095, 2021.3.19.)

2015년부터 2019년 재산세 과세기준일(6.1.) 당시에 쟁점박물관에 대한 대표자는 청구인의 배우자로 등록되어 있고 쟁점토지의 소유자는 청구인이었던 점 등에 비추어 볼 때 청구인은 2015년부터 2019년 재산세 과세기준일(6.1.) 당시까지 쟁점토지를 박물관에 직접 사용하는 부동산으로 볼 수 없음

3 학술단체 및 장학법인에 대한 감면(지특법 §45)

학술연구단체와 장학법인이 고유 목적사업(연구, 장학사업 등)에 사용하는 재산에 대해 취득세 · 재산세를 감면하는데, 이는 학문 연구를 장려하고 인재 양성을 지원하여 국가 경쟁력 강화와 미래 인재 육성을 뒷받침하기 위함이다.

(1) 감면대상

다음에 해당하는 학술단체 및 장학법인 등이 고유목적사업에 사용하기 위해 취득하는 부동산에 대해 지방세를 감면한다.

① 「공익법인의 설립 · 운영에 관한 법률」에 따라 설립된 장학법인

② 「학술진흥법」 제2조 제1호에 따른 학술의 연구 · 발표활동 등을 목적으로 하는 법인 또는 단체로서 다음의 어느 하나에 해당하는 법인 또는 단체를 말한다. 다만, 「공공기관의 운영에 관한 법률」 제4조에 따른 공공기관은 제외한다.

- 「공익법인의 설립 · 운영에 관한 법률」 제4조에 따라 설립된 공익법인
- 「민법」 제32조에 따라 설립된 비영리법인
- 「민법」 및 「상법」 외의 법령에 따라 설립된 법인
- 「비영리민간단체 지원법」 제4조에 따라 등록된 비영리민간단체

(2) 감면내용

세 목	내 용	감면율
취득세	학술법인 · 단체가 학술연구사업에 직접 사용하기 위하여 취득하는 부동산	100%
	장학법인이 장학사업에 직접 사용하기 위하여 취득하는 부동산	100%
	장학법인이 장학금을 지급할 목적으로 취득하는 임대용 부동산	80%
재산세	학술법인 · 단체가 과세기준일 현재 학술연구사업에 직접 사용하는 부동산	100%
	장학법인이 과세기준일 현재 장학사업에 직접 사용하는 부동산	100%
	장학법인이 장학금을 지급할 목적으로 과세기준일 현재 해당 임대용으로 사용하는 부동산	80%

(3) 사후관리

취득세를 면제 또는 경감받은 후 다음의 어느 하나에 해당하는 경우 그 해당 부분에 대해서는 면제 또는 경감된 취득세를 추징한다.

① 정당한 사유 없이 그 취득일부터 1년이 경과할 때까지 해당 용도로 직접 사용하지 아니하는 경우

② 해당 용도로 직접 사용한 기간이 2년 미만인 상태에서 매각 · 증여하거나 다른 용도로 사용하는 경우

③ 취득일부터 3년 이내에 관계 법령에 따라 아래와 같이 설립허가가 취소 또는 등록이 말소되는 경우

- 「공익법인의 설립 · 운영에 관한 법률」 제16조에 따라 공익법인의 설립허가가 취소된 경우
- 「민법」 제38조에 따라 비영리법인의 설립허가가 취소된 경우
- 「비영리민간단체 지원법」 제4조의 2에 따라 비영리민간단체의 등록이 말소된 경우

관련 예규 · 판례

1 장학법인 기숙사 관리운영을 위탁한 경우 직접사용한 것에 해당하는지 여부

(지방세특례제도과-431, 2025.2.12.)

쟁점장학법인은 쟁점부동산의 효율적 관리운영을 위해 일부 운영업무를 A법인과 B법인에게 각각 위탁한 것에 불과하므로 쟁점부동산은 쟁점장학법인이 장학사업에 직접 사용하는 부동산에 해당한다고 보여짐. (질의2) 취득일로부터 1년이 경과한 시점에 기숙사생이 입소하지 않았다는 이유만으로 정당한 사유 없이 취득일로부터 1년이 경과할 때까지 해당 용도로 직접 사용하지 아니한 경우라 단정할 수 없다 할 것이나, 이는 과세관청이 "정당한 사유" 해당 여부를 사실관계 확인을 통해 판단하여야 할 것임

2 쟁점토지가 장학금 지급을 목적으로 임대용으로 사용하는 부동산에 해당하는지 여부

(조심-2022-지-0599, 2022.12.22.)

2021년도 재산세 과세기준일(6.1) 현재 청구법인이 쟁점토지에 장학금을 지급할 목적으로 임대용 건축물을 건축 중이 사실이 확인되므로 쟁점토지는 지특법 제45조 제2항 제2호에 따른 감면 대상에 해당된다 할 것이므로 감면을 배제하여 한 이 건 재산세 등의 부과처분은 잘못이 있다고 판단됨

3 ① 청구법인을 「지방세특례제한법」제45조 제2항에서 규정한 장학법인으로 볼 수 있는지 여부
② 쟁점토지를 장학법인이 장학금을 지급할 목적으로 임대용으로 사용하는 부동산으로 볼 수 있는지 여부(조심2019지834, 2019.7.4.)

① 청구법인은 1978.10.6. 「공익법인의 설립 운영에 관한 법률」 제4조에 따라 설립된 공익법인으로 설립 당시부터 현재까지 계속하여 장학사업을 해 온 사실은 다툼이 없다고 보이는 점, 청구법인 목적사업 중 학술연구비 및 장학금 지급이 정관의 가장 앞에 기재된

것으로 보아 장학사업은 청구법인의 주된 사업 중 하나에 해당된다고 볼 수 있는 점 등에 비추어 청구법인이 장학사업과 별도로 문예진흥사업 및 학술사업을 영위하고 있다 하더라도 청구법인은 「지방세특례제한법」 제45조 제2항에서 규정한 장학법인에 해당한다고 보는 것이 타당하다고 판단됨

② 청구법인은 「공익법인의 설립 운영에 관한 법률」에 따라 설립된 공익법인으로 「지방세특례제한법」 제45조 제2항에서 규정한 장학법인에 해당된다고 보이는 점, 같은 항에서 장학법인이 장학금을 지급할 목적으로 과세기준일 현재 임대용으로 사용하는 부동산에 대해서는 재산세의 100분의 80을 경감한다고 규정하고 있을 뿐 그 수입의 구조나 장학금의 지급비율 등에 대하여는 별도로 규정하지 않고 있고, 조세법규는 특별한 사정이 없는 한 법문대로 해석하여야 하므로 장학법인이 부동산의 임대수입으로 장학금을 지급한 경우 그 지급비율의 높고 낮음에 따라 재산세 감면 여부를 달리 판단하거나 그 지급비율을 한도로 재산세를 감면하여야 하는 것은 아니라고 보아야 하는 점 등에 비추어 쟁점토지는 장학법인인 청구법인이 2018년도 재산세 과세기준일 현재 장학금을 지급할 목적으로 임대하고 있는 부동산에 해당된다고 보는 것이 합리적이라 할 것이므로 쟁점토지에 대한 재산세는 「지방세특례제한법」 제45조 제2항에 따라 산출세액의 100분의 80을 감면하는 것이 타당하다고 판단됨

4 청구법인은 장학단체이므로 쟁점건축물은 장학금을 지급할 목적으로 임대용으로 사용하는 부동산으로 보아 재산세(토지분) 등 100분의 80이 경감되어야 한다는 청구주장의 당부

(조심2016지1291, 2017.10.23.)

청구법인은 법인통장과 임대료수입통장을 따로 관리하면서 임대료수입통장에서 장학금이 지출되고 있고, 쟁점건축물의 건물관리비, 보험료, 제세공과금 등은 법인통장에서 운영비 명목으로 지출되고 있는 점 등에 비추어 쟁점건축물은 장학금을 지급할 목적으로 운영되는 임대용 부동산에 해당하는데도 처분청이 이러한 사정을 인정하지 아니하고 이 건 재산세 등을 부과한 처분은 잘못이 있다고 판단됨

5 청구법인이 취득한 이 건 부동산을 장학사업에 직접 사용한 것으로 볼 수 있는지 여부

조심-2015-지-0629(2015.10.27.)

청구법인이 장학금 지급을 목적으로 이 건 부동산을 매각한 사실은 인정되나, 취득세 감면대상이 되는 임대용 부동산으로 사용하였거나 사무실 등 목적사업에 직접 사용하지 아니한 채 이 건 부동산 취득일로부터 2년 내에 매각하였으므로 처분청이 청구인에게 기 면제한 취득세를 부과한 처분은 잘못이 없음

03 문화 및 관광 등에 대한 지원

종교단체, 문화예술단체, 체육단체, 관광단지, 문화유산 등 관련 사업에 사용하는 부동산에 대하여 취득세와 재산세를 감면한다. 이는 종교 · 문화 · 예술 · 체육 · 관광 등 다양한 영역에서 국민의 정신적 · 문화적 삶을 풍요롭게 하고, 사회적 가치를 창출하는 활동을 장려하기 위함이다.

본서에서는 종교단체에 대한 감면을 설명하고자 한다.

1 종교 및 제사단체에 대한 면제(지특법 §50)

종교 활동은 국민의 정신적 · 문화적 생활 기반을 형성하고, 제사 활동은 전통과 공동체의 유지에 중요한 역할을 한다. 종교 및 제사단체에 대한 세부담을 경감하여 본연의 공익적 활동에 집중할 수 있도록 지원하고 이를 통해 공동체 의식 강화, 전통문화 계승에 기여하는 데 그 목적이 있다.

(1) 감면대상

종교단체 또는 향교가 종교 및 제사활동에 사용하기 위해 취득하는 부동산에 대해 지방세를 감면한다.

(2) 감면내용

세 목	내 용	감면율
취득세	종교단체 또는 향교가 종교행위 또는 제사를 목적으로 하는 사업에 직접 사용하기 위하여 취득하는 부동산	100%

세 목	내 용	감면율
재산세 (단, 수익사업, 유료 사용, 목적에 직접 미사용 제외)	종교단체 또는 향교가 과세기준일 현재 해당 사업에 직접 사용(종교단체 또는 향교가 제3자의 부동산을 무상으로 해당 사업에 사용하는 경우를 포함한다)하는 부동산(재산세 도시지역분 및 소방분지역자원시설세 포함)	100%
	사찰림(寺刹林)과 「전통사찰의 보존 및 지원에 관한 법률」 제2조 제1호에 따른 전통사찰이 소유하고 있는 경우로서 같은 조 제3호에 따른 전통사찰보존지(재산세 도시지역분 포함)	100%
등록면허세	종교 및 제사를 목적으로 하는 종교단체 또는 향교가 그 비영리사업의 경영을 위하여 필요한 면허 또는 그 면허로 인한 영업 설비나 행위에서 발생한 수익금의 전액을 그 비영리사업에 사용하는 경우의 면허	100%
주민세	종교단체 및 향교에 대한 사업소분(연면적에 대한 세율) 및 종업원분. 단, 수익사업에 관계되는 부분은 제외하며 겸용(겸직)하는 경우 주된 용도(직무)에 따름	100%
	법인의 사업장 중 종교의식을 행하는 교회 · 성당 · 사찰 · 불당 · 향교 등에 대해서는 주민세 사업소분(기본세율)	100%
지역자원시설세	종교단체 또는 향교에 생산된 전력 등을 무료로 제공하는 경우 그 부분	100%

(3) 사후관리

다음의 어느 하나에 해당하는 경우 그 해당 부분에 대해서는 면제된 취득세를 추징한다.

① 해당 부동산을 취득한 날부터 5년 이내에 수익사업에 사용하는 경우

② 정당한 사유 없이 그 취득일부터 3년이 경과할 때까지 해당 용도로 직접 사용하지 아니하는 경우

③ 해당 용도로 직접 사용한 기간이 2년 미만인 상태에서 매각 · 증여하거나 다른 용도로 사용하는 경우

관련 예규 · 판례

1 쟁점부동산을 수익사업에 사용한 것으로 보아 기면제한 취득세를 추징한 처분의 당부

(조심2024지3525, 2025.5.8.)

청구인이 쟁점부동산을 수익사업에 사용하고 있는 것으로 보이므로 처분청이 기감면한 취득세 등을 추징한 이 건 처분은 달리 잘못이 없는 것으로 판단됨

2 해당 부동산을 정당한 사유 없이 취득일부터 3년이 경과할 때까지 종교사업용으로 직접 사용하지 아니한 경우로 보아 기 면제한 취득세 등을 부과고지한 처분의 당부

(조심2024지1623, 2025.4.14.)

청구인이 이 건 부동산을 취득한 후 정당한 사유 없이 유예기간 내에 종교사업용으로 직접 사용하지 아니하였다고 보아 기 면제한 취득세 등을 부과고지한 이 건 처분은 달리 잘못이 없다고 판단됨

3 이 사건 각 부동산이 종교목적에 직접 사용되어 재산세 면제 대상에 해당하는지 여부

(대법2024두66372, 2025.4.3.)

'종교목적에 직접 사용되는 부동산'의 의미는 '부동산 등의 소유자가 해당 부동산 등을 종교목적 사업 자체 혹은 종교행위와 직접적인 관련성이 있는 업무의 목적이나 용도에 맞게 사용하는 것'으로 해석하여야 할 뿐, 부수적으로 종교적 활동을 위한 공간으로 사용되는 부분까지 포함되는 개념으로 볼 수 없음

4 이 사건 쟁점부분이 종교사업에 직접 사용되어 취득세 면제 대상에 해당하는지 여부

(대법2024두64406, 2025.3.13.)

이 사건 처분 당시 자체 출판서적 온라인몰과 6개의 직영매장을 운영하면서 수익사업으로 기독교서적 출판 및 판매업을 영위하며 관련 매출을 올리고 있었으므로, 원고가 이 사건 건물을 신축하여 수행하고 있는 '기독교서적 출판 및 반포'가 종교목적 사업에 부수하는 것으로 볼 수 있는지는 별론으로 하더라도, 그 자체가 종교행위를 목적으로 하는 사업이거나 이와 직접적인 관련성이 있는 것으로 보기는 어려움

5 쟁점토지를 건축 중인 교회의 부속토지로 보아야 한다는 청구주장의 당부

(조심2024지1134, 2024.12.11.)

'건축 중인 건축물'이라 함은 건축허가를 받아 착공신고서를 제출한 후 터파기 공사 등 실제로 건축공사를 진행하고 있는 것을 의미하는바(대법원 2017.3.15. 선고 2016두58406, 같은 뜻임), 청구법인은 2023.5.30. 쟁점토지에 대한 건축허가(변경)를 받고, 2023.8.8. 해당 허가에 따른 착공신고를 한 것으로 확인되므로, 이 건 재산세의 과세기준일(2023.6.1.) 전에 실제로 건축공사를 시작하였다고 보기 어려움

6 쟁점주차장이 「지방세특례제한법」 제50조 제2항 단서에 따른 "유료로 사용되는 경우"에 해당하는지 여부(조심2023지589, 2024.3.11.)

청구법인은 업무용·미사 참례용 차량 등에 대하여 2시간을 무료로 제공하는 동시에 그 시간 초과 시 주차료를 징수하는 등 '조건부 유료'로 사용한 것으로 나타나는 점 등에 비추어 2022년도 재산세 과세기준일 현재(6.1.) 쟁점주차장은 유료로 사용되는 경우에 해당하여 재산세 면제대상으로 보기 어려우므로 처분청이 이 건 재산세 등을 부과한 것은 달리 잘못이 없다고 판단됨

04 지방세 감면 특례의 제한 및 중복감면 배제

1 지방세 감면 특례 제한(지특법 §177의 2)

(1) 감면 제한 – 최소납부세제

취득세 또는 재산세가 면제되는 경우에는 이 법에 따른 취득세 또는 재산세의 면제규정에도 불구하고 85%에 해당하는 감면율을 적용한다.

(2) 감면 제한의 예외

다음의 어느 하나에 해당하는 경우에는 100% 감면을 적용한다.

① 「지방세법」에 따라 산출한 취득세 및 재산세가 다음의 어느 하나에 해당하는 경우

- 취득세 : 200만원 이하
- 재산세 : 50만원 이하

② 취약계층, 학교시설, 종교단체 등에 대한 감면

내　　용	조　문
장애인용 자동차에 대한 감면	지특법 §17
한센인 및 한센인정착마을 지원을 위한 감면	지특법 §17의 2
「노인복지법」 제31조에 따른 무상 노인복지시설에 대한 감면	지특법 §20 ① 1호
독립기념관에 대한 감면	지특법 §30 ③
서민주택 등	지특법 §33 ②
농업인의 노후생활안정자금 대상 농지에 대한 감면	지특법 §35의 2
무주택자 주택공급사업 지원을 위한 감면	지특법 §36
일정요건을 갖춘 생애최초 주택 구입에 대한 감면	지특법 §36의 3 ① 1호
출산·양육을 위한 주택 취득에 대한 취득세 감면	지특법 §36의 5
학교 및 외국교육기관에 대한 면제	지특법 §41 ①~⑥
평생교육시설 등에 대한 감면	지특법 §44 ②·⑤
종교단체 또는 향교에 대한 면제	지특법 §50
문화유산 등에 대한 감면	지특법 §55

2 중복감면의 배제(지특법 §180)

동일한 과세대상의 동일한 세목에 대하여 둘 이상의 지방세 특례 규정이 적용되는 경우에는 그 중 감면되는 세액이 큰 것 하나만을 적용한다. 다만, 제66조 제1항, 제73조, 제74조의 2 제1항, 제92조 및 제92조의 2와 다른 지방세 특례 규정이 함께 적용되는 경우에는 해당 특례 규정을 모두 적용하되, 제66조 제1항, 제73조, 제74조의 2 제1항 및 제92조 간에 중복되는 경우에는 그 중 감면되는 세액이 큰 것 하나만을 적용한다.

관련 예규·판례

1 쟁점부동산의 취득에 대하여 종전규정에 따라 최소납부세제를 배제할 수 있는지 여부

(조심2023지3720, 2024.3.11.)

청구법인이 2022.3.25. 취득한 쟁점부동산은 「지방세특례제한법」 제177조의 2 규정에 따른 최소납부세제의 적용대상으로 보는 것이 타당하므로, 처분청이 청구법인의 경정청구를 거부한 이 건 처분은 달리 잘못이 없는 것으로 판단됨

2 두 개의 감면 규정 감면 적용방식 회신(지방세특례-1374, 2022.06.27.)

- 지방세특례제한법 제180조에서 제74조를 중복 감면의 배제 예외로 규정하고 있으므로 법문대로 제73조 제3항과 다른 규정을 중복하여 적용할 수 있는 것임
- 지방세특례제한법에서 규정하고 있지 않는 중복 감면의 적용방식에 대해서는 특례법 이관 전 비과세와 감면 중복 적용 시 운영방식 및 중복 감면의 배제 예외 규정을 둔 취지 등을 감안하여 중복 감면의 배제 예외 규정을 先 적용한 후 나머지 과세대상에 대해 後 일반 감면 규정을 적용하는 것이 타당하다 할 것임

05 종합부동산세

종합부동산세란 과세기준일(매년 6월 1일) 현재 국내에 소재한 재산세 과세대상인 주택 및 토지(나대지, 상가 · 사무실 부속토지 등)를 유형별로 구분하여 인별로 합산하고, 그 합산한 공시가액의 합계액이 일정금액을 초과하는 경우 그 초과분에 대하여 과세하는 세금이다.

종합부동산세 과세대상 중에서 다주택자가 보유하는 주택은 누진중과세율(0.5~5%)을 적용하도록 하고, 법인이 보유하는 주택은 단일세율을 적용하되 과세표준 계산 시 적용하는 기본공제(9억원 또는 12억원)도 배제, 세부담상한 미적용 등 불리한 세법 규정을 적용하고 있다. 이는 주택의 투기수요 억제와 주택가격 안정을 위한 정책적 수단이다.

그러나 공익법인의 경우 특례를 적용하여 세부담을 완화해주고 있는데, 공익법인의 사업은 영리 추구가 목적이 아니고, 복지 · 교육 · 문화 · 장학사업 등 공익 목적을 수행하는 단체이므로 일반 다주택자 및 법인과 동일하게 중과세 하면 고유 목적사업 수행이 위축될 우려가 있기 때문이다.

이하 공익법인에 대한 종합부동산세 특례를 살펴보고자 한다.

1 법인 일반 누진세율 적용 특례

종합부동산세 계산 시 일반 법인이 보유하는 주택은 높은 단일세율을 적용할 뿐만 아니라 기본공제 적용을 배제하고, 세부담상한을 적용하지 않음으로써 세부담이 커지게 된다. 이는 법인을 통한 주택 보유가 세제회피 수단으로 악용되는 것을 방지하기 위함이다.

그러나 공익법인에게는 일반 누진세율을 적용하는 특례를 적용하여 세부담을 경감하고 있다.

(1) 일반 누진세율 적용 대상 법인

- 「상속세 및 증여세법」에서 정하는 공익법인 등(종교단체 · 학교 · 사회복지법인 등)
- 「공공주택 특별법」 제4조 제1항에서 정하는 공공주택사업자
- 「주택법」 제2조 제11호에서 정하는 주택조합
- 「도시 및 주거환경정비법」 제24조부터 제28조까지 및 「빈집 및 소규모주택 정비에 관한 특례법」 제17조부터 제19조까지의 규정에 따른 사업시행자
- 건설임대주택과 비과세 · 사원용주택 등만을 보유하는 건설임대주택사업자
- 정관 · 규약상 설립 목적이 사회적기업등 구성원의 주택 공동사용 또는 취약계층 주거지원이고, 그 목적에 사용되는 주택만을 보유한 「사회적기업 육성법」에 따른 사회적기업 또는 「협동조합 기본법」에 따른 사회적협동조합
- 종중(宗中)

(2) 적용 방법

일반 누진세율 특례 적용을 받으려면 법인 주택분 종합부동산세 일반 누진세율 적용 신고서(「종합부동산세법 시행규칙」 별지 제28호)을 제출해야 하며 아래의 증명서류를 첨부해야 한다.

다만, 최초로 제출한 연도의 다음 연도부터는 그 제출 사항에 변동이 없으면 별도 신고 없이 계속 적용된다.

▶ 증빙서류 예시 ◀

① **공공주택사업자 :** 「공공주택 특별법 시행규칙」 제10조 제5항에 따른 사업계획승인서
② **공공법인 등 :** 국세청에서 발송하는 공익법인 확인 안내문 등 공익법인 확인서류, 직접 공익목적에 사용하는 주택만을 보유함을 확인할 수 있는 서류
③ **주택조합 :** 주택조합설립 인가서
④ **정비사업자시행자 :** 정비사업조합설립 인가서 등 사업시행자임을 확인할 수 있는 서류
⑤ **민간건설임대주택사업자, 도시개발사업시행자 :** 민간임대주택법에 따른 임대사업자 등록증 사본, 임대차계약서, 지자체에서 발급하는 미분양주택 확인서
⑥ **사회적기업 등 :** 정관 또는 규약 사본, 사회적 기업 인증서 사본, 사회적협동조합 설립 인가증 사본
⑦ **종중 :** 부동산등기용 등록번호 등록증명서 사본

(3) 세제 혜택

법인 일반세율 특례를 적용받는 공익법인 등은 종합부동산세 계산 시 기본공제(9억원) 및 세부담상한 적용, 개인과 동일한 일반세율이 적용된다.

▶ 적용 세율 ◀

- 직접 공익목적사업에 사용하는 주택만 있는 경우 : 0.5~2.7%
- 공익목적사업 외 사용 주택이 있는 경우 : 0.5~5%

관련 예규 · 판례

1 과세기준일이 지난 후에 공익단체 지정·고시일이 이루어진 경우 적용 여부

(기준법규재산2024-217, 2024.12.27.)

지정 · 고시일이 속하는 연도의 1월 1일부터 공익법인등에 해당하는 것으로 보아 적용하는 것임

2 서원이 「상속세 및 증여세법」 제16조에서 규정한 공익법인 해당 여부

(기준법규재산2024-216, 2024.12.27.)

「성균관 · 향교 · 서원전통문화의 계승 · 발전 및 지원에 관한 법률」 제2조 제3호에 따른 서원이 「상속세 및 증여세법」 제16조에서 규정한 공익법인에 해당하지 않는 것임

■ 종합부동산세법 시행규칙 [별지 제28호 서식] (2025.3.21. 개정)

법인 주택분 종합부동산세 일반 누진세율 적용 (변경)신고서

(앞쪽)

1. 신고인

납세의무자	명칭		사업자등록번호(고유번호)
	사무소		법인등록번호(부동산등기용등록번호)
	전화번호		전자우편주소
세무대리인	성명(상호)		사업자등록번호
	관리번호	생년월일	전화번호

2. 일반 누진세율 적용 법인 구분 ※해당되는 곳에 √표를 기재합니다.

[ ]① 「상속세 및 증여세법」 제16조에 따른 공익법인등

[ ]② 「공공주택 특별법」 제4조제1항 각 호에 해당하는 자

[ ]③ 「주택법」 제2조제11호의 주택조합

[ ]④ 「도시 및 주거환경정비법」 또는 「빈집 및 소규모주택 정비에 관한 특례법」에 따른 사업시행자

[ ]⑤ 민간건설임대주택(2호 이상)과 재산세 비과세 규정을 준용하는 주택, 재산세 비과세 대상인 주택, 공공임대주택 및 합산배제 사원용주택등만을 보유하는 임대사업자

[ ]⑥ 주거지원 목적 사회적기업 또는 사회적협동조합으로서 설립 목적에 사용되는 주택만을 보유하는 자

[ ]⑦ 종중(宗中)

[ ] 해당없음(적용 취소하는 경우 선택)

3. 일반 누진세율 적용 법인 세부 구분 ※해당되는 곳에 √표를 기재하고, 고시번호 · 일자 등을 기재합니다.

⑧공익법인등 (① 선택 시)	공익 목적	[ ] ㉮ 직접 공익목적사업에 사용하는 주택만을 보유한 경우 [ ] ㉯ 그 밖의 경우(직접 공익목적사업 외의 사업 목적에 사용되는 주택을 보유한 경우)
	공익 법인 종류	[ ] ㉰ 종교의 보급, 그 밖에 교화를 목적으로 하는 단체 [ ] ㉱ 학교, 유치원, 어린이집, 기능대학, 전공대학 및 원격대학 형태의 평생교육시설 [ ] ㉲ 사회복지법인 [ ] ㉳ 의료법인 및 의료기술협력단 [ ] ㉴ 「법인세법」 제24조제2항제1호에 따른 특례기부금 수령 단체 [ ] ㉵ 「법인세법 시행령」 제39조제1항제1호바목 또는 「소득세법 시행령」 제80조제1항제5호에 따라 지정 고시 · 공고된 공익법인 · 단체(년 월 일 기획재정부고시 · 공고 제 - 호) [ ] ㉶ 「법인세법 시행령」 제39조제1항제2호다목에 따라 지정 고시된 공익목적 기부금 수령 단체 (년 월 일 기획재정부고시 제 - 호)
⑨ 공공주택사업자 (② 선택 시)	사업자 종류	[ ] ㉮ 국가 또는 지방자치단체, 한국토지주택공사, 지방공사, 공공기관 [ ] ㉯ ㉮에 해당하는 자가 출자한 법인 [ ] ㉰ 주택도시기금 또는 ㉮에 해당하는 자가 출자한 부동산투자회사
	지정일	㉱ 사업계획 승인일(년 월 일)
⑩ 주택조합 (③ 선택 시)	종류	[ ] ㉮ 지역주택조합 [ ] ㉯ 직장주택조합 [ ] ㉰ 리모델링주택조합
	인가일	㉱ 조합 설립인가일(년 월 일)
⑪ 정비사업시행자 (④ 선택 시)	사업 종류	[ ] ㉮ 「도시 및 주거환경정비법」에 따른 정비사업 [ ] ㉯ 「빈집 및 소규모주택 정비에 관한 특례법」에 따른 소규모주택정비사업
	시행자	[ ] ㉰ 조합 [ ] ㉱ 토지등소유자 및 그 밖의 경우(건설업자 · 등록사업자 · 신탁업자 등)
	지정일	㉲ 조합 설립인가일 또는 사업시행계획 인가일(년 월 일)
⑫ 민간건설임대주택사업자등 (⑤ 선택 시)	사업자 종류	[ ] ㉮ 「민간임대주택에 관한 특별법」 제2조제7호에 따른 임대사업자 [ ] ㉯ 「도시개발법」 제21조의3제1항에 따라 임대주택을 건설 · 공급해야 하는 사업시행자 [ ] ㉰ 「도시재정비 촉진을 위한 특별법」 제30조제4항 또는 제31조에 따라 임대주택을 건설 · 공급해야 하는 사업시행자
	지정일	㉱ 민간건설임대주택 호수( ) ㉲ 임대사업자 등록일 또는 사업시행자 지정일(년 월 일)
⑬ 주거지원형 사회적기업등 (⑥ 선택 시)	단체 구분	[ ] ㉮ 「사회적기업 육성법」에 따른 사회적기업 [ ] ㉯ 「협동조합 기본법」에 따른 사회적협동조합
	설립 목적	[ ] ㉰ 정관 또는 규약상의 설립 목적이 구성원의 주택 공동 사용인 경우 [ ] ㉱ 정관 또는 규약상의 설립 목적이 「사회적기업 육성법」에 따른 취약계층이나 「주거기본법」 제3조제2호에 따른 주거지원 필요계층에 대한 주거지원인 경우
	인가일	㉲ 사회적기업 인증일 또는 사회적협동조합 설립인가일(년 월 일)

210mm×297mm(백상지 80g/㎡ 또는 중질지 80g/㎡)

(뒤쪽)

「종합부동산세법」 제9조 및 같은 법 시행령 제4조의4에 따라 위와 같이 법인 주택분 종합부동산세 일반 누진세율 적용(취소)을 신고합니다.

년 월 일

신 고 인 (서명 또는 인)

세무대리인 (서명 또는 인)

세무서장 귀하

신고인 제출 서류	1. ⑦에 해당하는 경우: 「법인 아닌 사단 · 재단 및 외국인의 부동산등기용 등록번호 부여절차에 관한 규정 시행규칙」 제6조에 따른 부동산등기용 등록번호 등록증명서 사본 2. ⑧에 해당하는 경우: 「상속세 및 증여세법」 제16조제1항에 따른 공익법인등임을 확인할 수 있는 서류(㉮의 경우에는 직접 공익목적사업에 사용하는 주택만을 보유하고 있음을 확인할 수 있는 서류 포함합니다) 3. ⑨에 해당하는 경우: 「공공주택 특별법 시행규칙」 제10조제5항에 따른 사업계획승인서 사본 4. ⑩에 해당하는 경우: 「주택법 시행규칙」 제7조제8항에 따른 주택조합 설립 인가필증 사본 5. ⑪에 해당하는 경우: 「도시 및 주거환경정비법」 제24조부터 제28조까지의 규정 또는 「빈집 및 소규모주택 정비에 관한 특례법」 제17조부터 제19조까지의 규정에 따른 사업시행자임을 확인할 수 있는 서류(조합인 경우 조합설립 인가필증 사본, 그 외의 경우 사업시행계획 인가서 사본 등) 6. ⑫-㉮에 해당하는 경우 「민간임대주택에 관한 특별법 시행규칙」 제2조제4항에 따른 임대사업자 등록증 사본 7. ⑫-㉯에 해당하는 경우 「도시개발법 시행규칙」 제14조제3항에 따른 도시개발사업시행자지정서 사본 8. ⑫-㉰에 해당하는 경우 「도시재정비 촉진을 위한 특별법」 제30조제4항 또는 제31조에 따라 임대주택을 건설 · 공급해야 하는 사업시행자임을 확인할 수 있는 서류 9. ⑬에 해당하는 경우: 「사회적기업 육성법 시행규칙」 제10조 또는 제11조에 따라 발급받거나 재발급받은 사회적기업 인증서 또는 「협동조합 기본법 시행규칙」 제14조에 따라 발급받은 사회적협동조합 설립인가증 사본과 정관 또는 규약 사본	수수료 없음
담당 공무원 확인 사항	법인등기사항증명서, 건물등기사항증명서 및 건축물대장	

작성방법

※ 이 서식은 최초로 법인 일반 누진세율 적용 신고를 하거나 지난 연도에 신고한 자로서 법인 (세부)구분 사항에 변동이 있는 경우작성합니다.

1. 관리번호란: 「세무사법」 제6조 또는 제20조의2에 따라 세무사등록부 또는 세무대리업무등록부에 등록 시 부여받은 관리번호를 적습니다. 다만, 2025년 12월 31일까지는 관리번호를 적지 않고 생년월일란에 생년월일을 적습니다.
2. 생년월일란: 관리번호가 없는 경우에만 세무대리인(세무대리인이 법인인 경우에는 이 종합부동산세 관련 신고 · 신청 업무를 담당하는 소속 세무사 등)의 생년월일을 적습니다.
3. ① ~ ⑦ 법인 구분: 법인의 유형 중 해당하는 [ ]에 √ 표시를 합니다.
4. ⑤ 민간건설임대주택, 공공임대주택, 합산배제 사원용주택등이란 각각 다음과 같습니다.
   가. 민간건설임대주택: 「민간임대주택에 관한 특별법」 제2조제2호에 따른 민간건설임대주택
   나. 공공임대주택: 「공공주택 특별법」 제2조제1호가목에 따른 공공임대주택
   다. 합산배제 사원용주택등: 「종합부동산세법 시행령」 제4조제1항 각 호에 따른 주택
5. ⑦ 종중: 공동선조의 분묘수호와 제사 및 종중원 상호간의 친목을 목적으로 하는 자연 발생적인 종족 집단체
6. ⑧ ~ ⑬ 법인 세부 구분: 일반 누진세율이 적용되는 법인의 세부사항에 대해서 작성하며, 해당하는 [ ]에 √ 표시를 합니다.
   ⑨ 공공주택사업자
      ㉮ 국가 또는 지방자치단체, 「한국토지주택공사법」에 따른 한국토지주택공사, 「지방공기업법」 제49조에 따라 주택사업을 목적으로 설립된 지방공사, 「공공주택 특별법 시행령」 제6조제1항 각 호에 해당하는 공공기관
      ㉯ ㉮의 어느 하나에 해당하는 자가 총지분의 100분의 50을 초과하여 출자 · 설립한 법인
      ㉰ 주택도시기금 또는 ㉮의 어느 하나에 해당하는 자가 총지분의 전부(도심 공공주택 복합사업의 경우에는 100분의 50 초과)를 출자(공동으로 출자한 경우 포함)하여 「부동산투자회사법」에 따라 설립한 부동산투자회사
      ㉱ 「공공주택 특별법 시행규칙」 제10조제5항에 따른 사업계획승인서에 따른 사업계획 승인일을 적습니다.
   ⑩ 주택조합: 「주택법」 제2조제11호가목부터 다목까지에 해당하는 주택조합의 종류(㉮~㉰)를 선택합니다.
      ㉱ 해당 주택조합의 설립인가일을 적습니다.
   ⑪ 정비사업시행자: 「도시 및 주거환경정비법」 제24조부터 제28조까지의 규정 또는 「빈집 및 소규모주택 정비에 관한 특례법」 제17조부터 제19조까지의 규정에 따른 사업시행자를 말하며, ㉮ 및 ㉯ 중 어느 하나, ㉰ 및 ㉱ 중 어느 하나를 각각 선택하고, ㉲에 해당하는 날짜를 적습니다.
      ㉮ 「도시 및 주거환경정비법」 제2조제2호 각 목에 따른 정비사업(주거환경개선사업, 재개발사업 및 재건축사업)
      ㉯ 「빈집 및 소규모주택 정비에 관한 특례법」 제2조제3호 각 목에 따른 소규모주택정비사업(자율주택정비사업, 가로주택정비사업, 소규모재건축사업 및 소규모재개발사업)
      ㉰ 조합: 조합이 직접 시행하거나 공동 시행하는 경우 해당 조합(주거환경개선사업 및 자율주택정비사업은 선택 불가).
      ㉱ 토지등소유자 및 그 밖의 경우: 토지등소유자가 직접 시행하거나 공동 시행하는 경우 또는 지정개발자로 지정되어 시행하는 경우 해당 사업시행자
      ㉲ 조합 설립인가일 또는 사업시행계획 인가일: 조합이 시행하는 경우 조합 설립인가일을, 토지등소유자 및 그 밖의 자가 시행하는 경우에는 사업시행계획 인가일(지정개발자로 지정되어 시행하는 경우에는 지정개발자 지정 · 고시일)을 적습니다.
   ⑫ 민간건설임대주택 임대사업자등
      ㉱ 민간건설임대주택 호수: 「민간임대주택에 관한 특별법」 제2조제2호에 따른 민간건설임대주택의 호수를 적습니다.
      ㉲ 임대사업자 등록일 또는 사업시행자 지정일: ㉮를 선택한 경우 「민간임대주택에 관한 특별법」 제5조에 따른 임대사업자 등록일을 적고, ㉯ 또는 ㉰를 선택한 경우 「도시개발법」 또는 「도시재정비 촉진을 위한 특별법」에 따라 사업시행자로 지정된 날을 적습니다.
   ⑬ 주거지원형 사회적기업등: ㉮ 및 ㉯ 중 어느 하나, ㉰ 및 ㉱ 중 어느 하나를 각각 선택하고, ㉲에 해당하는 날짜를 적습니다.
      ㉲ 사회적기업 인증일 또는 사회적협동조합 설립인가일: 사회적기업인 경우 「사회적기업 육성법」 제8조에 따른 사회적기업 인증일을 적고, 사회적협동조합인 경우 「협동조합 기본법」 제85조에 따른 사회적협동조합 설립인가일을 적습니다.

210mm×297mm(백상지 80g/㎡ 또는 중질지 80g/㎡)

■ 종합부동산세법 시행규칙 [별지 제28호서식 부표] (2025.3.21 개정)

과세대상 주택의 고유목적 사용 현황 명세서(갑)

(3쪽 중 제1쪽)

※ 이 서식은 법인 주택분 종합부동산세 일반 누진세율 적용 (변경)신고서[별지 제28호서식]의 3. 일반 누진세율 적용 법인 세부 구분이 ⑧ "공익법인등(직접 공익목적사업에 사용하는 주택만을 보유한 경우)" 또는 ⑬ "주거지원형 사회적기업등"인 경우만 작성합니다.

1. 신고인

명칭	사업자등록번호(고유번호)
사무소	법인등록번호(부동산등기용등록번호)

2. 일반 누진세율 적용 법인 구분 ※해당되는 곳에 √표 기재

[ ] ① 공익법인등	[ ] ② 주거지원형 사회적기업등

3. 과세물건 사용 현황 명세 ※ ⑥ "입주자"는 ② "주거지원형 사회적기업등"인 경우만 적습니다.

번호	③ 소재지	④ 부동산 고유번호	⑤ 사용 용도	⑥ 입주자	
				성명	주민등록번호
1					
2					
3					
4					
5					
6					
7					
8					
9					
10					
11					
12					
13					
14					
15					
16					

210mm× 297mm(백상지 80g/㎡ 또는 중질지 80g/㎡)

작성방법

1. 일반 누진세율 적용 법인 구분
   ① 공익법인등: 법인 주택분 종합부동산세 일반 누진세율 적용 (변경)신고서[별지 제28호서식]의 3. 일반 누진세율 적용 법인 세부 구분이 ⑧ "공익법인등"으로서 ㉮ "직접 공익목적사업에 사용하는 주택만을 보유한 경우"인 경우 선택합니다.
   ② 주거지원형 사회적기업등: 법인 주택분 종합부동산세 일반 누진세율 적용 (변경)신고서[별지 제28호서식]의 3. 일반 누진세율 적용 법인 세부 구분이 ⑬ "주거지원형 사회적기업등"인 경우 선택합니다.
2. ③ 소재지: 주택의 소재지(동 · 호수 포함합니다)를 적으며, 「건축법 시행령」 별표 1 제1호다목에 따른 다가구주택은 1가구가 독립하여 구분 사용할 수 있도록 분리된 부분을 1주택으로 적습니다.
3. ④ 부동산고유번호: 주택의 건물에 대한 「부동산등기규칙」 제12조에 따른 부동산고유번호를 적습니다. 부동산고유번호가 없는 경우로서 「건축법」 등 관계 법령에 따른 허가 등을 받지 않거나 신고를 하지 않고 건축하여 사용 중인 경우에는 "무허가"로 적고, 허가 등을 받거나 신고를 한 후 소유권보존등기가 아직 이루어지지 않은 경우에는 "보존등기 전"으로 적습니다.
   ※ 법원 등기소에서 발급한 건물등기사항전부증명서 오른쪽 상단에 기재된 고유번호 14자리 숫자(0000-0000-000000)를 말하며, "대한민국 법원 인터넷등기소(iros.go.kr) → 등기열람/발급 → 간편검색"을 통해 주택의 소재지를 검색하여 확인할 수 있습니다.
4. ⑤ 사용 용도: 주택의 실제 사용 용도를 적습니다.

[예시] 교회가 예배당으로 사용하는 경우: "예배당"으로 기재

5. ⑥ 입주자: 2. 일반 누진세율 적용 법인 구분이 ② "주거지원형 사회적기업등"인 경우만 적으며, 설립 목적에 따라 사용되는 주택의 입주자(사회적기업등의 구성원, 취약계층 또는 주거지원필요계층에 해당하는 임차인)의 성명과 주민등록번호를 적습니다. 이용자가 여러 명인 경우 1명만 선택하여 적습니다.

210mm×297mm(백상지 80g/㎡ 또는 중질지 80g/㎡)

과세대상 주택의 고유목적 사용 현황 명세서(을)

3. 과세물건 사용 현황 명세 ※⑥ "주택 이용자"는 ② "주거지원형 사회적기업등"인 경우만 적습니다.

번호	③ 소재지	④ 부동산 고유번호	⑤ 사용 용도	⑥ 입주자	
				성명	주민등록번호

이 서식은 과세대상 주택의 고유목적 사용 현황 명세서(갑)의 과세물건 사용 현황 명세란이 부족한 경우에 사용합니다.

210mm× 297mm(백상지 80g/㎡ 또는 중질지 80g/㎡)

▶ 지방세 감면제도(지방세특례제한법) ◀

감면분야	감면제도	내 용	대상세목 및 감면율(%)	관련 조문(조-항-호)
사회복지를 위한 지원	장애인용 자동차에 대한 감면	장애정도가 심한 장애인이 보철용·생업활동용으로 사용하기 위해 취득(대체취득)하는 자동차(배기량 2,000cc 이하, 승차정원 7명 이상 10명 이하 승용자동차, 1톤 이하 화물자동차 등)	취득세(100)·자동차세(100)	§17-①,②
	한센인 및 한센인 정착농원 지원 감면	한센인이 한센인정착농원에 85㎡ 이하 주거용 건축물, 축사용 부동산, 재활 직접사용 부동산	취득세(100), 재산세(100)(재산세 도시지역분 포함)·소방분 지역자원시설세(100)	§17의2-①,②
	한국장애인고용공단에 대한 감면	한국장애인고용공단이 사업에 직접 사용하기 위한 부동산	취득세(25)·재산세(25)	§18
	영유아어린이집 및 유치원에 대한 감면	영유아보육법에 따른 어린이집 및 유아교육법에 따른 유치원으로 직접 사용하는 부동산	취득세(100)·재산세(100)(재산세 도시지역분 포함)	§19
		영유아보육법 제14조에 따라 직장어린이집 설치 의무에 관계 없이 사업주가 같은 법 제24조 제5항에 따라 법인·단체 또는 개인에게 위탁하여 운영하기 위해 취득하는 부동산	취득세(100), 재산세(100)(재산세 도시지역분 포함)	§19
	아동복지시설에 대한 감면	아동복지법에 따른 지역아동센터를 설치·운영하기 위한 취득 및 사용하기 위한 부동산	취득세(100)·재산세(100)(재산세 도시지역분 포함)	§19의2
	노인복지시설에 대한 감면	노인복지법 제31조에 따른 무료노인복지시설을 위한 부동산	취득세(100)·재산세(50)	§20-ㅇ-1
		노인의 여가선용을 위해 직접 사용하는 부동산	재산세(100)(재산세 도시지역분포함)·소방분 지역자원시설세(100)	§20-ㅇ-1
		노인복지법 제31조에 따른 유료노인복지시설에 사용 부동산	취득세(25)·재산세(25)	§20-ㅇ-2
	청소년단체 등에 대한 감면	스카우트주관 단체, 한국청소년연맹, 한국해양소년단연맹 등의 고유목적에 직접 사용하는 부동산	취득세(75)·재산세(100)	§21-①-1,2,3,4
		청소년활동진흥법에 따라 설치허가를 받은 비영리법인이 청소년수련시설을 위해 설치 및 직접 사용하는 부동산	취득세(100)·재산세(50)	§21-②
	사회복지법인 등에 대한 감면	사회복지사업법에 따른 '사회복지법인'이 해당 사업에 직접 사용하기 위해 취득하는 부동산	취득세(100)	§22-①-1
		사회복지사업법에 따른 '사회복지시설을 설치·운영하는 법인 또는 단체'가 해당 사업에 직접 사용하기 위해 취득하는 부동산/입소자 및 이용자가 비용을 부담하지 않는 사회복지시설의 경우	취득세(25) / 취득세(100)	§22-①-2
		사회복지사업법에 따른 '사회복지법인'이 현재 해당 사업에 직접사용하는 부동산(수익사업 및 유료제외)	재산세(100)(재산세 도시지역분 포함)·소방분 지역자원시설세(100)	§22-③-1
		사회복지사업법에 따른 '사회복지시설을 설치·운영하는 법인 또는 단체'가 현재 해당 사업에 직접 사용하는 부동산/입소자 및 이용자가 비용을 부담하지 않는 사회복지시설의 경우	재산세(25) / 재산세(50)	§22-③-2
		사회복지법인 등이 그 사회복지사업에 직접 사용하기 위한 면허 / 사회복지법인 등(장애인활동지원기관 포함) 해당법인	등록면허세(100) / 주민세 사업소분 연면적에 대한 세율·종업원분(100)	§22-⑤
		'사회복지법인'의 설립등기 및 합병등기 / 해당 사회복지시설 사업장	등록면허세(100) / 주민세 사업소분 기본세율(100)	§22-⑦
		'사회복지법인'이 의료기관 경영을 위해 취득·사용하는 부동산	취득세(30)·재산세(50)(감염병전문병원 10% 추가)	§22-⑧

감면분야	감면제도	내 용	대상세목 및 감면율(%)	관련 조문(조-항-호)
사회복지를 위한 지원	출산 및 양육 지원을 위한 감면	18세 미만의 자녀 3명/2명 이상 양육하는 자가 양육 목적으로 취득하는 자동차	취득세(100/50) * 단, 승차정원 7명 이상 10명 이하인 승용자동차 외의 승용자동차는 140만원/70만원 한도	§22의2-①,②
	사회적기업에 대한 감면	사회적기업육성법 제2조 제1호에 따른 사회적기업이 고유업무에 직접사용하는 부동산	취득세(50) · 재산세(25)	§22의4
	권익증진 등을 위한 감면	법률구조법에 따른 법률구조법인, 소비자기본법에 따른 한국소비자원이 그 고유업무에 직접 사용하는 부동산	취득세(25) · 재산세(25)	§23-①,②
	노동조합에 대한 감면	노동조합 및 노동관계조정법에 따라 설립된 노동조합이 고유업무에 직접 사용하는 부동산	취득세(100) · 재산세(100)	§26
	근로복지공단 지원을 위한 감면	근로복지공단이 근로자복지증진 등 사업에 직접 사용하기 위해 취득하는 부동산	취득세(25)	§27-①
		근로복지공단이 산업재해보상보험법에 따른 의료사업 및 재활사업에 직접 사용하는 부동산	취득세(50) · 재산세(50) (감염병전문병원 10% 추가)	§27-②
	산업인력 등 지원을 위한 감면	한국산업안전보건공단이 산업안전보건 교육 및 산업재해예방시설 설치 · 운영 사업에 직접 사용하는 부동산	취득세(25) · 재산세(25)	§28-②
		한국산업인력공단이 근로자의 평생학습지원 사업에 직접 사용하기 위해 취득하는 부동산	취득세(25)	§28-③
	국가유공자 등에 대한 감면	국가유공자 , 보훈보상대상자, 5.18민주유공자, 특수임무유공자 관련 법률에 따른 대부금을 받은 사람이 취득하는 85㎡ 이하 등 부동산	취득세(100)	§29-①
		대한민국상이군경회 등 16종이 그 고유 업무에 직접 취득 · 사용하는 부동산 / 면허 / 해당 단체	취득세(100) · 재산세(100)(재산세 도시지역분 포함) · 소방분 지역자원시설세(100)/등록면허세(100)/주민세 사업소분 · 종업원분(100)	§29-②
		국가유공자 자활용사촌 거주자 등이 취득 · 소유하는 자활용사촌 안 부동산	취득세(100) · 재산세(100)(재산세 도시지역분 포함) · 소방분 지역자원시설세(100)	§29-③
		국가유공자 보철용 · 생업활동용 자동차	취득세(100) · 자동차세(100)	§29-④
	한국보훈복지의료공단 등에 대한 감면	한국보훈복지의료공단이 재활교육 등 업무에 직접 취득 · 사용하는 부동산	취득세(25) · 재산세(25)	§30-①
		보훈병원이 의료업에 직접 취득 · 사용하는 부동산	취득세(50) · 재산세(50) (감염병전문병원 10% 추가)	§30-②
		독립기념관 업무에 직접 취득 · 사용하는 부동산 및 해당 법인	취득세(100) · 재산세(100)(재산세 도시지역분 포함)주민세 사업소분(100)	§30-③
	공공임대주택 등에 대한 감면	공공주택사업자가 임대형기숙사 또는 전용면적 60㎡ 이하인 공동주택을 건축하기 위하여 토지를 취득하는 경우, 건축하여 취득하는 경우	취득세(100)	§31-①-1
		공공주택사업자가 10년 이상 장기임대목적으로 전용면적 60㎡ 초과 85㎡ 이하인 임대주택을 20호 이상 건축하기 위한 토지를 취득하는 경우, 건축하여 취득하는 경우, 추가 토지, 건축하여 취득하는 경우	취득세(50)	§31-①-2
		공공주택사업자가 임대형기숙사, 전용면적 60㎡ 이하 공동주택, 오피스텔을 취득하는 경우	취득세(100)	§31-②-1

감면 분야	감면제도	내 용	대상세목 및 감면율(%)	관련 조문 (조-항-호)
사회 복지를 위한 지원	공공임대주택 등에 대한 감면	20호 이상 장기임대주택을 보유한 공공주택사업자가 추가로 장기임대주택을 취득하는 경우	취득세(50)	§31-②-2
		임대의무기간 30년 이상인 임대형기숙사 / 전용면적 40㎡ 이하인 공동주택, 및 건축중인 토지	재산세(100) (재산세 도시지역분 포함)	§31-④-1
		임대형기숙사 / 전용면적 60㎡ 이하인 공동주택 또는 오피스텔, 및 건축중인 토지	재산세(50) (재산세 도시지역분 포함)	§31-④-2
		전용면적 60㎡ 초과 85㎡ 이하인 공동주택 또는 오피스텔, 및 건축중인 토지	재산세(25)	§31-④-3
	장기일반민간임대주택에 대한 감면	공공지원민간임대주택 또는 장기일반민간임대주택을 임대하려는 자가 임대목적에 직접사용 임대형기숙사 또는 전용면적 60㎡ 이하 공동주택, 토지 취득	취득세(100)	§31의3-①-1
		민간임대주택사업자가 10년 이상 장기임대목적으로 전용면적 60㎡ 초과 85㎡ 이하인 임대주택을 20호 이상 건축하기 위한 토지를 취득하는 경우, 건축하여 취득하는 경우, 추가 토지, 건축하여 취득하는 경우	취득세(50)	§31의3-①-2
		임대사업자가 임대형기숙사, 전용면적 60㎡이하 공동주택, 오피스텔을 취득하는 경우	취득세(100)	§31의3-②-1
		임대사업자가 장기임대주택을 20호 이상 취득하는 경우 및 추가 취득하는 경우	취득세(100)	§31의3-②-2
		임대사업자가 임대 목적으로 직접 사용하는 임대형기숙사, 다가구주택 또는 2세대 이상의(40㎡ 이하) 공동주택 · 오피스텔 / 건축중인 토지	재산세(100)	§31의3-④-1
		임대사업자가 임대 목적으로 직접 사용하는(40㎡ 초과~ 60㎡ 이하) 공동주택 · 오피스텔 / 건축중인 토지	재산세(75)	§31의3-④-2
		임대사업자가 임대 목적으로 직접 사용하는(60㎡ 초과 ~ 85㎡ 이하) 공동주택 · 오피스텔 / 건축중인 토지	재산세(50)	§31의3-④-3
	공공주택사업자의 임대 목적으로 주택을 매도하는 경우에 대한 감면	공동주택사업자의 임대가 목적인 주택을 건축하여 공공주택사업자에게 매도하기로 약정을 체결한 자가 해당 주택을 건축하기 위하여 취득하는 부동산	취득세(15)	§31의5-①
		상기 공공주택사업자에게 매도하기로 약정을 체결한 자가 해당 주택을 건축하여 최초 취득하는 경우	취득세(15)	§31의5-②
	소규모공동 주택 취득에 대한 감면	한국토지주택공사가 임대를 목적으로 취득하여 소유하는 1구당 건축면적 60㎡ 이하인 공동주택 및 그 부속토지	취득세(25) · 재산세(25)	§32-①
	주택공급확대를 위한 감면	40㎡ 이하인 주거용 건축물 및 그 부속토지로서 취득가액이 1억원 미만이며 1가구 1주택인 경우	취득세(100)	§33-②
	신축소형주택취득에 대한 감면	24.1.10.~25.12.31. 준공, 전용면적 60㎡ 이하 공동주택(아파트 제외), 도시형생활주택, 다구구재택을 신축하여 취득하는 경우	취득세(25~50) (법 25+조례 25)	§33의2
	지방 소재 준공 후 미분양 아파트 취득세 감면	2년 이상 임대로 공급하는 지방 준공 후 미분양 아파트	취득세(25~50) (법 25+조례 25)	§33의3
	주택담보노후 연금보증대상주택에 대한 감면	한국주택금융공사와 주택금융운영위원회가 연금보증의 보증기준에 해당되는 주택을 담보로 하는 등기	시가표준액 5억원 이하인 1가구 1주택 : 등록면허세(50) / 5억원 초과 주택 중 등록면허세 300만원 이하(50), 그 외 150만원 공제	§35-①
		주택담보노후연금보증을 위하여 담보로 제공된 주택	재산세(25) (단, 5억원 이하)	§35-②

감면분야	감면제도	내 용	대상세목 및 감면율(%)	관련 조문(조-항-호)
사회복지를 위한 지원	농업인의 노후생활안정자금 농지 감면	노후생활안정자금을 지원 받기 위하여 담보로 제공된 농지	재산세(100) (단, 6억원 이하)	§35의2
	무주택자 주택공급사업 지원을 위한 감면	한국사랑의집짓기운동연합회가 무주택자에게 분양할 목적으로 취득하는 주택건축용 부동산	취득세(100)	§36
		상기 부동산 중 그 업무에 직접 사용하는 부동산	재산세(100) (재산세 도시지역분 포함)	§36
	생애최초 주택 구입에 대한 취득세 감면	생애 최초로 구입하는 실거래가액 12억원 이하의 주택	취득세(100)(감면한도 200만원)	§36의3
		공동주택(아파트 제외) · 도시형 생활 주택 · 다가구주택, 전용면적 60㎡ 이하 · 3억원(수도권 6억원)이하 (최소납부세제 배제)	취득세(100)(감면한도 300만원)	§36의3
	전세사기피해자 지원을 위한 감면	전세사기피해자가 취득하는 전세사기피해주택	취득세(100)(감면한도 200만원)	§36의4-①
		전세사기피해자가 보유하는 전세사기피해주택(60㎡ 이하)	재산세(50)	§36의4-②-1
		전세사기피해자가 보유하는 전세사기피해주택(60㎡ 초과)	재산세(25)	§36의4-②-2
		전세사기피해자가 신청한 임차권등기명령의 집행에 따른 임차권등기	등록면허세(100)	§36의4-③
		공공주택사업자가 취득한 전세사기피해주택	취득세(50)	§36의4-④
	출산 · 양육을 위한 주택 취득에 대한 취득세 감면	자녀를 출산한 부모가 취득하는 주택	취득세(100)(감면한도 500만원)	§36의5-①
	국립대병원 등에 대한 감면	서울대학교병원을 포함한 6개 병원이 그 고유업무를 위해 직접 사용하는 부동산	취득세(50) · 재산세(50) (감염병전문병원 10% 추가)	§37-①
	의료법인 등에 대한 과세특례	의료법인이 의료업을 위해 직접 취득 · 사용하는 부동산[특별시 · 광역시 및 도청소재지인 시 지역내 의료법인은 종전 취득세(1천분의 10)만 감면]	취득세(30) · 재산세(50) (감염병전문병원 10% 추가)	§38-①
		종교단체가 의료법에 따른 의료기관 개설을 위한 직접 사용목적의 취득 · 사용 부동산	취득세(30) · 재산세(50) (감염병전문병원 10% 추가)	§38-④
		지방의료원이 의료업에 직접 사용하기 위한 취득 부동산, 의료업에 직접 사용부동산	취득세(75) · 재산세(75) (재산세 도시지역분 포함) (감염병전문병원 10% 추가)	§38의2
교육 및 과학기술 등에 대한 지원	국민건강 증진사업자에 대한 감면	인구보건복지협회, 한국건강관리협회, 대한결핵협회의 고유업무를 위해 직접 사용하는 부동산	취득세(50) · 재산세(50)	§40
	대한적십자사에 대한 감면	의료 사업(간호사업, 혈액사업 포함) 위해 취득하는 부동산	취득세(50) · 재산세(50) (감염병전문병원 10% 추가)	§40의3-ㅇ-1
		의료 외 사업에 직접 사용목적으로 취득하는 부동산	취득세(50) · 재산세(50)	§40의3-ㅇ-3
	학교 및 외국교육기관에 대한 면제	초 · 중 · 고등학교 및 외국교육기관을 경영하는 자가 해당사업에 사용하는 부동산	취득세(100) · 재산세(100) (재산세 도시지역분 포함) 지역자원시설세(100)	§41-①,②
		학교등 직접 사용 면허, 해당 학교	주민세 사업소분 연면적에 대한 세율 · 종업원분(100) 등록면허세(100)	§41-③
		학교등에 생산된 전력 등을 무료로 제공하는 경우 그 부분	지역자원시설세(100)	§41-④
		사립학교법에 따른 학교법인과 국가가 국립대학법인으로 설립하는 국립학교의 설립등기 및 합병등기, 학교	등록면허세(100) 주민세 사업소분 기본세율(100)	§41-⑤

감면 분야	감면제도	내 용	대상세목 및 감면율(%)	관련 조문 (조-항-호)
교육 및 과학기술 등에 대한 지원	학교 및 외국교육기관에 대한 면제	의과대학 부속병원	취득세(30) · 재산세(50) (감염병전문병원 10% 추가)	§41-⑦
		지방대학법인이 직접 사용하는 수익용기본재산	취득세(50), 재산세(50)	§41-⑧
	기숙사 등에 대한 감면	고등교육법에 따라 학교가 기숙사로 사용하기 위하여 사용하는 부동산	취득세(100) · 재산세(100) 주민세 재산분(100)	§42-①
		학생들의 실험 · 실습용 기기	취득세(100) · 재산세(100)	§42-②
		산학협력단이 고유업무에 직접 사용하는 부동산	취득세(75) · 재산세(75)	§42-③
	평생교육시설 등에 대한 감면	평생교육단체 해당 사업에 사용하는 부동산	취득세(50) · 재산세(50, 5년간)	§43-③
		평생교육시설에 사용하는 부동산	취득세(50), 재산세(50)	§44-①-2
		전공대학 평생교육시설에 직접 사용하는 부동산	취득세(100) · 재산세(재산세도시지역분 포함)(100) · 소방분 지역자원시설세(100) · 등록면허세(면허분)(100) · 주민세(사업소 · 종업원분)(100)	§44-②
		전공대학의 운영과 관련하여 산학협력단이 연구사업에 직접 사용하는 부동산	취득세(75) · 재산세(75)	§44-③
		공공직업훈련시설에 직접 사용하는 부동산	취득세(50), 재산세(50)	§44-④
		학교형태 평생교육시설 중 학력인정 평생교육시설	취득세(100) · 재산세(재산세도시지역분 포함)(100) · 소방분 지역자원시설세(100) · 등록면허세(면허분)(100) · 주민세(사업소 · 종업원분)(100)	§44-⑤
	박물관 등에 대한 감면	박물관 및 미술관, 도서관, 과학관 직접 사용하는 부동산	취득세(100) · 재산세(100)	§44의2
	학술연구단체 및 장학단체에 대한 감면	학술단체가 학술연구사업에 직접사용하는 부동산	취득세(100) · 재산세(100)	§45-①
		장학법인이 장학사업에 직접사용하는 부동산	취득세(100) · 재산세(100)	§45-②
		장학법인이 장학금 지급 목적으로 취득 · 사용하는 임대용 부동산	취득세(80) · 재산세(80)	
	기초과학연구 지원을 위한 연구기관 등에 대한 면제	기초과학연구원 등이 그 고유업무에 직접 사용하기 위하여 취득하는 부동산	취득세(100) · 재산세(100)	§45의2
	연구개발 지원을 위한 감면	기업부설연구소용에 직접 사용 부동산(중견기업의 경우)	취득세(50) · 재산세(50)(신성장동력 · 원천기술 분야 15% 추가)	§46
		기업부설연구소용에 직접 사용 부동산(중소기업의 경우)	취득세(60) · 재산세(50)(신성장동력 · 원천기술 분야 15% 추가)	
	한국환경공단 등에 대한 감면	한국환경공단이 재활용가능자원물류시설 등 업무를 위해 직접 사용하는 부동산	취득세(25) · 재산세(25)	§47-ㅇ-1
		한국환경공단이 재활용산업의 육성지원 등 업무를 위해 직접 사용하는 부동산	취득세(25) · 재산세(25)	§47-ㅇ-2
	녹색건축 인증 건축물에 대한 감면	녹색건축의 인증 등급이 기준이상인 경우	취득세(0.03~0.1범위에서 경감)	§47의2-①-1
		건축물 에너지효율 등급이 기준이상인 경우		§47의2-①-2
		신축건축물로서 제로에너지건축물 인증 건축물	취득세(0.15~0.2범위에서 경감)	§47의2-②
		신축하는 주거용 건축물로서 에너지절약형 친환경주택	취득세(10)	§47의2-③

감면 분야	감면제도	내 용	대상세목 및 감면율(%)	관련 조문 (조–항–호)
교육 및 과학기술 등에 대한 지원	내진성능 확보 건축물에 대한 감면	법령상 비의무대상인 민간 건축물에 대해 건축 및 대수선을 통해 내진성능 확인을 받은 경우	취득세 100, 재산세 2년간 100, 그 후 3년 50(소유권 이전 시 재산세 감면 배제)	§47의4–①
		지진안전 시설물 인증을 받은 건축물	취득세(5)	§47의4–③
	환경친화적 자동차충전 시설에 대한 감면	환경친화적 자동차 충전시설	취득세(25)	§47의5–①
	국립공원관리 사업에 대한 감면	국립공원공단이 공원관리사업을 위해 직접 사용하는 부동산	취득세(25) · 재산세(25)	§48
	해양오염방제 등에 대한 감면	해양환경관리공단이 해양오염방제업무 등을 위한 부동산	취득세(25) · 재산세(25)	§49–○–1
		해양환경관리공단이 오염물질 저장시설 설치 등을 위한 부동산	취득세(25) · 재산세(25)	§49–○–2
		해양환경관리공단이 해양오염방제용 등으로 제공하기 위한 선박	취득세(25) · 재산세(25)	§49–○–3
	5세대 이동통신 무선국에 대한 감면	IMT–2020, 5세대 이동통신 서비스 제공을 위하여 과밀억제권역 외의 지역에 개설한 무선국 면허	등록면허세(50)	§49의2
문화 및 관광 등에 대한 지원	종교 및 제사 단체에 대한 면제	종교단체 및 향교가 종교행위 또는 제사 목적 사업에 직접 사용하는 부동산	취득세(100) · 재산세(100) (재산세 도시지역분 포함) 지역자원시설세(100)	§50–①,②
		종교단체 및 향교가 해당 사업에 직접 사용하기 위한 면허	주민세 사업소분 · 종업원분(100) 등록면허세(100)	§50–③
		종교단체 및 향교에 무료로 전력을 제공하는 경우(무료분에 한함)	지역자원시설세(100)	§50–④
		사찰림과 전통사찰이 소유하고 있는 경내지	재산세(100) (재산세 도시지역분 포함)	§50–⑤
		법인의 사업장 중 종교의식 단체	주민세 사업소분(100)	§50–⑥
	신문 · 통신사업 등에 대한 감면	신문 · 통신사업을 수행하는 사업소	주민세 사업소분 · 종업원분(50)	§51
	문화 · 예술지원을 위한 과세특례	문화예술단체, 체육단체가 그 고유업무를 위해 직접 사용하는 부동산	취득세(100) · 재산세(100) (재산세 도시지역분 제외)	§52–①,②
	체육진흥기관 등에 대한 감면	한국콘텐츠진흥원 등이 체육진흥사업 또는 문화예술사업에 직접 사용하는 부동산	취득세(50), 재산세(50)	§52의2
	사회단체 등에 대한 감면	국민신탁법인이 그 고유업무를 위해 직접 사용하는 부동산	취득세(100) · 재산세(100)	§53
	관광단지 등에 대한 과세특례	관광단지개발사업시행자가 관광단지개발사업 시행을 위해 취득하는 부동산	취득세(25)	§54–①
	문화재에 대한 감면	문화재보호법에 따라 사적지로 지정된 토지	재산세(100) (재산세 도시지역분 포함)	§55–①
		문화재로 지정된 부동산	재산세(100) (재산세 도시지역분 포함)	§55–②–1
		문화재 보호구역에 있는 부동산	재산세(50)	§55–②–1
		문화재보호법에 따라 등록한 문화재와 그 부속토지	재산세(50)	§55–②–2

저자 약력

김선득 세무사

- 연세대학교 대학원 졸업(법학석사)
- 연세대학교 대학원 법학과 박사과정 수료
- 상지대학교 대학원 법학과 졸업(법학박사)
- 용인세무서 재산 · 법인납세과장
- 중부지방국세청 법인납세과 팀장(사무관, 3년)
  - 공익법인 총괄사무관
- 중부지방국세청 납세자보호담당관실(5년)
  - 명의신탁 및 자본거래 심사 총괄
- 전주세무서 재산 · 법인납세과장
- 동안양세무서 법인세과
- 동수원세무서 재산세과
- 국세청공무원교육원 외래교수

〈현재〉

- 광교세무법인 상현지점 대표세무사
- 단국대학교 경영대학원(석사과정) 겸임교수
  - 강의과목 : 자본거래, 법인세법, 조세법 판례
- 단국대학교 일반대학원(박사과정) 겸임교수
- 한국세무사연수원 초빙교수

김경옥 세무사

- 경희대학교 기업 및 세무회계전공
- 단국대학교 경영대학원 경영학과 졸업(석사)
- 수원대학교 대학원 경영학과 졸업(박사)
- 평택세무서 국세심사위원
- 평택세무서 영세납세자지원단
- 광교세무법인 근무

〈현재〉

- 나이스세무회계사무소 대표
- 수원대학교 출강
- 평택시 지방세 심의위원

박재성 세무사

- 경희대학교 기업 및 세무회계전공
- 경희대학교 경영대학원 세무관리학과 졸업(석사)
- 경희대학교 재무팀, 기획팀 근무(10년)
- 나이스원세무법인 파트너세무사

〈현재〉

- 연우세무회계 대표

공익법인 세무와 회계

저자 김선득·김경옥·박재성
발행인 서원진
편집·교정 류현수, 김영림
편집디자인 이은희, 이미영, 황자애
발행처 ㈜조세통람
펴낸날 2022년 12월 12일 초 판 발행
2025년 11월 4일 제2판 발행

저자와의
협의하에
인지생략

주소 서울특별시 중구 동호로 14길 5-6(신당동)
등록 1976. 11. 5. 제9-81호
대표전화 02) 2231-7027
FAX 02) 2234-1754
구입문의 02) 2231-7027
ISBN 979-11-6064-364-0 13320
정가 **80,000원**

(주)조세통람은 좋은 책을 만들기 위해 독자 여러분의 의견을 기다립니다.

• 독자 의견 및 도서 문의 메일 : josetop@inaus.co.kr